HISTOIRE
DE FRANCE

XVI

Cet ouvrage
a obtenu de l'Académie des Inscriptions
et Belles-Lettres
en 1844
et de l'Académie Française
en 1856 et en 1859
LE GRAND PRIX GOBERT

PARIS — IMPRIMERIE DE J. CLAYE, RUE SAINT-DENOIT, 7.

HISTOIRE DE FRANCE

DEPUIS LES TEMPS LES PLUS RECULÉS JUSQU'EN 1789

PAR

HENRI MARTIN

Pulvis veterum renovabitur.

TOME XVI

—

QUATRIÈME ÉDITION

PARIS

FURNE, LIBRAIRE-ÉDITEUR

Se réserve le droit de traduction et de reproduction
à l'Étranger.

M DCCC LX

HISTOIRE
DE FRANCE

SEPTIÈME PARTIE

DÉCADENCE DE LA MONARCHIE

LIVRE XCIX

LES PHILOSOPHES (SUITE).

VOLTAIRE ET LES ENCYCLOPÉDISTES. — Voltaire à Berlin et à Fernei. — *Candide*. — Développements de la philosophie du XVIIIe siècle. — Métaphysique de Condillac. — Morale d'Helvétius. — Mouvement des sciences. D'Alembert. — Sciences de la Nature. BUFFON. HISTOIRE NATURELLE. *Histoire et Théorie de la Terre. Époques de la Nature. Histoire des animaux.* NATURALISME. — DIDEROT. Ses premiers écrits. Son association avec d'Alembert. Universalité de Diderot. L'*Encyclopédie*. Le *Discours préliminaire.* Esthétique de Diderot. MATÉRIALISME.

1748 — 1774.

Il est temps de retourner à l'histoire des idées, qui, durant presque tout ce siècle, se déroule parallèlement à l'histoire des faits, l'une grandissant à mesure que l'autre décroît. Quand on passe des intrigues politiques et des combats matériels aux combats de l'intelligence, des généraux et des favorites de Louis XV aux écrivains, aux philosophes, on croit passer des pygmées aux

Titans. Ici, les erreurs mêmes sont des excès d'énergie et d'audace : elles attestent encore la vigueur des esprits dont l'élan s'égare.

Pendant la première période du xviiie siècle, un seul homme a occupé presque incessamment la scène ; espèce de Briarée de la philosophie, visant à tout, pensant sur tout, frappant partout, comme s'il eût eu cent têtes et cent bras. Il n'en sera plus ainsi désormais : Voltaire ne perdra rien de son activité ni de son génie ; il croîtra encore en autorité parmi les nations ; mais son autorité ne sera plus unique et incontestée dans l'armée des novateurs : sa hardiesse sera dépassée dans le bien et dans le mal, et de nouveaux héros vont se précipiter à découvert, avec une impétuosité plus emportée, dans cette arène toujours plus remplie et plus tumultueuse, où Montesquieu, jusque-là son seul rival, n'était apparu qu'à rares intervalles, à pas mesurés et bien couvert d'armes défensives.

La carrière de Voltaire est nettement tranchée en deux moitiés par son départ pour Berlin en 1750. Nous n'avons point à raconter ce séjour en Prusse, qu'il a retracé lui-même de sa plume inimitable, et nous n'entreprendrons pas d'esquisser l'histoire de cette Académie toute française de Berlin, qui a exercé sur l'esprit de l'Allemagne septentrionale une si notable influence : ce sujet a été traité dans un ouvrage récent avec tout le développement désirable [1]. Ce qui importe à constater ici, c'est que ce fut là que l'athéisme se produisit systématiquement et sans voile, avant que d'oser le faire en France, et là aussi que Voltaire, qui n'avait encore combattu, plus ou moins ouvertement, que contre les religions positives et le spiritualisme cartésien, eut un premier engagement contre l'athéisme et défendit après avoir toujours attaqué, marquant ainsi le point fixe où il eût voulu arrêter le mouvement de destruction. Dans ses cyniques ouvrages, La Mettrie, médecin de Frédéric, combinant la physique mécanique de Descartes, séparée de sa métaphysique, avec le sensualisme, niait toute morale, toute conscience, toute distinction du bien et du mal, et faisait du monde un ensemble éternel de mouvements

---

1. *Histoire de l'Académie des sciences de Berlin*, par M. Bartholmess, couronnée par l'Académie française.

sans moteur, et de l'homme une machine sensitive. Voltaire répondit par le poëme de la *Loi naturelle,* éloquent manifeste du déisme et de la morale universelle [1]. Frédéric, juge du camp, laissait toute liberté aux combattants, et toutes les opinions, le catholicisme excepté, avaient place dans son Académie : le christianisme protestant y était représenté avec gloire par le géomètre philosophe Euler, que la France peut revendiquer jusqu'à un certain point, puisqu'il écrivit comme Leibniz, une partie de ses ouvrages en français, notamment ses *Lettres à une princesse d'Allemagne.* Le goût du maître faisait toutefois prédominer la philosophie sceptique et railleuse, ce qui ne déplaisait pas trop au plus illustre de ses hôtes.

Il y eut pour Voltaire, dans cette société étincelante de verve et de gaieté sarcastique, quelques mois d'un véritable enchantement. Partagé, entre le travail et le plaisir, le plaisir de l'esprit, qui avait toujours été le premier et qui était maintenant l'unique pour lui, il n'avait jamais si pleinement vécu. Loin d'oublier la mère-patrie dans cette petite France philosophique dont il partageait la royauté avec Frédéric, il devenait plus patriote de loin et achevait son œuvre si nationale du *Siècle de Louis XIV,* en même temps que l'*Essai sur les mœurs des nations.* Le feu jaillissait à jet continu de sa plume comme de sa bouche.

Le prestige dura peu. C'est le cœur et non l'esprit qui fait les liens durables. Le charme que Frédéric savait donner à son commerce ne pouvait longtemps déguiser la sécheresse de son âme : s'il eût pu épuiser en une soirée tout l'esprit de ses amis, il les eût rejetés le lendemain comme une écorce vide; homme incompréhensible, né pour imposer l'étonnement et non l'affection, admirable dans la conversation et dans la correspondance familière, médiocre la plume à la main, quand le monarque allemand, devenu auteur français, se débattait sous le génie d'une langue étrangère [2], forçant l'Europe au respect par ses prodiges guerriers, par sa sagesse administrative, et se rendant la fable des

1. Écrit en 1751, publié en 1756 et condamné par le parlement, quoique les dogmes chrétiens n'y fussent point attaqués; mais la secte janséniste l'était.
2. Ses Mémoires politiques et militaires, notre principale autorité pour les guerres de ce temps, sont infiniment supérieurs à ses œuvres purement littéraires; mais il y a pourtant loin de là à César et à Napoléon.

cours par des travers de mauvais poëte et par un vice ignoble et révoltant.

L'égoïsme tyrannique de Frédéric, la susceptibilité et la fougue de Voltaire, les jalouses intrigues de Maupertuis, président de l'Académie, qu'écrasait le voisinage de cette colossale renommée, amenèrent bientôt des refroidissements, de mauvais procédés, des brouilles suivies de réconciliations mal assurées. On sait à quelle rupture scandaleuse aboutit enfin cette amitié si vantée, présage de l'issue que devaient avoir toutes les alliances entre l'absolutisme et la philosophie (1753). Tout le monde connaît l'histoire de la captivité de Voltaire à Francfort entre les mains des recruteurs du roi de Prusse : *Alexandre* tournait à *Denys de Syracuse*. Frédéric eut honte pourtant ; il mit de l'adresse et de la grâce à réparer ses torts ; le philosophe et le roi renouèrent plus tard, mais de loin : ils ne pouvaient s'empêcher d'avoir du goût l'un pour l'autre ; mais Voltaire ne pardonna qu'à demi, comme le prouvent ses terribles Mémoires secrets.

Échappé des griffes prussiennes, Voltaire n'avait pas voulu revenir à Paris, où l'antipathie, ou plutôt la peur du roi, ne lui permettait point de sécurité. Il erra quelque temps en Lorraine et en Alsace : inquiété par le clergé, il se rendit à Genève par Lyon ; l'ovation populaire qu'il reçut dans cette dernière ville lui manifesta le progrès que son nom et sa pensée avaient fait en France. Il choisit le lieu de son établissement définitif avec une grande habileté : il acheta deux maisons près de Genève et de Lausanne, puis une troisième dans le pays de Gex, le château de Fernei, qui devint sa résidence habituelle quelques années après, lorsque les troubles politiques l'eurent dégoûté de la ville de Calvin. Il eut ainsi le pied tout à la fois sur la France, sur Berne et sur Genève ; il s'assura, en cas d'orage, le temps de mettre sa personne à l'abri, et, en temps ordinaire, la facilité de surveiller l'impression de ses œuvres, soit avouées, soit anonymes, auxquelles l'intérêt du commerce autant que le goût des lettres garantissait la tolérance des magistrats genevois. Descartes avait cherché jadis une retraite obscure pour penser : Voltaire se fit une solitude éclatante pour agir ; les Délices et Fernei lui firent comme un petit royaume : toute l'Europe le voyait de loin, assis, comme le dieu des tempêtes, entre les Alpes et le Jura, et la philosophie eut son lieu de pèlerinage, où les adeptes des idées nouvelles devaient, durant vingt ans et plus, venir saluer leur patriarche, et où affluèrent jusqu'aux souverains.

Voltaire avait inauguré dignement sa prise de possession par sa belle *Épître à la Liberté* (1755) : les Alpes et les héroïques traditions de l'Helvétie républicaine l'avaient bien inspiré ; cependant, cette période fut la plus pénible de sa vie morale. Les illusions perdues auprès de Frédéric avaient laissé de l'amertume dans son âme ; les fléaux qu'en ce moment même la nature et les rois déchaînaient à l'envi sur l'humanité, ébranlèrent son imagination et attristèrent son cœur. Un tremblement de terre, qui remua l'Occident depuis le Sahara jusqu'à la mer du Nord, venait de ruiner les principales villes du Maroc et de renverser Lisbonne sur des milliers de cadavres (novembre 1755); la guerre de Sept Ans commençait par les gigantesques pirateries de ces Anglais que Voltaire avait célébrés comme une nation de sages et continuait par l'extravagante invasion française que madame de Pompadour précipitait sur l'Allemagne. Entouré de tant de malheurs, de crimes, de folies, le disciple de Shaftesbury et de Bolingbroke sentit se briser dans son esprit cette théorie de l'optimisme qui avait été longtemps le lien de ses pensées, et à laquelle le cours de la vie avait déjà porté bien des atteintes. De là, le poëme sur le *Désastre de Lisbonne* et le roman de *Candide*, même pensée exprimée sous deux formes si opposées : ici, un hymne de douleur rapide, déchirant, pathétique jusqu'au sublime, s'élevant vers Dieu comme la plainte de la malheureuse humanité ; là, une longue et âcre satire, où le *tout est bien* de l'optimisme devient le texte d'inépuisables railleries en action ; rire amer, gaieté sardonique, qui mord le cœur d'une dent aiguë. *Candide* est de tous les ouvrages de Voltaire celui qui a été le plus mal jugé : on lui en a fait un crime égal à l'impardonnable égarement de la *Pucelle*; on y a vu un jeu cruel, une dérision impie du genre humain, l'œuvre d'un génie satanique ; on a tout à fait méconnu l'état moral de l'écrivain à l'époque où l'œuvre fut conçue. Ce livre est assurément très-pénible à lire ; mais le lecteur ne souffre que parce que l'auteur a souffert. Cette âme si mobile, si armée par sa mobilité contre la douleur, n'éprouva peut-être jamais de telles anxiétés qu'au moment où elle éclatait ainsi en rires convulsifs.

Candide est, à vrai dire, une démission de tout système. Voltaire abandonne toute explication de l'homme et de l'univers, et reste suspendu dans le vide à un déisme vague et obscur, sans causes finales, sans enthousiasme et sans consolations.

Il n'a plus de système : d'autres vont faire un système d'après lui, au delà de lui, malgré lui ; on va conclure de son sensualisme inconséquent au fatalisme et au matérialisme pur, de son déisme dépourvu de base et de sanction à l'athéisme ou au scepticisme universel. Des penseurs plus éloquents et plus autorisés, des cœurs plus honnêtes que La Mettrie, vont suivre jusqu'au bout la vieille route d'Épicure et de Lucrèce, le grand chemin du néant.

On n'y marche pas tout droit. Le mouvement est varié, compliqué, embarrassé de contradictions singulières. Il faut nous engager dans ce labyrinthe dont chaque détour offre un enseignement et signale un écueil à la postérité. Dès l'entrée apparaît la plus éclatante des contradictions que nous dénoncions. Un nouveau système de métaphysique est formulé à l'usage des sensualistes et des fatalistes par un philosophe qui n'est ni l'un ni l'autre, et qui, spiritualiste et presque idéaliste, prête au matérialisme, sans le vouloir, l'arme la plus redoutable.

Voltaire avait introduit Locke en France et imbu tous ses ouvrages des principes de Locke ; mais il n'avait rien ajouté à ces principes et n'avait point publié son propre *Traité de métaphysique*, qui, d'ailleurs, n'a ni la méthode ni la rigueur d'un système. Chose caractéristique : l'homme qui donne au xviiie siècle sa formule métaphysique, si éminent que soit son mérite, trop rabaissé de nos jours, n'est point un des grands génies de l'époque, un de ces noms éclatants qui retentiront à jamais dans la mémoire des multitudes. C'est que le xviiie siècle est un siècle polémique et politique bien plus que métaphysique : ce n'est pas là qu'est sa gloire.

L'abbé de Condillac[1], esprit lucide, écrivain correct et pur,

---

1. Né à Grenoble en 1715.

moins pratique, moins mêlé à la vie active, mais plus dialecticien et surtout plus géomètre que Locke, semblait, par la nature de son intelligence, devoir se rattacher au cartésianisme plutôt qu'à la doctrine importée d'Angleterre. Dans le premier chapitre de son premier ouvrage, l'*Essai sur l'origine des connaissances humaines* (1746), il débute, en effet, par réfuter le doute de Locke, reproduit à satiété par Voltaire : « Si le corps peut penser? » et démontre, d'une façon solide et lumineuse, l'unité, la simplicité, l'indivisibilité de l'âme ou du sujet pensant. Il va plus loin, et semble induire non-seulement que l'âme existe, mais qu'elle est la seule existence certaine. « Soit que nous nous élevions dans les cieux, soit que nous descendions dans les abîmes, nous ne sortons point de nous-mêmes, et ce n'est jamais que notre propre pensée que nous apercevons. » — « Les modifications de l'âme, dit-il ailleurs, deviennent les qualités de tout ce qui existe hors d'elle. »

Que doit-on attendre de ce point de départ, sinon un développement, ou, tout au plus, une réforme du rationalisme? un effort pour relever l'école métaphysique française? S'il y a danger, on peut croire que ce sera du côté du scepticisme idéaliste, de cette théorie qui refuse la certitude au monde extérieur, insuffisamment démontré par la raison pure.

Étrange infirmité de l'esprit humain! c'est ce même philosophe qui va pousser le système de la sensation plus loin que Locke, le constituer, du moins en apparence, avec une rigueur que n'a point eue celui-ci, et balayer de ce système tout ce qui fait encore obstacle au matérialisme.

Écarter de la métaphysique les hypothèses et les ambitions téméraires; savoir se borner aux limites que la nature a fixées à l'esprit humain, tel est le but que Condillac se propose. « Le premier objet, dit-il, doit être l'étude de l'esprit humain, non pour en découvrir la nature inexplicable, mais pour en connaître les opérations. Il faut remonter à l'origine de nos idées, en développer la génération et les suivre jusqu'aux bornes prescrites par la nature, pour fixer l'étendue de nos connaissances et renouveler l'entendement humain, en le limitant à ses vrais objets. »

Dès les premiers pas, a-t-on objecté, ne sommes-nous point déjà hors ae l'observation et de l'analyse, qui commenceraient, elles, par constater quelles sont et ce que sont nos idées, avant d'en rechercher l'origine dans le berceau de notre obscure enfance? Remonter par un *à priori* à cette origine, qu'on ne peut observer directement, n'est-ce pas précisément débuter par une hypothèse?

« Mon dessein, poursuit-il, est de rappeler à un seul principe tout ce qui concerne l'entendement humain. » Ici, point de doute, nous sommes bien dans l'*à priori* et dans l'hypothèse!

Ce principe, c'est que toutes nos idées, toutes nos connaissances, viennent des sens; que la perception ou sensation est la première opération de l'âme et celle qui, en se transformant, devient successivement toutes les autres. La conscience, l'attention, la réminiscence, ne sont que les trois degrés de la sensation transformée, puis subissent de nouvelles transformations. Locke est ainsi dépassé. Il avait réservé, à côté du principe passif de la sensation, le principe actif de la réflexion; ici, la sensation est tout. Condillac, cependant, croyait à l'activité propre de l'âme. On peut citer de lui tel passage très-explicite sur la force, sur le rôle actif de la réflexion, passage qui paraît inconciliable avec les formules de son système; c'est que, pour arriver à son principe unique, il avait confondu l'actif et le passif, la réflexion et la sensation, et croyait la sensation même active. Mais ses disciples ne devaient pas s'arrêter à cette confusion de termes et devaient pousser la théorie à ses conséquences logiques, en suivant le sens commun quant à la passivité de la sensation.

Ce n'était pas la peine d'écrire un traité *des Systèmes* contre les systèmes (1749), d'attaquer si vivement, au nom de l'observation et de l'expérience, les principes abstraits et les hypothèses de Platon ou de Descartes, de Malebranche ou de Leibniz, pour aboutir soi-même à un système beaucoup moins spécieux que ceux qu'on attaquait. Descartes, du moins, avait assuré son premier principe et ne fait d'hypothèses qu'en partant de ce qui est audessus des hypothèses.

C'est dans le *Traité des sensations* (1754) que la théorie de Condillac est achevée[1]. Nous ne le suivrons pas dans son fameux

---

[1] Ce traité fut préparé en collaboration avec une femme, mademoiselle Ferrand, qui mourut avant la rédaction de l'œuvre commune.

roman métaphysique de la *Statue animée*. Un philosophe fataliste et matérialiste n'eût pas disposé autrement son plan ; ce ne sont plus seulement les idées innées, mais les facultés essentielles de l'esprit qui paraissent niées ici ; l'esprit n'est plus qu'une table rase ; l'âme est absolument vide avant que la sensation soit venue écrire sur cette table. Cette *statue*, cette étendue inerte qu'il prend pour sujet et qui n'offre pas le moindre rapport avec l'être réel, avec l'homme naissant, nature active par essence et dès son origine, il l'éveille à la vie, on ne sait comment, par une première sensation, principe, non-seulement de toutes les idées, mais des facultés mêmes, qui ne sont que des habitudes acquises et non des dispositions préexistantes. Le désir, la volonté, ne sont, comme les idées et les facultés, que des sensations transformées. Nos idées sont toutes relatives à notre manière de sentir et représentatives des objets de nos sensations : il n'y a donc point d'idées absolues et générales. Le *moi* de la *Statue*, sa personnalité, n'est que la collection des sensations qu'elle éprouve et de celles que la mémoire lui rappelle. Les idées morales mêmes ne sont point indépendantes des sens : la moralité des actions ne consiste que dans leur conformité avec les lois ; or, ces actions sont visibles, et les lois également, puisque les lois sont des conventions faites par les hommes ; conventions, il est vrai, qui ne doivent point être arbitraires, mais dictées par la nature d'après nos besoins et nos facultés.

Tout cela est bien peu métaphysique, si la métaphysique est la science des principes et des causes : les lois sont autrement définies par Montesquieu !

Nous n'ignorons pas que Condillac sous-entend toujours l'être un et simple, la substance sous les phénomènes ; mais, après lui, on supprimera ce sous-entendu, et, d'ailleurs, cet être, s'il existe, existe sans liberté. Condillac a beau se débattre contre cette conséquence : il a beau écrire un traité *du Libre Arbitre* et chercher à prouver l'existence de Dieu ; la sensation ne saurait donner ni Dieu ni la liberté ; elle ne peut arriver ni au principe de causalité ni aux idées générales.

Il a fallu que l'esprit français fût absorbé par une préoccupation singulière, pour qu'un tel système régnât quasi sans conteste sur la métaphysique pendant plus d'un demi-siècle [1] ; il a fallu qu'on fût bien dévoyé du chemin de la vérité abstraite et bien absorbé par la lutte des réalités. Depuis un autre demi-siècle, la doctrine de la sensation, chassée de la philosophie, mais réfugiée dans les sciences, n'a laissé que trop de traces dans les idées et dans les habitudes des générations actuelles.

Quelles qu'aient été les erreurs de Condillac et leurs funestes conséquences, il gardera sa place dans la chaîne sacrée de la philosophie ; il a eu le mérite de faire cesser entre les facultés et les idées une confusion où s'étaient égarés ses plus illustres devanciers ; il a cherché à analyser les facultés de l'âme et à reconnaître leur lien et leur ordre, et, quoiqu'il n'y ait pas réussi, on doit lui tenir compte de l'exemple et de l'effort. Il a rendu un service plus grand encore ; si l'on dégage sa véritable pensée de ses formules erronées, on reconnaît que personne depuis Descartes n'a apporté un appui plus efficace à la doctrine de l'unité de l'être humain. Descartes avait dit que tout le propre de l'âme n'est que de penser ; cette définition excessive et incomplète, à moins de forcer le sens du mot *penser*, laissait une certaine prise, soit à la critique matérialiste, soit aux vieilles opinions scolastiques sur les deux âmes, la raisonnable et la *sensitive*. Condillac, en définissant l'âme une substance qui sent, une substance capable de sensation, complète Descartes [2]. Il établit explicitement ce qui était au fond dans Descartes, que l'âme seule sent à l'occasion des organes, que tout est dans l'âme, et applique franchement ce

---

1. Jusqu'à La Romiguière, qui, tout en défendant Condillac contre l'imputation de matérialisme, renversa sa théorie, en substituant à la sensation le principe actif et volontaire de l'attention comme point de départ de tout un système des facultés et des opérations de l'âme. Avec lui commença de se relever, en France, la métaphysique. On a trop oublié que La Romiguière a précédé Royer-Collard, et que la renaissance philosophique date en France de 1811, et non de la Restauration. — Il y a eu, au XVIIIe siècle, des anneaux intermédiaires entre Condillac et La Romiguière. Ainsi, Euler, dans les considérations métaphysiques que renferment les *Lettres à une princesse d'Allemagne*, démêle très-bien l'attention de la sensation ; mais il se trouble après ce premier pas et n'arrive pas jusqu'à un vrai système des facultés de l'âme. Le naturaliste philosophe de Genève, Charles Bonnet, dans son *Essai analytique sur les facultés de l'âme* (1760), reste encore en deçà d'Euler et plus près de Condillac.

2. Et Leibniz. Descartes dit : l'âme est une pensée. Leibniz dit : l'âme est une force, une activité. Condillac dit : l'âme est une *sensibilité*.

principe à tous les êtres animés que Descartes avait relégués dans le monde de la mécanique. *Je sens, donc je suis, donc j'ai une âme* (ou, plutôt, *je suis une âme*), n'est pas moins vrai que *je pense, donc je suis;* seulement, on n'en peut pas faire la base d'une méthode, puisque, pour philosopher, il ne suffit pas d'être une passivité qui sent, il faut être une activité qui pense; c'est là que Condillac s'est trompé fondamentalement [1].

Condillac, homme de mœurs graves, d'esprit circonspect, n'alla peut-être pas même, pour son propre compte, jusqu'au déisme et ne se mit jamais en hostilité avec la religion dont il portait l'habit. Il était bien loin d'admettre les conséquences morales qui se peuvent déduire logiquement de la métaphysique sensualiste, et la sienne, comme on vient de le voir, ne l'était que par malentendu. Un autre tira ces conséquences sans réserve et sans scrupule.

Cet autre fut Helvétius [2], homme d'esprit et de plaisir, d'un excellent naturel, mais beaucoup plus propre à jouer dans le monde le rôle d'un riche bienfaisant, demi-littérateur, demi-Mé-

1. Il n'est pas permis de quitter Condillac sans rappeler deux ouvrages pleins de vues profondes et hardies, la *Grammaire* et la *Langue des Calculs*, qui auraient suffi pour illustrer sa mémoire. On a voulu attribuer à sa théorie sur la formation des langues et sur la nécessité des signes un caractère matérialiste qu'elle n'a pas. Il a fort bien vu, comme Rousseau, que les signes et les sons n'ont rien d'arbitraire, que les premiers sont naturels, et que ceux qui viennent après sont imaginés selon l'analogie. Il reconnaît que, de même que les besoins précèdent les connaissances, les connaissances précèdent les mots, puisque nous ne faisons des mots que pour exprimer des idées que nous avions déjà ; seulement les mots, les signes *artificiels* (non point *arbitraires*), sont nécessaires pour nous fournir les moyens d'analyser les pensées qui se présentent simultanément dans notre esprit, pour décomposer les opérations de l'âme et nous donner des idées distinctes de ces opérations, ainsi que des objets extérieurs.

En somme, sa théorie est que l'homme *pense*, mais ne *raisonne pas*, sans le secours du langage ; que les idées simples qui nous sont communes avec les animaux, précèdent le langage ; que les idées générales, auxquelles les animaux ne peuvent s'élever faute de la faculté qui découvre les signes, ne se manifestent qu'à l'aide du langage.

Nous ne discuterons pas, mais nous devons mentionner son fameux axiome : que toute science n'est qu'une suite de propositions identiques ; *qu'on va du même au même ;* qu'une science de raisonnements consiste non dans un progrès d'idées, mais dans un progrès d'expressions ; c'est-à-dire que tout est renfermé dans l'idée première qu'il s'agit seulement de développer. — Son vaste *Cours d'Études*, composé pour l'éducation de l'héritier de Parme, offre partout à la fois les préceptes et les exemples de la méthode analytique où il excelle.

2. Né en 1715, et fils du célèbre médecin de ce nom.

cène, qu'à se lancer dans les hautes spéculations de la pensée abstraite.

Fermier général, il avait donné le spectacle tout nouveau d'un défenseur du pauvre, dans ces fonctions qui ne montraient d'ordinaire aux contribuables que des tyrans. Retiré des affaires avec une grande fortune dont il faisait le plus honorable usage, il entreprit un ouvrage de théorie, où il résuma et exposa sans voile les opinions qui avaient cours autour de lui dans la société.

Le livre de l'*Esprit* parut en 1758. Le titre est mal justifié. L'analyse de l'esprit humain n'est que l'introduction et non le sujet du livre. Le but d'Helvétius est de déterminer quel est le mobile des actions et des jugements humains; en d'autres termes, quel est le principe de la morale. Il débute par répéter Condillac en le poussant à l'extrême. Il avance que la cause de notre supériorité sur les animaux est dans la différence de notre organisation physique, et surtout dans la forme de nos mains. Condillac n'eût pu le désavouer; car il avait dit que, si les bêtes n'ont pas les mêmes facultés que nous, c'est que l'organe du tact est moins parfait chez elles; mais ce que Condillac n'eût jamais accordé, et ce qui se déduit pourtant logiquement du système de la sensation, c'est que la liberté morale est une chimère. « Nos volontés, dit Helvétius, étant des effets immédiats ou des suites nécessaires des impressions que nous avons reçues, un traité philosophique de la liberté ne serait qu'un traité des effets sans cause. »

Il va sans dire qu'Helvétius soutient Locke et Voltaire contre Condillac sur la question : *Si le corps peut penser?* Il va plus loin. Le mot matière ne signifie plus que la collection des propriétés communes à tous les corps; c'est-à-dire, apparemment, que la matière, comme l'esprit, ne sont que des mots; qu'il n'y a pas de substance; qu'il n'y a que des qualités sans sujet. La propriété de sentir est, dans son opinion, commune à tous les corps même inorganiques.

De cette métaphysique, il se hâte de passer à la morale.

L'homme n'étant qu'un être *sensible* (il veut dire *sensitif*), ne peut avoir naturellement qu'un but, le plaisir des sens. Tout y aboutit directement ou indirectement. Le bien est ce qui contribue à nos plaisirs; le mal, ce qui blesse nos intérêts. L'intérêt est la vraie mesure de nos jugements et le principe de nos actions. La probité est l'habitude des actions utiles à la société. La vertu est ce qui est conforme, le vice, ce qui est contraire à l'intérêt public; les actions sont indifférentes en elles-mêmes, c'est-à-dire qu'il n'y a ni vice ni vertu par rapport à nous-mêmes, à notre *intérieur*, ni vice ni vertu en soi. Ces sortes de vertus relatives à nous-mêmes sont des vertus de préjugé (la pudeur, par exemple). Ce qui est vice au point de vue religieux n'importe pas au bien public. Il faut plaindre le vicieux d'avoir ces goûts et ces passions qui le *forcent* de chercher son bonheur dans l'infortune d'autrui; car, enfin, on obéit toujours à son intérêt : l'univers moral est soumis aux lois de l'intérêt, comme l'univers physique aux lois du mouvement. Il est aussi impossible d'aimer le bien pour le bien que d'aimer le mal pour le mal.

L'homme humain est celui pour qui la vue du malheur d'autrui est une vue insupportable, et qui, pour s'arracher à ce spectacle, est, pour ainsi dire, *forcé* de secourir le malheureux. L'homme inhumain est celui pour qui le spectacle de la misère d'autrui est un spectacle agréable. La plus haute vertu, comme le vice le plus honteux, est en nous l'effet du plaisir plus ou moins vif que nous trouvons à nous y livrer. — La nature n'est rien que l'habitude. — Les deux mobiles presque uniques des sociétés sont la faim chez les sauvages, l'amour (physique) chez les civilisés. — Une multitude de peuples vivent ou ont vécu en société sans idée de Dieu [1].

Comment donc parvenir à perfectionner la société? — En apprenant aux individus à trouver leur avantage dans le bonheur public. L'éducation est tout. L'esprit étant une *table rase* chez l'homme naissant, les intelligences sont naturellement égales. La différence d'éducation fait seule leur inégalité. Le hasard seul développe le génie chez certains hommes.

On voit par quel enchaînement d'idées Helvétius arrive, dans l'ordre moral, à se passer de Dieu; dans l'ordre politique, à induire implicitement une égalité qui n'est pas l'égalité des droits (il n'y a plus ici ni droits ni devoirs), mais une prétendue iden-

---

1. Il connaît aussi bien l'histoire que la nature humaine; c'est tout dire!

tité de fait entre les hommes. Il arrive à une démocratie matérialiste par le même chemin qui a mené Hobbes, plus logique et plus profond, à un despotisme athée. Hobbes avait bien vu que le pouvoir absolu était seul capable de maintenir un ordre matériel quelconque dans une société sans idéal et sans droit : il faut le lion pour commander aux loups.

Il importe de signaler ici le premier germe de la fausse démocratie qui devait être, pour un temps que nous ne pouvons mesurer encore, l'obstacle capital à l'institution de la cité nouvelle. Des génies fort supérieurs à Helvétius devaient s'égarer avec lui dans cette voie. Nous reviendrons là-dessus. Quant à sa théorie de l'égoïsme ou de l'intérêt, contentons-nous de quelques mots en passant. Il est bien sûr que l'homme ne peut partir que de soi, et qu'il y a toujours dans ses sentiments un rapport quelconque à lui-même ; il serait puéril de discuter sur ce point ; mais, si l'on appelle égoïsme ou intérêt tout sentiment qui nous intéresse d'une manière quelconque, on fait violence à la langue ; si l'on prétend que tout sentiment qui nous intéresse n'a que nous-mêmes pour but, on fait violence au sens commun. L'égoïsme, dans la langue de tout le monde, c'est ce qui nous renferme en nous-mêmes, ce qui ne considère autrui que comme la matière de nos jouissances ; tout ce qui nous fait aimer hors de nous, tout ce qui nous porte vers autrui ou vers les idées générales, qui se résument toutes médiatement ou immédiatement en Dieu, toute affection dirigée vers les autres créatures ou vers le Créateur, tout amour individuel, collectif ou divin, est le contraire de l'égoïsme, et nier la réalité de ces affections, nier, par exemple, qu'on aime le bien pour le bien, c'est ignorer profondément la nature humaine et la nature de l'être en général.

Le caractère distinctif d'Helvétius est cette audace de logique vulgaire qui décèle non point l'étendue, mais, au contraire, les bornes d'un esprit court et faux : les rapports complexes et mystérieux des choses lui échappent ; il nie ce qu'il ne voit pas et n'est jamais retenu par le sens commun, qu'il prend pour un préjugé [1].

---

1. Voir une bonne analyse d'Helvétius dans le *Cours d'histoire de la Philosophie moderne*, de M. Cousin, Ire série, t. III, leçons IV, V.

Ce livre médiocre eut un effet qui dépassa de beaucoup sa valeur propre : faut-il dire que la société contemporaine, qui avait posé devant l'auteur, reconnut son image? « C'est un homme qui a dit le secret de tout le monde ! » Ce mot terrible d'une femme d'esprit [1], qui condamnait toute une génération, n'était vrai qu'avec de grandes restrictions. Une furieuse tempête éclata dans les régions officielles : ce livre avait paru, sous le nom de l'auteur, avec privilége du roi, un censeur complaisant l'ayant approuvé sans vouloir le comprendre. La Sorbonne et l'archevêque de Paris fulminèrent; la cour dépouilla Helvétius d'une charge honorifique qu'il avait chez la reine; le parlement allait décréter contre lui; il se rétracta dans les termes les plus explicites et, l'on en doit convenir, les moins dignes. Sa doctrine n'était pas de celles qui font les martyrs. Personne ne prit au sérieux cette rétractation, et ce n'était pas là ce qui pouvait arrêter le mouvement d'idées auquel Helvétius avait servi d'organe. Trop de gens étaient heureux, sans en vouloir convenir, qu'on leur eût donné la théorie de leur pratique.

Jusqu'où cette théorie pouvait-elle conduire? Helvétius, s'il l'eût bien compris, eût été plus épouvanté encore que Condillac ne dut l'être de voir ce qu'Helvétius avait fait du système de la sensation. Tous les vices et tous les crimes étaient implicitement justifiés. Helvétius, qui est bon par nature, fait et conseille le bien, parce qu'il trouve plaisir à le faire : tel monstre de démence, qui aura détruit en lui-même les sympathies de l'instinct, n'aura qu'à appliquer le même principe en sens inverse, pour en faire sortir l'idéal du crime dans tel livre qui semble écrit par Tibère à Caprée, et pour anéantir, après la vertu, la nature elle-même; la nature, en effet, n'est qu'un mot comme le reste, selon le livre de l'*Esprit*.

Il suffit d'indiquer ces extrémités d'une logique monstrueuse; il n'est pas besoin d'insister sur de sinistres exceptions. Le mal qui frappe en grand cette société de mœurs douces et molles, n'est pas l'énergie du crime, la surexcitation des sens tournée au délire orgiaque et sanglant, comme sous l'ère des Césars, mais la

---

1. Madame de Boufflers.

sophistication des esprits, le dessèchement des cœurs, l'abaissement des âmes par la destruction de tout idéal. Helvétius a *maximé*, pour ainsi dire, la décadence prédite par Leibniz [1].

L'idéalité disparue des sciences morales, toute flamme est-elle donc éteinte? tout ce qui échauffe le cœur, tout ce qui élève l'esprit est-il évanoui? Ce siècle, si plein, après tout, de mouvement et de vie, va-t-il s'affaisser et croupir asphyxié dans un marais? — C'est impossible! L'ardeur inquiète des imaginations et des intelligences saura bien se créer un aliment : la passion, indestructible au fond de l'âme de la France, a bien pu être refoulée, mais non étouffée par les petits vices et les petits sophismes. Non, l'égoïsme sensuel n'est pas encore le *secret de tout le monde !* L'enthousiasme, chassé du domaine intérieur, du monde des esprits, se réfugie d'abord dans les sciences de la Nature, dans le grand spectacle de ce monde extérieur qui se dévoile de plus en plus à nos regards. Nous avons vu avec quel zèle sincère et quelle énergie Voltaire a chanté, commenté, popularisé Newton et provoqué la vérification vraiment sublime d'une des théories newtoniennes par nos courageux voyageurs français; mais Voltaire n'est, en physique, qu'un brillant vulgarisateur : ce n'est pas là le génie initiateur qu'attend chez nous la philosophie de la Nature. Il y touche avec éclat, comme à toutes choses; mais il ne fait que la traverser; il est trop bien l'héritier de cette littérature française si absorbée dans l'analyse de l'homme, il est trop bien le représentant de l'esprit social, le type même de la civilisation raffinée, pour être l'homme de la nature. Le sentiment des harmonies mystérieuses de l'univers, et ce qu'on a pu nommer la religion de la vie, manquent à son déisme rationel : il ne connut jamais la patience et le recueillement nécessaires pour surprendre les secrets de l'Isis éternelle.

Voltaire a contribué à répandre la science sans l'accroître : les savants français de la première moitié du siècle font avancer diverses parties de la connaissance humaine; mais aucun d'eux n'a cette vue synthétique qui embrasse et renouvelle l'ensemble d'une grande science : aucun n'a le sceau des génies créateurs.

---

1. Voir notre t. XV, p. 349.

Nous avons déjà nommé quelques-uns des hommes éminents qui soutiennent l'honneur de l'Académie des sciences, les Mairan [1], les Clairaut, les Fontaine, etc. La France savante garde la haute position qu'elle a conquise. Peut-être est-ce dans les mathématiques qu'elle a encore une prépondérance décidée. Un esprit supérieur s'y est révélé : d'Alembert, destiné plus tard à un rôle actif, quoique circonspect, dans une sphère moins paisible que celle de la géométrie. Fils naturel de la fameuse chanoinesse Tencin, abandonné, par ordre de sa mère, sur les marches de l'église Saint-Jean-le-Rond, recueilli et élevé par une pauvre vitrière, qui reste toujours pour lui sa véritable mère, quand l'autre voudrait en vain plus tard revendiquer un fils devenu illustre, il sort très-jeune de l'obscurité par des talents précoces au service d'un caractère indépendant et d'un esprit habile. En 1743, à vingt-six ans, son traité de *Dynamique* le place au sommet de la science contemporaine : son principe de l'*Égalité entre les changements qu'éprouve le mouvement des corps et les forces employées à produire ces changements,* détermine une vraie révolution dans la géométrie appliquée à la mécanique [2]. En 1746, il invente un nouveau calcul, le *Calcul intégral aux différences partielles,* instrument puissant pour les progrès ultérieurs. En 1749, il résout le problème de la *précession des équinoxes;* puis il publie des *Recherches sur différents points importants du système du monde.* Il parvient au plus haut rang parmi les hommes rares qui ont su marier à la solidité des sciences l'élégance des lettres; mais cet esprit clair, ferme, méthodique, qui n'a que de la lumière sans chaleur et de la raison sans imagination, est impropre aux sciences de la vie, comme Voltaire, mais par d'autres causes.

D'Alembert brille dans les mathématiques appliquées à la théorie des sciences physiques, de l'astronomie, de la mécanique, de

---

1. On lui doit, outre ses découvertes dans les sciences exactes, d'avoir, le premier chez nous, fait connaître les vrais caractères de la langue et de l'écriture chinoises, et préparé, sous plus d'un rapport, les grandes découvertes modernes sur l'idéographie égyptienne. Il fut auprès de l'Europe le vulgarisateur des travaux du père Parennin, ce jésuite qui joua un rôle si important et si original à la Chine, où il avait été conservé comme mathématicien, après la persécution de 1722.

2. Pendant ce temps, dans la mécanique pratique, les ingénieuses inventions de Vaucanson familiarisent le public avec les progrès de la science.

la physique générale. Les mathématiques pratiques, au moins la géographie et la géodésie, conservent également leur supériorité en France. Danville, continuateur de Delisle, recrée la géographie antique et rend d'inappréciables services à l'histoire. Jacques Cassini élève une perpendiculaire à la méridienne commencée par son père et achevée par lui : la France est ainsi mesurée de Collioure à Dunkerque et de Saint-Malo à Strasbourg. Le troisième Cassini (César-François) rectifie les travaux de son père et de son aïeul, et entreprend, avec Camus et Montigni, la grande carte de France en 1751 [1].

Dans l'astronomie d'observation, les étrangers rivalisent avec la France : il y a là une noble émulation. Les voyages scientifiques continuent. A deux reprises, en 1761 et 1769, d'abord parmi les périls de la guerre, puis après la paix de Paris, des astronomes français vont au bout du monde, dans les mers de l'Inde et de la Chine, en Sibérie, en Californie, observer les deux passages successifs de Vénus sur le disque du soleil : on connaît désormais la distance du soleil à la terre, à trois cent mille lieues près, c'est-à-dire à environ un centième près, tandis qu'auparavant l'incertitude était de huit à dix millions de lieues. Les noms de Le Gentil, du génovéfain Pingré, de l'abbé Chappe, méritent place auprès de ceux des Bouguer, des La Condamine, des Clairaut. L'abbé Chappe meurt martyr de la science dans ces mêmes régions où tant de hardis aventuriers doivent un jour arracher l'or des entrailles de la terre au prix de moins nobles souffrances [2]. Un autre savant voyageur, l'abbé de La Caille, a donné la méthode la plus facile pour calculer la longitude en mer d'après l'observation de la lune (1755). On commence, d'après son plan, l'*Almanach nautique*, qu'on ne termine pas et que les Anglais nous

---

1. La première organisation du génie civil date de cette époque. Cassini forma un corps d'ingénieurs pour exécuter sa carte. Il mourut en 1784 et l'œuvre fut achevée en 1790 par son fils, Jacques-Dominique. On a peu d'exemples d'une pareille hérédité de talents spéciaux.

2. A la même période appartient un autre voyage célèbre, le premier voyage autour du monde qu'ait exécuté un vaisseau français, celui de Bougainville (1764-1766). Les Anglais et les Hollandais avaient déjà fait une quinzaine de ces expéditions. La découverte de Taïti et les observations sur les mœurs de ses habitants, à une époque où l'on était si préoccupé de l'*état de nature* et de tout ce qui semblait s'en rapprocher, valut une grande popularité à la relation de Bougainville.

enlèvent l'honneur d'achever (1767). Lalande, élève de La Caille, organise, pour ainsi dire, l'astronomie, en groupant les adeptes de cette belle science : il écrit son grand *Traité d'astronomie* (1764) et prend, durant quinze ans, la part principale à la rédaction de la *Connaissance des Temps* (1760-1775). Messier publie, en 1771, le catalogue des *Nébuleuses*.

L'histoire doit aussi un souvenir aux habiles artistes qui perfectionnent les instruments de la science, nouveaux organes qui centuplent la puissance des organes que nous a donnés la nature; ainsi Lepaute, qui a fait faire de si grands pas à l'horlogerie, tandis que sa femme, collaboratrice de Clairaut et de Lalande, prenait part aux progrès de l'astronomie; ainsi Leroi et Bertaud, auteurs des montres marines expérimentées sous toutes les latitudes par le père Pingré.

Dans quelques autres branches de la connaissance humaine, la France ne fait pas une aussi grande figure. La chimie, cette science nouvelle qui se dégage de plus en plus des vieux rêves alchimiques, présente chez nous des travaux estimables ; mais les découvertes essentielles sur les gaz, sur les vrais éléments des corps, se font à l'étranger. La théorie de la chimie est cependant encore à faire, et la France doit prendre avant peu une glorieuse revanche. Des doctes leçons que professe Rouelle [1] au Jardin des Plantes, va éclore ce Lavoisier destiné à systématiser la science qui introduit l'homme dans le mystérieux laboratoire de la nature, et qui lui révèle non plus seulement les propriétés, mais la composition et la décomposition des corps inorganiques.

Ce n'est pas non plus à la France que revient la gloire des éclatantes découvertes qui s'opèrent dans la partie la plus obscure et jusqu'alors la plus insaisissable de la physique, dans l'électricité. Et cependant, avant Franklin, un Français, Duhamel-Dumonceau, savant universel, avait affirmé l'identité du fluide électrique et de la foudre [2]. Franklin développe cette idée, en fait la théorie, puis la prouve par de courageuses expériences qu'exé-

---

1. C'est à lui qu'appartient la classification des sels.
2. Parmi d'innombrables travaux de botanique, d'agronomie, de météorologie, de physique, de chimie, on lui doit la première théorie des engrais. — Sur ses titres, voyez Hoëfer, *Hist. de la Chimie*, t II, p. 396.

cutent en même temps en France Dalibard et Lemonnier (1752).

Nous touchons enfin à l'histoire naturelle proprement dite et à sa branche la plus élevée, la science de la nature animée. Durant la première moitié du siècle, un esprit sagace, pratique, ingénieux et actif, avait jeté un vif intérêt sur quelques parties de la zoologie. C'était ce Réaumur, qui se signala en appliquant si heureusement la physique et l'histoire naturelle à l'industrie, et, réciproquement, les observations recueillies dans les pratiques industrielles aux études scientifiques. Il enseigne l'art de convertir le fer en acier (1722), l'art de fabriquer le fer-blanc (1725), commence pour la porcelaine (1727-1739) les essais que poursuivent plus tard, avec un plein succès, les chimistes Darcet et Macquer, et qui aboutissent à la belle création de Sèvres ; il invente un nouveau thermomètre par l'application d'une idée de Newton (1731)[1] ; il a reconnu, après Palissi, l'intérêt mystérieux qu'offrent à la science les vastes bancs de coquillages fossiles qu'on appelle *falun* en Touraine et qui doivent se retrouver sur tant d'autres points (1720) ; enfin, après une foule de mémoires sur l'histoire naturelle, il publie, de 1734 à 1742, ses célèbres *Mémoires pour servir à l'Histoire des Insectes,* vrai chef-d'œuvre, malheureusement incomplet. Personne n'a répandu plus d'attrait sur la science : rien de plus fin ni de plus délicat que l'art avec lequel il pénètre dans ce monde si nouveau et si varié des petits êtres. On sent en lui la vie et non plus seulement la mathématique de la nature ; il est un des précurseurs de l'éclatant génie qui va se lever sur les sciences naturelles.

Les découvertes se multiplient : de grands faits, des lois importantes, quoique isolées encore, sont reconnus, soit dans la géologie, soit dans la voie zoologique ouverte par Réaumur ; ainsi, un des esprits les plus originaux et les plus élevés du siècle, le Genevois Charles Bonnet, reconnaît, tout jeune encore, que certains insectes se reproduisent sans accouplement (1740), et confirme, par ses expériences, la découverte plus étonnante encore

---

[1]. La construction de cet instrument, seul employé en France pendant un siècle, repose sur le choix des deux points extrêmes de la graduation, à savoir : la congélation de l'eau et l'ébullition. On n'y a opéré qu'un changement nominal dans le nombre des degrés.

de Trembley sur les polypes et sur plusieurs espèces de vers qui se reproduisent indéfiniment par incision, à la manière de ceux des végétaux qui se multiplient par boutures. Ces êtres singuliers paraissent, comme l'établit le grand botaniste Bernard de Jussieu, relier les deux règnes de la vie animale et de la végétation, tandis que la nature inorganique elle-même semble rattachée à la nature vivante par l'existence animale que constate Peyssonel chez les coraux, les madrépores et d'autres immobiles habitants des mers.

Une vive attention se porte sur notre terre et sur les êtres qui l'habitent, sur les origines et les phases inconnues de cette terre et de ces êtres. Cette curiosité redouble à mesure que l'on plonge un regard plus hardi, par delà notre atmosphère, dans les profondeurs du monde sidéral. Quand l'homme étend si loin ses notions, il faut à plus forte raison qu'il connaisse son habitation, les races qui la partagent avec lui, et sa propre race. C'est là évidemment que doit se manifester quelque grande intelligence qui relie synthétiquement tous ces faits et toutes ces idées, et qui fascine les imaginations en faisant comme un soleil de tous ces rayons épars. La nature seule peut tenir lieu d'idéal, en quelque sorte, et rendre une poésie aux âmes inquiètes que le matérialisme a bannies des mondes supérieurs.

A côté des découvertes, et surexcitées par elles, les hypothèses, tant honnies par Voltaire et par l'école expérimentale, subsistent dans les sciences naturelles et y entretiennent une fermentation salutaire. Un livre mêlé de rêveries, de suppositions sans fondement et de vues profondes, le *Telliamed, ou Entretiens d'un philosophe indien avec un missionnaire français* [1], vient d'exciter beaucoup d'étonnement et une espèce de scandale. L'auteur y avance que les montagnes ont été formées par les courants de la mer, comme le prouvent les dépôts de substances et de coquilles marines répandus dans l'intérieur des terres; que tous les êtres vivants, l'homme comme les autres, sont sortis de la mer. Voltaire se moque beaucoup de l'*homme-poisson* et des montagnes

---

1. Ouvrage posthume d'un ancien consul de France en Égypte, nommé de Maillet, et qui avait déguisé son nom sous l'anagramme de *Telliamed*. Mort en 1738.

formées par les coquilles; mais le système *neptunien* ne semble pas si ridicule à tout le monde.

Tous ces essais sont les préludes des grandes choses qui vont éclore.

Sur une hauteur que dominent de longues collines d'un aspect sévère, au centre d'un paysage assez recueilli et solitaire, quoique dans le voisinage de la petite ville bourguignonne de Montbard, une vieille tour s'élève du milieu d'un bois d'arbres verts : c'est dans ce domaine, à quelques lieues de la patrie de Bossuet, que naquit, le 7 septembre 1707, l'enfant qui devait être le rival en éloquence de l'auteur du *Discours sur l'histoire universelle*, le Bossuet du naturalisme. Georges-Louis Leclerc de Buffon, fils d'un conseiller au parlement de Dijon, se montra résolu, dès sa première jeunesse, à consacrer aux sciences la liberté et les moyens d'action que lui assurait une grande fortune. Mais il ne manifesta point d'abord de vocation spéciale, et il exerça largement son esprit dans diverses parties de la connaissance humaine où ne figurait point la zoologie. Il parcourut une partie de la France et de l'Italie, et visita les Alpes avec deux amis anglais qu'il accompagna ensuite dans leur patrie : ce furent là tous les voyages de cet homme qui devait parcourir incessamment la terre entière par la pensée. Il débuta, après son séjour en Angleterre, par traduire la *Statique des végétaux*, de Hales, et le traité des *Fluxions*, de Newton. Comme pour payer son tribut à l'esprit du temps, il attaque les hypothèses dans sa préface. Divers mémoires de géométrie, de physique, d'économie rurale et forestière, le font connaître à son retour d'Angleterre. On remarque déjà quelque chose de colossal dans son imagination et dans ses procédés : il fait ses expériences sur une échelle énorme; il veut renouveler le miroir avec lequel Archimède dérobait les feux du soleil pour incendier les flottes ennemies. L'Académie des sciences l'avait appelé dans son sein dès l'âge de vingt-six ans : les plus sagaces parmi les savants pressentaient son avenir. En 1739, l'intendant du Jardin royal des Plantes, Dufay, physicien et naturaliste estimable, connu par des découvertes sur l'électricité, se sentait dépérir, jeune encore, d'une maladie de langueur. Le Jardin des Plantes n'avait guère été jusqu'à lui qu'une succursale de la Faculté de médecine;

il avait commencé d'en élargir les collections et l'enseignement, et comprenait qu'il y avait quelque chose de plus grand à entreprendre. Il signa, d'une main mourante, la demande au ministre de lui donner Buffon pour successeur. Buffon accepta ce noble legs, qui décida de ses destinées et qui lui fournit les moyens de fixer et de réaliser les pensées vastes, mais vagues encore, qui s'agitaient dans son cerveau. Il résolut de faire du Jardin des Plantes le temple de la nature et de s'en faire le pontife et l'historien.

L'histoire naturelle devient dès lors le but unique de ses éclatantes facultés. Doué d'une force de volonté extraordinaire, pendant près de soixante ans, il consacre chaque jour le même nombre d'heures au travail. Ni les plaisirs du jeune âge, ni les infirmités de la vieillesse n'empiètent jamais sur l'étude. Dans sa jeunesse, il se faisait arracher violemment de son lit à cinq heures du matin, quand il était rentré à deux heures des soupers de Paris. Organisation puissante, mais incomplète, ce qui lui manque renforce d'autant ce qu'il possède. Sa sérénité, son équilibre, reposent moins sur l'harmonie des éléments essentiels de l'homme que sur l'atrophie de l'élément qui enfante les orages, sur l'absence des passions du cœur. Tout est sacrifié à l'intelligence. La vie physique n'est pas comprimée chez lui, comme chez les penseurs ascétiques : elle est livrée, au contraire, à l'instinct avec insouciance, tandis que toute la vie morale se concentre dans la science, aimée à la fois pour elle-même et comme instrument de gloire. La gloire est sa seule passion. Ni l'amour de la femme, ni la haine des abus sociaux, n'excitent ou ne troublent son âme. L'amour de l'humanité, au lieu de la forme militante du temps, prend chez lui la forme scientifique. Il aime l'humanité en l'éclairant, en élargissant ses horizons. Il ne prendra pas pour devise, comme un autre grand homme plus dévoué et plus malheureux : *Vitam impendere vero*[1]; tout en servant la vérité, ou ce qu'il croit la vérité, il la voilera quelquefois; il ménagera tout; il sacrifiera beaucoup pour obtenir de poursuivre en paix son œuvre : la magnificence de cette œuvre est son excuse devant la postérité.

---

1. Sacrifier sa vie à la vérité. Devise de Rousseau.

Quelles prodigieuses visions durent l'assaillir, lorsque la nature se présenta à lui comme un seul être dont il avait à décrire les formes et à raconter les vicissitudes ! lorsque jaillit de son cerveau le plan d'une histoire générale de la terre et de la vie sur la terre ! La conception s'élance sur des ailes d'aigle : l'exécution se traîne à pas de tortue, même pour le plus fort et le plus actif. Toute une existence ne suffit pas à réaliser la pensée d'un seul instant, et Buffon ne devait, suivant l'expression du grand historien de la littérature au xviiie siècle [1], parcourir que quelques rayons du cercle immense qu'il s'était tracé. Les études préparatoires lui manquaient : il s'efforce d'y suppléer par la puissance du travail et de la méditation [2]; il voit devant lui un fanal qui le guidera sur l'obscur océan des êtres; c'est ce qu'on nommera plus tard la théorie des *faits nécessaires*, vrai flambeau, en effet, de ce monde physique où tout est soumis à des lois qui s'enchaînent rigoureusement. Idée sublime, mais d'une témérité héroïque : quel œil humain ne se troublera pas sur l'enchaînement des *faits nécessaires!* Descartes s'y est perdu!... Ce n'est que par ces téméraires qu'avance l'esprit humain.

Les organes physiques font défaut à Buffon comme les études spéciales : son œil myope est impropre à l'observation; il se complète en s'associant son compatriote Daubenton, habile et infatigable expérimentateur qui est l'œil et la main où Buffon est la pensée [3]. Buffon traite seul les généralités de la géologie, partage les études zoologiques avec Daubenton, ne fait qu'effleurer théoriquement la botanique et abandonne cette science aux deux frères Jussieu, Antoine et Bernard, bien dignes, par leur esprit étendu et généralisateur, de marcher aux côtés de Buffon dans la route de la philosophie naturelle [4].

1. M. Villemain.
2. *Le meilleur creuset*, disait-il, *c'est l'esprit.*
3. Daubenton fut quelque chose de plus : il « avait le premier compris le principe général, le lien commun de tous les faits qui devaient servir de base à l'anatomie comparée. Il avait pris l'homme pour terme de rapport, et les animaux pour terme de comparaison. » Serres, *Organogénie*, ap. *Encyclop. nouvelle*, t. VII, p. 14.
4. La famille des Jussieu devait être, dans la botanique, ce qu'était la famille des Cassini dans l'astronomie et la géodésie. Un troisième frère, Joseph, avait partagé, comme botaniste, les fatigues et les périls de l'expédition de La Condamine, Bouguer et Godin au Pérou.

Le *Cabinet d'histoire naturelle* est créé par leurs efforts réunis [1].

Après dix ans d'incubation, la pensée de Buffon éclôt. Les trois premiers volumes de l'*Histoire naturelle* paraissent en 1749. Le public reste saisi d'étonnement devant la majesté du sujet et celle du langage. Au lieu de la phrase hachée, du trait jaillissant de Montesquieu, au lieu de la parole ailée de Voltaire, on retrouve l'ample phrase des anciens, aux larges et harmonieuses périodes, avec la clarté française de plus : c'est la parole qui expose et affirme, au lieu de la parole qui discute et qui combat; ce sont les idées des temps nouveaux exprimées avec l'accent solennel du XVIIe siècle et de l'antiquité romaine. S'il n'est pas de génie humain qui égale la majesté de la Nature, comme on l'a dit de Buffon par une excusable hyperbole, on peut dire au moins que jamais les merveilles de l'univers n'ont été célébrées dans une langue plus digne d'elles.

Bon nombre de beaux esprits, par frivolité, et une partie des savants, par d'autres motifs, ne virent guère d'abord dans Buffon que le grand *coloriste*, que le *style* : Buffon lui-même y aida par sa maxime : *le style c'est l'homme*; mais il fallait savoir l'entendre. « Le style n'est que l'ordre et le mouvement qu'on met dans ses pensées, » c'est-à-dire toute l'œuvre, moins l'inspiration première et le plan général. « Le style doit graver des pensées et non des paroles... Les idées seules forment le fond du style : l'harmonie des paroles n'en est que l'accessoire... Un beau style n'est tel que par le nombre infini des vérités qu'il présente... [2] »

La masse du public, elle, se laissa aller à l'impression de force et de grandeur qu'elle reçut, sans trop l'analyser; mais les hommes capables de comprendre ce que Buffon appelle le *fond du style*, c'est-à-dire les conceptions qui revêtaient cette forme magnifique, furent pénétrés d'une consciencieuse et profonde admiration : leur sentiment éclaira et conquit celui de la foule, à mesure que l'œuvre colossale de Buffon s'étendait avec sa gloire, durant près de quarante

---

1. Ce n'avait été d'abord qu'un simple *droguier*, ou collection de plantes médicinales. Dufay avait commencé d'y ajouter des minéraux; Buffon ébaucha les galeries zoologiques, qui n'ont pris leur magnifique développement qu'avec Étienne Geoffroy-Saint-Hilaire.

2. *Discours de réception à l'Académie française*; 1753.

années. Toutefois, Buffon ne devait être complétement et définitivement apprécié que de nos jours.

Dès le début, il monte seul droit au sommet qui l'attire, en signalant le danger des routes battues. Il voit déjà les sciences s'engager dans ce labyrinthe obscur des faits de détail où elles menacent de se disperser en rompant le lien qui les unit. « La métaphysique des sciences, s'écrie-t-il, est négligée, plus peut-être que dans aucun autre siècle : on se perd dans les méthodes de calcul et de géométrie, dans les formules et les nomenclatures ! » Et il attaque vivement les classifications, comme des divisions arbitraires de ce qui est lié dans la Nature par des transitions infiniment multipliées. « Il n'y a ni genres ni espèces dans la Nature : il n'y a que des individus [1] ! » — Erreur de croire que la Nature travaille sur un seul plan : la variété de son dessein et de ses opérations est infinie. — Erreur de conclure d'un être à l'autre, d'un règne à l'autre.

On dirait, à de telles paroles, qu'il n'aperçoit que la variété et non l'unité de la Nature; mais on s'abuserait sur sa vraie pensée. Cette variété lui apparaît comme formant un ordre, une chaîne, une série ou des séries de degrés presque insensibles, s'étendant en tout sens de l'être le plus parfait à la matière la plus informe. Ce sont les divisions de cette chaîne qu'il nie : il la voit continue et non subdivisée [2]. En termes scolastiques, il n'admet d'autre *universel* que la Nature.

Buffon a raison sur divers points dans ses critiques contre son contemporain et son rival, le Suédois Linné, le prince des classificateurs, qui avait, en 1735, ébauché, avec un génie aussi profond que patient, une méthode générale des deux règnes organi-

---

1. Il en vint bientôt à une opinion tout opposée quant aux espèces.
2. Voir *Hist. Naturelle, premier Discours; de la Manière d'étudier et de traiter l'histoire naturelle.* — C'est dans la *Contemplation de la Nature*, publiée de 1764 à 1765 par Charles Bonnet, un des plus éminents adeptes de la philosophie naturelle, que la chaîne des êtres est présentée sous l'aspect d'une échelle continue à série unique. Buffon n'a point développé d'opinion formelle à cet égard; mais ce qu'il dit contre l'unité du plan de la nature semble écarter d'avance le système de Bonnet et favoriser la théorie formulée de nos jours par M. Isidore Geoffroy-Saint-Hilaire sur les *Séries parallèles.* Voir aussi les indications contenues dans l'art. *Choucas; Hist. des Oiseaux.* Quant à l'idée de l'unité de type, elle n'est pas impliquée dans la négation de l'unité du plan de la nature. Buffon n'avait point encore effleuré cette idée.

ques de la Nature. Néanmoins, la guerre faite par Buffon aux méthodes est exagérée et contraire, dans ses conséquences extrêmes, aux intérêts de la science. Si les classifications n'ont pas une valeur absolue et ne peuvent embrasser la totalité des rapports naturels des êtres, elles ne sont pas cependant arbitraires, puisqu'elles embrassent une partie de ces rapports, et valent d'autant plus qu'elles en embrassent davantage. Ce sont des conceptions nécessaires de l'esprit humain, et Buffon lui-même est bien obligé de s'en faire une, puisqu'il classe les objets et les êtres suivant les convenances qu'ils ont avec l'homme, et spécialement avec l'homme civilisé d'Europe, méthode très-peu scientifique ; aussi finit-il par l'abandonner, dans la suite de ses travaux, pour se rapprocher de Linné et s'appliquer à perfectionner de main de maître ce qu'il avait décrié [1].

S'il dédaigne trop d'abord les méthodes spéciales, il pose la méthode générale et transcendante en termes dignes de Descartes. « La description exacte et la connaissance des faits particuliers n'est pas toute l'histoire naturelle. Il faut s'élever de là à quelque chose de plus grand ; c'est de généraliser les faits, de les lier ensemble par la force des analogies, et de tâcher d'arriver à la connaissance des effets généraux, causes des faits particuliers, causes secondes auxquelles notre esprit peut du moins s'élever, puisque les vraies causes lui sont insaisissables. »

Il applique immédiatement ces principes : de la région abstraite où il a plané un moment, il s'abat comme un aigle sur son sujet et prend possession de notre globe avant de toucher aux êtres qui le peuplent. Il résume et coordonne, dans l'*Histoire et Théorie de la Terre*, les travaux et les observations des Réaumur,

---

1. Voir son beau travail sur les singes. La méthode de Linné, perfectionnée, a subsisté dans la zoologie. Dans la botanique même, Linné ne s'était arrêté que provisoirement à une classification fondée sur un seul caractère, celui du sexe, et cherchait cette méthode plus générale et plus naturelle que poursuivait en même temps chez nous Bernard de Jussieu, et qu'ils trouvèrent tous deux. — Ce fut Jussieu qui rapporta d'Angleterre, dans son chapeau, le fameux *cèdre du Liban*, l'aîné de tous les cèdres qui existent en France. On lui doit l'acclimatation en France de beaucoup de végétaux étrangers. — Un autre botaniste français, Adanson, arriva également à la méthode naturelle, à celle qui s'attache aux caractères les plus généraux, les plus compréhensifs, dans ses *Familles des Plantes* (1763). Il avait conçu le plan gigantesque d'une Encyclopédie naturelle complète.

des Bourguet, des Buache et de tant d'autres pionniers de la géologie, depuis le vieux Palissi, comme il fera, dans l'histoire des êtres organisés, pour les découvertes des Peyssonel, des Duhamel-Dumonceau, des Needham, des Bonnet, des Trembley, etc.; il ajoute ses conclusions, et sa *Théorie de la Terre*, complétée, trente ans après, par son immortel ouvrage des *Époques de la Nature*, restera pour toujours le fondement de la science qui révèle à l'homme les fastes des âges antérieurs à l'homme, l'histoire d'avant l'histoire, l'histoire où l'on suppute, non par siècles, mais par périodes inconnues, qu'ont écrites sur l'écorce du globe le feu primitif ou l'Océan, son successeur.

L'*Histoire de la Terre* est, en effet, comme le dit l'auteur, une *théorie*, c'est-à-dire une généralisation des faits connus, reliés par des inductions vraisemblables, et non un *système*, c'est-à-dire une hypothèse arbitraire imaginée *à priori*. Buffon n'y affirme pas même encore l'incandescence primitive du globe : il n'y avance formellement que le long séjour de la mer sur nos continents, séjour tout à fait étranger et bien antérieur au déluge biblique, et attesté par tant d'immenses dépôts d'animaux marins, le déplacement probable du lit de la mer dans les âges anté-historiques, la formation de la plupart des couches terrestres par les eaux, et quelques autres grands phénomènes procédant de la même cause *neptunienne*. C'est à part, dans les mémoires intitulés *Preuves de la Théorie de la Terre*, qu'il présente, sur la formation de notre globe, une hypothèse dont il ne fait nullement dépendre l'ensemble de ses vues positives sur la nature. Cette hypothèse, c'est que la terre et les autres planètes ne seraient que des fragments du soleil détachés de sa masse par le choc d'une comète. La science a démontré l'impossiblité de la donnée de Buffon. Une autre hypothèse plus heureuse est commune à Leibniz et à Buffon : c'est que notre planète a été d'abord à l'état de liquéfaction ardente et que c'est dans cet état qu'elle a pris sa forme; que l'intérieur de la terre doit donc être une matière vitrifiée et chaude encore. Mais à Buffon seul appartient l'histoire conjecturale du passage de l'état *vulcanien* primitif à l'état *neptunien*, vraie révélation du génie. Quel qu'ait été, en effet, l'état primitif, et quel que soit l'état actuel du noyau du globe, les deux règnes successifs du feu et de l'eau à la surface ne peuvent plus faire doute.

« Cet homme, s'écriait avec stupeur le sceptique Hume en lisant les premiers volumes de Buffon, cet homme donne à des choses que nul œil humain n'a vues une probabilité presque égale à l'évidence !... »

Ce cri d'admiration eût été mieux justifié encore par le livre vraiment sans égal dans lequel Buffon, septuagénaire, en 1778, donne le dernier mot d'un demi-siècle de travaux et vivifie les conceptions définitives de sa science par une puissance d'imagination inouïe. Les *Époques de la Nature* semblent écrites sur le granit par quelque Titan contemporain des révolutions et des progrès successifs de notre planète. Ce ne sont plus là des discussions, des considérations scientifiques : c'est la cosmogonie elle-même évoquée des abîmes du temps. On voit bouillonner la masse ardente de la planète en fusion ; on la voit s'affaisser vers les pôles et se renfler à l'équateur par la diminution graduelle de cette chaleur immense. Les matières vitrifiées se consolident. Les montagnes primitives s'élèvent comme des boursouflures à la surface d'un globe gigantesque de métal fondu. La chaleur continue à baisser ; l'Océan aérien de vapeurs qui flottait autour du globe se condense, retombe et couvre la face de la terre. La vie apparaît : les êtres innombrables, dont les dépouilles doivent former les roches calcaires, éclosent dans les eaux. De prodigieuses cavernes, creusées en même temps que les montagnes s'élevaient, par un effet inverse, s'affaissent, engloutissent une partie de l'Océan et découvrent les continents. Le règne végétal prend naissance[1] ; végétation primitive qui se transformera en houilles, en bitumes, en tourbières, comme les premiers animaux en terrains coquilliers. Les volcans s'allument par la lutte des eaux et du feu intérieur. Les terrains nouveaux, les montagnes secondaires, sont formés par la mer, qui envahit et abandonne alternativement les parties diverses de la terre ferme, et qui détermine la figure des continents par la direction de ses mouvements. La séparation des deux grands continents, d'abord unis par le nord, la rupture de plusieurs isthmes, qui remet en communication avec l'Océan de

---

1. Buffon fait naître ainsi la végétation après l'animalité, au lieu d'admettre une première végétation maritime correspondante aux premiers animaux.

vastes golfes, lacs ou mers intérieures, achèvent de donner à la terre son aspect actuel. La vie, cependant, perfectionne ses formes : les quadrupèdes et les autres créatures terrestres sont nés près des pôles et descendent vers l'équateur, ainsi que les végétaux, à mesure que la terre se refroidit. Les proportions de ces premiers-nés de la terre sont gigantesques, formés qu'ils sont sous l'empire d'une puissance calorique encore énorme ; mais la création animale n'est point unique ni uniforme ; la grande et primitive apparition des quadrupèdes a eu lieu vers le nord de l'Asie, d'où ils gagnent le reste de notre hémisphère et le nord de l'Amérique avant la séparation des continents; mais l'Amérique méridionale demeure fermée à nos races animales; elle a sa création à part, plus récente et plus faible [1].

Le grand et dernier œuvre de la création, l'HOMME, apparaît enfin, après les quadrupèdes, sur les hautes terres du nord de l'Asie, et ferme la genèse de notre planète. Il n'y a qu'une seule race humaine, qui se modifie par les climats et les diverses conditions d'existence. Les premiers hommes, faibles et misérables, s'unissent, s'arment, s'emparent de l'élément du feu, se fixent sur la terre par la culture. La première société humaine s'organise sur les hauts plateaux de l'Asie, entre les 40e et 55e degrés de latitude nord [2]. Aux révolutions de la Nature, aux guerres des éléments succèdent les révolutions et les guerres du genre humain. Il a fallu *six cents siècles* à la Nature pour arriver à un état or-

---

1. Ce grand fait, deviné par Buffon, a été non-seulement confirmé, mais amplifié par les découvertes modernes. L'Australie a aussi sa série animale particulière, et l'on retrouve quelque chose d'analogue dans l'île de Madagascar, qui est peut-être le reste d'un continent distinct de l'Afrique. Nous ne pouvons même indiquer ici tant d'autres belles lois révélées par Buffon touchant la distribution des êtres sur la surface du globe.

2. C'est précisément dans cette région qu'était la mystérieuse *Arie*, dont la philologie et l'ethnographie ont retrouvé de nos jours les traditions, et où les aïeux de notre race indo-européenne ont vécu dans le voisinage des races sémitique, chamitique et mongolique. — Buffon semble avoir emprunté cette donnée à l'*Histoire de l'astronomie ancienne*, de Bailli, publiée en 1775 et années suivantes. Bailli allait plus loin : d'après des conjectures ingénieuses dont la science a renversé les bases, il croyait entrevoir là les traces d'une haute civilisation primitive, antérieure aux âges historiques. — Buffon croit donc que l'Europe a été peuplée par l'Asie, puis l'Amérique septentrionale par le nord de l'Asie et de l'Europe; que les hommes ont franchi l'isthme de Panama, dont les montagnes avaient arrêté les animaux, et se sont répandus de là dans l'Amérique méridionale.

donné et paisible ; combien en faudra-t-il pour que les hommes arrivent au même point ? Si le monde était en paix, combien la puissance de l'homme ne pourrait-elle pas influer sur celle de la Nature en s'y appliquant tout entière ? Quelles modifications ne se sont pas déjà opérées par le défrichement et le dessèchement du sol, par la domestication des animaux, par la culture et la greffe des plantes, par le peuplement des terres vides ! Quels progrès moraux et physiques ne doit-on pas encore espérer dans l'espèce humaine ! Les terreurs superstitieuses qui la courbaient devant des phénomènes menaçants et inconnus se sont dissipées, à mesure qu'elle a vu le calme s'établir dans la Nature et qu'elle a appris à en comprendre les opérations. La crainte et le faux honneur ont d'abord dominé le genre humain ; puis a régné le plaisir aveugle et stérile ; l'homme a reconnu enfin que sa vraie gloire est la science, et la paix son vrai bonheur.

Cette magnifique histoire de la Terre se termine ainsi par un hymne à la perfectibilité humaine.

Les erreurs qu'on peut signaler dans les *Époques de la Nature* tenaient à l'état très-imparfait de la science [1] ; les vérités sont à Buffon.

La puissance avec laquelle Buffon a ressaisi, dans les ténèbres des âges, la succession des effets généraux de la Nature, restera sans doute son plus beau titre de gloire. Il a voulu pénétrer plus avant et saisir ces causes, cette essence des choses, qui, suivant lui-même, sont inaccessibles à notre esprit. La grandeur est toujours la même ici, mais non plus la clarté. Les variations, les

---

1. La plus grave de ces erreurs est relative au refroidissement progressif du globe. La nature, suivant Buffon, mourra par le froid avant quatre-vingt-treize mille ans. Il ignorait ce que la science a établi depuis, que la chaleur propre de la terre, croissante à mesure qu'on descend dans l'intérieur du globe, au moins jusqu'à une profondeur inconnue, est presque nulle à la surface, comparativement à la chaleur solaire. Le refroidissement intérieur total n'amènerait donc nullement une température polaire sur l'ensemble de la surface terrestre. C'était Mairan qui avait signalé le premier la chaleur propre de la terre, en l'attribuant à un feu central ; mais il avait cru à tort cette chaleur actuellement supérieure à celle du soleil, et Buffon s'était égaré sur ses pas. — Buffon suppose à la terre, depuis le jour où elle a commencé de se refroidir, environ soixante-quinze mille ans d'existence. Les premiers êtres organisés auraient commencé à paraître vers le milieu de cette période. Ces chiffres, qui parurent énormes à l'imagination de ses lecteurs, disparaissent dans la profondeur presque incommensurable des temps calculés depuis par Fourier, comme nécessaires à ce même refroidissement.

contradictions où la force de l'imagination emporte parfois cette vaste intelligence, servent encore du moins à mettre successivement en vive lumière les faces diverses de *l'Isis aux mille noms*. On ne saurait certes dire que le génie métaphysique ait manqué à Buffon ; mais la méthode lui fait défaut ; il n'observe pas toujours le précepte de Descartes sur les idées claires et distinctes, ni le sien propre sur l'ordre et l'enchaînement des pensées.

Si l'on écarte les voiles dont Buffon enveloppe ses conceptions, désireux qu'il est de ne pas suivre le parti philosophique dans sa lutte ouverte contre les croyances traditionnelles [1], si l'on veut savoir quelle est au fond la religion de ce *prophète de la Nature*, voici ce qu'on entrevoit : voici les idées, nous ne dirons pas auxquelles il s'était arrêté, mais parmi lesquelles il flottait, vers le milieu de sa carrière scientifique, quelques années après la publication de ses premiers volumes, et qui sont comme l'esprit de l'*Histoire des Animaux*.

La nature est une puissance vive, immense, universelle, qui embrasse tout, qui anime tout. Elle ne crée ni n'anéantit rien ; elle change, dissout, renouvelle. Le temps, l'espace et la matière sont ses moyens. Elle agit sur la matière par des forces générales qui limitent et mesurent l'espace et le temps. Les principales de ces forces sont l'attraction et l'impulsion, la seconde réductible dans la première, et la chaleur. La matière est divisée en molécules : les unes sont à l'état brut, soumises seulement à l'attraction et à l'impulsion ; les autres, pénétrées par la chaleur, se sont élevées à l'état organique et vivant : le vivant et l'animé est une propriété physique de la matière, et non un degré métaphysique des êtres. Les corps bruts sont de simples agrégats : pour les corps organisés, il n'en est pas de même ; ici intervient un nouveau principe ; c'est bien l'action de la chaleur qui détermine les molécules organiques à se grouper en se combinant avec des parties brutes qu'elles entraînent ; mais la forme de ces groupe-

---

1. Attaqué vivement par le journal janséniste (*Nouvelles ecclésiastiques*) dès 1750, il fut censuré par la Sorbonne en 1754, après la publication du 4º volume de l'*Hist. Naturelle*. Il protesta de sa soumission à l'Église, et fit à la Sorbonne toutes les satisfactions qu'elle voulut ; par compensation, il souleva le voile un peu plus qu'il n'avait fait encore, dans les volumes suivants, où se trouvent les *Vues sur la Nature*.

ments, la diversité des êtres, est déterminée par une autre cause, par des forces spéciales, des *moules intérieurs*, dans lesquels prennent forme successivement et indéfiniment, par la génération, les individus d'une même espèce [1]. Les individus apparents ne sont que des phénomènes : ils ne sont rien dans l'univers ; les espèces sont les seuls êtres de la Nature, êtres perpétuels, aussi anciens, aussi permanents qu'elle ; chaque espèce ne fait qu'une unité dans la Nature, qui méconnaît les nombres dans les individus et ne les voit que comme des ombres fugitives dont l'espèce est le corps [2].

On voit combien ses conceptions avaient changé depuis le temps où il proclamait qu'il n'y a ni genres ni espèces dans la Nature, qu'il n'y a que des individus. Maintenant, il nie encore les genres, les petites familles dans la grande, mais il substitue les espèces aux individus. Il avait passé par une transition à laquelle il eût dû s'arrêter ; c'est que l'individu est l'être réel ; que l'espèce est une abstraction nécessaire, un concept fondé dans la nature des choses [3] ; mais on peut étendre ceci des espèces aux genres ; il y devait revenir.

Si l'individu n'est qu'un phénomène, une association momentanée de molécules, déterminée par le *moule intérieur,* qui est comme l'âme collective de l'espèce, il est superflu d'établir que l'individu n'a point d'âme ou d'unité, par conséquent, point de spontanéité, point d'activité propre. L'animal, dit Buffon, comme Descartes, est tout mécanique ; mais Buffon n'entend par là que déterminé fatalement dans tous ses actes, et non point insensible. Il accorde au contraire à l'animal, du moins aux animaux supérieurs, toutes les passions, tous les sentiments de l'homme. Des sentiments, sans sujet sentant, sans individualité ! dira-t-on ?

1. Les *moules intérieurs* de Buffon ne sont autre chose que les forces plastiques ou formes substantielles de la philosophie ancienne et scolastique.

2. En poussant ces principes à leurs dernières conséquences, on trouve que, si les individus ne sont que des phénomènes, les espèces ne sont que des formes, des forces *informantes ;* les seuls êtres réels sont les molécules, si toutefois les molécules ne sont pas indéfiniment divisibles (et la métaphysique démontre qu'elles le sont); auquel cas il n'y aurait qu'un seul être véritable, la substance universelle, la Nature. — Notre résumé est tiré principalement des *Vues sur la Nature*, intercalées dans l'*Hist. des Animaux.*

3. *Hist. naturelle*, t. IV, ch. de l'Ane ; 1753.

mais c'est là l'objection générale à tout système matérialiste, qu'il s'agisse de l'homme ou des animaux.

Avant de nier les individus, Buffon avait commencé par repousser l'hypothèse de la préexistence des germes, conçue par Swammerdam et Malebranche, modifiée par Leibniz, et soutenue par deux contemporains éminents, Charles Bonnet et Haller. Il avait prétendu y substituer un système ingénieux et complexe de la génération, où les générations spontanées, tant raillées par Voltaire avec les montagnes de coquilles et l'homme-poisson[1], jouent un rôle très-considérable. Pour lui, les êtres inférieurs, animaux ou végétaux, spécialement tous les animalcules, naissent par l'assemblage spontané des molécules organiques, tandis que les êtres plus développés, plus perfectionnés, se reproduisent par une succession constante de générations. Si tous les êtres organisés venaient à disparaître, les molécules organiques les remplaceraient bientôt par l'apparition de nouvelles espèces.

A travers un mélange de vues profondes, de données chimériques, ou appuyées sur des observations insuffisantes, de rêves qui semblent empruntés aux crédules imaginations du xvie siècle ou de l'antiquité, on peut signaler la transition vers la théorie qu'on nomme aujourd'hui de *l'épigénèse*, et qui substitue à la préexistence du germe, de l'unité physique se développant excentriquement, la formation concentrique des parties vers un centre invisible[2]. Buffon, malgré quelques variations, est d'accord avec Hippocrate et Galien, sur l'égal concours des deux sexes à la reproduction.

Buffon n'aurait-il donc pas d'autre Dieu que la Nature? Ses invocations splendides au Créateur, mêlées de métaphores bibliques, ne seraient-elles que des précautions oratoires?... Il semble que le fond de sa pensée recèle le panthéisme naturaliste ou physique, point de vue opposé au panthéisme mathématique et spiritualiste de Spinoza; l'un, s'étant absorbé dans la contempla-

---

1. On se rappelle les plaisanteries de Voltaire sur les anguilles de Needham.
2. Cette belle théorie, ébauchée par Harvey, reprise au xviiie siècle par Needham et Wolf, n'a pénétré définitivement dans la science française et ne s'y est dégagée des obscurités et des hypothèses de son origine, pour entrer dans sa période positive, qu'à une époque qui dépasse les limites de notre livre. V. le lumineux traité d'*Organogénie*, de M. Serres, publié dans l'*Encyclopédie Nouvelle*.

tion de l'être en soi, de l'unité ; l'autre, ne considérant que l'être manifesté dans le multiple ; l'un, s'enfermant dans l'idéal, l'autre, dans le réel. Tout le panthéisme allemand, Goëthe, Schelling, Hegel, comme toutes les écoles à tendances analogues en France, doivent sortir de Spinoza combiné avec Buffon. Spinoza n'avait laissé d'héritiers que quelques penseurs solitaires. Après Buffon, ces idées prennent un essor immense, mais d'abord outre Rhin, d'où elles reviennent parmi nous. Le Dieu-Nature, le créateur identifié avec la création, la force divine sans conscience d'elle-même et ne prenant cette conscience réfléchie que dans l'homme déifié[1], sont là en principe.

C'est parce que le Dieu personnel et libre, le Dieu qui aime et qui est aimé, manque à cet univers, cause et effet tout ensemble, qu'on sent parfois, à travers la resplendissante Nature de Buffon, passer un souffle glacial, comme le souffle de ce froid par lequel notre globe doit mourir. L'amour n'est point là : l'âme des choses est absente.

Et pourtant, ce naturalisme n'est point le matérialisme. Deux principes contradictoires luttent chez Buffon, sans pouvoir trouver leur équilibre. Ce n'est pas seulement son obscure théorie des *moules intérieurs* qui est étrangère au matérialisme : celui-ci n'admet que des individus physiques, les atomes, ayant en eux toutes les propriétés ; les *moules intérieurs,* au contraire, sont des êtres métaphysiques ; si ce ne sont pas des archétypes platoniciens existant dans le monde intelligible, dans la pensée de Dieu, s'ils sont dans la Nature, ils y sont on ne sait où, on ne sait comment, indépendamment de toute étendue. Mais c'est ailleurs, dans un sujet beaucoup plus clair, que Buffon manifeste un spiritualisme parfaitement décidé. C'est dans le discours sur *la nature de l'homme.* Il est ici plus que cartésien. Il déclare que l'existence de l'âme est certaine, que nous ne faisons qu'un, cette existence et nous ; qu'au contraire, l'existence de notre corps et des autres objets extérieurs est douteuse pour quiconque raisonne sans préjugé ; il établit, avec la logique la plus serrée, qu'il est impossible

---

1. L'homme individuel, dit Buffon, par l'histoire, par la science, prend connaissance du genre humain et de lui-même, et devient le genre humain et l'univers, pour ainsi dire.

de démontrer l'existence de la matière. Nous signalions tout à l'heure la transition de Spinoza à Goëthe et à Hegel : nous trouvons maintenant la transition du scepticisme de Berkeley à l'idéalisme transcendental de Fichte. On ne peut plus douter ici de la sincérité de Buffon, comme dans ses hymnes au Dieu de Moïse. Il ne s'agit plus de figures poétiques : il n'y a rien dans toute son œuvre de plus fortement raisonné que ce qui regarde l'unité, la personnalité de l'âme humaine; il y a là de ces arguments auxquels personne ne peut répondre. Un illustre historien[1] a remarqué, avec étonnement, que Buffon semble beaucoup plus persuadé de l'immortalité de l'âme que de l'existence de Dieu. Buffon, en effet, ici comme en bien d'autres choses, est au pôle opposé de Voltaire.

La logique du sens commun ne s'est point arrêtée à ces anomalies du génie philosophique : *l'athéisme*[2] et le matérialisme sont restés unis pour la foule, quoiqu'il soit moins rare de rencontrer en France des gens qui croient en Dieu et doutent de l'âme, que des gens qui croient à l'âme et ne croient pas à la personnalité de Dieu.

Il est singulier que ce soit le philosophe de la Nature qui ait prétendu maintenir entre l'homme et l'animal une différence absolue que les métaphysiciens tendaient à supprimer depuis Leibniz. C'est que le spiritualisme de Buffon est un cartésianisme exagéré, pris dans la lettre plus que dans l'esprit et rejoignant de nouveau le spinozisme par ce côté-ci, à savoir : que la raison, entendue dans le sens étroit du mot, est l'âme ou l'esprit même, l'unité métaphysique attribuée à l'homme seul. Tout ce qui n'est pas la raison, tout ce qui est commun à l'homme et à l'animal, est matériel. Sensation ou sentiment est pour lui une seule et même chose. L'âme y demeure étrangère. Les sensations ou sentiments n'aboutissent qu'à un certain *sens intérieur matériel*, commun à l'homme et à l'animal, et qui est chez Buffon une réminiscence obscurcie de la seconde âme, de *l'âme sensitive* des anciens

---

1. M. Villemain.
2. Nous employons à regret ce terme dans l'acception vulgaire; car le naturalisme prête au mot *Nature* un sens mystique beaucoup mieux rendu par le terme de panthéisme que par celui d'athéisme.

et des scolastiques. Condillac, moins élevé, moins sublime, mais plus exact, plus logicien, plus rigoureux à définir ses termes, le réfute parfaitement bien dans son remarquable *Traité des animaux,* et y montre clairement que la sensation est dans l'âme aussi bien que la pensée; que, pour sentir, il faut avoir une âme, une unité, et que les animaux en ont une [1].

La métaphysique de Buffon a d'étranges conséquences morales. Il condamne les passions du cœur et de l'imagination, comme des erreurs du *sens intérieur matériel.* Notre âme nous a été donnée pour connaître et non pour sentir. Le sage se suffit à lui-même. « Pourquoi l'amour fait-il l'état heureux de tous les êtres, et le malheur de l'homme? — C'est qu'il n'y a que le physique de cette passion qui soit bon; c'est que le moral n'en vaut rien. » Il ne voit dans le moral de l'amour que la vanité. « En voulant se forcer sur le sentiment, l'homme ne fait qu'abuser de son être, et creuser dans son cœur un vide que rien n'est capable de remplir [2]. »

L'homme normal de Buffon serait ainsi l'homme dépouillé de la meilleure moitié de l'âme humaine, une intelligence sans affection [3].

Il y a cependant encore ici, heureusement pour l'*Histoire naturelle,* des contradictions entre le théoricien et l'observateur peintre et poëte. Après avoir nié l'amour moral chez l'homme, il le retrouve et l'admire chez certains animaux, surtout chez les oiseaux, dont il dépeint, avec tant de grâce et même d'émotion, les attachements durables et les mœurs de famille. Dans ses descriptions des animaux, il oublie souvent les systèmes pour se laisser aller à l'inspiration naïve des choses. Il s'intéresse à ses héros, à tous ces habitants de la terre et de l'air qu'il suit, avec les yeux de l'esprit, au fond de leurs déserts et de leurs forêts. Il plaint leurs tribus asservies et dégénérant sous la tyrannie de l'homme. Il semble parler de peuples déchus, quand il montre les races supérieures essayant de s'organiser, avec une lueur d'in-

---

1. Par compensation, Buffon établit très-bien, contre Condillac et Helvétius, que la supériorité de l'homme sur les animaux n'est pas l'effet d'un peu plus de perfection dans les organes.

2. *Discours sur la nature des animaux.*

3. Il fait grâce toutefois à l'amitié, parce qu'elle est un attachement de raison et non une passion.

telligence, une sorte de choix, de concert et de vues communes, puis dispersées par la terreur de l'homme et *diminuant de facultés et de talents*. « Ce qu'ils sont devenus, ce qu'ils deviendront encore, n'indique peut-être pas assez ce qu'ils ont été, ce qu'ils pourraient être encore. Qui sait, si l'espèce humaine était anéantie, auquel d'entre eux appartiendrait le sceptre de la terre ! » Il leur accorde ainsi la perfectibilité, et son imagination l'emporte jusqu'à en faire des êtres moraux, des espèces bonnes et généreuses, d'autres cruelles et perfides, quasi des espèces vertueuses ou criminelles : il leur prête des sentiments et une conduite en rapport avec le rang et le caractère que leur assignait le symbolisme antique, d'après les convenances extérieures.

C'est là précisément ce qui fait de l'*Histoire naturelle* un livre unique, dont les défauts mêmes, au point de vue de la science, sont des beautés incomparables au point de vue littéraire. Toutes les formes de la louange ont été épuisées sur ses tableaux, demeurés comme les types mêmes de l'éloquence.

Une autre inconséquence, chez Buffon, a des résultats plus heureux encore. Le génie tend naturellement à la vérité, comme la plante au jour et à l'air libre. Détourné, ployé, il fait toujours un effort instinctif pour se redresser et rejoindre la lumière. Buffon était arrivé à substituer l'aveugle Nature à la Providence, et à nier, pour tous les êtres, l'homme excepté, l'unité animique, l'individualité réelle ; et cependant, il en vient, par la marche synthétique d'un esprit qui généralise et simplifie tout ce qu'il touche, à l'idée la plus religieuse qui puisse présider aux sciences naturelles, à cette idée de l'unité de type et de composition organique, qui montre si clairement dans l'univers l'immanence d'une intelligence suprême ; loi si élevée que l'on conçoit à peine comment elle a été accessible à l'homme, et si simple et si claire que l'on conçoit encore moins qu'elle n'ait pas été acceptée universellement aussitôt qu'aperçue ; loi fondamentale du monde physique, qui renferme en elle une autre loi plus sublime encore, transition du monde matériel au monde moral, la loi du progrès. Aristote, Newton, et de moins vastes génies, l'avaient entrevue [1]. Buffon la saisit et l'embrasse

---

1. Un esprit hardi et chercheur, Maupertuis, venait, dans une dissertation latine

d'un large coup d'œil; il était réservé à un de ses successeurs de la réduire à l'état de science¹. L'essentiel de la théorie, l'analogie ou correspondance des organes dans les animaux les plus divers, est très-clairement énoncée, dès 1753, dans un des premiers chapitres de l'*Histoire des Quadrupèdes* (art. *Ane*); après des considérations puissamment motivées, Buffon conclut, qu'en créant les animaux, « l'Être-Suprême semble n'avoir voulu employer qu'une idée, et la varier en même temps de toutes les manières possibles. » Il est, dit-il un peu plus tard ², un plan toujours le même, toujours suivi, de l'homme au singe, du singe aux quadrupèdes, des quadrupèdes aux cétacés, aux oiseaux, aux poissons, aux reptiles. Ce plan est un exemplaire fidèle de la nature vivante... et, lorsqu'on veut l'étendre et passer de ce qui vit à ce qui végète, on voit que ce plan se déforme par degrés des reptiles aux insectes, des insectes aux vers, des vers aux zoophytes, des zoophytes aux plantes, et, quoique altéré dans toutes ses parties extérieures, conserve néanmoins le même fond, le même caractère, dont les traits principaux sont la nutrition, le développement et la reproduction, traits généraux et communs à toute substance organisée, traits éternels et divins... »

Comment comprendre qu'il ait eu un pied sur ces sommets lumineux et l'autre dans les brumes obscures du matérialisme !

Au reste, Buffon, toute sa vie, fut combattu entre des idées opposées : sa tête semble un chaos sublime, sillonné de mille éclairs et plein des germes des mondes futurs. A côté de la grande pensée de l'unité du type physique, il pose une autre conception, qui, sans en être rigoureusement déduite, s'y laisse rattacher volontiers ³, mais qui est absolument inconciliable avec le rôle fondamental que Buffon attribuait, vers le même temps, aux espèces, aux *moules intérieurs*. La nature des animaux, dit-il, peut se varier et même se changer absolument avec le temps et sous

---

imprimée en Allemagne sous un pseudonyme, de matérialiser cette idée, en avançant que toutes les espèces animales sortaient d'un premier animal, prototype de tous les autres. Il y soutient aussi que toutes les molécules sont sensibles et intelligentes. V. *Œuvres* de Diderot, Paris, 1821; t. II, p. 149-197.

1. Étienne Geoffroy-Saint-Hilaire.
2. En 1756 ; *Hist. des Singes*.
3. On peut admettre l'unité de type sans admettre la mutabilité des espèces.

l'influence du climat. Les espèces se dénaturent, c'est-à-dire se perfectionnent ou se dégradent.

L'espèce, à ce point de vue, n'est plus une réalité positive et mystique à la fois, mais seulement le premier degré de la série des classifications : pour que cette opinion ne réduise pas la Nature à n'être qu'une illusion universelle, qu'une succession d'apparences à travers lesquelles se joue la substance unique, il faut qu'elle soit jointe à une ferme croyance dans l'individualité des êtres persistant sous les variations des formes.

Il n'est pas facile de s'arracher à ce génie qui exerce une fascination pareille à celle de la Nature elle-même. Terminons en rappelant que Buffon prévit, appela, prépara tous les progrès ultérieurs de la géologie et des autres sciences naturelles, et particulièrement cette mystérieuse paléontologie par laquelle Cuvier devait nous révéler toute une création ensevelie dans les entrailles de la terre. On peut dire que Buffon contenait en lui les grands naturalistes destinés à illustrer la science du XIXe siècle par leur rivalité même : ceux qui l'ont renié, aussi bien que ceux qui l'ont avoué pour leur maître, procédaient de lui, comme tous les métaphysiciens modernes ont procédé de Descartes. Si son œil s'est troublé sur les hauteurs vertigineuses de la métaphysique, il a vu clair dans l'immensité du monde extérieur, et le temple qu'il a élevé à la Nature restera à jamais l'objet de l'admiration des hommes, bien qu'un nuage en voile le sanctuaire [1].

Les théories de Buffon n'eurent pas immédiatement une grande expansion directe : la plupart des savants spéciaux, qu'il avait blessés par son injuste dédain pour les classifications de Linné, repoussèrent son autorité; le public l'admira plus qu'il ne le comprit; mais l'enthousiasme de la Nature réagit d'une manière générale sur la philosophie militante. Le naturalisme, à demi voilé par la prudence de Buffon et combattu chez lui par un reste de métaphysique cartésienne, éclata chez un autre écrivain d'un caractère bien différent, aussi impétueux, aussi débordé, aussi

---

1. Sur Buffon, V. son *Éloge*, par Vicq-d'Azyr; — id., par Condorcet; — Étienne Geoffroy-Saint-Hilaire, *Encyclopédie nouvelle*, art. BUFFON; — Cuvier, *Biographie universelle*, art. BUFFON; — Flourens, *Vie de Buffon*; — Villemain, *Tableau de la littérature française au* XVIIIe *siècle*, t. Ier, IIe partie, p. 351. — Hérault de Séchelles, *Une visite à Montbard*; — Madame Necker, *Mémoires*.

rempli d'abandon et d'audace, que Buffon était solennel et réservé ; écrivain, d'ailleurs, inspiré par sa propre spontanéité plus que par l'exemple ou l'influence de qui que ce fût.

Denis Diderot, né en 1713 d'un coutelier de Langres, élevé chez les jésuites, comme Voltaire, et destiné d'abord à l'état ecclésiastique, puis clerc de procureur à Paris, témoigna de bonne heure un goût très-vif pour les langues anciennes et modernes, pour les mathématiques, pour toutes les connaissances accessibles à l'esprit humain, en même temps qu'une insurmontable répugnance à s'enfermer dans un cadre spécial quelconque. Abandonné de son père à cause de son refus de prendre un état, il vécut longtemps d'expédients, éprouvant contre mille petites misères le prodigieux ressort de son indépendante nature, supportant la pauvreté tantôt avec une insouciante gaieté, tantôt avec des amertumes vite oubliées, et préférant la libre fantaisie à tout. Son mariage avec une fille aussi pauvre que lui, honnête créature, mais trop inférieure à lui par l'intelligence et d'une humeur difficile, amena sa réconciliation avec sa famille, mais ne fixa pas longtemps la mobilité de ses passions. Il avait commencé d'écrire. A la sollicitation d'une maîtresse avide et besogneuse, il fit pour un libraire une imitation plutôt qu'une traduction de l'*Essai sur le Mérite et la Vertu*, de Shaftesbury, l'ami de Locke (1745), singulier début d'une carrière remplie de contrastes. Les principes de Shaftesbury, auxquels Diderot semble alors adhérer, sont ceux du vrai *théisme*, comme il l'appelle, c'est-à-dire non pas du déisme matérialiste et inconséquent de Bolingbroke et de Voltaire, mais du déisme spiritualiste et platonicien, tel qu'il va bientôt reparaître glorieusement en France ; Shaftesbury est un précurseur de Rousseau. « Point de vertu, dit-il, sans croire en Dieu ; point de bonheur sans vertu [1]. » Diderot n'a pas beaucoup d'accent dans ce livre ; ce n'est pas là le cri passionné du cœur, ni l'expression d'une profonde méditation de l'intelligence.

Un second ouvrage, original cette fois, dicté par les mêmes né-

---

[1]. Shaftesbury, comme Newton, avait pressenti les conséquences du système de Locke et fait de graves réserves ; il eût avoué, s'il eût vécu, l'éclatante protestation de Clarke contre le sensualisme. V. le *Cours d'Histoire de la Philosophie moderne*, de M. Cousin, 1re série, t. IV ; *École écossaise, Introduction.* — V. *Essai sur le Mérite*, etc., dans le t. Ier des *OEuvres* de Diderot ; Paris, Brière. 1821.

cessités pécuniaires, paraît bientôt sous l'anonyme : ce sont les *Pensées philosophiques* (1747), animées de cette vigueur de ton, de ce chaud coloris qui sera le caractère distinctif de l'auteur. Il y a encore du déisme dans les *Pensées*. C'est là que se trouve ce mot tant cité : *Élargissez Dieu*; « montrez-le à l'enfant, non dans le temple, mais partout et toujours! » Cependant, au fond, le scepticisme domine. Le sens spirituel, le sens de l'abstrait et de l'invisible, manque absolument à l'auteur, quoiqu'il soit mathématicien; le sens de la nature extérieure, du visible et de l'imaginable, est très-puissant chez lui; on sent partout frémir, chez Diderot, la chair et le sang, comme, chez Voltaire, les nerfs et les esprits les plus subtils. La philosophie de la raison pure étant incompatible avec ses tendances natives, il eût pu s'arrêter à celle du sentiment, comme faisait en ce moment, sous Hutcheson, la naissante école écossaise, et comme allait faire en France un plus éclatant génie; mais la fougue de la chair et du sang, l'esprit de dispute et de paradoxe, la fausse méthode qui veut soumettre les choses de l'âme soit aux démonstrations de la géométrie, soit à l'observation expérimentale des sciences physiques, enfin, cette espèce de vanité qui pousse instinctivement certains esprits à vouloir toujours dépasser en hardiesse les plus hardis, lui firent méconnaître non pas le principe du sentiment, mais ses conséquences et ce qu'on peut nommer sa méthode, et l'entraînèrent dans tous les excès d'idées.

De vastes projets bouillonnaient dans sa tête : pendant qu'il en préparait l'exécution, deux remarquables écrits lui furent suggérés par les expériences que le génie philanthropique et scientifique du temps essayait alors pour rendre au commerce de leurs semblables des malheureux que la nature met, en quelque sorte, hors de l'humanité. Ce sont la *Lettre sur les Aveugles* (1748) et la *Lettre sur les Sourds et Muets* (1751); la première, à l'occasion des opérations que Réaumur et autres faisaient avec succès pour l'enlèvement de la cataracte; la seconde, à propos des travaux de Pereira, le précurseur de l'illustre abbé de l'Épée, qui avait présenté à l'Académie des sciences, en 1748, des sourds et muets instruits par ses soins. La *Lettre sur les Aveugles* renferme une foule d'observations et de considérations aussi savantes qu'ingénieuses; mais il s'y mêle des visées malsaines et purement négatives. Diderot y fait attaquer, par Saunderson, savant aveugle, mort récemment en Angleterre, les preuves de la Providence fondées sur l'ordre du monde. Il lui fait mettre en avant un prétendu chaos d'où la Nature se serait élevée peu à peu à un ordre imparfait, à force de combinaisons diverses, comme si la Nature était un être doué de réflexion, un démiurge d'intelligence bornée qui apprît à mieux faire à force d'écoles. La conclusion en faveur du Dieu de Clarke et de Newton ne semble guère qu'une précaution oratoire.

Cette *Lettre*, dont l'anonyme avait été pénétré par la police, valut à Diderot trois mois d'emprisonnement à Vincennes; captivité célèbre dans les annales de la philosophie, et sur laquelle nous aurons à revenir. L'échappée irréligieuse de Saunderson avait été le prétexte, et la vraie cause, une plaisanterie qui avait piqué une maîtresse du comte d'Argenson.

La *Lettre sur les Sourds et Muets* offre des vues intéressantes sur l'ordre dans lequel les idées apparaissent au sourd-muet, et que Diderot appelle ordre naturel ou de la *langue animale* : il est probable que l'abbé de l'Épée en a profité [1].

Ces écrits, mêlés de travaux de mathématiques, n'avaient été que des épisodes pour Diderot, alors attaché à une colossale entreprise qui devait rester sa principale gloire. Des libraires, en 1748, lui avaient proposé de traduire l'*Encyclopédie* anglaise de Chambers, compilée, en majeure partie, sur des livres français. Une grande pensée illumina le cerveau, échauffa le cœur de Diderot. Plus d'une tentative avait eu lieu, dès le XVIe siècle, et même dès le moyen âge, pour réunir dans un même cadre le tableau général des connaissances humaines; mais les sciences étaient alors trop pauvres de faits et trop dénuées de méthode, pour que ces premières encyclopédies fussent autre chose que des embryons informes. Les immenses progrès accomplis depuis cent cinquante

---

1. Cette *Lettre* contient aussi une appréciation très-frappante de la langue française, « plus propre, dit-il, aux sciences et à la philosophie, moins à la poésie et à l'éloquence, que le grec, le latin, l'italien ou l'anglais. C'est la langue de l'esprit et du bon sens; les autres sont les langues de l'imagination et des passions. Notre langue sera celle de la vérité, si jamais elle revient sur la terre. » V. *Œuvres* de Diderot, t. II; 1821. Il y aurait une réserve à faire quant à l'éloquence.

ans firent juger à Diderot que le moment était venu de rassembler, de consacrer les fruits de ces progrès et de mettre le dépôt du savoir de l'homme à l'abri des révolutions, pour l'assurer à la postérité, à *l'être qui ne meurt pas.* L'imparfaite publication de Chambers ne pouvait servir que de point de départ. Diderot s'associe d'Alembert, l'homme le plus apte, par sa science et par son esprit ordonné et persévérant, à partager la direction de ce prodigieux ouvrage. Tous deux réclament le concours des écrivains d'élite en tout genre et réussissent à former la plus imposante association littéraire laïque, destinée à faire, pour l'ensemble des connaissances humaines et dans l'esprit des temps nouveaux, ce qu'ont fait, pour la théologie et l'érudition, les congrégations savantes du catholicisme. Tous les grands noms du xviiie siècle sont là. Ce n'est rien moins que le monument universel de l'esprit humain, la Bible de la perfectibilité, que l'on rêve.

Le prospectus de l'*Encyclopédie* est lancé par Diderot en novembre 1750. Le sentiment de l'utile, des applications et des améliorations positives, est ce qui domine dans ce morceau d'une large facture. Diderot y établit que l'œuvre a un double objet : 1° l'*Encyclopédie* proprement dite, c'est-à-dire l'arbre généalogique, l'ordre et l'enchaînement des connaissances humaines; 2° le dictionnaire raisonné des sciences, des arts et des métiers; ce second objet est l'essentiel et l'autre n'en est que l'introduction. L'ordre encyclopédique est arbitraire, à ses yeux : il le traite comme Buffon traite les classifications; la nature est une, a dit Buffon; la science est une, ajoute Diderot avec Condillac. Cela est vrai; mais, dans l'unité de la science comme dans celle de la Nature, il y a des divisions fondamentales tenant à l'essence des choses; à la vérité, pour saisir ces diversités essentielles dans l'unité, il faut une autre métaphysique que celle de Locke ou de Condillac. Diderot, pour le système qu'il a adopté, comme le meilleur relativement, s'en réfère à Bacon, « à ce génie extraordinaire, qui, jetant le plan d'un dictionnaire universel des sciences et des arts, dans un temps où il n'y avait, pour ainsi dire, ni sciences, ni arts... dans l'impossibilité de faire l'histoire de ce qu'on savait, faisait celle de ce qu'il fallait apprendre. » C'est le plus bel éloge et le plus mérité qu'on ait fait de Bacon.

La matière du dictionnaire encyclopédique peut se réduire à trois chefs : les sciences, les arts libéraux, les arts mécaniques. Diderot expose noblement les vues d'utilité pratique qui ont porté les auteurs à rattacher aux principes des sciences et des arts libéraux l'histoire de leur origine et de leurs progrès. Là, les matériaux, du moins, abondaient, sauf quelques exceptions; mais les arts mécaniques, jusque-là enfermés dans le secret de leurs obscurs ateliers, avec les hommes qui les cultivaient, étaient comme un monde inconnu à découvrir. Diderot y déployait une activité, une variété, une souplesse de facultés, vraiment incomparables. Il pénétrait dans toutes les fabriques : il apprenait, il exerçait quasi tous les métiers pour pouvoir les décrire. Il résume, en deux pages de son *prospectus*, des travaux d'Hercule : lui, trop souvent exagéré, emphatique, il est simple, ici, parce qu'il est vraiment grand. Il sent bien la haute moralité d'une œuvre qui est la réhabilitation du travail manuel, du travail qu'on appelait autrefois *servile*; il se fait l'historien, autant qu'on peut l'être, de cette longue suite de générations sacrifiées qui n'avaient jamais eu d'histoire et auxquelles la civilisation doit son bien-être, et l'intelligence ses indispensables instruments : il élève un monument aux classes ouvrières « par l'exposé de la science des métiers, legs admirable des génies anonymes de ces classes humiliées [1]. » Par un instinct prophétique, Diderot se dévoue à la glorification de l'industrie, au moment où elle va entrer dans cette carrière de prodiges jusqu'ici plus éclatants encore, peut-être, que profitables au bonheur réel de l'humanité, mais qui fourniront au genre humain de puissants instruments de bonheur, quand il saura remettre le progrès moral au niveau du progrès matériel [2].

Les deux premiers volumes de l'*Encyclopédie* suivirent de près le *Prospectus* de Diderot. Le *Discours préliminaire* de d'Alembert,

---

1. J. Reynaud, *Encyclopédie nouvelle*, art. *Encyclopédie*. — M. Reynaud résume les divers systèmes encyclopédiques proposés depuis Bacon jusqu'à celui dont il présente à son tour l'esquisse.
2. De 1765 date la première des grandes inventions par lesquelles l'Écossais James Watt, perfectionnant les découvertes et les machines de Salomon de Caux, de Papin, de Newcomen, appliqua la vapeur à l'industrie et décupla la puissance manufacturière de l'Angleterre, d'abord, puis de tous les peuples civilisés.

qui sert de péristyle à ce vaste édifice, fut reçu avec un grand applaudissement. Il débute, cela va sans dire, par résoudre, dans le sens de Locke et de Condillac, le problème de l'origine de nos connaissances; cependant, sa métaphysique est bien meilleure qu'on ne devrait s'y attendre. Il établit qu'une espèce d'instinct, plus sûr que la raison même, nous fait affirmer l'existence des objets extérieurs, y compris notre propre corps, la raison ne démontrant rien à cet égard. C'est une bonne rectification de Descartes et la seule réfutation possible du scepticisme idéaliste.

D'Alembert part donc de l'existence indubitable de notre corps et de la nécessité de le conserver, pour montrer l'engendrement des notions humaines. Nous ne le suivrons pas dans sa génération historique de nos connaissances : l'ordre en est fort à discuter; tout système sur cette question de fait sera toujours contestable, bien plus que l'ordre encyclopédique même, qui peut être ramené à des principes métaphysiques. Quant à l'acquisition des idées d'esprit et de matière, et de celle de Dieu, il reste dans les données reçues et va jusqu'à quelques mots de prudence et de précaution sur la nécessité de la révélation; mais on ne saurait attribuer à la même cause les opinions qu'il émet ensuite sur la certitude, lorsque, avec le même sens qu'il a montré dans l'affirmation instinctive de la réalité des corps, il pose le principe du sentiment à côté de l'évidence rationnelle. Le sentiment est de deux sortes : 1° la conscience ou sentiment du bien, qui s'applique aux vérités morales, et qui nous subjugue avec le même empire que l'évidence de l'esprit attachée aux vérités spéculatives; on peut l'appeler *l'évidence du cœur*, comme on peut appeler l'évidence de l'esprit le *sentiment du vrai*; 2° le sentiment du beau, à qui nous devons le génie et le goût : le génie est le sentiment qui crée, et le goût, le sentiment qui juge [1].

Tout cela est excellent; c'est Descartes rectifié et complété à l'aide de Pascal : ce sont les mêmes principes qu'Hutcheson enseigne en ce moment à l'Écosse, avec moins de précision et de lumière peut-être que ne fait d'Alembert. Il semble que la voie véritable soit ouverte : la doctrine du sentiment, appliquée à

---

1. Diderot, dans l'article *Beau*, nie cependant que le *Beau* soit exclusivement affaire de sentiment et non de raison et d'entendement.

interroger la conscience du genre humain, suffit pour faire retrouver toutes les vérités nécessaires ; mais les principes abstraits ne portent pas d'eux-mêmes leurs fruits, si l'âme vivante ne les féconde de son souffle : partis de telles prémisses, d'Alembert n'aboutit qu'au scepticisme, Diderot, qu'à un naturalisme confus, et les vérités qu'ils ont énoncées n'empêcheront pas Helvétius, quelques années plus tard, de nier, ainsi que nous l'avons vu, le sentiment comme tout le reste.

Les vues élevées et justes du *Discours préliminaire* n'en gardent pas moins leur valeur, et il importe de signaler les améliorations apportées au système de Bacon par les deux directeurs de l'*Encyclopédie*. La théologie révélée n'est plus en dehors de la philosophie humaine. « La théologie révélée n'est autre chose que la raison appliquée aux faits révélés : elle tient à l'histoire par les dogmes, et à la philosophie par les conséquences. » La poésie, aussi, n'est plus une simple imitation de la Nature, une simple *fille de mémoire*, mais une faculté créatrice : tous les beaux-arts sont frères de la poésie et « se relèvent de l'injure qu'ils souffraient dans le système du philosophe anglais[1]. » Les mathématiques, au lieu d'être juxtaposées comme appendice à la suite de la science de la Nature, sont placées au premier rang dans la métaphysique de la Nature. On voit bien que Descartes a passé entre Bacon et d'Alembert. Celui-ci, au reste, dans son beau tableau du progrès des sciences, rend à Descartes, sinon toute la justice qui lui est due, au moins toute celle qu'il peut obtenir au XVIIIe siècle. Il y a loin de ce respectueux langage aux railleries de Voltaire. En somme, la classification de d'Alembert et de Diderot, faite par un sceptique et un matérialiste, est beaucoup plus spiritualiste que celle du religieux Bacon[2] : le *Discours préliminaire* n'est point au-dessous de la renommée qu'il a obtenue parmi les contemporains; malgré les objections qu'il peut soulever, ce travail d'un esprit judicieux, sagace, étendu, qui s'exprime dans une langue

---

1. J. Reynaud, *Encyclopédie nouvelle*, art. *Encyclopédie*.

2. Il est bon encore d'observer que d'Alembert blâme le dédain de son siècle pour l'étude des anciens, reconnaît, comme le fait sans cesse Voltaire, que les *ouvrages d'esprit* (de pure littérature) sont, en général, inférieurs à ceux du siècle précédent et en donne très-bien les raisons.

élégante, claire et sobre, reste un des meilleurs ouvrages que nous possédions après ceux des génies de premier ordre.

L'immense entreprise ne marcha pas longtemps sans encombre : les adversaires de la philosophie avaient compris la portée de l'*Encyclopédie*; ils voyaient que les novateurs se disciplinaient en corps d'armée, qu'ils avaient un camp, un quartier-général. L'éloignement de Voltaire, la vieillesse anticipée de Montesquieu, qui déclinait, avaient donné de vaines espérances : le destin de la philosophie ne reposait plus sur une ou deux têtes, pour illustres qu'elles fussent. Les jésuites avaient demandé à être chargés des articles de théologie : cette espèce de transaction avait été refusée. Les jésuites saisirent la première occasion de prendre l'offensive. En novembre 1751, un abbé de Prades, collaborateur de l'*Encyclopédie*, s'avisa de soutenir, en Sorbonne, une thèse où le déisme voltairien et le sensualisme étaient à peine déguisés ; l'abbé, censuré par la Faculté, s'enfuit à Berlin, où Frédéric et Voltaire lui firent fête. Pendant ce temps, à Paris, on mettait la thèse sur le compte de Diderot. Les adversaires eurent beau jeu : l'impression de l'*Encyclopédie* fut suspendue par arrêt du conseil du 7 février 1752. On saisit les papiers de Diderot : les jésuites comptaient s'en emparer et finir le livre à leur guise. Le cri de l'opinion s'éleva. Lamoignon de Malesherbes, premier président de la Cour des aides, directeur de la librairie et, par conséquent, de la censure, était dévoué de cœur à la liberté de penser et d'écrire : il agit de son mieux; le comte d'Argenson, qui avait persécuté Diderot, puis patroné, puis abandonné l'*Encyclopédie*, fut regagné. La cour céda : les auteurs furent priés de continuer *une œuvre honorable à la nation*, et le troisième volume parut en novembre 1753, avec une préface où Diderot constatait la victoire.

La victoire n'était pas complète ni définitive : on n'avança quelque temps en paix qu'au prix de concessions et de ménagements que le prudent d'Alembert imposait à Diderot et qui faisaient gémir Voltaire. « Vous admettez des articles dignes du *Journal de Trévoux!* » écrivait Voltaire. « Il y a d'autres articles, moins au jour, où tout est réparé, » répondait d'Alembert. « Le temps fera distinguer ce que nous avons pensé de ce que nous avons dit[1]. » Sans méconnaître l'excuse de gens qui écrivaient entre la censure et les lettres de cachet, il est bien permis de dire que ce n'est point ainsi qu'on régénère le monde. Diderot, qui eut toujours l'âme et la main ouvertes, se tenait le plus qu'il pouvait en dehors de ces dissimulations et, s'il ne disait pas toute sa pensée, ne disait rien contre sa pensée. Plusieurs de ses articles qui touchent à la philosophie politique, très-remarquables en eux-mêmes, le sont encore davantage par leur rapport avec de plus grandes œuvres qui vont bientôt se lever à l'horizon. Dans l'article *Autorité*, très-hardi de langage, il n'en est toutefois encore qu'à la doctrine transitoire du contrat entre le peuple et le prince, contrat que ni le prince, ni le peuple, ne peuvent changer. Mais l'article *Droit* s'élève dans de plus hautes régions. Il y pose la conscience générale comme base du droit : « La volonté générale (la volonté du genre humain), dit-il expressément, est toujours bonne. » Le principe du CONTRAT SOCIAL est là.

Il est impossible même d'indiquer ici les principaux travaux des nombreux collaborateurs de l'*Encyclopédie*. Saisissons seulement l'occasion de donner un souvenir à un homme éminent et malheureux, qu'il n'est pas permis d'oublier dans une revue des penseurs et des écrivains français, au grammairien philosophe Dumarsais, mort pauvre et obscur en 1756.

Dans les colonnes de l'*Encyclopédie* avaient apparu non pas seulement des noms nouveaux, mais une école, une secte nouvelle, alliée des philosophes sans être confondue avec eux, la secte des ÉCONOMISTES. Nous aurons à parler plus tard de leurs personnes et de leurs doctrines. Sur les confins des deux groupes philosophique et économique, un jeune magistrat, dont la vaste intelligence était applicable à tout et s'intéressait à tout, enrichissait l'*Encyclopédie* par des travaux de la plus haute portée sur la philosophie de l'histoire, la métaphysique et la linguistique; mais ce n'est pas non plus encore le lieu de s'étendre sur ce nom de TURGOT, auquel on pouvait dès lors prédire quelque grande destinée.

---

1. V. la correspondance de Voltaire et de d'Alembert. D'Alembert contredit lui-même, sur plus d'un point, son *Discours préliminaire*. Son article *Fortuit* par exemple, ébranle le libre arbitre. Voltaire n'en demandait pas tant.

Le parti dévot, sur ces entrefaites, ayant repris quelque ascendant à la cour après l'attentat de Damiens (1757), l'orage recommença contre la philosophie. Une déclaration royale, d'une violence inouïe, fut lancée contre les auteurs, imprimeurs, libraires, colporteurs d'écrits attentatoires à la religion ou à l'autorité royale : c'était la mort à chaque ligne. Le simple délit de *publication sans* autorisation pouvait conduire aux galères perpétuelles [1]. C'était moitié atroce, moitié ridicule; car il était à peu près sûr qu'on ne pendrait personne et que, si l'on envoyait aux galères quelques malheureux colporteurs, des lettres de cachet étaient le plus grand péril qui menaçât les écrivains. La déclaration demeura un vain épouvantail. Tout se borna, durant quelque temps, à une guerre de plume, à une pluie de pamphlets antiphilosophiques, soudoyés par la cour et par le clergé, et rédigés en général par des mercenaires aussi dépourvus de talent que de foi religieuse [2]. On essaya de retourner contre les philosophes l'arme du ridicule, et Palissot les traduisit sur la scène dans une comédie à prétentions aristophanesques, qui attira de terribles représailles de Voltaire. Le parlement et l'archevêque de Paris s'attaquèrent enfin directement à l'*Encyclopédie* : le parlement et le conseil du roi frappèrent à la fois; le privilège des éditeurs fut révoqué (mars 1759). Ordre avait été donné au directeur de la librairie, Malesherbes, comme en 1752, de saisir les papiers de Diderot. Malesherbes se hâta de le prévenir secrètement. « Je n'ai pas le temps d'en faire le triage, »

---

1. *Anciennes Lois françaises*, t. XXII, p. 272; 16 avril 1757.
2. A la tête de ces pamphlétaires était le critique Fréron, rédacteur du journal l'*Année littéraire* et prototype de ces écrivains sans moralité qui défendent par spéculation, avec une fureur de commande, les croyances qu'ils n'ont pas. Il n'était pas absolument sans talent; mais on a fort exagéré sa valeur dans l'espèce de réhabilitation paradoxale qu'on lui a faite. Un adversaire plus honorable de Voltaire fut Lefranc de Pompignan, homme de conviction, qui se ridiculisa par une excessive vanité, mais qui rencontra quelques éclairs de haute poésie. — On possède un bien curieux monument de l'esprit de réaction à la cour : c'est une lettre où se trouve le passage suivant : « Qu'est devenue notre nation? les parlements, les encyclopédistes, l'ont changée complétement. Quand on manque assez de principe pour ne reconnaître ni divinité ni maître, on devient bientôt le rebut de la nature, et c'est ce qui nous arrive! » On ne devinerait pas quel est le sévère champion du trône et de l'autel qui revendique ainsi les principes de Bossuet : ce n'est rien moins que madame de Pompadour! — Lettre au duc d'Aiguillon, 1759; ap. Lacretelle, t. IV.

répondit le philosophe désolé. « Envoyez-les chez moi ! » Qui fut dit fut fait, et l'on ne saisit que ce qu'il plut à Diderot[1].

Les velléités de persécution d'un gouvernement servi de la sorte par ses propres agents ne pouvaient aller bien loin. Le nouveau ministre dirigeant, M. de Choiseul, n'aimait pas et craignait un peu les encyclopédistes ; mais il aimait encore moins le clergé et il ménageait beaucoup Voltaire, qui tonnait contre la suspension du grand œuvre, pendant que le pape Clément XIII y applaudissait dans un bref de septembre 1759. Fernei l'emporta à demi sur le Vatican. On obtint que la police fermât les yeux sur la reprise clandestine de l'impression. d'Alembert, cependant, fatigué de cette longue lutte, ne voulut plus participer à la direction : Diderot, plus courageux et plus constant, supporta seul le fardeau jusqu'au bout. Frédéric II, puis l'impératrice de Russie, Catherine II, également désireux de se faire honneur aux dépens de Louis XV, offrirent, l'un après l'autre, à Diderot de venir achever l'*Encyclopédie* dans leurs États (1760-1763) : l'habile Catherine, à peine assise sur un trône rougi du sang de son époux, commençait, envers les hommes qui régnaient sur l'opinion européenne, ce système de flatteries que Voltaire paya si magnifiquement par le vers :

C'est du Nord aujourd'hui que nous vient la lumière.

Voltaire pressait Diderot d'accepter les propositions de Catherine : il refusa par loyauté envers les libraires, qui, pendant ce temps, le trahissaient en mutilant ses articles à son insu pour les rendre moins offensifs. L'ouvrage fut enfin terminé, tant bien que mal, en 1765 ; mais le clergé le condamna dans son assemblée d'août 1765 et dénonça la distribution secrète des exemplaires : le gouvernement enjoignit aux souscripteurs de livrer à la police les exemplaires qui ne leur avaient été adressés qu'avec sa permission ; puis il les leur rendit en partie après des incidents assez piquants[2] : il était impossible de montrer moins de dignité et de volonté que ne faisait ce triste pouvoir.

1. *Mémoires sur Diderot*, par sa fille, madame de Vandeul, ap. *Mémoires, Correspondance et Ouvrages inédits* de Diderot, 2ᵉ édit., 1834, t. 1ᵉʳ, p. 31. — V. aussi l'*Avertissement* en tête du t. XIII des *OEuvres* de de Diderot ; 1821.

2. V. Voltaire ; *Mélanges*, et l'*Avertissement* en tête du t. XIII des *OEuvres* de Diderot.

Des suppléments furent ajoutés au corps de l'ouvrage ; mais, lorsqu'en 1769 on voulut réimprimer le tout, le parlement l'interdit. Les éditions, par compensation, se multiplièrent au dehors, et toute l'Europe lettrée put contempler plus ou moins librement la Babel édifiée par les philosophes français.

Babel, en effet, mais construite avec bien des matériaux précieux. Il y eut autre chose qu'un orgueil impie dans cette espèce d'apothéose de l'esprit humain : il y eut l'amour sincère de l'humanité, cette religion terrestre qui survit à la religion de l'idéal et de l'éternel et qui permet d'en espérer le retour, tant qu'elle n'est pas elle-même étouffée sous l'égoïste scepticisme et le matérialisme pratique. Les auteurs avaient prévu et espéré que leur œuvre serait dépassée par le progrès des sciences : le cercle des connaissances s'étendant indéfiniment, on peut dire que l'*Encyclopédie* doit être à refaire de siècle en siècle ; il n'y a donc point à reprocher à celle du xviiie d'être incomplète ; l'esprit de critique négative qui domine dans une grande partie des articles et le manque d'unité morale dans l'ensemble sont des reproches mieux fondés.

Ce n'était pas dans une publication, en quelque sorte officielle, comme l'*Encyclopédie,* que les novateurs pouvaient exprimer toute leur pensée. Les ouvrages que Diderot publiait sous l'anonyme ou faisait circuler manuscrits ont une grande importance à cet égard. Telle est l'*Interprétation de la Nature* (anonyme ; 1754). Il commente et s'approprie les idées les plus hasardeuses de Buffon, de Maupertuis, du grand médecin vitaliste Bordeu, en renforçant, par ses propres élucubrations, tout ce qui prête au panthéisme naturaliste. Pour écarter la nécessité du moteur universel, il suppose, ainsi que les anciens atomistes, leur imaginaire molécule active par elle-même et ayant toujours agi, et ne s'embarrasse pas d'expliquer comment est venue l'impulsion première, essentielle, sans une volonté, sans une cause déterminante ; mais, en même temps, il abandonne les atomistes, comme tous les autres métaphysiciens, sur cette homogénéité de la matière, qui aboutit, dans le panthéisme, à l'unité de la substance et de l'être : il prétend, au contraire, la matière diversifiée à l'infini, non plus seulement dans les phénomènes, mais en substance : la Nature n'est plus pour lui que la combinaison des différentes matières hétérogènes. Il atteint ainsi, bien au delà de Buffon, le pôle opposé au spinozisme, ne voyant plus que la diversité et perdant absolument de vue l'unité[1] : le Dieu-Nature disparaît après le Dieu intelligent et libre; mais il le rappelle par la plus bizarre conception qui soit jamais entrée dans l'imagination d'un philosophe. Maupertuis ne s'était pas contenté d'attribuer le sentiment (désir, aversion, mémoire et intelligence) à toutes les molécules, même à l'état brut : dans l'animal, il faisait perdre à chaque molécule la conscience de soi, pour former de toutes les consciences confondues des molécules la conscience du tout. Diderot adopte cette idée incompréhensible[2], et insinue, tout en ayant l'air de protester contre la conséquence qu'on en peut déduire, que la collection totale des molécules, ou l'univers, a une conscience totale, et que le monde est Dieu. C'est là le dernier mot du naturalisme et ce mot est lui-même la plus obscure de toutes les énigmes : conscience et individualité n'étant qu'une même chose, qui pourrait dire ce que signifie une conscience collective ou totale?

Bien des éclairs brillent toutefois dans ces ténèbres : l'idée que tous les phénomènes de la pesanteur ou de l'attraction, de l'élasticité, du magnétisme, de l'électricité, pourront être ramenés un jour à un même principe, saisit l'esprit par sa grandeur, en même temps qu'elle contredit implicitement la prétendue multiplicité des substances. Une autre donnée, que Diderot emprunte à Bordeu, à savoir que chaque organe est, en quelque

---

1. Buffon n'admettait entre la molécule brute et la molécule organique et sensible qu'une différence de degré, qu'une distance franchissable. Diderot croit toutes les molécules sensibles, et, en même temps, par une étonnante contradiction, il veut que l'animalité ait eu, de toute éternité, ses éléments particuliers épars dans la masse de la matière.

2. Il la développe plus tard dans son étrange *Rêve de d'Alembert* et prétend que les atomes, pour former un corps organisé, non-seulement s'associent, mais se confondent. Se confondre, c'est mêler ses parties : des êtres simples, étant nécessairement impénétrables les uns aux autres, ne sauraient se confondre. Si les prétendus atomes ont des parties, ils ne sont point des atomes, c'est-à-dire des *indivisibles;* ils ne sont que des corpuscules, des agrégats indéfiniment divisibles : ils ne sont point des êtres réels. — Cette idée est la négation de toute existence distincte et aboutit, après avoir nié Dieu et l'âme, à nier même les atomes, en sorte qu'il ne reste plus qu'un inconcevable mélange de néants combinés.

sorte, un animal distinct, mérite une sérieuse attention. La vieille erreur de l'âme sensitive, balayée par Descartes, enveloppait une vérité dont Paracelse et Van-Helmont avaient commencé de soulever le voile avec leurs *archées* ou âmes locales ou organiques. Si le spiritualisme a raison de mettre dans l'âme toute sensation, toute impression dont le *moi* a conscience, le naturalisme, ou plutôt le vitalisme, a-t-il tort de dire que la sensibilité est partout dans l'être organisé et que les organes ont une vie propre, quoique subordonnée à la vie centrale, et probablement des centres secondaires dont le *moi* n'a pas conscience?

Ce livre singulier était terminé, dans le manuscrit, par une espèce d'invocation plus singulière que tout le reste, une invocation à un grand *peut-être*.

« O Dieu! je ne sais si tu es; mais je penserai comme si tu voyais dans mon âme; j'agirai comme si j'étais devant toi!... »

Ce *peut-être* est le vrai *dernier mot* de Diderot, par delà le dogmatisme naturaliste. Jouant, en artiste, en enfant! avec ces armes terribles qui ébranlent le monde, il n'eut jamais la conviction absolue, le fanatisme des doctrines qui passionnaient son imagination, et la date comparée de ses ouvrages nous montre des échappées de déisme au plus fort de la propagande matérialiste et athée. Il s'était arrêté, pour mettre sa conscience en repos, à ce paradoxe : que les opinions sur cette matière sont indifférentes à la conduite de la vie.

Au reste, il n'y avait point pour lui, à vrai dire, de *conduite de la vie*, puisqu'il n'y avait point de libre arbitre. « Il n'y a de vertu et de vice, » dit-il dans une lettre intime[1], « que la bienfaisance ou malfaisance natives. » On voit ce que vaut dans sa bouche ce mot de vertu, qu'il répète sans cesse avec un enthousiasme si sincère : ce n'est que le goût et l'activité du bien, sans effort, sans mérite et sans choix. Il admire un homme vertueux comme un beau produit de la nature.

Pour être juste envers Diderot, il faut voir en lui non point un homme de méthode et de logique, mais un homme de spontanéité et de passion : esprit et cœur dont la perpétuelle jeunesse

---

1. Insérée dans la *Correspondance* de Grimm, année 1756.

n'aura jamais une ride jusqu'à son dernier jour; verve toujours jaillissante au service de toute idée et de tout homme qui réclame le secours de son temps et de sa plume. La part faite à ses passions privées, il donne, du reste de sa vie, la moitié à faire ses livres, l'autre moitié, la plus grande, à faire les livres et les affaires de ses amis, des indifférents, de tout le monde : métaphysique ou morale, physique ou mathématiques, romans licencieux ou contes moraux, fantaisies de toute forme, théâtre, critique littéraire ou critique des beaux-arts, tout est bon au *pantophile* Diderot, comme l'appelle si bien Voltaire. Ainsi, entre l'*Encyclopédie* et l'*Interprétation de la Nature*, il rêve la gloire du théâtre : il veut enrichir la scène française d'un nouveau genre, ou plutôt de différentes nuances de drame intermédiaires entre la tragédie et la comédie : ce sont la comédie sérieuse, la tragédie bourgeoise, le drame moral et philosophique. Ses propositions sont soutenues par des raisons plausibles, sans exagération ni déclamation, et il se garde bien d'insulter à nos chefs-d'œuvre nationaux, comme le feront après lui de ridicules imitateurs, les Le Tourneur, les Mercier. — La comédie peut-elle enseigner la vertu au lieu de faire seulement la guerre au vice? — La tragédie peut-elle s'étendre aux malheurs privés? En d'autres termes, la scène peut-elle embrasser la vie humaine sous tous ses aspects? — Il y a là au fond le sentiment d'un art et d'un théâtre démocratiques; mais peut-être la réponse à ces propositions ne doit-elle être affirmative que sous une réserve : — oui, la scène peut embrasser la vie humaine sous tous ses aspects, mais pourvu que la poésie dramatique reste poésie, qu'elle se maintienne à la hauteur de la vérité idéale et ne s'ouvre pas au prosaïsme d'une réalité confuse et sans choix.

La comédie *larmoyante* de La Chaussée était déjà dans la direction indiquée par Diderot; mais la force dramatique et la hauteur des vues avaient manqué. Diderot essaya de prêcher d'exemple. Il échoua (1757-1758). Lui, si chaleureux, si piquant, si coloré, si entraînant dans la fantaisie, dans la critique, dans les mélanges, si touchant et si simple parfois dans l'anecdote, il n'est pas reconnaissable au théâtre : son pathétique tourne en emphase, ses moralités en pédantisme, son naturel en puérilité. Quelques années après, un autre profita de ses leçons mieux que lui-même et réalisa en partie ce que Diderot avait conçu. Ce fut Sedaine, cet artisan illettré que la nature avait fait écrivain dramatique et qui s'empara du théâtre en dépit de tous les obstacles. L'accueil enthousiaste que Diderot fit au *Philosophe sans le savoir* (1765) est peut-être le trait de sa vie qui lui fait le plus d'honneur et la preuve la moins contestable de son excellent naturel.

De nouvelles sources d'intérêt furent ainsi ouvertes à la scène, au moment où le changement des mœurs et des idées refroidissait le public pour notre grand théâtre du xviie siècle : bientôt les imitations de Shakspeare par Ducis[1] et la traduction des œuvres de ce prodigieux génie, si infidèle, si défigurée qu'elle fût, donnèrent à ces tendances une impulsion que Voltaire s'efforça d'arrêter en réagissant, au nom du goût et de l'esprit national, contre les importations étrangères dont il avait été le premier promoteur. Les suites de cette révolution littéraire, qui fut suspendue par un retour vers ce qu'on nomma le *classique*, c'est-à-dire vers l'antiquité plus ou moins bien comprise, puis qui reprit son cours et poursuit ses phases de nos jours, dépassent les limites de notre cadre et appartiennent à l'histoire de la France nouvelle.

La critique, soit littéraire, soit artiste, ne doit pas moins à Diderot que la théorie de l'art dramatique. Il en a fait un art de sentiment et d'imagination, au lieu d'une froide anatomie littéraire. Il a semé des richesses infinies d'images et de pensées dans la *Correspondance* de Grimm, dans les *Salons*, etc.[2] : sa nature sympathique lui a fait inventer la *critique des beautés*[3], plus hasardeuse, mais plus féconde peut-être que l'autre. On ne peut s'empêcher d'admirer la puissance, la fertilité, la variété, l'émotion perpétuelle et universelle de cette âme toujours vibrante, et, pourtant, on se sent plutôt ébloui par des météores tourbillon-

---

1. A partir de 1769.
2. Les Expositions périodiques des ouvrages des peintres et des sculpteurs membres de l'Académie avaient commencé en 1757. Diderot écrivit, à partir de 1761, une série de *Salons* ; trois seulement avaient été publiés après sa mort ; cinq autres ont été récemment mis au jour par un éditeur passionné pour la gloire de Diderot, M Walferdin. V. *Revue de Paris* d'août à novembre 1857.
3. Sainte-Beuve, art. *sur Diderot.*

nant dans un ciel orageux, qu'éclairé et conduit par une lumière sereine; c'est que Diderot est panthéiste dans l'art comme dans la philosophie; c'est que son principe n'est point l'idéal, mais la vie sous toutes les formes, sans préférence, sans degrés, sans hiérarchie. Il ne distingue pas les rangs entre Raphaël et Rubens [1]. On doit pourtant lui rendre ce témoignage que, malgré la licence trop souvent cynique de son langage, il n'approuve pas la peinture libertine, la profanation de l'art : sa sensualité est celle de la nature et non du Parc-aux-Cerfs, de Rubens et non de Boucher.

Ce serait chose fort difficile que de dessiner avec quelque précision cette figure si mobile de Diderot, de modeler, pour ainsi dire, cette tête immense, la plus encyclopédique du siècle, qui contient tout, mais qui ordonne si mal ce qu'elle contient. Le sentiment qui s'enferme dans les choses finies, qui s'y tourmente, s'y exagère, s'y boursoufle, faute de savoir s'élever dans les sphères sans bornes pour lesquelles il est fait; la passion sans frein, l'activité sans règle, l'expansion aveugle du cœur et des sens, et cependant l'admiration exaltée de la vertu; un goût très-douteux dans les œuvres personnelles, le manque de mesure et de convenance en tout, et cependant un sens souvent exquis dans l'appréciation des œuvres d'autrui; l'emphase et la sincérité; une véracité naïve et la facilité de s'échauffer en comédien sur des idées d'emprunt; une licence outrée et la faculté de comprendre les nuances les plus délicates de toutes les sortes de pudeur; on n'en finirait jamais si l'on voulait rassembler tous les contrastes de cet étonnant caractère. L'amour de l'humanité, la haine de l'oppression, la croyance à la perfectibilité du genre humain, plus nette et moins flottante peut-être que chez Voltaire, l'unissent au *patriarche de Fernei* : il en est l'opposé quasi à tout autre égard. Voltaire dit : *Raison* (raison pratique, expérimentale); Diderot dit : *Nature*. Diderot se rattache, comme tradition, à quelques incrédules de la première moitié du XVIIe siècle, aux Cyrano, aux Théophile. Il procède de ceux-là, comme Voltaire de Chaulieu et

---

[1]. L'universalité de sa sympathie fait que, le premier depuis la Renaissance, il recommence à comprendre quelque chose à l'architecture *gothique;* il a une vue fine et profonde sur la nature de l'effet qu'elle produit.

de Saint-Évremont; mais, par-dessus leur tête, il donne la main, dans un passé plus éloigné, à quelque chose de plus fort, à Rabelais et à la première génération du xvie siècle : il tient à Rabelais, ainsi que Voltaire à Montaigne, mais par un lien plus serré et plus apparent.

Où marche-t-on, cependant, avec des guides tels que Diderot et ses amis? Comme presque tous les novateurs, ces hommes, bouillonnants de vie, sont bien meilleurs que leurs idées. On voit un spectacle contraire et bien plus triste dans les époques où l'idée du vrai, ressaisie en vain par l'esprit, ne produit plus le fruit du bien dans l'âme éteinte, et où le sentiment de l'homme est au-dessous de sa pensée. Aux philosophes du xviiie siècle, le cœur fait illusion sur leurs doctrines. Mais, les hommes disparus, les idées restant, où mèneront-elles? Voltaire tâche, sans succès, d'enrayer le char lancé sur une pente terrible : il n'a pas les paroles sacrées qu'il faudrait pour arrêter les coursiers effrénés. Diderot lui-même, qui a montré, dans le *Rêve de d'Alembert* et le *Supplément au Voyage de Bougainville*, jusqu'où il pouvait aller en fait de dévergondage d'imagination et de logique matérialiste, Diderot est débordé! Il défend l'amour moral contre Buffon : il défend, contre Helvétius, à qui il avait fourni ses meilleures pages, les idées générales de justice et de probité; il nie que le plaisir des sens soit le but unique de l'homme; il réfute la morale de l'intérêt au nom du sentiment[1]. Impuissants efforts! Qu'est-ce que l'idéal partiel et abstrait de la justice, séparé de l'idéal universel et vivant, qui est la justice comme il est toutes les perfections? Que sert la réserve du sentiment sans liberté et sans immortalité?
— Point de libre arbitre, point de morale; point de personnalité, d'immortalité, point de vertu; car point de sacrifice[2]. De quel

---

1. En particulier, du moins; car les encyclopédistes n'écrivaient pas publiquement les uns contre les autres. — Diderot réfute également le *sentir, c'est juger*, d'Helvétius. Il pose la distinction du physique et du moral, « aussi solide, dit-il, que celle d'animal qui sent et d'animal qui raisonne. » V. *Œuvres* de Diderot, t. III, p. 251; les admirables et inconséquentes lettres à Falconet, et *Mémoires sur Diderot*, par Naigeon. — Voltaire, à propos du livre de l'*Esprit*, avait protesté, de son côté, avec un grand sens, en faveur du libre arbitre, au nom du sentiment, de ce principe auquel Diderot en appelait sans en vouloir tirer les conséquences légitimes et que Voltaire n'était point habitué à invoquer.

2. Il y a de généreuses inconséquences; mais elles n'autorisent pas à nier la lo-

droit demander à un être qui va être anéanti demain, de sacrifier ses satisfactions aux lois d'un ordre social qui n'a point de cause finale au delà de ce monde?

Si aucune voix ne s'élève, assez puissante pour rappeler l'âme humaine à elle-même, en vain l'enthousiasme confus du naturalisme, en vain les besoins mystérieux de notre essence morale essaieront-ils de se faire illusion en donnant forme au culte de *la Raison et de la Nature*; en vain iront-ils jusqu'à d'étranges retours vers les théogonies naturalistes de l'antiquité, et enfanteront-ils des sectes où les appétits matériels s'envelopperont de formes mystiques! Tout cela passera comme des ombres : rien ne restera debout. La passion, dont la flamme ne saurait subsister sans l'aliment de l'idéal, disparaîtra après lui; les idées s'effaceront après les sentiments; le naturalisme théorique lui-même s'affaissera sous le dédain de toute théorie. La société décrépite, alors, tâchera de retourner vers son berceau. L'impuissance, la démission des âmes, ramènera non pas la foi, mais la forme des vieux rites traditionnels; on aura les anciennes croyances à la surface, et, au fond, l'indifférence absolue, dernier enfantement du scepticisme. Le matérialisme pratique régnera seul dans le vide sur le monde moral détruit. L'abus de l'esprit aura tué l'esprit[1].

---

gique. Il ne faut pas non plus objecter le panthéisme spiritualiste des stoïciens ou de Spinoza, suivant lequel l'âme *raisonnable*, l'âme du sage, se rejoint à sa source, à l'Ame Suprême. Une telle doctrine, altérant, sans la détruire, la notion d'immortalité, détruit la nature et non la vertu.

1. Rien n'est plus décisif sur l'impuissance de la philosophie matérialiste que les aveux qui échappent à Voltaire et à Diderot. « L'*infâme* est bonne pour la canaille, grande et petite! » s'écrie Voltaire dans une de ses boutades. — Diderot, dans son *Projet d'instruction publique pour la Russie*, reconnaît que l'athéisme, fait pour un petit nombre de penseurs, ne saurait convenir à une société. — Quelle est la conclusion logique de ceci, si ce n'est l'ésotérisme et l'hypocrisie officielle?

LIVRE C

LES PHILOSOPHES (*SUITE*).

Rousseau. — Le Spiritualisme ramené par le sentiment. Philosophie religieuse et démocratique. — Origines et jeunesse de Rousseau. — *Discours sur les sciences. Discours sur l'Inégalité. Essai sur l'origine des langues. Nouvelle Héloïse.* Émile. Le Vicaire savoyard. Contrat social. *Lettres de la Montagne.*

1749 — 1767

Au bord du plus grand lac, au pied des plus hautes montagnes de l'Europe, s'élève, entourée des plus admirables spectacles de la nature, une cité dont le rôle historique a été, depuis la Réforme, hors de toute proportion avec son étroite enceinte et sa faible population. C'est Genève, cette colonie républicaine du protestantisme français, fondée par la première émigration au xvie siècle, sous les auspices d'un génie intolérant et dur, mais énergique et persévérant; puis agrandie et transformée par la seconde émigration au xviie siècle, sous l'influence plus humaine de l'esprit d'examen et de la liberté de conscience. Un large développement moral, intellectuel et matériel avait coïncidé, à Genève, avec l'affaiblissement du vieux fanatisme calviniste. Cette ville de vingt mille âmes renfermait déjà une multitude d'hommes distingués non plus seulement, comme auparavant, dans la théologie et la prédication, mais dans les lettres, dans les sciences, dans le haut commerce : parmi ces hommes, précurseurs de générations bien plus éclatantes, il suffit de citer le Languedocien Abauzit, vrai type de philosophe religieux, de libre penseur qui conserve le véritable esprit chrétien. La science et la liberté, à Genève, ne repoussaient pas le sentiment religieux en même temps que le fanatisme ; le protestantisme ne sentait pas le besoin de passer par l'incrédulité pour aboutir à la philosophie.

Le 28 juin 1712, un enfant naquit à Genève d'un horloger, Français d'origine, et de la fille d'un ministre du saint Évangile. Le père était un artisan habile, cultivé, passionné, intelligent, mais de peu d'ordre dans l'esprit et dans la conduite : la mère, charmante femme, de goûts artistes, d'esprit délicat et de cœur tendre, mourut en donnant le jour à l'enfant. JEAN-JACQUES ROUSSEAU naquit avec des nerfs irritables et des organes délicats, où couvaient les germes des maux qui devaient rendre sa vie physique presque aussi tourmentée que sa vie morale : sa sensibilité précoce eût dû être contenue par la culture de la raison pratique ; elle fut surexcitée par une éducation mal dirigée, qui le livra sans défense à son imagination, et qui ne lui apprit point à conquérir l'empire sur lui-même. A six ans, absorbé par la lecture des romans, il avait déjà pris l'habitude de vivre dans un monde imaginaire dont il ne sortit jamais complétement, et qui devait lui faire la réalité si difficile et si répulsive, mais aussi contribuer à le préserver du matérialisme théorique et pratique. « Je n'avais aucune idée des choses, dit-il, que tous les sentiments m'étaient déjà connus. Je n'avais rien conçu ; j'avais tout senti. » (*Confessions*, liv. I.) Aussi, avec un sens naturel admirable, il n'acquit jamais, dans le commerce de la vie, le sentiment des justes rapports des choses pratiques, de leur valeur positive et respective.

Aux romans succéda l'histoire : Plutarque, aux d'Urfé, aux Scudéri et aux La Calprenède. Même identification avec les héros de l'antiquité qu'avec ceux des romans. Chez cet étrange enfant, ce ne sont pas des faits passés qui entrent dans la mémoire : ce sont des actes immédiats qui se renouvellent dans l'âme. Un jour qu'il racontait à table l'aventure de Scévola, on fut effrayé de le voir avancer et tenir la main sur un réchaud ardent pour représenter l'action de son héros.

Deux grands courants, venus, l'un du moyen âge à travers les romans du XVIIe siècle, l'autre de Rome et de Sparte, deux idéalités qui semblent opposées, mais qui se peuvent concilier à une certaine hauteur, l'amour chevaleresque et la vertu politique, se mêlent donc pour former cette âme. Voltaire avait été l'élève de

Bayle et de Ninon : Rousseau est indirectement l'élève de Pétrarque et directement celui de Lycurgue et de Phocion. D'autres éléments se combinent avec ceux-là. La tradition protestante genevoise, éclairée par le libre examen et dégagée de l'étroit esprit sectaire, confirme, par une sanction religieuse, les maximes républicaines des grands hommes de Plutarque, et entretient l'enfant dans le milieu le moins éloigné de la liberté antique que pût offrir ce siècle. Le goût des champs, du silence, de la solitude, autre rapport avec les anciens, annonce déjà cet amour de la nature qui sera chez lui, non pas une théorie ou une science, comme chez d'autres, mais la source même de l'inspiration et le refuge de l'âme.

Mais l'équilibre était déjà rompu dans cette belle organisation morale. Le développement prématuré de la sensibilité avait affaibli les ressorts de l'âme, comme une croissance trop prompte affaiblit le corps. L'imagination était d'une puissance irrésistible, le sentiment profond, l'intelligence étendue et prompte; mais la volonté était faible; le caractère ployait sous le faix des idées et des passions, et ne devait se raffermir un jour que par une régénération de la volonté, achetée au prix d'angoisses de mort.

Déjà, dans les amours enfantins de cet être qui s'ignorait encore lui-même, se manifestait cette tendresse mêlée de sensualité qui devait faire le tourment de toute son existence. Bientôt l'adolescent se heurte aux premiers angles de la dure réalité : l'émule d'*Artamène* et de Scévola est mis à l'apprentissage d'un vulgaire métier. Il s'y dégrade très-vite. Cette nature, docile à toutes les impressions, se laisse facilement modifier par l'atmosphère qui l'environne. Cet enfant idéaliste, tendre et fier contracte de petits vices de dissimulation, de fausse honte, d'habitudes serviles. La passion de la lecture, qui lui reste de ses jours meilleurs, le sauve des grands vices et des mauvaises mœurs.

On sait comment l'apprentissage se termina par une fuite en Savoie, et comment son évasion le jeta sous le patronage de la femme singulière qui exerça tant d'influence sur sa destinée, de madame de Warens. Il change de religion à Turin, déjà très-capable, à seize ans, de sentir l'odieux d'une apostasie, puisqu'il ne changeait point par conviction, mais trop faible de volonté pour échapper, par un énergique effort, à la situation fausse dans laquelle il s'est étourdiment engagé. Il tombe dans la domesticité. Il semble aller à sa perte. Tout le monde connaît l'anecdote du ruban, enfantillage qui aboutit, par le vertige de la mauvaise honte, à un véritable crime, remords de sa vie entière, expié par un aveu héroïque.

La Providence lui envoie une main secourable qui l'arrête sur le penchant de l'abîme : c'est ce pauvre curé révoqué, cet abbé Gaime, qui dépose les germes de la philosophie religieuse, à côté du principe romanesque et du principe républicain, dans son âme troublée, égarée, mais non pervertie ; le grand homme paiera un jour la dette de l'enfant en immortalisant son bienfaiteur. L'abbé Gaime deviendra le *Vicaire savoyard*.

Revenu de Turin en Savoie avec un cœur nouveau, pour ainsi dire, il promène son humeur inquiète d'Anneci à Lyon, en Suisse, à Paris, se montrant sans aptitude aux carrières suivies et régulières, s'enthousiasmant successivement pour les objets les plus divers ; mélange d'aventurier[1], d'homme à projets, d'enfant et de rêveur ; mais le rêveur domine toujours. Errer, en laissant un libre vol à ses rêves, à travers une nature pittoresque et sauvage, est pour lui le bonheur suprême. La misère l'effleure à peine : il oublie la faim de la veille et ne songe pas à celle du lendemain. Que de poëmes inconnus jaillirent de son âme, emportés sans retour par le vent des Alpes avec les nuages du ciel ! quels torrents d'imagination et de passion, qui n'ont laissé qu'à peine arriver jusqu'à nous quelques échos lointains à travers les bosquets de Clarens et les rochers de Meillerie !

C'est en voyant de près, dans ses pérégrinations vagabondes, la condition du paysan français et en la comparant au bien-être de la Suisse[2], qu'un premier germe de haine entre dans son cœur contre les oppresseurs du peuple et contre l'injuste régime politique et fiscal qui pèse sur la France. L'amour idéal de la liberté

---

1. D'*aventurier* qui ne fait point de dettes et qui ne fait d'autre dupe que lui-même ; il ne faut pas l'oublier.

2. V., dans le livre IV des *Confessions*, l'anecdote de ce paysan aisé qui affecte la misère, cachant son vin à cause des aides, son pain de froment à cause de la taille, et se jugeant perdu si l'on pouvait se douter qu'il ne mourût pas de faim.

antique commence ainsi à prendre pied sur la terre. En même temps que la pitié pour nos campagnards, s'éveille en lui une ardente sympathie pour la France, pour la nation en général, sympathie qui vivra toujours au fond de son âme, lors même qu'il nous traitera le plus sévèrement dans ses écrits. Notre littérature est le principe de ce qui est chez lui une passion, de ce qui est un goût vif dans toute l'Europe, où l'amour des lettres françaises balance le mauvais effet des manières des Français : l'Europe hait les Français quand elle les voit et les aime quand elle les lit. Jean-Jacques, lui, aimera toujours ceux qu'il nomme « la nation la plus vraie, toute légère et oublieuse qu'elle soit[1] ; » il souffrira plus qu'eux-mêmes de leurs revers militaires. Le plus Français de cœur entre nos philosophes, celui qui doit combattre les effets dissolvants du cosmopolitisme prêché par ses pareils et réchauffer le sentiment de la patrie, le père nourricier de cette génération qui sauvera notre nationalité, est un étranger par la naissance !

Il était revenu de nouveau à Chambéri, où il menait cette bizarre existence que l'on sait entre madame de Warens et Claude Anet. Cette femme, douée de toutes les qualités, moins celle qui est le caractère essentiel de son sexe, exerça sur Rousseau un ascendant qui lui fut avantageux à beaucoup d'égards, mais altéra en fait chez lui la délicatesse morale quant à l'amour et jeta un nuage sur son idéal, sans pouvoir toutefois lui faire partager le triste système qu'on lui avait inculqué à elle-même. Là est l'origine de bien des contradictions dans la vie de Rousseau.

Une telle situation ne pouvait le satisfaire : son âme se révoltait et se dévorait elle-même. Il tomba malade : son organisation, fortement ébranlée, fit naître ces pensées de fin prématurée qui l'obsédèrent si longtemps et tourna son esprit vers les idées religieuses. Madame de Warens l'empêcha de succomber aux terreurs du jansénisme qui l'avaient un moment saisi : elle lui prêcha un catholicisme de sa façon, où le purgatoire remplaçait l'enfer. Il

---

1. « Je n'aperçois pas chez les Français plus de vertus que chez les autres peuples ; mais ils ont conservé un précieux reste de leur amour... Il ne faut jamais désespérer d'un peuple qui aime encore ce qui est juste et honnête, quoiqu'il ne le pratique plus... On est encore forcé de les tromper pour les rendre injustes, précaution dont je n'ai pas vu qu'on eût grand besoin pour d'autres peuples. » *Correspondance* : an. 1770 ; lettre à M. de Belloi.

se plongea dans la philosophie et les sciences, et se fatigua en vain à accorder entre eux les métaphysiciens modernes; puis il se rejeta sur son vieil ami Plutarque et sur Montaigne. Montaigne, si terrible à Pascal, fut pour Rousseau un nourricier bien-aimé, sinon toujours salutaire : des âmes diverses peuvent arracher les oracles les plus divers à ce Protée aussi varié que la nature même.

Nous n'avons point à retracer les péripéties à la suite desquelles, refusant de renouveler une situation intolérable pour sa dignité et pour son cœur, mais gardant une profonde reconnaissance là où ne pouvait être l'amour, il quitta sans retour la Savoie et prit, pour la seconde fois, la route de Paris, afin d'aller faire fortune au profit de madame de Warens. Son moyen de fortune (il en avait déjà inventé beaucoup!) était une méthode pour noter la musique en chiffres. Sa vocation décisive était, à ce qu'il croyait, celle du musicien (1741).

La méthode ne réussit pas, mais lui valut quelques relations dans le monde parisien. Il tenta une autre aventure et partit pour Venise comme secrétaire de l'ambassadeur français. Il se tira des fonctions diplomatiques beaucoup mieux qu'on ne l'eût pu croire ; mais la brutalité de son ambassadeur, grand seigneur aussi plat qu'inepte, lui ferma brusquement la carrière. Son retour à Paris marque une date funeste dans sa vie (1745), l'époque de sa liaison avec Thérèse Levasseur. Malheureuse union entre l'idéal et la vulgaire réalité, qui, par une réaction inévitable, sépare absolument, chez Rousseau, la vie de l'âme et de l'imagination d'avec la vie extérieure, au lieu de chercher leur harmonie. La pauvreté vient rendre plus pesante la triste chaîne qu'il s'est donnée : le contraste s'accuse de plus en plus poignant entre l'homme qui sent sa valeur et la condition que lui fait la société. Fier et timide, il s'entend mal à parvenir. Ses plus belles années s'écoulent en vain ; ses essais d'opéras n'arrivent pas jusqu'à la scène : il est réduit, pour ne pas mourir de faim, à trente-cinq ans, à se faire le secrétaire de la femme et du fils d'un fermier général. De ce temps datent les fautes tant reprochées, qui doivent peser sur le reste de sa carrière et laisser dans l'avenir une ombre sur son nom. Deux enfants, nés de ses relations avec Thérèse, sont envoyés à l'hôpital (1747-1748). La misère le pousse : les exemples d'une société corrompue l'enveloppent; autour de lui, peupler les *Enfants-Trouvés* paraît chose toute simple ; n'ayant que des sentiments et des tendances sans principes arrêtés, l'esprit d'imitation l'emporte.

Le temps des fautes précède de bien peu celui de la gloire! Jamais Rousseau n'avait songé, jusqu'alors, à chercher dans la littérature sa subsistance ou sa réputation. Il ne se croyait ni le savoir ni la facilité nécessaires, et n'attachait aucune importance à quelques vers, à quelques essais de jeunesse. Cependant, lié avec presque tous les gens de lettres, il s'était attaché surtout à Diderot avec la passion qu'il portait en toutes choses et s'était chargé, à sa prière, des articles de musique pour l'*Encyclopédie*. Sur ces entrefaites, Diderot fut emprisonné au donjon de Vincennes, à l'occasion de sa *Lettre sur les Aveugles*.

L'heure décisive était arrivée où Rousseau allait se révéler à lui-même et au monde.

Il allait et revenait sans cesse de Paris à Vincennes, la tête échauffée par la persécution de son ami, qui ravivait toutes ses propres souffrances. Une sourde fermentation l'agitait; son esprit flottait dans un chaos plein de germes et de rayons, qui demandait la forme et la vie. Un jour, il parcourait, en marchant, le journal littéraire le *Mercure de France* : ses yeux rencontrèrent une question mise au concours par une société littéraire de province, par l'Académie de Dijon :

Le rétablissement des sciences et des arts a-t-il contribué à épurer les mœurs?

Un éclair illumina son cerveau : tout un monde d'idées débordèrent, l'assaillirent avec une telle impétuosité, qu'il se laissa tomber au pied d'un arbre dans une sorte d'extase. Il vécut un siècle en une demi-heure. Toutes ses sympathies pour la nature, pour les mœurs simples, pour la vie indépendante et solitaire, toutes ses douleurs, tous ses griefs, toutes ses irritations vagues contre une société savante, élégante, délicate et dépravée, raffinée d'esprit et desséchée de cœur, qui analyse tout et ne sent plus rien, qui méconnaît les mystères de l'âme en voulant tout réduire en observations et en expériences, qui, à force de donner des noms décens à ses vices, a appris à n'en plus rougir, qui étouffe les supériorités naturelles sous des supériorités de convention absurdes et honteuses, qui fonde les jouissances et les connaissances de quelques-uns sur la misère et l'ignorance du grand nombre, contre une société, enfin, perfectionnée, florissante au dehors, minée au dedans, pareille à ces arbres creusés et réduits à l'écorce, qui cachent leur destruction imminente sous les feuillages et les fleurs; tout prend corps; tout se coordonne; l'inspiration jaillit : elle jaillira sans interruption comme un torrent de flamme pendant douze années[1].

L'Académie de Dijon n'avait entendu poser le problème que sur le *rétablissement* des sciences dans l'ère moderne. Rousseau ne

---

1. *Confessions*, l. VIII. — *Seconde Lettre à M. de Malesherbes.* — *Rousseau juge de Jean-Jacques, second Dialogue.* — Une question préjudicielle est à juger ici. Une accusation grave a été portée contre Rousseau. Morellet, Marmontel, La Harpe, madame de Vandeul, ont répété sur tous les tons, d'après l'assertion de Diderot, que Rousseau n'avait résolu la *question* par la négative que d'après l'avis de Diderot et contre sa première impression. Si ce fait était vrai, le récit de Jean-Jacques serait un roman ; sa théorie un long jeu d'esprit, et sa vie même un paradoxe calculé et dramatisé. Il y a des exemples d'auteurs fameux qui ont changé de thème initial par calcul d'effet, par choix d'artiste, et sont arrivés à une espèce de foi littéraire et conventionnelle dans leur thèse ; mais ces auteurs n'ont peint qu'avec leur imagination et ont tout tiré de leur tête; l'homme et l'écrivain étaient séparés chez eux. Chez Rousseau, l'homme et l'écrivain sont absolument identifiés ; c'est, comme Pascal, avec le *sang de son cœur* qu'il écrit, et, comme il l'a dit cent fois lui-même, il n'est écrivain que lorsque l'inspiration de l'âme le force d'écrire : sans inspiration, il n'écrirait qu'en rhéteur vulgaire, ou plutôt il n'écrirait pas, il ne pourrait pas écrire. Il est absolument le même dans ses relations intimes, dans sa correspondance la plus familière, que dans ses grandes œuvres, et plus d'un témoignage antérieur à son premier écrit atteste les tendances qui le menaient où il arriva, par exemple, une lettre de 1748. (*Histoire de Rousseau*, par Musset-Pathay, t. II, p. 363.) Au reste, le doute est impossible pour quiconque a été effleuré le moins du monde par les angoisses morales qu'exprime si puissamment Rousseau : il y a là un accent que ne saurait méconnaître l'homme qui a passé par les épreuves intérieures. Les rhéteurs et les sophistes n'ont pas le secret d'un tel langage.

Ce qui est probable, c'est que, si Rousseau conservait quelques scrupules, quelques hésitations, Diderot, avec son goût naturel pour le paradoxe, n'aura pas manqué de les combattre et de pousser à rendre la solution aussi excessive, aussi absolue que possible. Rousseau convient peu que Diderot mit quelque la main à ses premiers ouvrages et en exagéra les couleurs. L'étourderie de Diderot et sa mauvaise humeur contre Rousseau depuis leur rupture auront trompé sa mémoire sur les circonstances : la malignité de ses amis aura fait le reste.

V., sur ce débat tant de fois renouvelé, deux pages admirables de sagacité et d'équité dans le beau chapitre que M. Villemain a consacré à Rousseau. (*Tableau du* XVIIIe *siècle*, t. II, XXIVe leçon.) V. aussi, dans ce chapitre, tout ce qui regarde la formation du talent de Rousseau.

s'enferme pas dans ce cadre historique ; c'est l'*établissement* même des lumières parmi le genre humain qu'il considère, qu'il juge... et qu'il condamne !

« Nos âmes se sont corrompues à mesure que nos sciences et nos arts se sont avancés vers leur perfection. — C'est une loi générale. — Le luxe, la dissolution et l'esclavage ont été de tout temps le châtiment des efforts orgueilleux que nous avons faits pour sortir de l'heureuse ignorance où la sagesse éternelle nous avait placés. — L'astronomie est née de la superstition, l'éloquence de l'ambition... Toutes les sciences, et la morale même, de l'orgueil humain : les sciences et les arts doivent donc leur naissance à nos vices. La culture des sciences affaiblit les qualités guerrières, encore plus les qualités morales. — L'imprimerie, cause de désordres affreux et toujours croissants en Europe..., est l'art d'éterniser les extravagances de l'esprit humain. »

Le vrai sens de ces hyperboles éclate bientôt : « Tous ces abus viennent de ce qu'on préfère les talents aux vertus. On substitue à l'ignorance un dangereux pyrrhonisme. Nos lettrés vont sapant les fondements de la foi et anéantissant la vertu. Ils sourient à ces vieux mots de patrie et de religion. La fureur de se distinguer est leur seul dogme. — Dans nos maisons d'éducation, l'on apprend tout à la jeunesse, excepté ses devoirs. Le nom de patrie ne frappe jamais son oreille. — Les anciens politiques parlaient de mœurs et de vertu : les nôtres ne parlent que de commerce et d'argent[1]. »

Puis un cri de regret mal contenu pour ces arts qu'il flétrissait tout à l'heure : « La dissolution des mœurs, suite du luxe, corrompt le goût. — Malheur aux artistes qui naissent dans des temps frivoles et efféminés ! Dites-nous, célèbre Arouet, combien vous avez sacrifié de beautés mâles et fortes à notre fausse délicatesse !... »

---

[1]. Il regarde comme contribuant à la corruption, autant que les sciences, « tout ce qui facilite la communication entre les diverses nations et altère les mœurs propres à leur climat et à leur constitution politique. Tout changement dans les coutumes tourne au préjudice des mœurs. » Ibid. C'est la réaction contre le cosmopolitisme poussée à l'extrême. Mais il est à remarquer que ceci n'est applicable qu'à un peuple à la fois libre et primitif, et, par conséquent, ne peut concerner aucun des grands états européens, qui tous ont perdu leur forme et leurs mœurs premières.

Après une nouvelle pointe contre les philosophes incrédules, il termine ainsi : « La vraie philosophie, c'est de rentrer en soi-même et d'écouter la voix de sa conscience dans le silence des passions. »

Rentrer en soi-même : c'était la plus grande parole qui eût été prononcée de ce siècle. Descartes avait rappelé l'esprit à lui-même : Rousseau y rappelle l'âme.

L'exagération et la rhétorique altèrent parfois l'expression d'une colère si sincère au fond; mais le caractère essentiel n'en est pas moins marqué pour toujours : la révolte du sentiment contre l'esprit critique, la réaction de la conscience contre l'abus du raisonnement, l'appel à la simplicité primitive contre le raffinement des mœurs. Rousseau est debout.

Le prix de Dijon fut enlevé. « Le *Discours* prend par-dessus les nues, » écrivait Diderot, qui pardonnait à Rousseau, en faveur des paradoxes, les vérités sévères. La société fit comme Diderot : elle applaudit au coup qu'on lui portait; mais la plupart crurent n'applaudir qu'à un tour de force hardi. C'était la sensation d'âmes blasées qui se plaisent parfois à être rudement réveillées.

Plusieurs réfutations furent tentées, cependant. Jean-Jacques répond à tous, s'animant par la lutte et s'attachant avec opiniâtreté aux parties les plus hasardées de sa thèse, mais accusant en même temps son vrai but avec une énergie croissante.

« La science n'est pas faite pour l'homme en général. C'est assez pour lui de bien étudier ses devoirs, et chacun a reçu toutes les lumières dont il a besoin pour cette étude. »

« La science n'est faite, avait-il déjà dit, que pour quelques génies privilégiés qui doivent être placés à la tête de la société par les gouvernants. »

« L'homme est fait pour penser et pour agir, non pour réfléchir. »

« On croit toujours avoir dit ce que font les sciences quand on a dit ce qu'elles devraient faire. L'étude de l'univers devrait élever l'homme à son Créateur : elle n'élève que la vanité humaine. » Suit une attaque à outrance contre la philosophie ancienne et moderne, *fille de l'orgueil humain*, qu'il semble accuser en masse d'un ésotérisme athée. Il revient plus loin sur cet emportement,

en montrant comment les *faux* philosophes ont succédé aux *vrais :*
« Les premiers avaient enseigné les devoirs et la vertu : les autres se distinguent en se frayant des routes contraires[1]. »

On eût pu s'imaginer jusque-là que c'était un puissant auxiliaire qui arrivait à la religion établie ; mais il frappe la théologie des mêmes armes que la philosophie.

« La scolastique substitue l'orgueil scientifique à l'humilité chrétienne et avilit la sublime simplicité de l'Évangile. L'Évangile est le seul livre nécessaire à un chrétien et le plus utile de tous à quiconque même ne le serait pas.

« Il est vrai que la philosophie de l'âme conduit à la véritable gloire ; mais celle-là ne s'apprend pas dans les livres.

« L'ignorance raisonnable... est celle qui nous rend indifférents pour toutes les choses qui ne contribuent point à rendre l'homme meilleur.

Tout en reconnaissant que les peuples ignorants peuvent n'en être pas moins vicieux, il vante beaucoup les peuples primitifs.
« A travers l'obscurité des temps, on aperçoit chez plusieurs d'entre eux de fort grandes vertus, surtout une grande horreur pour la débauche, mère féconde de tous les autres vices. — L'homme et la femme sont faits pour s'aimer et s'unir ; mais, passé cette union légitime, tout commerce d'amour entre eux est une source affreuse de désordres dans la société et dans les mœurs. — Les femmes seules pourraient ramener l'honneur et la probité parmi nous ; mais elles dédaignent des mains de la vertu un empire qu'elles ne veulent devoir qu'à leurs charmes ; ainsi, elles ne font que du mal[2]. »

Voici la morale de Rousseau nettement dessinée. Ce ton ressemble peu à celui de Voltaire.

---

1. Dans ses attaques contre la philosophie, il fait des réserves en faveur d'un *philosophe illustre*, dans lequel on reconnaît Montesquieu. Il garda toujours ce penchant pour l'auteur de l'*Esprit des Lois*, dont il avait compris la pensée à fond et qu'il ne considéra jamais comme un adversaire. Il ménage aussi beaucoup l'historien de la Nature, Buffon.

2. « Cet ascendant des femmes n'est pas un mal en soi, avait-il dit dans son *Discours* ; c'est un présent que leur a fait la nature pour le bonheur du genre humain : mieux dirigé, il pourrait produire autant de bien qu'il fait de mal aujourd'hui..... Les hommes seront toujours ce qu'il plaira aux femmes. »

Ceci est plus loin encore de l'auteur du *Mondain*.

« Le luxe peut être nécessaire pour donner du pain aux pauvres ; mais, s'il n'y avait point de luxe, il n'y aurait point de pauvres. — Tout est source de mal au-dessus du nécessaire physique. Multiplier ses besoins, c'est mettre son âme dans une plus grande dépendance. »

Après des prémisses si rigoureuses, ses conclusions ne sont pourtant nullement d'un enthousiaste ni d'un utopiste.

« Faut-il réduire aujourd'hui les hommes au simple nécessaire? — Pas plus que brûler les bibliothèques. — Nous ne ferions que replonger l'Europe dans la barbarie, et les mœurs n'y gagneraient rien... En vain vous ramèneriez les hommes à cette première égalité conservatrice de l'innocence et source de toute vertu : leurs cœurs une fois gâtés le seront toujours. Il n'y a plus de remède, *à moins de quelque grande révolution, presque aussi à craindre que le mal qu'elle pourrait guérir, et qu'il est blâmable de désirer et impossible de prévoir.* — Laissons donc les sciences et les arts adoucir, en quelque sorte, la férocité des hommes qu'ils ont corrompus. »

On remarque enfin, dans une de ses répliques, un axiome auquel il donnera plus tard un immense développement.

« *L'homme est naturellement bon.* — Avant que ces mots affreux de *tien* et de *mien* fussent inventés, avant qu'il y eût des maîtres et des esclaves, avant qu'il y eût des hommes assez abominables pour oser avoir du superflu pendant que d'autres hommes meurent de faim, — en quoi pouvaient consister ces vices, ces crimes qu'on reproche avec tant d'emphase au genre humain [1]? »

En 1753, l'académie de Dijon propose une nouvelle question beaucoup plus brûlante que la première.

Quelle est l'origine de l'inégalité parmi les hommes? — Est-elle autorisée par la loi naturelle?

Rousseau va s'enfoncer pendant huit jours dans la forêt de Saint-Germain, méditant, ravivant les âges écoulés, retrouvant, par la puissance de son imagination, la forêt primitive dans le

---

1. *Réponse à M. Bordes.* — V. aussi *Lettre à M. l'abbé Rainal.* — *Lettre à M. Grimm.* — *Réponse au roi de Pologne.* — *Lettre sur une nouvelle réfutation*, etc. — *Préface de la comédie de Narcisse.* (1751-1753.)

parc royal dont les vieux chênes abritent sa rêverie. Il en sort armé de son second *Discours.*

Il a frappé d'abord sur l'esprit, sur le progrès intellectuel ; il va frapper maintenant sur la richesse, sur le progrès matériel, sur l'économie sociale ; il ouvre même le *Discours sur l'Inégalité* par quelque chose de bien plus excessif encore et semble condamner toute société. Il débute par montrer l'homme primitif, le sauvage, plein de force, d'adresse, de courage, vivant solitaire, le cœur en paix et le corps en santé, sans vices ni vertus morales, puisqu'il ne sait ce que c'est que devoir et que justice, mais ayant pour *vertu naturelle* cette pitié innée envers son semblable, qu'on remarque même chez les animaux, et qui était beaucoup plus impérieuse dans l'*état de nature* que dans l'*état de raisonnement*[1] ; l'amour même troublait à peine sa paix, heureux qu'il était « d'ignorer les ravages de l'imagination et les préférences qui font le moral de l'amour, sentiment *factice* né de l'usage de la société. »

Il répète sur ce sujet, avec une amertume passionnée, les étranges principes posés géométriquement par le calme Buffon.

« En somme, l'état sauvage, c'était l'immobilité de l'espèce, sans éducation ni progrès, c'est-à-dire l'état animal. — La vie animale, avait-il déjà dit dans sa lettre à M. Bordes, n'est point le pire des états pour l'homme : il vaut encore mieux ressembler à une brebis qu'à un mauvais ange. »

L'homme, cependant, même dans l'état animal, était distingué des animaux par deux qualités spécifiques : la libre activité[2] et la perfectibilité. « Il serait triste pour nous d'être forcés de convenir que cette faculté, presque illimitée, est la source de tous les malheurs de l'homme. — Si la nature nous a destinés à être sains, j'ose presque assurer que l'état de réflexion est un état

---

1. Dans sa préface, il fonde le droit naturel sur deux principes antérieurs à la raison, l'amour de soi et la sympathie pour le semblable. Le droit naturel s'étend, dans une certaine mesure, aux animaux, comme tenant en quelque chose à notre nature par la sensibilité dont ils sont doués.

2. L'homme qui vivrait de la vie animale n'aurait cette liberté que virtuellement et n'en aurait pas la conscience réfléchie : il n'aurait en fait que la spontanéité et non la liberté morale, n'ayant pas d'idées générales auxquelles rapporter ses actions.

contre nature, et que l'homme qui médite est un animal dépravé.
— Le premier qui se fit des habits ou un logement se donna en cela des choses peu nécessaires, puisqu'il s'en était passé jusqu'alors. — En devenant sociable et esclave, l'homme devient faible, méchant, craintif, rampant. »

Partant de cette idée : que les communications entre les hommes n'étaient pas *nécessaires*, et que la perfectibilité avait besoin, pour se développer, du concours fortuit de plusieurs causes étrangères qui pouvaient ne jamais naître, il juge insoluble le problème de l'origine des langues.

« Après avoir prouvé que l'inégalité est à peine sensible dans l'état de nature, il me reste à montrer son origine et ses progrès dans les développements successifs de l'esprit humain. Il me reste à considérer les différents hasards qui ont pu perfectionner la raison humaine en détériorant l'espèce, et, d'un terme si éloigné, amener enfin l'homme et le monde au point où nous les voyons. »

Cette histoire conjecturale de la civilisation et de l'inégalité est l'objet de la seconde partie du Discours.

« Le premier qui, ayant enclos un terrain, s'avisa de dire : *Ceci est à moi*, et trouva des gens assez simples pour le croire, fut le vrai fondateur de la société civile. Que de crimes, que de misères, n'eût point épargnés au genre humain celui qui, arrachant les pieux et comblant le fossé, eût crié à ses semblables : — Gardez-vous d'écouter cet imposteur : vous êtes perdus si vous oubliez que les fruits sont à tous, et que la terre n'est à personne[1]. »

Cette fameuse phrase contre la propriété a bien des fois retenti dans les luttes redoutables où se sont débattus, de nos jours, les problèmes fondamentaux de l'association humaine. Il suffit de remarquer ici que le sentiment qui l'a dictée, étant un regret rétrospectif de l'indépendance sauvage, n'a rien de commun avec

---

1. Comparer avec Pascal; édit. de M. E. Havet, 1852; p. LIII, 94. — Boileau, *Satire* XI, vers 143-173. — Fénelon, utopie de la Bétique, *Télémaque*, l. VII. — Diderot, contre *le tien et le mien; Encyclopédie*, art. *Bacchionites*. — Cervantes, *don Quichotte*; discours de don Quichotte aux chevriers, trad. de M. L. Viardot. — Id. de M. Furne, 1858. — C'est Cervantes qui ouvre la marche.

les théories qui attaquent la propriété au point de vue d'une communauté organisée.

Rousseau, au moment où il vient de l'écrire, avoue qu'alors les choses en étaient très-probablement arrivées au point de ne pouvoir plus durer comme elles étaient, cette idée de propriété, dernier terme de l'état de nature, dépendant de beaucoup d'idées et de progrès antérieurs.

Il passe donc en revue ces progrès et décrit la transition de l'état sauvage à l'état des peuples barbares; la famille, puis la tribu formées; l'amour, la jalousie, l'amour-propre ou idée de la considération et de la distinction, avec ses conséquences, la civilité, le point d'honneur, transformant les hommes élevés au sens moral par la multiplication de leurs rapports. Il commence à corriger un peu les excès de sa thèse : ce n'est plus la vie animale, c'est la vie de tribu, c'est la vie des chasseurs et des pasteurs qui a été la vraie jeunesse du monde, l'époque la plus heureuse et la plus durable, malgré les cruautés et les vengeances qui l'entachaient et qui avaient affaibli déjà la sympathie pour le semblable, la *vertu naturelle* du sauvage. Il approuve maintenant les premières industries, celles qui ne demandaient que la main d'un seul homme ou d'une seule famille. « Les hommes vivaient alors libres, sains, bons et heureux, autant qu'ils pouvaient l'être par leur nature. » Le mal commence dès qu'un homme fait travailler pour lui d'autres hommes en se chargeant de leur subsistance. « L'égalité disparaît; la propriété s'introduit; l'esclavage et la misère germent et croissent avec les moissons. — La métallurgie et l'agriculture furent les deux arts dont l'invention produisit cette grande révolution... Ce sont le fer et le blé qui ont civilisé les hommes et perdu le genre humain. »

La culture amène le partage des terres : de la main-d'œuvre naît la propriété; la propriété, à son tour, amène les premières lois. L'inégalité croissait, mais aussi les réactions des pauvres contre les usurpations des riches; le droit du plus fort disputait incessamment la terre au droit du premier occupant. Les riches, dans leur intérêt et sous le prétexte de l'intérêt de tous, proposent et font accepter l'établissement de règlements de justice et de paix. « Telle fut ou dut être l'origine de la société et des lois, qui détruisirent sans retour la *liberté naturelle* (c'est-à-dire l'indépendance) et fixèrent pour jamais la loi de la propriété et de l'inégalité. »

La loi de nature n'a plus lieu qu'entre les diverses sociétés qui se partagent le genre humain et qui luttent entre elles comme faisaient auparavant les individus.

Des lois primitives, il passe à la formation des gouvernements chargés de maintenir ces lois. Il nie, comme Montesquieu, que la société ait commencé par le gouvernement absolu et que ce gouvernement et la société même dérivent de l'autorité paternelle, le fils adulte étant naturellement l'égal de son père et ne lui devant que du respect et non de l'obéissance. Le pouvoir arbitraire n'est pas le commencement, mais la corruption, le terme extrême des gouvernements; au reste, la date ici n'importe pas; le pouvoir arbitraire étant, par sa nature, *illégitime*, n'aurait pu, en aucun cas, servir de fondement aux *droits de la société*, ni par conséquent servir à rendre stable et légitime l'inégalité d'institution.

On voit que, tout en regrettant l'établissement de l'ordre social, il n'en nie point la *légitimité*, une fois établi : ceci est essentiel à constater.

Si le pouvoir arbitraire est illégitime, à plus forte raison l'esclavage. « La liberté (personnelle) est un don que nous tenons de la nature en qualité d'hommes; les parents n'ont aucun droit d'aliéner celle de leurs enfants à un despote, à un maître. Les jurisconsultes qui ont gravement prononcé que l'enfant d'un esclave naîtrait esclave, ont décidé, en d'autres termes, qu'un homme ne naîtrait pas homme. »

Des diverses formes de gouvernement, la démocratie est la meilleure, parce qu'elle est la moins éloignée de la nature; toutes les magistratures, dans les divers gouvernements, sont d'abord électives, puis, les dissensions amenées par les élections amènent le peuple à permettre aux chefs de se rendre héréditaires; puis les chefs héréditaires transforment leur office en un bien de famille, en une propriété. L'inégalité a donc trois degrés principaux : 1° établissement de la loi et de la propriété légale; 2° institution de la magistrature; 3° changement du pouvoir légitime en arbitraire, appuyé sur les armées permanentes et mercenaires.

« A ce dernier terme de l'inégalité, le cercle se referme : on retrouve l'égalité dans le néant; les notions du bien et du juste s'évanouissent derechef; on revient à la loi du plus fort et à un nouvel état de nature, qui est le fruit d'un excès de corruption. La force maintient le despote, la force le renverse... jusqu'à ce que de nouvelles révolutions dissolvent tout à fait le gouvernement, ou le rapprochent de l'institution légitime. »

Après les inégalités politiques, il analyse les inégalités civiles et conclut que la richesse est la dernière des distinctions entre les hommes, « à laquelle toutes les autres se réduisent à la fin; observation qui peut faire juger de la mesure dont chaque peuple s'est éloigné de son institution primitive, et du chemin qu'il a fait vers le terme extrême de la corruption. »

En résumé, « un espace immense sépare l'état naturel de l'état civil; l'âme et les passions humaines s'altèrent insensiblement dans ce long passage. L'homme originel s'évanouissant par degrés, la société n'offre plus qu'un assemblage d'hommes artificiels et de passions factices, qui sont l'ouvrage de toutes ces nouvelles relations, et qui n'ont aucun vrai fondement dans la nature. L'homme sauvage vit en lui-même; l'homme sociable ne sait vivre que dans l'opinion des autres. »

Comme dans le *Discours contre les sciences,* il est moins absolu, toutefois, qu'on ne pourrait s'y attendre, dans ses conclusions. Il paraît admettre implicitement que le droit civil n'est pas toujours et nécessairement opposé au droit naturel. Il reconnaît que la justice distributive veut que les citoyens soient distingués à proportion de leurs services. L'inégalité sociale est contraire, suivant lui, au droit naturel, lorsqu'elle ne concourt pas en même proportion avec l'inégalité naturelle. « Il est manifestement contre la loi de nature qu'un enfant commande à un vieillard, qu'un imbécile conduise un homme sage, et qu'une poignée de gens regorgent de superfluités tandis que la multitude affamée manque du nécessaire. »

Si excessif au début, il semble donc se réduire finalement à condamner, dans l'ordre politique, les fonctions et les distinctions héréditaires, et, dans l'ordre civil, l'excessive inégalité des fortunes.

Il faut distinguer dans Rousseau le sentiment inspirateur d'avec le thème positif, qui est le même dans les deux *Discours* sous deux aspects différents; mais ce n'est point assez. Ce thème si paradoxal, si offensant, non pas seulement pour notre orgueil, mais pour nos aspirations les plus légitimes, si durement négatif de ce grand dogme du progrès, qui est le fond même de l'esprit moderne, on ne doit pourtant pas le traiter à la légère. Dans la décadence des sociétés, il existe une tendance nécessaire du génie à remonter aux sources de la vie, à étreindre, comme l'Antée de la Fable, le sein de la terre nourricière, de la Mère Nature, pour raviver à son contact une force épuisée. Le grand historien latin oppose les *Mœurs des Germains*, des barbares, en exemple à Rome corrompue; les philosophes et les poètes grecs et romains retournent plus loin, à l'âge d'or, à l'état d'innocence. Les anathèmes contre la civilisation revendiquent une origine plus haute encore et plus mystérieuse. Dans les symboles de la Genèse sont identifiés la première chute et le premier progrès : l'homme perd son innocence et son bonheur pour avoir goûté du fruit de l'arbre de science et négligé le fruit de l'arbre de vie. Par un contraste que signale Rousseau[1], tandis que les Grecs divinisent l'inventeur de l'agriculture et le chantre inspiré qui fonde les villes par l'harmonie, Moïse, arrachant son peuple du milieu de la savante Égypte, montre, dans le pasteur Abel, le bien-aimé du Seigneur et, dans le maudit Caïn, tout à la fois le premier homicide, le premier agriculteur et le premier fondateur des cités[2].

L'homme, oscillant de réaction en réaction, n'a jamais embrassé simultanément jusqu'ici les faces opposées de l'universelle vérité. Rousseau suit la loi commune. Il proteste contre tout progrès, parce que le progrès intellectuel, séparé du progrès moral[3],

---

1. Il y a ici quelque réserve à faire. Le progrès moral n'avait pas suivi le progrès des connaissances : la société avait reculé moralement à certains égards; mais elle avait avancé sous d'autres; l'expansion du sentiment d'humanité était un incontestable bienfait de la philosophie.

2. Dans un autre livre, l'*Essai sur l'origine des Langues*.

3. Zoroastre, au contraire, représente l'acte de *semer de forts grains sur la terre bien préparée* comme *l'acte le plus pur de la loi de Dieu*. Vendidad, fargard III. — Djemchid, *le défricheur*, est béni d'Ormuzd. Ibid., fargard II.

oubliant son point de départ et les bases immuables des choses, est arrivé à méconnaître sa propre raison d'être; que l'homme, enfin, s'est séparé de la Nature et de Dieu.

Avertissement prophétique, cri d'angoisse de l'âme, qui ne pouvait se transformer en thèse rationnelle sans se heurter à l'impossible! Condamner tout progrès chez un être perfectible, c'était vouloir que le Créateur eût fait une œuvre vaine; c'était s'obliger à remonter au delà de l'état de tribu, auquel Rousseau était entraîné par son imagination et qui est déjà le résultat d'une infinité de progrès, jusqu'à un état primitif et absolu. Rousseau pousse donc résolûment jusqu'à l'animalité; mais, là, sa raison lui montre les différences essentielles entre l'homme et l'animal, qui ont fait que cet état n'a pu durer, *n'a peut-être jamais existé*, comme il l'avoue dans sa préface. Ce qu'il ne voit pas, c'est que l'homme-animal, s'il a existé, a dû être la plus misérable des créatures, précisément parce qu'il était la seule perfectible. La Nature même, en ne vêtissant pas l'homme et en le rendant moins fort, moins agile, moins armé que les grands animaux de proie, le forçait providentiellement à sortir de la Nature et à développer ses facultés endormies. Le chasseur sauvage, tel que nous le connaissons, déjà fort éloigné de cette condition primitive, mène encore une existence bien précaire, et Rousseau se fait d'étranges illusions, encore partagées par beaucoup de ses contemporains, sur la prodigieuse population des sauvages et des barbares, population, au contraire, infiniment moindre que celle des sociétés civilisées, par la raison toute simple que les subsistances sont chez elle infiniment plus rares et moins assurées.

Il serait inutile d'insister sur des erreurs historiques ou des abus de logique que Rousseau a réparés ou amoindris singulièrement dans ses ouvrages postérieurs, si la guerre qu'il avait faite à la civilisation, aux sciences et aux lettres, aux élégances de l'esprit et des mœurs, interprétée par des natures violentes et grossières ou par des intelligences faussées, n'eût pu fournir un jour des prétextes à la barbarie, prête à sortir de l'excès même de la civilisation et de l'inégalité. Les écrivains ne savaient point encore (et c'est l'excuse de bien des témérités) quelle puissance et quelle responsabilité emporte la parole, et que le temps approchait où tout verbe allait se faire acte. Qui sait si telle proposition sur l'inutilité des sciences n'a pu servir d'argument ou d'excuse aux juges de Lavoisier!

De même quant à cette condamnation du *tien* et du *mien*, qui n'est chez lui qu'un vague regret d'utopie rétrospective. Le *mien* est la conséquence du *moi* : la propriété sort logiquement de la personnalité. Le mal moral est né avec la propriété et la société : rien de plus évident; il n'y aurait pas de mal moral si l'homme n'avait pas de relations avec autrui ni de connaissance de soi, et si, par conséquent, il n'y avait point de moralité dans les actions humaines : le mal est né avec le bien. Dès qu'un homme a eu dompté ou dépouillé un animal, un autre homme n'a pu lui enlever sa conquête sans injustice, et le droit de propriété a été réalisé, droit qu'il ne faut pas confondre avec la propriété légale ou *reconnue*, comme dit Rousseau. Rousseau ne fait pas ici les distinctions qu'il faut faire entre le droit ou la loi qui dérive de la nature des choses et la loi conventionnelle, ni entre le droit de propriété en général et la propriété foncière, application particulière du principe de propriété qui n'a eu lieu, communément, que par institution sociale. La propriété mobilière est antérieure à la société et contemporaine de l'humanité même : la propriété foncière, base de nos sociétés occidentales actuelles, a son origine dans les âges historiques. Rousseau dit : *La terre n'est à personne;* il fallait dire : La terre est au genre humain. Dès les premiers âges de l'histoire, les tribus, les nations, ont commencé à se partager ce commun domaine; bien des siècles après, les domaines des nations les plus avancées en civilisation ont été partagés à leur tour entre les individus. L'appropriation du sol ne constitue pas un droit absolu et sans conditions : la première des conditions est la culture; un peuple nomade et qui ne cultive pas n'acquiert point de droit réel sur la terre; la seconde condition, pour les nations assises sur le sol, est de reconnaître, en quelque sorte, la suprématie du genre humain par le respect des lois de l'humanité et du droit des gens. On doit à l'étranger le libre passage, la libre résidence, le libre échange, sauf les réserves qu'exige la sûreté de l'État. De même que la nation qui occupe une région de la terre a des devoirs envers le genre humain, les particuliers, propriétaires, ont des devoirs envers la nation et envers les non-propriétaires : ils doivent à la nation, garantie de leurs propriétés, une part de leur revenu, et, à leurs concitoyens non-propriétaires, des moyens de travail et d'existence qui rendent indirectement à ces déshérités une part du commun héritage.

Ce n'est pas le lieu de toucher à une autre question soulevée par Rousseau, celle de l'origine du pacte social : sa solution n'était pas sérieuse ; il reprendra bientôt le problème avec plus de calme et de profondeur.

Il y a encore une réserve à faire relativement aux attaques de Rousseau contre les philosophes ses contemporains[1] : non-seulement, tout en frappant justement leurs doctrines, il est injuste envers leur caractère et leurs intentions, mais il les voit cause là où ils ne sont qu'effet; la philosophie sceptique ou matérialiste était la fille et non la mère de l'égoïsme licencieux et de l'incrédulité, issus eux-mêmes du bigotisme et de l'hypocrisie.

On a pu reprocher à Rousseau des exagérations de langage comme d'idées : son style, si plein et si fort, résonnant d'une mâle harmonie qui donne à la prose française un rhythme et un nombre inconnus, et dont l'accent rappelle ce qu'on raconte du mode dorien de ses chers Spartiates, ce style sans rival, mais non pas toujours égal à lui-même, est parfois tendu jusqu'à la roideur, emporté jusqu'à la déclamation, ou entaché d'emphase par l'abus de l'apostrophe et de l'interjection. L'admission un peu tardive dans ce monde parisien, qui était l'unique et nécessaire école du bon goût; la difficulté naturelle qu'il avait au travail, car, en tout l'opposé de Voltaire, il n'arrivait qu'avec effort à l'expression de sa surabondante pensée; le désir de frapper fort à tout prix, à la manière des prédicateurs, pour émouvoir les têtes dures et les âmes molles de ses contemporains, enfin, et surtout peut-être, l'influence et l'exemple de Diderot, durent être les causes très-diverses qui le firent trop souvent forcer son style, en même temps que dépasser son sentiment vrai. On aperçoit ainsi comment le plus passionné de cœur, le plus sincèrement inspiré entre les écrivains du xviiie siècle, a pu contribuer, avec Diderot,

---

1. Et à ses erreurs historiques au préjudice des philosophes anciens.

à enfanter les habitudes de rhétorique déclamatoire, d'effet théâtral, de passion de tête et à froid, qui ne tardèrent pas à pénétrer dans les lettres françaises et à parodier, pour ainsi dire, l'admirable et nouvelle expression que Rousseau lui-même avait donnée à tous les sentiments énergiques et profonds de notre âme. Bien des qualités charmantes de l'esprit français, celles que résume Voltaire, manquaient à Jean-Jacques ; mais elles étaient compensées par d'autres qualités d'un ordre supérieur ; des défauts contraires à notre génie national, peu sensibles ou glorieusement rachetés chez le maître, débordèrent chez les élèves [1].

Ces défauts, chose plus grave, devaient, après la littérature, envahir la vie réelle, la vie politique qui allait éclore en France. On en vit les conséquences dans la Révolution. Quand l'exaltation et l'enthousiasme deviennent des formes convenues et habituelles, il arrive un moment où ni les auditeurs ni l'acteur politique lui-même ne savent plus distinguer le sentiment réel d'avec l'hyperbole de convention, ni rentrer dans l'un en se dégageant de l'autre. Il en est alors de la vertu civique comme autrefois de l'amour chevaleresque. Le froid du doute vous ressaisit au cœur : vous chancelez sur le piédestal gigantesque où vous vous êtes imprudemment hissé ; l'esprit critique, relevant sa tête railleuse, vous appelle au fond de l'abîme, et vous retombez d'une chute effroyable aux bras du scepticisme et du néant.

Nous ne poursuivons si rigoureusement les traces et les échos de Rousseau qu'à cause de l'immense portée de ses paroles : nous aurons bientôt d'ailleurs à reconnaître à quel point la balance du bien et du mal penche en sa faveur, dans le jugement à porter sur son influence. Moins par ses propositions formelles que par son accent, cet homme, dès qu'il a ouvert la bouche, a ramené le sérieux dans le monde et rappelé en lui-même l'homme dispersé dans les choses extérieures. Il ne s'agit plus là de jeux d'esprits forts ni de maximes de vague bienveillance et de tolérance indifférente pour le vice comme pour la vertu. Le *Connais-toi toi même* de Socrate et de Descartes retentit de nouveau. Pour *retrou-*

---

1. Pas chez tous : de grands écrivains ont maintenu la belle tradition de Rousseau, depuis Bernardin de Saint-Pierre et madame de Staël jusqu'à la génération actuelle.

ver l'homme, cet autre Diogène, inspiré d'une plus pure idéalité que l'ancien, fouillera jusque dans les dernières profondeurs et soulévera les montagnes.

Le *Discours sur l'Inégalité*, publié seulement en 1755, n'avait pas eu le même retentissement que son devancier. L'éclat, le succès de scandale, s'était fait sur le *Discours contre les sciences*. L'étonnement dissipé, il eût fallu maintenant méditer, juger à fond : c'était trop fort pour le public. L'académie de Dijon eut peur de sa propre audace et n'osa couronner l'auteur pour la seconde fois : le pouvoir, cependant, ne prit pas trop garde aux hardiesses de Rousseau, qui avait imprimé son livre en Hollande, et se tint pour satisfait de quelques réserves sur l'autorité de la Genèse et sur la sanction divine accordée aux puissances. Les philosophes, moins maltraités que dans le premier *Discours*, se partagèrent : Diderot applaudit; Voltaire garda des ménagements, mais fut effrayé et irrité. Il avait accueilli l'attaque aux sciences, comme un paradoxe original, par une plaisanterie inoffensive (*Timon*); mais, cette fois, il fut bien obligé de prendre au sérieux cette guerre systématique à l'adoucissement des mœurs, au progrès du bien-être, à tout ce qui faisait pour lui le charme de la vie. Il prit en aversion ce *barbare* éloquent. Il n'était pas fait pour juger équitablement de telles choses : il voyait très-bien les exagérations et les erreurs de la surface, et ne se donnait pas la peine de regarder au fond [1]. L'opposition fut dès lors décidée entre eux.

Rousseau se dessinait de plus en plus. Dès la publication de son premier écrit, il avait résolu d'offrir la meilleure preuve de sa sincérité et de soutenir sa parole par son exemple. Il avait vécu jusqu'alors selon le sentiment sans règle; il veut vivre désormais selon la vertu et dans la plus grande simplicité que puisse comporter l'état social.

Il examine quels sont ses devoirs. Il considère son union avec

---

1. Dans une réponse à Charles Bonnet, qui l'avait attaqué sous le nom de *Philopolis*, Rousseau venait cependant de faire une grande concession. Il avait reconnu que « l'état de société découle de la nature du genre humain, à l'aide de circonstances extérieures qui pouvaient être ou n'être pas, ou, du moins, *arriver plus tôt ou plus tard*... L'état de société ayant un terme extrême auquel les hommes sont les maîtres d'arriver plus tôt ou plus tard, il n'est pas inutile de leur montrer le danger d'aller si vite. »

Thérèse comme un véritable mariage; mais, hélas! dès les premiers pas dans cette nouvelle route, le raisonnement l'égare autant qu'auparavant l'imitation irréfléchie. Que faire des enfants à naître ? — Il est pauvre, forcé au travail; il se croit menacé d'une mort prématurée; il ne peut les élever lui-même : sa femme en est incapable; la mère de sa femme en est indigne; elle en ferait des aventuriers et des mendiants. — Mieux vaut que l'État les adopte pour en faire des ouvriers ou des paysans. — Il continue donc à les envoyer à l'hôpital et s'étourdit en se persuadant qu'il agit comme « un membre de la République de Platon. »

Le repentir vint, comme l'attestent bien des passages touchants de la *Correspondance* et de l'*Émile*, et le cœur, trop tard écouté, réfuta les sophismes de l'esprit [1]. Rousseau avait prouvé, par ses chutes mêmes, la légitimité de la réaction qu'il prêchait au nom du sentiment contre l'abus du raisonnement.

Il eût pu, cependant, sortir de cette pauvreté qui le jetait dans de si déplorables extrémités : un receveur général voulut le prendre pour caissier. Il essaya, s'y tourmenta, s'y rendit malade. Son naturel était aussi antipathique aux soins réguliers, aux obligations matérielles, aux affaires, que ses principes étaient incompatibles avec le métier de *publicain*, sous la tyrannie fiscale qui opprimait la France. Il renonça à son emploi, comme à toute chance de fortune. Il ne voulait pas non plus se faire un gagne-pain de sa plume : écrire était pour lui un sacerdoce et non un métier; écrire pour vivre eût étouffé l'indépendance de son génie; il lui fallait, pour être lui-même et pour être utile, se dégager de tout intérêt, de tout besoin de plaire, et ne pas dépendre du succès. Il se fit copiste de musique, pour vivre sans dépendre de personne que du public. Ce fut alors qu'il quitta l'épée, la dorure, le luxe, que le monde imposait même à l'indigence de l'artiste et de l'écrivain, et qu'il adopta ce simple costume sous lequel l'a représenté Delatour. Le grand portraitiste du xviii° siècle a peint tour à tour Voltaire et Rousseau à peu près au même âge, vers quarante ans. C'est le plus émouvant contraste qu'on puisse voir que celui de ces deux figures, admirables toutes deux, l'une de rayon-

---

1. Il eut encore trois enfants, de 1750 à 1755; puis il résolut de ne plus s'exposer à renouveler ces tristes abandons.

nement extérieur, de verve étincelante, de grâce charmante et moqueuse; l'autre, de beauté recueillie, de douceur mélancolique et de flamme intérieure.

Un autre acte plus grave atteste la conscience que Rousseau entendait mettre dans sa vie. Il alla abjurer à Genève, dans l'âge mûr, la religion romaine qu'il avait embrassée au sortir de l'enfance, et reprit le culte de sa patrie (1754). Nous verrons bientôt comment il entendait concilier la philosophie avec ce qu'il regardait comme le fond du christianisme.

Rousseau venait de remporter un genre de succès qui contrastait avec sa réforme et son austérité nouvelle, poussée jusqu'à une rudesse affectée, qui n'était que de la timidité et de la défiance de soi-même. Devenu à la mode par sa rupture même avec la mode, il repoussait presque brutalement les avances du monde pour n'en pas redevenir l'esclave. Un de ses opéras, cependant, fut enfin représenté, sur ces entrefaites, d'abord à la cour, puis à la ville (de 1752 à 1753). Les simples et gracieuses mélodies du *Devin de village* furent très-goûtées à la cour. Ce fut l'occasion d'un nouveau sacrifice : moitié par timidité, moitié par principes, il s'excusa d'être présenté au roi; il ne refusa pas les présents (espèce de *droits d'auteurs*) que recevaient d'ordinaire les auteurs des ouvrages représentés devant la cour, mais il ne voulut point d'une pension qui eût enchaîné son indépendance.

On était alors au commencement de cette guerre entre la musique française et la musique italienne, qu'avait suscitée l'arrivée des *Bouffes* à Paris, et qui devait durer jusqu'aux approches de luttes plus redoutables, jusqu'à la veille de la Révolution. Les concessions de Rameau aux méthodes ultramontaines n'avaient pas suffi, et ce maître n'avait, d'ailleurs, rien d'italien dans le génie. Rousseau prit parti, avec des formes aussi tranchantes et aussi absolues que celles du *Discours contre les sciences*, dans sa *Lettre sur la Musique française* (1753) : il prétendit que la France ne pouvait avoir de musique, la musique n'étant que mélodie, la mélodie dépendant du caractère de la langue, et la langue française étant incompatible avec toute mélodie. Nos vieux airs populaires, Lulli et son école, et le *Devin* lui-même, donnaient bien quelques démentis à cette thèse, qui souleva autant de scandale et bien plus de colères que la thèse contre la société. Des démentis plus glorieux devaient peu se faire attendre. Grétri et Gluck n'étaient pas loin.

Le paradoxe de Rousseau n'était que l'application contestable d'une idée ingénieuse et profonde; aussi vit-on sortir de ces débats un très-beau livre, qui dépassait de beaucoup la portée de la querelle, assez mal définie peut-être en elle-même par Jean-Jacques [1], et qui relie les travaux de musique de Jean-Jacques à sa philosophie : ce fut l'*Essai sur l'Origine des langues et sur le principe de la mélodie*.

Ce double titre annonçait l'identité essentielle de la parole et de la mélodie dans la pensée de Jean-Jacques : l'idée fondamentale du livre allait plus loin encore; c'était l'unité primitive de la parole, de la poésie, de la musique et de l'art plastique.

Ce livre annonçait aussi les modifications qui s'opéraient dans l'esprit de Jean-Jacques, puisqu'il essayait de résoudre un problème qu'il avait naguère jugé insoluble. Remontant pour la seconde fois jusqu'au berceau de l'humanité, mais avec un esprit moins irrité et moins prévenu, Jean-Jacques montre l'homme, dès qu'il a reconnu dans l'homme un être qui sent et qui pense comme lui, saisi par le désir ou par le besoin de lui communiquer ses sentiments et ses pensées. L'homme invente d'abord les signes représentatifs, les gestes qui peignent les objets [2]. La langue du geste eût pu suffire si nous n'avions eu que des besoins physiques. Ce n'est ni la faim ni la soif, mais l'amour, la haine, la pitié, la colère, qui ont arraché aux hommes les premières voix. Les premières langues, celles d'Orient, n'ont rien de méthodique ni de raisonné : vives et figurées (le sens figuré naquit avant le sens propre), chantantes et passionnées, elles réunissent tous les arts, toutes les expressions de la vie dans leur principe, l'art plastique dans le geste, la musique dans la parole, la poésie dans l'un

---

1. Il s'agissait, en effet, surtout, d'un débat entre la musique d'expression, de déclamation dramatique, et la musique d'imagination et de libre fantaisie.

2. « L'invention de l'art de communiquer nos idées dépend d'une faculté propre à l'homme. Les animaux ont quelque sorte de langue naturelle, non acquise et invariable. La langue de convention n'appartient qu'à l'homme. Voilà pourquoi l'homme fait des progrès, soit en bien, soit en mal, et pourquoi les animaux n'en font point. »
— Comparer avec la *Grammaire* de Condillac et avec Buffon.

et dans l'autre et en toutes choses. Les premières langues ne furent point arbitraires. « La plupart des radicaux y durent être des sons imitatifs ou de l'accent des passions ou de l'effet des objets sensibles. Les mots y eurent ainsi une valeur intrinsèque. Les sons, l'accent, le nombre, qui sont de la nature, étaient très-variés et laissaient peu à faire aux articulations (consonnes), qui sont de convention : on chantait donc au lieu de parler.

« A mesure que les besoins croissent, que les affaires s'embrouillent, que les lumières s'étendent, le langage change de caractère : il devient plus juste et moins passionné; il substitue aux sentiments les idées ; il ne parle plus au cœur, mais à la raison. Par là même l'accent s'éteint, l'articulation s'étend, la langue devient plus exacte, plus claire, mais plus traînante, plus sourde et plus froide. »

L'art d'écrire est le dernier terme de cette transformation. « L'écriture, qui semble devoir fixer la langue, est précisément ce qui l'altère; elle n'en change pas les mots, mais le génie; elle substitue l'exactitude à l'expression : l'on rend ses sentiments quand on parle, et ses idées quand on écrit [1]. »

Il y a donc eu trois périodes dans la formation des langues : 1° la langue chantée et mimée; 2° la langue parlée; 3° la langue écrite.

« Toute langue où l'on peut mettre plusieurs airs de musique sur les mêmes paroles n'a point d'accent musical déterminé. Les langues de l'Europe moderne sont toutes du plus au moins dans le même cas, même l'italienne. La langue italienne, non plus que la française, n'est point par elle-même une langue musicale ; la différence est seulement que l'une se prête à la musique, et que l'autre ne s'y prête pas. »

Si la musique n'est que l'accent même de la parole humaine, il est clair que Rousseau a raison. Mais la question est de savoir si la musique peut être une langue distincte de la parole, se suffisant à elle-même dans l'élan indéterminé de l'âme vers la na-

---

[1]. « Les climats du Nord, dit-il plus loin, enfantent la seconde espèce de langues, celles qui naissent des besoins : le premier mot n'y est plus : aimez-moi, mais aidez-moi. Nos langues valent mieux écrites que parlées : les langues d'Orient, au contraire. »

ture, vers l'idéal, vers l'infini (symphonie), ou se complétant et s'expliquant par les indications du geste et de la parole dans l'expression des sentiments déterminés (musique dramatique). Les grandes créations de l'art musical répondent affirmativement. Les arts, y compris celui de la parole, n'ont pu se développer qu'en rompant l'unité première de la vie : c'est là une condition de notre faible et imparfaite nature, incapable de rien développer autrement qu'en décomposant! Quelle admirable puissance, toutefois, dans l'écrivain qui, du sein des sociétés vieillies, évoque ainsi le printemps de l'humanité et, par une faculté inconnue de son siècle et du siècle précédent, retrouve le passé le plus lointain à ses sources, dans le fonds éternel de l'homme! Nous revoyons avec lui les premières familles végétant d'une existence purement physique sur ces terres luxuriantes de la Haute Asie, où l'homme peut se passer de l'homme ; puis, dans les régions ardentes et arides, la nécessité rapprochant les groupes épars ; l'amour moral, la poésie et les langues naissant aux rendez-vous des puits du désert en même temps que la tribu, que la société ; l'homme adolescent, enfin, prenant possession avec ivresse de lui-même et de la nature dans cette vie pastorale où la tradition universelle, transmise d'échos en échos jusqu'aux romans et aux peintures qui la travestissent si étrangement, a toujours placé l'âge d'or.

C'est là que Rousseau fixe son idéal ; il continue de jeter l'anathème aux grandes villes, aux sociétés compliquées ; mais il n'en est plus, comme dans le *Discours sur l'inégalité*, à regretter qu'on n'en soit pas resté à la langue de gestes et à condamner la réflexion, qu'il avoue nécessaire, même pour développer le sentiment primitif de sympathie pour le semblable.

La partie du livre spéciale sur la musique renferme des considérations de la plus haute esthétique : il réfute victorieusement le matérialisme qui ne voit dans les effets des beaux-arts que l'ébranlement physique de nos organes. « Les objets sensibles tirent leur principal pouvoir des affections de l'âme qu'ils nous représentent. »

L'*Essai sur l'origine des langues* réclame une place importante dans l'histoire de la pensée de Rousseau : ce beau travail marque, avec l'article *Économie politique*, écrit en 1755 pour l'*Encyclopédie*, la transition des deux *Discours* à l'*Émile* et au *Contrat social*. Le génie de Rousseau perd de sa fougue sans rien perdre de sa force ni de sa flamme ; il se tempère et s'assied dans son œuvre. Rousseau ne donne point au terme *Économie politique* le sens spécial que d'autres lui assignent en ce moment même ; son article est un traité de politique, qui sera développé et complété dans une œuvre plus décisive sur laquelle nous ne tarderons pas à revenir. Nous remarquerons seulement que les traces de l'utopie *sauvage* ont disparu en présence des questions *pratiques* et positives, et que la loi et la propriété sont ici pleinement acceptées.

En même temps, Rousseau donne une sanction nouvelle et définitive à sa réforme personnelle, en quittant cette société parisienne hors de laquelle il semblait impossible de vivre, dès qu'on en avait goûté les fébriles délices. Divers motifs l'avaient décidé : l'extrême difficulté de rester fidèle à ses principes au milieu de Paris, le peu de succès qu'il avait, de sa personne, dans le monde (très-aimable dans l'intimité, éloquent dans le monologue et dans la haute discussion, il manquait absolument du trait, de l'à-propos, de l'esprit de saillie qui donnaient la royauté des salons), enfin, et surtout, son profond amour des champs et de la nature. Il avait eu un moment la pensée de retourner dans sa patrie : il y renonça, en partie parce qu'il se croyait plus libre d'écrire à l'étranger que sous la main des patriciens genevois, en partie parce qu'il voyait Voltaire s'établir en ce moment même à Genève et qu'il pressentait son impuissance à l'empêcher d'y introduire les mœurs de Paris. Une amie, madame d'Épinai, lui offrit une retraite à quelques lieues de Paris, dans un parc voisin de la forêt de Montmorenci (avril 1756). C'était cet *Ermitage* où il avait compté trouver la paix et qu'illustrèrent les orages de son cœur.

Les vastes travaux dans lesquels il s'était plongé, les grands ouvrages philosophiques et politiques simultanément poursuivis, ne suffirent point pour absorber son âme. Une nouvelle modification morale s'opéra chez lui. L'ivresse de vertu, allumée dans sa tête, avait passé dans son cœur, et il ne devait jamais se démentir quant à la simplicité des mœurs et au mépris des vanités mondaines ; mais le rude stoïcisme qu'il s'était imposé était trop contraire à sa nature ardente et tendre ; il lui restait encore trop de jeunesse pour soutenir cet effort jusqu'au bout. La vie de Paris l'avait fortifié en l'irritant, la vie des champs l'attendrit. Il sentit alors le vide profond d'un cœur que l'inepte Thérèse ne pouvait remplir : la puissance de passion, les exquises facultés de sentiment qu'il avait reçues de la nature se tournaient contre lui pour son tourment ; il pleura sur lui-même, ne pouvant se consoler de n'avoir pas aimé véritablement une seule fois, de vieillir sans avoir été jeune et de mourir sans avoir vécu.

La *Nouvelle Héloïse* sortit de cette crise de tendresse, comme les deux *Discours* étaient sortis de la crise d'héroïsme qu'il avait eue sept ans auparavant. Ses œuvres ne furent jamais autre chose que l'expansion de sa vie intérieure. Pour donner le change à ses douleurs, il avait appelé l'imagination à son aide ; il s'était environné de créations idéales qu'il ne songeait point d'abord à faire descendre sur la terre. Peu à peu ces doux fantômes prirent corps et action ; il saisit la plume, il écrivit à peu près sans plan les deux premières parties de son roman ; puis la honte de démentir ses maximes sévères lui fit chercher un but moral : de là les dernières parties, ou le règne du devoir après le règne de la passion. L'on comprend qu'une œuvre ainsi composée n'ait pas l'unité de conception et d'exécution, le développement savant et logique, l'irréprochable ordonnance d'une *Clarisse*, et qu'elle n'en ait pas davantage la variété, la propriété des caractères ; qu'elle ne soit pas, comme l'épopée bourgeoise de Richardson, le miroir universel de la société : une œuvre semblable n'est le miroir que de son auteur. Un acteur qui serait emporté par son émotion, au lieu de la dominer, et qui s'identifierait tout entier avec une seule passion et un seul caractère, ne serait pas un acteur : il ne serait qu'un personnage ; il est vrai que ce personnage pourrait être sublime. Tel est Rousseau, surtout dans les premières parties : incapable des qualités dramatiques qui font que l'on s'identifie successivement avec toutes les variétés de la nature humaine, il est sans égal dans ce long tête-à-tête avec lui-même. Malgré quelque empreinte des défauts qu'on lui a reprochés, une foule de lettres de sa *Julie* sont des chefs d'œuvre d'éloquence, de passion et de profondeur[1], et les dernières parties sont signalées par une pureté morale, une sagesse de vues et une élévation religieuse, bien nouvelles pour la France du xviiie siècle.

Si belles que soient la plupart des portions du livre, l'ensemble, le nœud, est inacceptable. Rousseau n'a pas réussi à relier les deux moitiés de son œuvre. Néanmoins, le rôle de Wolmar, qui fait le nœud et que le sentiment et la raison repoussent également, offre un grand intérêt en dehors de l'action du livre. Rousseau, qui attaquait naguère les philosophes incrédules avec tant d'amertume, fait ici un appel à la tolérance et à la conciliation, lorsqu'il peint, en face de philosophes religieux, le sceptique ou même l'athée honnête homme, sauvant par une heureuse inconséquence la morale pratique du naufrage de l'idéal. La conclusion est : *Supportez-vous les uns les autres.* On ne l'accepta d'aucun côté, et lui-même n'y fut point assez fidèle.

Malheureusement pour Rousseau, il ne put s'enfermer dans le monde imaginaire qu'il avait créé. Au milieu de ses rêves, « ivre d'amour sans objet, » un objet réel lui apparut et devint le but de ses vagues transports. Il ne s'était pas trompé dans son choix. Madame d'Houdetot se montre, dans tout ce que nous savons d'elle, la plus sincère, la meilleure et la plus honnête entre les femmes du monde où elle vivait. Il l'avait connue ou appréciée trop tard : elle était engagée, et ces natures-là ne s'engagent qu'une fois et pour la vie ; c'est parce qu'elle était digne de lui qu'elle ne pouvait être à lui. Rousseau ne devait jamais savoir ce que c'est que l'amour partagé. Il ne s'arracha aux étreintes de cette ardente et douloureuse passion qu'avec le cœur déchiré et le corps brisé par les réactions de l'âme. Des incidents amenés par son amour comblèrent ses chagrins en le brouillant avec madame d'Épinai, et, par suite, avec le groupe *encyclopédiste*, à la tête duquel était son meilleur ami, Diderot. L'étourderie, l'exagération, l'indiscrétion de Diderot et la susceptibilité ombrageuse de Rousseau rendirent les torts, mais non le malheur,

---

1. Les lettres de *Saint-Preux* sur les mœurs et sur les femmes de Paris, tout à fait épisodiques, peuvent être considérées comme le complément, mais comme un complément supérieur, des *Considérations sur les Mœurs*, de Duclos. Rousseau s'y montre non point censeur morose, mais observateur aussi équitable que pénétrant.

réciproques. Lorsque Rousseau quitta l'*Ermitage*, malade, épuisé, au cœur de l'hiver, il avait perdu amour, amitié, tout ce qui donne du prix à la vie[1].

Son génie lui restait, et les devoirs qu'impose le génie. Il accepta la destinée sévère qui lui était faite et se replongea dans ses grandes œuvres; puis il s'interrompit un moment pour servir sa patrie de sa plume. D'Alembert, afin d'être agréable à Voltaire, avait vivement engagé les Genevois, dans l'article *Genève* de l'*Encyclopédie*, à introduire parmi eux les jeux du théâtre. Rousseau répondit par la *Lettre à d'Alembert sur les spectacles* (1758). Il y reprend contre le théâtre le thème des jansénistes et de Bossuet, avec le même principe : moins sentir, moins vivre, pour moins pécher; avec le même excès d'austérité et avec les mêmes injustices, en particulier, contre Molière. Cependant il ne condamne pas les passions en elles-mêmes, comme faisaient les jansénistes : « L'amour est louable en soi, dit-il, comme toute passion bien réglée; mais les excès en sont dangereux et inévitables. » Il ne demande pas plus la suppression des théâtres, dans les grandes cités et les sociétés très-avancées, que la destruction des bibliothèques; mais il ne veut pas qu'on établisse les jeux scéniques dans les petites villes et dans les pays qui ont conservé des mœurs simples. « Les fêtes et les spectacles qui conviennent

---

[1]. Les monuments de la passion de Rousseau, sa correspondance avec madame d'Houdetot, n'ont pas été détruits, comme on l'avait cru longtemps. Une grande lettre, qui appartient à la fin de cette crise, et qui en retrace en traits de feu les circonstances les plus émouvantes, a été publiée, en 1822, dans la deuxième édition de l'*Histoire de Jean-Jacques Rousseau* (par Musset-Pathay), t. II, p. 545. — C'est à cette lettre qu'est emprunté le mot sublime des Confessions (l. IX) : « Je l'aimais trop pour vouloir la posséder! » — Un billet, écrit dans le paroxysme de la passion, a paru, le 1er janvier 1848, dans la *Bibliographie universelle, Journal du libraire et de l'amateur de livres*. Enfin, il existe en manuscrit une troisième lettre où Jean-Jacques, guéri, ou du moins résigné, exprime les sentiments les plus touchants et les plus désintéressés, et donne à celle qu'il avait aimée des conseils d'une grande élévation morale. Un grand nombre de lettres de madame d'Houdetot à Jean-Jacques subsistent également et la présentent sous un jour très-avantageux. Nous devons la communication de ces précieux documents à M. J. Ravenel, qui a préparé depuis longtemps les matériaux d'une nouvelle édition de Jean-Jacques, édition vraiment définitive, et dont nous ne saurions trop hâter de nos vœux la publication. Les lettres de Jean-Jacques n'ont pas été complétement publiées jusqu'ici, et une foule de celles qui lui ont été adressées, et qui sont toutes inédites, offrent un vif intérêt pour l'histoire de sa vie et de son époque.

aux peuples libres, dit-il, sont les jeux guerriers et gymnastiques, les courses, les exercices de force et d'adresse, les bals et les assemblées publiques des jeunes gens des deux sexes, aussi convenables que leur mélange intime et habituel est dangereux. » A travers quelques exagérations et quelques paradoxes, il y a dans sa *Lettre* bien des vues saines et fortes.

Julie, ou la *Nouvelle Héloïse*, terminée après les malheureuses amours de Rousseau, imprimée en Hollande, puis introduite en France sous la protection de M. de Malesherbes, parut enfin dans l'hiver de 1760 à 1761. Le succès fut immense et enleva toutes les femmes. Les plus corrompues, les plus artificielles, sentirent la nature et la vie véritable murmurer au fond de leur cœur : « Il n'existe plus ni mœurs ni vertus en Europe, a dit Rousseau; mais, s'il existe encore quelque amour pour elles, c'est à Paris qu'on doit le chercher. » Le siècle était touché à fond. Le sentiment, cette âme de la France, se réveille sous la tyrannie du scepticisme et de l'analyse dissolvante. La société française, plus ployée peut-être par le vice que le reste de l'Europe, mais plus capable d'élan pour se relever, vibre puissamment. Un livre qui eût été dangereux pour une société innocente et simple produit un ébranlement salutaire sur une société viciée : il la fait *remonter à l'amour*, suivant le mot de Jean-Jacques.

Les œuvres capitales de Rousseau, cependant, s'étaient achevées parmi les agitations de son âme : il avait resserré la carrière d'abord si vaste qu'il s'était tracée, n'espérant plus que le souffle de l'inspiration pût se soutenir assez longtemps pour tout réaliser. Il avait renoncé à des plans ébauchés, détruit des parties d'ouvrages commencés, et s'était restreint à deux livres, dont l'un, le *Contrat social*, n'était qu'un fragment d'un ensemble abandonné, d'un grand travail sur les *institutions politiques;* l'autre, l'*Émile*, n'avait dû être d'abord qu'un simple mémoire sur l'éducation, destiné à une jeune mère qui voulait élever son fils elle-même : ce sujet, fécondé, agrandi par la pensée de Rousseau, devint une vraie théorie morale de la nature humaine, de la formation et de la vie de l'homme, une immense analyse des développements de l'être humain depuis le berceau jusqu'à l'âge mûr.

Rousseau avait été conduit tout naturellement à écrire sur l'éducation. — L'homme est gâté. Comment refaire l'homme ? — S'il y a un moyen, il n'y en a qu'un seul : l'éducation. Toutes les révolutions qui changeraient la société sans changer l'individu, l'âme, l'être réel, seraient absolument inutiles. L'âme changée, tout change. L'éducation seule peut atteindre l'âme. C'est l'homme vicié par le paganisme, c'est l'âme humaine et non pas directement la société que l'Évangile est venu réformer il y a dix-huit siècles. L'homme est gâté de nouveau : il faut que de nouveau il se réforme.

Qu'est-ce que l'enfant ? — Ou plutôt, qu'est-ce que l'homme ? Comment élever l'enfant ?

L'*Émile* est la réponse essayée à ces deux questions.

Il ne s'agit plus, comme dans la donnée primitive du livre, d'une méthode pratique et immédiatement réalisable : il s'agit d'une conception élevée à la plus haute généralité, et par conséquent placée dans un ensemble de conditions à peu près impossibles à réunir en fait. Il s'agit de s'élever jusqu'à un idéal accompli, qu'on proposera ensuite pour but approximatif à la pratique. La plupart des critiques sur les impossibilités de l'*Émile* sont donc mal fondées [1].

Il y a des objections plus légitimes à faire à Rousseau. Il débute par une rechute dans son utopie *sauvage* : — « Tout est bien, sortant des mains de l'auteur de la nature ; tout dégénère entre les mains de l'homme... il dénature le sol, les animaux, l'homme même... il le faut dresser pour lui et le contourner à sa mode... sans cela tout irait plus mal encore, dans l'état où sont désormais les choses... » Il a l'air de ne conclure à l'éducation que comme à un mal nécessaire [2]. Il oppose donc encore ici une nature abstraite et faite pour l'immutabilité à cette nature réelle et progressive de l'homme qu'il sait pourtant fort bien

---

1. « Peut-être les difficultés sont-elles insurmontables dans le monde tel qu'il est... Je montre le but : je ne dis pas qu'on y puisse arriver ; mais celui qui en approchera davantage aura le mieux réussi. » (*Émile*, l. II.)

2. Madame d'Épinai raconte dans ses *Mémoires*, si hostiles à Rousseau, qu'un jour il la scandalisa fort en prétendant que « l'enfant n'était pas fait pour être élevé, ni les parents pour l'élever. » C'était là un de ces accès d'humeur qui le faisaient rétrograder parfois vers son début.

définir ailleurs ¹, et dont l'*Emile* n'est lui-même que l'admirable mise en scène.

Plus loin, il oppose l'une à l'autre, non plus une abstraction et une réalité, mais deux réalités, deux ordres d'existence également nécessaires : l'homme et le citoyen. « Il faut opter entre faire un homme ou un citoyen : on ne peut faire à la fois l'un et l'autre. » La raison de cette antithèse, c'est qu'il conçoit l'homme naturel comme absolument indépendant, l'homme social comme entièrement dépendant; en sorte qu'il faut, suivant lui, anéantir le premier pour créer le second. La patrie, la *cité*, ne se présente à lui que sous cette forme antique, dans laquelle le citoyen n'existait plus que comme membre de l'État. Il ne conçoit aucune transition naturelle entre l'état de nature et l'état social, et il ne peut en concevoir, parce que la *cité*, la nation, est, à ses yeux, une création, entièrement libre, de la volonté humaine, une pure œuvre d'art, un pur *contrat* d'association. Il ne voit pas ce qu'il y a de naturel et d'instinctif dans le groupement des races, la part de la Providence dans la formation des nationalités. Il est au pôle opposé à cette école fataliste, dite *historique*, qui ne voit dans les nations que des espèces de végétations naturelles, soumises à des lois de développement nécessaires.

Ce n'est pas seulement vis-à-vis de ses membres, mais vis-à-vis des autres sociétés, que la patrie lui apparaît exclusivement sous la forme et dans l'esprit antiques. S'il ne comprend pas qu'on soit à la fois l'homme de la nature et l'homme de la cité, il ne comprend pas davantage qu'on soit à la fois citoyen de la patrie et citoyen du genre humain. Des *patriotes*, ses disciples, corrigeant ses leçons par celles des philosophes, ses rivaux, feront un jour entrevoir au monde l'idéal des nationalités fraternellement associées dans l'humanité, en même temps qu'ils proclame-

---

1. « Tandis que chaque espèce a son instinct propre, l'homme, n'en ayant peut-être aucun qui lui appartienne, se les approprie tous..... Il est dédommagé de celui qui lui manque peut-être par des facultés capables d'y suppléer d'abord et de l'élever ensuite fort au-dessus de celle-là. » (*Discours sur l'inégalité*, Ire partie.) — « On ne peut douter que l'homme ne soit sociable par sa nature, ou du moins, fait pour le devenir... Il a donc des sentiments innés relatifs à son espèce. » (*Émile*.)

ront dans une formule immortelle les droits unis de l'*homme* et du *citoyen*[1].

L'origine des erreurs de Rousseau est dans la logique toute mathématique qu'il applique aux choses de la vie et qu'il pousse en avant sur une seule ligne, là où la résultante devrait sortir de la combinaison de lignes diverses. Il ne veut pas voir que le monde en général, et chaque organisme en particulier, n'est qu'une combinaison, par conséquent une transaction perpétuelle entre des principes divers. Il n'aperçoit qu'un principe exclusif dans chaque chose, dans chaque être, et n'arrive pas à la conciliation des contradictoires, c'est-à-dire des vérités qui semblent opposées, des devoirs qui semblent se combattre. L'individu, la famille, la patrie, l'humanité, doivent pourtant se concilier : les limites sont obscures, sans doute, mais comme celles de la liberté et de la Providence, le contradictoire par excellence, et comme tous les mystères de la vie.

Il n'arrive pas, disons-nous; mais il entrevoit cependant la solution, lorsqu'il échappe à la logique pour rentrer dans sa vraie nature, dans le sentiment et dans le sens pratique. Après avoir posé l'homme naturel et le citoyen comme incompatibles, il finit en effet par se demander si pourtant on ne pourrait pas les réunir, et renvoie la réponse après qu'on aura étudié l'homme dans tous les degrés de sa formation, c'est-à-dire à la conclusion de l'*Émile*. Il répond déjà implicitement en reconnaissant qu'un père doit des hommes à son espèce, à la société des hommes sociables, des citoyens à l'État[2].

Il y a, poursuit-il, deux formes d'éducation : l'une publique et commune, l'autre particulière et domestique. L'éducation publique n'existe plus et ne peut plus exister; il n'y a plus ni patrie ni citoyens *chez les modernes* (dans les monarchies européennes).

Il ne développe donc pas ici ses idées sur l'éducation publique :

1. Un philosophe de nos jours a donné une belle formule à la même pensée : l'*homme complet dans la société complète.* (Pierre Leroux.) La valeur de cette formule est tout à fait indépendante des doctrines particulières de son auteur.

2. C'est là que se trouve une allusion touchante à ses propres fautes. « Il n'y a ni pauvreté, ni travaux, ni respect humain, qui dispensent un père de nourrir ses enfants et de les élever lui-même. » (*Émile*, l. I.)

on les entrevoit éparses dans d'autres écrits[1]. Il voudrait qu'elle fût surtout une gymnastique; des exercices d'adresse et de force; des travaux manuels rendus attrayants; des notions pratiques données par les choses mêmes; le chant, le dessin. Dans les notions d'un autre ordre, celles dont l'enfant peut sentir l'utilité pratique, comme lire, écrire, compter. Les notions d'histoire nationale, sous forme de récits, sans livres, sans dates, doivent venir à la fin, avec celles de morale, de religion naturelle, de devoir en général. L'instruction doit être donnée par des instituteurs laïques et, autant que possible, mariés. Tout ceci se rapporte, comme on voit, à ce premier degré d'instruction nécessaire à tous, que l'État doit à tous, et que l'État en France, comme dans les autres pays catholiques, ne donnait alors à personne, négligence dont la société française a porté et porte encore cruellement la peine.

Reste l'éducation domestique ou naturelle. C'est celle-là qu'il va développer, en se faisant le précepteur d'un élève imaginaire, qu'il choisit d'esprit moyen et de corps sain, dans un climat moyen, en France, de manière à en faire un type de l'homme aussi général que possible.

Mais une autre œuvre doit devancer celle du précepteur. Il avait rappelé tout à l'heure les femmes à l'amour véritable : il les rappelle maintenant à la maternité. Déjà Buffon avait, au nom de la raison et de la nature, protesté contre le barbare esclavage du maillot et reproché aux mères l'oubli qu'elles faisaient du devoir d'allaiter leurs enfants; mais la raison avait parlé en vain. La voix du sentiment devait être plus puissante. Il n'y a rien au-dessus de ce fameux morceau qui commence ainsi : « Voulez-vous rendre chacun à ses premiers devoirs; commencez par les mères, etc. » C'est avec un mélange de passion et de logique irrésistible que Rousseau montre les mœurs se réformant d'elles-mêmes, la famille se reconstituant et, avec elles, toutes les vertus qui lui font cortége, dès que les mères *daigneront nourrir leurs enfants*.

Donner à l'enfant plus de liberté et moins d'empire sur autrui;

---

1. Dans l'article *Économie politique;* dans les *Considérations sur le gouvernement de Pologne*, etc.

ne pas lui commander et ne pas lui obéir ; le gouverner, non par le raisonnement, mais par le possible et l'impossible ; qu'il ne dépende que des choses ; que l'expérience soit sa seule maîtresse ; que la première éducation soit purement négative ; empêcher plutôt que faire ; empêcher les habitudes de se former, pour réserver la liberté ; empêcher les vices de naître ; il n'y en a point d'originels [1] ; garantir le cœur du mal et l'esprit de l'erreur, au lieu d'enseigner directement la vertu et la vérité : tels sont les préceptes les plus généraux que donne Rousseau à l'égard de l'enfance.

La nécessité des premières notions morales arrivée, il faut d'abord les borner à l'utilité immédiate. L'idée de la propriété, fondée originairement sur le travail, et l'idée des engagements, des conventions libres, sont le point de départ. Ainsi Rousseau, qui condamnait la propriété quand il condamnait la société, maintenant qu'il se résigne à la société, met la propriété à la base : cela est très-logique. Seulement, il associe à l'idée de la propriété celle de l'assistance obligatoire aux pauvres [2].

Le véritable emploi de l'enfance a été de préparer des instruments à l'âme en fortifiant le corps par une espèce de physique expérimentale toute d'instinct : les études ne doivent commencer que vers douze à treize ans, lorsque la curiosité de savoir s'éveille, avec la prévoyance, chez l'enfant touchant à l'adolescence, et qu'il demande l'*à quoi bon* de toute chose. Les études doivent porter d'abord sur les objets sensibles, sur les phénomènes de la nature, puis sur la pratique des arts naturels ou individuels, qui mène à celle des arts industriels ou collectifs. Que l'enfant apprenne à estimer les arts en raison de leur utilité, et non de leur rareté ou de leur difficulté. Ici, même évolution d'idées que pour la propriété : l'agriculture et la métal-

---

1. Rousseau tranche ici un peu vite une bien mystérieuse question. L'*homme est naturellement bon.* Cela est vrai, abstractivement, de l'espèce ; mais de l'individu ? — Quelles diversités natives les enfants apportent en ce monde ! — Les religions de l'Orient et de la Gaule, et toute l'ancienne philosophie spiritualiste, de Socrate à Origène, avaient essayé de résoudre le problème de ces diversités par l'hypothèse de la *préexistence.*

2. « Quand les pauvres ont bien voulu qu'il y eût des riches, les riches ont promis de nourrir tous ceux qui n'auraient de quoi vivre ni par leur bien ni par leur travail. » *Émile*, liv. II.)

lurgie, maudites naguère pour avoir civilisé le genre humain, sont préconisées comme les plus respectables des arts. L'élève idéal, *Émile*, apprendra un art manuel, un métier. « L'enfant est riche! — Qu'importe!... Vous vous fiez à l'ordre actuel de la société, sans songer que cet ordre est sujet à des révolutions inévitables, et qu'il est impossible de prévoir ni de prévenir celle qui peut regarder vos enfants... Nous approchons de l'état de crise et du siècle des révolutions. Je tiens pour impossible que les grandes monarchies de l'Europe aient encore longtemps à durer. »

Dix ans auparavant, Rousseau n'apercevait la Révolution que comme une possibilité vague et lointaine, sur laquelle il n'était pas même permis de chercher à fixer ses regards. Les choses avaient fort avancé depuis [1].

Voltaire, et bien d'autres, rirent beaucoup du *gentilhomme menuisier* de Rousseau; trente ans ne s'étaient pas écoulés, que plus d'un haut personnage eut à regretter de ne pas savoir trouver un gagne-pain dans la scie ou le rabot [2].

Ce n'est pas seulement par prudence, mais par devoir, qu'*Émile* est instruit au travail. Tout citoyen, suivant Rousseau, doit, en travail personnel, à la société, le prix de son entretien [3].

La jeunesse approche. La sensation a régné seule dans le premier âge; puis la raison s'est éveillée; le sentiment va parler à son tour. « Nous avons fait, dit le précepteur, un être agissant et

---

1. Rousseau parle bien plus nettement encore, quelques années après, dans un passage de sa correspondance, où il exprime l'opinion que la *Guerre de Sept ans* eût amené la catastrophe immédiate de la monarchie française, sans les talents du ministre Choiseul.

2. Rousseau fait son élève artisan et non laboureur, parce que « l'artisan est libre et que le laboureur est esclave. » Il suppose un état social où l'artisan trouve toujours du travail au bout de ses bras, et ne prévoit pas les grands encombrements de la nouvelle société industrielle.

3. Il ne prétend pas que ce travail doive être nécessairement manuel. On lui a vivement reproché l'exagération de certain passage : « Un rentier que l'État paie pour ne rien faire ne diffère guère, à mes yeux, d'un brigand qui vit aux dépens des passants. » Assurément une pareille hyperbole est injustifiable; mais elle n'a pas le sens qu'on lui a donné : Rousseau ne songe pas à discuter la légitimité de la rente; il attaque le rentier, non parce qu'il touche le revenu du capital qu'il a prêté à l'État, mais parce qu'il profite de ce revenu pour ne rien faire, pour ne pas payer sa dette de travail à la société, pour consommer sans produire, comme on dirait aujourd'hui.

pensant; pour achever l'homme, reste à faire un être aimant. »

Il est à observer que l'ordre de développement assigné à l'homme par Rousseau est conforme à l'ordre du grand ternaire psychologique : *force, intelligence, amour.*

Voici l'âge des passions, l'âge de la vie véritable ! — Faut-il étouffer les passions? faut-il les empêcher de naître? — Folie! Les passions sont de la nature. — Mais *toutes* les passions sont-elles de la nature? — Non.

Ici se marque l'opposition radicale entre Rousseau et les théoriciens qui ont prétendu organiser l'humanité sur la satisfaction de toutes les passions factices et nées de circonstances accidentelles, sur l'abandon à toutes les fantaisies enfantées par l'imagination déréglée, et qui ont effacé toute distinction entre les passions. Rousseau n'a pas proscrit la fantaisie chez l'enfant pour l'autoriser chez l'homme.

« Sentir les vrais rapports de l'homme, tant dans l'espèce que dans l'individu; ordonner les affections de l'âme selon ces rapports, en dirigeant l'imagination, voilà le sommaire de toute la sagesse humaine dans l'usage des passions. »

Suit la génération des passions ou naturelles ou légitimes, car il en est de légitimes qui ne sont pas immédiatement naturelles :

1º Amour de soi, d'où procèdent l'amour du semblable et tous les sentiments bienveillants, et qu'il ne faut pas confondre avec l'amour-propre ou sentiment de la distinction, père des sentiments haineux et jaloux;

2º Amour de la femme; le penchant de l'instinct et de la nature n'en détermine pas l'objet : c'est la raison qui le détermine à notre insu[1]. « On a fait l'amour aveugle, parce qu'il a de meilleurs yeux que nous, et qu'il voit des rapports que nous ne pouvons apercevoir. L'amour n'est pas une passion naturelle, il est la règle et le frein des penchants de la nature. »

Il répond ici et à Buffon et à lui-même[2].

---

1. Il entend, non pas la raison réfléchie, mais une sorte de raison intuitive, qui est du sentiment.

2. V. ci-dessus, p. 72. — Il a limité jusqu'ici le sens du mot *nature* à la force instinctive; mais il ne le fait pas toujours, ce qui jette parfois de l'équivoque. Tout à l'heure, il entendra par nature, ce qui nous semble bien préférable, l'ensemble des facultés de l'homme, et non plus seulement la base physique.

3° Amitié. Elle résulte indirectement de l'éveil donné à l'âme par la sensibilité sexuelle encore sans objet : elle précède en fait la passion essentielle, l'amour, mais elle procède de lui en principe.

4° Amitié généralisée ou amour de l'humanité.

Cette revue des affections du jeune homme se termine par des réflexions d'une grande beauté sur cette nécessité d'attachements, qui est à la fois le résultat de notre imperfection et le principe de notre bonheur. « Dieu seul jouit d'un bonheur absolu et solitaire. Si quelque être imparfait pouvait se suffire à lui-même, il serait seul : il serait misérable... » Vérité applicable à tous les degrés de l'être fini, si perfectionné qu'on le suppose. L'être fini n'est pas destiné à vivre seul, face à face avec l'infini; il est créé incomplet pour se compléter par le semblable et le différent à la fois. C'est là la cause finale de l'indestructible différence des sexes. Lorsque Rousseau, plus tard, rêve l'autre vie sous la forme d'une éternelle contemplation solitaire, ce n'est plus le philosophe qui parle, ce n'est que l'amant malheureux et l'ami délaissé, l'âme fatiguée et blessée qui aspire au repos.

Rousseau est également admirable, quand il montre à une société dissolue les conséquences de la pureté des mœurs, conservée jusqu'à une époque avancée de la jeunesse, et qu'il enseigne à détourner l'ardeur des sens par l'activité même du corps, de l'esprit et du cœur. Pour cet âge critique, dont dépend la vie entière, il a réservé, accumulé, tout ce qui peut saisir, enlever une jeune âme, à laquelle tout est nouveau dans le monde de l'esprit : histoire, poésie, morale, linguistique, études du bien et du beau, et, enfin, à la cime rayonnante de cet édifice intellectuel qui monte jusqu'aux cieux, les suprêmes révélations de Dieu et de l'âme immortelle.

On a pourtant combattu, et avec raison, le système d'après lequel Rousseau conduit son élève presque à l'âge d'homme avant de lui faire connaître et son Créateur et lui-même, à cause de l'impuissance où il croit l'enfant de se faire de Dieu une idée raisonnable. C'est là une exagération de la méthode *négative* adoptée par Rousseau envers l'enfant. Il existe une objection décisive : dans quelque condition que l'on suppose l'enfant, à moins de le séquestrer de toute communication avec les hommes, il est absolument impossible que, jusqu'à seize ou dix-huit ans, il n'entende point parler de Dieu ; par conséquent, on ne peut lui épargner ainsi le danger redouté par Rousseau, de s'en former de fausses idées. Peut-être Rousseau eût-il pu développer l'idée de Dieu d'après les principes qu'il applique au développement de l'homme, et, puisqu'il gouverne l'enfant par l'idée de force, de nécessité, lui présenter Dieu d'abord sous cet aspect, puis comme intelligence et comme amour.

Quoi qu'il en soit, s'il a erré, quel magnifique rachat de cette erreur, que la Profession de foi du vicaire savoyard ! Le lecteur ne peut se défendre d'un véritable saisissement, lorsque le philosophe, lorsque l'homme, rejetant les fictions de l'écrivain, entre directement en scène avec le prêtre de Turin, son premier maître, et se pose, en face des Alpes et du soleil levant, les questions fondamentales de la nature et de la destinée humaine. Les fastes de l'esprit humain n'avaient pas vu de moment aussi solennel, depuis l'heure où le doute de Descartes s'était résolu dans son immortelle affirmation.

La philosophie du sentiment allait avoir, comme celle de la raison pure, son *Discours de la méthode*.

La raison s'est obscurcie de nouveau : le doute est revenu ; l'âme en souffrance flotte dans l'infinie variété des opinions humaines. Que faire ?

Borner nos recherches à ce qui nous intéresse immédiatement et savoir ignorer le reste. — Laisser là les philosophes et leurs raisonnements, qui ne nous donnent que des résultats négatifs, et prendre un autre guide, la lumière intérieure, la conscience. — Admettre pour évidentes les idées auxquelles, dans la sincérité de notre cœur, nous ne pourrons refuser notre consentement, pour vraies celles qui nous paraissent avoir une liaison nécessaire avec ces premières, et ne pas nous tourmenter des autres, quand elles ne mènent à rien d'utile pour la pratique.

C'est donc l'évidence du cœur, l'évidence morale, et non plus l'évidence rationnelle et mathématique, qui devient le principe de certitude. La route que prétend suivre Rousseau n'est pas la route transcendante de Descartes, mais celle qui est à la portée des simples, la grande route de l'esprit humain [1].

« Mais, que suis-je, continue-t-il, pour juger les choses?... Il faut avant tout m'examiner moi-même. »

Il ne se dépouille pas de toute contingence, comme avait fait Descartes : il se place immédiatement entre les phénomènes : « J'existe, et j'ai des sens par lesquels je suis affecté. » Il cherche à prouver que les causes ou objets des sensations qui se passent en nous sont hors de nous : il eût été plus fidèle à son principe en affirmant la réalité des objets, du *non-moi*, comme vérité de sentiment. Arrivé plus ou moins légitimement à la réalité de la matière (c'est-à-dire de ce qu'il sent hors de lui et qui agit sur ses sens), il rentre en lui et y découvre un principe actif, par la faculté de comparer. « Nos sensations sont passives, » avait-il déjà écrit, « mais nos perceptions ou idées naissent d'un principe actif. » Nous voici loin de Condillac et de la *sensation transformée*. Voilà le point de départ de la renaissance métaphysique ! Seulement Rousseau ne remonte pas encore à la première manifestation du principe actif et laisse à un philosophe plus méthodique [2] de démontrer l'activité de l'âme déjà en exercice dans l'attention qui précède la comparaison.

« Assuré de moi-même, de mon activité propre, poursuit-il, je regarde hors de moi. Cette matière que mes sens me révèlent, le mouvement n'est pas de son essence; son état naturel est d'être en repos. Je reconnais deux sortes de mouvement dans les corps : l'un communiqué, l'autre spontané et volontaire; le premier est celui de la matière inorganisée, du monde dans son ensemble, assujetti à des forces générales qui ne sont pas des êtres, mais des lois constantes; le second est le mien, celui de l'homme, et, je crois aussi, par analogie, celui des animaux. Les premières causes du mouvement ne sont pas dans la matière. D'effets en effets, il faut toujours remonter à quelque volonté pour première

---

1. La *raison pratique*, que Kant oppose à la *raison pure*, n'est pas autre chose que le sentiment ou la conscience de Rousseau. L'œuvre puissante, mais outrée, de Kant, la *Critique de la Raison pure*, est une exagération de l'œuvre de Rousseau. Kant sort de Rousseau, comme Hegel et Schelling de Spinoza et de Buffon.

2. La Romiguière. — Rousseau voit très-bien que l'idée de nombre et toutes les idées de rapports ne nous sont pas données par le principe passif de la sensation, quoique la sensation en fournisse les occasions et les matériaux.

cause; car supposer un progrès de causes à l'infini, c'est n'en point supposer du tout. Le principe de toute action, de tout mouvement, est dans la volonté d'un être libre : donc une volonté meut l'univers et anime la nature [1]. »

La matière mue témoigne une volonté. La matière mue selon de certaines lois montre une intelligence. L'unité du système du monde atteste une intelligence unique. Il est d'une monstrueuse invraisemblance de prétendre que l'ordre de l'univers résulte d'une combinaison fortuite des éléments : il est impossible que la matière passive et morte ait produit des êtres vivants et sentants, qu'une fatalité aveugle ait produit des êtres intelligents, que ce qui ne pense pas ait produit des êtres qui pensent. Peut-il y avoir dans l'effet plus qu'il n'y a dans la cause?

Intelligence, puissance, volonté, bonté, sont les premiers attributs que je reconnaisse dans cet être actif par lui-même, qui meut et ordonne l'univers, et que j'appelle Dieu.

Nouveau retour sur soi-même. Quel est le rang de l'espèce humaine dans l'univers? — Ici apparaît un douloureux contraste. Relativement à l'univers, l'espèce humaine tient le premier rang, au moins sur la terre, et couronne l'ordre général; relativement à elle-même, elle n'offre que confusion et désordre. Faut-il accuser la Providence? — Non. L'homme est libre [2]. Il peut choisir. Il peut errer. De là le mal sur la terre. — Mais d'où viennent les erreurs de l'homme? — De sa dualité. On entrevoit en lui deux principes, dont l'un l'élève au vrai et au bien, dont l'autre le ra-

---

1. Il déclare ne pouvoir comprendre les molécules organiques vivantes (Buffon), à plus forte raison la matière brute, sentant sans avoir des sens (Maupertuis, Diderot). Il nie avec raison aux prétendues molécules le mouvement spontané. Comment, en effet, sans volonté, sans raison d'impulsion interne, se mettraient-elles en mouvement? *Mouvement nécessaire* est un terme vide de sens. Quant aux mots de *force universelle*, de *force aveugle répandue dans la nature*, ils ne sont pas dépourvus de tout sens, comme le dit Rousseau; mais ils ont un double sens. *Force* désigne, dans son sens le plus précis et le plus profond, un être; dans un langage moins exact, une loi. *Force universelle* signifie : ou *être universel, unité de la nature*, ce qui supprime la réalité des molécules, ou loi *émanée de l'être universel*, ce qui ramène la volonté initiale : panthéisme ou déisme.

2. Être libre, c'est n'être déterminé par rien d'étranger à soi. — « Pour empêcher l'homme d'être méchant, fallait-il le borner à l'instinct et le faire bête! La Providence pouvait-elle donner le prix d'avoir bien fait à qui n'eût pas le pouvoir de mal faire? » C'est la réponse de Rousseau lui-même aux regrets exprimés dans les deux *Discours* sur l'état de nature où l'on ignorait le bien et le mal.

baisse en lui-même et l'asservit aux sens. L'un est la substance pensante et sentante, simple et indivisible, l'esprit; l'autre est la substance étendue et divisible, la matière.

Si Rousseau eût étudié davantage Leibniz, il n'eût peut-être pas été aussi affirmatif sur les deux substances et sur le rôle qu'il attribue à la matière. La solution qu'il donne de l'origine du mal se rattachait à une hypothèse sur la nature des choses, qui eût été fort déplacée dans la *Profession de foi du vicaire* et qu'il s'est bien gardé d'y introduire, mais qu'il énonce à diverses reprises dans sa *Correspondance* [1]. Rousseau, chose singulière, inclinait au dualisme des anciens philosophes grecs; il penchait à croire la Matière incréée et coéternelle à l'Esprit, et à voir en Dieu, moins le Tout-Puissant, l'Être absolu et infini, que le Démiurge, l'Arrangeur de la Matière; si ce monde n'était pas meilleur, c'était apparemment que la Matière y avait mis des obstacles que l'Esprit n'avait pu vaincre : Dieu n'était vraiment souverain que dans le monde spirituel de la vie future, où tout sera son œuvre. Rien ne montre si bien la faiblesse de l'esprit humain que de voir le restaurateur du sentiment religieux faire rétrograder l'idée théologique de vingt siècles, méconnaître la suprême et nécessaire unité de la création, par un excès opposé à celui du panthéisme, et naufrager sur cette formule équivoque de Dieu pur esprit, dont Malebranche et Fénelon avaient pourtant si bien signalé l'écueil.

En dehors de cette opinion étrange, Rousseau répond, quant aux maux immérités, ou paraissant immérités, de l'homme, par la nécessité de l'épreuve, par le progrès moral acheté au prix de la douleur, par les compensations de l'autre vie.

« Quelle est, poursuit-il, cette vie de l'âme par delà la mort? — L'âme est-elle immortelle *par sa nature?* — Je l'ignore; toutefois, je conçois comment le corps se détruit par la division des parties, tandis que je ne conçois pas comment l'âme, être simple, peut mourir. » Il eût pu ajouter que le terme de *mort*, ne signifiant que dissolution des composés, n'a aucun sens, appliqué à un être simple; *anéantissement* est un mot, ce n'est pas une idée;

---

1. Lettre à Voltaire, d'août 1756. — Lettre à M. ***, janvier 1769.

car il est absolument impossible de concevoir qu'une chose qui est cesse d'être.

« Le souvenir du bon ou du mauvais emploi de la vie actuelle fera dans l'autre la félicité des bons et le tourment des méchants, quand, délivrés des illusions des sens, nous jouirons de la contemplation de l'Être suprême et des vérités éternelles en lui. J'ignore si les tourments des méchants seront éternels : j'ai peine à le croire. »

Ce doute est une réserve difficile à comprendre dans un livre si hardi ; car il pose la négative d'une façon très-décidée en maint endroit de sa correspondance. Cette partie de la *Profession de foi du vicaire* doit être complétée par deux lettres de la plus haute importance, l'une à Voltaire, d'août 1756, l'autre à un anonyme, de janvier 1769 [1].

« Les vérités essentielles, poursuit-il, ainsi déduites de l'impression des objets sensibles et du sentiment intérieur, reste à chercher quelles maximes j'en dois tirer pour remplir ma destination sur la terre, selon l'intention de Celui qui m'y a placé. Ces règles, je les trouve au fond de mon cœur écrites par la nature. Nous croyons suivre l'impulsion de la nature, et nous lui résistons : en écoutant ce qu'elle dit à nos sens, nous méprisons ce qu'elle dit à nos cœurs... Il est au fond des âmes un principe inné de justice et de vertu, indépendant de l'expérience, base de nos jugements, malgré nous-mêmes : je l'appelle conscience. Les actes (immédiats) de la conscience ne sont pas des jugements, mais des sen-

---

1. La lettre à Voltaire fut écrite au moment où celui-ci abandonnait l'optimisme pour un scepticisme désolant. Rousseau y propose de corriger la maxime optimiste : *tout est bien*, qui semble nier le mal particulier, trop certain, en *le tout est bien*, c'est-à-dire : *tout est bien par rapport au tout*. Il croit que « chaque être matériel est disposé le mieux qu'il est possible par rapport au tout, et chaque être intelligent et sensible, le mieux qu'il est possible par rapport à lui-même. Mais il faut appliquer cette règle à la durée totale de chaque être sensible, et non à quelque instant particulier de sa durée, tel que la vie humaine, ce qui montre combien la question de la Providence tient à celle de l'immortalité de l'âme..... et à celle de l'éternité des peines, que ni vous, ni moi, ni jamais homme pensant bien de Dieu, ne croirons jamais..... Si Dieu existe, il est parfait ; s'il est parfait, il est sage, puissant et juste ; s'il est sage et puissant, tout est bien ; s'il est juste et puissant, mon âme est immortelle. » Il reconnaît qu'on ne peut donner la démonstration *incontestable*, *mathématique*, de Dieu ni de l'âme immortelle ; c'est le sentiment qui prouve ces deux vérités fondamentales. — Sur l'éternité des peines, V. aussi la lettre à M. Vernes, de février 1758, et la lettre à M. ***, janvier 1769.

timents. Les sens nous égarent : la raison même nous trompe; la conscience ne nous trompe jamais. » La morale de l'intérêt est contre nature : nous sommes naturellement remplis de sentiments tout à fait étrangers à l'intérêt matériel, de sentiments qui nous emportent soit vers nos semblables, soit vers l'idéal sous tous ses aspects. Il n'est pas vrai que la morale varie du tout au tout selon les temps et les lieux : ses principes essentiels sont les mêmes partout à travers la diversité des coutumes. — Les sentiments naturels parlent pour l'intérêt commun : la raison rapporte tout à l'individu; on ne peut établir la vertu par la raison seule. Le méchant (c'est-à-dire celui qui n'écoute pas la conscience) rapporte tout à lui et se fait centre de toutes choses : le bon s'ordonne par rapport au tout, au centre commun, qui est Dieu, et aux cercles concentriques, qui sont les créatures. Si la Divinité n'est pas, s'il n'y a pas de centre, le méchant a raison et le bon est insensé [1].

Le vrai bonheur n'est pas de ce monde : en attendant la vie véritable, contemplons, méditons Dieu dans ses œuvres, sans lui rien demander, ou, du moins, ne lui demandons que de nous redresser si nous tombons de bonne foi dans quelque erreur dangereuse. En s'élevant à Dieu, l'âme se donne à elle-même, par son propre effort, ce qu'elle demande à son créateur.

Il y a au fond de ceci une tendance vers la théorie pélagienne, qui considère la création morale comme une fois faite, et qui, absorbée par un seul côté du vrai, le côté de la liberté, ne voit pas le concours, le support nécessaire de Dieu en tout, ne voit pas, en un mot, Dieu *immanent* dans le monde. Si l'on peut contester qu'il soit raisonnable de demander à Dieu de modifier à notre bénéfice individuel les phénomènes de l'ordre physique, de l'ordre de nécessité, gouverné par des lois générales, c'est précisément dans l'ordre moral, dans l'ordre de liberté, qu'il faut lui demander assistance ; Dieu n'est pas seulement un océan où l'âme puise à volonté, mais un océan vivant où l'âme est plongée, et sans l'action perpétuellement vivifiante duquel l'âme ne pourrait rien, ne serait rien. *Dieu est le lieu des esprits*, disait Malebranche.

---

1. Le défaut de sanction dans la morale des philosophes (incrédules), dit-il plus loin, rend cette morale impuissante.

Rousseau, nous l'avons déjà indiqué, tombe parfois dans l'excès opposé au panthéisme.

Il n'en a pas moins ramené triomphalement les deux seules idées *nécessaires*, Dieu et l'âme immortelle, et il les a ramenées, comme il se l'était proposé, uniquement par les moyens qui sont à la portée individuelle de tous les hommes, par l'impression des objets sensibles ou l'observation de la nature, et par le sentiment intérieur ou la conscience. Il a laissé volontairement en dehors de sa méthode un ordre de preuves d'une immense autorité, mais qui exige une science au-dessus de la portée commune; c'est-à-dire les preuves historiques fondées sur le consentement du genre humain, sur le sentiment universel, qui nous montrent ces deux idées servant de base aux sociétés humaines depuis l'origine des choses [1].

La religion naturelle, c'est-à-dire résultant de la nature morale de l'homme, une fois établie, il se demande comment une autre religion que la naturelle peut être nécessaire; ce qu'elle peut ajouter d'utile à la morale. — Si l'on n'eût écouté que ce que Dieu dit au cœur de l'homme, il n'y aurait jamais eu qu'une religion sur la terre. Dieu veut être adoré en esprit et en vérité; l'essentiel est là; le culte extérieur est affaire de police humaine. — Les témoignages humains sur les points de fait sont nuls quand ils ne sont pas confirmés par la raison; lors même qu'ils n'y sont pas contraires, ils sont prodigieusement difficiles à vérifier.

Il renouvelle contre les miracles les objections de Spinoza et soulève des difficultés contre l'autorité absolue des révélations contenues dans des livres : « L'autorité infaillible de l'Église, arguée par les catholiques, n'avance à rien, s'il faut un aussi grand appareil pour prouver cette autorité que pour prouver directement les livres saints. »

Il ne conclut pourtant pas formellement au rejet de la Révélation positive et ne rejette que l'obligation de la reconnaître pour être sauvé. C'est là que se trouve ce magnifique témoignage rendu à l'Évangile et à son auteur, qu'il élève au-dessus de tous les

---

1. On a cherché quelques exceptions pour l'immortalité de l'âme; il n'y en a pas pour l'existence de Dieu. — Rousseau en vient aux preuves historiques dans sa *Lettre à l'archevêque de Paris*.

livres et de tous les hommes[1]. Ce témoignage n'a jamais été démenti, mais il est expliqué par des écrits postérieurs, par les *Lettres de la Montagne* et par la lettre du 15 janvier 1769. Il admet, sur les *preuves morales*, la Révélation (de Jésus-Christ) comme émanée de l'Esprit de Dieu, « sans en savoir la manière et sans se tourmenter pour la découvrir ». Il admet que l'histoire de la vie de Jésus n'a pas été *essentiellement* altérée, et, tout en écartant la *preuve par les miracles*, ne nie pas « les choses extraordinaires que Jésus, éclairé de l'Esprit de Dieu, a pu opérer *par des voies naturelles, inconnues à ses disciples et à nous* ». Il distingue entre le christianisme de Jésus-Christ et celui de saint Paul, « qui n'avait pas connu Jésus ».

Ainsi, son dernier mot, sa pensée intime, est la reconnaissance de la mission divine du Christ, et, par conséquent, du gouvernement de la Providence sur la terre, combiné avec la suffisance de la religion naturelle pour le salut. On sent quelle distance il y a du déisme chrétien de Rousseau au déisme épicurien de Voltaire. Le déisme de Rousseau diffère peu de ce qu'on appelle aujourd'hui l'*unitarisme*.

Rousseau convient que les religions particulières peuvent avoir leurs raisons d'être dans le climat, dans le génie des peuples, qu'elles sont bonnes quand on y sert Dieu convenablement; mais il condamne, au nom de la morale, celles qui sont basées sur l'intolérance et sur le dogme que hors de l'Église il n'y a point de salut, ou, en d'autres termes, sur le dogme de l'infaillibilité combiné avec celui des peines éternelles.

« Tenez votre âme en état de désirer toujours qu'il y ait un Dieu, et vous n'en douterez jamais. — Évitez l'orgueilleuse incrédulité comme l'aveugle fanatisme. Osez confesser Dieu chez les philosophes; osez prêcher l'humanité aux intolérants! Vous serez seul de votre parti, peut-être... il n'importe... Dites ce qui est vrai, faites ce qui est bien : ce qui importe à l'homme est de rem-

---

[1]. On retrouve un peu trop, dans ce passage si justement célèbre, la tendance à exagérer les oppositions pour renforcer les conclusions. Pour glorifier le Christ, il n'était pas nécessaire de diminuer Socrate, ni de tant mépriser le peuple juif, le peuple des Machabées, pour faire ressortir la sublimité de ce qui en est sorti. Les pieux contemplatifs du désert, les Esséniens, n'avaient pas été indignes de préparer le berceau du Messie.

plir ses devoirs sur la terre, et c'est en s'oubliant qu'on travaille pour soi. L'intérêt particulier nous trompe : il n'y a que l'espoir du juste qui ne trompe point! »

Telles sont les hautes et religieuses conclusions de cette célèbre *Profession de foi*, la plus grande chose que nous ait léguée le xviiie siècle.

Est-ce à dire que le déisme de Rousseau, même si l'on s'abstient de toucher à la question des religions positives, suffise à satisfaire l'esprit humain? Cette croyance est vraie; elle est pure, mais enfermée dans d'étroites limites. Ces limites étaient nécessaires : il est des temps où l'esprit doit se resserrer pour concentrer ses forces : il fallait, pour résister au matérialisme, et surtout au scepticisme, se replier sur les dogmes certains et fondamentaux, *sauver le tronc aux dépens des branches*[1] et se retrancher dans ce qui est directement et immédiatement nécessaire à la vie morale. L'âme humaine n'est pourtant pas destinée à rester emprisonnée dans ce cercle immuable, pas plus que la société à s'immobiliser dans cette vie pastorale tant regrettée par Rousseau. Pour le progrès de l'intelligence, pour le développement même du sentiment moral et religieux, il faut que le regard de l'âme essaie d'entrevoir ce qu'il ne lui est pas donné d'embrasser. Dans la vie pratique, en tout ce qui n'est pas devoir positif et certain, nous dirigeons-nous autrement que sur des probabilités et des hypothèses? Et nous les bannirions de la vie idéale! nous nous abstiendrions d'étendre les inductions de notre esprit, de diriger les élans de

---

1. Ce mot, répété par Rousseau dans *Émile*, est de Duclos, dans une lettre inédite à Rousseau. Ceci l'a entraîné bien loin! Il ne se contente pas d'omettre, il rejette tous les développements de la théologie, et ne voit que des mots sans idées dans tous ces *dogmes mystérieux* parmi lesquels il range la Trinité même. Il n'en parle pas autrement que Montesquieu ou que Voltaire : il est évident qu'il n'a pas voulu chercher à s'en rendre compte. — En écartant la théologie chrétienne, il ne tire pas même les conséquences nécessaires de l'idéalisme platonicien. Il considère Dieu comme l'auteur de tout bien, pas assez comme étant le bien même; justice, vérité, bonté, n'étant autre chose que Dieu même, ou le Parfait, considéré sous des points de vue particuliers. Faute d'approfondir cette idée, Rousseau n'explique pas comment de prétendus athées ne sont souvent que des âmes qui vivent moralement de quelques fragments de Dieu, si l'on peut le dire. Un athée qui croit à la *vertu* ou à *l'ordre*, n'est point athée : il appelle Dieu *vertu* ou *ordre* : voilà tout. Seulement, ne connaissant de Dieu que ce point de vue, son idéal isolé et fractionné n'est qu'une abstraction sans support, sans lien, sans complément, et sa foi a l'air d'une inconséquence, puisqu'elle n'a ni sanction ni cause.

notre cœur vers la sphère de l'ontologie et de la théodicée, vers les degrés pressentis, vers l'échelle sans fin de la vie future! Quelle lacune immense laisse la vie présente, si l'on n'a une conception un peu déterminée de l'autre vie et si l'on ne conclut des relations présentes aux relations d'outre-tombe! Le domaine de la certitude est-il d'ailleurs immuable pour l'homme?

Après ce vaste et sublime épisode, Rousseau rentre dans son sujet et achève son œuvre. Il a élevé l'homme, il va élever la femme et les conduire tous deux jusqu'à la crise décisive où leurs existences s'uniront pour former l'être humain complet. Une partie des premiers livres d'*Émile* s'appliquait aux deux sexes par ce qu'ils ont de commun : le cinquième livre, intitulé *Sophie*, par un souvenir touchant de madame d'Houdetot, renferme tout ce qui regarde spécialement l'éducation de la femme. Les différences entre les deux éducations sont caractérisées avec une haute sagacité. La conclusion de Rousseau sur les deux sexes, c'est l'égalité morale dans la diversité des fonctions. Il réfute à la fois, implicitement ou explicitement, les traditions vulgaires sur l'infériorité de la femme[1], et les erreurs des utopistes qui ont voulu, dans l'antiquité, ou qui voudront, après lui, assimiler la femme à l'homme et l'appeler aux mêmes fonctions civiles. Erreurs sous

---

[1]. La raison de l'infériorité attribuée par les anciens à la femme était prise surtout dans l'ordre physique. L'homme était pour eux le principe actif, la femme le principe passif; d'où, par une déduction en apparence logique, l'homme était l'esprit, la femme la matière. La question a dû changer de face avec le monde moderne, quand on a reconnu que la femme a la prépondérance dans l'ordre du sentiment, si l'homme a le même avantage dans l'ordre de la raison. L'homme a la supériorité dans deux des attributs essentiels du ternaire psychologique, la force et l'intelligence; la femme dans un seul, l'amour; mais cet attribut, le dernier dans l'analyse abstraite de la génération métaphysique, est le premier dans l'ordre de la réalité; il est le souffle même de la vie. A l'homme appartiennent et la détermination scientifique des idées et l'administration des choses extérieures, l'action, l'œuvre en général; aussi, les grands politiques, les grands théologiens et métaphysiciens, les grands moralistes dogmatiques, et même les grands artistes, sont-ils en général des hommes et non des femmes : l'homme donne la forme à tout; mais la femme donne le fond à presque tout, inspire presque tout; elle ne fait pas; elle fait faire. Ce n'est, du reste, que dans la raison théorique, dans les facultés de généralisation, que la femme est inférieure à l'homme : elle a, comme le montre Rousseau, la supériorité dans la raison pratique. — La raison pratique, la logique des causes secondes, séparée de la raison métaphysique et des principes généraux, se transforme trop souvent en esprit critique et négatif, et les deux éléments essentiels de la femme, sentiment et raison pratique, sont alors en lutte chez elle.

lesquelles, en cherchant bien, on retrouverait cette idée aussi absurde au point de vue physiologique qu'au point de vue moral, que la femme n'est qu'un homme imparfait. Rousseau, cependant, accorde à l'homme la formule du commandement dans le ménage et lui maintient son titre de chef (l'homme, en effet, est le *chef*, la tête, comme la femme est le *cœur* du couple humain); mais il commente l'*obéissance* de la femme d'une façon très-rassurante pour sa dignité, tout en définissant admirablement la nature de l'esprit féminin.

« La raison des femmes est une raison pratique qui leur fait trouver très-habilement les moyens d'arriver à une fin connue, mais qui ne leur fait pas trouver cette fin. Dans la société des sexes, la femme est l'œil, l'homme est le bras, mais avec une telle dépendance l'un de l'autre [1], que c'est de l'homme que la femme apprend ce qu'il faut voir, et de la femme que l'homme apprend ce qu'il faut faire. Dans l'harmonie qui règne entre eux, on ne sait lequel met le plus du sien; chacun suit l'impulsion de l'autre; chacun obéit, et tous deux sont les maîtres.... L'homme commande, la femme gouverne celui qui commande... elle règne en se faisant commander ce qu'elle veut faire.

« La recherche des vérités abstraites, les généralités des sciences, ne sont point du ressort des femmes. Leurs études doivent être toutes pratiques. C'est à elles à faire l'application des principes que l'homme a trouvés, et c'est à elles de faire les observations qui mènent l'homme à l'établissement des principes. Les hommes étudient les idées et la nature extérieure : les femmes étudient les hommes. Les choses de génie appartiennent à l'homme : les femmes sont les meilleurs juges des choses de goût. Les hommes philosopheront mieux que les femmes sur le cœur humain ; mais elles liront mieux qu'eux dans le cœur des hommes. C'est aux femmes à trouver, pour ainsi dire, la morale expérimentale, à nous à la réduire en système. La femme a plus d'esprit, et l'homme plus de génie : la femme observe et l'homme raisonne.

---

1. « La dépendance des sexes est réciproque, dit-il ailleurs; cependant la femme dépend plus de l'homme, que l'homme de la femme. » Cette différence incontestable tient également chez la femme et à son infériorité de force physique et à sa supériorité de force affective. Elle dépend plus, parce qu'elle a plus besoin et d'assistance physique et d'affections morales ; elle dépend plus parce qu'elle aime plus.

De ce concours résulte la lumière la plus claire et la science la plus complète que puisse acquérir de lui-même l'esprit humain. »

La question entre l'éducation publique et la privée n'existe pas, quant aux femmes, suivant Rousseau. Toute fille doit être élevée par sa mère. « Une des raisons pour lesquelles, en général, les mœurs sont meilleures dans les pays protestants, c'est qu'on n'y connaît pas l'éducation des couvents [1]. » L'éducation maternelle se concilie très-bien, chez Rousseau, avec une autre idée essentielle, c'est que les filles doivent jouir d'une grande liberté, d'une grande latitude de vie extérieure, et les femmes mariées vivre dans leur intérieur; que les assemblées, les lieux publics, sont faits pour celles dont le choix n'est pas encore arrêté et non pour celles dont l'existence est fixée. Dans tous ses ouvrages, il appuie énergiquement sur cette idée : il oppose sur ce point les coutumes des anciens Grecs et celles des Anglais aux coutumes de la France, tout en insistant sur la nécessité d'embellir par les arts, et par une certaine élégance dans la simplicité, cette vie domestique où il veut renfermer les femmes, et d'où il voit leur légitime influence se répandre incessamment sur les choses extérieures, interdites à leur action directe.

Rien de plus délicat et de plus juste que ses vues sur ce principe, que les femmes sont les juges naturels du mérite des hommes. Quand elles ont perdu leur ascendant et que leurs jugements ne sont plus rien aux hommes, c'est, suivant lui, le signe certain de la décadence sociale. Le désir de conquérir leur approbation, et, à plus forte raison, leur amour, est ce grand mobile des actions des hommes qu'Helvétius défigurait grossièrement en le bornant au désir de conquérir les plaisirs des sens. Il y a cependant ici une contradiction apparente dans Rousseau, lorsqu'il développe les grandes choses qu'inspire l'enthousiasme de l'amour et, pourtant, avoue « que tout est illusion dans l'amour ». C'est qu'il donne deux sens au mot *amour* de même qu'au mot *nature*. Il ne voit ici dans l'amour que l'élan vers l'idéal : on prend l'objet aimé pour le type de perfection que l'on a dans l'âme; alors, ce n'est pas la maîtresse, c'est l'idéal qu'on aime. C'était bien là,

---

1. Fénelon, au fond, pense de même. V. le livre de l'*Éducation des Filles*.

en effet, le caractère dominant de l'amour chevaleresque. Mais Rousseau avait déjà indiqué une autre espèce d'amour, ce sentiment d'affinité ou de sympathie fondé non plus sur les illusions de l'âme, mais sur les convenances essentielles de nature, cet amour où l'on aime une personne et non plus un type, une personne imparfaite et qu'on sait imparfaite, mais perfectible. Ce sentiment est l'amour véritable et comprend en quelque manière l'autre espèce d'amour, car nous n'aimerions pas si la personne aimée n'offrait un certain rapport avec le type de son sexe, tel que notre nature particulière nous dispose à le concevoir. Là où l'affinité entre deux êtres de sexe différent serait complète, là où ils s'élèveraient vers l'idéal d'un effort absolument pareil, ils ne seraient pour ainsi dire qu'une seule personne morale, et la formation de cette association indestructible est sans doute la véritable cause finale de la diversité des sexes. Rousseau n'arrive pas à mettre en harmonie sa double conception de l'amour, ni à définir clairement sa pensée; c'est que, se bornant à considérer l'amour dans les relations de la vie actuelle, il ne le suit pas au-delà du temps, et que ce sentiment, comme tout ce qui tient de l'infini, n'a point sa cause finale ni sa loi dans ce monde. Rousseau a là-dessus des éclairs dans sa *Julie*, mais ce ne sont que des éclairs ; il y avait à développer, à compléter Dante et Pétrarque au delà du cercle des croyances du moyen âge : Rousseau n'a point accompli cette œuvre.

Il montre du moins une grande sagesse pratique dans l'application au mariage de ce principe des convenances naturelles qu'il avait reconnu dans l'amour. « Là où cette sorte de convenance, la seule essentielle, est primée par les convenances d'institution et d'opinion, et où les mariages se font par l'autorité des pères, le bonheur du mariage et les bonnes mœurs sont sacrifiés à l'ordre apparent de la société [1]. »

---

[1]. « Les parents choisissent l'époux de leur fille et la consultent pour la forme. C'est le contraire qu'on doit faire : la fille doit choisir et consulter ses parents. — Voulez-vous faire d'heureux mariages ? oubliez les institutions humaines, et consultez la nature. Les rapports conventionnels ne sont pas indifférents ; mais l'influence des rapports naturels l'emporte tellement sur la leur, que c'est elle qui décide du sort de la vie. » Il tient d'ailleurs tout le compte que l'on doit tenir des rapports d'éducation.

C'est ici, au moment de marier son élève, qu'il résout la question déclarée d'abord insoluble, l'accord de l'homme et du citoyen, en reconnaissant qu'il faut être citoyen avant d'être mari et père. Il ne dépend pas toujours de nous d'exercer les droits et de remplir les devoirs du citoyen; mais rien ne peut nous dispenser de les connaître : quand nous n'avons plus de patrie, de patrie libre, il nous reste au moins un pays; le pays peut redevenir la patrie [1]. Le maître révèle donc à l'élève les principes du droit politique, que nous allons retrouver développés dans le *Contrat social* [2], et il termine son ouvrage par des conseils et des considérations d'une délicatesse et d'un bon sens admirables, sur les droits et les devoirs des jeunes époux, et sur les moyens d'assurer le bonheur domestique autant que le permet l'imperfection humaine. C'est bien ici la vraie civilisation, la civilisation du progrès moral, qui redresse la brutalité réelle déguisée sous nos raffinements sociaux [3].

L'*Émile*, malgré les objections que soulèvent certaines de ses parties, est peut-être la plus profonde étude qui existe dans notre langue et dans aucune langue moderne sur la nature humaine : il est certainement le livre qui fait le plus penser, lors même que l'auteur ne pense pas juste. Quel génie n'a-t-il pas fallu pour arriver à de telles conclusions en partant du début impossible des deux *Discours*, et pour faire du paradoxe la route de la sagesse! On peut dire, sans exagération, que ce livre a été une arche de salut lancée par la Providence sur les flots du scepticisme et du matérialisme, et qu'il a recueilli tous les sentiments essentiels, tous les principes fondamentaux de la vie morale

---

1. Il traite d'*exécrable* le proverbe : *Ubi benè, ibi patria*.
2. « Le droit politique est encore à naître..... Grotius a, au fond, les mêmes principes que Hobbes. Le seul moderne en état de créer cette science eût été l'illustre Montesquieu; mais il n'eut garde de traiter des principes du droit politique. Il se contenta du droit positif des gouvernements établis. » (*Émile*, l. V.)
3. Comparer Rousseau sur la femme, pour suivre le développement des idées, avec les publications de notre temps qui ont traité de la femme en général, du mariage, de l'éducation des filles, particulièrement l'admirable livre de Mme Necker de Saussure, de l'*Éducation progressive;* le *Mariage chrétien*, de Mme de Gasparin, où se trouve ce grand mot : « Le mariage est le but du mariage; » l'*Histoire morale des femmes*, de M. Ernest Legouvé, ouvrage sain et solide, à la fois très-favorable à la véritable émancipation des femmes et très-opposé aux utopies qui dénaturent la femme sous prétexte de l'affranchir.

prêts à s'abîmer. — Qu'on suppose Rousseau de moins dans le XVIIIᵉ siècle, et qu'on se demande sérieusement, sincèrement, où aurait abouti la marche de l'esprit humain!

L'*Émile* résume véritablement l'œuvre entière de Rousseau, car son autre monument, ce *Contrat social*, destiné à une si éclatante influence sur cette Révolution qu'il venait de prédire et qu'il préparait, n'est que le développement d'une partie de l'*Émile*. *Émile* est le livre de l'homme en général, de l'homme sous tous ses aspects; le *Contrat social* est le livre de l'homme politique, du citoyen.

Rousseau ne s'y propose point un type absolu et abstrait; ce qu'il recherche, ce sont « les lois telles qu'elles peuvent être, avec les hommes tels qu'ils sont », et la conciliation de l'utile et du juste. « L'ordre social, dit-il, ne vient pas de la nature : il est donc fondé sur des conventions. »

Peu d'axiomes ont donné lieu à des débats aussi solennels. On a protesté contre le principe du *Contrat social*, des conventions originaires, au nom du développement *nécessaire* de l'humanité, ou des lois providentielles. Rousseau lui-même a reconnu dans l'*Émile* que l'homme « est né sociable, ou, du moins, fait pour le devenir »; on en a conclu qu'il s'était contredit. Il ne s'est pas contredit; mais il a eu le tort de ne pas s'expliquer. Là encore se retrouve l'éternelle dualité : oui, la Providence avait fait les hommes pour la société, mais elle avait fait les hommes libres, et les hommes se sont associés volontairement et non contraints par les lois physiques de la nature; la libre société des hommes n'est pas la société fatale des abeilles. Les hommes s'étant associés volontairement, il y a donc un contrat social explicite ou implicite, et ce contrat, immuable dans ses principes et toujours modifiable dans les applications, est ou doit être à la fois l'œuvre de la liberté humaine et la manifestation de ces lois éternelles de justice et de raison que l'homme n'a pas créées et ne saurait changer.

La plus ancienne société et la seule naturelle, poursuit Rousseau, est celle de la famille. Encore le domaine des conventions apparaît-il dès ce premier degré. Sitôt que l'homme a l'âge de raison, lui seul, étant juge des moyens propres à le conserver, devient par là son propre maître, et, si les enfants devenus hommes continuent de rester unis au père, ce n'est plus naturellement ou par nécessité, c'est volontairement. Si donc la permanence de la famille elle-même est déjà un fait de volonté et d'ordre moral, à plus forte raison la société ne peut-elle avoir d'autre origine que les libres conventions. La force, étant le contraire du droit, n'a pu fonder le droit social. Quand on admettrait qu'un peuple peut s'aliéner à un roi, à une dynastie, là ne serait pas non plus l'origine de la société : pour que le peuple pût s'aliéner, il fallait bien que le peuple préexistât. La loi de la pluralité des suffrages, en vertu de laquelle on prétend que le peuple pourrait se donner, est elle-même une convention, et suppose, une fois au moins, l'unanimité. Quel est le mobile de cette convention première par laquelle un peuple est un peuple?

Ce mobile a été « la nécessité (morale et non physique) de s'associer pour vaincre les obstacles qui, dans l'état de nature, nuisent à la conservation de l'homme. »

Ce n'est plus là l'hypothèse paradoxale ni l'amer langage du *Discours sur l'Inégalité* : ce n'est plus le courroux du misanthrope, c'est la raison du sage qui parle [1].

Le problème du *Contrat social* est de « trouver une forme d'association qui défende et protége de toute la force commune la personne et les biens de chaque associé, et par laquelle chacun, s'unissant à tous, n'obéisse pourtant qu'à lui-même et reste aussi libre qu'auparavant. Le *Contrat social* en donne la solution. Les clauses de ce contrat, bien qu'elles n'aient peut-être jamais été formellement énoncées, sont partout tacitement admises et reconnues, jusqu'à ce que le pacte social ait été violé. Bien entendues, elles se réduisent à une seule : l'aliénation totale de chaque associé avec tous ses droits à toute la communauté » et l'engagement réciproque du public avec les particuliers.

L'homme est donc tout entier absorbé par le citoyen?

---

1. V. ci-dessus, p. 72 et suiv. « Au lieu de détruire l'égalité naturelle, le pacte fondamental substitue au contraire une égalité morale et légitime à ce que la nature avait pu mettre d'inégalité physique entre les hommes... Pouvant être inégaux en force ou en génie, ils deviennent tous égaux par convention et de droit. » (*Contrat social*, l. I, ch. VIII.)

Il est indispensable de bien étudier la pensée de Rousseau avant de la juger.

Il y a une première réserve qu'il est à peine nécessaire d'indiquer, lorsqu'il s'agit de l'auteur de la *Confession du vicaire savoyard*. L'individu n'a pu aliéner à la communauté que les droits qu'il avait. Il n'avait pas le droit de transgresser les lois éternelles, les lois de la conscience; la société n'a donc pas le droit de rien lui prescrire contre ces lois : une telle prescription serait la plus éclatante violation du contrat social, et l'individu reste donc, dans le for intérieur, juge de la société elle-même.

Maintenant, quelle est la nature de la souveraineté attribuée à la république ou corps politique, à cette personne publique formée de l'union de toutes les autres? Il ne s'agit pas, est-il besoin de le répéter? de la souveraineté absolue, qui ne peut être qu'en Dieu, mais d'une souveraineté relative et purement politique. Cette souveraineté s'exerce-t-elle, en général et en particulier, sur tous les actes de la vie de tous et de chacun? — Non. Le pacte social donne bien au corps politique un pouvoir absolu sur tous ses membres, dans ce sens que le souverain ou l'être collectif est seul juge des sacrifices qu'il impose à ses membres dans l'intérêt commun; la patrie a droit d'obliger tous les citoyens à sacrifier leurs affections, leurs biens et leur vie pour son salut; mais la volonté générale doit être générale dans son objet comme dans son essence : en d'autres termes, le souverain ne peut se manifester que par des lois, et la loi est ce que fait le peuple quand tout le peuple statue sur tout le peuple. Le souverain ne peut statuer sur des faits particuliers ou des personnes. S'il s'agit d'un fait particulier, ce n'est plus alors qu'une affaire contentieuse où les individus intéressés sont une des parties, et le public, moins ces particuliers, est l'autre partie. Le souverain ne peut ni favoriser ni léser un particulier. Le souverain ne peut rien imposer nominativement à un particulier [1]. « Une seule injustice évidente faite à un

---

1. Si l'État a besoin de la terre d'un particulier, il ne peut la lui enlever par un acte de souveraineté; il peut l'exproprier par un acte administratif, en vertu de la suprématie du domaine public sur le domaine privé, mais moyennant une indemnité, et cette indemnité, il ne lui appartient pas de la fixer lui-même, puisqu'il est ici partie et non pas unité souveraine; l'indemnité doit être fixée par des arbitres.

particulier dissoudrait le pacte social, en droit rigoureux, et si l'on n'avait égard à la faiblesse humaine. — Qu'on nous dise qu'il est bon qu'un seul périsse pour tous, j'admirerai cette sentence dans la bouche d'un digne et vertueux patriote qui se consacre volontairement et par devoir à la mort pour le salut de son pays; mais, si l'on entend qu'il soit permis au gouvernement de sacrifier un innocent au salut de la multitude, je tiens cette maxime pour une des plus exécrables que jamais la tyrannie ait inventées, et la plus directement opposée aux lois fondamentales de la société. »

Helvétius avait écrit : « Tout devient légitime et même vertueux pour le salut public. » Rousseau met en note : « Le salut public n'est rien si tous les particuliers ne sont en sûreté[1]. » On peut juger si c'est à Rousseau ou à l'école qu'il a tant combattue que remonte la responsabilité de l'interprétation donnée dans nos tempêtes à la doctrine du salut public. Si les disciples mêmes de Rousseau, emportés par l'excès des passions et des dangers, ont appliqué les maximes qu'il avait condamnées, ce n'est pas à lui qu'il est juste de s'en prendre.

Avouons-le pourtant, cette seconde réserve, si considérable qu'elle soit, n'est pas suffisante et ne peut l'être. L'absorption de l'homme par le citoyen étant posée en principe, les droits de la personne humaine ne sauraient être suffisamment sauvegardés. Le souverain, tel que le définit Rousseau, ne peut léser spécialement aucun particulier; mais il peut léser la liberté en général. « Le souverain, répond Rousseau, n'étant formé que des particuliers qui le composent, n'a ni ne peut avoir d'intérêt contraire au leur. » Il est vrai, la volonté générale est toujours droite quand elle est vraiment générale, mais elle peut être étouffée, comme Rousseau le reconnaît, par les volontés privées, quand il se forme des sociétés particulières, des intérêts spéciaux, dans la société générale, et que l'unité morale se perd. D'ailleurs, c'est le prin-

---

1. *Mélanges : Réfutation du livre de l'Esprit.* — Le passage qui précède est tiré de l'article *Économie politique* de l'*Encyclopédie*, qui est, en partie, l'ébauche du *Contrat social*. — Rousseau, dans les *Lettres de la Montagne*, s'élève énergiquement contre les emprisonnements arbitraires, et blâme Genève de s'être trop occupée « de l'autorité du peuple en général et pas assez de la liberté. »

cipe même de Rousseau qu'il faut repousser en tant qu'exclusif : on ne s'aliène pas tout entier, on n'aliène qu'une portion de soi-même à la communauté. La souveraineté du peuple n'est que la souveraineté individuelle multipliée par elle-même : la souveraineté de chacun, ou la liberté, n'est limitée que par la souveraineté d'autrui, ou l'égalité. Dans toute décision collective, l'imperfection humaine ne permettant pas d'atteindre la véritable expression de la souveraineté par l'unanimité, mais seulement l'approximation très-imparfaite par la majorité, la liberté individuelle, la vraie souveraineté, n'est donc point assurée si l'on ne limite expressément les droits de la majorité par la consécration de droits individuels imprescriptibles, le droit d'aller et de venir, le droit du travail, le droit de propriété, le droit de communiquer sa pensée à ses semblables, la liberté de conscience avec toutes ses conséquences, les droits de la famille [1]. Seulement le salut public, qui ne peut jamais autoriser à sacrifier injustement une personne humaine, peut légitimer la suspension momentanée de certains des droits individuels, dans le cas extrême où la patrie, menacée dans son existence par l'étranger, suspend les lois normales de la paix pour les lois exceptionnelles de la guerre défensive.

La question de la propriété offre l'application la plus importante des principes que nous venons de discuter. Rousseau fait naître la propriété légitime du contrat social : « Par le passage de l'état de nature à l'état civil... la possession, qui n'est que l'effet de la force ou le droit du premier occupant, devient la propriété fondée sur un titre positif. » Née de la société, la propriété pourrait, suivant lui, être abrogée par la société, qui n'a nul droit de toucher au bien d'un ou de plusieurs citoyens, mais qui pourrait légitimement s'emparer des biens de tous, en changeant les bases de l'organisation sociale, « comme cela se fit à Sparte au temps de Lycurgue [2] ». Le droit existait avant la loi, peut-on répondre; la

---

[1]. La difficulté est dans la limite entre ces droits individuels et le droit collectif; mais cette difficulté est partout dans ce monde, qui n'est qu'un assemblage de principes se limitant les uns les autres. Pour ne citer qu'un exemple, en fait d'éducation, les sectaires qui nient le droit de la famille au nom de l'État, ou le droit de l'État au nom de la famille, sont également dans le faux.

[2]. V. *Émile*, l. V, plus explicite que le *Contrat social*.

propriété était légitime avant d'être légale. Il est vrai que, en fait, la propriété foncière est chez nous très-postérieure à la société; mais le contraire eût pu être; supposons qu'un homme eût occupé isolément, par la culture ininterrompue, un espace de terre correspondant à sa puissance de travail et aux besoins de sa famille; n'y aurait-il pas eu là déjà un droit véritable, avant tout contrat entre cet homme et d'autres hommes? — Mais, sans débattre davantage les origines, quand on admettrait que le droit de propriété fût né de la société, s'ensuivrait-il que la société pût l'abroger par une décision prise à la majorité des suffrages? Rousseau lui-même est revenu implicitement sur cette assertion, la plus périlleuse qui soit échappée à sa plume. Dans un ouvrage postérieur, qui est, sous bien des rapports, le correctif du *Contrat social* comme celui-ci est le correctif du *Discours sur l'inégalité*, dans les *Considérations sur le gouvernement de Pologne*, il reconnaît que l'unanimité doit être requise pour toucher aux lois fondamentales qui tiennent à l'existence du corps social, tandis qu'une forte majorité doit suffire pour les changements de formes politiques. La loi fondamentale par excellence, comme il le dit en vingt endroits, c'est la loi de la propriété. Donc, tous les citoyens, moins un seul, voudraient mettre leurs biens en communauté, que l'unique opposant devrait être respecté dans son droit. Au reste, l'unanimité elle-même ne saurait changer la nature des choses : elle pourrait bien modifier, restreindre les objets auxquels s'applique la propriété, lui enlever le sol, par exemple, mais non pas supprimer le droit de propriété en essence; il renaîtrait toujours [1].

Il y a donc des droits, soit de la conscience, soit de la nature, que le souverain ne peut supprimer, parce que ce n'est pas lui, mais un autre souverain, le souverain éternel et absolu, qui les a institués; mais toutes les lois que le souverain a faites, il peut les défaire. Rousseau ici est entièrement dans le vrai, quand il proclame la souveraineté inaliénable. « Nul n'est tenu aux engage-

---

1. Il ne faudrait pas croire, de ce qui précède, que la communauté des biens fût l'idéal social de Rousseau : le meilleur état social était, à ses yeux, celui où tous auraient quelque chose, et où personne n'aurait rien de trop; une république de petits propriétaires agriculteurs. (*Contrat social*, liv. I, ch. VIII.)

ments pris avec lui-même. » Cette maxime du droit civil est applicable au corps politique aussi bien qu'aux particuliers. Le souverain ne peut s'imposer de lois qu'il n'ait plus droit de révoquer [1]. L'institution du gouvernement n'est point un contrat entre le souverain et ses délégués. Le souverain ne contracte pas, il ordonne. Un peuple qui promettrait purement et simplement d'obéir à un homme, se dissoudrait par cet acte. « A l'instant qu'il y a un maître, il n'y a plus de souverain, *et le corps politique est détruit.* »

On peut remarquer que l'axiome démocratique de Rousseau est la contre-épreuve de l'axiome monarchique de Louis XIV : « La nation, en France, ne *fait pas corps;* l'État, c'est le roi. »

La souveraineté, poursuit Rousseau, est indivisible ainsi qu'inaliénable. Le souverain, le peuple en corps, a seul qualité pour faire des lois; mais tous les actes d'exécution, d'administration, même le droit de déclarer la guerre et de faire la paix, n'étant point des lois, des actes de souveraineté, peuvent être délégués à des magistrats. Le souverain ne peut être représenté que par lui-même; il ne peut avoir des représentants, mais seulement des commissaires qui préparent la loi : « Toute loi que le peuple en personne n'a pas sanctionnée est nulle. »

Plus tard, dans les *Considérations sur le gouvernement de Pologne* (chap. VI), Rousseau revient sur cette rigueur absolue. « La loi de la nature, dit-il, ne permet pas que les lois obligent quiconque n'y a pas voté personnellement, *ou, du moins, par ses représentants;* » et il admet la représentation, moyennant mandats impératifs et comptes rendus. Il entre ainsi suffisamment dans la pratique, pour les états fédératifs, et il ne lui reste qu'un seul pas à faire pour les états unitaires [2] : remplacer le mandat impératif,

---

1. Les seuls actes obligatoires pour le souverain sont les traités avec d'autres souverains, d'autres personnes collectives, ses pareilles.
2. Trop rempli de l'idéal de la cité antique, il ne semble point avoir franchi ce pas; du moins, il n'admet, avec bien de la peine, l'existence d'un grand état libre, qu'à condition qu'il n'aura pas de capitale. Les restes de son ancienne utopie coïncident avec les maux trop réels qu'il a sous les yeux pour lui faire maudire Paris et toutes les grandes villes. Le contraste du luxe de la capitale et de la misère des campagnes était alors bien plus choquant encore que de nos jours, et rendait sa colère trop excusable. — La république fédérative resta son idéal : il laissa un plan de gouvernement fédéral, qu'un comte d'Entraigues, à qui il l'avait confié, ne craignit pas de

contraire à la nature de ces états, par la fréquence des élections, qui ramènent le représentant devant les représentés et donnent à ceux-ci le moyen indirect de sanctionner ou de désavouer la loi.

Le principe de la souveraineté, poursuit-il, est partout le même. Ceux qui ont voulu distinguer diverses espèces de souveraineté ont confondu la souveraineté, qui est une, avec les gouvernements, qui peuvent et doivent être divers selon les temps et les lieux. Le gouvernement n'est pas le souverain : il n'est que le ministre du souverain. Il n'y a qu'un seul bon gouvernement possible pour un peuple dans un moment donné; mais divers gouvernements peuvent convenir au même peuple en divers temps.

La république est l'état où le souverain, le peuple en corps, a conservé ses droits, et qui est régi par des lois, quelle que soit la forme d'administration.

La loi étant l'acte général par lequel tout le peuple statue sur tout le peuple, il s'ensuivait implicitement de cette définition que la France n'avait pas de lois, puisque le souverain n'y était pas consulté; elle n'était régie que par les décrets d'un magistrat héréditaire qui avait usurpé l'exercice de la souveraineté, le pouvoir législatif [1].

La définition de la république, selon Rousseau, n'exclut aucune forme du pouvoir exécutif, pas même la forme monarchique héréditaire, sauf le droit inaliénable du peuple de révoquer son premier magistrat; toutefois, la république monarchique, de même que la république aristocratique héréditaire, ne sont point pour lui de bonnes républiques, parce qu'il juge la liberté du peuple et l'hérédité des chefs naturellement incompatibles.

---

détruire, en 1789, de peur que cet ouvrage ne nuisît à la monarchie. — Il est à remarquer que les disciples de Rousseau sont, pour la plupart, devenus, dans la Révolution, les adversaires les plus violents du fédéralisme et les soutiens de la république une et indivisible.

1. Il avait considéré d'abord l'Angleterre elle-même comme n'ayant pas de vraies lois : « Le peuple anglais, dit-il, n'est libre que durant l'élection des membres du parlement; sitôt l'élection achevée, il redevient esclave. » (*Contrat social*, l. III ch. xv.) Il désavoue cette exagération dans les *Lettres de la Montagne* et dans le *Gouvernement de Pologne*, et, tout en jugeant l'Angleterre très-éloignée de l'idéal politique, il ne condamnerait pas absolument cette constitution, où deux éléments héréditaires se tiennent en échec et où l'élément électif ouvre et ferme le trésor public, si les élections étaient annuelles et le suffrage universel.

On a prétendu que Rousseau n'admettait de gouvernement légitime que la démocratie pure : nous venons de montrer qu'il n'en est rien; on a prétendu, d'autre part, qu'il avait déclaré la démocratie impossible. Il dit, en effet, que, *rigoureusement*, il n'a jamais existé de véritable démocratie et qu'il n'en existera jamais. C'est qu'il appelle ici démocratie, conformément à l'étymologie, le gouvernement où tout le peuple, ou la plus grande partie du peuple, exercerait directement le pouvoir exécutif; aristocratie, le gouvernement où quelques-uns exercent ce même pouvoir; monarchie, le gouvernement concentré dans les mains d'un seul magistrat, dont les magistrats inférieurs tiennent leurs pouvoirs [1].

On voit que les termes de Rousseau ne sont pas du tout ici ceux du langage usuel, qui nomme démocratie toute constitution où le peuple élit le pouvoir législatif et le pouvoir exécutif, et peut modifier ses lois.

Le gouvernement le plus perfectionné, le plus propre à réaliser le but final, la liberté et l'égalité, est, suivant Rousseau, celui où le peuple exerce le pouvoir législatif (on a vu qu'il finit par admettre les représentants), délègue l'exécutif à un petit nombre de magistrats et charge un corps spécial (tribuns, éphores?) de veiller à la conservation des lois et de maintenir les droits respectifs du législatif et de l'exécutif. Il admet toutefois, dans le *Gouvernement de Pologne*, qu'un grand état puisse être obligé de concentrer l'exécutif sur une seule tête, même viagèrement, pourvu qu'à mesure que l'exécutif se concentre, on renforce les moyens de le contenir. La fréquence des assemblées du peuple est le plus essentiel de ces moyens [2].

Les questions de formes politiques sont très-développées; d'autres ne sont qu'indiquées dans le *Contrat social*. Sur la pénalité,

---

1. Ainsi, une république administrée par un président qui nomme les autres fonctionnaires est pour lui une monarchie.

2. Il y a, dans le *Contrat social*, une proposition singulière, contradictoire avec tout l'ordre d'idées de l'*Émile* et avec tout le mouvement du monde moderne; c'est la nécessité, pour une société qui se forme ou *se réforme*, d'un législateur unique qui se donne comme inspiré du ciel; espèce de vision de Moïse à travers Calvin, exhumation de l'antiquité et forme mystique de cette conception qui voit dans la société une œuvre d'art qu'un seul homme doit mouler tout d'une pièce.

sur les impôts, Rousseau se rapproche de Montesquieu, mais il est moins pratique; comme lui, il admet la légitimité de la peine de mort (il flétrit énergiquement la torture dans les *Lettres de la Montagne*). Pour les impôts, il faut se reporter à l'article *Économie politique* de l'*Encyclopédie*. Il recommande les impôts somptuaires et les droits de douane, appuie sur l'impôt progressif, comme Montesquieu : « Celui qui n'a que le simple nécessaire ne doit rien payer du tout : la taxe de celui qui a du superflu peut aller, *au besoin*, jusqu'à la concurrence de tout ce qui excède son nécessaire. » Appliqué au salut de la patrie en danger, ce principe est légitime; mais, si l'on prétend l'appliquer aux *besoins* ordinaires, on ira à des conséquences fort éloignées de la pensée de Rousseau, qui eût voulu qu'on tâchât de prévenir l'accumulation des richesses, mais non pas qu'on spoliât les riches [1]. L'impôt progressif, c'est l'arbitraire contre les riches.

Rousseau arrive enfin à la grande question de la *religion civile* ou religion de l'état : « Jamais état ne fut fondé, que la religion ne lui servît de base. »

Dans l'antiquité, les dieux et les lois, la théologie et le droit public, étaient identifiés, chaque peuple voyant dans son dieu la personnification de sa nationalité. Jésus, en établissant sur la terre un royaume spirituel, sépare la théologie de la politique; mais bientôt, l'empire ayant passé aux chrétiens, au christianisme de Jésus se substitue le christianisme des papes, qui cherche à ressaisir l'unité, et le royaume de l'autre monde redevient, sous un chef visible, le plus violent despotisme dans celui-ci. Cependant, comme le prince et les lois civiles subsistent à côté, un perpétuel conflit de juridiction rend toute bonne *politie* impossible dans

1. La *Déclaration des Droits*, proposée à la Convention par Robespierre, mais non votée, semble procéder de cette maxime hasardeuse de Rousseau. La propriété y est définie : « Le droit de jouir de la portion de biens que nous garantit la loi. » — Il y a, dans l'*Économie politique* de Rousseau, un passage remarquable sur les finances. Il y montre comment un état ne peut subsister si ses revenus n'augmentent sans cesse. « De même que les distinctions sociales tendent à se résumer dans la richesse, les divers ressorts du gouvernement tendent à s'absorber dans le ressort financier, à mesure que le gouvernement se relâche. L'administration des finances doit travailler avec beaucoup plus de soin à prévenir les besoins qu'à augmenter les revenus... sinon, à la fin, la nation s'obère; le peuple est foulé; le gouvernement perd toute sa vigueur, et ne fait plus que peu de chose avec beaucoup d'argent. »

la chrétienté. Plusieurs peuples ont essayé de rétablir l'unité en sens inverse des papes, c'est-à-dire le culte subordonné à l'état, mais en vain. Partout où le clergé fait corps, il est maître et législateur dans sa partie. (Ceci est erroné quant à l'Angleterre et à la Russie, où le clergé est véritablement subordonné à l'état.)

Il y a trois espèces de religion : 1° la religion de l'homme ou religion intérieure, le christianisme de l'Évangile, le vrai théisme, le droit divin naturel; 2° la religion du citoyen, religion politique, extérieure et nationale, le droit divin civil et positif, tel que le connaissaient les anciens; 3° le christianisme romain ou religion du prêtre, qui, donnant aux hommes deux législations, deux patries, les empêche d'être à la fois dévots et citoyens. Politiquement, cette troisième religion est absolument mauvaise. La seconde est bonne politiquement à certains égards, mauvaise moralement. La première est sainte et vraie; c'est la société des âmes, que la mort même ne désunit pas; mais elle nuit à l'esprit social, en détachant les cœurs des citoyens des choses de la terre.

Il semble contradictoire qu'une religion sainte et vraie puisse nuire à la société. Il y a là encore un des abus de la logique absolue de Rousseau. La contradiction qu'il signale entre le christianisme et le patriotisme, il l'établit ailleurs entre le patriotisme et l'humanité. Toutefois, historiquement, il n'a pas entièrement tort. Par l'imperfection de notre esprit, presque toujours trop faible pour embrasser à la fois les faces diverses de la vérité, le chrétien, ainsi que le cosmopolite, l'*humanitaire,* comme on a dit de nos jours, sont trop disposés à oublier la patrie, l'un pour le ciel, l'autre pour l'humanité.

Rousseau paraît donc juger la *religion de l'homme* insuffisante pour l'état. D'une autre part, en déclarant mauvaise moralement la *religion du citoyen,* la religion d'état, il semble imposer une nouvelle et capitale restriction à l'absorption de l'homme dans le citoyen.

Que veut-il donc? — Ceci. Prendre à l'antiquité le principe de la religion civile, mais le limiter à ces dogmes généraux, communs à toutes les sociétés, fondement de tous les cultes, émanation nécessaire de la conscience humaine; substituer ces dogmes de l'humanité aux dogmes locaux et partiels, qui rendaient les peuples ennemis les uns des autres; fondre ainsi la religion de l'homme et celle du citoyen, et proclamer ces croyances essentielles au nom du *souverain*, non comme dogmes religieux sans lesquels on ne peut se sauver dans l'autre vie, ce qui ne regarde pas l'état, mais comme sentiments de sociabilité sans lesquels on ne peut être citoyen. Cette *profession de foi civile* est la base commune sur laquelle chacun peut édifier tel système de croyances que bon lui semble; les sectes sont libres; mais le souverain a droit de bannir quiconque ne souscrit pas à la *profession de foi civile*, non comme impie, mais comme insociable : il a droit de prononcer même la peine de mort contre quiconque la renie après l'avoir professée.

Les plus hautes vérités sont ici mêlées à de dangereuses erreurs, procédant de la même cause que toutes les erreurs du *Contrat social*, l'insuffisance de garanties pour la liberté individuelle.

Oui, l'état a le droit et le devoir de proclamer les principes généraux de la morale religieuse; ce droit et ce devoir n'ont pu lui être déniés que par l'*anarchie* absolue ou par une secte qui aspire à étouffer la nationalité sous une théocratie étrangère : l'état doit régler sur ces principes la législation, et l'enseignement; il doit les enseigner, les mettre en action, mais il n'a point à imposer de profession de foi aux individus ni à pénétrer dans les consciences pour savoir si on la croit. Il ne doit demander compte aux citoyens que de leurs actes, et non de leurs croyances. Le citoyen qui aurait témoigné ne pas croire aux dogmes généraux ne doit encourir d'autre peine que l'exclusion des fonctions qui tiennent à l'enseignement de ces dogmes.

Rousseau eût effacé avec effroi les quelques lignes malheureusement empruntées à Platon sur la peine de mort contre les athées, s'il eût entrevu se dresser à l'horizon l'échafaud de Chaumette et de Clootz!

On peut appliquer le même principe au bannissement qu'il demande contre *quiconque ose dire : Hors de l'Église point de salut!* « attendu que l'intolérance théologique et la civile sont inséparables, et qu'il est impossible que ceux qui croient à cette maxime respectent la liberté civile des autres et se regardent comme leurs frères. » Les opinions spéculatives, quelles que soient leurs conséquences, n'encourent point de pénalité matérielle : elles ne doivent exposer qu'à de certaines exclusions qui sont dans la nature même des choses; ceux, par exemple, qui nient les droits de la patrie, ne peuvent enseigner aux enfants de la patrie les devoirs du citoyen.

La philosophie politique du xviiie siècle nous a légué deux monuments, sinon égaux, du moins tous deux impérissables, quoique imparfaits comme toutes les œuvres de l'homme : le livre de la liberté et celui de l'égalité, l'*Esprit des lois* et le *Contrat social*. Rousseau fait reculer la théorie en deçà de Montesquieu sur certains points; ailleurs, il la fait avancer à pas de géant, et surtout il déchire les voiles dans lesquels s'était enveloppée la prudence de Montesquieu; les questions de la souveraineté et du gouvernement ont été éclairées par lui d'une lumière qui ne s'éteindra plus. Les ténèbres des Bodin, des Grotius, des Hobbes, des Puffendorf, sont à jamais dissipées par l'héritier d'Althusius, de Spinoza, de Locke, de Sidney : on ne confondra plus désormais la souveraineté de droit et le pouvoir de fait. Rousseau et Montesquieu, si différents de physionomie, si contraires parfois dans les détails, se contredisent au fond moins qu'ils ne se complètent. Les partis ont opposé l'une à l'autre ces deux grandes mémoires : l'histoire doit les réunir.

Jusqu'à la publication de ses deux œuvres capitales, Rousseau n'avait souffert que dans ses affections privées. Les jours de la persécution politique et religieuse se levaient pour lui. L'autorité avait fermé les yeux sur les hardiesses de l'*Héloïse :* des personnages d'un rang élevé et d'un sens droit, qui pensaient voir dans la nouvelle philosophie religieuse le salut de la société, avaient cru pouvoir rassurer également Rousseau sur l'*Émile;* c'était le maréchal de Luxembourg, qui avait offert à Jean-Jacques une sincère amitié à la place de celles qu'il avait perdues; c'était un prince du sang, Conti, qui cherchait dans le commerce des lettres sérieuses quelque aliment à l'activité d'un esprit fait pour les grands emplois de la politique; c'était le magistrat même chargé de la censure, M. de Malesherbes. Celui-ci alla jusqu'à obliger Rousseau d'imprimer l'*Émile* en France, tandis que le *Contrat social*, comme les précédents ouvrages de Rousseau, s'imprimait en Hollande.

Le *Contrat social* parut au commencement de 1762. La circulation en fut d'abord tolérée. L'*Émile* suivit à quelques semaines de distance. La première impression du public fut l'étonnement et l'incertitude : on ne mesure pas un pareil monument du premier coup d'œil ! Des admirations profondes et d'amères critiques éclatèrent à la fois. Pendant que les matérialistes dogmatiques affectaient un dédain qui couvrait mal leur colère, le sceptique d'Alembert, malveillant pour Rousseau, mais judicieux avant tout, avouait que ce livre mettait Rousseau *à la tête de tous les écrivains*. La question ne fut pas laissée aux débats de l'opinion, et les espérances des protecteurs de Rousseau furent trompées. La cour et le parlement, au moment où ils accablaient les jésuites, après des péripéties sur lesquelles nous reviendrons plus tard, se crurent dans la nécessité de ne plus ménager les écrivains qui attaquaient la religion romaine. Rousseau, par un principe très-digne de respect[1], avait toujours signé ses livres, au lieu de se couvrir, comme Voltaire et autres, de l'anonyme ou de pseudonymes transparents, et de fournir prétexte au pouvoir d'épargner l'auteur en prohibant les ouvrages. Ses amis furent sans force pour le protéger. Le prince de Conti ne put empêcher qu'on lançât un décret de prise de corps contre lui et obtint seulement qu'on fermât les yeux sur sa fuite. Rousseau ne se décida à partir que pour ne pas compromettre son hôte, le maréchal de Luxembourg (juin 1762). Il se retira en Suisse, à Yverdun, afin d'attendre ce qu'on ferait à Genève. L'*Émile* fut brûlé et l'auteur *décrété*, à Genève comme à Paris ! Une réaction peu sincère d'orthodoxie calviniste parmi des *pasteurs* et des *anciens*, sociniens au fond pour la plupart, déguisa la rancune des patriciens genevois contre le *citoyen* qui rappelait à la démocratie ses droits. Rousseau, comme il l'avait prédit, se trouva seul sous le coup d'un double orage, entre les champions des religions officielles et ceux du matérialisme.

Expulsé du pays de Vaud par les oligarques bernois, il se réfugia sur les terres de Frédéric II, à Motiers, dans la principauté

---

1. « Vitam impendere vero. »

de Neufchâtel, et put y respirer quelque temps sous la protection du monarque philosophe. Ce fut là qu'il reçut la nouvelle de sa condamnation par la Sorbonne, avec un mandement habilement rédigé contre lui, au nom de l'archevêque de Paris, par un ecclésiastique de quelque talent. Sa réponse fut un chef-d'œuvre, la *Lettre à M. de Beaumont*, complément du *Vicaire savoyard* (novembre 1762). Sur ces entrefaites, las d'attendre en vain que ses concitoyens réclamassent contre la conduite arbitraire du conseil genevois à son égard, il abdiqua son droit de cité, faisant ainsi usage de ce droit extrême de renoncer à sa patrie, qui ne nous semble légitime que dans deux cas : lorsque la conscience est violentée, ou la subsistance impossible [1]. Genève sentit alors, un peu tard, de quelle auréole elle se dépouillait : l'opinion se souleva, et la polémique qui eut lieu sur cet étroit théâtre, devenu si éclatant pour la seconde fois depuis deux siècles, enfanta les *Lettres de la Montagne*, supplément et correctif d'*Émile* et surtout du *Contrat social* (1764) [2].

Ici s'arrête ce torrent d'éloquence et de passion qui avait coulé sans interruption pendant près de quinze années, et dont la *Lettre à l'archevêque de Paris* et les *Lettres de la Montagne* étaient les derniers flots. Rousseau était résolu à ne plus rien publier de son vivant, mais non pas, heureusement, à ne plus écrire. Il croyait avoir payé sa dette à ses contemporains et projetait d'employer ses dernières années à une œuvre sans modèle, au moins parmi les modernes, et qui servît de preuves morales et de commentaires à ses livres devant la postérité.

Il eût souhaité d'achever sa vie, dans la contemplation et les paisibles rêveries, au fond des vallées du Jura, ou dans quelque île solitaire des lacs de la Suisse romane. Son indigne compagne

---

1. Rousseau, si ferme sur les devoirs de citoyen, admet peut-être trop facilement la faculté de renoncer à ce titre, par suite de son opinion sur la nature toute volontaire du pacte social : il ne voit pas assez que Dieu nous donne une patrie comme il nous donne un père. Inutile d'observer qu'il interdit de quitter la patrie lorsqu'elle a besoin de nous. (*Contrat social*, liv. III, ch. XVIII.)

2. C'est dans la VIIe *Lettre* que se trouve le passage si souvent cité : « Quand les hommes sentiront-ils qu'il n'y a point de désordre aussi funeste que le pouvoir arbitraire avec lequel ils pensent y remédier? Ce pouvoir est lui-même le père de tous les désordres : employer un tel moyen pour les prévenir, c'est tuer les gens afin qu'ils n'aient pas la fièvre. »

ne lui permit pas de réaliser ses vœux. Thérèse, qu'ennuyait la solitude, abusa de la disposition ombrageuse de cette âme blessée pour lui faire croire à des dangers imaginaires, à une persécution de la part des bigots protestants. Il quitta le pays, le cœur navré, l'esprit obsédé d'une noire mélancolie. Il s'était décidé à accepter les offres du philosophe écossais Hume et à s'établir en Angleterre, malgré le peu de sympathie que lui inspirait le peuple anglais. Il traversa la France sous le coup du décret du parlement, et l'accueil qu'il reçut à Strasbourg, puis à Paris, fut de nature à raviver son affection pour les Français. Le ministre Choiseul, qui ne voulait ni le soutenir ni le faire arrêter, l'obligea de hâter son départ. Il traversa la mer en janvier 1766.

La fatale issue de ce voyage est assez connue. Rousseau était condamné à passer par trois degrés de souffrances : après les douleurs privées, les persécutions publiques; après les persécutions réelles, les maux imaginaires, les plus cruels de tous. Peut-être le climat de l'Angleterre, la terre brumeuse du *spleen*, contribua-t-il à déterminer l'explosion de l'hypocondrie qu'avaient déjà pronostiquée bien des symptômes incompris. La maladie morale qui envahit Jean-Jacques se manifesta sous cette forme qu'on peut nommer la manie de la défiance. Quelques légèretés de Hume se transformèrent dans l'esprit de l'exilé en un complot pour le perdre et le déshonorer. Hume, étonné et indigné, se hâta, sans plus d'examen, de dénoncer Rousseau comme un monstre d'ingratitude et ne trouva que trop d'échos parmi les anciens amis de l'auteur d'*Émile*, qui eussent pardonné à Rousseau sa gloire, mais qui ne lui pardonnaient pas ses principes. Ils le confondaient avec les défenseurs des *superstitions* et l'appelaient le *déserteur de la philosophie*, au moment où il sauvait la philosophie. Voltaire, d'abord ému par les malheurs de Rousseau, puis rendu à son aversion par quelques attaques des *Lettres de la Montagne*, se joignit, pour l'accabler, au parti athée, avec toute la fougue de son caractère. Le malheureux Jean-Jacques vit se former contre lui une ligue trop réelle, mais que son imagination grandit dans des proportions gigantesques, impossibles. Il se figura être environné d'une conjuration universelle, dans laquelle ses ennemis avaient entraîné toute la génération contemporaine, pour avilir son caractère et flétrir sa mémoire devant la postérité. Bien loin de s'exagérer son influence, il s'exagéra son isolement au milieu de son siècle ; il n'entendit pas les nombreux échos qui répondaient à sa voix, ou les crut menteurs et railleurs [1] ; il méconnut la sincérité de la plupart des disciples passionnés qui affluaient vers lui et ne goûta pas la consolation suprême, pour un cœur tel que le sien, de jouir du bien qu'il avait fait aux hommes [2]. Ce fut là, sans doute, une sévère expiation des fautes qu'il avait pu commettre en ce monde.

De retour en France (1767), où le décret qui subsistait contre lui ne fut ni révoqué ni appliqué, et où le pouvoir ne songea plus à l'inquiéter, il vécut trois années en province sous un pseudonyme, puis revint ouvertement à Paris, pour se justifier en personne des imputations de ses ennemis et lutter contre ce qu'il nommait le *grand complot* : il apportait avec lui les pièces du procès destinées à la génération future, le manuscrit des *Con-*

---

1. A son retour d'Angleterre, Amiens lui fit une réception triomphale : les autorités municipales voulurent lui envoyer le *vin de la ville*. Il fut d'abord touché ; puis, en réfléchissant sur cet accueil, il s'imagina qu'on s'était raillé de lui.

2. Les origines de la *maladie noire* de Jean-Jacques dataient de loin ; ses anciens amis, devenus ses ennemis, citaient comme des preuves d'égoïsme, d'ingratitude, de fausseté, d'exagération mensongère, beaucoup d'incidents qui n'indiquaient que la surexcitation d'une âme jetée au delà des rapports moyens de la vie et incapable de les juger au point de vue commun. — Que ferait et qu'éprouverait, au milieu du monde physique où nous vivons, un être dont les sens seraient dix fois plus délicats et plus irritables que les nôtres ? — Il endurerait des souffrances continuelles et insupportables ; le moindre rayon lui blesserait les yeux ; le moindre contact lui ébranlerait tous les nerfs. Tel est Rousseau dans le monde moral. Si sa sensibilité eût été contenue et modérée par une autre éducation, il eût toujours été malheureux : les êtres trop puissamment doués quant à la passion et à l'idéalité sont nécessairement malheureux ici-bas ; mais il n'eût ressenti que les grandes et inévitables douleurs, et il n'eût pas été torturé par ces misères fantastiques de toutes les heures qui finirent par rompre sans retour l'équilibre de ses facultés. — Une lettre touchante, de mars 1768, atteste qu'il avait par moments le sentiment de cette situation anormale : « Quelque altération qu'il survienne à ma tête, écrivait-il, mon cœur restera toujours le même. » Plus tard, il avoua à un ami, Corancez, qui nous a laissé la meilleure relation que nous possédions sur ses dernières années, qu'il avait quitté l'Angleterre dans un véritable accès de folie. Se croyant poursuivi, en Angleterre, par les agents du ministre Choiseul, ce fut en France qu'il vint chercher un refuge ! Cette crise mentale coûta à la postérité une édition d'*Émile*, revue et augmentée, avec un travail sur l'éducation publique. Rousseau brûla le manuscrit dans un transport de frayeur sans motif. — Avec les causes morales avaient concouru, pour déterminer l'hypocondrie, des souffrances physiques de la nature la plus propre à affecter le système nerveux, et des insomnies continuelles.

fessions. L'état maladif qui troublait la rectitude de son jugement sur les choses particulières, tout en lui laissant la plus admirable lucidité sur les choses générales, et la résolution de se montrer sans voile, de tout dire, pensées et paroles, actions et relations, exécutée au pied de la lettre, expliquent, excusent, sans les justifier, les quelques détails, inutiles et repoussants, qui blessent la décence et le goût, les révélations sur les faiblesses d'autrui, la complaisance avec laquelle l'imagination du pénitent ravive les souvenirs des erreurs que la conscience désavoue, enfin cet orgueil qui s'exalte, sous l'oppression du malheur et de l'injustice humaine, jusqu'à défier devant Dieu aucun de ses semblables d'oser se dire meilleur que lui [1]. Il y aurait témérité à entreprendre de caractériser, quant au point de vue littéraire, l'inconcevable magie de cette création où Rousseau est à la fois et le poëte et le poëme. Personne n'avait jamais écrit, personne n'écrira peut-être jamais de pareils mémoires !

Nous retrouverons Rousseau dans ses derniers jours. Nous avons vu ses œuvres et sa vie. Nous allons constater les effets de sa parole, au moins les effets immédiats qu'elle produisit sur ses contemporains ; car les conséquences ultérieures de cette parole dépasseraient de beaucoup le cadre de notre histoire ; elles dépasseront la génération au sein de laquelle nous vivons ; l'action de Rousseau sur la France et sur le monde n'est pas terminée.

---

1. Il faut pourtant observer qu'il dit *meilleur* et non *plus vertueux*, ce qui est bien différent. — On a trop oublié que Rousseau avait défendu de publier ses Mémoires avant le commencement du XIXe siècle, époque à laquelle il pouvait croire que tous ses contemporains auraient disparu. La famille de madame de Warens était complétement éteinte dès 1745, et les faiblesses systématiques de cette femme étrange avaient été, en quelque sorte, publiques à Chambéri.

LIVRE CI

LES PHILOSOPHES (SUITE).

Rousseau et les philosophes. Les économistes. — Influence de Rousseau sur les écrivains. Voltaire modifié par Rousseau. Réformes réclamées par Voltaire. Voltaire et les parlements. Calas. — Résistance de la philosophie matérialiste. Propagande athée de d'Holbach. — Communisme. Morelli. — Mabli. Ses idées politiques et sociales. — Influence de Rousseau sur les mœurs et sur les arts. Grétri. Gluck. Louis David. — Économie politique. Physiocrates. Quesnai. Gournai. Turgot, économiste et philosophe.

1762 — 1774.

Nous avons essayé de décrire l'état de la société avant la venue des philosophes, puis le règne des philosophes avant l'avénement de Rousseau : une troisième période s'ouvre à partir de la *Julie*, de l'*Emile* et du *Contrat social*. Avant d'indiquer les effets de cette éclatante apparition sur la société, sur le public, il faut en constater l'influence sur ceux-là mêmes qui étaient habitués à diriger l'opinion publique, sur les écrivains. Rousseau était tombé au milieu d'eux comme un projectile enflammé.

Les effets produits par Rousseau sur la phalange philosophique furent très-divers, très-opposés même, mais très-puissants. Les oscillations, les modifications de l'âme de Voltaire se suivent de page en page dans ses écrits. Dans le temps même où il témoigne une malveillance croissante contre la personne de l'auteur d'*Émile* et contre certaines de ses idées, il est entraîné invinciblement vers les principales doctrines de Rousseau ; il entre, comme malgré lui, dans des voies où il n'avait jamais porté ses pas. On dirait que c'est pour se venger de cette salutaire violence qu'il poursuit

Rousseau de son aveugle colère. Sous cette agitation passionnée, il y a pourtant un développement logique dans les changements opérés chez Voltaire. Il n'en est pas ainsi chez Diderot, le plus grand, le seul grand de la secte encyclopédique ; là, les fluctuations, les contradictions, redoublent. Dans le gros du bataillon matérialiste, on ne se contredit pas : on a la logique de la médiocrité ; on enchérit sur l'athéisme de la veille par esprit de réaction. Le patriarche de Fernei a toujours la suprématie nominale sur l'armée encyclopédique, mais cette armée est peu disciplinée : elle obéit quand il s'agit de tirer ou sur les religions positives ou sur la personne de Rousseau, et aussi, il faut bien le reconnaître, quand il s'agit de défendre l'humanité ; mais, quand le chef veut ménager les idées de Rousseau ou maintenir son propre déisme, les lieutenants passent outre. Il ne s'agit ici que des idées religieuses ou métaphysiques de Rousseau ; quant à ses idées politiques, tous en subissent l'influence à un très-haut degré. Seulement, ceux-ci les restreignent, ceux-là les faussent ou les exagèrent.

L'avénement, l'invasion de Rousseau, détermine donc, dans la vie de Voltaire, une troisième phase très-féconde, très-essentielle à étudier. Dans la première phase, Voltaire avait eu pour fonds, pour point d'appui, l'optimisme de Bolingbroke. Dans la seconde, il avait perdu ce point d'appui sans en retrouver d'autre. Dans la troisième, raffermi par un secours qu'il n'avoue pas, enflammé d'une émulation qu'il se dissimule à lui-même, il s'assimile en partie les vues de son illustre et malheureux rival, et ravive en même temps et développe, avec une énergie soutenue, toutes ses aspirations propres, toutes les données qui sortent spontanément de la nature de son esprit : le vieil arbre reverdit avec une puissance de régénération admirable et porte de nouveaux fruits, qui auraient peut-être séché en germe sans le bienfaisant orage qui a passé sur son front.

Un écrit politique anonyme, les *Idées républicaines, par un citoyen de Genève*, est le premier écho de Rousseau chez Voltaire. Il attaque avec aigreur le *Contrat social*, le réfute à juste titre sur quelques points, à tort sur d'autres, où il n'entend pas la vraie pensée de Rousseau ; mais, au fond, il le subit en le complétant par ce grand principe : « Dans une république digne de ce nom, la liberté de publier ses pensées est le droit naturel du citoyen. » C'est donc à Voltaire, à ce qu'il semble, que revient l'honneur d'avoir formulé nettement la liberté de la presse comme un droit fondamental. Il combat, au nom de la liberté, les lois somptuaires recommandées par Rousseau; il blâme, comme lui, « la distinction odieuse et humiliante de nobles et de roturiers. » Il avait accepté la souveraineté du peuple, en établissant que « le gouvernement civil est la volonté de tous, exécutée par un seul ou par plusieurs en vertu des lois que tous ont portées. » Mais il restreint cette participation de tous par une singulière définition de la société. « Une société étant composée de plusieurs maisons et de plusieurs terrains qui leur sont attachés, il est contradictoire qu'un seul homme soit le maître de ces maisons et de ces terrains, et il est dans la nature que chaque maître ait sa voix pour le bien de la société. — Ceux qui n'ont ni terrain ni maison dans cette société doivent-ils y avoir leur voix? — Ils n'en ont pas plus de droit qu'un commis payé par des marchands n'en aurait à régler leur commerce; mais ils peuvent être associés. »

Voici donc la monarchie et la démocratie niées ensemble au profit de la république des propriétés foncières. La société composée de maisons et de terrains!... Rousseau pensait que la société est composée d'hommes! — On peut voir là le germe de ces opinions équivoques, qui, tout en reconnaissant d'une manière abstraite la souveraineté du peuple, excluent systématiquement[1] la plèbe des droits politiques, sans motiver cette exclusion aussi crûment que Voltaire.

Malgré cette négation du droit des non-propriétaires[2], Voltaire, revenu aux sentiments qui lui avaient autrefois inspiré *Brutus* et la *Mort de César*, et qu'il avait paru oublier pour la guerre exclusive au *fanatisme*, émit désormais, en mainte occasion, des maximes républicaines. Il avait dit, dans les *Idées d'un citoyen de*

---

1. Nous disons *systématiquement*; car on peut admettre le principe du vote universel, sans le croire immédiatement applicable à tout peuple dans tout état de société.

2. Non-seulement des prolétaires, mais des capitalistes et industriels qui ne seraient pas propriétaires fonciers.

Genève, que « le plus tolérable des gouvernements est le républicain, parce que c'est celui qui rapproche le plus les hommes de l'égalité naturelle. » Il revient là-dessus, dans l'article Démocratie de ce *Dictionnaire philosophique*, par lequel il prétendait suppléer aux réticences de l'*Encyclopédie* et donner franchement le dernier mot sur toutes sortes de matières. « Le peuple, » dit-il, comme Rousseau, « ne veut jamais et ne peut vouloir que la liberté et l'égalité. » Il oppose les crimes des monarchies à ceux bien plus rares des républiques. L'article *Politique*, du même *Dictionnaire*, contient une allégorie très-vive et très-leste sur la fin des monarchies, sur les manœuvres trop maltraités qui finissent par chasser le maître. « Tout ce que je vois, dit-il dans une lettre du 2 avril 1764, jette les semences d'une révolution qui arrivera immanquablement, et dont je n'aurai pas le plaisir d'être témoin. Les Français arrivent tard à tout, mais enfin ils arrivent. La lumière s'est tellement répandue de proche en proche, qu'on éclatera à la première occasion, et, alors, ce sera un beau tapage. Les jeunes gens sont bien heureux; ils verront de belles choses. »

Ces *belles choses* dont Voltaire parlait d'une façon si dégagée lui eussent inspiré autant d'épouvante que d'admiration, s'il lui eût été donné d'en être le spectateur. Ce n'était pas sur ce ton que Rousseau avait annoncé les immenses commotions qui s'apprêtaient.

Voltaire ne se pique pas toujours d'être conséquent avec lui-même; à côté du républicain, du révolutionnaire, le grand propriétaire, le seigneur de paroisse, se fait jour parfois tout à coup par une boutade quasi féodale. « La prétendue égalité des hommes est une chimère pernicieuse. — S'il n'y avait pas trente manœuvres pour un maître, la terre ne serait pas cultivée. — J'ai établi des écoles sur mes terres, mais je les crains. » (Art. *Fertilisation*.)

Ces fantaisies seigneuriales l'arrêtent peu : en dépit de ses légèretés et de ses contradictions, il avance toujours; son ardeur et son activité semblent croître avec les ans. Rousseau avait surtout posé des principes et fait appel à des sentiments généraux : Voltaire, après avoir fait si longtemps, de son côté, de la critique générale, se met à réclamer incessamment des réformes positives, déterminées, partielles, mais émanant toutes d'un même esprit et allant à un même but, le progrès de l'humanité dans les lois et l'émancipation de la société laïque.

Un jeune Milanais, le marquis Beccaria, venait de publier, avec un grand retentissement, le *Traité des délits et des peines*, reflet de cette pensée française qui envahissait rapidement l'Europe [1]. Voltaire accueille à bras ouverts et commente cette œuvre, qui résume, sinon avec profondeur, du moins avec la chaleur la plus vraie et la candeur la plus sympathique, toutes les aspirations de la philanthropie moderne vers une législation plus humaine et plus juste (1766). L'expérience du vieillard ne suit pas le jeune homme dans tous ses élans; Voltaire ne croit pas, comme Beccaria, la peine de mort *absolument* illégitime [2], mais il invite le législateur à en rendre l'application la plus rare possible et à employer, en général, les criminels aux travaux publics. Point d'exécution capitale qu'après révision du procès dans le conseil du prince : cela existe en Angleterre et en Allemagne; cela existait jadis en France. Plus de *question*, surtout de *question préalable* : l'Angleterre l'a depuis longtemps abolie; d'autres états suivent son exemple avec succès [3]. Point de peine de mort pour vol domestique; plus de confiscation des biens des condamnés (elle n'existait pas dans la plupart des pays de droit romain, ni dans le Bourbonnais, le Berri, le Maine, le Poitou, la Bretagne). Voltaire attaque toute la partie de la pénalité dictée par le fanatisme, les peines contre les hérétiques, les supplices atroces contre les sacrilèges, la révoltante exécution du cadavre des suicides; il glisse en passant une note sur un abus étranger à la pénalité, mais plus odieux encore à l'humanité, sur l'infâme mutilation des *soprani* pour l'usage de la chapelle du pape. Il compare notre procédure secrète, imitée de l'inquisition sous François Ier, à la procédure publique des Romains, réclame contre le dur trai-

1. Le livre de Beccaria fut traduit et remanié par l'abbé Morellet, économiste et philosophe déiste, qui venait de publier, en 1762, le *Manuel des Inquisiteurs*, tirant ainsi le monstre de l'Inquisition hors de son antre pour l'exposer à l'horreur universelle.
2. Il est à remarquer que cette opinion de Beccaria, qui a eu tant d'échos depuis, n'a été professée par aucun des grands génies du xviiie siècle.
3. La Russie, l'Autriche, la Prusse, la Hesse. En Russie, la réforme n'était pas bien sérieuse, le knout se prêtant facilement à remplacer les intruments classiques de la torture.

tement infligé aux accusés et contre l'injustice d'accorder des avocats aux prévenus de simples délits et de les refuser aux prévenus de crimes : il montre que l'*Ordonnance criminelle* de 1670, qui a beaucoup aggravé celle de 1539 et qui est la seule loi uniforme pour tout le royaume, semble, à bien des égards, avoir pour but la perte des accusés, et non la découverte de la vérité. Il s'indigne que l'accusé reconnu innocent ne soit point indemnisé de sa captivité ni de ses souffrances. (Après soixante ans de révolutions, il aurait à s'indigner encore!) Il flétrit la vénalité des charges de judicature, qui n'existe qu'en France. Il appelle de ses vœux l'uniformité de jurisprudence, puis celle de législation [1].

Ailleurs, il préconise le jury anglais, le jugement du citoyen par ses pairs : il avait, dès 1742, vanté l'institution des juges de paix, établie en Hollande.

Quant à cet autre grand objet, l'affranchissement de la société civile, il y revient sans cesse dans le *Dictionnaire philosophique* et partout. Il avance que c'est à l'état à entretenir les ministres des autels, sauf à disposer du superflu des biens ecclésiastiques, s'il y en a [2], et qu'on ne doit pas souffrir d'ordres religieux ayant des supérieurs étrangers. Il demande que l'autorité séculière ne se mêle plus de faire observer, par force, l'abstinence du carême et le repos des jours de fêtes. Le mariage, quant à ses effets civils et en tant que contrat, les testaments, les inhumations, doivent rentrer dans le pur droit civil. La séparation de corps entre époux, sans faculté de se remarier, est contraire à la morale et au bon ordre.

Il provoque également des réformes en toutes sortes d'autres matières : dans des questions d'édilité, d'hygiène publique,

---

1. Pour apprécier ce qu'on doit à Voltaire et à ses auxiliaires dévoués, il faut se rappeler où en étaient encore, quelques années auparavant, les hommes les plus éminents parmi les légistes; par exemple, d'Aguesseau admettant l'utilité de la question et faisant renouveler ces barbares ordonnances du xvie siècle, qui condamnaient à mort les coupables de *rapt de séduction*, sans distinction de sexe, c'est-à-dire qui menaçaient du supplice une fille qui se serait fait épouser par un mineur malgré ses parents (décembre 1730). — *Anc. Lois françaises*, t. XXII, p. 338.

2. Pour juger ce système, il faut le comparer, non pas à la théorie qui rejette l'entretien des cultes sur la libre contribution des particuliers, mais à l'état de choses où le clergé catholique possédait une très-grande partie du sol français et 90 millions de dîmes sur le reste.

comme le retour à l'usage des anciens sur la translation des cimetières hors des villes; dans les questions d'éducation, comme l'introduction des études historiques et mathématiques au sein des colléges.

Il suffit de résumer les propositions de Voltaire pour en signaler l'importance : la plupart de ses *desiderata* sont devenus les lois de la France nouvelle; quelques-unes des améliorations qu'il appelle sont encore à établir ou à *rétablir*. Sur le terrain des réformes civiles, il marche du pas le plus ferme et le plus assuré : rien n'égale la justesse de son coup d'œil.

La question religieuse n'est pas si simple ni si facile à juger. Là, deux tendances inverses se manifestent chez Voltaire : d'une part, il se raffermit dans le déisme et se rapproche des croyances nécessaires qu'il avait repoussées; de l'autre part, comme pour se faire pardonner sa *religion naturelle* par les matérialistes, il redouble d'acharnement contre les religions positives et contre la Bible. Il ne se contente pas de seconder la guerre de Rousseau contre la religion romaine, religion, dit-il, qui, « se choisissant un chef hors de l'état, est nécessairement dans une guerre publique ou secrète avec l'état; maladie qu'il faut guérir par degrés en abolissant les taxes honteuses qu'on paie à l'évêque de Rome, en diminuant le nombre des couvents, en supprimant, avec le temps, les confréries, les pénitents, les fausses reliques [1]. » Le fameux mot d'ordre : *Écrasons l'infâme!* ne menace plus seulement le fanatisme et la superstition, mais enveloppe le christianisme tout entier, que Voltaire confond avec les sectes chrétiennes; il ne distingue même plus la morale du dogme; il foule aux pieds les sentiments les plus respectables; il flétrit les traditions les plus touchantes et les plus saintes avec une licence qui ne rappelle que trop l'auteur de la *Pucelle.*

L'excuse de tels excès, si quelque chose en peut atténuer le blâme, est dans les crimes par lesquels le fanatisme humilié s'efforce de venger sa défaite et de ressaisir l'empire. De 1762 à

---

1. *Idées de Lamothe-le-Vayer.* — Parmi les défenseurs de la Bible et de la tradition, l'on ne peut guère citer que l'abbé Guénée, homme d'esprit, qui met du goût dans l'érudition et de l'urbanité dans la polémique. Ses *Lettres de quelques Juifs*, etc., sont à peu près le seul livre de talent qu'on ait écrit contre Voltaire.

1766, le vieil esprit routinier et impitoyable des cours de justice jette le défi à l'esprit du siècle, par une série d'atrocités judiciaires bien propres à lancer hors de toute mesure un homme de passion et d'entraînement tel que Voltaire. Des minorités bigotes et furieuses s'imposent dans les parlements à des majorités flottantes ou sceptiques, et les obligent, comme compensation de la guerre à mort que la magistrature fait en ce moment aux jésuites, à fouiller dans l'arsenal des vieilles lois, plein d'instruments d'extermination, « pour venger la religion des hérétiques et des impies. » Le 19 février 1762, le pasteur protestant Rochette est pendu, par sentence du parlement de Toulouse, pour avoir exercé en Languedoc le ministère évangélique. Trois jeunes gentilshommes protestants, les frères Grenier, sont décapités en même temps, sous prétexte de rébellion, pour avoir pris les armes dans un moment où ils craignaient d'être égorgés par des catholiques ameutés au son du tocsin à l'occasion de l'arrestation de Rochette. Le 9 mars 1762, un autre réformé toulousain, le négociant Calas, expire sur la roue : le parlement de Toulouse l'avait condamné comme assassin de son propre fils, qui, selon toute apparence, s'était donné la mort à lui-même. Suivant une fable empruntée par le parlement à la crédulité grossière des confréries de pénitents, Calas avait tué son fils pour l'empêcher de se faire catholique ! La veuve et les enfants de la victime, après avoir passé eux-mêmes par les horreurs de la *question*, se réfugient à Genève et vont implorer la pitié de Voltaire. On sait le reste. L'histoire ne peut avoir trop d'éloges pour la magnanimité avec laquelle ce vieillard, déjà en butte aux clergés de toute l'Europe, osa entrer en lutte ouverte avec cette magistrature si redoutée et la fit reculer devant lui. Il sut employer toutes les armes, même celle de la modération, pour persuader, pour entraîner le public, le barreau, la cour enfin : il obtint, après exécution ! l'application de ce principe de révision qu'il réclamait théoriquement entre la condamnation et l'exécution. Un tribunal extraordinaire de cinquante maîtres des requêtes cassa l'arrêt du parlement de Toulouse, réhabilita la mémoire de Calas et ordonna que sa famille fût indemnisée (9 mars 1765). Jamais la justice et la vérité n'avaient remporté une plus belle et plus difficile victoire.

L'année même du supplice de Calas, les mêmes abominations avaient failli se renouveler dans le même lieu. Une jeune fille protestante avait été enlevée à ses parents, d'après les ordonnances toujours en vigueur, et enfermée dans un couvent pour la forcer à changer de religion, pour l'*instruire*, comme on disait. Elle s'échappa et, dans sa fuite, elle périt par accident. Le père, appelé Sirven, fut accusé du même crime que Calas : il s'enfuit, avec sa femme et son autre fille, à travers les neiges des Cévennes. La femme y mourut de misère et de douleur; le père et la fille rejoignirent la famille Calas à Genève. Ils y trouvèrent la même protection, tandis qu'on les condamnait par contumace à Toulouse; mais leur affaire ne fut pas si promptement vidée et, avant que leur innocence eût été judiciairement reconnue, les parlements s'écroulèrent.

Ils avaient eu le temps, auparavant, de se souiller de nouvelles cruautés. En 1766, un crucifix placé sur un pont d'Abbeville ayant été mutilé pendant la nuit, l'évêque d'Amiens cria vengeance. Deux jeunes officiers de dix-huit ans, La Barre et d'Étallonde, furent accusés de ce sacrilège. D'Étallonde s'enfuit; La Barre fut condamné par le présidial d'Abbeville, sur de vagues présomptions, à être brûlé vif, après avoir eu la langue et la main droite coupées! Appel fut porté au parlement de Paris. Le parlement confirma la sentence, en accordant au condamné la faveur d'être décapité! Cette fois, Voltaire échoua. La tête de La Barre tomba le 1er juillet 1766. Les tribunaux semblaient frappés de vertige, lors même que les passions ou les intérêts religieux n'étaient pas en jeu : Voltaire, comme nous l'avons dit ailleurs, ne réussit pas mieux à leur arracher une victime plus éminente, le comte de Lally; mais il prépara la réhabilitation de ce malheureux général, et sauva la vie ou l'honneur à plusieurs autres accusés prêts à succomber sous d'injustes préventions; il semblait aspirer à se faire le réparateur de toutes ces erreurs et de toutes ces iniquités judiciaires qui prouvaient si bien la nécessité des réformes qu'il invoquait.

Il pratiquait ainsi l'Évangile en fait, pendant qu'il l'attaquait de nom.

En même temps, son déisme prenait un caractère de plus en

plus précis et providentiel. Il se déclare très-énergiquement en faveur des causes finales et contre le naturalisme. « Je ne vois dans la nature, comme dans les arts, que des causes finales. — Il n'y a point de nature : il n'y a que de l'art. » Il veut dire que Dieu est le grand artiste, et le monde une œuvre d'art (*Dict. phil.*, art. DIEU ; —NATURE). Il oppose Spinoza lui-même au naturalisme matérialiste : c'est le commencement de la justice pour ce grand homme méconnu même de Rousseau. En approchant du seuil de l'autre vie, il incline enfin à l'immortalité de l'âme. Il admet la possibilité en nous « de cette monade indestructible qui sent et qui pense, » si souvent en butte à ses railleries. « Espérons que notre monade, qui raisonne sur le grand Être éternel, pourra être heureuse par ce grand Être même [1]. » Il avoue que, partout où il y a une société établie, une religion (il ne dit pas une *religion d'État*) est nécessaire, pourvu que le culte soit simple, et le sacerdoce sans superstition : « Les lois veillent sur les crimes connus, et la religion sur les crimes secrets. » Les romans, la poésie, qu'il a tant de fois employés à la critique dissolvante, deviennent des armes en faveur de sa foi à la Providence [2]. Son langage s'élève, comme sa pensée, dans les mâles et fières épîtres enfantées par la verve inépuisable de ses vieux ans.

> J'ose agir sans rien craindre, ainsi que j'ose écrire !

Le vengeur de Calas pouvait se rendre ce noble témoignage.

> Un jour tout sera bien, voilà notre espérance !
> Tout est bien aujourd'hui, voilà l'illusion.

C'est ainsi qu'il corrige, dans les éditions nouvelles, la conclusion désolée du *Désastre de Lisbonne*.

Son dernier mot est un acte de foi pour la religion du progrès :

> Que tout soit mal ou bien, faisons que tout soit mieux !

C'était contre ses alliés accoutumés que tous ces traits étaient

---

1. Dès 1758, au lendemain de *Candide*, il avait vu clair sur la question de l'optimisme. « C'est l'éternité à venir qui fait l'optimisme, et non le moment présent, » écrivait-il à un pasteur de Genève, résumant ce que lui avait écrit Rousseau. Mais, cette *éternité à venir*, il n'en avait guère encore le sentiment à cette époque.
2. V. l'*Hist. de Jenny*; l'*Épître à l'auteur des Trois Imposteurs*; l'*Épître à Boileau*.

dirigés ; c'était contre leur athéisme qu'il protestait en gravant sur le fronton de l'église de Fernei l'inscription fameuse : *Deo erexit Voltaire*, où l'on a voulu voir à tort la révélation d'un téméraire orgueil [1].

Il hésita longtemps avant de faire une guerre directe à leurs ouvrages : le pacte contre l'ennemi commun le retenait. Eux-mêmes, d'ailleurs, malgré la colère fanatique qu'avait soulevée parmi eux l'attaque de Rousseau, ne se hasardèrent que peu à peu à enseigner dogmatiquement dans leurs livres les maximes professées depuis bien des années dans leurs salons. Il fallut qu'ils sentissent le vieux monde de plus en plus ébranlé et qu'ils crussent la puissance de leur secte singulièrement agrandie. Il fallut surtout qu'ils eussent un centre d'action très-fortement constitué. Pour créer ce centre, d'Alembert était trop prudent et trop sceptique ; Diderot, trop mobile, trop clairvoyant aussi, n'avait pas une foi assez ferme dans le néant et apercevait parfois l'impossibilité d'une société athée. Un homme d'une moindre portée, mais qui joignait à une persévérance passionnée les conditions de fortune et de position nécessaires pour agir sur une grande échelle, s'empara de ce rôle : ce fut le baron d'Holbach, Allemand établi en France, très-instruit dans les sciences naturelles, à l'avancement desquelles il eût pu contribuer par des vues originales, mais qui ne fit de sa physique que le support d'une mauvaise métaphysique. D'Holbach réunit autour de lui et met à l'œuvre des hommes de savoir et de talents inégaux, mais associés par une même soif de destruction et par une même sincérité dans leur fanatisme négatif. Il s'empare de Diderot, non pas exclusivement, mais du moins autant que l'on peut saisir ce protée que personne n'enchaîna jamais. Le fougueux directeur de l'*Encyclopédie* écrit à la fois, pour lui-même et pour ses amis, des livres déistes et des livres athées : les *Additions aux Pensées philosophiques*, le *Traité de la suffisance de la Religion naturelle* (1770), d'au-

1. Il est regrettable que ce souvenir soit gâté par les scènes, les unes puériles, les autres condamnables, qui se passèrent à Fernei, lorsque Voltaire s'amusa à se faire affilier au tiers-ordre de Saint-François, prétendit recevoir la communion des mains de son curé, en bon seigneur de paroisse, malgré l'opposition de son évêque, et souscrivit à cet effet une profession de foi catholique, pour se mettre à couvert du côté des tribunaux français. Rousseau ne jouait pas avec ces choses!

tres productions de Diderot encore, pourraient être avouées par Voltaire, sinon par Rousseau même; l'*Histoire philosophique des deux Indes*, de l'abbé Rainal (1770), qui doit à Diderot ses pages les plus vivement colorées [1], est encore une œuvre de déisme; mais, pendant ce temps, Diderot esquisse pour son compte de cyniques fantaisies, et prodigue sa verve aux élucubrations matérialistes de d'Holbach, de son lieutenant Naigeon, d'Helvétius, comme à cette correspondance par laquelle Grimm amuse sept ou huit princes étrangers du mouvant spectacle qu'offre la France philosophique et littéraire; inépuisable, infatigable, il écrit presque tout ce qui a une certaine supériorité dans les livres de ses amis; homme étrange, qu'on ne saurait accuser de mauvaise foi, mais qui a le don périlleux de se passionner en artiste pour des idées contradictoires, selon qu'elles se succèdent à la surface de son esprit.

Une foule de livres agressifs sortent de la secrète officine de l'Holbach, pour aller recevoir la lumière en Hollande et revenir se faire brûler en France, où le bûcher n'est plus qu'un moyen de propagation [2]. On les fait passer pour les œuvres posthumes de divers savants ou académiciens qui n'avaient osé, disait-on, révéler leur pensée de leur vivant : les principaux sont mis sur le compte de l'érudit le plus profond du siècle, de Nicolas Fréret, mort en 1749. Les premiers de ces ouvrages étant surtout dirigés contre les dogmes révélés, Voltaire les approuve, malgré des tendances suspectes : un théologien savant et laborieux, mais lourd, et qui défend, avec les dogmes du christianisme, les vieilles maximes de l'intolérance, l'abbé Bergier, répond à un de ces livres, l'*Examen critique des apologistes du christianisme,* par la *Certitude des preuves du christianisme,* à quoi un nouveau champion réplique par la *Certitude des preuves du mahométisme :* celui-ci, Allemand francisé comme d'Holbach et Grimm, est ce Clootz, depuis célèbre dans la Révolution sous le nom d'Anacharsis,

---

1. Le vaste ouvrage de Rainal, trop vanté autrefois, trop dédaigné aujourd'hui, est diffus, déclamatoire, parfois inconséquent, mais plein de faits et animé d'une passion sincère.

2. On en brûla vingt-cinq ou trente en 1770. V. le curieux rapport de M. Walckenaër à l'Académie des Inscriptions sur Fréret.

disciple de Diderot qui doit tomber sous les coups des disciples de Rousseau, quand les idées seront devenues des glaives!

Le *Système de la Nature* lève enfin tous les voiles (1770) : c'est la théorie, exposée magistralement, de ce naturalisme matérialiste insinué dans l'*Interprétation de la Nature* et dans quelques autres ouvrages antérieurs de Diderot, et réfuté par Rousseau. A ce coup, Voltaire éclate. Pour la première fois, il condamne publiquement une production émanée de la *confrérie* philosophique et se trouve rangé, bon gré, mal gré, à côté de l'auteur d'*Émile*.

Ces mêmes livres, si hostiles à la religion de Rousseau, subissaient l'impulsion de sa politique, tout en partant de principes si différents. Rousseau ayant condamné tous les établissements monarchiques ou aristocratiques qui méconnaissaient le droit du peuple, il fallait bien trouver moyen d'enchérir sur lui. Il avait donné les raisons : on prit les déclamations[1]. Ce fut contre le despotisme une émulation de cris dont le diapason alla toujours montant, jusqu'au distique farouche de Diderot :

> Et ma main ourdirait les entrailles du prêtre,
> A défaut d'un cordon pour étrangler les rois!

Fureur dithyrambique qui n'empêcha pas le *tyrannicide* Diderot de professer une adoration naïve pour Catherine II, l'impératrice philosophe, qu'il alla voir en Russie et qui le combla de caresses et de bienfaits calculés.

On rencontre, dans un ouvrage posthume de Diderot (la *Politique des Souverains*, écrite en 1774, publiée seulement en 1798), des passages plus sérieux et plus réfléchis que cette sauvage boutade d'un souper philosophique.

« Sous quelque gouvernement que ce fût, le seul moyen d'être libre, ce serait d'être tous soldats. Il faudrait que, dans chaque condition, le citoyen eût deux habits, l'habit de son état et l'habit militaire. »

---

1. Ce n'est pas qu'il n'y eût dans ces livres « quelques principes vrais de droit public et de liberté, » comme le reconnaît un historien qui n'est pas suspect de favoriser le matérialisme, M. Villemain; mais ces principes, dépourvus de lien et de sanction, ne pouvaient faire une doctrine.

Voilà l'institution de la garde nationale formulée.

« Il n'y a de bonnes remontrances que celles qui se feraient la baïonnette au bout du fusil. »

Et, enfin, ce mot terrible, qui renfermait une lugubre prophétie :

« LE SUPPLICE PUBLIC D'UN ROI CHANGE L'ESPRIT D'UNE NATION POUR JAMAIS. »

C'est la raison d'état révolutionnaire succédant à la raison d'état monarchique et catholique. Rousseau, du moins, eût dit : « Le supplice d'un roi *coupable*. »

Le distique n'avait pas été publié, non plus que ces axiomes, et Catherine, d'ailleurs, redoutait peu pour ses *mougiks* les prédications de la propagande française. Un autre monarque les jugea moins inoffensives. C'était Frédéric II. Il servit de second à son ancien ami Voltaire et composa une réfutation du *Système de la Nature*, au point de vue du déisme, et même du libre arbitre, qu'il avait autrefois combattu. Il était bien d'intervenir ainsi en philosophe et non en roi ; mais on peut garantir qu'au fond le roi avait été plus blessé que le philosophe, par un livre où l'on réclamait pour les sujets le droit de déposer leurs princes et l'abolition des grandes armées qui soutiennent les trônes. Frédéric s'était déjà trouvé fort dépassé par Rousseau, quoiqu'il eût lui-même paru établir, dans un écrit théorique, la supériorité de la république sur la monarchie[1] : lui qui avait commencé si bruyamment la révolution philosophique parmi les rois, il commence presque la réaction, ou, tout au moins, il s'arrête, s'il ne recule pas, pendant que le mouvement gagne les cours de Russie, d'Italie, même d'Autriche et d'Espagne, même la cour de Rome !...

Le mouvement, au sein des cours, ne pouvait s'étendre que dans de certaines limites ; mais les écrivains avaient franchi toutes les limites : après les religions particulières, on avait attaqué la religion naturelle ; après les formes passagères des sociétés, on attaquait le fond. Un livre, le *Code de la Nature*, qui a été attribué à Diderot, quoiqu'on n'y rencontre pas plus ses idées que son

---

[1]. Il en donne une raison très-remarquable : c'est qu'il y a plus de suite et d'unité dans la politique des républiques.

style, dénonçait la propriété, non plus comme liée à la société qui a remplacé l'indépendance sauvage, mais comme ayant renversé la vraie société, la *communauté*, loi providentielle de la sociabilité humaine. Le véritable auteur, demeuré fort obscur, se nommait Morelli. C'était un rêveur solitaire, fort en dehors de tout sens pratique, comme l'attestent les naïvetés de son livre ; mais la portée de ce livre en dépasse de beaucoup la valeur intrinsèque, quoique tout n'y soit pas méprisable. C'est là le point de départ du babouvisme, du communisme moderne et de tous les systèmes fondés exclusivement sur le principe de la fraternité. La théorie communiste, héritière des franciscains du moyen âge et des philosophes utopistes du XVIe siècle, ne procède pas du matérialisme, quoiqu'elle puisse devenir un effrayant fléau en s'y combinant. Morelli est religieux : il professe la perfectibilité providentielle du monde physique et moral ; il pose comme principe de tout développement moral le sentiment de notre insuffisance individuelle, du besoin que nous avons d'autrui, par conséquent de la *bienfaisance*, et montre l'idée de la *bienfaisance*, de la bonté, élevée au degré suprême, éveillant en nous la notion de la Divinité, plutôt et plus sûrement que le spectacle même de l'univers. Il fait un grand éloge du christianisme primitif et voit fort bien que la tendance à la communauté y a existé, mais moins bien pourquoi elle a cessé d'y être. La tendance à l'unité et à l'égalité sociale absolues est une inévitable réaction de l'esprit humain dans la décadence des civilisations, où une extrême inégalité est associée à une extrême corruption ; mais cette tendance se tempère et s'équilibre avec d'autres forces quand la société se rassoit. Les chrétiens fussent sortis du régime de la communauté, quand même l'Église n'eût pas dévié de l'esprit évangélique, comme le lui reproche Morelli.

C'est que la liberté, la libre disposition de soi-même, le plus indomptable de tous les besoins de l'homme et le grand mobile de tout progrès, de toute activité, est incompatible avec cette réglementation universelle où aboutit nécessairement le communisme, et qui est déjà complètement formulée dans le *Code* de Morelli. Là se trouve déjà, presque dans les mêmes termes, le fameux axiome de *chacun selon ses facultés ; à chacun selon ses besoins*, idéal vers lequel il est très-juste de tendre, mais dont on ne saurait faire une loi positive, une loi exécutoire, sans anéantir toute personnalité sous le despotisme du magistrat. Là aussi se rencontre cette doctrine : que tout mal vient des institutions de la société actuelle ; que tout mal disparaîtrait si les institutions sociales étaient réformées ; doctrine qui supprime la responsabilité individuelle et qui diffère totalement de celle de Rousseau : l'auteur d'*Émile* voulait réformer l'homme pour réformer la société. Là encore on s'efforce de combiner l'abolition de toute propriété avec le maintien du progrès social dans les sciences, dans les arts, dans les plaisirs et les commodités de la vie, et aussi avec le maintien de la famille ; Morelli fait même régir la société à tous les degrés par les pères de famille, et s'il admet le divorce, ce n'est pas sans des restrictions sévères.

La transition est naturelle de Morelli à un philosophe intermédiaire entre lui et Rousseau, et qui, presque aussi dépourvu de talent littéraire que l'auteur du *Code de la Nature,* s'est élevé à une grande renommée par la seule force de la pensée et surtout du caractère. L'abbé de Mabli[1], émule et non disciple de Rousseau, marchant parallèlement au *citoyen de Genève,* le seconde contre le matérialisme et la monarchie, le complète sur certains points, l'exagère, le restreint ou le fausse sur d'autres. Il avait débuté, dès 1740, par un livre où il vantait l'éclat de la civilisation moderne et relevait la société de son temps au-dessus des anciens. Ses idées se transformèrent librement, consciencieusement : il publia deux ouvrages sur le droit public de l'Europe ; il prétendait fonder la politique internationale sur la morale et la justice ; aussi, pour être conséquent, avait-il quitté la diplomatie active, dans laquelle il avait eu des chances de fortune (1748-1757). Ses *Observations sur les Grecs et sur les Romains* (1749-1751) professent, sur la simplicité, la pauvreté, les mœurs rigides, des maximes qui ont été celles de l'abbé de Saint-Pierre et qui deviennent celles de Rousseau. On y remarque cet axiome : « L'égalité est le seul principe solide de la liberté. » En 1758, il écrit un traité des *Droits et des devoirs,* si vigoureux, si original,

---

1. Frère de Condillac, né en 1710.

si prophétique, que, publié après la mort de l'auteur, en pleine révolution (1789), il aura l'air d'un livre de circonstance !

Les principes politiques sont ceux de Rousseau : Mabli est même plus absolu contre toute magistrature héréditaire, ou même viagère; mais le haut intérêt du livre est dans les applications. Mabli affirme que le citoyen a droit, dans tout État, d'aspirer au gouvernement le plus propre à faire le bonheur public et qu'il est de son devoir de travailler à l'établir. Il part de là pour rédiger un véritable manuel à l'usage des révolutions. On doit passer par degrés de la monarchie à la république. Le premier des moyens est de s'éclairer. Toutes les agitations profitent à la liberté, si la nation est éclairée, ou au despotisme, si elle est ignorante et abrutie. Il ne faut pas faire comme ces gens qui s'effraient du moindre mouvement dans le corps politique et n'aspirent qu'à un repos qui est la mort morale de ce corps. La guerre civile même est préférable au despotisme. Les Anglais doivent passer de la monarchie mixte à la république. Ils l'ont manquée pour avoir été trop vite sous Cromwell : ils ont trop fait en 1640, pas assez en 1688. Les Français doivent commencer par rétablir leurs anciens États-Généraux. Point de réformes partielles, qui ne porteraient pas sur le principe du mal, sur le despotisme royal, et qui supprimeraient ces forces secondaires, ces corporations, ces priviléges, mauvais en eux-mêmes, mais utiles temporairement pour maintenir quelques points de résistance contre le despotisme.

Il ne voit pas que ces priviléges servent d'arcs-boutants à la royauté, tout en lui résistant, et que le despotisme, une fois isolé, croulera plus facilement; mais il redevient bientôt d'une étonnante clairvoyance. Après avoir excité le parlement et tous les corps et ordres à défendre ce qui leur reste et à tâcher de recouvrer ce qu'ils ont perdu, non dans leur intérêt, mais comme exemple au peuple, il dit que le parlement peut être le grand instrument. Le parlement aurait dû (en 1756) « avouer qu'il avait outre-passé ses pouvoirs en consentant à de nouveaux impôts et établir le principe que la nation seule a droit de s'imposer, tracer un tableau historique des usurpations des rois et, en conséquence, demander la tenue des États-Généraux...

*

Vous auriez vu l'effet prodigieux qu'auraient fait sur le public de pareilles remontrances. Vos plus petits bourgeois se seraient subitement regardés comme des citoyens : le parlement se serait vu secondé par tous les ordres de l'État ; un cri général d'approbation aurait consterné la cour... Les occasions reviendront. »

Ce ne sont pas là des conjectures. C'est de l'histoire écrite d'avance !

Mabli est convaincu que le parlement en viendra à demander les États-Généraux, tout jaloux qu'il en soit. Sa *seconde vue* l'abandonne en ceci, qu'il ne prévoit pas, à trente ans de distance, la force et l'audace avec lesquelles le Tiers abolira les ordres privilégiés et, à plus forte raison, le parlement lui-même. Il croit que le parlement mènera les États en se plaçant à la tête du Tiers. Il trace un plan de réforme progressive où l'on réduirait la royauté à peu près au rôle que doit lui assigner la Constitution de 1791, où on lui ôterait même la nomination à la plupart des fonctions, mais où les privilégiés conserveraient d'abord leur rang comme individus, sinon comme ordres séparés, dans les États-Généraux périodiques. « Il faut, dit-il, retremper, refaire par degrés un peuple amolli et corrompu. »

Mabli fait ensuite une nouvelle excursion dans l'antiquité par les *Entretiens de Phocion* (1763), livre qui offre un contraste assez bizarre avec le *Traité des droits,* et qui est tout du passé comme l'autre est de l'avenir [1], sauf sur la question de l'harmonie à établir entre le patriotisme et l'humanité. Mabli est ici en avant de Rousseau, quoiqu'il n'ait pas encore sur les nationalités ces idées précises que personne n'a eues au XVIIIe siècle et qui ne se sont trempées que dans le feu des batailles.

Il revient bientôt à sa grande pensée, provoquer le rétablissement des assemblées nationales, et veut donner l'histoire pour appui à la théorie démocratique. De là les *Observations sur l'histoire de France,* ouvrage où une interprétation nouvelle remplace les données de Boulainvilliers, de Dubos, de Montesquieu, en prenant à chacun des systèmes antérieurs ce qu'il a de favorable

---

1. Il y professe le culte exclusif, absolu, des anciens, et témoigne un mépris tout à fait *antique* pour les artisans et les mercenaires ; il veut, comme Voltaire, qu'on n'appelle aux droits politiques que les *possesseurs*.

aux institutions libres [1]. Mabli ne sait pas remonter à nos origines véritables, au monde celtique, comme on le fera, pendant la Révolution, avec plus d'instinct que de science : il est induit à bien des illusions par le parti pris de retrouver l'unité nationale et les assemblées générales du peuple dans des âges où la nationalité n'existait pas, où il y avait des Franks et des Gallo-Romains, mais où il n'y avait pas de Français. Il ne voit pas que le peuple, proprement dit, ne s'est formé que par le mouvement social du XIe au XIIe siècle, et qu'il n'y a point eu de vraies assemblées nationales françaises avant le XIVe siècle. La génération contemporaine n'y regarde pas de si près : affranchie moralement des chaînes du passé, habituée par ses maîtres à juger les traditions du haut de sa raison, elle ne sentait plus trop le besoin d'étayer ses doctrines de preuves historiques ; elle n'en accueille pas moins avec joie et reconnaissance le secours qui lui arrive, et le mouvement de l'opinion est tel en faveur de Mabli, que les érudits de profession n'osent pas même contester les parties les plus erronées de son système [2].

1. 1765-1788. — Sur les *Observations*, etc., voy. Aug. Thierry, *Considérations sur l'Hist. de France*, ch. III; *OEuvres complètes*, t. VII, p. 81.

2. Les grandes publications érudites, legs des générations précédentes, se poursuivaient avec persévérance, sans exciter beaucoup d'intérêt chez un public préoccupé de questions plus brûlantes. — Un dernier monument de la science bénédictine, l'*Art de vérifier les dates* (1re éd., 1749; 2e, 1770), ferme dignement la longue série des travaux de ces doctes congrégations, prêtes à disparaître avec l'ancienne société. — Des érudits laïques, à la tête desquels il faut placer Lacurne de Sainte-Palaie, commencent à rechercher curieusement les monuments primitifs de la chevalerie et de la poésie du moyen âge, enfouis depuis des siècles sous des imitations qui ont fait oublier les originaux. — Le *Cabinet des Chartes* est fondé en 1762, par Bertin, ministre de la maison du roi, pour réunir tous les monuments de législation royale, seigneuriale et municipale, épars dans les archives publiques et privées, et Brequigni commence, avec La Porte du Theil, la collection de *Diplômes, Chartes*, etc., interrompue par la Révolution et reprise en 1832. — Le père Lelong, de l'Oratoire, avait entrepris, en 1719, sous le titre de *Bibliothèque historique de la France*, la table générale des documents relatifs à notre histoire : cet immense travail est complété par Fevret de Fontette (1768). Des écrivains d'un grand savoir, de Guignes, Lebeau, l'un dans son *Histoire des Huns*, l'autre dans son *Histoire du Bas-Empire*, étudient les siècles obscurs où les invasions des barbares d'Europe et d'Asie ont bouleversé et renouvelé le monde. — L'*Histoire de France*, entreprise fort à la légère par l'abbé Velli, bien que continuée avec de plus sérieuses études par Villaret et Garnier, pèche trop par la base pour être rangée dans la même catégorie. — Il n'est pas permis d'oublier, dans les fastes de l'érudition, le président de Brosse (du parlement de Dijon), qui n'était pas seulement un savant profond, mais un écrivain du talent

C'est dans la *Législation*, publiée en 1776, que Mabli réunit l'ensemble de sa théorie. Son idéal utopique est très-voisin de celui de Morelli. S'il ne condamne pas absolument toute propriété, il attaque la propriété foncière comme étant le principe de l'inégalité sociale, et ne s'aperçoit pas que cette inégalité, au moins dans de certaines limites, a précédé le partage des terres. Il se figure, de même que Morelli, le régime de la communauté organisé dans la société primitive, et ses arguments sur la possibilité de cette société, sur le point d'honneur employé comme stimulant et récompense du travail, au lieu d'avantages matériels, sont la source de tout ce qui a été écrit de notre temps sur le même thème. La différence capitale, c'est qu'il n'espère pas que la propriété, une fois enracinée par le temps, puisse être supprimée ; il s'accorde avec Rousseau pour reconnaître que le législateur doit désormais la faire respecter comme sacrée, afin d'éviter des maux plus grands et la destruction même de la société. Il ne croit pas, surtout, qu'on puisse associer l'égalité absolue avec les jouissances d'une civilisation raffinée [1]. Loin de là : pour se rapprocher de cette égalité dans la mesure du possible, il juge nécessaire de simplifier extrêmement les mœurs publiques, de réduire les finances et les dépenses, d'étendre partout le réseau des lois somptuaires, d'entraver, de diminuer le commerce et l'industrie [2].

Parmi bien des propositions impraticables ou incompatibles avec la liberté individuelle, il émet des vues, les unes au moins spécieuses, les autres saines et fécondes, et depuis réalisées en

---

le plus rare et le plus original, trop peu lu aujourd'hui. V. les pages intéressantes que lui a consacrées M. Villemain ; *Tableau de la Littérature française au dix-huitième siècle*, 1re partie, t. II, p. 191.

1. Dans ses *Principes de Morale* (1784), il combat ceux qui prétendent qu'une bonne politique « rendrait l'expansion de toutes les passions utile à la société, » et semble d'avance réfuter Fourier. Il n'est cependant pas stoïcien : il repousse le stoïcisme civique qui fonde la morale sur le dévouement à la société, de même que le *mysticisme* qui la fonde sur l'amour de Dieu ; il prend pour base l'amour de soi et veut qu'on aille de l'amour de soi à l'amour de ses concitoyens, de l'humanité et de Dieu, comme étant la vraie route du bonheur. Ainsi sa morale est *utilitaire*, autant qu'une morale spiritualiste peut l'être. Au fond, c'est celle de Franklin.

2. Le chef de secte qui tenta d'établir la communauté par la force, *Gracchus* Babeuf, s'écartant du *Code de la Nature* pour se rapprocher des préceptes de Mabli, repoussait les arts et les raffinements sociaux.

partie : il veut l'assistance de l'État contre les accidents de la nature (une espèce d'assurance mutuelle nationale), *l'égalité des partages entre les enfants*, *l'abolition des substitutions*; il veut qu'on borne les successions collatérales à un certain degré, etc.[1].

« Il y a une épreuve infaillible pour juger de la sagesse d'une loi : elle consiste à se demander si la loi proposée tend à mettre plus d'égalité entre les citoyens. »

Il souhaite que les grandes monarchies se transforment en républiques fédératives, dont les diverses parties s'administrent séparément, mais se gouvernent par les mêmes lois, se concertent par assemblées centrales et ne fassent qu'un corps vis-à-vis de l'étranger. Il fait un pas au delà de Rousseau en reconnaissant que les grandes démocraties représentatives peuvent être régies avec plus de raison et de stabilité que les petites républiques où la loi se vote sur le forum. — Il admet le maintien de la peine de mort contre les grands crimes. — Il veut l'armement des citoyens, comme en Suisse; l'éducation publique et générale sur le pied de l'égalité, et, comme Rousseau, la foi en Dieu et à la vie future pour bases de l'éducation et de la société; mais il va plus loin et, trop souvent entraîné par l'imitation aveugle des anciens, il veut une véritable religion d'État, une religion politique au delà du théisme, et retombe dans tous les abus qu'entraîne infailliblement ce principe.

En résumé, Mabli reste un des chefs les plus éminents de l'école politique et sociale qui cherche l'unité et l'égalité à tout prix, même au prix du développement individuel; on ne peut toutefois le donner sans réserve aux communistes; son imagination est avec eux, mais sa raison s'arrête à un socialisme mitigé.

Nous avons déjà signalé les grands génies qui penchent du côté opposé, Montesquieu et Voltaire, mais par disposition naturelle et sans système exclusif. Nous verrons tout à l'heure se former une école systématique, une vraie secte, qui, si on la dégage de certaines inconséquences de son origine, apparaît tendant à la liberté individuelle absolue, même aux dépens de l'unité natio-

---

1. Il reconnaît que la trop grande abondance d'hommes est un mal comme la dépopulation. Ceci est remarquable et marque une phase nouvelle de l'économie politique: depuis le moyen âge, on avait toujours crié à la disette d'hommes

nale et de l'égalité. C'est par la secte des Économistes que se ferme l'immense cercle intellectuel du xviii⁰ siècle.

Nous allons toutefois, auparavant, jeter un coup d'œil sur l'état des mœurs et des arts, et reconnaître les modifications qu'a subies la société depuis la première moitié du siècle. Nous l'avons vue jadis brillante, fardée, insoucieuse, comme aux clartés factices du bal de l'Opéra [1]. Nous la retrouvons toujours enivrée d'elle-même, mais d'une ivresse bien différente, pleine d'élans impétueux, de pensées hardies et contradictoires, d'espérances illimitées, et s'avançant, avec la confiance de la jeunesse, aux lueurs de l'orage, vers un avenir inconnu. La vieille société, blasée, raffinée, a fait place rapidement à une société rajeunie et ardente, disputée entre toutes les influences du ciel et de l'abîme, et flottant à travers tous les extrêmes, entre le déisme stoïque et civique de Rousseau, l'épicuréisme délicat, humain et libéral de Voltaire, l'athéisme et l'expansion sans frein des holbachiens. Partout des contrastes inouïs : une licence systématique succède, dans les romans de Diderot et de son école, à la frivolité libertine de leurs devanciers ; un cynisme audacieux s'affranchit des réticences de bon goût, qui préservaient les convenances en immolant la morale ; la *Pucelle*, qui avait scandalisé lors de son apparition, en 1755, devient un titre de gloire aux yeux d'une grande partie du public, et, cependant, l'amour, l'idéal, sont de retour parmi nous ; les éternelles divinités du cœur et de l'imagination sont restaurées dans leurs temples avec tant de ferveur, que la légèreté égoïste et vaniteuse ou la sensualité banale n'osent plus s'avouer dans les liaisons du monde. C'est que tout maintenant se fait ou prétend se faire sérieusement, même le mal. Le sentiment, la passion, la nature, sont les dieux auxquels on sacrifie ou sincèrement ou par mode. Le devoir même retrouve des autels. L'amour légitime, s'il ne règne pas, n'est plus ridicule. Les mœurs de famille recommencent d'être vantées par la plupart et pratiquées par plusieurs. La voix de Rousseau a été entendue : les mères nourrissent leurs enfants ; la liberté naturelle rentre dans l'éducation du premier âge ; les vieilles et dures méthodes

---

1. V. notre t. XV, p. 327 et suivantes.

qui opprimaient, qui étouffaient la spontanéité de l'enfance, sont discréditées, abandonnées. Cette génération de transition prépare une génération plus virile de corps et de cœur, où tout sera énergique et fort pour le bien et pour le mal. Les idées de rénovation sociale sont dans toutes les têtes, à la surface dans les cerveaux légers, à fond chez d'autres, qu'elles enflamment jusqu'au fanatisme. Les hommes ont un but maintenant : cela seul change tout. Les mots de liberté, de citoyen, de patrie, d'égalité, ont la vogue parmi tout ce qui pense, tout ce qui lit, tout ce qui parle; l'homme à la mode s'appelait hier Richelieu, il s'appellera tout à l'heure La Fayette.

Aucun siècle n'avait été moins dépendant des traditions : le mot d'ordre universel semblait être : Guerre à toute autorité; guerre à tout *préjugé*. Cependant l'humanité ne peut vivre dans l'absolu ni s'affranchir de cette nécessité de relier l'avenir au passé, qui est la loi même du progrès. Connaître ses précédents en les jugeant est une grande partie de la science de la vie. Le xviiie siècle n'échappe point à cette loi. Il a volontiers accueilli l'ancienne France hypothétique de Mabli; il étudie, avec Montesquieu, l'Angleterre contemporaine ; mais il se rattache surtout, avec Rousseau, et aussi avec Montesquieu et Mabli eux-mêmes, à une tradition plus authentique que la première, plus directe, quoique plus lointaine, que la seconde. L'admiration pour les anciens renaît de toutes parts, non plus littéraire, comme au xviie siècle, mais politique, comme au xvie, et avec bien plus de force et d'efficacité. Le bon Rollin a préparé, sans s'en douter, l'œuvre des philosophes politiques. Ce n'est plus aux littérateurs latins, courtisans des Césars, mais aux citoyens romains de l'ère républicaine et à leurs devanciers des cités helléniques, que l'on va demander des leçons et des exemples. Phase nouvelle de la Renaissance, où l'immortelle antiquité, après nous avoir aidés à refaire notre pensée et nos arts, va nous aider à refaire nos lois et nos sociétés, et à délivrer l'ère moderne du joug de l'âge intermédiaire! Mouvement légitime, malgré les erreurs, les excès, les maladresses d'une imitation qui se prend trop souvent à la forme là où il ne faut chercher que l'esprit, que le souffle moral. Si profitables que puissent nous être les excellents exemples de la liberté anglaise, notre ligne nationale vient d'ailleurs. Bien des esprits supérieurs, tout un grand parti, s'épuiseront à suivre Delolme, le vulgarisateur de la constitution anglaise, en croyant suivre Montesquieu, et à tenter de transplanter sur notre sol les formes mélangées d'hérédité et d'élection, d'aristocratie et de démocratie, particulières à la Grande-Bretagne, que la race anglaise elle-même rejette dès qu'elle s'établit hors de l'Angleterre dans des conditions nouvelles [1]. La monarchie, qui a fait notre unité matérielle, était fille de l'empire romain [2]. La démocratie, qui a mission de faire notre unité morale, doit retrouver en elle-même la Gaule primitive modifiée par la Grèce, par les deux Romes [3] et par le christianisme.

1. Les Anglo-Américains ont bien conservé les *deux chambres*, mais en les rendant toutes deux électives.

2. Non pas seulement, toutefois, de l'empire romain : deux autres traditions s'étaient combinées avec celle-là; la tradition féodale et germanique, et la tradition hébraïque des *Oints du Seigneur*, introduite à la suite du christianisme.

3. Celle de l'ancienne république et celle des jurisconsultes, de ces hommes admirables, qui ont sauvé l'honneur du genre humain parmi les ignominies de l'ère des Césars; apôtres de l'équité, qui ont fondé le droit civil, pour consoler le monde du droit politique momentanément perdu. — Dans le cours de l'histoire du XVIIe siècle, nous avons rappelé les titres du plus illustre successeur de ces grands hommes, de notre Domat. Le jurisconsulte cartésien et janséniste avait eu, à son tour, un héritier au XVIIIe siècle, l'infatigable Pothier. Étranger à son temps par ses mœurs, par ses croyances, par ses préjugés mêmes, Pothier s'y rattachait par les services qu'il rendit à la cause du progrès. Tandis que la théorie réclamait les réformes juridiques par la voix des philosophes, la pratique en préparait, avec Pothier, la réalisation. Calme, simple et pieux comme Domat, dont il avait les opinions et les sentiments, moins la profondeur métaphysique, Pothier passa toute sa vie à Orléans (1699-1772), d'abord dans les modestes fonctions du présidial, puis dans la chaire de droit français, où il avait été nommé par d'Aguesseau, qu'il avait beaucoup aidé dans la confection de ses nombreuses ordonnances sur l'unité de la jurisprudence. Pothier publia, de 1748 à 1752, ses *Pandectes justiniennes*, rédigées *dans un nouvel ordre*, sous les auspices et avec l'assistance de d'Aguesseau. Domat avait débuté par la pensée de rétablir l'ordre dans l'informe compilation de Tribonien, et c'est de là qu'il était parti pour s'élever à la théorie même du droit civil : Pothier réalisa la première pensée, moins haute, mais éminemment utile, de Domat. Pour la première fois, on eut le vrai corps du droit romain, restauré et coordonné d'après la méthode rationnelle et géométrique. Après les œuvres de génie, ce sont là les plus beaux travaux de la science et de la patience au service d'un esprit droit et d'une âme juste. En 1760, Pothier publie la *Coutume d'Orléans, avec Commentaires*. Ces *Commentaires*, qui embrassent toutes les diversités de notre droit coutumier, en forment peut-être le traité le plus complet et le plus méthodique. Le *Traité des Obligations* paraît en 1761, puis tous les autres traités sur les contrats. La simplicité négligée, la *bonhomie* de Pothier, laissent désirer un peu plus d'élévation et d'élégance; mais ce qui assure à ce jurisconsulte le respect de la posté-

Ce grand mouvement d'opinion se traduit partout dans les habitudes. A côté des indices que nous en avons signalés se produisent d'autres symptômes moins graves, mais que l'histoire ne doit pas négliger. Ainsi, le costume commence à devenir moins fastueux et moins artificiel, à la fois par une modification spontanée et par l'imitation des Anglais. Les étoffes unies, les couleurs sérieuses, reparaissent chez les hommes, et, chez les femmes, cette élégante simplicité tant célébrée par Rousseau dans ses héroïnes. Les paniers et les vastes coiffures auraient déjà disparu, si l'étiquette de cour ne les maintenait contre l'esprit novateur. Les femmes ne tarderont pas à rendre à leur chevelure sa liberté et ses couleurs naturelles. Le retour à la nature est invoqué dans les petites choses comme dans les grandes.

Les signes les plus marqués d'une révolution morale se manifestent dans les arts. Les sentiments de patriotisme, de nationalité française, se font jour dans la tragédie, applaudis par Rousseau, malgré la forme monarchique qu'ils revêtent encore, et quoiqu'il n'y ait guère à louer que l'intention chez le poëte de Belloi. Les tendances nouvelles sont exprimées avec plus de bonheur sur une autre scène. De 1760 à 1780 s'épanouit dans tout son éclat cette école si française de l'opéra-comique, ce drame familier en prose mêlée de chant, qui réalise en partie les vœux de Diderot et qui dément le système de Rousseau sur l'incapacité musicale de la France, tout en puisant à pleines mains l'inspiration chez Rousseau lui-même, mais chez Rousseau tempéré et adouci. Sedaine et d'autres écrivains prêtent un heureux concours aux musiciens, au gracieux Dalairac, à Monsigni, artiste tout de sentiment, qui *chante d'instinct*, comme le dit son illustre émule, ce Grétri [1], dont les simples et rapides mélodies, brillantes d'une éternelle jeunesse, nous ravissent encore par le contraste même avec les œuvres colossales de cette musique moderne qui succombe sous les complications de sa science et sous le poids de ses

---

rité, ce n'est pas seulement sa logique et sa lucidité ; c'est surtout le caractère essentiellement moral de sa méthode : fidèle à la tradition de Domat, il procède toujours du for intérieur, du tribunal de la conscience, du *juste en soi,* au droit positif. Il sera la source principale du CODE CIVIL pour les contrats, la meilleure partie de ce Code, et il en restera le meilleur commentaire.

1. Né à Liége en 1741.

énormes machines. Les caractères essentiels de Grétri et de ses rivaux sont le naturel, l'esprit vif et charmant, sans subtilité, sans emportement ni insolence de verve, la passion pénétrante, naïve et tendre. Il n'y a plus là rien d'une société corrompue. On croit sentir dans cet art rajeuni la fraîcheur d'un souffle printanier : c'est comme ces chants d'oiseaux qui, dans une des créations du grand symphoniste allemand, précèdent de si près les éclats de la tempête.

Un étranger, un Allemand, vient compléter la jeune école française en faisant vibrer des cordes plus sévères et en s'emparant du grand opéra. Gluck avait lutté longtemps contre l'insignifiance des canevas italiens; son génie tout dramatique ne se révèle que lorsqu'il a enfin trouvé des sujets dignes de sa pensée et un librettiste capable de le comprendre. « J'ai voulu, a-t-il écrit, réduire la musique à sa véritable fonction, celle de seconder la poésie pour fortifier l'expression des sentiments et l'intérêt des situations, sans interrompre l'action et la refroidir par des ornements superflus. Je pense qu'elle doit ajouter à l'action ce qu'ajoutent à un dessin correct et bien composé la vivacité des couleurs et l'accord de la lumière et des ombres, qui animent les figures sans en altérer les contours. » Il s'était imposé à l'Italie, très-contraire à ses principes, mais étonnée de sa grandeur. Il sent son affinité avec l'esprit français : il vient s'établir à Paris; il épouse notre langue, qu'il achève de relever des anathèmes de Rousseau (1774). La France accueille avec enthousiasme ce glorieux fils adoptif, ce Poussin de la musique; mais l'Italie, reprenant l'offensive, dispute la France à Gluck, ou plutôt à elle-même, sur le grand théâtre de Paris (1778), et la guerre des *gluckistes* et des *piccinistes*, du système français et du système italien, se prolonge chez nous jusqu'à la veille de la Révolution.

Grétri et Gluck avaient des génies bien différents, mais leurs vues étaient les mêmes. « Ma musique, écrivait Grétri, n'est pas aussi énergique que celle de Gluck; mais je la crois la plus vraie de toutes les compositions dramatiques : elle dit juste les paroles suivant leur déclamation locale. Je n'ai pas exalté les têtes par un superlatif tragique; mais j'ai révélé l'accent de la vérité que j'ai enfoncé plus avant dans le cœur des hommes. » Pour lui aussi, l'expression était tout : il ne pouvait se faire à l'idée de séparer un instant la musique des paroles ; dans les ouvertures mêmes et les ritournelles, il voulait qu'elle ne cessât pas d'avoir un rapport direct avec ce qui précédait ou ce qui allait suivre, et ses airs de danse même participent à l'action [1].

Le système français pur imposait sans doute de trop étroites limites à l'inspiration musicale : on a vu l'excès contraire dans cette école italienne qu'un éblouissant génie a fait triompher de nos jours et que l'esprit français n'a pas tardé à modifier de nouveau en se rapprochant de ce milieu qu'avait trouvé le grand Mozart.

Au point de vue philosophique, s'il fallait choisir entre les deux données exclusives, le doute ne serait pas permis. La question de système technique tient de trop près à la question de caractère moral. Gluck entend la musique comme les anciens Grecs ; sa verve austère présage celle qui fera retentir, non plus l'Opéra, mais les champs de bataille, des accents de nouveaux Tyrtées.

Le même esprit apparaît dans les arts plastiques. Si les Pigalle, les Falconet, tout en maintenant à la sculpture française une supériorité relative en Europe [2], ne lui donnent pas une impulsion bien déterminée, le mouvement est très-décidé dans l'architecture après 1760. On vise à la sévérité, à la simplicité des lignes antiques ; les formes contournées et fantasques, les ornements bizarres et maniérés, sont bannis. Pour citer des exemples, l'hôtel des Monnaies, les beaux édifices de la place Louis XV (Garde-Meuble et hôtel de la Marine), et, dans des proportions plus grandioses, sinon irréprochables, la Sainte-Geneviève ou Panthéon de Soufflot, attestent la profonde modification du goût, mais n'annoncent point encore le travers où donnera plus tard l'école classique, lorsqu'elle se mettra purement et simplement

1. Il dit déjà de Mozart ce qu'on doit dire plus tard de Beethoven et des autres Allemands du XIXe siècle ; « Il met la statue dans l'orchestre et le piédestal sur le théâtre. » V. sur Gluck et Grétri la *Biographie universelle*.

2. Les principaux ouvrages de Falconet furent commandés par des gouvernements étrangers. Le plus célèbre est le colosse équestre de Pierre-le-Grand, à Saint-Pétersbourg. — Pendant ce temps, la sculpture de genre et de buste gardait toute sa finesse et sa vérité : Houdon est le Delatour de la statuaire.

à calquer les temples grecs, comme s'il y avait en architecture un type absolu qui ne dût pas se transformer suivant les climats et les usages.

Même révolution dans la peinture. A la licence vulgaire de Boucher ont succédé la grâce spirituelle et voluptueuse de Fragonard et la sentimentalité bourgeoise de Greuse, qui transporte sur ses toiles le drame tel que l'appelait Diderot. Les paysagistes d'opéra, qui avaient gardé le *convenu* de Watteau sans sa poésie, disparaissent devant Joseph Vernet, le peintre de la mer ou du moins des ports de mer, modèle du talent sérieux, consciencieux, achevé, s'il n'est pas celui du génie naïf et inspiré [1].

Ce ne sont là que des préludes. La grande peinture historique, morte depuis plus d'un demi-siècle, va renaître avec un éclat extraordinaire. Par un jeu étrange de la Providence, c'est le petit-neveu du peintre du *Parc-aux-Cerfs* qui peindra la foudre éclatant sur les dômes de Versailles! Un jeune homme, d'une nature âpre et forte, parent, élève de Boucher, mais cherchant déjà par d'autres voies un but encore mal défini, est envoyé à Rome comme lauréat en 1775; il y trouve les études relevées sous l'influence de Winckelmann et de son *Histoire de l'art chez les anciens* (publiée en 1764). C'est là, sous le double courant de l'enthousiasme esthétique de Winckelmann et de l'enthousiasme républicain de Rousseau et de Mabli, que se forme Louis David. Les uns lui donnent ses sujets et son inspiration; l'autre lui donne sa forme et cette tendance à faire de la statuaire en peinture, comme les sculpteurs du commencement du xviiie siècle avaient fait de la peinture en statuaire.

Nous n'avons point à développer ici les mérites ni les défauts de ce grand artiste. L'auteur des *Horaces*, de la *Mort de Socrate*, de *Brutus*, du *Serment du jeu de paume*, de *Léonidas*, l'ordonnateur de ces fêtes imitées de l'antique que les souvenirs ne savent point assez dégager des circonstances terribles parmi lesquelles on les

---

1. Beaucoup de noms distingués sont à citer dans la peinture de genre : l'élégant Lancret; Desportes, habile peintre d'animaux; Chardin, excellent dans les scènes familières; Lépicié, portraitiste; Oudri, peintre de chasses; Bachelier, peintre de fleurs; Hubert Robert, le peintre des ruines romaines; Lantara; Loutherbourg, si vanté par Diderot. — L'invention du *rentoilage* par Picaut venait de fournir un grand secours pour sauver les anciens chefs-d'œuvre, menacés, altérés par le temps.

a célébrées, appartient à l'histoire de la France nouvelle. Nous n'avions ici à rappeler que ses origines.

Il nous faut revenir des beaux-arts à celle des régions philosophiques qui est la plus éloignée de la sphère du beau, à l'ÉCONOMIE POLITIQUE. Les philosophes dont nous avons jusqu'ici exposé les doctrines n'ont fait, comme les anciens, de l'économie sociale qu'une dépendance de la politique. L'école dont il nous reste à parler subordonnera, au contraire, la politique et tout le reste à l'économie, mais à une économie transcendante qui s'efforce d'identifier le juste et l'utile, les lois morales et les lois physiques. Les *physiocrates* sont la dernière phalange à passer en revue dans la grande armée de l'esprit français au xviiie siècle. Venus les derniers, ils seront appelés les premiers à expérimenter leurs doctrines, parce qu'ils sont ou paraissent les moins opposés, sinon au fond des choses existantes, du moins à la forme du pouvoir établi.

Durant de longs âges, tout ce qui concerne la formation et la distribution de la richesse a été livré à l'empirisme, à la routine, aux préjugés populaires, aux intérêts plus ou moins bien compris, plus ou moins mobiles, des gouvernements et des corporations industrielles, aux interprétations plus ou moins arbitraires des préceptes religieux. La science de la richesse n'avait pas même de nom parmi les connaissances humaines et l'on ne semblait pas soupçonner que cette sorte de phénomènes pût avoir des lois qui lui fussent propres. Les républiques commerçantes du moyen âge montrent les premières une certaine suite dans les règlements qui portent l'empreinte de leurs âpres rivalités; elles ébauchent le système protecteur, ou plutôt prohibitif, que leur emprunte la monarchie espagnole et qu'un ministre italien, le chancelier Birague, introduit de toutes pièces en France sous Catherine de Médicis. Sulli réagit avec force, au nom de l'intérêt agricole, contre une législation commerciale qui prohibe l'exportation des matières premières. Le mouvement *mercantile* a toutefois le dessus. L'opinion publique est pour lui, comme l'attestent les cahiers des États-Généraux de 1614. Le système, non plus de prohibition absolue, mais de droits différentiels, qui développe, par la protection de l'État, les manufactures et le commerce maritime, est en pleine vigueur au xvII° siècle avec Cromwell en Angleterre, avec Colbert en France. Les rivalités de commerce enveniment les vieilles rivalités politiques : l'antagonisme est partout. Le système mercantile a des fortunes diverses : sur trois grands états qui l'appliquent, l'Espagne se ruine, la France et l'Angleterre prospèrent. La Hollande, il est vrai, a réussi, de son côté, par le système de liberté que réclame son rôle de commissionnaire des nations.

Le commerce extérieur n'est qu'un des termes du problème de la richesse : si la France et l'Angleterre suivent les mêmes errements à cet égard, elles ont donné des solutions différentes à deux autres questions capitales : l'organisation intérieure de l'industrie et l'assiette de l'impôt. L'industrie, à peu près libre dans la constitution primitive des corporations du moyen âge, a été chez nous resserrée, parquée, garrottée toujours plus étroitement de siècle en siècle : seulement Colbert a cherché à faire tourner, au profit des intérêts nationaux et d'une perfection typique de fabrication les règlements restrictifs inventés par l'intérêt égoïste des artisans privilégiés et de la fiscalité royale. Il a réussi d'abord; mais, après lui, ses règlements restant immobiles pendant que les besoins et les goûts se modifient, l'instrument de progrès est bientôt devenu obstacle. Quant à l'impôt, nous n'avons eu que trop souvent à insister sur sa mauvaise assiette, sur son mode de perception bien pire encore et sur les iniques privilèges qui en concentrent le fardeau presque entier sur les classes inférieures. Colbert n'a pas été maître d'en changer le système, et toutes les améliorations pratiques qu'il y a introduites ont disparu avec lui. L'Angleterre, au contraire, à l'exemple de la Hollande, a relâché, puis brisé presque partout les chaînes industrielles du moyen âge : l'impôt, chez elle, mieux assis et mieux perçu, ne va point tarir la richesse publique à sa source, en écrasant le laboureur sur son sillon : les impôts de consommation sont moins vexatoires qu'en France; l'impôt foncier porte sur la propriété et non sur le travail. Le riche ne réclame pas le honteux privilége de rejeter sa part des charges publiques sur le pauvre.

Aussi l'Angleterre continue à s'enrichir, tandis que la France, une fois la brillante époque de Colbert éclipsée, languit, n'avance plus que lentement et à pas inégaux, et se laisse dépasser par sa rivale.

L'opinion publique, cependant, avait, dès longtemps, séparé la protection extérieure de la réglementation intérieure : les États-Généraux de 1614 avaient réclamé la liberté de l'industrie ; des doutes avaient été plus d'une fois émis, devant Colbert même, sur la valeur du système réglementaire et restrictif ; la tradition a conservé la réponse du négociant Legendre au grand ministre. « Que faut-il faire pour vous aider? — *Nous laisser faire.* » Peu d'années après, Bois-Guillebert proteste à la fois contre les règlements intérieurs et contre la protection extérieure : il montre que le système mercantile repose sur une base fausse quant au rôle attribué aux métaux précieux ; qu'il y a de grandes illusions dans ce qu'on nomme la *balance du commerce* ; qu'un état s'enrichit, non point en attirant et en retenant chez lui la plus grande quantité possible d'or et d'argent, mais en multipliant les fruits de la terre et les *biens d'industrie*, et en facilitant la consommation. Il soutient que la police des relations industrielles et commerciales appartient à la nature et non aux hommes ; en d'autres termes, que les phénomènes économiques doivent être absolument abandonnés à la libre concurrence des individus ; en même temps, il affirme que non-seulement tous les citoyens d'un même peuple, mais tous les peuples de la terre, sont solidaires d'intérêt ; que tout échange doit être également profitable aux deux parties ; qu'on ne peut vendre sans acheter ; qu'on ne peut léser autrui sans se léser soi-même. Loin de voir dans la concurrence le combat universel, il proclame ainsi, dans l'ordre économique, au nom des intérêts, la même loi de solidarité humaine que le christianisme et la philosophie proclament dans l'ordre moral au nom du devoir.

Ce génie singulier et hardi est le vrai père des économistes. Les deux principes essentiels auxquels se rattache toute l'école économique sans distinction de nuances, la substitution de la liberté à l'autorité dans les rapports individuels et de la solidarité à l'antagonisme dans les rapports internationaux, sont là révélés avec toute leur grandeur, toute leur vérité abstraite et tous leurs périls ; — péril, si l'on rend cette vérité exclusive d'autres vérités ; péril, si la liberté implique la négation des droits et des devoirs collectifs; péril, si la solidarité internationale désarme prématurément la nationalité au profit du cosmopolitisme.

Les théories générales de Bois-Guillebert, mêlées de beaucoup de bizarreries et d'erreurs historiques, ne sortent point d'abord d'un petit cercle d'esprits méditatifs : la théorie spéciale de Vauban sur l'impôt (abolition des priviléges, abolition de la plupart des impôts de consommation, impôt direct assis proportionnellement sur les revenus fonciers et autres,) se répand davantage; la théorie spéciale de Law sur le crédit, qui emporte avec elle toute une réorganisation de l'économie sociale, arrive jusqu'à l'épreuve de l'expérimentation, exalte, puis bouleverse la France; les idées de crédit sont balayées de chez nous pour longtemps par la réaction qui suit l'échec de cette tentative colossale, tandis que le crédit fonctionne heureusement en Angleterre, où il s'est introduit avec moins de fracas et de témérité. L'idée de la liberté industrielle n'est point entraînée dans cette déroute et gagne incessamment du terrain parmi nous, en même temps que les violentes révolutions survenues dans le domaine des valeurs conventionnelles rejettent les esprits vers la source inépuisable des richesses réelles, vers la terre, vers l'industrie du sol. Sur ces entrefaites, les doctrines de Bois-Guillebert sur le libre échange international et sur l'inanité de la balance du commerce et de l'accaparement des espèces métalliques, pénètrent chez quelques écrivains anglais, puis nous reviennent d'outre-mer avec les ouvrages de David Hume et de Josias Tucker. David Hume, métaphysicien, économiste et historien, réunit l'appel à la liberté avec la défense du luxe, qu'il soutient par un argument très-neuf et très-spécieux : « Ce sont, dit-il, les arts de luxe qui ont enfanté la classe industrieuse et commerçante, la bourgeoisie, et c'est la bourgeoisie qui a pris l'initiative des réformes, et qui les a fait prévaloir malgré l'aristocratie. » Il réfute très-bien la vieille maxime : « Le profit de l'un fait le dommage de l'autre! » et démontre qu'une nation commerçante a plus d'intérêt à être entourée de nations riches que de nations pauvres, « par la même raison qu'on peut faire de meilleures affaires avec un homme opulent qu'avec un homme sans ressources [1]. »

---

1. D. Hume, *Essai sur le commerce*, etc.

Le nombre des penseurs qui se préoccupent de ces problèmes va croissant parmi nous. Le moment est venu où l'esprit systématique du xviiie siècle et de la France doit inévitablement s'en emparer pour s'efforcer d'en faire une science méthodique et positive. Deux hommes puissants par le caractère, par l'énergie des convictions, et favorisés par leur position dans la société, prennent la direction du mouvement. L'un est l'intendant du commerce Vincent de Gournai, l'autre est le docteur Quesnai, médecin du roi. Gournai, habile et loyal négociant avant de devenir membre du bureau du commerce, n'est arrivé à la théorie que par une longue pratique des faits; c'est en vivant, comme témoin et acteur, à travers les mille accidents et les variations incessantes du commerce extérieur et intérieur, qu'il a cru reconnaître « des lois uniques et primitives, fondées sur la nature même, par lesquelles toutes les valeurs existant dans le commerce se balancent entre elles et se fixent à une valeur déterminée, comme les corps abandonnés à leur propre pesanteur s'arrangent d'eux-mêmes suivant l'ordre de leur gravité spécifique [1]. » Si la nature règle les relations économiques par des lois nécessaires, l'homme ne doit point intervenir par des lois arbitraires : Laisser faire et laisser passer.

Laissez faire et laissez passer ! c'est-à-dire, plus de règlements qui enchaînent la fabrication et font du droit de travailler un privilége : plus de prohibitions qui empêchent les échanges; plus de droits excessifs et multipliés qui entravent la circulation et restreignent la consommation; plus de tarifs qui fixent les valeurs des denrées et des marchandises. Le blé est une marchandise comme une autre : il doit circuler et sortir librement. L'argent est une marchandise comme une autre : les conditions du prêt d'argent, les conventions qui règlent l'intérêt, doivent être libres; l'État ne doit pas plus tarifer l'argent que les autres matières négociables; il ne doit travailler à faire baisser l'intérêt qu'indirectement, en évitant d'augmenter, par ses propres emprunts, le nombre des demandeurs de capitaux.

La liberté, le *laissez-faire,* est-ce la négation absolue de l'action

---

1. Turgot, *Éloge de Gournai.*

publique, de l'intervention de l'état en matière d'industrie et de commerce? Ce n'est point la pensée de Gournai, qui approuve fort les encouragements, les récompenses, les primes. L'état ne doit pas entraver; mais il ne lui est nullement interdit d'exciter et d'aider, d'éclairer et de soutenir la libre activité des citoyens. Hommes d'état, donnez des lumières, donnez un appui aux hommes de travail, mais laissez chacun user comme il l'entend de ces lumières et de cet appui. L'intérêt des particuliers étant le même que l'intérêt général et tout homme connaissant mieux son propre intérêt qu'un autre homme, à qui cet intérêt est indifférent, l'intérêt général sera mieux servi par la libre activité individuelle des intéressés que par la direction insouciante ou arbitraire des agents de l'état. Le régime de liberté saura, beaucoup mieux que le régime restrictif, accroître la richesse publique et prévenir les variations brusques et violentes dans le prix des denrées nécessaires, variations qui sont si douloureuses pour les peuples et si dangereuses pour les gouvernements. Le système restrictif et réglementaire est également préjudiciable à l'état et au plus grand nombre des citoyens; car il met le pauvre à la merci du riche. La liberté générale de fabriquer, d'acheter et de vendre est le seul moyen d'assurer, d'un côté, au vendeur, un prix capable d'encourager la production, de l'autre, au consommateur, la meilleure marchandise au plus bas prix compatible avec la juste rémunération du producteur.

Tels étaient les principes que propagea puissamment M. de Gournai, non point par ses écrits, car il n'a publié aucun ouvrage original[1], mais par sa parole et par son action personnelle. Le chef du bureau du commerce, son supérieur hiérarchique, M. Trudaine[2], était gagné à ses doctrines, l'aidait à en essayer quelques applications partielles et prudentes, et l'autorisait à les répandre au sein des administrations provinciales et des classes

---

1. On ne possède de lui que deux traductions d'ouvrages anglais, mais il a inspiré de nombreux écrits contre les entraves de l'industrie. Parmi les publicistes à sa suite, on remarque le nom de *Roland de la Platière*, inspecteur des manufactures, auteur de l'article *Maîtrises*, dans l'*Encyclopédie* : c'est le futur ministre et martyr de la Révolution.

2. C'est sous Trudaine, directeur des ponts et chaussées, que furent construits les ponts d'Orléans, de Tours, de Saumur, de Moulins.

commerçantes et industrielles, dans les tournées fécondes qu'il
fit de province en province durant plusieurs années. Ce fut dans
un de ces voyages qu'il provoqua l'établissement de la Société
bretonne pour le perfectionnement de l'agriculture, de l'industrie et du commerce (1756), société dont l'exemple fit surgir un
grand nombre d'associations analogues dans le reste de la France[1].
Gournai mourut prématurément, à quarante-sept ans, en 1759,
et la postérité eût pu méconnaître l'importance du rôle qu'il
avait rempli, si ses mérites n'eussent été mis en pleine lumière
et ses vues excellemment résumées par l'homme illustre qui
devait tenter de les réaliser en grand et qui avait été, tout jeune
encore, le compagnon de ses voyages et de son apostolat économique, par Turgot.

M. de Gournai, quoiqu'il eût l'esprit généralisateur à un très-
haut degré, avait été surtout l'homme pratique. Le théoricien,
l'organisateur systématique de la science nouvelle, fut le médecin
François Quesnai. Gournai et lui avaient marché, d'abord séparément, puis de concert, dans des voies parallèles, mais non pas
identiques. Les origines de Gournai étaient commerciales : celles
de Quesnai[2], agricoles. Bien que fils de jurisconsulte, Quesnai
avait été élevé en paysan, et le goût de la campagne, la préoccupation des intérêts ruraux, l'avaient suivi constamment dans la
carrière où il avait été engagé par d'autres penchants et d'autres
aptitudes. La chirurgie fit sa fortune : il aida son célèbre confrère La Peironnie à tirer leur art de la condition subalterne où
le retenaient les médecins; secrétaire perpétuel de l'académie de
Chirurgie fondée en 1731 à l'instigation de La Peironnie, auteur
de très-bons ouvrages de pathologie, il pratiqua avec un égal
succès la chirurgie et la médecine, et, devenu premier médecin
du roi et médecin de madame de Pompadour, il profita des fonctions qui lui donnaient accès dans l'intimité du roi et de la favorite pour ouvrir à ses doctrines économiques l'oreille des maîtres
de la France. Ce fut une existence bien singulière que celle de
cet homme simple, droit, ouvert et absolu, parmi tous ces types

1. Sociétés de Tours, de Paris, de Lyon, de Montauban, etc.; 1761.
2. Né à Mérei, près Montfort-l'Amauri, le 4 juin 1694.

de corruption et de mensonge qui peuplaient Versailles. Louis et sa maîtresse l'aimaient autant qu'ils pouvaient aimer quelque chose : il leur plaisait par le contraste avec les autres et avec eux-mêmes. Louis, si mal disposé pour tout le reste des philosophes, appelait Quesnai son *penseur*[1], l'écoutait volontiers et, chose rare chez lui, ne l'écoutait pas sans fruits, comme l'attestent des édits royaux dont nous parlerons plus tard et qui furent dus à l'influence personnelle de Quesnai, autant qu'aux avis de ce bureau du commerce dont Gournai était l'âme : ces fruits, il faut le dire, ne tardèrent pas à être empoisonnés par la dépravation de Louis et de son entourage. Le côté politique du système de Quesnai explique la différence que faisait Louis entre les économistes et le reste des novateurs. Quesnai prétendait consolider le *trône* et ne touchait pas à *l'autel*.

Ce n'est pas certes qu'il soit un novateur timide : aucun ne manifeste une semblable intrépidité de certitude dans les conceptions de son cerveau ; aucun n'a des ambitions aussi colossales. Cet apôtre du *gouvernement physique* est le dogmatique le plus abstrait, comme le plus tranchant, de son siècle. Ce théoricien de la richesse matérielle s'est formé l'esprit en étudiant le spiritualisme transcendant de Malebranche !

C'est qu'il ne prétend point fonder la science spéciale de la richesse, mais la science générale dont relèvent toutes les autres, la science de la vie sociale et des relations humaines. La science de la richesse n'est pour lui qu'une dérivation de la connaissance du droit naturel. C'est toute une philosophie sociale qu'il veut asseoir sur la connaissance des lois naturelles qui régissent les rapports de l'homme avec la matière et de l'homme avec l'homme relativement à la matière.

La société humaine est un fait nécessaire ; la Providence lui a assigné des lois nécessaires, du moins des lois qu'elle ne peut transgresser sans se blesser elle-même. L'utile et le juste sont identiques pour toute société : la morale et l'intérêt, le droit et

1. Il lui donna des lettres de noblesse, avec trois fleurs de *pensée* pour blason, et la devise : *Propter cogitationem mentis*. C'était, du reste, un anachronisme dans le fond et un assez mauvais jeu de mots dans la forme. V. des détails curieux sur Quesnai dans madame du Hausset.

le devoir, sont essentiellement unis[1]. La mission du gouvernement, de l'autorité, est, non pas de *faire* des lois, mais de *déclarer*, de proclamer les lois nécessaires et naturelles, et d'en assurer le maintien. L'*évidence* est le principe qui doit conduire gouvernants et gouvernés, c'est-à-dire qu'on peut rendre les lois naturelles tellement évidentes, que la société ne puisse plus supporter de lois arbitraires[2]. L'enseignement public est le grand moyen d'initier les hommes à l'*évidence* : l'enseignement est le premier devoir de l'État, le devoir fondamental.

Mais quelles sont ces lois naturelles et nécessaires?

Le droit naturel est le droit que l'homme a aux choses propres à sa jouissance. — L'ordre naturel est la constitution physique que Dieu même a donnée à l'univers, et par laquelle tout s'opère dans la nature. — Les lois naturelles sont les conditions essentielles auxquelles les hommes sont assujettis pour s'assurer tous les avantages que l'ordre naturel peut leur procurer[3]. De ces lois dérivent la société et les règles de la société. Le droit naturel de l'homme est, en fait, augmenté et non diminué par la société. — L'ordre naturel social fonde sur l'expérience incontestable du bien et du mal physique la connaissance *évidente* du bien et du mal moral, du juste et de l'injuste par essence. — L'ordre légitime consiste dans le droit de possession assuré et garanti, par la force d'une autorité tutélaire et souveraine, aux hommes réunis en société.

Le droit naturel aboutit donc directement au principe de la propriété et s'y résume tout entier.

La propriété a trois phases engendrées légitimement l'une de

---

1. « Pas de droits sans devoirs, pas de devoirs sans droits, » dit très-bien Lemercier de La Rivière, un des principaux disciples de Quesnai.

2. « On peut réduire à une science *physique*, exacte, *évidente* et complète, celle du droit, de l'ordre, des lois et du gouvernement naturel. » — *Physiocratie*, t. Ier ; 1767 ; *Discours* de l'éditeur (Dupont de Nemours), qui a réuni, sous le titre de *Physiocratie*, ou Gouvernement de la Nature, les principaux écrits de Quesnai. — La *Physiocratie* a été rééditée dans la collection des Économistes; Guillaumin, 1846.

3. Les lois naturelles sont ou physiques ou morales. « On entend par loi physique le cours réglé de tout événement physique de l'ordre naturel *évidemment* le plus avantageux au genre humain. On entend par loi morale la règle de toute action humaine de l'ordre moral conforme à l'ordre physique *évidemment* le plus avantageux au genre humain. » Quesnai, *Droit naturel*; ap. Physiocrates, Ire part., p. 52; Guillaumin, 1846.

l'autre : 1° propriété *personnelle,* identique à la liberté, ou propriété des facultés que nous a données la nature et qui sont l'instrument de travail nécessaire à notre conservation ; 2° propriété mobilière, ou propriété des objets consommables acquis par notre travail ; 3° propriété foncière, appropriation du sol qui produit les objets consommables, acquise par les avances de défrichement et par la culture continue. L'appropriation du sol rentre, comme les deux autres espèces de propriétés, dans les lois naturelles, en ce sens qu'étant plus productive que la propriété collective, elle était nécessaire pour assurer aux sociétés le plus grand développement dont elles soient susceptibles [1].

L'appropriation individuelle augmente beaucoup sans doute l'inégalité que la nature a mise entre les hommes ; mais l'inégalité des conditions ne blesse pas l'*ordre de la justice par essence.* « La loi de la propriété est bien la même pour tous les hommes. Les droits sont tous d'une égale *justice,* mais ils ne sont pas tous d'une égale *valeur,* parce que leur valeur est totalement indépendante de la loi. Chacun acquiert en raison des facultés qui lui donnent les moyens d'acquérir ; or, la mesure de ces facultés n'est pas la même chez tous les hommes [2]. » En d'autres termes, l'égalité que réclament les lois naturelles, c'est l'égalité des droits et non l'égalité des biens.

La société, une fois fondée sur la propriété, comment s'organise-t-elle? comment se gouverne-t-elle?

La terre produisant au delà de ce qui est nécessaire à la subsistance de celui qui la cultive, et certains des propriétaires ayant en outre accru leur portion du sol par héritage, par achat, etc., ils ont pu cesser de cultiver eux-mêmes et confier la culture de leurs terres à d'autres citoyens moyennant le partage des fruits. D'autres encore, n'étant ni propriétaires, ni cultivateurs, se sont mis à manipuler, à transformer, à faire circuler les produits du sol pour l'usage des propriétaires et des cultivateurs, et donnent

---

1. « Le bonheur de l'espèce humaine consiste dans la multiplicité de ses jouissances. Pour rendre les jouissances communes, il faut que les propriétés soient exclusives. » *Abrégé des principes de l'Économie politique,* 1772 (attribué au margrave Ch. Fr. de Bade); ap. *Physiocrates,* Ire part., p. 368.
2. Lemercier de La Rivière, *Ordre naturel et essentiel des sociétés politiques,* ch. II.

leur industrie en échange de leur subsistance. Il s'est donc formé trois classes : 1° la classe productive, ou des cultivateurs ; 2° la classe propriétaire ou *disponible*, disponible pour les études libérales, les fonctions publiques, etc.; 3° la classe *stérile*, ou des artisans et des trafiquants, stérile, non pas qu'elle soit inutile, mais parce que, la terre seule étant productrice de richesse, le travail des artisans et des commerçants ne sert qu'à conserver la richesse produite et n'y ajoute point de richesse nouvelle.

La terre seule étant productrice de richesse, les charges publiques ne doivent être assises que sur le produit de la terre. Mais il faut distinguer, dans ce produit, le revenu brut et le revenu net, ce que n'a pas fait M. de Vauban dans sa *Dîme royale*. Du revenu brut, il faut déduire les frais de culture et d'amélioration du sol, la subsistance du laboureur et de ses aides, et sa juste rémunération. Reste le revenu net du propriétaire, seul revenu disponible qui existe dans la société. C'est sur ce revenu net ou rente foncière que doit porter exclusivement l'impôt. L'impôt levé sur les autres classes retombe toujours finalement sur le propriétaire, qui touche un moindre revenu si le fermier est appauvri, et le mauvais système de perception crée, dans ce cas, une nouvelle classe non plus seulement stérile, mais nuisible et parasite, la classe des financiers et des agents fiscaux. Il ne doit pas se faire de fortunes financières dans l'administration de l'impôt. Le crédit des financiers est une mauvaise ressource pour l'état, qui doit subsister par l'impôt et non par l'emprunt. Les fortunes pécuniaires sont des richesses clandestines qui ne connaissent point de patrie.

L'état, le souverain, est copropriétaire du revenu net avec les propriétaires particuliers : c'est à la raison, à l'*évidence*, à fixer la part qui lui revient légitimement sans léser les particuliers. Les cultivateurs doivent disposer à peu près des trois cinquièmes du revenu brut, deux cinquièmes pour leurs frais, leurs reprises, leurs agents agricoles, et un cinquième pour solder les travaux de la classe stérile qui leur sont nécessaires. Les deux cinquièmes restants forment le revenu net à partager entre les propriétaires et l'état.

La part de l'état soldée, les droits du propriétaire sont illimités sur l'usage du reste de son revenu[1] et sur la disposition de sa terre, de même que les droits du cultivateur, de l'artisan, de tout homme en général, sont illimités sur les fruits de son travail, qui sont sa propriété *mobilière*, et sur l'emploi de ses facultés, qui sont sa propriété *personnelle*. Toute entrave au travail, à l'industrie, au commerce, est une violation des lois naturelles, des lois de Dieu!

Le rétablissement des lois naturelles aura pour conséquence d'accroître le revenu net du propriétaire et les reprises du cultivateur, de diminuer les profits des chefs d'industrie et des commerçants, élevés artificiellement par le système protecteur, et d'abattre les industries factices au bénéfice des industries naturelles, de celles pour lesquelles la nature a doué chaque pays d'une aptitude spéciale.

Le gouvernement ne doit favoriser que les dépenses *productives* et le commerce des denrées du cru. Les travaux de main-d'œuvre et d'industrie pour l'usage de la nation ne sont qu'un objet dispendieux et non une source de revenu. Ils ne peuvent procurer de profit dans la vente à l'étranger qu'aux seuls pays où la main-d'œuvre est à bon marché par le bas prix des denrées, condition fort désavantageuse au produit des biens-fonds, et par conséquent au revenu net et à l'état.

Il faut songer à l'accroissement des revenus plus qu'à l'accroissement de la population. Ce sont moins les hommes que les richesses qu'on doit attirer dans les campagnes; car, plus on emploie de richesses à la culture, moins elle occupe d'hommes, plus elle prospère et plus elle donne de revenu. La culture ne prospère que par les grandes exploitations et les riches fermiers.

---

1. Toutefois, il manque à un devoir essentiel, s'il thésaurise, s'il laisse dormir son argent au lieu de le faire rentrer dans la circulation annuelle, ou s'il l'emploie à des dépenses de fantaisie, au *luxe de décoration*, tant qu'il reste à faire des dépenses utiles à l'accroissement du capital social, car « l'augmentation des capitaux est le principal moyen d'accroître le travail, et le plus grand intérêt de la société. L'argent, en réalité, appartient, non aux particuliers, mais aux besoins de l'état, à la nation : personne ne doit le retenir. » C'est le langage de Law; mais la pensée diffère en ceci que, là où Law voyait un droit de contrainte dans la main de l'état, Quesnai voit seulement un devoir moral pour le particulier. — *Maximes générales du gouvernement économique d'un royaume agricole;* ap. *Physiocrates,* Ire part., p. 94.

Les lois naturelles et nécessaires déterminent, non-seulement le fond de l'organisation sociale, mais la forme du meilleur gouvernement, du gouvernement fait pour l'homme et propre à tous les climats et à tous les peuples. La nécessité de protéger la propriété personnelle et mobilière oblige, dès l'origine des sociétés, à établir des chefs, des magistrats ; mais le gouvernement *économique*, le gouvernement normal, ne s'établit qu'avec la propriété foncière, qui donne à la société de bien plus grands intérêts à défendre et lui fait sentir le besoin d'une autorité plus concentrée et plus forte. L'autorité tutélaire et souveraine (Quesnai et ses disciples emploient le terme de *souverain* dans la vieille acception et confondent, comme les publicistes antérieurs à Rousseau, le souverain avec le gouvernement), l'autorité souveraine doit être unique, c'est-à-dire réunir le législatif et l'exécutif. Point de *contre-forces* (de distinction ou de balance des pouvoirs). Point d'aristocratie. La division des sociétés en différents ordres de citoyens, dont les uns exercent l'autorité souveraine sur les autres, détruit l'unité de la nation et substitue les intérêts de classes à l'intérêt général, qui est la prospérité de l'agriculture. Le souverain doit être investi d'une autorité *despotique* pour transformer les lois de *l'évidence* en lois positives et en assurer l'exécution. Seulement, les magistrats ont charge d'examiner si les ordonnances du souverain sont conformes à l'*évidence*, et les magistrats eux-mêmes doivent être surveillés par l'*évidence publique*. Chez une nation éclairée par une bonne instruction publique sur les lois naturelles de l'ordre, le gouvernement ne voudrait ni ne pourrait vouloir établir des lois positives nuisibles à la société et au souverain même. S'il le faisait, il y aurait égarement d'esprit : ni les magistrats ni le peuple ne devraient obéir.

Quesnai et ses disciples ne disent pas, mais il résulte implicitement de leurs principes que, dans ce cas, si le souverain s'obstinait, il serait suspendu de fait, et que le pouvoir passerait à son héritier, le pouvoir souverain, selon les physiocrates, devant être héréditaire, afin que tous les intérêts présents et futurs de son dépositaire soient intimement liés avec ceux de la société par le partage proportionnel du produit net. Là où régnerait l'*évidence*, toutes les garanties politiques, à commencer par l'élection, seraient en effet superflues.

Nous avons tâché d'indiquer en quelques pages, d'après le chef de l'école et ses commentateurs, les lignes principales de la science nouvelle à laquelle Quesnai applique le titre, jusqu'alors vague et flottant, d'*économie politique*[1], et qui, absorbant la politique et la morale, est pour lui la science par excellence.

On ne peut se défendre d'une profonde impression, mêlée de sentiments bien divers, devant le vaste et audacieux édifice élevé par cet esprit puissant. On est étourdi, troublé par cet amalgame de vues neuves et sublimes, de hautes vérités, de conjectures hasardeuses, de données arbitraires ou même chimériques, transformées en dogmes prétendus *évidents*. On sent que tous les combats économiques de l'avenir auront lieu dans la lice ouverte par Quesnai, comme tous les combats de la métaphysique se sont livrés et se livreront sur le terrain de Descartes.

Si l'on tâche de démêler cette première impression, de juger après avoir senti, on reconnaît, d'une part, que la théorie nouvelle n'est autre chose que le principe fondamental de Montesquieu : « Les lois sont les rapports nécessaires qui dérivent de la nature des choses, » développé au point de vue spécial de la liberté humaine appliquée à l'appropriation de la matière et à l'organisation économique ; de l'autre part, on voit, en face du *Contrat social* de Rousseau, s'élever une conception différente du pacte primitif[2] : c'est la société fondée immédiatement sur le droit individuel, et non sur cette aliénation de chacun à tous, posée à la base par Rousseau. On a nommé la loi chrétienne la *loi de grâce* : la loi des économistes est la *loi de justice*. A chacun son droit. Les économistes repoussent l'opposition établie par

---

1. Littéralement : *loi de la maison politique*, loi sociale.

2. Le terme de *lois naturelles et nécessaires*, employé par les économistes, semble impliquer la négation du *Contrat social*; mais ce terme dépasse leur véritable pensée ; il s'agit pour eux de *nécessité* morale, et non de fatalité, puisqu'ils avouent que la société *primitive*, avant l'établissement de la propriété foncière, était bonne, mais seulement moins bonne que la société où l'appropriation est établie. C'est donc pour obéir librement à la loi providentielle du progrès que les hommes ont passé d'une forme de société à une autre. V. Dupont de Nemours ; *Physiocratie*, *Discours de l'éditeur*.

Rousseau entre l'état de nature et l'état social : l'un est pour eux la dérivation naturelle et nécessaire de l'autre.

Cette différence dans le point de départ doit se retrouver dans la définition du principe de propriété. Rousseau, tout en le reconnaissant pour le fondement de la société, le fait procéder des lois positives, sans nier qu'il ait son origine indirecte dans la sociabilité naturelle à l'homme; les économistes le rattachent directement aux lois naturelles. C'est au moment où commence contre le principe de propriété une guerre destinée à se renouveler plus habile et plus opiniâtre, plus passionnée et plus subtile tour à tour durant plusieurs générations, que ce principe est affirmé avec une énergie dogmatique et une précision mathématique sans exemple, en sorte que la défense se proportionne d'avance à l'attaque. Les économistes donnent la théorie de ce que le protestantisme avait puissamment mis en pratique. Les nations protestantes avaient développé simultanément l'individualité humaine et la propriété, et montré ainsi de fait que l'un est l'appendice de l'autre, comme devaient l'enseigner les économistes. Le développement agricole antique avait coïncidé avec l'établissement de la propriété foncière; le développement industriel moderne coïncide avec le nouveau mouvement du principe de propriété dû à l'individualisme, ou, pour mieux dire, à la liberté protestante, principe poussé un moment jusqu'à cette exagération de nier le droit d'expropriation pour utilité publique. Les peuples protestants sont certainement ceux chez lesquels la propriété est le plus solidement assise, et, avec elle, la famille. La propriété avait été, en général, imparfaitement reconnue et faiblement respectée par les puissances laïques ou ecclésiastiques dans les états catholiques; nous avons cité à cet égard les maximes de Louis XIV, qui n'ont pas besoin de commentaire.

Les économistes se relient également, quant au principe de propriété, à une tradition plus ancienne, à la tradition du peuple essentiellement *juridique* et *propriétaire,* du peuple romain. Comme Montesquieu, comme Rousseau, comme Mably, ils ont aussi le pied dans l'antiquité républicaine; mais ils y entrent par une autre porte. C'est précisément cette partie de leurs doctrines, celle qui se rattache à l'esprit de la propriété romaine, qui triomphera la première dans le mouvement de 89 et dans le Code civil, sorti de ce mouvement.

L'origine des erreurs qui obscurcissent les grands horizons qu'ils ont ouverts n'est pas difficile à pénétrer. C'est la confusion qu'ils font de l'absolu et du relatif, du nécessaire et du meilleur, de l'évident et du probable, de la perfection et de la perfectibilité. Ils saisissent un instant la loi du progrès, puis la perdent en voulant la fixer dans les faits sous une forme immuable. Quoi de plus téméraire que de prétendre réaliser une fois pour toutes le *gouvernement de la nature*, les *lois nécessaires*, l'*évidence?* Il n'y a que Dieu qui sache pleinement la *physiocratie*. Dieu n'a donné à l'homme que la faculté d'entrevoir successivement ce qu'il lui faut de lumière pour avancer pas à pas dans sa longue route à travers les âges. Les économistes ont eu la gloire d'apercevoir de grandes lois, mais ces lois sont destinées à s'appliquer non point à des phénomènes purement physiques, mais à des êtres libres et passionnés ; elles sont, de plus, destinées à se combiner dans le monde réel avec d'autres lois non moins essentielles, avec les lois qui partagent le genre humain en nationalités distinctes. Tout incontestable que puisse être leur évidence abstraite, leur application, modifiée par des éléments d'une autre nature, ne peut donc jamais s'opérer que selon les règles toutes contingentes de la probabilité. Il est chimérique de prétendre appliquer l'*évidence* au gouvernement et d'en chercher le type absolu [1], quand les philosophes politiques les plus hardis, Rousseau lui-même, reconnaissent le gouvernement modifiable selon les temps et les lieux. La politique des économistes est l'anéantissement de toute science, de toute expérience politique : les admirables études de Montesquieu et de Rousseau sont pour eux non avenues ; leur formule de gouvernement, dans son inconcevable naïveté, se résume en quatre mots : le despotisme tempéré par une maison de fous. Despotisme fort différent, il faut en convenir, de celui de Louis XIV et de tous les despotes connus ; car,

---

1. Ce type, suivant eux, est réalisé depuis quatre mille ans à la Chine, et ils comptent qu'une *grande impératrice* va en offrir un second exemple en Russie ! V. Dupont de Nemours : *Origine et progrès d'une science nouvelle*; ap. *Physiocrates*, Ire partie, p. 364.

pour eux, une fois le *gouvernement de l'évidence* bien défini et bien constitué, le prince qui porterait une atteinte quelconque à la propriété, ce qui comprend la liberté individuelle dans toutes ses applications, ce prince serait *évidemment* fou et n'aurait plus droit à l'obéissance.

Il y a, dans leur *despotisme rationnel*, plus qu'un abus de logique : il y a manque de logique. Ils sont certainement entraînés, à leur insu peut-être, et par les vieilles habitudes monarchiques et par le désir de gagner le pouvoir établi ; car, s'ils eussent raisonné en toute indépendance et en toute rigueur, ils fussent arrivés non point au despotisme, mais à la liberté politique illimitée, ou, pour mieux dire, à l'*anarchie*, dans le sens étymologique du mot. A quoi bon un gouvernement, si l'on est en possession de l'*évidence?* si la *raison pure* règne parmi les hommes? Il suffit d'écoles pour initier à l'*évidence* les jeunes générations, et d'une maréchaussée pour mettre hors d'état de nuire les fous qui attenteraient à l'*évidence*. Des économistes éminents de la période suivante, plus conséquents que Quesnai, que Dupont de Nemours ou que Lemercier de la Rivière, arrivèrent, en effet, sinon à cette extrémité, du moins à considérer le gouvernement comme un *mal nécessaire* dont il faut restreindre l'action dans les plus étroites limites possibles. Ce sont les propres termes de Jean-Baptiste Say.

C'est encore par la confusion de l'absolu et du relatif, par la recherche exclusive d'un seul côté de la vérité, que les économistes, qui tout à l'heure proclamaient le despotisme, au moins dans les mots, arrivent à méconnaître les droits et les intérêts de l'État. « S'imaginer, dit Turgot, qu'il y a des denrées que l'État doit s'attacher à faire produire à la terre plutôt que d'autres ; qu'il doit établir certaines manufactures plutôt que d'autres, et, en conséquence, prohiber certaines productions, en commander d'autres... Établir certaines manufactures aux dépens du Trésor public, accumuler sur elles les priviléges, les grâces, c'est se méprendre grossièrement sur les vrais avantages du commerce ; c'est oublier que, nulle opération de commerce ne pouvant être que réciproque, vouloir tout vendre aux étrangers et ne rien acheter d'eux est absurde. On ne gagne à produire une denrée plutôt qu'une autre qu'autant que cette denrée rapporte, tous frais déduits, plus d'argent à celui qui la fait produire à sa terre ou qui la fabrique. Ainsi, la valeur vénale de chaque denrée, tous frais déduits, est la seule règle pour juger de l'avantage que retire l'État d'une certaine espèce de productions; par conséquent, toute manufacture dont la valeur vénale ne dédommage pas avec profit des frais qu'elle exige n'est d'aucun avantage; et les sommes employées à la soutenir, malgré le cours naturel du commerce, sont un impôt mis sur la nation en pure perte [1]. »

Ces principes sont très-vrais abstractivement au point de vue économique; mais, l'économie devant nécessairement se combiner avec la politique, leur application littérale peut être erronée et périlleuse dans certains cas. L'État peut avoir intérêt à ne pas dépendre d'un autre État pour certaines denrées ou marchandises, et il se peut qu'en augmentant sa sécurité par les mesures qu'il prend pour assurer la production nationale de ces marchandises, il doive indirectement de bons résultats économiques à des mesures contraires aux principes généraux de l'économie. L'État fait également une mauvaise opération économique, quant au produit direct, en établissant de certaines manufactures dispendieuses, mais, si ces manufactures développent le goût et donnent à l'industrie libre une impulsion et des exemples utiles, l'État y retrouvera son avantage. De même encore, un grand État doit s'assurer une marine à tout prix : si des droits différentiels lui sont momentanément nécessaires, il fait bien de les établir ou de les maintenir.

Sur les questions capitales de la richesse, de l'impôt et de la hiérarchie des classes sociales, les économistes s'égarent en tirant, par une déduction spécieuse et subtile, d'un axiome banal des conséquences arbitraires. De ce que la terre, fécondée par le travail de l'homme, serait la source de toute richesse [2], conclure que l'industrie n'ajoute point de valeur à cette valeur première, que la classe industrielle et commerçante est stérile, et que l'impôt ne

---

1. *Éloge de Gournai*; ap. *OEuvres* de Turgot, t. Ier, p. 274; Guillaumin, 1844.
2. Il faudrait dire la *matière* et non la *terre*, car l'axiome est faux, pris au pied de la lettre. La pêche est source de richesse aussi bien que *labourage* et *pâturage*.

doit être assis que sur la rente foncière, ce serait, en réalité, sacrifier cette propriété terrienne, que l'on glorifie, à cette industrie que l'on ravale. Le revenu net, dans la langue commune, dans la langue du bon sens, ce n'est pas la rente foncière, c'est tout revenu, tout profit qui excède les frais du travail, en comprenant dans les frais la subsistance du travailleur. Le revenu net, quelle que soit son origine, peut être légitimement soumis à l'impôt [1]. Quant à la distinction de classe productive et de classe stérile, une seule observation suffit à en montrer tout le chimérique : l'homme qui achète et l'homme qui conduit la charrue appartiendraient à la classe productive; l'homme qui la fabrique, à la classe stérile ! Quesnai et toute l'école rétrogradaient fort en deçà de Gournai, qui avait donné sur ces matières des définitions parfaitement saines. « Les seules richesses réelles de l'État, disait-il, sont les produits annuels de ses terres et de l'industrie de ses habitants. — Un ouvrier qui a fabriqué une pièce d'étoffe a ajouté à la masse des richesses de l'État une richesse réelle. — La somme que l'État peut employer annuellement à ses besoins est toujours une partie aliquote de la somme des revenus qui sont annuellement produits dans l'État, et la somme de ces revenus est composée du revenu net de chaque terre et du produit de l'industrie de chaque particulier [2]. »

Gournai, cependant, chose singulière ! avait été amené à partager l'opinion de Quesnai, que les impôts sont toujours, en dernière analyse, payés par le propriétaire foncier et que l'impôt devrait être exclusivement reporté sur le fonds. Il n'était pas conséquent avec sa doctrine sur la réalité des richesses produites par l'industrie. Ce ne fut pas dans l'école économique française que cette inconséquence fut redressée : l'honneur en appartint à un étranger, à l'illustre Adam Smith : le philosophe écossais, adopté par les économistes français de la génération suivante, fit voir le principe de la valeur dans le travail de l'homme, appliqué

---

1. Il n'est pas exact de dire que le détenteur de capitaux mobiliers saurait *toujours* retrouver, dans la hausse du loyer de son argent, la compensation de l'impôt que lui demanderait l'État. Le capitaliste ne fait pas *toujours* la loi à l'emprunteur, pas plus que l'entrepreneur ne fait *toujours* la loi au salarié. Cela dépend d'une proportion variable entre l'offre et la demande.

2. *Éloge de Gournai*; ap. *OEuvres* de Turgot, t. Ier, p. 266, 273, 274.

immédiatement ou non au sol, rétablit en principe, dans la science nouvelle, l'égale fécondité des diverses applications du travail et la légitime participation des diverses sortes de revenus aux charges de l'État, admit enfin, dans de certaines limites, la modification des principes économiques par la raison d'État [1].

Quesnai et ses disciples avaient encore professé des maximes dangereuses sur la grande culture, sur le commerce extérieur, sur le salaire. Ils vantent la grande culture exclusive et le système du minimum de bras, et ce système a dépeuplé les campagnes anglaises pour entasser des populations immenses dans les villes! Ils prétendent que le commerce extérieur et maritime ne profite point à la nation, que les richesses des commerçants ne sont pas des richesses nationales, et les commerçants anglais ont dix fois sauvé l'Angleterre par leurs richesses! L'intérêt social n'est pas tant de tirer du sol la plus forte rente possible que de faire vivre de la terre et sur la terre le plus d'hommes possible [2]. La plus forte des sociétés serait celle où dominerait l'élément des petits propriétaires cultivateurs, assez éclairés pour combiner leurs travaux dans certains cas et sur certaines terres [3]. Il va sans dire que cet élément doit être toutefois équilibré par une masse suffisante d'industriels échangeant leurs fabrications contre les pro-

---

1. Adam Smith : *de la Richesse des nations* (publié en anglais en 1776 ; traduit en français en 1781).

2. L'axiome de Quesnai, d'ailleurs, est arbitraire : les avantages réciproques de la grande et de la petite culture se balancent suivant toutes sortes de circonstances morales et physiques. On peut consulter, sur cette matière, les excellentes études de M. H. Passy.

3. Rousseau l'avait bien vu, et un homme singulier, mélange d'esprit novateur et d'esprit rétrograde et féodal, qui avait commencé d'ébaucher l'économie politique pour son propre compte, en même temps que Gournai et que Quesnai, le marquis de Mirabeau, avait d'abord prêché la petite culture, conforme aux traditions et aux habitudes des campagnes françaises ; mais Quesnai l'avait gagné, et il s'occupait dorenavant à délayer les doctrines communes de l'école dans un fatras énorme où brillent bien des lueurs que personne n'a plus le courage d'y chercher aujourd'hui. De ce chaos devait naître le grand Mirabeau, élève et victime d'un père qui fut l'*ami des hommes* en général et le tyran de sa famille en particulier. Les ouvrages les plus cités du marquis de Mirabeau sont : l'*Ami des hommes* (1756), la *Théorie de l'impôt* (1760), qui le fit mettre pour un moment à la Bastille, et la *Philosophie rurale* (1763). — Quant à la théorie du *pain cher,* il ne faut pas la reprocher à Quesnai : il entend seulement par là qu'on ne fasse pas baisser artificiellement le prix des grains et qu'on n'empêche pas le producteur agricole d'obtenir une juste rémunération.

duits du sol. Le sentiment de Quesnai était juste à cet égard, si ses formules étaient mauvaises : car il admet que les agents de l'agriculture, dans une société bien constituée, doivent être, vis-à-vis des agents de l'industrie et du commerce, dans la proportion de 2 à 1.

Quant au salaire, Quesnai et Turgot prétendent que l'ouvrier ne produit pas au delà de sa subsistance, ce qui mène logiquement à ne pas lui accorder plus qu'il ne produit, et ils soutiennent qu'en fait, par la concurrence, il ne gagnera jamais beaucoup au delà de sa stricte subsistance. Le principe est faux et la conséquence serait une iniquité sociale. Ce n'est pas seulement l'humanité, c'est la stricte justice qui veut que l'ouvrier gagne au delà de sa subsistance. N'a-t-il pas, lui aussi, des avances qu'il doit retrouver dans son salaire? avance de temps et de subsistance dépensés à apprendre son métier, à attendre le travail, avance d'outils, etc.? Les maximes des premiers économistes, poussées à la rigueur, réagiraient de l'ouvrier industriel sur l'ouvrier agricole, sur l'entrepreneur d'industrie, sur l'entrepreneur même d'agriculture, pour aboutir à concentrer dans les mains du propriétaire foncier tout l'excédant de la production sur la consommation. Rien n'est certes plus éloigné de leurs intentions, mais ils sont engagés, par leur malheureuse définition de la richesse, dans un cercle vicieux d'où ils ne peuvent sortir. « Il faut l'aisance pour les derniers citoyens, dit Quesnai, afin qu'ils puissent consommer et aider à la reproduction par la consommation. » C'est évident, mais contraire aux propositions précédentes. Au fond, ces hommes justes et humains sont dévoués à l'intérêt des masses. Gournai, Quesnai, Turgot, sont convaincus que les systèmes contraires à la liberté économique, au libre usage des facultés individuelles, « favorisent toujours la partie riche et oisive de la société au préjudice de la partie pauvre et laborieuse.» Dupont de Nemours va jusqu'à dire que les hommes sont beaucoup plus malheureux dans les civilisations mal constituées, où l'on méconnaît les lois naturelles, qu'ils ne l'étaient dans l'état d'association primitive, parce que, dans ces sociétés mal civilisées, le petit nombre des riches porte sans cesse atteinte à la propriété du grand nombre des pauvres [1].

1. *Physiocratie; Discours de l'éditeur*, p. 33. — Un fait important atteste combien

Nous avons essayé d'analyser les doctrines des physiocrates : nous les retrouverons tout à l'heure essayant de faire passer leurs idées dans les faits et de prévenir, par une transformation pacifique, l'ère des révolutions qui approche. Avant de reprendre le récit des dernières années de la monarchie, arrêtons-nous quelques moments sur un homme qui dirigera cet essai de réforme et qui sera la principale gloire de l'école économique, mais qui, sans être exempt d'erreurs, trop grand pour être entièrement absorbé par aucune secte, tient à la fois à tout ce qu'il y a de bon et de vrai dans les diverses tendances du xviii° siècle. Turgot, l'homme d'État des économistes, se distingue de ses confrères, non point en ce qu'il juge leur théorie trop hardie, mais en ce qu'il possède au contraire une théorie plus large. Il admet, comme eux, la liberté complète chez l'individu et l'unité dans le pouvoir; mais il ne conçoit pas cette unité sous une seule forme, et, qui pis est, sous une forme inférieure. Ce n'est pas lui qui irait s'enchaîner au terme odieux de *despotisme*. Il ne croit pas qu'on puisse réaliser, d'un seul coup et pour toujours, le progrès indéfini du genre humain. L'*évidence*, ce rêve mathématique des économistes, se transforme chez lui en une foi éclairée au perfectionnement de la raison. Turgot n'est pas sans doute le génie le plus fort et le plus original, mais il est peut-être l'esprit le plus compréhensif de tout le xviii° siècle. Les autres économistes, malgré leurs prétentions à la philosophie générale, sont des hommes spéciaux : lui, est un philosophe dans toutes les acceptions du mot, un homme à vue complète. Il manquerait quelque chose de tout à fait essentiel à l'histoire des idées modernes si l'on n'étudiait chez Turgot le philosophe, avant de suivre le politique au travers des événe-

---

ces énergiques défenseurs de la propriété étaient loin de vouloir sacrifier le droit des masses à l'intérêt des propriétaires. En 89, lorsqu'on proposa l'abolition gratuite des dîmes, Dupont de Nemours, le commentateur, l'héritier de Quesnai, se leva, à côté de Sieyès, pour détourner l'Assemblée de faire aux propriétaires ce présent immense aux dépens de la nation, et réclama le rachat des dîmes et l'application du prix de rachat à des usages d'intérêt social. Dupont eût voulu qu'on payât avec ce prix les dettes de l'État : nous ne pensons pas que ce fût là l'emploi le plus légitime. Le bien d'Église avait été primitivement le bien des pauvres ; le grand *communal* chrétien. Il fallait le rendre à sa destination, faire des dîmes le budget des masses prolétaires, la dotation de l'instruction primaire et de l'assistance publique, le fonds primitif des caisses de secours et de retraite, et de tous les services destinés à atténuer les effets de l'inévitable inégalité des biens.

ments. Une des premières places dans l'imposante galerie du xviiie siècle appartient à cette belle et noble figure, si austère et si sympathique, si placide et si énergique à la fois. Après tant et de si éclatants débats, c'est Turgot qui donne la conclusion la plus générale.

Le plus jeune des grands penseurs du siècle, Anne-Robert-Jacques Turgot, était né à Paris, le 10 mai 1727, d'un père qui avait exercé longtemps avec honneur la charge de prévôt des marchands[1]. Destiné d'abord à l'Église, il passa des jésuites de Louis-le-Grand au séminaire de Saint-Sulpice, puis à la Sorbonne : homme fait au sortir de l'enfance, il était déjà ce qu'il devait être toute sa vie; également éloigné d'une soumission aveugle aux croyances de ses maîtres et d'une réaction aveugle contre toute croyance, il n'avait, dès sa première jeunesse, que deux préoccupations : le bien public et la science, la science dans son universalité. A vingt et un ans (1748), il adresse à Buffon les objections d'un profond physicien sur certaines parties de son système encore inédit : à vingt-deux (1749), avant de connaître Gournai ou Quesnai, il écrit à un de ses amis sur une des questions les plus importantes de l'économie politique, sur le papier-monnaie, une lettre qui réfute invinciblement la théorie de Law : il y montre la différence essentielle entre la monnaie métallique, valeur qui est la mesure commune des autres valeurs, et la monnaie de crédit, simple signe, simple promesse, sans valeur intrinsèque. Il prouve l'absurdité du système qui prétendrait remplacer l'impôt par des émissions périodiques de papier-monnaie, l'avilissement rapide de cette monnaie et tous les désordres qui s'ensuivraient. Après cette lettre, on peut encore soutenir le papier-monnaie à cours forcé comme mesure *politique* dans certains cas extraordinaires, mais il est impossible de le soutenir comme mesure *économique*.

L'année d'après (1750), il prononce, en qualité de prieur de Sorbonne, deux discours tels que ces voûtes gothiques n'en ont jamais entendu. Ce n'est pas du bruit et du scandale comme fera

---

1. Ce fut le prévôt Michel Turgot qui fit construire le grand égout de la rive droite, rebâtir en pierre le pont au Change, graver le grand plan de Paris, vrai chef-d'œuvre du genre, etc.

un peu plus tard l'abbé de Prades : c'est la philosophie de l'histoire répandant une lumière sereine dans l'obscur refuge de la scolastique.

Le premier de ces discours expose « les avantages que l'établissement du christianisme a procurés au genre humain. » C'est l'amélioration morale de l'homme et de la société, le progrès de l'humanité et de la justice dans les relations privées, publiques, internationales, l'introduction du principe de l'amour de Dieu dans le monde [1]. Il réfute d'avance l'admiration outrée de Rousseau pour la société tout artificielle de Sparte, et fait la critique des législateurs qui ont fixé les erreurs de leur siècle en voulant fixer leurs lois, et qui, presque tous, ont négligé de ménager une place aux corrections nécessaires, ne laissant que la ressource des révolutions. C'est l'arrêt de toutes les constitutions qui ne portent pas dans leur sein leur propre révision.

Le second discours a pour sujet « les progrès successifs de l'esprit humain. » C'est le développement historique de la grande parole de Pascal ; mais Turgot ne limite pas le progrès indéfini aux connaissances : il l'étend à la moralité humaine, protestant ainsi contre la négation de Rousseau au moment même où celui-ci la formule. Turgot ne fait de réserve que pour les beaux-arts. « La connaissance de la nature et de la vérité est infinie comme elles. Les arts, dont l'objet est de nous plaire, sont bornés comme nous. Ils ont un point fixe de perfection que le génie des langues, l'imitation de la nature, la sensibilité de nos organes, déterminent. » Cependant il reconnaît que la poésie, parfaite chez les anciens quant aux images et au style, est susceptible d'un progrès continuel sur beaucoup d'autres points. Il en est de même des autres arts : leur domaine s'étend avec l'homme lui-même.

On ne peut voir sans admiration ce séminariste de vingt-trois ans tracer d'une main ferme l'esquisse de l'histoire universelle,

---

1. Le christianisme a immensément développé ce principe et en a fait le fond même de la religion ; mais l'assertion de Turgot est cependant trop absolue : il ne faut pas nier entièrement l'amour de Dieu à l'antiquité. — Turgot ne dit pas un mot qu'il ne pense ; mais, devant la Sorbonne, il ne peut dire tout ce qu'il pense. « Je reconnais, écrit-il ailleurs, le bien que le christianisme a fait au monde, mais le plus grand de ses bienfaits a été d'avoir éclairé et propagé la religion naturelle. » (*Lettres sur la Tolérance;* ap. Œuvres de Turgot, t. II, p. 687.)

non plus en vue d'une tradition spéciale, comme Bossuet, mais en vue du genre humain tout entier, comme Voltaire, et avec une dignité et une autorité morale qui manquent trop souvent à Voltaire. L'*Essai sur les mœurs des nations* est encore inédit en 1750 ; il faut le rappeler pour constater l'originalité de l'œuvre de Turgot. La seule objection sérieuse à faire à Turgot, c'est que, influencé par la métaphysique de la sensation, il voit trop dans le progrès le résultat des phénomènes extérieurs et pas assez la manifestation des énergies internes de l'homme.

Des plans immenses s'agitaient dans cette jeune tête : il voulait développer tout ce qui était en germe dans ses deux Discours ; il voulait refaire l'*Histoire universelle* de Bossuet au point de vue philosophique, et n'en faire que la première partie d'un vaste ensemble comprenant de plus un *Traité de géographie politique* et un *Traité du gouvernement*. Il voulait montrer « le genre humain toujours le même dans ses bouleversements, comme l'eau de la mer dans les tempêtes, et marchant toujours vers sa perfection. »

On possède les plans détaillés des deux premières parties. Dans la *Géographie politique*, il fait des réserves très-fortes, excessives même, contre le principe de Montesquieu touchant l'*influence des climats*, « influence ignorée, » dit-il. « Il faut avoir épuisé les causes morales avant d'avoir droit d'assurer quelque chose de l'influence physique des climats [1]. » Il voit très-bien l'erreur de Montesquieu sur l'*excessive population* du Nord barbare. Il jette en avant des vues grandioses sur les moyens que doit chercher le genre humain de tirer de notre globe le meilleur parti possible, par la combinaison des différents principes qui composent les terrains (engrais minéraux), par la distribution des eaux, etc.

L'esquisse de l'*Histoire universelle* est dessinée par l'optimisme

---

1. C'est dans cette même esquisse que se trouve le passage suivant : « Chaque peuple qui a devancé les autres dans ses progrès est devenu une espèce de centre autour duquel s'est formé comme un monde politique composé des nations qu'il connaissait, et dont il pouvait combiner les intérêts avec les siens : il s'est formé plusieurs de ces mondes dans toute l'étendue du globe, indépendants les uns des autres, et inconnus réciproquement ; en s'étendant sans cesse autour d'eux, ils se sont rencontrés et confondus, jusqu'à ce qu'enfin la connaissance de tout l'univers, dont la politique saura combiner toutes les parties, ne formera plus qu'un seul monde politique, dont les limites sont confondues avec celles du monde physique. »
C'est toute l'histoire en quelques lignes ! (*Œuvres* de Turgot, t. II, p. 616.)

le plus hardi. « Il a été bon que les passions régnassent avant la raison dans la politique, parce que la raison aurait été moins puissante si elle eût régné plus tôt. Comme elle est la justice même, elle eût empêché la guerre, et, avec la guerre, la formation des grands états, et, par conséquent, le progrès des idées, des arts, de la *police* ou art du gouvernement. Le genre humain serait resté à jamais dans la médiocrité. La raison et la justice auraient tout fixé; or, ce qui n'est jamais parfait ne doit jamais être entièrement fixé. Les passions tumultueuses, dangereuses, sont devenues un principe d'action, et, par conséquent, de progrès. Tout ce qui tire les hommes de leur état, tout ce qui met sous leurs yeux des scènes variées, étend leurs idées, les éclaircit, les anime, et, à la longue, les conduit au bon et au vrai, où ils sont entraînés par leur pente naturelle. L'univers, ainsi envisagé en grand, dans tout l'enchaînement, dans toute l'étendue de ses progrès, est le spectacle le plus glorieux à la sagesse qui y préside. »

Il n'y a rien de plus grand dans le xviiie siècle que ce procès plaidé par Turgot contre Rousseau sur la destinée du genre humain.

A chaque ligne on rencontre des aperçus sagaces et profonds sur les phénomènes principaux de l'histoire. « L'inégalité entre les sexes est en raison de la barbarie; elle est extrême dans les états despotiques. La condition des femmes s'améliore dans les républiques. — C'est dans les petits états et dans les républiques que la science du gouvernement s'est formée, que l'égalité s'est conservée, que l'esprit humain a fait des progrès rapides, etc. »

Il s'agit ici de l'égalité des droits, car, ailleurs, il justifie, comme une condition du progrès et sans en méconnaître les conséquences funestes à tant d'égards, l'inégalité sociale amenée par la division des travaux. Il avoue néanmoins que cette division nécessaire fait que la plus grande partie des hommes, occupée de travaux obscurs et grossiers, ne peut suivre le progrès des autres hommes. C'est là le terrible problème qu'il ne résout pas, et le plus fort argument de Rousseau. C'est cette inégalité sociale, qui, après avoir amené le progrès des lumières le plus souvent aux dépens de la justice, empêche le progrès de porter ses fruits en se généralisant, met obstacle au maintien ou à l'établissement de la liberté et de l'égalité politiques [1], et trop souvent amène ou ramène le despotisme : inégalité qui trouvera peut-être un jour son remède dans ce qui l'aggrave aujourd'hui, dans l'extension des moyens d'action de l'homme sur la nature. Les machines, qui asservissent l'homme, pourront l'affranchir un jour.

Une dernière page est caractéristique. C'est le tableau des devoirs difficiles du législateur dans l'état actuel de l'Europe. Cependant, conclut-il, « il est si vrai que les intérêts des nations et les succès d'un bon gouvernement se réduisent au respect religieux pour la liberté des personnes et du travail, à la conservation inviolable des droits de propriété, à la justice envers tous... que l'on peut espérer qu'un jour la science du gouvernement deviendra facile... Le tour du monde (politique) est encore à faire ; la vérité est sur la route, la gloire et le bonheur d'être utile sont au bout. »

L'avenir de Turgot est dans cette page : il essaiera d'être ce législateur.

Nous avons vu Turgot combattant, en partie d'avance, les deux *Discours* de Rousseau. Dans une lettre adressée à une femme auteur, à madame de Graffigni, et qui n'est pas destinée à la publicité, il devance au contraire *Émile;* il attaque l'éducation à rebours, qui commence par les abstractions et qui enchaîne les enfants que la nature appelle à elle par tous les objets. « Mettez les enfants en pleine nature, » s'écrie-t-il dans ces quelques pages où il semble résumer l'idée première de l'œuvre immortelle du Genevois (1751). Sur les mariages d'intérêt, sur les maximes contraires aux mariages d'*inclination*, sur les autres préjugés de ce genre, qui détruisent les mœurs et la famille, et, en général, sur tout ce qui est morale ou sentiment, on croirait entendre Rousseau [2].

1. « Liberté! je le dis en soupirant, les hommes ne sont peut-être pas dignes de toi! Égalité! ils te désireraient, mais ils ne peuvent t'atteindre. » (*Lettre à madame de Graffigni,* 1751 ; ap. *OEuvres* de Turgot, t. II, p. 786.)
2. Et aussi sur les limites des droits paternels. « Dans les choses où il s'agit du bonheur des enfants, le devoir des pères se borne au simple conseil. C'est la façon de penser contraire qui a fait tant de malheureux *pour leur bien,* qui a produit tant de mariages forcés, sans compter les vocations, etc. » V. la seconde *Lettre sur la Tolérance.* Le Code civil a réalisé la pensée de Turgot.

D'autres lettres particulières, heureusement conservées, et qui sont de véritables traités dogmatiques, exposent le fond de la pensée du jeune sage sur les droits et les devoirs de l'État en matière de religion. Ce sont les *Lettres sur la Tolérance* (1753-1754), titre impropre, car la liberté des cultes n'est pas pour lui une *tolérance*, mais un droit positif. Aucune religion, suivant lui, n'a droit à la protection exclusive de l'État; toutes ont droit à la liberté, à moins que leurs dogmes ou leur culte ne soient contraires à l'intérêt de l'État. Il se hâte d'expliquer cette restriction, dont il serait facile d'abuser, en disant qu'on doit tolérer un dogme, même un peu contraire au bien de l'État, pourvu qu'il ne renverse pas les fondements de la société. Une religion fausse tombera plutôt par le progrès de la raison et l'examen paisible que par la persécution, qui fanatiserait ses sectateurs; ses ministres, tout au moins, seront forcés de devenir inconséquents et de donner à leurs dogmes des adoucissements qui les rendront sans danger. Il corrige ainsi d'avance ce qu'il y aura d'excessif dans les conclusions du *Contrat social*, qui prescrira d'appliquer aux croyances intolérantes leurs propres maximes et de les chasser de l'État.

Après avoir établi que la société, fondée en vue des intérêts communs des hommes pendant la vie présente, n'a aucun droit d'imposer à ses membres une règle, une religion en vue de la vie future, ni de la leur interdire, sauf le cas précité, il admet cependant que la société doit au peuple une éducation religieuse, et qu'il est de la sagesse des législateurs de choisir une religion pour l'offrir, non pour l'imposer, à l'incertitude de la plupart des hommes, tout en protégeant la pleine liberté des autres sectes. Il cherche les conditions que doit offrir cette religion d'État, ne les trouve pas dans le catholicisme romain, doute que le protestantisme, même arminien, quoique préférable sous le rapport politique, les remplisse encore tout à fait, et se demande si la religion naturelle, mise en système et accompagnée d'un culte, en défendant moins de terrain, ne serait pas plus inattaquable [1].

---

1. Comparer avec la correspondance de Voltaire et de Frédéric, année 1766; sur la *possibilité d'une religion déiste*.

Ici Turgot, à son tour, excède les limites que Rousseau posera et qui sont les vraies. La société doit l'enseignement aux enfants comme elle doit la justice aux hommes : elle tient de Dieu, son premier auteur, puisqu'il a fait l'homme sociable, le droit et le devoir de prendre pour base de son enseignement et de ses lois la religion *naturelle*, c'est-à-dire la morale religieuse et les croyances générales qui sont le fond même de la conscience du genre humain et le principe de l'ordre en ce monde, mais elle n'est pas compétente pour établir une religion positive, un culte avec des prêtres et des rites, pour donner une forme déterminée au sentiment religieux. Ceci dépasse le domaine de la raison publique : il faut un souffle mystérieux dont le corps politique ne dispose pas.

Jamais les principes de droit, de justice et de liberté n'ont été plus noblement exprimés que dans la seconde de ces *Lettres*. Jamais on n'a plus fièrement dénié tout droit aux lois positives contraires à l'équité. « L'intolérance est une tyrannie, et passe le droit du prince comme toute loi injuste. Si les sujets d'un prince intolérant, comme de tout autre tyran, sont en état de lui résister, leur révolte sera juste. Ce principe, que rien ne doit borner les droits de la société sur le particulier que le plus grand bien de la société, me paraît faux et dangereux. Tout homme est né libre, et il n'est jamais permis de gêner cette liberté, à moins qu'elle ne dégénère en licence, c'est-à-dire qu'elle ne cesse d'être liberté en devenant usurpation. Les libertés, comme les propriétés, sont limitées les unes par les autres. La liberté d'agir sans nuire ne peut être restreinte que par des lois tyranniques. On s'est beaucoup trop accoutumé dans les gouvernements à immoler toujours le bonheur des particuliers à de prétendus droits de la société. On oublie que la société est faite pour les particuliers ; qu'elle n'est instituée que pour protéger les droits de tous, en assurant l'accomplissement de tous les devoirs mutuels [1]. »

---

1. Dans une lettre bien postérieure, il accuse « la fausseté de cette notion rebattue par presque tous les écrivains républicains, que la liberté consiste à n'être soumis qu'aux lois, comme si un homme opprimé par une loi injuste était libre. »

Cette *notion* a une vérité relative, si l'on compare l'état despotique, où l'homme est soumis à l'homme, à l'état républicain, où il n'est soumis qu'à une règle générale et abstraite ; mais elle n'a une vérité absolue que si les *lois positives* sont con-

Il y avait un abîme entre les faits contemporains et les théories de Turgot. Le jeune philosophe, avec la généreuse confiance qui le caractérisa toujours, ne crut pas ce gouffre impossible à combler. En 1754, au plus fort de la guerre des *billets de confession*, parmi les querelles du parlement et du clergé et les persécutions ravivées contre les protestants, il imprima, sous l'anonyme, un écrit intitulé le *Conciliateur*. Il l'envoya aux conseillers d'État, aux ministres, et le fit parvenir jusqu'au roi. Il n'y montrait de ses principes que ce qui était nécessaire pour le but pratique qu'il poursuivait. Il distinguait entre la tolérance ecclésiastique, qu'il reconnaissait impossible à demander aux prêtres, et la tolérance civile, qu'il demandait comme nécessaire aux gouvernements. Le prince, disait-il, n'est pas juge du péché envers Dieu, mais seulement du délit envers la société. Il voudrait que, d'une part, on tolérât les protestants et les jansénistes, qu'on ne fît pas de différence entre eux et les autres citoyens, et, de l'autre part, que l'on ne forçât point les prêtres à administrer les sacrements malgré eux; mais que, pour pouvoir rendre aux prêtres cette liberté, on ôtât aux sacrements tout effet civil, et que la constatation de la naissance, l'acte de mariage et l'inhumation fussent indépendants des actes religieux. Il demandait, en un mot, avant Voltaire, cette fondation de l'*état civil*, que devaient réaliser les institutions émanées de 89.

Ce n'était pas au gouvernement de Louis XV qu'il appartenait d'accomplir de telles choses; seulement un faible essai de pacification religieuse, en 1754, sembla coïncider avec l'œuvre de Turgot.

Ce fut sur ces entrefaites que Turgot s'adjoignit à l'*Encyclopédie* (vers 1755). Tout ce qu'il y inséra sur des matières très-diverses, philologie, métaphysique, physique, droit public, est au premier rang de ce vaste recueil. Il déploie des connaissances profondes, des vues aussi ingénieuses que sagaces, sur l'origine, le mélange et les révolutions des langues (art. *Étymologie*); dans l'article *Existence*, comme dans tout ce qui, chez lui, touche à la métaphysique, sans dépasser formellement Condillac, il manifeste des

---

formes aux lois éternelles. V. la lettre au docteur Price, 1778; ap. Œuvres de Turgot, t. II, p. 806.

tendances analogues à celles de Rousseau, et qui, s'il eût appliqué plus spécialement sa ferme et lucide intelligence à la science des principes, l'eussent vraisemblablement conduit où arriva La Romiguière, un demi-siècle après. L'article *Expansibilité* renferme, suivant un juge compétent, Condorcet, « une physique nouvelle, une physique mathématique fondée sur les principes et les découvertes de Newton [1]. » L'article *Fondation* montre le théoricien de la liberté aussi ferme sur les vrais droits de l'État que sur ceux de l'individu. Il y balaie les sophismes par lesquels on essaie de transformer en propriétaires des êtres de raison, des corporations, comme si la propriété était autre chose qu'un développement de l'individualité, et comme s'il y avait place pour un troisième droit entre le droit de l'individu et le droit de la société [2]. Le gouvernement, dit-il, a le droit incontestable « de disposer des fondations anciennes, d'en diriger les fonds à de nouveaux objets, ou, mieux encore, de les supprimer tout à fait. L'utilité publique est la loi suprême et ne doit être balancée ni par un respect superstitieux pour ce qu'on appelle l'*intention des fondateurs* (comme si des particuliers ignorants et bornés avaient eu droit d'enchaîner à leurs volontés capricieuses les générations qui n'étaient point encore), ni par la crainte de blesser les droits prétendus de certains corps, comme si les corps particuliers avaient quelques droits vis-à-vis de l'État. Les citoyens ont des droits, et des droits sacrés pour le corps même de la société; ils existent indépendamment d'elle ; ils en sont les éléments nécessaires, et ils n'y entrent que pour se mettre, avec tous leurs droits, sous la protection de ces mêmes lois, qui assurent leurs propriétés et leur liberté. Mais les corps particuliers n'existent

---

1. Il y voit très-bien le parti qu'on peut tirer de la vapeur, et ceci avant les grandes applications de J. Watt.

2. Le seul être collectif qui soit dans une catégorie à part, c'est la société, parce que son existence est nécessaire et perpétuelle ; qu'elle est la seule association qui ne doive jamais se dissoudre ni se liquider. — Les juristes de la monarchie avaient, au fond, la même opinion ; ils ne reconnaissaient, en droit, que deux sortes de propriété : celle de l'État et celle des particuliers. « Les ecclésiastiques et autres gens de main-morte ont été censés dans tous les temps incapables de posséder aucune sorte d'immeubles dans notre royaume; c'est ce qui a donné lieu aux rois, nos prédécesseurs, de les assujettir au paiement des droits d'amortissement, pour les relever de cette incapacité. » (Ordonnance du 14 octobre 1704, citée par M. Laferrière, *Hist. du droit français*, t. II, p. 40.)

point par eux-mêmes ni pour eux ; ils ont été formés pour la société, et ils doivent cesser d'exister au moment qu'ils cessent d'être utiles. »

Voilà les principes posés : la Révolution n'a plus qu'à les appliquer.

Turgot ne continua pas jusqu'au bout sa coopération à l'*Encyclopédie*. Les persécutions renouvelées contre ce grand ouvrage en 1759 l'arrêtèrent. Son mâle courage, sa volonté inébranlable, le défendent contre tout soupçon de faiblesse. S'il ne voulut point s'engager plus avant dans la guerre philosophique[1], c'est qu'il se jugeait appelé à rendre de plus grands services dans un autre rôle que le rôle d'écrivain. La noble passion d'agir, la seule passion qu'il ait connue, s'emparait de lui, et, déjà, peut-être, il aspirait, dans le secret de sa pensée, à tenter d'arrêter la monarchie sur la pente de sa ruine. Dès 1751, bien que cadet d'une famille noble de Normandie, et par conséquent sans fortune[2], il avait renoncé aux dignités et aux richesses que semblait lui promettre l'état ecclésiastique. Il n'était pas homme à mettre en balance sa conscience et sa fortune. Sa vertueuse ambition s'ouvrit une autre voie. Il traversa la magistrature pour arriver au conseil d'État. Maître des requêtes en 1753, il fut nommé, en 1761, à l'intendance du Limousin, où il put essayer à loisir ses facultés d'homme d'État et se préparer à une plus éclatante, mais non à une plus respectable mission ; car il devait être, durant treize ans, le bienfaiteur de cette province ; il y offrit véritablement l'idéal de l'administrateur.

Son amour des sciences et des lettres ne se refroidit jamais ; mais il dut abandonner ses vastes plans d'histoire et de philosophie ; il concentra ses travaux théoriques sur une seule branche de la science, l'économie politique, dans laquelle il croyait voir la

1. Il montra bien à ses amis qu'il ne les avait point abandonnés, lorsque, en 1767, la Sorbonne s'avisa de condamner le *Bélisaire* de Marmontel pour des propositions contre les persécutions religieuses. De tous les coups portés dans cette occasion à la Sorbonne, le plus rude fut celui de son ancien agrégé, Turgot. Il mit en regard, sur deux colonnes parallèles, les propositions réprouvées par la Sorbonne et les propositions opposées, dont l'approbation implicite par la Sorbonne résultait de la condamnation des autres. On ne pouvait rien voir de plus odieux ni de plus absurde. V. *Mém.* de Marmontel, t. III, p. 45.
2. Le droit d'aînesse était très-rigoureux dans la Coutume de Normandie.

grande chance de salut pour la société croulante. Ses *Réflexions sur la formation et la distribution des richesses* parurent en 1769. C'est le mieux fait et le plus durable de tous les livres qu'aient produits les économistes français : sauf sur le point, essentiel il est vrai, de la *productivité* des travaux industriels, Turgot pose tous les principes qui seront développés par Adam Smith. Son *Mémoire sur les prêts d'argent* (1769) développe la question de l'intérêt déjà décidée dans le précédent ouvrage. Il y réfute invinciblement les doctrines des théologiens scolastiques, adoptées par les juristes sous la pression du droit canon, et leurs subtilités aboutissant à l'absurde expédient des constitutions de rente avec aliénation de capital[1] ; il montre les lois contre le prêt à intérêt tournées, éludées, renversées par la force des choses, et distingue très-bien la question de bienfaisance et de charité chrétienne d'avec la question de propriété, de droit et de liberté, deux ordres de vérité non pas contraires, mais distincts. Le problème a été débattu de nouveau ; il l'est encore, avec plus de passion et d'opiniâtreté que jamais. De puissants dialecticiens ont cherché, dans le droit naturel et social, dans l'économie politique retournée contre elle-même, des arguments à opposer à ceux de Turgot et de son école ; ils n'ont pas réussi à prouver qu'on puisse abolir le prêt à intérêt sans porter un coup mortel à la liberté des transactions et à la formation des capitaux, par conséquent à la richesse nationale, et sans atteindre la propriété dans son essence.

Quant à la limitation du taux de l'intérêt par la loi, Turgot et les autres économistes condamnent toute intervention de l'État, et il est difficile de nier la valeur théorique de leur sentence ; mais il est également difficile de ne pas reconnaître que la législation qui a maintenu la limitation de l'intérêt d'après une

---

1. Ce système était une des causes de l'infériorité commerciale et industrielle des pays catholiques. L'absurdité consistait en ceci, que, si l'intérêt n'était pas légitime, l'emprunteur à 5 pour 100 eût dû être libéré au bout de vingt ans ; la rente perpétuelle, dans ce cas, était une usure perpétuelle à partir du jour où l'emprunteur avait achevé de rembourser le capital par annuités. — Il est étrange de voir ce que peut l'empire de la tradition, même sur de très-bons esprits. Pothier, si savant, si droit, si éclairé, à tant d'autres égards, mais timide en tout ce qui touche à la théologie, est d'une incroyable faiblesse sur cette matière, et ne trouve que des arguties vraiment *sorbonniques*.

moyenne approximative a peu d'inconvénients pratiques, ou du moins que sa suppression offrirait, et pour longtemps peut-être, des inconvénients beaucoup plus graves.

Il faut encore citer, parmi les travaux économiques de Turgot, son beau *Mémoire sur les mines et carrières,* où il se montre également supérieur et à la législation de son temps, et, du moins comme logique, à celle qui la remplacera [1].

Turgot devait employer les dernières années du règne de Louis XV à commencer l'application de ses doctrines, selon son pouvoir, sur une petite échelle, et à tâcher d'en faire pénétrer l'influence dans le gouvernement central. Le penseur et l'homme pratique ne faisaient qu'un chez lui; nous retrouverons bientôt l'homme politique aux prises avec les événements. Le penseur est tout entier en deux mots : *liberté, perfectibilité.* Nous aurons à revenir sur la lacune qui subsistait dans l'application de sa doctrine à la liberté politique, lacune bien moindre toutefois que chez les autres économistes; quant à la perfectibilité, son disciple et son ami Condorcet a résumé ses idées en quelques lignes : « Turgot regardait une perfectibilité indéfinie comme une des qualités distinctives de l'espèce humaine... Cette perfectibilité lui paraissait appartenir au genre humain en général et à chaque individu en particulier. Il croyait, par exemple, que les

---

1. L'ancienne législation, d'après le droit impérial romain, réservait la propriété des mines au domaine comme droit régalien; en fait, l'État n'exploitait pas et concédait des monopoles avec tous les abus ordinaires. La législation actuelle commence par poser ce prétendu principe : que la propriété du sol emporte la propriété du dessus et du dessous (Code civil, art. 552), puis, dans la loi spéciale des mines (la loi de 1810), elle réduit à fort peu de chose, au profit de l'État, ce droit du propriétaire qu'elle vient d'exagérer si étrangement en théorie. Turgot, avec une tout autre logique, établit qu'il n'y a aucun rapport naturel entre la propriété d'un champ et celle de la mine qui est dessous; que le propriétaire a le droit exclusif de fouiller dans son champ, mais que, s'il trouve une mine, elle lui appartient, non comme extension de sa propriété, mais par droit de premier occupant; que, s'il est prévenu dans cette occupation par une autre fouille partie d'un champ étranger et poussée sous le sien par voie souterraine, il n'a rien à réclamer.

Relativement à l'État, on peut dire qu'il en est du dessous comme du dessus. La société aurait pu maintenir l'indivision de la surface; elle peut maintenir l'indivision du tréfonds; mais, si elle ne l'a pas fait par une loi positive, le droit de premier occupant est le plus naturel, moyennant que ce premier occupant donne à la société les garanties nécessaires. Il va sans dire que l'État conserve, vis-à-vis du premier occupant et du propriétaire de la surface, le droit exceptionnel d'expropriation pour cause d'utilité publique.

progrès des connaissances physiques, ceux de l'éducation, ceux de la méthode dans les sciences, ou la découverte de méthodes nouvelles, contribueraient à perfectionner l'organisation, à rendre les hommes capables de réunir plus d'idées dans leur mémoire, et d'en multiplier les combinaisons : il croyait que leur sens moral était également capable de se perfectionner. Selon ces principes, toutes les vérités utiles devaient finir un jour par être généralement connues et adoptées par tous les hommes. Toutes les anciennes erreurs devaient s'anéantir peu à peu, et être remplacées par des vérités nouvelles. Ce progrès, croissant toujours de siècle en siècle, n'a point de terme, ou n'en a qu'un absolument inassignable dans l'état actuel de nos lumières. — Il était convaincu que la perfection de l'ordre, de la société, en amènerait nécessairement une, non moins grande, dans la morale ; que les hommes deviendraient continuellement meilleurs, à mesure qu'ils seraient plus éclairés [1]. »

Pour résumer complétement Turgot, il faut rassembler toutes les idées du siècle : sur la tolérance et l'humanité, c'est Voltaire ; sur la religion, la morale et l'éducation, c'est Rousseau ; sur l'économie politique, c'est Gournai et Quesnai ; sur la liberté, c'est Voltaire, et, avec lui, encore Gournai et Quesnai ; sur la métaphysique, c'est Condillac, avec une tendance supérieure ; sur la perfectibilité, c'est plus et mieux que Voltaire et que Diderot, c'est la seule réponse sérieuse à Rousseau. Rousseau raffermit l'homme individuel sur ses destinées immortelles ; il trouble l'homme social en lui montrant la chute morale dans le progrès intellectuel et matériel. Turgot, sans résoudre à beaucoup près par son affirmation toutes les profondes objections de Rousseau, nous console et nous raffermit. Il donne à la perfectibilité des encyclopédistes la seule base solide en l'unissant au déisme spiritualiste de Rousseau, et se trouve ainsi le trait d'union entre les écoles opposées [2]. Génie moins éclatant, moins impétueux, mais plus universel que ses grands contemporains, il marque le point

1. Condorcet, *Vie de Turgot*, p. 273.
2. Le problème de la perfectibilité n'a pas, en effet, plus que celui de l'optimisme, sa solution dans la vie actuelle isolée. Les encyclopédistes ne pouvaient le résoudre, eux qui ne voyaient que la perfectibilité de l'espèce en ce monde, et non la perfectibilité de l'âme individuelle au delà de ce monde.

culminant de l'esprit humain au xviiiᵉ siècle, et ferme cet âge philosophique par un hymne d'espérance et d'immortalité sur la tombe déjà entr'ouverte de la vieille société !

Turgot n'est inférieur que sur un seul point, sur la politique proprement dite : d'une part, le principe de l'improductivité de l'industrie le mène à méconnaître les droits politiques des non-propriétaires ; de l'autre part, à l'exemple de ses amis les économistes, il méconnaît les distinctions essentielles posées par Montesquieu et par Rousseau, et reproduit ce qu'on peut nommer l'erreur nationale de d'Argenson sur l'unité du pouvoir confondue avec l'unité de la souveraineté [1]. Sa confiance excessive dans l'empire de la raison, du bien et du vrai, l'empêche de voir combien cette unité est peu compatible avec la liberté. Lui qui chérit la liberté avant tout, il en offre moins les moyens pratiques que Rousseau, à qui l'on a reproché de la sacrifier à l'égalité.

La gloire de Turgot, dans son ensemble, n'appartient qu'à la France et à la philosophie ; néanmoins une partie de cette gloire lui est commune avec ses maîtres du groupe économique. Le respect de la postérité est bien dû aux hommes qui ont formulé ces grandes maximes :

L'autorité n'a pas de lois à faire ; elle n'a qu'à reconnaître les lois naturelles.

C'est-à-dire : la fonction de la société, comme celle de l'homme, est d'adhérer et de concourir librement aux lois de la Providence.

Aucune autorité humaine n'a droit de faire violence à la nature des choses.

C'est-à-dire : toute loi contraire à la nature, à la justice, à la morale, à la révélation de Dieu dans la conscience humaine, toute loi contraire à la *loi*, est nulle de plein droit : il n'y a pas de droit contre le droit.

Ils ont mêlé aux vérités qu'ils ont proclamées des erreurs que Turgot n'a pas toutes partagées : abusés par leur chimère de l'*évidence*, ils n'ont pas vu que la liberté et l'égalité politiques étaient la condition de toutes les autres libertés, et leur négation

---

1. V. la lettre au docteur Price ; 1778.

de la science politique, la formule de despotisme gouvernemental, si bizarrement imaginée par ces champions de la liberté économique, ont été d'un funeste exemple pour les sectes qui, depuis, ont pris les questions sociales au point de vue opposé à l'économie *libérale* et qui ont trop souvent montré pour la liberté politique une indifférence plus logique chez des écoles fatalistes que chez une école de libre personnalité.

Ils se sont trompés en s'imaginant atteindre l'absolu, mais ils n'en ont pas moins déterminé le but vers lequel les sociétés doivent avancer progressivement. Si, en effet, on se demande : faut-il marcher à la liberté économique ou aux restrictions? — à l'échange pacifique ou aux luttes de tarifs, mères des guerres de commerce[1]? — à l'harmonie ou à l'antagonisme? — La réponse pourra-t-elle être douteuse? — Il en est du libre échange universel comme de la paix universelle; c'est un idéal et non une chimère; c'est un but final dont il faut chercher à s'approcher le plus possible, quoiqu'on ne doive peut-être jamais l'atteindre complétement.

Les économistes ont eu raison de vouloir la liberté; on peut même dire qu'ils n'en ont point assez voulu ou du moins point assez défini les moyens nécessaires. Un bon gouvernement ne doit pas seulement *respecter* la liberté, comme dit Turgot; il doit l'*assurer*. La société doit assurer le libre développement des facultés de chacun de ses membres par l'instruction publique[2], par la protection accordée aux faibles, aux *mineurs* d'âge ou de condition, par les restrictions, les seules légitimes, que prescrivent, en matière d'industrie, la morale, l'hygiène, la justice. Elle doit réparer, dans la mesure du possible, par les institutions, les effets de l'inévitable inégalité factice due à l'héritage, inégalité si souvent inverse de celle des facultés naturelles. S'il n'est pas vrai que les ouvriers ne *doivent* gagner que leur subsistance, il est vrai qu'en fait, la plupart ne gagnent pas plus, *quand ils la*

1. A ce que Turgot appelle « la puérile et sanguinaire illusion d'un commerce exclusif. » *Œuv.* de Turgot, t. II, p. 802.
2. Les physiocrates n'ont point du tout nié cette vérité. Tout le XVIIIe siècle, sans distinction d'école, a demandé l'instruction publique par l'État. Il faut bien se garder d'attribuer aux premiers économistes la responsabilité des aberrations de certains de leurs héritiers.

gagnent, et qu'en général, ils gagnent beaucoup moins qu'ils ne *produisent*. La société leur doit toutes les réparations, toutes les compensations compatibles avec la liberté et le droit d'autrui. — La liberté, enfin, veut que la société assure le champ à l'industrie honnête contre la concurrence de la fraude. — La liberté veut que l'État protége la concurrence individuelle contre le monopole; en d'autres termes, que l'État fasse ou réglemente tout ce qui ne peut être fait par la libre concurrence. A l'État de préparer, de niveler, d'entretenir la carrière où se déploie la liberté; à l'État d'adoucir les chocs trop violents des forces libres dans cette carrière; à l'État d'assurer la liberté de chacun par l'autorité de tous.

Après avoir parcouru en détail le champ immense de la philosophie du xviiie siècle, si l'on gravit sur un point culminant pour embrasser d'un coup d'œil l'ensemble du mouvement des esprits, en écartant les contradictions, les boutades individuelles, les idées accessoires, on distingue trois courants principaux d'idées sociales, qu'on peut nommer les deux démocraties et le libéralisme. L'une des deux écoles démocratiques veut épurer, contenir, simplifier et fortifier l'homme; elle repousse la royauté temporelle et l'aristocratie comme injustes et démoralisantes, la royauté spirituelle comme incompatible avec la raison et avec la responsabilité personnelle de l'homme vis-à-vis de Dieu. L'autre école réclame la libre expansion de tous les penchants humains, sans distinguer les passions essentielles des artificielles, les simples des composées, et ne repousse les vieilles autorités que comme tout frein quelconque. L'une comprend la souveraineté du peuple comme ressortissant au vrai droit divin, c'est-à-dire l'individu soumis au peuple, le peuple à Dieu, à la justice, à la morale, à la charité universelle. L'autre n'admet au-dessus de l'homme d'autre loi qu'un progrès fatal et nécessaire, et aboutit à la souveraineté absolue du nombre ou de la force : elle ne verra guère dans la Révolution que la conquête des jouissances matérielles pour les déshérités, tandis que la première y cherchera surtout la conquête de l'égalité politique et de la dignité humaine. La démocratie spiritualiste inclinera trop à restreindre, en vue de l'égalité et de la réforme morale, cette expansion individuelle que la seconde école fait déborder d'une main, tout en l'étouffant de l'autre sous la loi du nombre. Il est réservé à la troisième école, à l'école libérale, de définir la liberté, non plus par le fait, mais par le droit, de la déduire de la responsabilité morale posée par la démocratie spiritualiste et de la limiter seulement par la liberté d'autrui. Dans les sectes fatalistes sera le grand obstacle à la victoire et à l'organisation définitive de la Révolution. Les temps nouveaux ne s'accompliront pas avant que l'école fataliste, déguisée sous tant de formes, tour à tour mystiques et matérialistes, n'ait cédé devant le double principe de la personnalité divine et humaine, et n'ait compris que celui qui ne recherche que le pain du corps n'a pas même le pain. Ils ne s'accompliront pas avant que le libéralisme et la démocratie ne se soient confondus dans une doctrine plus large, sous un de ces souffles religieux qui renouvellent le monde.

LIVRE CII

LOUIS XV (SUITE ET FIN)

MINISTÈRE DE CHOISEUL.—Procès du père La Valette. *Comptes rendus* sur les constitutions des Jésuites. LES JÉSUITES ABOLIS EN FRANCE. Suppression de l'ordre par le pape Clément XIV. — Luttes de la cour et des parlements. — Mort de madame de Pompadour. — Invasion des économistes dans la politique. Premiers essais de liberté commerciale et industrielle. — Nouvelles querelles avec les parlements. Procès de La Chalotais. — Mort du dauphin. — Projets de Choiseul pour relever la France. Améliorations dans l'armée et la marine. Acquisition de la Corse. Paoli. — Affaires de Pologne. Catherine et Frédéric II. *Confédération de Bar.* Massacres de l'Ukraine. Les Polonais et J.-J. Rousseau. Dumouriez en Pologne. Guerre des Russes et des Turcs. Projets entre la Prusse et l'Autriche pour le partage de la Pologne.—Mariage du nouveau dauphin et de *Marie-Antoinette.* — Terrai, contrôleur-général. Système de banqueroute. — Chute de Choiseul. — Règne de la DUBARRI. TRIUMVIRAT DE MAUPEOU, TERRAI ET D'AIGUILLON. DESTRUCTION DES PARLEMENTS. — La Russie adhère aux plans de Frédéric II. PARTAGE DE LA POLOGNE. Le ministère d'Aiguillon abandonne la Pologne. — L'Angleterre complice. — *Pacte de famine.* Le roi accapareur. — Mort de Louis XV.

1763 — 1774

Il nous reste à parcourir les dernières vicissitudes politiques de l'ancienne société française, qui se précipite d'un mouvement de plus en plus accéléré vers la catastrophe. La fin du règne de Louis XV ne montre que des ruines qui s'accumulent et préparent la grande ruine : les arcs-boutants et les contre-forts s'écroulent ; le corps de l'édifice ne tardera pas à s'abîmer.

La première de ces ruines est celle de la compagnie de Jésus, arc-boutant, non pas sans doute de l'État, mais au moins de l'église romaine. Le progrès des doctrines philosophiques ne contribue qu'indirectement à ce grand événement, qui n'a point été, comme on l'a prétendu, préparé longtemps d'avance et qui sort de causes occasionnelles, éloignées et imprévues.

Il n'est pas nécessaire de revenir ici sur l'esprit de l'institut ni sur le rôle de ses membres, qu'on a vus continuellement à l'œuvre dans cette histoire depuis deux siècles : leur action politique et religieuse est assez connue ; seulement nous n'avons pas eu jusqu'ici à signaler leur action commerciale, si étendue et si envahissante, et qui devait leur devenir si fatale. Les moines primitifs avaient été défricheurs et laboureurs, au profit de la civilisation : les jésuites se faisaient trafiquants et monopoleurs, non pas au profit d'un progrès industriel et commercial qui n'avait pas besoin d'eux, mais au profit de leur richesse, de leur puissance corporative. Ces défenseurs des dogmes du passé, ces prétendus restaurateurs du moyen âge, qui ressemblaient si peu au moyen âge, ne s'accommodaient que trop bien aux tendances matérielles du monde moderne. Ils trafiquaient un peu en France, où la vigilance de la magistrature les contenait, mais beaucoup dans nos colonies ; ils exerçaient à Rome des monopoles vraiment odieux, car ils faisaient suspendre, par voie d'autorité, tous les procès qu'on leur intentait et payaient leurs dettes quand bon leur semblait ; à Goa, dans l'Amérique espagnole, au Brésil, ils écrasaient le commerce des laïques, non-seulement par une concurrence qui s'arrogeait tous les droits et repoussait toutes les charges, mais par la contrebande, facile à qui n'avait point à redouter les visites douanières. Ils lésaient ainsi à la fois les gouvernements et les particuliers, et une sourde irritation couvait contre eux au fond de bien des cœurs.

Ils ne se contentaient pas de dominer l'Amérique espagnole et portugaise : ils avaient dépassé par leurs missions les limites de la colonisation européenne, et, ce qu'ils n'avaient pu faire au Canada, parmi les indomptables tribus des *Peaux Rouges*, ils l'accomplissaient au Paraguai, chez des races faibles et dociles. Ils avaient converti, organisé, civilisé à leur manière les sauvages de ces contrées ; ils avaient là tout un royaume jésuite, cinquante grandes paroisses gouvernées despotiquement par autant de pères de la Mission, ressortissant eux-mêmes au père provincial, vrai roi du Paraguai; étrange gouvernement, fondé sur un communisme théocratique qu'ils semblaient avoir imité de l'ancien empire du Pérou sous les Incas. En introduisant le christianisme chez ces peuplades, en les attachant au sol, en les multipliant par la culture, ils leur avaient fait une condition incomparablement meilleure que la vie misérable et quasi-animale qu'elles menaient auparavant dans les bois, ou que celle qu'avaient rencontrée d'autres Indiens sous la tyrannie destructrice des conquérants espagnols. Si la morale avait à blâmer ailleurs les opérations commerciales de la société de Jésus, ici, l'humanité n'avait donc qu'à applaudir à ses succès, bien qu'il faille se garer de certaines exagérations et se garder de présenter comme une société modèle un peuple enfant, destiné par son éducation à une éternelle enfance, une société où la personnalité humaine était à naître, où la propriété n'existait pas, où la famille existait à peine, le pouvoir paternel étant tout entier dans les mains des moines-rois, avec le sol et avec le commerce des productions du sol [1].

Le Paraguai, cependant, appartenait nominalement à la couronne d'Espagne. En 1750, une transaction eut lieu entre l'Espagne et le Portugal pour un échange de territoire : l'Espagne céda le Paraguai contre la colonie du Sacramento (rive orientale de la Plata); elle céda la terre sans les hommes et stipula que les habitants seraient transférés sur terre espagnole. Les Indiens, encouragés par les jésuites, refusèrent de se laisser emmener loin de leur pays comme des troupeaux, soutinrent un combat contre les troupes espagnoles, et, poursuivis, traqués avec barbarie, se dispersèrent dans les forêts et dans les *pampas* (1753-1756). L'échange, néanmoins, par suite de complications nouvelles, ne fut pas réalisé; mais les deux gouvernements gardèrent rancune

---

1. Une bulle de Benoît XIV, du 25 décembre 1741, atteste que les jésuites, paternels au Paraguai, n'étaient pourtant point partout sans reproches envers les Indiens. Cette bulle leur défendait « de mettre en servitude lesdits Indiens, les vendre, les acheter, les échanger..., les séparer de leurs femmes et de leurs enfants, les dépouiller de leurs biens et de leurs effets, » etc. V. l'Arrêt du parlement de Paris, contre les jésuites, du 6 août 1761 : Ap. *Anciennes lois françaises*, t. XXII, p. 357. — Ils avaient essayé la traite des noirs : « En Afrique, ils avaient tenté d'établir des comptoirs, pour fournir des esclaves aux pêcheries de perles, qu'ils exploitaient dans l'Inde. » Desalles, *Histoire des Antilles*, t. V, p. 435. — Cet écrivain donne des détails très-intéressants sur les affaires des jésuites aux Iles.

aux jésuites, quoique la Société eût désavoué après coup une résistance assurément fort légitime.

Les cabinets de Madrid et de Lisbonne avaient, comme on l'a montré tout à l'heure, des griefs mieux fondés. Ce fut en Portugal que l'orage éclata d'abord. C'était le pays de l'Europe où les jésuites exerçaient la domination la plus absolue, et leur introduction dans ce royaume, si brillant au XVIe siècle, si abaissé depuis, avait coïncidé avec le commencement de sa décadence; ils avaient étouffé le génie actif et hardi de la patrie de Gama et d'Albuquerque; telle était du moins la conviction qui, longtemps mûrie au fond d'une âme forte et sombre, dirigea le coup qui les écrasa. Le ministre qui régissait le Portugal sous le nom du faible roi Joseph Ier, le marquis de Pombal, n'appartenait point à cette école voltairienne qui avait pénétré, vers cette époque, dans les conseils de la plupart des gouvernements : réformateur aussi, mais réformateur dans un sens purement national, il était si peu philosophe, qu'il prit l'inquisition pour contre-poids contre les jésuites et se servit plus d'une fois des auto-da-fé comme moyen de popularité[1]. Une double haine remplissait son âme; les grands entravaient sa politique et froissaient, par leur arrogance, son orgueil de parvenu; il les haïssait comme Richelieu les avait haïs, et il haïssait les jésuites comme Philippe-le-Bel avait haï les templiers. Il éclata contre la Société, au commencement de 1758, par des manifestes où il dénonçait les jésuites au pape, les accusait d'avoir dérogé aux principes de leurs fondateurs par des trafics illicites et des complots contre l'État. Il leur interdit le commerce, puis la prédication et la confession, en se servant contre eux des évêques et des dominicains, qui composaient le tribunal de l'inquisition : ils avaient tout opprimé; tout leur devenait hostile. Le pape Benoît XIV mourut avant d'avoir donné une réponse définitive au gouvernement portugais (mai 1758).

Sur ces entrefaites, une tragédie domestique, qui entraîna l'effroyable ruine des deux premières familles de Portugal, préci-

---

1. La procédure de l'inquisition portugaise avait été modifiée, en 1728, par l'introduction des avocats et la communication des chefs d'accusation et des noms des témoins à l'accusé, et Pombal la modifia encore en 1758; mais la pénalité n'avait pas changé.

pita, par contre-coup, la destruction des jésuites dans ce royaume et en rendit les circonstances plus cruelles. Le roi Joseph Ier promenait le déshonneur dans les plus illustres maisons, par cette fureur de voluptés qu'il avait héritée de son père, mais que celui-ci avait du moins renfermée dans l'enceinte d'un couvent changé en harem. Dans la nuit du 3 septembre 1758, le roi, en allant voir secrètement la marquise de Tavora, nouvelle victime de ses séductions, fut atteint au bras de deux coup de feu. Trois mois s'écoulèrent : on croyait les recherches sur ce régicide infructueuses et abandonnées, quand, tout à coup, on arrêta tous les Tavora et les d'Aveiro, qui avaient partagé avec les Tavora les outrages du roi et avaient voulu partager la vengeance. Le 13 janvier 1759, sept membres ou alliés de ces deux maisons, y compris la belle-mère de la maîtresse du roi, condamnés par une commission extraordinaire où siégeait Pombal, périrent dans d'affreux tourments. Tous les jésuites, pendant ce temps, étaient gardés à vue dans leurs maisons; trois d'entre eux avaient été déclarés coupables, par les juges des d'Aveiro et des Tavora, d'avoir autorisé, comme confesseurs ou casuistes, le projet de régicide. Un bref fut demandé au nouveau pape Clément XIII (Rezzonico), pour autoriser leur dégradation et leur supplice. Clément XIII différant l'envoi du bref, le ministre fit saisir, embarquer pour les États romains et jeter sur la plage de Civita-Vecchia tous les jésuites portugais, au nombre de plus de six cents (septembre 1759). Le pape, courroucé, fit brûler en place publique le manifeste de Pombal. Le ministre répondit en confisquant les biens de la Société et en rompant toutes relations diplomatiques avec Rome. Chose bien caractéristique, après de telles violences, Pombal n'osa pourtant déchirer les priviléges ecclésiastiques, et, au lieu de faire condamner pour lèse-majesté le principal des jésuites inculpés, Malagrida, il le fit déclarer hérétique par l'inquisition et livrer comme tel au bras séculier. Malagrida monta sur le bûcher d'un auto-da-fé (20 septembre 1761)! On laissa mourir en prison ses deux compagnons d'infortune.

Les actes extraordinaires de Pombal n'obtinrent point au dehors l'approbation que semblait promettre l'antipathie de l'opinion dominante contre les jésuites. Dans cette période du XVIIIe siècle, l'esprit d'humanité et de justice était plus fort qu'aucun esprit de parti. L'utilité du but ne parut pas justifier la barbarie et l'hypocrisie des moyens. Les philosophes ne virent là qu'une guerre civile entre le despotisme et l'inquisition, d'un côté, les jésuites, de l'autre; Voltaire déclara hautement que, dans le procès de Malagrida, « l'excès du ridicule était joint à l'excès d'horreur. » Ce qu'il y eut de plus curieux, c'est que les Anglais, ces farouches ennemis du papisme, laissèrent percer un assez vif mécontentement de l'expulsion de la grande société papiste, avec laquelle ils faisaient une lucrative contrebande. Peut-être aussi leur politique se croyait-elle intéressée à ce qu'on laissât subsister un corps qui pouvait bien être une force pour le pape, mais qui était une cause d'affaiblissement pour les nations catholiques.

L'exemple donné par Pombal eut pourtant les mêmes résultats que si l'on eût approuvé la conduite de ce ministre. On répugnait à Pombal; mais on n'en reconnut pas moins avec joie qu'il était bien plus facile d'abattre les jésuites qu'on n'eût pu l'imaginer. Un si petit état, et si superstitieux, l'ayant osé, comment la France ne l'oserait-elle pas? Ce à quoi personne ne pensait la veille, tout le monde y pense maintenant. L'attaque vient des deux côtés à la fois, de la favorite et du parlement : le jansénisme et la corruption de cour contractent une bizarre alliance offensive. Nous avons dit plus haut comment madame de Pompadour, lorsqu'elle opéra l'évolution habile qui la transforma de maîtresse en amie et en conseillère du roi, essaya de se mettre en règle avec l'Église et de s'entendre avec les jésuites, et comment ceux-ci, engagés avec le parti du dauphin, repoussèrent les avances de la favorite, qui dut accepter la guerre (1752-1757). C'était donc par rigorisme que la Société, tant blâmée pour ses maximes accommodantes, s'était mise cette fois en danger [1].

Une action honorable l'avait engagée dans le péril : une action malhonnête l'y enfonça. Le père La Valette, supérieur général des jésuites dans les îles du Vent, avait fait de la maison de son ordre, à Saint-Pierre de la Martinique, un vaste établissement de

---

[1]. Plus tard, cependant, les chefs de la Société, à Paris, essayèrent de revenir sur leurs pas et firent faire quelques avances secrètes à madame de Pompadour; mais il était trop tard. *Mém.* de madame du Hausset, édit. Barrière, p. 103.

banque et de commerce en correspondance avec les places les plus importantes de l'Europe ; il monopolisait tout le mouvement commercial des Petites-Antilles françaises. Le gouvernement, à la sollicitation des colons, lui avait défendu, ainsi qu'à ses confrères, de s'occuper d'autre chose que du ministère ecclésiastique. Soutenu par ses supérieurs, il ne tenait compte de la défense. En 1755, le père La Valette ayant tiré de nombreuses lettres de change sur ses principaux correspondants, Lionci et Gouffre, chefs d'une maison de commerce de Marseille, les marchandises qu'il envoyait en France afin de couvrir ces lettres de change furent piratées par les Anglais[1] : Lionci et Gouffre recoururent, pour leur remboursement, au père de Saci, procureur-général des missions de France, qui fournit d'abord quelques fonds, mais qui ne se crut pas autorisé aux mesures nécessaires pour faire face à tout, sans en référer à ses supérieurs. Le généralat de la compagnie était alors vacant : il y eut d'inévitables délais; les échéances, cependant, se précipitaient; les Lionci déposèrent leur bilan (février 1756). Le nouveau général Ricci, d'abord décidé à payer et à faire continuer le commerce, voyant l'éclat fait et d'autres réclamations analogues en train de se produire sur diverses places, changea de résolution et ordonna de cesser les remboursements et de désavouer La Valette. Le syndic de la faillite Lionci ayant actionné devant les juges-consuls de Marseille les pères La Valette et de Saci, La Valette fit défaut; de Saci déclina la responsabilité des opérations de son subordonné. La Valette fut condamné à payer plus de 1,500,000 fr. aux ayants droit des Lionci; il y eut ajournement en ce qui regardait de Saci (novembre 1759).

Juges et créanciers s'étaient entendus pour donner tout le temps de la réflexion aux jésuites, mais le général Ricci était habitué aux mœurs de Rome, où les jésuites étaient au-dessus des lois, et

---

1. Une autre ressource manqua également à La Valette : il avait annoncé l'envoi en France des reliques de saints personnages de son ordre, martyrisés autrefois par les sauvages : les prétendues reliques étaient des lingots d'or. Les caisses arrivèrent au couvent des jésuites de Bordeaux; elles ne contenaient, au lieu de lingots et de reliques, que des os d'animaux : le capitaine du navire les avait ouvertes. Les jésuites ne purent réclamer : le *connaissement* du navire ne signalait que des ossements. (Desalles, *Histoire des Antilles*, t. V, p. 432.) — C'est le livre qui expose le mieux l'affaire de La Valette.

où l'opinion était sans force. Il garda la silence. La Valette fit banqueroute de plus de 3 millions. Les Lionci, n'ayant plus rien à ménager, actionnèrent le corps entier des jésuites de France comme solidaire. Les consuls prononcèrent conformément aux conclusions des demandeurs (29 mai 1760).

Le contre-coup de cette affaire se fit bientôt sentir au loin. Le comptoir que les jésuites avaient à Gênes fut fermé par le gouvernement génois : Venise défendit aux jésuites vénitiens de recevoir dorénavant des novices. En France, le lieutenant-général de police, Ségur, leur interdit le débit des marchandises pharmaceutiques ; l'énorme magasin d'apothicairerie qu'ils avaient à Lyon fut supprimé.

Ils avaient fait défaut et mis opposition à la sentence des consuls. Il leur restait une dernière chance. Les procès des réguliers étaient attribués par privilége au grand conseil, tribunal d'exception, favorable aux gens d'Église, et qui eût sans doute cherché à les éclairer sur leurs vrais intérêts et à les faire payer à l'amiable. Un père Frey, jésuite de Paris, qui passait pour fin politique, les décida à ne pas user de ce privilége et à porter l'affaire à la grand'chambre du parlement de Paris ! Leur triomphe, assuré, suivant lui, n'en serait que plus éclatant devant un pareil tribunal ! L'esprit de vertige s'était emparé de cette corporation si renommée pour sa prudence mondaine. Elle remettait entre les mains de ses plus grands ennemis une cause que les juges les plus bienveillants n'eussent pu lui faire gagner sans forfaire à toute justice !

Les chefs de la Société, à Paris, comptaient sans doute en ce moment sur le succès d'une cabale ourdie à la cour pour abattre Choiseul et livrer le pouvoir à la coterie du dauphin. Ce prince, dont les vertus privées semblaient une réaction et une protestation contre les vices de son père, méritait personnellement toute estime[1] ; mais, bien qu'il fût loin de manquer d'instruction ni même d'esprit, il s'était assez mal entouré, et sa dévotion étroite et ses préventions l'entraînèrent à servir par de petits moyens un

---

1. Ayant eu le malheur de blesser mortellement à la chasse un de ses écuyers, il abandonna, au détriment de sa santé, cet exercice, qui était le plus vif de ses goûts, et ne toucha plus jamais une arme à feu.

complot peu digne de son caractère. Le duc de La Vauguyon, gouverneur des enfants de France, fanatique haineux et intrigant, dont Choiseul avait froissé l'ambition sournoise, obtint du dauphin qu'il remît au roi un mémoire écrit par un jésuite sous le nom d'un conseiller au parlement. C'était une dénonciation contre Choiseul, qu'on accusait de conspirer avec les parlements pour forcer le roi à détruire la Société de Jésus, le tout assaisonné des détails les mieux calculés pour piquer l'amour-propre de Louis XV. L'intrigue échoua. Le ministre sortit victorieux d'une explication avec le roi, explication suivie d'une scène très-vive avec le dauphin. Ce fut alors que Choiseul laissa échapper ce mot qui devait lui fermer le retour au pouvoir après la mort de Louis XV : « Monsieur, je puis avoir le malheur d'être votre sujet; mais je ne serai jamais votre serviteur! » (Juin 1760) [1].

Ce qu'il y eut de piquant dans cette affaire, c'est que Choiseul, jusque-là, quoique attaché aux intérêts de madame de Pompadour, s'était fort peu occupé des jésuites, et qu'il prit en grande partie dans leur propre mémoire l'idée du plan qu'il suivit depuis contre eux, sans y apporter toutefois, à beaucoup près, l'acharnement dont ils l'ont accusé, car il n'était point du tout vindicatif. La magistrature y mit bien autrement de passion.

Le procès de Marseille, cependant, était arrivé au parlement de Paris. Le général en personne, cette fois, avait été mis en cause par le syndic de la faillite Lionci. Les jésuites nièrent la solidarité prétendue par leurs adversaires et soutinrent que chacune de leurs maisons, ou colléges, était administrée à part, quant au temporel. C'était à leurs Constitutions de décider le point de fait. Le parlement ordonna l'apport des Constitutions à sa barre (17 avril 1761). Le 8 mai, en pleine connaissance de cause, sur les conclusions de l'avocat-général Le Pelletier de Saint-Fargeau [2], il confirma la sentence des juges-consuls.

Ce n'était là que le premier coup. Une fois les Constitutions de

---

1. *Mém.* de Choiseul, t. 1er, p. 1-56. — Ce ne sont pas des mémoires suivis; c'est un recueil de divers morceaux écrits de la main de Choiseul, et dont plusieurs sont très-intéressants. — *Mém.* de Besenval, t. II.

2. Père de celui qui, après avoir joué un rôle de quelque importance dans la Convention nationale, fut immolé par un poignard royaliste aux mânes de Louis XVI.

la Société arrachées aux ténèbres de ses archives, le parlement de Paris ne les lâcha plus, et presque tous les parlements des provinces, à son exemple, nommèrent des commissions pour examiner à fond tout ce qui regardait l'institut d'Ignace. Le général Ricci comprit enfin la situation. A la nouvelle de l'examen ordonné, il écrivit à Choiseul la lettre la plus curieuse (13 mai 1761). Il y laisse échapper l'aveu que plusieurs points des Constitutions de la Société, telles que les a formulées le fondateur, sont incompatibles avec les principes politiques de *certains états*; mais il représente que, comme la Société abandonne les points en question là où les souverains l'exigent, on ne doit pas prononcer sur la théorie de ses lois sans consulter la politique qui l'explique ou la modifie [1]. Le pape Clément XIII adressa au roi les plus vives instances pour le salut de la Société (9 juin 1761). Louis répondit favorablement au Saint-Père; il promit d'arrêter l'ardeur de son parlement et de se réserver de prononcer sur les Constitutions des jésuites. Choiseul lui-même n'avait point encore de parti pris : il avait dit au roi, en apprenant l'arrêt du parlement sur l'examen des Constitutions, qu'il pouvait encore choisir entre la destruction ou le maintien des jésuites; mais que, s'il ne voulait pas les détruire, il devait arrêter le parlement aux premiers pas. Le roi y était disposé : ce fut le chancelier de Lamoignon qui le pria de temporiser [2]. Louis se fit remettre les Constitutions et nomma des commissaires dans son conseil pour lui en rendre compte; mais il n'interdit pas au parlement de continuer, de son côté, son examen.

Le parlement de Paris alla en avant. Le 8 juillet, l'abbé Terrai, conseiller-clerc, personnage qu'attendait une fâcheuse célébrité, présenta aux *chambres assemblées* un rapport « sur la doctrine morale et pratique des prêtres et écoliers soi-disant de la Société de Jésus. » Une nouvelle commission fut chargée par le parlement de vérifier les assertions accablantes du rapport. Le roi essaya de gagner du temps. Le 4 août, il envoya au parlement une déclaration qui sursoyait pour un an à toute décision sur tout ce qui concernait la Société. Le parlement enregistra, mais n'en

---

1. Flassan, *Histoire de la Diplomatie Française*, t. VI, p. 489.
2. *Mém.* de Besenval, t. II, p. 56; d'après le témoignage de Choiseul.

publia pas moins deux arrêts foudroyants qu'il avait préparés (6 août). Le premier condamnait au feu une multitude de livres composés par des jésuites depuis deux siècles, comme enseignant une doctrine *meurtrière* et *abominable* contre la sûreté de la vie des citoyens et même des souverains, défendait provisoirement à tous sujets du roi d'entrer dans la Société ou de s'y affilier, interdisait toutes fonctions d'enseignement aux prêtres, écoliers, etc., de ladite Société, à partir du 1er avril prochain, sauf à ceux qui se prétendraient autorisés par lettres patentes vérifiées en parlement, de représenter ces lettres [1]; déclarait tous étudiants qui, après les délais fixés, continueraient de fréquenter les écoles des jésuites, en quelque lieu que ce pût être, incapables d'aucuns degrés ou fonctions publiques; demandait aux universités, aux autorités municipales et judiciaires, des mémoires sur les moyens de pourvoir à l'éducation de la jeunesse qu'instruisaient les jésuites. Le second arrêt recevait l'appel comme d'abus interjeté par le procureur-général contre toutes les bulles et brefs des papes qui avaient fondé ou confirmé la Société, et contre « les Constitutions d'icelle; » notamment quant au pouvoir despotique attribué au général, pouvoir indépendant de toute autorité temporelle ou même spirituelle, puisque la papauté s'était liée envers la Société au point de lui accorder que, s'il intervenait de la part du saint-siège quelque acte de révocation ou de réformation, la Société pourrait tout rétablir dans l'ancien état, de sa propre autorité et sans autorisation du saint-siége!

Le 29 août, des lettres-patentes du roi suspendirent pour un an l'exécution des arrêts du 6 août. Le parlement enregistra, à la charge que la surséance n'eût lieu que jusqu'au 1er avril, et qu'aucuns vœux ni affiliations ne fussent reçus dans l'intervalle; c'est-à-dire qu'il maintint à peu près ses arrêts.

Un premier essai de transaction fut tenté, sur ces entrefaites, par la cour de France. Le roi envoya au Saint-Père un projet de déclaration qui serait signé par les supérieurs des maisons de la Société, et qui contenait, entre autres articles, une adhésion aux libertés gallicanes. La seule concession qu'on put obtenir du pape

---

1. Plus de la moitié des colléges des jésuites (quatre-vingts sur cent quarante-huit) s'étaient établis sans titre légal.

et du général, ce fut de fermer les yeux sur l'adhésion que donneraient les jésuites français, mais sans le leur permettre par écrit, afin de se réserver, dans un temps meilleur, d'anéantir la déclaration comme *subreptice* ¹.

L'expédient était dérisoire. Le roi ne voulut pas rompre encore. Les commissaires du conseil consultèrent les archevêques et évêques présents à Paris sur l'utilité dont pouvaient être les jésuites et sur les moyens de remédier au despotisme de leur chef. L'esprit du haut clergé était bien changé par la longue domination moliniste : sur cinquante et un prélats, un seul se déclara pour l'abolition des jésuites; cinq, pour qu'on les maintînt seulement comme colléges et non comme institut; tous les autres supplièrent le roi de les conserver, « comme la religion elle-même, » mais avouèrent la nécessité de graves modifications dans leur institut. On s'arrêta à proposer au général de déléguer ses pleins pouvoirs pour la France à cinq vicaires provinciaux, qui prêteraient serment aux lois du royaume entre les mains du chancelier, s'engageraient à faire enseigner les Quatre articles de 1682, n'admettraient aucun jésuite étranger en France sans permission du roi, subiraient l'inspection des parlements dans leurs colléges (janvier 1762). Un édit rédigé sur ces bases, le 11 mars 1762, fut envoyé au parlement de Paris, comme si l'on eût été assuré que cet ultimatum serait accepté à Rome ².

On sait la réponse attribuée au général Ricci : *Sint ut sunt, aut non sint !* (Qu'ils soient ce qu'ils sont, ou ne soient plus ³!) Le mot a été contesté; ce qui est sûr, c'est le refus. L'acceptation était impossible. Pour une théocratie cosmopolite, s'encadrer dans un état et dans une église nationale, passer sous le joug des lois civiles, c'était le suicide. Mieux valait mourir en combattant que mourir en se reniant soi-même. Le pape chercha à réveiller ce qui pouvait subsister de fanatisme en France : n'osant recourir aux foudres éteintes du moyen âge, il tâcha du moins de re-

---

1. Flassan, t. VI, p. 494.
2. Flassan, t. VI, p. 498. — *Mercure historique*, t. CLI, p. 640 ; t. CLII, p. 382.
3. Le mot est accepté comme authentique par les historiens diplomatiques, Flassan, Saint-Priest : le *Mercure* de la Haie l'attribue non à Ricci, mais à Clément XIII lui-même.

muer l'ordre ecclésiastique en faveur des jésuites et de se mettre en communication directe, contrairement aux lois du royaume, avec l'assemblée périodique du clergé réunie à Paris au printemps de 1762. Le cardinal de la Roche-Aimon, président de l'assemblée, refusa de recevoir le bref papal et le remit au roi, qui le fit renvoyer au Saint-Père.

Louis XV s'était décidé, ou plutôt résigné, avec son insouciance ordinaire[1]; Choiseul, une fois son parti pris, avait secondé la Pompadour avec sa vivacité accoutumée. La lutte avait été ardente à la cour; la reine, le dauphin et leurs amis avaient fait des efforts désespérés afin de sauver la Société. De vieilles habitudes de bienveillance dévote pour les jésuites se combinaient bizarrement chez le roi avec la peur du *couteau de Châtel*, ravivée par le *régicide* de Portugal; Choiseul le prit par une autre peur, celle des parlements et du peuple, qu'il lui montra exaltés contre la Société jusqu'au point de soulever une nouvelle Fronde, si l'on maintenait les jésuites. En fait, il était trop tard pour reculer. Aucun homme d'état n'eût pu le conseiller. La vraie politique, la seule digne, eût été de frapper du haut du trône, et d'en finir par une déclaration royale qui devançât les arrêts des parlements. Louis XV aima mieux laisser toute la responsabilité et tout l'honneur aux cours de justice.

Tout l'hiver de 1761 à 1762 avait été rempli par ces fameux comptes rendus aux divers parlements, où s'étaient épanchés, avec une passion ardente, inépuisable et parfois éloquente, les ressentiments séculaires de la magistrature contre la grande congrégation. Les noms parlementaires des Chauvelin (fils du ministre), des Terrai, des Laverdi, des Castillon, surtout des Montclar et des La Chalotais, égalèrent un instant en popularité les grands noms philosophiques du siècle. Une génération qui ne croyait point au christianisme se remit à prendre parti, avec les accusateurs officiels de la Société, dans les vieilles controverses qui déniaient aux jésuites d'être des chrétiens orthodoxes. Pour un de ces hommes, du moins, la popularité est restée de la gloire :

1. Il donna son aveu par une plaisanterie : « Je ne serais pas fâché de voir le père Desmaretz en abbé (en petit collet au lieu de robe longue). » Desmaretz était le confesseur du roi. *Mém.* de Besenval, t. II, p. 58.

le caractère de La Chalotais soutint dignement la renommée que lui avaient value sa brûlante polémique contre la Société et son remarquable *Essai sur l'Éducation nationale*. C'était en patriote et en homme d'état qu'il avait condamné les jésuites [1].

Le parlement de Rouen n'avait pas attendu la permission du roi pour frapper. Dès le 15 février, il avait annulé et condamné au feu les statuts de la Société, et ordonné à tous les jésuites de vider leurs maisons et colléges situés dans son ressort; puis il leur avait imposé, comme condition d'admissibilité individuelle à des fonctions quelconques, un serment d'adhésion aux Articles de 1682 et de rupture avec la Société et le général. Tous les colléges du ressort du parlement de Paris furent vidés le 1er avril, conformément aux arrêts du 6 août 1761, et livrés à de nouveaux professeurs, oratoriens et autres. Des arrêts analogues à ceux de Rouen se succédèrent à Bordeaux, à Rennes, à Metz, à Pau, à Perpignan, à Toulouse, à Aix. Le 6 août, le parlement de Paris jugea par défaut, contre le général de la Société *se disant de Jésus*, l'appel comme d'abus, reçu un an auparavant, et déclara « ledit institut inadmissible, par sa nature, dans tout état policé, comme contraire au droit naturel et tendant à introduire, dans l'église et dans les états, non un ordre qui aspire véritablement et uniquement à la perfection évangélique, mais plutôt un corps politique dont l'essence consiste dans une activité continuelle pour parvenir, par toutes sortes de voies, d'abord à une indépendance absolue et successivement à l'usurpation de toute autorité; notamment en ce que, pour former un corps immense répandu dans tous les états sans en faire réellement partie... ladite Société s'est constituée monarchique... en sorte qu'autant elle se procure de membres dans les différentes nations, autant les souverains perdent de sujets qui prêtent, entre les mains d'un monarque

---

1. « Je prétends revendiquer pour la nation une éducation qui ne dépende que de l'état, parce qu'une nation a un droit inaliénable et imprescriptible d'instruire ses membres; parce qu'enfin les enfants de l'état doivent être élevés par l'état. » — *Rapport du procureur-général Caradeuc de La Chalotais au parlement de Bretagne*. — Il importe de remarquer que la question est posée ici non point entre le monopole et la liberté, suivant la formule dont on a tant abusé de nos jours, mais entre la patrie et la théocratie étrangère. — Le rapport de Montclar, dit M. Villemain, est un chef-d'œuvre de méthode et de clarté.

étranger, le serment de fidélité le plus absolu et le plus illimité..., corps qui, par son existence même au milieu de tout état où il serait introduit, tend évidemment à effectuer la dissolution de toute administration et à détruire le rapport intime qui forme le lien de toutes les parties du corps politique [1] ».

Le parlement eût pu se dispenser de faire précéder ces sérieuses et solides conclusions de prémisses qui se réfutaient par leur exagération même, d'un amas énorme de citations combinées afin d'imputer à la Société des jésuites la justification systématique de tous les vices et de tous les crimes. Quoi qu'il y ait à dire sur la morale des jésuites [2], leur vrai crime est d'être un état dans l'État, un corps étranger dont la présence parasite est, comme le parlement le dit très-bien, un principe de *dissolution*, un principe morbide dans le corps national.

Le parlement termine en déclarant les vœux des jésuites non valables et la Société déchue de sa première admission et de son rétablissement (sous Henri IV) (aux conditions duquel elle ne s'était, d'ailleurs, jamais conformée), et irrévocablement exclue du royaume. Il défend à toutes personnes de proposer ou solliciter jamais le rappel de la Société, à peine de poursuites criminelles. Il enjoint à tous les membres de la Société de vider leurs maisons sous huitaine, sans pouvoir se réunir de nouveau, et impose à ceux d'entre eux qui aspireraient à des fonctions quelconques, le même serment qu'avait dicté le parlement de Rouen.

L'arrêt fut promulgué au nom du roi. Un autre arrêt, du même jour, confirmé et modifié, quelques mois après, par un règlement du conseil, pourvut à l'administration des colléges, aux pensions alimentaires des ex-jésuites et au paiement des créanciers, qui, pour le dire en passant, ne furent jamais complétement payés.

L'effet sur l'opinion fut immense : avoir vu crouler si facilement ce colosse aux pieds d'argile, cela semblait un rêve ! Ce qui restait des jansénistes, et, en général, la vieille bourgeoisie, semi-gallicane, semi-voltairienne, battait des mains avec transport. Les philosophes et les politiques voyaient dans la chute des jésuites le

---

1. *Anciennes lois françaises*, t. XXII, p. 328.
2. V. nos t. VIII, p. 313-320, et XI, p. 73-78.

premier coup porté à l'édifice du passé et le présage de la ruine prochaine de tous les moines, de tous ceux, du moins, qui menaient la vie active et relevaient de chefs étrangers [1].

La joie, cependant, n'était point unanime : il y avait de l'opposition, des plaintes amères, une agitation sourde parmi les nombreux affiliés ou pénitents des jésuites, parmi les esprits qu'effrayait le progrès de l'incrédulité et qui regardaient les jésuites comme les *grenadiers de l'armée de la foi*. Les pamphlets pleuvaient. On sut que le pape avait cassé, en consistoire secret, les arrêts des parlements; mais il n'osa donner aucune publicité à son allocution. Quelques évêques publièrent des mandements hostiles, et, ce qui était le plus grave, quelques parlements hésitaient à suivre leurs confrères et n'avaient pas encore fait vider les colléges de leurs ressorts; les parlements de Metz, de Grenoble, de Dijon, gardaient des ménagements; celui d'Aix n'avait voté la suppression qu'à une voix de majorité; les parlements de Besançon et de Douai étaient tout à fait favorables à la Société. Quelques arrêts du conseil, sur les questions d'exécution, avaient un caractère dilatoire qui inquiétait le parlement de Paris et ses alliés des provinces. Le parlement de Paris, secondé par le ministère, n'épargna rien pour pousser le roi à un acte irrévocable. Le parlement fit brûler une virulente instruction pastorale de l'archevêque de Paris, qui avait comparé la Société de Jésus à la *sainte cité de Jérusalem* [2]. Le roi relégua l'archevêque à quarante

---

[1] V. le livre de d'Alembert, *De la Destruction des Jésuites*, 1765 (publié sous l'anonyme); et *Correspondance de Voltaire*, passim. — « L'esprit monastique, avait dit La Chalotais au parlement de Bretagne, est le fléau des états : de tous ceux que cet esprit anime, les jésuites sont les plus nuisibles, parce qu'ils sont les plus puissants; c'est donc par eux qu'il faut commencer à secouer le joug de cette nation pernicieuse. »

Après la suppression des jésuites, le gouvernement s'occupa de remédier à quelques-uns des abus du monachisme. Un édit de mars 1768 défendit de s'engager dans la profession monastique, avant vingt et un ans pour les hommes et dix-huit ans pour les filles. On appelait cela un remède! qu'on juge de ce qu'était le mal! — Le même édit tend à diminuer le nombre des couvents par des réunions; la plupart n'avaient plus qu'un petit nombre de religieux. Une partie des moines allaient d'eux-mêmes au-devant de la sécularisation. Il y eut chez les bénédictins une espèce de schisme : beaucoup d'entre eux demandaient au pouvoir civil la suppression de ce qu'il y avait dans leurs règles de plus contraire à l'esprit du siècle. Le pouvoir civil recula.

[2] Parmi de nombreuses apologies des jésuites, condamnées au feu par le parle-

lieues de Paris (janvier 1764). Le 22 février, le parlement ordonna que tous les jésuites, sans distinction, prêtassent serment, sous huitaine, de ne plus vivre sous l'empire de leur institut, d'abjurer les maximes condamnées et de n'entretenir aucune correspondance avec leurs anciens chefs. Un petit nombre seulement obéirent. Le 1er juin, le parlement supprima deux brefs du pape.

Le parlement l'emporta. La mort de madame de Pompadour (15 mars 1764) n'ébranla pas Choiseul et ne profita point aux jésuites. Une déclaration royale de novembre 1764 supprima entièrement la Société en France, permettant aux anciens membres de la Société de vivre en particuliers dans le royaume, sous l'autorité spirituelle des ordinaires et en se conformant aux lois. Le parlement aggrava leur position par un arrêt qui les assujettit à résider dans leur diocèse natal, à se présenter tous les six mois devant les substituts du procureur-général aux bailliages et sénéchaussées, et leur interdit d'approcher de Paris plus près que dix lieues[1].

Après le Portugal, la France avait frappé; après la France, ce fut le tour de l'Espagne. Ici, les motifs purement nationaux qui avaient poussé le gouvernement portugais se combinèrent avec les inspirations philosophiques de l'esprit du siècle. Le roi était pourtant, de sa personne, fort étranger à ces inspirations : Charles III, le seul monarque estimable et quelque peu sensé que les Bourbons aient donné à l'Espagne, tout en remplaçant sur le trône l'hypocondrie fainéante de ses tristes prédécesseurs par une activité salutaire que soutenait le sentiment du devoir, avait conservé des traditions de sa famille une dévotion rigoureuse et minutieuse; mais sa dévotion n'était point servile vis-à-vis de Rome et ses ministres avaient de la philosophie pour lui. Les d'Aranda, les Campomanes, les Roda, les Moniño (depuis plus connu sous le nom de Florida-Blanca), étaient plus ou moins complétement enveloppés dans le mouvement des idées françaises. Ils n'eurent

---

ment, on remarque un certain *Appel à la Raison*, par Caveirac, l'apologiste de la Saint-Barthélemi. Une autre *Apologie* plus célèbre est celle du jeune jésuite Cerutti, esprit ardent et passionné, qui devint depuis un révolutionnaire de 1789.

1. *Anciennes lois françaises*, t. XXII, p. 424.

pas besoin de suggérer au roi, contre les jésuites, des préventions qui existaient dans son esprit dès le temps où il régnait à Naples : les souvenirs de l'affaire du Paraguai, antérieure à son avénement au trône d'Espagne, avaient été ravivés par les plaintes des vice-rois de l'Amérique espagnole sur les accaparements commerciaux des jésuites. Charles III, néanmoins, hésita beaucoup avant de prendre un parti violent. Il commença de s'irriter, lorsqu'en 1765, on crut reconnaître la main des jésuites, en même temps que celle des Anglais, dans les troubles graves qui éclatèrent parmi les populations hispano-américaines, à l'occasion d'un nouveau système d'impôt. L'Espagne eut bientôt le contre-coup de ces mouvements : un des ministres de Charles III, l'Italien Squillace s'était rendu impopulaire à la fois comme étranger, comme novateur et comme despote, chez un peuple fier et routinier, peu disposé à accepter le progrès par le despotisme ; Squillace s'étant avisé de prohiber les grands chapeaux rabattus et les grands manteaux (*chambergos, capas*), ces deux pièces essentielles du costume national, Madrid se souleva en fureur ; la garde du roi fut mise en déroute ; le roi fut obligé de capituler avec l'émeute, et le ministre dut quitter l'Espagne (23-27 mars 1766).

Le caractère espagnol eût pu suffire, à la rigueur, pour expliquer naturellement la sédition ; cependant Charles III, profondément ulcéré, attribua son affront à la Société de Jésus. Ce ne furent point, comme on l'a imaginé, des manœuvres secrètes de Choiseul qui circonvinrent le roi d'Espagne ; ce fut le résultat d'une enquête fort sérieuse, poursuivie secrètement par ordre de Charles, qui persuada ce prince de la culpabilité des jésuites. Leur plan, à ce que Charles affirma à l'ambassadeur de France, était de lui faire imposer par la révolte de tout autres conditions que le renvoi d'un ministre et de le mettre en tutelle dans les mains d'un parti qui voulait enlever à l'Espagne le bénéfice du peu de progrès qu'elle avait commencé de faire [1]. Les jésuites au-

---

1. Deux concordats passés en 1737 et en 1753 avaient porté quelque atteinte à la domination ultramontaine : un décret de 1762, qui fut abrogé, puis rétabli, avait beaucoup modifié et affaibli l'Inquisition. V. W. Coxe, *L'Espagne sous les Bourbons*, t. V, p. 68 ; et, dans Saint-Priest, *De la Suppression de la Société de Jésus*, l'analyse des dépêches de l'ambassadeur de France à M. de Choiseul.

raient visé à se dédommager en Espagne de leurs désastres de France et de Portugal[1].

Ce qui est sûr, c'est que Charles III, loin d'être l'instrument du cabinet de Versailles, n'avertit Louis XV et Choiseul qu'au moment même où il allait agir, après un an de préparatifs mystérieux. Le 2 avril 1767, une pragmatique royale non-seulement supprima la Société de Jésus, mais expulsa les jésuites de toute la monarchie d'Espagne, avec défense à tout Espagnol de discuter la mesure prise par le roi, même pour l'approuver, à peine de lèse-majesté, « parce qu'il n'appartient pas aux particuliers, disait la pragmatique, de juger et d'interpréter les volontés du souverain. » La violence de l'exécution répondit à cet étrange langage. Le même jour, à la même heure, dans toute l'étendue des possessions espagnoles, d'un bout du monde à l'autre, les jésuites furent arrêtés et embarqués ou dirigés sur des ports de mer[2]. Tous les vaisseaux qui les portaient firent voile pour les ports de l'état romain. Charles III renvoyait les jésuites au pape comme étant, en réalité, ses sujets et non ceux de la couronne d'Espagne.

A l'instigation du général Ricci lui-même, qui régnait à Rome sous le nom du vieux Clément XIII, la cour de Rome répondit à la notification de Charles III qu'elle ne recevrait pas les bannis, quoique Charles III eût promis d'asssurer leur subsistance. L'Espagne n'en tint compte. Quand les premiers navires espagnols, chargés de jésuites, arrivèrent devant Civita-Vecchia, ils furent reçus à coups de canon! La colère et le désespoir avaient donné le vertige à Ricci! Les Espagnols, ne voulant pas employer la force contre le pape, reprirent le large et allèrent se présenter successivement devant Livourne, devant Gênes, devant les ports de la Corse, occupés par les Français; on les refusa partout, jusqu'à ce qu'enfin Choiseul, sur les instances de Charles III, eût con-

1. Les *Jésuites jugés par les rois, les évêques et le pape*, publié par L. Viardot, p. 18-25; 1857, in-12. C'est la traduction de tout ce qui concerne les jésuites dans l'*Histoire espagnole de Charles III*, de don Ant. Ferrer del Rio, histoire écrite d'après la correspondance de Charles III et les autres documents des archives de Simancas. L'auteur espagnol, d'ailleurs très-catholique, conclut, par les faits, à la culpabilité des jésuites.

2. Il n'y eut d'exception que pour les vieillards d'âge fort avancé et les malades. Instruction du comte d'Aranda; ibid. p. 34.

senti à accorder un asile en Corse aux bannis d'Espagne. Ces malheureuses victimes de l'obstination barbare de leur propre chef, plus encore que de la dureté espagnole, entassées à bord des bâtiments de transport, avaient été ballottées durant plusieurs mois à travers la Méditerranée : on assure que beaucoup d'entre eux succombèrent aux fatigues et aux angoisses de ce lugubre voyage. La cour de Rome se relâcha enfin de sa cruelle résolution et reçut au moins ceux des jésuites qu'on amena d'Orient et d'Amérique.

Leurs confrères de France venaient d'être frappés d'un nouveau coup. Ils s'étaient fort peu soumis aux prescriptions des parlements et ils avaient essayé de profiter des querelles renouvelées entre les parlements et la cour pour susciter des embarras et des périls à leurs vainqueurs. A la nouvelle de la pragmatique espagnole, le parlement de Paris déclara les jésuites ennemis publics, leur enjoignit de sortir tous du royaume sous quinzaine et supplia le roi de s'entendre avec les princes catholiques afin d'obtenir du pape l'extinction totale de la Société (9 mai 1767)[1]. Toutes les mesures dirigées contre l'existence de la Société étaient ratifiées par l'opinion; mais les rigueurs contre les personnes dépassaient le sentiment public : si les jansénistes étaient implacables envers leurs persécuteurs héréditaires, les philosophes, plus humains, plus chrétiens, pour ainsi dire, de sentiment que les chrétiens orthodoxes, ne refusèrent pas leur pitié ni même, parfois, leurs secours à tant de proscrits, dont la plupart n'avaient été que les instruments passifs de la politique de leur ordre. Les philosophes commençaient d'ailleurs à craindre que le dur génie du jansénisme, ravivé par la chute de la faction rivale, ne devînt plus dangereux pour la liberté et la tolérance que le jésuitisme lui-même. Chose singulière, ce fut, en grande partie, par humanité, que Choiseul entra dans les vues des parlements, relativement à l'abolition totale de la Société. Fort éloigné de la haine acharnée que les apologistes des jésuites lui ont supposée, il pensait au contraire, qu'une fois l'ordre aboli par le Saint-Père, on pourrait laisser partout les bannis rentrer paisiblement et vivre en particuliers chacun dans leur pays natal.

---

1. *Mercure historique*, t. CLXII, p. 635.

Le roi d'Espagne, si violent contre les jésuites de ses états, hésita cependant lorsque Choiseul, d'une part, Pombal, de l'autre, lui proposèrent de se concerter contre l'ordre entier. Le pape vint en aide aux ennemis de la Société par une imprudente provocation. Les deux états bourboniens d'Italie, Naples et Parme, avaient suivi l'exemple de l'Espagne et chassé les jésuites. Clément XIII s'attaqua au plus faible et déclara le duc de Parme excommunié de fait et déchu de sa principauté, par la bulle *In cœnâ Domini*, comme un vassal rebelle de l'Église (20 janvier 1768). Dès lors ce fut Charles III qui pressa Louis XV d'agir. Le roi d'Espagne était lent à se décider, mais inébranlable dans ses résolutions une fois prises. La prise de possession d'Avignon et du Comtat par les Français, l'invasion de Bénévent par les Napolitains, vengèrent l'affront de la maison de Bourbon. Venise, Modène, la Bavière même, ce foyer du jésuitisme allemand, chassèrent les jésuites. Marie-Thérèse ne s'y décida pas; toutefois, les chaires de théologie et de philosophie avaient été enlevées aux jésuites dans les états autrichiens. Les 16, 20 et 24 janvier 1769, les ambassadeurs d'Espagne, de Naples, puis de France, présentèrent au pape la demande de suppression de la Société de Jésus. Le vieux pontife, frappé au cœur, mourut dans la nuit même qui précédait le consistoire où la question devait se traiter (3 février 1769).

Les jésuites firent des efforts désespérés pour enlever l'élection d'un pape zélé (*zelante*) : ils frappèrent à toutes les portes; ils implorèrent la protection du nouvel empereur Joseph II, qui fit un voyage à Rome, *incognito*, pendant le conclave. Joseph ne montra qu'indifférence et que dédain, non-seulement à la Société, mais au sacré collége. Le parti jésuitique manqua l'élection de deux voix. Le cordelier Ganganelli, d'opinion douteuse, fut élu par une espèce de moyen terme (19 mai 1769). Bien différent de son prédécesseur, du rigide, médiocre et opiniâtre Clément XIII, le nouveau pape, Clément XIV, était spirituel, instruit et tolérant, un autre Benoît XIV, avec moins de vivacité d'esprit et des manières plus douces : il n'avait commis peut-être qu'une faute dans sa vie, c'était de s'être laissé aller au mal contagieux des cardinaux, à la *fureur de la tiare* (*rabbia papale*)! Son ambition lui coûta cher! A peine installé, la terrible affaire des jésuites lui devint un perpétuel cauchemar[1]. Il ne songea qu'à gagner du temps, sans rien déterminer, et se trouva bientôt entre les menaces ouvertes de Charles III, dont l'impatience excitait l'indifférent Louis XV, et les menaces sourdes des jésuites, qui l'alarmaient sur sa vie par de sinistres rumeurs. Le poison devint son idée fixe : Choiseul traita ces alarmes avec sa légèreté accoutumée[2]; Voltaire avait mis à la mode l'incrédulité en matière de poison. Le roi d'Espagne offrit au pape des soldats pour le défendre, comme si le genre de péril que redoutait Clément se pouvait repousser avec des baïonnettes. Afin d'obtenir un nouveau délai, le Saint-Père écrivit à Charles III une lettre où il s'engageait formellement à l'abolition de la Société et reconnaissait que « ses membres avaient mérité leur ruine par l'inquiétude de leur esprit et l'audace de leurs menées (avril 1770). » Cette promesse écrite le mettait entièrement à la discrétion des Bourbons. Il fit une autre concession, en supprimant la fameuse bulle *In cœnâ Domini*, qui excommuniait de fait tous les princes, magistrats, etc., qui touchaient aux biens de l'Église ou portaient une atteinte quelconque à ses priviléges.

Les jésuites luttèrent jusqu'au bout avec l'énergie du désespoir. Leur général rechercha la protection des puissances *hérétiques* ou *schismatiques* hostiles à la maison de Bourbon : il tenta d'intéresser Frédéric II, la tzarine et l'Angleterre même à la cause de la Société. Sur ces entrefaites, Choiseul tomba du ministère, par des causes qui seront indiquées plus loin (décembre 1770) : la Société se crut sauvée et vengée. Les jésuites présentèrent à Louis XV un mémoire où ils demandaient la mise en jugement de divers agents diplomatiques de Choiseul, espérant arriver ainsi jusqu'à l'ancien ministre lui-même. Leurs illusions furent bientôt dissipées. La cour d'Espagne était bien plus acharnée que Choiseul à leur perte, et Louis XV n'osa compromettre le *Pacte de famille* en refusant la continuation de son secours à Charles III. Les jésuites

---

1. Il avait pu donner des espérances aux deux partis, mais l'historien espagnol de Charles III, don Ant. Ferrer, établit qu'il n'avait pas pris, comme on l'a dit, avant son élection, l'engagement de supprimer les jésuites. *Les Jésuites jugés*, etc., p. 60-63.
2. « Personne ne serait sûr de mourir dans son lit, si tous les intrigants devenaient des assassins. » — Dépêche de Choiseul, citée par Saint-Priest : *Suppression de la Société de Jésus*.

s'efforcèrent alors de redoubler les terreurs de Clément XIV. Les prédictions de mort pleuvaient de toutes parts : le général Ricci s'était abouché secrètement avec une devineresse qui prophétisait la vacance prochaine du saint-siége. Les cours liguées l'emportèrent toutefois. Le dernier prétexte de résistance manquait : Marie-Thérèse, entraînée par l'empereur son fils, avait consenti à la suppression de la Société. Le bref d'abolition parut le 20 juillet 1773. Le Saint-Père y passait en revue les accusations portées contre les jésuites, et, sans les admettre absolument, il reconnaissait que « les membres de cette Compagnie n'ont pas peu troublé la république chrétienne, et que, pour le bien de la chrétienté, il valait mieux que l'ordre disparût. Les dernières maisons de l'ordre furent fermées : le général Ricci fut enfermé au château Saint-Ange, et la cour de Versailles restitua encore une fois au pape Avignon et le Comtat Venaissin, que Choiseul avait eu l'intention de garder et que la Révolution devait bientôt réunir définitivement à la France.

Les prévisions de Clément XIV ne se réalisèrent pas sur-le-champ. Durant quelques mois après ce grand acte, sa santé se soutint, sa gaieté était revenue. Un jour (c'était vers la fin de la semaine sainte de 1774), il sentit une commotion intérieure suivie d'un grand froid : des symptômes funestes se succédèrent et ne le quittèrent plus; tout le système physique se désorganisa; la raison s'égara : l'infortuné pontife ne recouvra la possession de lui-même que pour mourir après de longues tortures (22 septembre 1774). Le cri de Rome fut qu'il mourait par l'*aqua tofana*. La question est restée incertaine. Le cardinal de Bernis, ambassadeur de France à Rome à l'époque de la catastrophe, après une enquête secrète sur les circonstances de la maladie et de la mort de Clément XIV, avait rédigé une relation qui devrait se trouver aux archives des affaires étrangères *et qui a disparu;* le cardinal de Bernis était convaincu de l'empoisonnement de Clément XIV, et, d'après son témoignage, le pape Pie VI, successeur de Clément, n'en doutait pas plus que lui [1]. Mais, d'une autre part, le

---

1. « Le genre de maladie du pape, et surtout les circonstances de sa mort, font croire communément qu'elle n'a pas été naturelle... Les médecins qui ont assisté à l'ouverture du cadavre s'expliquent avec prudence, et les chirurgiens avec moins

ministre espagnol Moñino (Florida-Blanca) et le ministre napolitain Tanucci n'y crurent point et pensèrent que Clément était mort de peur du poison, et par l'abus du contre-poison, mais non par le poison; ils accusent les jésuites d'avoir vraiment tué le pape, mais par un système de terreur organisé autour de lui, et de se *vanter* d'un crime qu'ils n'ont pas commis pour se faire croire plus redoutables qu'ils ne sont [1].

Le rôle de la grande association créée au xvie siècle pour combattre le libre essor de l'esprit et de la personnalité humaine n'était pas terminé : la victoire du xviiie siècle n'était pas définitive. Les jésuites étaient destinés à reparaître et à voir s'effacer devant eux le jansénisme et presque entièrement le gallicanisme lui-même, cette tradition qui avait autrefois préservé la France de partager la décadence profonde des *royaumes d'obédience*, des peuples catholiques ultramontains. Ce n'était point par leur propre force que les jésuites devaient renaître et envahir l'église catholique, mais par la faiblesse d'autrui, par l'affaissement des âmes. Deux causes devaient produire leur retour : l'une était la tendance à la concentration, l'effort vers l'unité à tout prix dans l'église, après les terribles coups de la Révolution; l'autre était l'insuffisance du résultat qu'eut dans l'ordre religieux et moral la philosophie du xviiie siècle, les principes, ou fatalistes et matérialistes, ou purement critiques, ayant gêné l'expansion et entravé les développements des principes de régénération et de vie. De là, pour un

de circonspection. » Dépêche de Bernis, 28 septembre. — « Quand on sera instruit, autant que je le suis, par les documents certains que le feu pape m'a communiqués, on trouvera la suppression (de la Société) bien juste et bien nécessaire. Les circonstances qui ont précédé, accompagné et suivi la mort du dernier pape, excitent à la fois l'horreur et la compassion. » Dépêche du 26 octobre 1774. — « Je n'oublierai jamais trois ou quatre effusions de cœur que le pape (Pie VI) a laissées échapper avec moi, par lesquelles j'ai pu juger qu'il était fort instruit de la fin malheureuse de son prédécesseur, et qu'il voudrait bien ne pas courir les mêmes risques. » Dépêche du 28 octobre 1777. V. Saint-Priest, *Suppression de la Société de Jésus*. M. de Saint-Priest a fait de vaines recherches pour retrouver la relation annoncée au ministre par le cardinal de Bernis, dans sa lettre du 26 octobre 1774. Il est à remarquer que Bernis n'avait point d'animosité personnelle contre les jésuites, et que, dans le cours des négociations, il avait montré assez de longanimité à leur égard pour s'attirer de vifs reproches de la cour d'Espagne.

1. *Les Jésuites jugés par les rois*, etc., p. 173-178. — Le père Theiner, dans son *Histoire du pontificat de Clément XIV*, panégyrique de ce pontife, et par conséquent, livre très-contraire aux jésuites, n'admet pas non plus le poison.

temps, une réaction vers le passé, réaction non de foi vivante et d'enthousiasme, mais de découragement, d'impuissance et de peur, réaction religieuse à la surface, déguisant mal un fond d'indifférence pour les intérêts moraux et pour les choses du monde intérieur. Le christianisme des jésuites, celui qui se contente des apparences, est seul capable de se prêter à cette société que le regard prophétique de Bossuet avait vue par delà le xviiie siècle encore à naître [1]!

Une autre série d'événements s'était déroulée parallèlement à l'affaire des jésuites, pour aboutir à une catastrophe encore plus éclatante et qui devait ébranler bien plus profondément la vieille société française. La lutte de la magistrature et de la cour s'était renouvelée à l'occasion des finances, comme de coutume, mais avec de plus larges proportions, et, après une courte trêve, avait été poursuivie jusqu'au bout comme le combat de deux systèmes de gouvernement, dont l'un finit par terrasser l'autre, à la veille de s'abîmer lui-même.

Le récit de la *Guerre de Sept Ans* a dû suffisamment faire pressentir dans quel état pouvaient se trouver les finances à l'issue de cette déplorable guerre. Les charges annuelles étaient énormes : les rentes perpétuelles, à elles seules, s'élevaient à 93 millions et demi, au capital de 2 milliards 157 millions, et il existait, en outre, une masse très-considérable de rentes viagères et de tontines, sans parler de la dette flottante et des aliénations de revenus. Les anticipations sur les revenus futurs allaient à 80 millions. On n'était pas même quitte des charges extérieures de la guerre. On dut payer, de 1762 à 1769, 33 à 34 millions pour l'arriéré des

---

1. V. notre t. XVI, p. 433. — Sur les péripéties de l'affaire des jésuites, V. le *Mercure hist.*, années 1756-1774, t. 140-176 : les tables de chaque volume indiquent tout ce qui se rapporte aux jésuites. — Saint-Priest, *Suppression de la Société de Jésus*; travail fait principalement sur les correspondances diplomatiques inédites. — Flassan, *Hist. de la Diplomatie française*, t. VI, liv. iv. — *Vie privée de Louis XV*, t. IV, p. 44-63. — W. Coxe, *Hist. d'Espagne sous les Bourbons*, t. IV, ch. lxiv; t. V, chap. lxv. — *De la Destruction des Jésuites en France*, à la suite des *Mém.* de madame du Hausset, p. 166. — Bachaumont, *Mém. secrets*, passim. — Voltaire, *Siècle de Louis XV*; — *Histoire du parlement de Paris*, ch. lviii. — *Mém.* de l'abbé Georgel (ex-jésuite), t. Ier. L'accord du jésuite Georgel et de l'Anglais Coxe contre Choiseul est curieux. — *Les Jésuites jugés par les rois*, etc., publié par L. Viardot. — *Hist. du pontificat de Clément XIV*, par le P. Theiner, prêtre de l'Oratoire.

subsides octroyés à l'Autriche avec le sang de la France, afin de soutenir une guerre tout autrichienne! On paya à des spéculateurs anglais les dettes du Canada, qu'on n'avait pas payées aux malheureux Canadiens, et dont les titres avaient été rachetés à vil prix par ces étrangers.

Le gouvernement s'acquitta envers les étrangers, mais il débuta par manquer à ses engagements envers la nation. Deux édits et une déclaration du roi supprimèrent les doublements et triplements de capitation et le troisième vingtième à partir de janvier 1764, mais prorogèrent pour six ans le second vingtième, qui devait aussi finir à la paix, et les deux sous pour livre du dixième, qui avaient survécu au dixième lui-même ; on prorogea également pour cinq ans les dons gratuits des villes, qui devaient finir en 1765, terme après lequel, suivant les propres paroles de l'édit qui les avait exigés, « ils ne pouvaient être continués sous quelque prétexte que ce pût être. » On rétablit le centième denier sur les mutations des immeubles fictifs, plus six sous pour livre. Tous ces fonds ne devaient pas même être employés à l'amortissement de la dette, mais bien être versés au Trésor : c'était le premier vingtième, évalué à 20 millions par an, qu'on affectait au rétablissement de la caisse d'amortissement créée en 1749 ; par conséquent, le premier vingtième, au lieu de finir dix ans après la paix, conformément à la parole royale, était prorogé indéfiniment, ou, du moins, il serait transformé en un nouvel impôt foncier, dont la juste proportionnalité serait établie, ainsi que l'égalisation de la taille, au moyen d'un cadastre général des biens-fonds, que l'on exécuterait en sept ans. La promesse d'exécution d'un cadastre, projet déjà conçu sous Dubois, ne reposait sur aucune garantie. Enfin, les édits royaux ordonnaient la liquidation, c'est-à-dire la réduction forcée et le remboursement des rentes autres que celles de l'Hôtel de Ville, des charges diverses, arrérages, rentes viagères et tontines ; ce qui était une violation manifeste de la foi publique [1].

Le parlement de Paris, au lieu d'enregistrer, fit de vives remontrances, demanda que les opérations de la caisse d'amortisse-

---

1. Bailli, *Hist. financière de la France*, t. II.

ment et de celle des arrérages fussent placées sous sa surveillance ; qu'un terme prochain fût assigné aux deux premiers vingtièmes et aux dons gratuits. Il repoussa les nouveaux impôts et la liquidation forcée (19 mai 1763). Le roi imposa l'enregistrement dans un lit de justice (31 mai).

L'opinion publique s'indigna. Sur ces entrefaites, la statue équestre du roi, œuvre de Bouchardon, fut inaugurée sur la place, depuis si tragiquement fameuse, qui portait alors le nom de Louis XV. Aux quatre angles du piédestal étaient adossées la Force, la Paix, la Prudence et la Justice. Un matin, on trouva aux pieds de l'effigie royale l'inscription suivante :

> O la belle statue! ô le beau piédestal!
> Les Vertus sont à pied et le Vice à cheval.

Puis cette autre :

> Il est ici comme à Versailles :
> Il est sans cœur et sans entrailles.

L'opinion applaudit avec énergie aux nouvelles remontrances qui suivirent le lit de justice (24 juin, 10 août). Le parlement de Paris y tenait un langage qu'il n'avait jamais fait entendre à une oreille royale. Il y flétrissait, dans les termes les moins ménagés, « l'infraction manifeste des engagements les plus authentiquement contractés, des paroles les plus solennellement données par le roi. » Il attaquait à fond les lits de justice comme renversant tout ordre légal [1]. Il affirmait que « la vérification des lois au parlement est une de ces lois qui ne peuvent être violées sans violer *celle par laquelle les rois mêmes sont....* On y compromet l'autorité du roi avec la constitution la plus essentielle et la plus sacrée de la monarchie!... » Les remontrances de la cour des aides accompagnèrent celles du parlement de Paris (23 juillet). Ce tribunal spécial, sous la direction éclairée et généreuse de son

---

1. *Mercure historique*, t. CLV, p. 47, 137. — Les plaintes du parlement attestent qu'au moment même où l'économie politique remettait l'agriculture en honneur, les agents du fisc foulaient aux pieds les principes admis par Colbert et par tous les hommes d'État dignes de ce nom en faveur des classes agricoles. « On voit journellement des malheureux contraints au paiement d'impôts par la vente de leurs grains, de leurs bestiaux, même de leurs outils. » Ibid., p. 147.

premier président Malesherbes, prenait une autorité morale toute nouvelle. « La cour des aides se refuse, disent les remontrances, à croire que, si l'on eût remis sous les yeux du roi ses promesses solennelles, il eût jamais pu prendre sur lui de se contredire aussi ouvertement. » Malesherbes présente ensuite, au nom de sa Cour, un tableau largement tracé du désordre de la perception et du mélange d'anarchie et de tyrannie qui caractérise l'administration des finances; il montre les honteux secrets de cette administration dérobés par tous les moyens à la connaissance des cours supérieures et de tous les corps réguliers. La royauté avait jadis établi des tribunaux spéciaux, afin d'enlever les procès d'impôts aux tribunaux ordinaires; maintenant ces tribunaux spéciaux eux-mêmes étaient paralysés par le despotisme pur et simple des intendants et de leurs délégués. Si les tribunaux voulaient prendre connaissance des concussions et des violences fiscales passées en habitude, le conseil d'État cassait leurs arrêts ou évoquait les causes pour les étouffer. La cour des aides ajoute que, si l'on osait accuser d'exagération les peintures, tant de fois présentées, de la misère qui accable les campagnes sous ce régime arbitraire, les cours alors supplieraient le roi *d'écouter ses peuples eux-mêmes par la voix de leurs députés dans une convocation des États-Généraux du royaume*[1].

C'était le premier écho de la pensée de Mably, le premier appel officiel aux jours de 89 !

Les parlements des provinces relevèrent dignement l'exemple que leur avait donné Paris. Les remontrances du parlement de Rouen furent au moins aussi remarquables par leur caractère élevé et philosophique, que celles que nous venons de citer (5 août). Ce parlement, dès 1760, en redemandant ses États Provinciaux de Normandie, supprimés depuis un siècle, avait revendiqué avec force, pour la nation en général, le droit *antique* et *imprescriptible d'accepter* librement la loi, droit qui appartient aux magistrats dans l'intervalle des États. Les remontrances de 1763 manifestent l'influence des économistes, dans ce qu'avancent les magistrats

---

1. *Mémoires pour servir à l'hist. du droit public en matière d'impôts, ou Recueil de ce qui s'est passé de plus intéressant à la cour des aides*, de 1756 à 1775; Bruxelles, 1779, in-4º, p. 100 et suiv. — Bailli, *Hist. financière de la France*, t. II, p. 159-164.

normands sur ce droit de propriété « antérieur à tout établissement politique. » La définition du droit du citoyen et des limites du droit de l'état est dans l'esprit le plus libéral. Le parlement de Rouen revendique l'état des revenus et des charges publiques; il prie le roi d'abolir la honte et le scandale des *acquits de comptant*, et de réduire la multitude indéfinie et inextricable des impositions à une seule et unique, c'est-à-dire de demander à la Normandie sa contribution proportionnelle aux besoins de l'état et de la lui laisser répartir sur elle-même [1].

Le parlement de Rouen soutint son opposition avec plus de vigueur encore que les cours de Paris. Les édits ayant été inscrits de force sur ses registres par le gouverneur de la province, il protesta et défendit l'exécution des édits dans son ressort, à peine de concussion (19 août). Son arrêt fut annulé par le conseil d'État et biffé de force; il répondit en annulant l'annulation. Le conseil riposta en termes violents. Le parlement de Rouen démissionna en masse (19 novembre) [2].

On vit même résistance et incidents analogues à Toulouse, à Grenoble, à Besançon, etc. L'esprit rétrograde était d'accord avec l'esprit novateur pour la résistance. Le fanatique parlement de Toulouse, fumant encore du sang de Calas et des pasteurs du *désert*, combattait le despotisme comme il avait tué les protestants, au nom des traditions. Les choses en vinrent au point que le gouverneur du Languedoc, le duc de Fitz-James, consigna les membres du parlement aux arrêts dans leurs maisons. Les parlements d'Aix et de Bordeaux protestèrent avec indignation contre cet *outrage inouï* fait à la justice. Le parlement de Bordeaux prit l'offensive contre l'administration par l'établissement d'une commission pour réprimer les excès des agents du fisc (novembre 1763.)

Le gouvernement transigea. La politique de Choiseul, plus mesurée et plus profonde qu'on ne l'eût pu présumer de sa légè-

---

1. Floquet, *Hist. du parlement de Normandie*, t. VI, p. 370-381. — *Mercure hist.* t. CLV, p. 263.

2. Dans la protestation contre l'enregistrement forcé, il avait déclaré qu'il réclamerait sans cesse l'autorité des lois fondamentales du royaume, qui associent le parlement au ministère de la législation. *Merc. historique*, t. CLV, p. 297. V. aussi, dans ses remontrances, les détails poignants sur les iniquités de la ferme des aides et de la gabelle. *Merc. historique* de septembre 1763.

reté impérieuse, était de ménager les grands corps qui pouvaient être les étais comme ils étaient les obstacles de la monarchie en déclin. La paresse de Louis XV subissait cette politique contre laquelle se révoltait son orgueil. Une déclaration du 21 novembre demanda aux parlements, chambres des comptes et cours des aides, des mémoires sur les moyens de perfectionner et de simplifier l'état des finances, promit quelques diminutions sur les dons gratuits et sur d'autres impôts, supprima le centième denier sur les successions collatérales, impôt que le parlement de Rouen avait attaqué, avec une exagération toute physiocratique, comme attentatoire à la propriété. Le gouvernement donna des espérances sur l'abréviation de la durée des vingtièmes et revint aussi sur la réduction forcée de ses dettes, annoncée sous le nom de liquidation. Le parlement de Paris enregistra la déclaration, bien que l'inflexible parlement de Rouen lui eût écrit pour l'en détourner.

Le système de transaction continua. Un nouveau contrôleur-général, M. de Laverdi, fut pris sur les bancs du parlement de Paris, où il s'était signalé dans l'affaire des jésuites (12 décembre 1763). Il débuta par envoyer au Trésor une forte somme, que les fermiers-généraux avaient coutume d'offrir en présent aux contrôleurs-généraux à leur entrée en charge. Il constata que les fermiers-généraux avaient bénéficié de 18 millions en six ans sur les appointements de leurs employés, en leur retenant les trois vingtièmes et d'autres impôts, sans en tenir compte au Trésor. Ce trait peut faire comprendre où en était la comptabilité. Les bonnes intentions ne manquaient point à Laverdi pour rétablir l'ordre; mais il fallait autre chose que des intentions!

L'orage parlementaire n'était pas complétement apaisé. Les cours provinciales frémissaient encore. Le parlement de Toulouse décréta de prise de corps son ennemi, le duc de Fitz-James, gouverneur du Languedoc et pair de France (11 décembre). Le ministère profita de cette entreprise pour commettre le parlement de Paris avec les cours provinciales. On poussa le parlement de Paris à réprimer cet empiétement sur ses droits exclusifs de cour des pairs, droits exclusifs que ne reconnaissaient pas les autres parlements, qui se prétendaient ses égaux en tout. Le parlement de Paris cassa l'arrêt du parlement de Toulouse, tout en faisant de vives remontrances contre les exécuteurs d'actes arbitraires et en s'attribuant la connaissance de l'affaire. Les autres parlements protestèrent en faveur de leur confrère de Toulouse (décembre 1763, janvier 1764).

Le gouvernement répondit aux remontrances du parlement de Paris par une déclaration du roi, où Louis XV se défendait d'avoir voulu régner autrement que par l'observation des lois et des formes sagement établies dans son royaume. Il ordonnait le silence sur tout ce qui avait donné lieu à la déclaration du 21 novembre 1763. Le parlement de Paris enregistra [1]. Les arrêts du conseil qui avaient occasionné la démission du parlement de Rouen furent annulés; et cette cour reprit ses fonctions comme en triomphe (10-14 mars 1764), ainsi que les parlements de Toulouse et de Grenoble, qui étaient dans le même cas. C'était le pas rétrograde le plus humiliant qu'eût encore fait le gouvernement de Louis XV. La déclaration qui demandait aux cours supérieures des mémoires sur les finances, et les demandes semblables adressées ensuite par ces cours aux tribunaux inférieurs, avaient imprimé aux esprits un mouvement dont le cabinet s'effraya bientôt. Les écrits politiques pullulaient. On se vantait déjà d'être aussi libre qu'en Angleterre. Le cabinet arrêta cette effervescence par une défense de publier aucun écrit concernant l'administration des finances : les auteurs de ces écrits étaient seulement autorisés à les remettre aux « personnes destinées par état à en juger (28 mars 1764). »

Le gouvernement continua, par compensation, ses avances et ses concessions à la magistrature. Le contrôleur-général Orri, vers 1730, à la demande des fermiers-généraux, qui trouvaient les cours des aides trop molles et trop lentes dans la répression des délits en matière d'impôts, avait fait ériger quatre commissions extraordinaires dont les juges, aux gages des fermiers, expédiaient les procès sans appel et gagnaient leur argent par une célérité qui n'avait d'égale que leur barbarie. La *Chambre de Va-*

---

[1]. Le procès du duc de Fitz-James ne fut pas terminé là; mais une déclaration royale finit par l'assoupir (janvier 1766). Le parlement de Paris n'enregistra la déclaration que sous forme de *grâce* accordée par le roi, ce qui laissa le duc *entaché*. Il n'en devint pas moins maréchal de France. *Mém.* du duc d'Aiguillon, p. 18.

lence, surtout, avait dû une odieuse célébrité à un juge, Collot, qui passa par la plume vengeresse de Voltaire [1]. Trois de ces commissions, à partir de 1764, furent remplacées par de nouvelles commissions prises dans les cours des aides, et offrant au moins des garanties de moralité et d'indépendance personnelle. La cour des aides de Paris n'enregistra l'établissement de celle de ces commissions qui la concernait qu'en représentant au roi que, si les moyens extraordinaires de répression étaient nécessités par la multiplicité des fraudes, les fraudes elles-mêmes ne se multipliaient que par l'excès et la mauvaise assiette des impôts, surtout de la gabelle forcée.

Un édit de décembre 1764 sur l'amortissement et sur le paiement des dettes arriérées laisse encore percer le désir de gagner la magistrature. Cet édit transformait la dette exigible, que le gouvernement était hors d'état de rembourser, en dette consolidée, ordonnait, pour augmenter le fonds de l'amortissement, la retenue d'un dixième sur tous les effets au porteur, arrérages de rentes, bénéfices des fermiers, des trésoriers, etc., gages, émoluments, « excepté sur ceux des officiers de justice et de police. » Une chambre était établie dans le parlement de Paris pour régler tout ce qui concernait l'amortissement. Les dons gratuits étaient encore diminués. Le second vingtième devait cesser d'être perçu au 31 décembre 1767, et le premier au 1er juillet 1772.

Cette période de conciliation ou de trêve fut encore signalée par un édit qui réglait l'administration des villes et bourgs et leur rendait l'élection de leurs magistrats municipaux (août 1764). Cet édit, remarquable par le caractère d'uniformité qu'il impose à l'administration financière des corps de ville, renferme de bonnes dispositions sur l'intervention des assemblées de notables dans tous les actes importants des officiers municipaux; mais il soustrait aux chambres des comptes la révision des comptes municipaux pour l'attribuer aux bailliages et sénéchaussées, et, en appel, aux parlements; la comptabilité n'y devait pas gagner. Un autre édit de mai 1765 compléta le premier, réserva au roi la nomination des maires sur présentation de trois candidats, et

---

1. V. *l'Homme aux quarante écus.*

régla la composition des assemblées de notables, qui ne devaient être formées que de dix à quatorze membres élus au second degré dans des conditions très-aristocratiques. Ce qu'il y avait de bon dans le précédent édit ne fut point exécuté, et le désordre ne fit que s'accroître dans les finances des communes [1].

Un personnage dont l'importance était une grande honte pour la France venait de disparaître peu après le rapprochement de la cour et des parlements. Madame de Pompadour était morte le 15 avril 1764, à quarante-deux ans. L'habitude avait assuré son règne jusqu'à sa dernière heure. A peine eut-elle les yeux fermés, qu'elle fut oubliée. Louis XV vit avec une profonde indifférence la mort trancher ce lien de dix-neuf ans. La disparition de la favorite n'eut point de conséquences immédiates dans le gouvernement : Choiseul ne semblait plus désormais avoir besoin d'appui. On eut pourtant plus tard à regretter cette femme ! elle avait fait tout le mal qu'elle pouvait faire ; on n'avait plus rien à craindre d'elle, et l'on devait tomber plus bas !

Elle avait fait quelque bien dans ses dernières années, en approchant du roi son médecin Quesnai, et, par lui, les idées économiques [2]. Il n'est pas probable toutefois que ces idées eussent obtenu grand résultat auprès de l'insouciant monarque, si elles n'eussent en même temps filtré dans ses conseils par d'autres canaux, comme nous l'avons indiqué ailleurs. Quoi qu'il en fût, une série de mesures très-significatives et de grande portée annonçaient que la seule des sectes novatrices qui fût acceptée de la royauté et des parlements commençait à pénétrer du domaine de la théorie dans celui des faits. Dès le 17 septembre 1754, le mi-

1. *Anciennes lois françaises*, t. XXII, p. 405, 434.
2. Elle protégea aussi Lemercier de La Rivière, qui n'était pas seulement un des disciples les plus distingués de Quesnai, un économiste éminent, mais aussi un administrateur énergique, habile et patriote. Il se conduisit admirablement aux Antilles, où il avait été nommé intendant des îles du Vent au plus fort des désastres de la guerre de Sept-Ans, en 1759. Le crédit du roi était mort ; il y substitua le sien ; il emprunta, en son nom privé, plusieurs millions à l'aide desquels il releva la Martinique à peine sortie d'un siége glorieux, mais ruineux. Il ne put cependant empêcher la Martinique de succomber lors d'un second siége entrepris par les Anglais avec des forces écrasantes, en 1762 ; mais ce malheur lui fournit de nouvelles occasions de manifester un dévouement et un désintéressement sans bornes. Il se ruina pour tâcher de diminuer les pertes de l'état, et fut très-imparfaitement et très-tardivement indemnisé de ses avances. Il y eut là du Joseph Dupleix sur une moindre

nistère, frappé d'entendre toujours répéter que l'Angleterre devait sa prospérité agricole à la libre exportation, avait accordé l'entière liberté du commerce des grains dans l'intérieur du royaume, sans passe-ports ni permissions de province à province, avec la pleine liberté d'exportation à l'étranger pour les deux généralités du Languedoc et pour celle d'Auch. On avait le dessein d'étendre successivement la libre exportation aux autres provinces. En 1758, un arrêt du conseil avait permis le commerce et la circulation des laines, tant nationales qu'étrangères, dans tout le royaume, sans droits d'entrée ni de sortie. Le bureau du commerce et ses agents fermaient les yeux sur les innovations qui s'opéraient dans les fabriques, en dépit des règlements, à Lyon, à Nîmes et ailleurs. Des encouragements furent donnés au défrichement des terres incultes (août 1761). Une déclaration de décembre 1762 réduisit à un terme de quinze années les brevets d'invention, auparavant illimités pour la plupart, à la grande gêne de l'industrie. Le 25 mai 1763, la permission de libre circulation des grains à l'intérieur, sans droits, fut renouvelée, avec permission de former des magasins de blé. Enfin, le célèbre édit de juillet 1764, précédé de considérants tout *physiocratiques*, accorda la pleine liberté d'exportation par navires français et d'importation par tous navires, avec un droit d'un pour cent à l'importation, d'un demi pour cent à l'exportation. La liberté d'exportation devait être suspendue sur tout point du territoire où le blé aurait été, durant trois marchés, à douze livres dix sous le quintal. On faisait pressentir que cette restriction ne serait que provisoire, et jusqu'à ce qu'on eût assez bien compris les avantages

---

échelle. Après la paix, renvoyé à la Martinique, il y essaya, avec succès, l'application de la liberté du commerce prêchée par les économistes. Les intérêts contraires à ce principe obtinrent sa révocation. Voici une lettre qui donne une idée du caractère et de la valeur morale de l'homme; il répond au duc de Choiseul : « J'étais au lit, la jambe ouverte, par les suites d'une fièvre maligne, lorsqu'en 1758, je reçus le premier ordre de m'embarquer; je ne vis que les ordres du roi, et je partis. Je suis encore au lit, la jambe ouverte par un nouvel accident, au moment où je reçois votre lettre pour une opération semblable; je ne verrai que les ordres du roi, et je partirai. Quant à mes affaires domestiques, elles ne me feront certainement pas balancer, lorsque ma santé même n'en a pas le pouvoir. Je suis un, monseigneur; tout sacrifice de ma part pour le service du roi ne me coûtera jamais rien. » — Inutile d'observer que le *roi*, ici, veut dire *patrie*. — Nous prenons ces détails dans l'intéressante *Notice sur Lemercier de La Rivière*, par M. F. Joubleau; Paris, 1858.

de la liberté du commerce. Les entrepôts internationaux étaient autorisés [1].

Le 13 février 1765, des lettres patentes permirent aux habitants des campagnes et des lieux où il n'y avait point de maîtrises et corps de métiers, de filer toute espèce de matières, de fabriquer et apprêter toutes sortes d'étoffes, en se conformant aux règlements, et de les vendre dans les villes mêmes où il y avait des corps de métiers, en les faisant visiter et marquer au bureau des marchands de chaque ville. Le bruit courut, d'une part, qu'on allait abolir les maîtrises; de l'autre, qu'on allait rendre l'état civil aux protestants [2]. Le vent soufflait aux choses nouvelles !

Toutes les mesures du gouvernement n'étaient pourtant pas conformes aux doctrines économiques. Ainsi la réduction de l'intérêt à quatre pour cent entre particuliers (juin 1766) ne pouvait être approuvée ni par les théoriciens, qui niaient toute intervention de l'état dans la fixation de l'intérêt, ni par les hommes pratiques, qui voulaient qu'au moins l'état ne fît que seconder le cours naturel des choses. L'argent valait, en réalité, plus de quatre pour cent, et le ministère n'avait eu d'autre but que d'attirer l'argent des particuliers dans un nouvel emprunt de 5 millions de rentes viagères, en rendant le placement sur l'état plus avantageux que le placement privé. L'établissement d'une nouvelle compagnie pour la traite des noirs (1767) était encore quelque chose de bien plus contraire aux principes de la liberté économique comme de toute philosophie et de toute humanité.

Les économistes avaient fait de tels progrès, qu'ils faillirent emporter la liberté de commerce pour les colonies, c'est-à-dire le renversement de tout le système colonial. La question fut débattue, durant deux années entières, dans le bureau du commerce. Le conseil du roi maintint, en général, le régime de la navigation réservée, mais fit quelques concessions : deux ports francs furent établis à Sainte-Lucie et à Saint-Nicolas des Antilles; les droits furent diminués entre la France et les colonies, et, en mai 1768,

---

1. *Mercure historiq..*, t. CLVII, p. 143.
2. V. les lettres patentes, dans le *Merc. historique*, t. CLVIII, p. 421. — Dans les édits, on n'appelle plus les protestants les *nouveaux convertis*, mais les sujets du roi qui *auraient été* de la religion prétendue réformée.

la pleine liberté de commerce fut octroyée à la Guyane. C'était un faible dédommagement pour les désastres que la coupable imprévoyance du ministère avait récemment attirés sur cette colonie. Après la paix de 1763, Choiseul, rêvant des compensations pour les pertes de la France, avait jeté les yeux sur le vaste territoire tropical qu'on avait autrefois nommé *France Équinoxiale*, et s'était figuré qu'on pourrait trouver là de quoi remplacer la *Nouvelle France* du nord, le Canada. L'entreprise, si chanceuse dans tous les cas, fut conduite avec une imprudence déplorable. On ne prit pas la peine d'étudier ces belles et dangereuses contrées, où la puissante fécondité de la nature recèle tant de pièges pour l'homme. On attira, par de brillantes promesses, des cultivateurs de diverses provinces, et surtout des Allemands et des Alsaciens, plus disposés à l'émigration, selon les tendances des races teutoniques, que les paysans de langue française : on les embarqua pêle-mêle avec bon nombre d'enfants perdus des grandes villes, propres, tout au plus, à ces industries de luxe impossibles dans une colonie naissante; on les jeta sur les rives du Kourou et les îlots du Salut, dans la saison des pluies diluviales du tropique, sans avoir fait les préparatifs nécessaires pour les recevoir. Au lieu des maisons en bois qui leur étaient promises, on les entassa dans de mauvais hangars; les vivres qui leur arrivèrent étaient avariés; la mortalité se mit entre ces malheureux, et leurs tristes campements ne furent bientôt plus que des cimetières. Sur environ 12,000, peut-être 2,000 au plus échappèrent; ils communiquèrent le fléau qui les dévorait aux anciens colons de Cayenne, qui furent décimés et presque détruits à leur tour (1763-1764). Vers le même temps, une pareille tentative, sur une moindre échelle, coûta la vie à quelques centaines de pauvres gens qu'on voulut établir, sans précautions, à Sainte-Lucie [1].

La prospérité de Saint-Domingue, de la Guadeloupe, de la Martinique, des îles de France et de Bourbon, qui s'étaient relevées aussitôt après la paix et dont les riches denrées coloniales allaient toujours se multipliant, fit oublier trop facilement à la France ce lugubre épisode de la Guyane, cette terre aux tragiques

---

1. V. Desalles, *Hist. des Antilles*, t. V, p. 368-389. — *Mém.* de Vergennes, p. 253.

destinées. Le progrès des Antilles françaises ne fut point arrêté par quelques troubles qu'occasionnèrent dans ces îles l'établissement de la milice et deux causes plus générales, les tendances arbitraires des gouverneurs et l'esprit mal endurant des créoles.

A l'intérieur de la France, l'agriculture s'améliorait en dépit des entraves fiscales et autres : les pays d'élections, plus opprimés par le fisc que les pays d'États, étaient précisément ceux où le progrès se manifestait, grâce à la supériorité du système de fermage adopté dans le Nord sur le système de métayage, conservé dans le Midi. Depuis que les économistes avaient mis le labourage à la mode, que les sociétés agronomiques se formaient de toutes parts, l'exemple et les secours des grands propriétaires, qui se tournaient de nouveau vers le sol, encourageaient les fermiers, et la liberté du commerce des grains leur inspirait une ardeur toute nouvelle, signalée par l'exhaussement général des baux. Le pauvre paysan se ressentait des ménagements qu'on avait pour le fermier aisé. La population croissait, quoique lentement et faiblement : trop de causes sociales entravaient son essor! En 1767, le savant et laborieux abbé Expilli, aussi bien renseigné qu'on pouvait l'être avec les ressources statistiques imparfaites de ce temps, l'évaluait à 22 millions d'âmes (il ne donnait que six cent mille habitants à Paris); deux autres statisticiens, Messance et La Michaudière, l'estimaient à 22 millions et demi. Elle devait s'accroître encore de 3, peut-être de 4 millions d'âmes jusqu'à la Révolution, grâce aux améliorations dues à l'esprit du siècle [1].

La paix intérieure, cependant, n'avait pas été de longue durée, ou, plutôt, elle n'avait jamais été complétement rétablie. Il régnait en Bretagne, depuis plusieurs années, une agitation qui finit par ne plus se contenir dans les limites de cette province et par gagner tout le royaume. Cette agitation avait deux causes : l'affaire des jésuites et la violation des vieilles libertés bretonnes, qui, tant de fois faussées et comprimées, étaient toujours reven-

---

[1]. Lavoisier et Lagrange évaluent la population, de 1789 à 1791, à vingt-cinq millions d'âmes; Dupont de Nemours, en 1791, à vingt-sept millions. Parmi les améliorations pratiques dues aux philosophes, il faut citer la translation des cimetières hors des villes. L'arrêt du parlement de Paris à ce sujet est de mars 1765.

diquées avec une opiniâtre constance. Quant aux jésuites, c'était le pays où ils avaient reçu les plus terribles coups, mais aussi celui où ils avaient les partisans les plus obstinés et les plus remuants. Le gouverneur, duc d'Aiguillon, courtisan noir et profond[1], qui tenait à la fois aux corrompus et aux dévots de la cour, et qui était tout ensemble le digne neveu de Richelieu et le protégé du dauphin, s'était trouvé engagé dans les intérêts des jésuites, pour plaire au prince son patron. Avant que la question fût définitivement tranchée, il avait donc organisé, dans les États Provinciaux mêmes, une opposition contre le parlement où dominait La Chalotais; mais il poursuivait un double but inconciliable : dominer l'opinion de la Bretagne et lui arracher ses priviléges. Les États, où il avait d'abord exercé une influence prépondérante, grâce à l'usage récemment introduit d'astreindre les villes à l'agrément des commissaires royaux pour le choix de leurs députés, les États se retournèrent bientôt contre lui avec violence et s'unirent au parlement. Un ordre du conseil, du 12 octobre 1762, ayant porté de nouvelles et profondes atteintes aux constitutions de la Bretagne, l'hostilité devint presque unanime. Le parlement de Rennes, de concert avec les États, adressa au roi, en juin et novembre 1764, des remontrances très-fortement motivées contre l'administration du duc d'Aiguillon et contre les mesures que ce gouverneur avait suggérées au conseil d'État. Immixtion illégale des commissaires royaux dans les élections municipales et provinciales et dans le choix des répartiteurs et collecteurs provinciaux, perception arbitraire d'impôts non votés par les États et non enregistrés au parlement, dilapidations, constructions fastueuses entreprises dans les villes aux dépens de la province endettée, pendant que les campagnes sont écrasées sous le poids des corvées[2] et qu'on viole, à cet égard, tous les engagements pris entre les États et les commissaires royaux : tels sont

---

1. Il avait débuté dans sa carrière de courtisan par sacrifier au roi sa maîtresse, madame de La Tournelle, depuis duchesse de Châteauroux.

2. « Un malheureux *corroyeur*, qui paie quarante sous de capitation, et qui n'a pour vivre que ce qu'il peut gagner dans la journée, sera tenu d'entretenir environ six toises de chemin, entretien évalué à neuf livres chaque année. » De plus, on le transportait d'une route sur une autre, loin de chez lui, etc. — *Merc. historique*, t. CLVII, p. 632-647.

les principaux griefs articulés. Le fond de toutes ces remontrances, de quelque part qu'elles viennent, est invariablement le même ; c'est le réveil de ce sentiment de justice qui ne veut pas qu'un peuple soit soumis à des charges qu'il n'a point librement consenties. Le droit philosophique réveille ici le droit traditionnel.

Choiseul n'aimait pas d'Aiguillon, qu'il regardait comme un aspirant au ministère : il l'eût volontiers sacrifié ; mais Choiseul n'était pas tout-puissant, et d'Aiguillon était fortement appuyé. Ce n'était pas le dauphin qui pouvait grand'chose pour lui ; mais les familiers du roi représentaient à Louis la cause de d'Aiguillon comme étant celle de l'autorité royale. Les Bretons n'obtinrent rien. Le parlement de Rennes suspendit son service. Le roi le manda en corps à Versailles et lui signifia de reprendre préalablement ses fonctions avant qu'il fût répondu à ses remontrances. Le parlement de Rennes démissionna en grande majorité (mai 1765).

Le parlement de Pau en fit autant, le même mois, par suite de querelles avec son premier président, livré à la cour. Un président et trois conseillers furent arrêtés à Pau. La magistrature entière s'émut : les cours supérieures protestèrent à l'envi. Pendant ce temps, le parlement de Paris s'engageait dans une querelle avec le clergé, qui, dans son assemblée périodique, venait de manifester ses regrets de l'expulsion des jésuites et de transgresser la *loi du silence* en revenant sur l'éternelle question de la bulle *Unigenitus*. Le parlement cassa les actes de l'assemblée du clergé de 1765, et même, rétrospectivement, les actes de 1760 et 1762, comme contraires aux lois du royaume, qui interdisaient à ces assemblées de s'occuper, sans la permission du roi, d'autre chose que des intérêts économiques du clergé. Le conseil cassa l'arrêt du parlement : le clergé avait accordé 12 millions de don gratuit au roi. Les actes de l'assemblée du clergé furent envoyés dans tous les couvents d'hommes et de femmes, pour les faire souscrire. Le conseil finit par renouveler la *loi du silence* et par évoquer au roi tout ce qui regardait les actes des assemblées du clergé.

La fermentation continuait en Bretagne, où le débat était devenu une sorte de duel entre La Chalotais et d'Aiguillon, l'un représentant le despotisme et le jésuitisme, l'autre l'esprit philosophique et l'esprit parlementaire accidentellement coalisés. La Chalotais était venu plusieurs fois à Versailles pour tâcher d'abattre son ennemi; celui-ci, ou ses adhérents, ne se contentèrent pas d'avoir résisté avec succès auprès du roi et s'efforcèrent de perdre l'énergique procureur-général. Des pamphlets, des satires, des écrits à la main, symptômes ordinaires des moments agités, dans les pays où la presse n'est pas libre, circulaient en Bretagne, et de Bretagne à Versailles : deux lettres anonymes, écrites dans les termes les moins respectueux, furent adressées au roi en personne. Là-dessus, colère de Louis XV; trouble dans le cabinet. Les lettres sont remises au comte de Saint-Florentin pour en rechercher l'auteur. Saint-Florentin était ce médiocre et méprisable secrétaire d'état tapi, depuis quarante ans, dans le coin du ministère où s'expédiaient les lettres de cachet et les ordres de persécution contre les protestants. Il était, comme Richelieu, l'oncle de d'Aiguillon. Quelques jours après, Saint-Florentin déclare au roi qu'un jeune maître des requêtes, M. de Calonne, a reconnu l'écriture de La Chalotais. Louis XV prend feu, sans réfléchir à quel point il est invraisemblable qu'un procureur-général, en correspondance avec la chancellerie, avec les ministres, avec tout ce qu'il y a de considérable à Versailles et à Paris, ait écrit des lettres anonymes au roi sans déguiser son écriture. On veut établir, à l'Arsenal, une commission extraordinaire pour juger le coupable et ses complices, car les lettres anonymes ne sont déjà plus qu'un incident d'un vaste complot contre l'autorité royale : on recule toutefois devant le parlement de Paris; la commission est nommée et dissoute dans les vingt-quatre heures, et la Tournelle criminelle est saisie régulièrement de l'instruction (18 juillet 1765).

L'affaire traîne, mais sans s'assoupir. Après bien des débats sur le parti à prendre, le roi se décide : le 11 novembre, La Chalotais, son fils et trois conseillers, dont deux du nom de Charette, sont arrêtés à Rennes; les membres démissionnaires du parlement de Rennes sont sommés de reprendre leurs fonctions pour juger leurs confrères. Ils refusent : on s'y attendait; une commission du conseil d'État est expédiée à Rennes, afin de suivre le procès à la place du parlement. Le dénonciateur Calonne accepte l'emploi de procureur-général dans la commission! Ce jeune homme, plein d'esprit, d'audace et d'immoralité, était résolu à tout pour parvenir. Les lettres anonymes ne suffisaient pas au but que se proposaient les partisans du despotisme et les vengeurs des jésuites. Calonne fait enlever les correspondances intimes de La Chalotais, de son fils, de ses amis, et, secondé par un autre maître des requêtes, Lenoir, depuis lieutenant-général de police, il échafaude, sur ces correspondances, un acte d'accusation où le concert patent des parlements pour la défense de leurs communs principes est transformé en une espèce de conspiration ayant pour chef La Chalotais : l'union ménagée par ce procureur-général entre son parlement et les États de Bretagne est le commencement d'une sédition préparant une révolution dans le royaume, d'après les principes du *Contrat social*, cité et commenté dans les lettres de La Chalotais.

De là, un éclat et un scandale immenses : au bruit que l'échafaud va se dresser pour le courageux procureur-général de Rennes, la France entière se déchaîne contre Calonne, contre d'Aiguillon, contre ceux des ministres qui leur prêtent appui. Tous les parlements renouvellent leurs démonstrations menaçantes. Choiseul, jusque-là réservé et neutre en apparence, représente avec force au roi l'invraisemblance ou l'exagération des accusations, le danger de laisser accréditer, près d'un public enclin aux nouveautés, la croyance que des hommes tels que La Chalotais et ses principaux collègues des parlements jugent les doctrines de J.-J. Rousseau applicables. D'Aiguillon, lui-même s'effraie, change de batteries, veut rejeter tout l'odieux de l'affaire sur Calonne. La plupart des membres de la commission se récusent[1] : la commission est dissoute, et le procès renvoyé par-devant le parlement de Rennes *rétabli*, c'est-à-dire par-devant la minorité non démissionnaire, grossie de quelques défectionnaires qui retirent leurs démissions

---

1. La commission avait pourtant fait une chose utile : elle avait jugé deux cent trente cinq accusés que faisait languir dans les prisons de Rennes la suspension de la justice. Les détails sinistres que donnent à cet égard les Mémoires de d'Aiguillon (p. 24) font ressortir les conséquences de cette interruption du service judiciaire, qui était devenue l'arme habituelle des parlements.

et de nouveaux conseillers créés par le roi. Le parlement de Paris recommence ses remontrances en faveur du *vrai* parlement de Rennes, et les accusés déclinent la compétence du *parlement d'Aiguillon*.

La violence des passions avait été un moment calmée, ou du moins suspendue, par un triste événement. Le dauphin, Louis de France, était mort le 20 décembre 1765, à trente-six ans. C'était un caractère mélancolique, qui tenait à la fois de Louis XIII et du duc de Bourgogne. La guerre ou les affaires eussent ravivé cette âme indifférente aux plaisirs et aux passions qui gouvernent la plupart des hommes; mais la jalouse défiance de son père lui interdisait tout emploi sérieux de son activité. L'ennui le consumait. Une maladie de poitrine, occasionnée par une imprudence, aggravée par la négligence volontaire d'un homme qui ne tenait pas à la vie, l'emporta après quelques mois de langueur. Il y eut comme un écho des regrets qui avaient jadis environné la tombe du duc de Bourgogne, et les mêmes illusions se reproduisirent. Plus d'une voix s'écria, dans les orages de 89 : *Ah! si le dauphin avait vécu!* — Il est probable que, si le dauphin avait vécu, il eût accéléré plutôt que dissipé les orages. Son cœur était pur et sincère, mais il plaçait mal sa confiance. Les La Vauguyon et les d'Aiguillon, ou d'autres personnages semblables, eussent été pour lui de fâcheux conseillers, et l'on peut croire qu'il eût subi aveuglément l'influence de Rome et du clergé. « Si je suis appelé au trône, disait-il, et que l'Église me commande d'en descendre, j'en descendrai. » Un tel prince se fût bien vite brisé dans une réaction impossible contre l'esprit du siècle [1].

Il laissait trois fils et deux filles. Les trois fils étaient destinés tous trois à porter la couronne : ils furent Louis XVI, Louis XVIII et Charles X. L'aîné devait périr écrasé sous les débris de l'ancien régime : la royauté traditionnelle, un moment relevée au milieu d'une société nouvelle, devait retomber par deux fois avec les deux autres frères.

Un éclair de sensibilité sembla passer chez Louis XV : « Pauvre France! s'écria-t-il; un roi de cinquante-cinq ans et un dauphin

---

1. *Mémoires* du marquis d'Argenson, p. 69. — Notice de Sénac de Meilhan, à la suite de madame du Hausset, p. 185.

de onze! » La peur de la mort l'avait saisi en voyant mourir son fils. Il fit son testament : il réforma, sinon ses mœurs, au moins le scandale de ses mœurs; il se rapprocha de sa famille. Un homme aussi dégradé ne pouvait guère que changer de vice, et les gens éclairés commençaient à craindre qu'au règne de la débauche ne succédât celui d'une basse et tyrannique bigoterie. Mais les velléités de réforme n'allèrent pas loin chez Louis XV, et la mort de la veuve de son fils, de la dauphine Marie-Thérèse de Saxe, personne aimable et sensée, qui avait pris quelque ascendant sur lui, contribua à le rendre à ses habitudes (mars 1767). Cette mort réveilla les bruits de poison qu'on avait répandus sourdement lors de la perte du dauphin, et la coterie de d'Aiguillon, de la Vauguyon, des jésuites, qui avait espéré se servir de la dauphine depuis la mort de son mari, ne craignit pas de propager d'odieuses calomnies contre le duc de Choiseul. On infecta de ces infâmes soupçons l'esprit du nouveau dauphin, depuis Louis XVI, et l'on parvint ainsi à l'aliéner irrévocablement du seul ministre qui eût fait quelques efforts intelligents pour suspendre la honteuse décadence de la monarchie durant la dernière période de Louis XV.

Louis XV, cependant, avait paru vouloir prouver au public que la perte de son fils n'affaiblirait point la puissance royale. Il avait répondu avec éclat aux remontrances incessantes des cours de justice et aux hardis exposés de principes qu'elles étalaient à l'envi depuis quelques années. Le 3 mars 1766, il signifia, en lit de justice, au parlement de Paris, que ce qui s'était passé à Rennes et à Pau ne regardait pas les autres parlements. La harangue royale, lue par un conseiller d'État, gourmandait, en termes amers, l'indécence et la témérité des remontrances combinées par lesquelles se manifestait ce *pernicieux système d'unité* que le roi avait déjà proscrit. « Je ne souffrirai pas, disait le monarque, qu'il se forme dans mon royaume une association de résistance... ni qu'il s'introduise dans la monarchie un corps imaginaire qui ne pourrait qu'en troubler l'harmonie. » Les maximes des parlements, résumées en peu de lignes, étaient condamnées comme des nouveautés, que *démentaient* l'institution de la magistrature et les vraies lois fondamentales de l'État. Le roi, à son tour, exposait, de son point de vue, ces lois fondamentales. « En ma personne seule réside la puissance souveraine, *dont le caractère propre est l'esprit de conseil, de justice et de raison;* à moi seul appartient le pouvoir législatif, sans dépendance et sans partage... l'ordre public tout entier émane de moi; mon peuple n'est qu'un avec moi, et les droits et les intérêts de la nation, dont on ose faire un corps séparé du monarque, sont nécessairement unis avec les miens et ne reposent qu'en mes mains. »

Il concluait en annonçant que, si le parlement de Paris ne donnait l'exemple de la soumission aux autres cours du royaume, ce spectacle scandaleux d'une contradiction rivale de sa puissance souveraine le réduirait à la triste nécessité d'employer tout le pouvoir qu'il avait reçu de Dieu à préserver ses peuples des suites funestes de telles entreprises.

Les lois fondamentales selon le roi n'étaient ni plus ni moins imaginaires que les lois fondamentales selon le parlement; mais cette théorie de droit divin et de mystique infaillibilité royale, cette langue de Louis XIV et de Bossuet parlée par le roi du *Parc-aux-Cerfs*, durent retentir aux oreilles des hommes du xviiie siècle comme une ironique parodie des temps écoulés.

Le roi fit rayer sur les registres un arrêté du parlement, du 11 février, sur les affaires de Bretagne. A une députation du parlement de Rouen, mandée pour entendre également annuler deux de ses arrêtés, il dit qu'il avait prêté serment, non point à la nation, comme les parlements osaient le dire, mais à Dieu seul. Les autres parlements reçurent des admonitions semblables. Le parlement de Paris décida, néanmoins, le 19 mars, que les officiers du parlement de Rennes, accusés, seraient conservés en leur honneur et réputation, tant que leur procès ne leur aurait pas été fait par juges compétents. Le 20, il arrêta de nouvelles remontrances, mais reconnut, comme *maximes inviolables,* « qu'au roi seul appartient la puissance souveraine; qu'il n'est comptable qu'à Dieu... que le lien qui unit le roi à la nation est indissoluble par sa nature; que le pouvoir législatif réside sans partage dans la personne du souverain. » Il semblait que ce fût là mettre bas les armes; et cependant le parlement, s'il abandonnait le droit philosophique et national, n'abandonnait rien de ses prétentions propres et maintenait, par un long et subtil commentaire, son droit de résister au roi au nom du roi et dans l'intérêt du roi, d'opposer en quelque sorte à la volonté accidentelle et variable de l'homme la volonté permanente de l'institution, de l'abstraction royale.

C'était toutefois un avantage pour la cour d'avoir fait confesser par le parlement de Paris les principes du droit monarchique en présence des théories démocratiques qui se répandaient dans le monde; mais cet avantage ne décidait rien. Quelques mois se passèrent sans accidents dignes de remarque. Le 22 novembre, le roi se décida à évoquer à sa personne le procès des magistrats bretons, que le *parlement d'Aiguillon* n'osait ni condamner ni absoudre. Le 24 décembre, des lettres patentes déclarèrent éteintes et assoupies toutes poursuites et procédures relatives à cette affaire, le roi ne voulant pas, était-il dit, « trouver de coupables. » La Chalotais et ses coaccusés furent élargis, mais exilés à Saintes. Là-dessus, nouvelles représentations du parlement de Paris, des autres parlements[1], des États de Bretagne, demandant qu'on ne laisse point planer un reste de soupçon sur des magistrats fidèles, qu'on les rappelle, qu'on les rétablisse sur leurs siéges. Le roi répondit que « leur honneur n'était pas compromis, » mais qu'il ne leur rendrait jamais sa confiance ni ses bonnes grâces. Les dures vérités que contenaient certaines des lettres trouvées dans le secrétaire de La Chalotais avaient piqué au vif Louis XV.

Les magistrats exilés continuèrent à demander justice et non grâce. La Bretagne continua de s'agiter. Le *parlement d'Aiguillon* était en butte à l'hostilité et au mépris de la grande majorité du pays. Des provocations, des rixes, des duels, attestaient la fermentation publique. Le pouvoir s'efforçait en vain d'effrayer les mécontents en multipliant les lettres de cachet. L'exaspération fut portée au comble par l'annonce d'un grand règlement que la cour prétendait imposer aux États de Bretagne, afin de donner force de loi à la plupart des innovations arbitraires que s'était

---

1. Le parlement de Bordeaux se signala par son énergie. Un de ses arrêts fut cassé par le conseil, pour avoir énoncé, « comme une portion de la liberté personnelle du Français et de sa propriété, des systèmes dont l'effet serait destructif de toute monarchie (2 octobre 1767). » *Mercure historique*, t. CLXIII, p. 522.

permises le duc d'Aiguillon. Choiseul saisit avec habileté le moment d'intervenir derechef auprès du roi et lui fit comprendre qu'il fallait faire une concession pour en obtenir une autre. Le États de Bretagne furent convoqués en session extraordinaire (février 1768), et le roi donna commission pour les tenir à un duc et pair et à un conseiller d'état à la place de d'Aiguillon et de l'intendant de Bretagne, Flesselles[1], aussi impopulaire que le gouverneur. Satisfaits quant aux personnes, les États transigèrent sur les principes. Ils discutèrent paisiblement ce règlement accueilli d'abord avec tant de colère et en admirent au moins une partie. A la vérité, ils demandèrent toujours justice pour La Chalotais et insistèrent opiniâtrément sur le rétablissement du parlement de Rennes, tel qu'il était avant les démissions de mai 1765. La position de d'Aiguillon n'était plus tenable : il se démit de son gouvernement et revint s'établir à la cour, où, bien accueilli de Louis XV et pourvu d'un commandement dans les troupes de la maison du roi, il ne songea plus qu'à se venger de Choiseul par tous les moyens.

Le roi finit par céder devant l'obstination bretonne. Le *vrai parlement* de Rennes fut rétabli en juillet 1769, non pas intégralement toutefois, car Louis XV, fidèle à sa rancune, ne voulut jamais consentir au rappel de La Chalotais. Le parlement de Rennes ne se contenta pas de cette incomplète réparation et prétendit venger ses amis et poursuivre ses ennemis jusque dans Versailles, ce qui finit par amener la crise décisive de la longue guerre entre l'autorité absolue et la magistrature.

Durant ces péripéties, les embarras financiers, qui avaient été la première occasion des levées de boucliers parlementaires, allaient toujours s'aggravant. Les promesses royales antérieures à la paix avaient été violées en 1763 : les promesses de 1763 et de 1764 furent violées en 1767. L'établissement de deux nouveaux sous pour livre sur les droits des fermes, la prorogation pour six ans de divers droits faisant partie des fermes générales, la prorogation du second vingtième pour deux, puis pour trois ans, celle des dons gratuits des villes et d'autres impôts encore

---

1. Prévôt des marchands de Paris, en 1789, et massacré le jour de la prise de la Bastille. Les noms tragiques de la Révolution commencent à retentir dans l'histoire.

(janvier-juin 1767), provoquèrent des remontrances réitérées et inefficaces chez les parlements, les cours des aides et les chambres des comptes. Laverdi avait été submergé par le désordre qu'il avait eu un moment la prétention de refouler. La comptabilité était anéantie : toute vérification était impossible ; il y eut tels comptes du Trésor qui ne furent établis que dix, douze ou même quinze ans après l'expiration de l'exercice dont ils devaient retracer les opérations !

Laverdi s'était déconsidéré par son extrême insuffisance et rendu odieux au public et suspect à Choiseul par l'appui qu'il avait prêté au duc d'Aiguillon dans les affaires de Bretagne, se retournant ainsi contre les parlements, des rangs desquels il était sorti. Choiseul parvint à le faire remplacer par un homme à lui, le conseiller d'état Mainon d'Invau (21 septembre 1768). Laverdi laissait la dette augmentée de 115 millions depuis la paix : la caisse d'amortissement n'était qu'un leurre, car on empruntait bien plus qu'on n'amortissait. En janvier 1769, les anticipations sur les revenus allaient à 32 millions et demi.

M. d'Invau ne débuta point heureusement au contrôle-général. Ses expédients, tout semblables à ceux de son prédécesseur, étant repoussés par le parlement de Paris, qui se repentait d'avoir enregistré les édits bursaux de 1767, la cour en revint à un lit de justice dès le 11 janvier 1769 : les édits imposés par le roi prorogeaient encore le second vingtième jusqu'en juillet 1772 et divers droits sur les consommations jusqu'en 1788, créaient 4 millions de rentes viagères et bouleversaient, par des combinaisons nouvelles et peu équitables, les engagements contractés en décembre 1764 pour le remboursement des dettes arriérées. Le premier président d'Aligre adressa au roi un très-bon discours contre les édits ; il concluait en affirmant que les deux grands remèdes, en matière de finances, étaient la réduction des dépenses et la simplification de la perception [1]. Plusieurs parlements de province

---

1. Il résume fort bien la marche financière du gouvernement : « Les emprunts et les impôts sont devenus, depuis nombre d'années, la source et le supplément les uns des autres... Faute d'un assignat suffisant dès le moment de leur création, ils deviennent, à l'échéance de la première année, le germe d'un impôt nécessaire, et l'impôt, qui ne suffit pas, est bientôt soutenu d'un emprunt qui annonce un nouvel impôt pour l'année suivante. » *Merc. historique*, t. CLXVI, p. 179-188.

dépassèrent en vigueur le parlement de Paris : celui de Grenoble et d'autres encore défendirent la perception du second vingtième et luttèrent à coups d'arrêts contre le conseil.

Le contrôleur-général n'eût pas mieux demandé que de suivre l'avis du premier président d'Aligre. Il essaya d'un moyen terme. Il présenta au conseil un plan de réduction des dépenses, avec suppression de beaucoup d'offices de finances, continuation des deux vingtièmes pour dix ans et création d'une loterie de 100 millions, où l'on recevrait moitié argent, moitié effets royaux au cours de la place, et où les lots consisteraient en rentes viagères. Le plan fut rejeté. M. d'Invau agit en homme d'honneur : il donna sa démission et refusa la pension d'ancien ministre, qu'il n'avait pas gagnée, dit-il. Sur la recommandation du chancelier de Maupeou, ancien premier président du parlement de Paris, appelé depuis un an à la chancellerie, le roi nomma au contrôle-général un homme qu'on lui avait représenté comme aussi hardi que laborieux et que fertile en ressources : c'était l'abbé Terrai, parlementaire ainsi que Laverdi et que Maupeou, mais, de même que ce dernier, mal vu autrefois dans sa compagnie à cause de ses complaisances pour la cour, et relevé dans l'opinion depuis l'affaire des jésuites (23 décembre 1769).

Avant d'entamer le récit des graves événements intérieurs qui suivirent l'avénement de ce nouveau ministre des finances et qui remplirent le reste du règne de Louis XV, il faut jeter un coup d'œil au dehors et suivre à travers l'Europe la politique de Choiseul. De grandes catastrophes se préparaient hors de France comme en France.

La pensée constante de Choiseul, il est juste d'en tenir compte à sa mémoire, était de relever la France du traité de 1763. Rétablir, réorganiser ses forces de terre et de mer, la mettre en état de prendre un jour sa revanche; en attendant, lui procurer quelques dédommagements de ses pertes, sans donner lieu à un renouvellement prématuré de la guerre; fortifier, resserrer le système des alliances de la France, sans se dissimuler que, de ses deux alliées, l'Autriche et l'Espagne, la première, qui avait coûté si cher, était infiniment moins sûre que l'autre; appuyer donc ses principales espérances de concours sur l'Espagne et l'encourager avec la plus vive sollicitude dans la voie de progrès où la poussaient les conseillers de Charles III; enfin, surveiller et tâcher d'aggraver les embarras que commençait d'éprouver l'Angleterre, afin de la détourner de l'action extérieure : telles étaient les idées qui dirigèrent la conduite de Choiseul après la paix de Paris. Nous verrons tout à l'heure quelle fut la funeste lacune de son plan diplomatique; mais la première partie de ses projets, le rétablissement des forces de la France, fut exécutée, autant qu'il dépendit de lui, avec beaucoup de vigueur et d'intelligence.

L'accusation de dissiper les finances, souvent élevée contre Choiseul, était injuste. Ce ministre, si fastueux et si peu ménager de sa propre fortune, fit le plus souvent un emploi judicieux des deniers de l'État. Ce n'est point par les départements ministériels qui relevaient de lui, ce n'est pas même, principalement, par les *acquits de comptant* de Louis XV et par les gaspillages de la cour que les finances allaient à la banqueroute : la grande cause de ruine n'était pas, nous l'avons dit maintes fois, le chiffre de l'impôt qui entrait au Trésor, mais le chiffre de ce qui s'extorquait en dehors du Trésor, et le régime de priviléges et d'abus qui pesait à tous les degrés sur la société et qui était devenu, pour ainsi dire, la société même.

Quant à Choiseul, il avait diminué considérablement les dépenses des affaires étrangères, en réduisant ou en supprimant la plupart des subsides permanents que la France avait coutume de payer, depuis le siècle précédent, à la Suède, aux princes d'Allemagne, à la Suisse, parfois au Danemark, subsides fort onéreux et d'une très-faible utilité : le seul service que nous eût rendu jusqu'alors l'alliance autrichienne était d'avoir facilité cette économie, qu'un homme versé dans l'administration a évaluée à 20 millions par an [1].

Les affaires de la guerre, surtout, furent très-bien conduites par Choiseul. Il avait soutenu les dernières années de la guerre de Sept Ans avec 60 millions par an de moins que son prédécesseur, le maréchal de Belle-Isle, qui avait exigé jusqu'à 180 mil-

---

1. Sénac de Meilhan, à la suite de madame du Hausset, p. 187.

lions. Aussitôt la paix assurée, il remit les dépenses et l'effectif de l'armée à peu près sur le même pied qu'avant la guerre (l'effectif à cent cinquante-deux mille sept cent cinquante-huit hommes, la dépense à 70 millions environ) mais il accomplit en même temps, sans augmenter les charges, une réforme militaire de la plus grande portée. La composition de l'armée était extrêmement irrégulière : les divers corps d'une même arme différaient entre eux par le nombre de bataillons, d'escadrons, de compagnies, ce qui rendait l'instruction très-difficile et les manœuvres d'ensemble impossibles; les créations de corps s'étaient faites au hasard; les licenciements, de même. L'uniformité de composition fut presque complétement établie; les cadres furent fixés d'une manière invariable, en sorte que l'on n'eut plus désormais, selon les circonstances, qu'à augmenter ou diminuer le nombre des soldats de chaque régiment, mais non plus à créer ou à réformer des régiments. L'armée acquit par là une consistance, une solidité qu'elle n'avait jamais eue. Les colonels perdirent la nomination de leurs subordonnés et furent astreints à commander eux-mêmes leurs régiments en tout temps; le recrutement des compagnies fut retiré des mains des capitaines, qui cessèrent le triste rôle de trafiquants d'hommes. Les engagements furent portés à huit ans, au lieu de six; après un engagement renouvelé, ou seize ans de service, le soldat eut droit à demi-solde en se retirant; après vingt-quatre ans, droit à la solde entière, ou aux Invalides. Des camps de manœuvres furent réunis de temps à autre pour exercer les troupes et les officiers généraux, qui en avaient plus besoin encore que les régiments [1]. Les ordonnances de 1762 préparèrent la nouvelle armée qui devait venger les affronts de la guerre de Sept Ans, l'armée non-seulement de la guerre d'Amérique, mais de la Révolution.

La marine réclamait une réforme peut-être plus profonde encore. Un grand nombre des officiers qui s'étaient si mal conduits

---

1. *Mémoires* de Choiseul, t. Ier, p. 77-160. — *Journal du règne de Louis XV*, t. II, p. 184. — *Ordonnances de décembre* 1762. — On voit, dans les *Mémoires* de Choiseul, que l'administration n'entretenait de médecins et de chirurgiens dans les hôpitaux militaires que depuis 1759. Jusque-là les médecins n'avaient point eu de gages, et les chirurgiens avaient été payés par les entrepreneurs chargés du service des hôpitaux.

furent mis à la retraite. La bureaucratie fut réduite, et les appointements des officiers de marine furent augmentés, comme l'avaient été ceux des officiers de l'armée de terre. Choiseul voulait aller beaucoup plus loin : il projetait de supprimer le corps privilégié des gardes de la marine, exclusivement composés de gentilshommes, et de recréer la marine royale à nouveau, en y recevant tous les officiers de ports, les corsaires, les capitaines marchands qui s'étaient distingués dans la dernière guerre. Il y eut un tel soulèvement dans la noblesse, que le ministre dut reculer devant la cour entière liguée [1]. On ne l'empêcha pas, du moins, de réorganiser l'artillerie de marine (1767) et de former un corps de dix mille canonniers qu'on exerça une fois par semaine pendant dix ans, et qui montrèrent en 1778 ce qu'ils savaient faire! Les constructions navales furent poussées avec une grande activité et sur une grande échelle. A la fin de 1770, la France comptait soixante-quatre vaisseaux et cinquante frégates à flot. Les arsenaux, les magasins, furent remplis. Les belles forêts des Basses-Pyrénées étaient jusqu'alors inutiles à la marine : le Gave de Pau fut rendu navigable et les mâtures des Pyrénées descendirent par le Gave et l'Adour jusque dans le port de Bayonne, aux acclamations des populations basques et béarnaises [2].

Les tentatives d'action au dehors furent d'abord moins heureuses. On a vu la déplorable issue de l'entreprise de Guyane. Choiseul réussit mieux dans la Méditerranée, en Corse, que dans le Nouveau-Monde.

La Corse était, depuis quelques années, presque entièrement affranchie. Un grand homme d'état, Pascal Paoli, avait fait surgir l'ordre, la discipline, un gouvernement régulier, du sein de cette anarchie éternelle. Après des luttes aussi obstinées contre ses compatriotes que contre l'étranger, il était parvenu à dompter, à diriger avec persévérance vers la guerre nationale la farouche énergie que les Corses ont coutume de dépenser dans les guerres de famille. Établi au centre de la Corse, à Corte, il dominait sur l'île entière, à l'exception de quelques places maritimes. Les Fran-

1. *Vie privée de Louis XV*, t. IV, p. 95-97.
2. Un nouveau Code de la Marine en seize livres, qui modifiait la grande Ordonnance de 1689, fut promulgué le 25 mars 1765.

çais avaient occupé trois de ces places en 1756, sans intervenir dans les hostilités entre Génois et Corses, et sans se départir du caractère de médiateurs qu'ils avaient pris en 1751 ; mais ils s'étaient retirés au bout de deux ans, et Gênes avait dû reconnaître non-seulement l'impossibilité de soumettre les *rebelles* par ses propres forces, mais l'extrême difficulté de conserver ses derniers postes. Gênes pria les Français de revenir, en 1764, à peu près aux mêmes conditions qu'auparavant, et leur remit la garde d'Ajaccio, de Calvi, de Bastia et de San-Fiorenzo. On recommença de négocier. Les Corses envoyèrent à Versailles le colonel Buttafuoco, pour demander qu'on reconnût l'indépendance de leur république, moyennant un tribut équivalent à ce que la Corse produisait autrefois à Gênes. Le profit n'avait jamais dépassé 40,000 francs pour Gênes, à cause des frais de garnison. Buttafuoco fit en même temps une autre démarche, qui attestait à quel point les conceptions idéales des philosophes commençaient à pénétrer dans la vie réelle. Il demanda un projet de constitution à Jean-Jacques Rousseau, qui était encore en Suisse, et l'invita à se rendre en Corse, au nom du gouvernement auquel présidait Paoli. L'admiration exprimée par Rousseau, dans une note du *Contrat social*, pour la patriotique constance des Corses, lui avait fait des disciples dévoués parmi les chefs lettrés de ces barbares héroïques. Rousseau avait prédit que la Corse était destinée à étonner le monde : la prophétie se réalisa, mais autrement que ne l'avait entendu le prophète. L'enfant corse, qui devait *étonner le monde*, allait bientôt naître sur le rocher d'Ajaccio [1].

Si Rousseau s'était décidé à passer en Corse, il aurait eu la douleur d'y voir consommer l'oppression de ses amis.

Le cabinet de Versailles montra peu de loyauté envers les Corses. Il les berça de vaines espérances et laissa arriver les choses jusqu'au point où les Génois, perdant tout espoir de jamais reconquérir l'île, ne voulant point abaisser leur orgueil jusqu'à subir l'indépendance de leurs anciens sujets et ne pouvant s'acquitter des dettes qu'ils avaient contractées envers la France, proposèrent eux-mêmes à Louis XV la cession des droits de leur république.

---

1. Le 15 août 1769.

Le 15 mai 1768, un traité, signé à Versailles, autorisa le roi de France à exercer tous les droits de souveraineté sur toutes les places et ports de la Corse, comme nantissement de ses créances sur la république de Gênes. La cession était déguisée sous cette forme de nantissement, afin de pallier l'agrandissement de la France aux yeux de sa rivale l'Angleterre, et même de sa jalouse alliée l'Autriche. La France, par article séparé, donnait à Gênes une indemnité de deux millions.

Les Corses apprirent avec une profonde indignation le prix qu'on réservait à tant d'efforts et de courage. Malgré l'immense disproportion des forces, ils résolurent de défendre jusqu'au bout leur liberté. Paoli espérait que les Anglais, qui l'avaient toujours encouragé, ne verraient pas tranquillement la France se saisir d'une position aussi considérable dans la Méditerranée. Aux premiers mouvements que firent les garnisons françaises pour s'étendre dans l'intérieur et assurer les communications entre les places qu'elles occupaient, Paoli essaya bravement de leur barrer le passage. Il ne put se maintenir sur l'étroite péninsule du cap Corse, qui forme la pointe septentrionale de l'île, mais il occupa fortement la base de cette péninsule. Le lieutenant général de Chauvelin débarqua sur ces entrefaites avec quelques renforts et fit publier dans l'île des lettres patentes du 5 août, par lesquelles le roi de France sommait ses *nouveaux sujets* de reconnaître sa souveraineté, à peine de rébellion. Le *conseil général et suprême d'État* de la Corse répondit par une proclamation très-digne et très-touchante, où il déclarait que la nation corse ne se laisserait pas traiter *comme un troupeau de moutons envoyé au marché* (28 août).

Les actes répondirent aux paroles : Chauvelin, après un léger avantage aux bords du Nebbio, voulut poursuivre Paoli au delà du Golo avec des forces insuffisantes : les Français, déployés sur un trop grand espace, furent assaillis impétueusement par une levée en masse, qui les rejeta jusque sous le canon de Bastia, avec perte de mille ou douze cents hommes (septembre-octobre). Il fallut, au printemps de 1769, envoyer toute une armée, sous un nouveau commandant en chef, le comte de Vaux. Cet officier-général, disposant de quarante-deux bataillons et de quatre légions (corps légers, mi-partie d'infanterie et de cavalerie), fit un plan de campagne qui enveloppait l'île entière. Paoli était hors d'état de se soutenir contre une attaque aussi formidable. Un héroïque combat, au pont du Golo, fut le dernier soupir de la liberté corse[1]. Corte, siége du gouvernement, dut capituler. Il n'eût pas été impossible de perpétuer une guerre de partisans dans les *maquis* et dans les montagnes; mais l'éternel fléau de la Corse, la division, renaissait avec les revers; Paoli, abandonné de la plupart des siens, et plus propre, d'ailleurs, à diriger un gouvernement régulier qu'à jouer le rôle d'un chef de *guerilla,* s'embarqua, à Porto-Vecchio, sur un vaisseau anglais, avec l'élite de ses amis (13 juin 1769). L'Angleterre, qui ne lui avait fourni d'autre secours que des munitions, des armes et quelques volontaires, lui offrit du moins un honorable asile.

Les Français usèrent avec assez de modération d'une victoire peu glorieuse. Le général de Vaux, et, après lui, le gouverneur Marbeuf, tâchèrent de réconcilier les Corses à la domination française, en leur montrant de la bienveillance et de l'équité. Une amnistie, des chemins construits par les troupes, des établissements utiles, des encouragements à l'agriculture et au commerce, le maintien du régime municipal des *podestats,* la concession d'États-Provinciaux sous le titre de *consulte générale,* signalèrent cette politique conciliante. La première consulte générale, convoquée à Bastia, le 15 août 1770, prêta serment au roi de France; néanmoins, des meurtres, des brigandages, des révoltes partielles, étouffées dans le sang, souvent renaissantes, ne cessèrent de protester contre la conquête. Les améliorations matérielles dues aux nouveaux maîtres étaient, d'ailleurs, trop compensées par les abus de l'administration et de la fiscalité françaises. On peut dire que l'acquisition de la Corse ne se légitima qu'en 89, lorsque les Corses devinrent citoyens libres d'une nation libre et ratifièrent solennellement leur réunion à la France, ratification confirmée d'une façon plus éclatante encore en 1796, lorsque les Corses,

---

1. Voltaire raconte que, dans un engagement sur le Golo, les Corses se firent un rempart de leurs morts, pour avoir le temps de charger derrière eux avant de faire une retraite nécessaire; leurs blessés se seraient mêlés parmi les morts pour raffermir le rempart!

après avoir été séparés de la France par les événements de la guerre révolutionnaire et par l'influence de leur héros Paoli, rejetèrent le joug anglais et revinrent spontanément à la France, sous l'influence d'un autre héros corse, devenu le vainqueur de l'Autriche, en attendant qu'il fût le dominateur de l'Europe.

La conquête de la Corse devait être la dernière extension territoriale de l'ancienne France [1].

On pourrait s'étonner que l'Angleterre eût vu si paisiblement ses rivaux s'emparer d'un poste aussi propre à dominer la mer Tyrrhénienne et les côtes d'Italie, et surtout aussi inquiétant pour les possesseurs de Minorque. L'Angleterre, en effet, soutenait mal sa fortune de la guerre de Sept Ans. Cette fortune, par un double effet contraire, grandissait comme fatalement dans l'Inde, où tout lui profitait, exploits et fautes, génie et crimes, mais, en Amérique, elle paraissait déjà prête à crouler par son propre poids. Le gouvernement britannique ne montrait plus la vigueur ni la prudence nécessaires pour maîtriser la situation intérieure et pour maintenir l'ascendant extérieur que l'Angleterre avait conquis par ses victoires : il retirait sa main des affaires de l'Europe et n'en dirigeait pas mieux les affaires du dedans. Des agitations confuses et stériles absorbaient ministres et parlements. Le favori du roi, lord Bute, avait démissionné peu de temps après la paix : des changements réitérés dans l'administration avaient ramené un moment au pouvoir William Pitt, devenu lord Chatam; mais une santé ruinée paralysait cette âme si forte, peu propre, d'ailleurs, aux affaires en dehors des moments héroïques, et Pitt ne fut que l'ombre de lui-même durant son second ministère. Il ne retrouva quelque chose de son éloquence et de son autorité qu'en retournant sur les bancs de l'opposition. Pendant ce temps, Londres était en proie aux troubles, sans grandeur et sans but sérieux [2],

---

1. *Mém.* de Dumouriez, t. Ier, liv. 1er. — *Mercure historique*, années 1768-1770. V. les tables. — Botta, *Storia d'Italia*, t. IX, liv. XLVI. — La conquête de la Corse amena une querelle avec les Tunisiens, qui continuaient à pirater comme auparavant au détriment des Corses. Une escadre franco-maltaise bombarda Bizerte et Suze, en juillet et août 1770, et obligea le bey de Tunis à capituler. En 1765, la France et l'Espagne réunies avaient donné une semblable correction aux Marocains.

2. Non pas toutefois sans résultats pour l'avenir; car ce fut de ces mouvements que datèrent les progrès de la démocratie en Angleterre, par la publicité que les

que suscitait un agitateur vulgaire, le fameux Wilkes. Une crise de céréales, que nous retrouverons tout à l'heure en France, tourmentait les comtés d'Angleterre, et un nuage noir grossissait à l'autre bord de l'Atlantique. Dès le lendemain de la conquête du Canada, l'antagonisme s'était déclaré entre les deux conquérants, l'Anglais d'Europe et l'Anglais d'Amérique. La mère patrie avait prétendu obliger les colonies à porter leur part de la dette énorme (150 millions sterling) qui pesait sur elle, et qui avait été contractée en partie pour chasser les Français d'Amérique : cette part était revendiquée sous forme de taxes et de droits établis par actes des parlements. Les colonies répondaient qu'on ne taxe pas des hommes libres sans leur consentement, et qu'elles n'avaient point à reconnaître, en matière d'impôts, l'autorité d'un parlement où elles n'étaient pas représentées. Nous aurons à revenir sur cette querelle, qui aboutit à de si grands événements et qui, en 1768, laissait déjà entrevoir la possibilité d'une séparation violente et prochaine.

Les soucis que donnaient les colonies contribuèrent beaucoup à rendre l'Angleterre si modérée, ou si faible, dans la question de la Corse. Quelques vaines protestations furent ses seules armes. On a dit que Choiseul n'avait rien ménagé pour se procurer des diversions contre l'Angleterre et que ses agents avaient encouragé puissamment les mécontents anglo-américains; il ne subsiste aucunes traces de ces influences prétendues[1].

Les Anglais ont accusé Choiseul d'intrigues beaucoup plus odieuses : l'ambassadeur d'Angleterre en Espagne, lord Rochford, prétendit avoir découvert un complot tramé entre Choiseul et le ministre espagnol Grimaldi, pour incendier la marine et les arsenaux de Portsmouth et de Plymouth, durant l'hiver de 1764 à 1765, et attaquer la Grande-Bretagne au milieu de ce désarroi. Cette accusation est sans preuve, tandis qu'il est certain qu'un Anglais, du nom de Gordon, qui n'agissait pas sans instructions

journaux, malgré d'antiques défenses, commencèrent à donner aux débats du parlement, et par l'introduction des *meetings*.

1. Sous Louis XVI, les ministres Maurepas et Vergennes firent des recherches pour vérifier ces bruits et ne retrouvèrent aucune pièce qui les confirmât. Flassan, t. VII, p. 152.

venues de très-haut, fut exécuté, en 1769, pour avoir tenté d'incendier le port de Brest.

Ce qui n'est pas douteux, c'est que Choiseul ne cessa d'entretenir les ressentiments du cabinet espagnol contre la Grande-Bretagne, qu'il cultiva soigneusement les germes de guerre qui abondaient de ce côté, et que, pendant les premières années qui suivirent le traité de Paris, trop absorbé par ce qui regardait l'Angleterre et l'Espagne, il fut loin de donner une attention suffisante aux affaires du Continent. Les conséquences de cette négligence furent déplorables.

La catastrophe préparée par la longue anarchie de la Pologne approchait.

La guerre de Sept Ans, quoique la Pologne n'y eût point été engagée, avait rendu plus profond l'abaissement de cette république. Les plans du prince de Conti et du comte de Broglie, pour la relever, ayant été abandonnés, par suite du pacte de la France avec l'Autriche et la Russie, on avait laissé les Russes traverser, fouler, occuper la Pologne, sans même prévenir son gouvernement, et y conserver des positions militaires, sous le nom de magasins, même depuis la paix. L'indépendance nationale n'était plus guère qu'un mot pour les Polonais.

Deux partis, cependant, parmi les magnats, songeaient secrètement à régénérer leur patrie par des moyens opposés. Tous deux voulaient l'abolition de l'anarchie et du *liberum veto*; mais l'un, le parti des Potocki, des Branicki, des Mokranowski, aspirait à établir l'ordre par la liberté aristocratique, en ôtant au roi la distribution des emplois pour la remettre à un conseil souverain, plusieurs allant jusqu'à projeter l'abolition de la royauté; l'autre parti, celui des Czartoriski, prétendait, au contraire, rendre la royauté héréditaire, et, en attendant, réformer les finances, détruire les abus, augmenter le pouvoir royal, affaiblir le fanatisme jésuitique et améliorer la condition des dissidents, des non-catholiques, dont l'oppression et le ressentiment étaient un danger permanent pour la Pologne. Ces vues avaient été celles d'un ministre français très-éclairé, le vertueux marquis d'Argenson. Il ne s'agissait pas ici d'une préférence théorique donnée à ce qu'on appelle la *stabilité* de l'hérédité sur la mobilité de l'élection; il y avait des raisons plus positives et plus spéciales. Si la Pologne eût été une démocratie véritable, il eût pu être bon de la débarrasser d'un fantôme de royauté ; mais elle était une anarchie nobiliaire, superposée à une immense servitude. La monarchie pure étant donc repoussée par l'esprit de liberté des nobles, et la république démocratique étant impossible, puisque le vrai peuple n'existait pas, le gouvernement le plus convenable à la Pologne pouvait être une combinaison de l'hérédité et de l'élection, plus ou moins rapprochée du système anglais, au moins tant que le vrai peuple ne serait pas formé et pour l'aider à se former. Le salut était dans l'émancipation civile d'abord, puis politique des paysans, et un roi héréditaire eût, plutôt que l'aristocratie, favorisé tout au moins la première de ces deux phases.

La logique devait être, jusqu'à la fin, bannie des affaires de Pologne. La mobilité violente du caractère polonais, tel que l'avait fait une longue habitude de désordre, était peu compatible avec cette concentration indispensable d'idées et de forces qui ne voit et ne suit qu'un seul objet durant longues années. Les Czartoriski, partisans de la royauté et auteurs d'un plan que la France eût dû aider sans réserve, s'étaient brouillés avec le roi Auguste III et, par conséquent, avec la France, qui soutenait la maison de Saxe depuis le mariage du dauphin avec une princesse de cette maison. Ils se lièrent avec l'Angleterre, ce qui eut peu de conséquences, et surtout avec la Russie, ce qui en eut de très-grandes. En affectant de servir les intérêts russes, ils rêvèrent d'employer la Russie, à son insu, à relever la Pologne. Quant au parti opposé, il était destiné à se noyer dans la masse du parti anarchique de la petite noblesse, qui s'attribuait le titre exclusif de patriote, parce qu'il voulait aveuglément maintenir les traditions et les abus enracinés dans la patrie. La fausse politique de Choiseul appuyait le parti anarchique, sans y attacher grande importance. Choiseul était persuadé que la France n'avait pas à s'occuper sérieusement de la Pologne ; que les quatre puissances qui entouraient cette république se feraient équilibre pour empêcher son démembrement ; que, la Russie et la Prusse s'entendissent-elles pour en arracher quelques lambeaux, elles ne tarderaient pas à se brouiller par leur contact même. « Lors même que, contre toute vraisemblance, » écrivait[1] sous sa dictée son parent Praslin, « les quatre puissances (Russie, Autriche, Prusse, Turquie) s'arrangeraient pour partager la Pologne, il est encore très-douteux que cet événement pût intéresser la France ! »

La Pologne était abandonnée d'avance. Lorsque le roi Auguste III vint à mourir, le 5 octobre 1763, tout était déjà perdu. Tandis que les deux partis réformateurs visaient à profiter de l'interrègne pour réaliser leurs projets, on avait de tout autres desseins à Saint-Pétersbourg et à Berlin.

Le plan de Catherine était de faire un roi *piast,* un roi de naissance polonaise, à sa dévotion, de relever les dissidents comme point d'appui et de réduire la Pologne en vassalité sans la démembrer. Frédéric II, au contraire, visait à un démembrement. Il y pensait dès sa première jeunesse, quand il n'était que prince royal : en 1733, à la mort d'Auguste II, il avait présenté un mémoire à son père pour le presser d'envahir cette Prusse polonaise qui séparait si malencontreusement la Prusse ducale du Brandebourg ; maintenant, maître de toute la vallée de l'Oder par la conquête de la Silésie, il aspirait à s'étendre sur la Warta, le grand affluent de l'Oder, en même temps qu'à réaliser les convoitises de sa jeunesse sur l'embouchure de la Vistule : il ambitionnait de régulariser le territoire incohérent de la Prusse aux dépens de la Pologne occidentale, déjà serrée entre la Poméranie et la Silésie, comme entre les deux branches d'une paire de ciseaux. En 1762, Frédéric avait fait agréer à son allié dévoué, Pierre III, un premier projet de partage, que la chute du malheureux tzar avait ajourné, mais auquel le persévérant et astucieux Prussien ne désespérait pas de ramener Catherine II. Ils étaient déjà d'accord sur un point essentiel, le maintien de l'anarchie polonaise. Ils travaillèrent à s'entendre sur la conduite présente, en réservant leurs vues d'avenir. Le roi de Prusse accepta le candidat de la tzarine : c'était un neveu des deux princes Czartoriski, Stanislas-Auguste Poniatowski, ancien amant de Catherine.

Le cabinet de Versailles ne sut ni s'opposer ni transiger :

---

1. Mémoire lu au conseil le 8 mai 1763 ; cité par Saint-Priest ; le *Partage de la Pologne en 1772*. — Praslin était alors le ministre nominal, mais Choiseul le ministre réel des affaires étrangères.

Louis XV essaya d'abord assez mollement, d'accord avec l'Autriche, de soutenir les prétentions de la maison de Saxe; mais le nouvel électeur, Christian de Saxe, étant mort peu de semaines après son père Auguste III, on abandonna son fils en bas âge et ses frères, qui n'avaient aucune chance. Le parti le plus raisonnable eût été alors de s'entendre, sans bruit, avec les Czartoriski, et peut-être même d'agréer les avances secrètes du candidat de la tzarine, de Poniatowski : Catherine, elle-même, offrit à la France d'agir de concert. Il eût été habile d'accepter, pour appuyer ensuite dans leurs projets de réforme, contre le machiavélisme de Catherine, les hommes qu'elle soutenait en ce moment. On n'en fit rien : Choiseul rejeta les propositions de la tzarine, garda ses liaisons avec le parti opposé aux Czartoriski et tâcha d'engager les Turcs à protester contre toute intervention russe en Pologne. Louis XV, pendant ce temps, prescrivait aux agents français, par le canal du comte de Broglie, chef de la diplomatie secrète, de ne pas contrecarrer l'élection de Poniatowski. La politique de la France n'était pas seulement d'accord avec elle-même !

Sur ces entrefaites, les *diétines* préparatoires s'étaient réunies. Les Czartoriski eurent le dessous. Ils appelèrent les Russes! Le plus grand des crimes politiques, l'appel à l'invasion étrangère, était passé en habitude dans ce malheureux pays. Les régénérateurs de la Pologne firent comme les filles d'Éson, livrant leur père au couteau de la magicienne pour le rajeunir !

Au même moment apparut une double déclaration de la France et de l'Autriche, qui ne recommandaient aucun candidat, mais approuvaient d'avance toute libre élection, que l'élu fût un *piast* ou un étranger. La France promettait formellement de soutenir la libre élection (15 mars 1764). Le mois d'après, Catherine II et Frédéric II s'engagèrent, par un traité (11 avril), à empêcher qu'on établît l'hérédité et le pouvoir arbitraire en Pologne, à protéger les dissidents et à faire élire un *piast*. Ils publièrent une déclaration contre tout projet de démembrement. Les ambassadeurs russe et prussien à Varsovie avaient déjà empêché la publication d'un projet d'abolir la royauté pour la remplacer par un sénat, et signifié l'opposition de leurs maîtres à toute altération de la constitution polonaise dans quelque sens que ce fût. Cette vive sollicitude, de la part de tels voisins, pour la constitution polonaise, suffisait pour juger cette constitution.

La diète de convocation, qui précédait celle d'élection, s'ouvrit le 7 mai. En présence des baïonnettes russes, les *patriotes*, parmi les incidents les plus dramatiques, déclarèrent la diète rompue et se retirèrent. Le parti Czartoriski resta et tenta d'accomplir sa réforme : il promulga une foule de règlements utiles ; mais, quand il voulut toucher à l'impôt, et surtout au *liberum veto*, et remplacer l'unanimité par la pluralité des suffrages, la Russie et la Prusse l'arrêtèrent court. La diète, ou plutôt la minorité qui s'était constituée en diète après la retraite de la majorité, plia sous l'interdiction de l'étranger quand il s'agissait de sauver la Pologne et ne retrouva d'indépendance que lorsqu'il s'agit de repousser les requêtes des dissidents, comme si le fanatisme religieux eût hérité de l'énergie que ne réveillait plus le sentiment national. On alla jusqu'à enlever aux dissidents quelques-uns des droits qu'ils avaient conservés ou recouvrés ! Les Czartoriski durent céder à la réaction insensée qui éclatait autour d'eux.

Les mouvements tentés par les *patriotes*, en Pologne et en Lithuanie, échouaient, malgré quelques brillants coups de main, durant ces débats législatifs à Varsovie. Le cabinet de Versailles n'était point en mesure et ne se souciait guère de remplir la promesse de secours qu'il avait jetée si légèrement, et le cabinet autrichien, qui était plus à portée d'agir et dont le concours était nécessaire à la France, ne voulait nullement donner ce concours. La mort de madame de Pompadour, que Marie-Thérèse ne craignait pas de déplorer officiellement, comme « une très-grande perte pour le roi et pour la France[1], » venait de relâcher le lien de l'alliance austro-française ; Marie-Thérèse et Kaunitz ne comptaient pas sur Choiseul comme sur la Pompadour et ne pardonnaient pas à ce ministre d'avoir une politique à lui, au lieu d'être l'instrument passif de la politique autrichienne.

La France et l'Autriche firent cependant une démarche éclatante, mais toute négative : ce fut de retirer leurs ambassadeurs de Varsovie, par manière de protestation contre la violation de la

---

1. Correspondance du ministre des affaires étrangères dans Saint-Priest, 47.

liberté électorale. Cela n'aboutit qu'à livrer entièrement le terrain aux Russes et aux Prussiens. Poniatowski fut élu le 7 septembre 1764, sur la recommandation officielle des deux puissances. Au lieu de cent mille cavaliers qui jadis inondaient le champ sacré de Vola, il n'était venu que quatre mille nobles à la diète où furent célébrés pour la dernière fois les rites des royales élections de Pologne.

L'opinion publique s'émut peu en France. On était habitué à voir les étrangers imposer des rois à la Pologne ; on n'aperçut là qu'une nouvelle crise d'un mal invétéré ; on ne comprit pas que cette crise différait des précédentes et qu'elle annonçait la fin. L'opinion, d'ailleurs, comme le fait remarquer le plus récent historien du *Partage de la Pologne* (M. de Saint-Priest), n'était point alors favorable aux Polonais. Le fanatisme que les jésuites avaient inspiré à ce malheureux pays, les tragiques souvenirs de l'affaire de Thorn[1], le refus de rendre aux dissidents l'égalité des droits, dépopularisaient la cause de l'indépendance polonaise dans cette société dominée par une philosophie cosmopolite qui comprenait beaucoup mieux les questions d'humanité que celles de nationalité. Rousseau et Mabli n'avaient point encore jeté le poids de leur autorité dans la balance. La Pologne heurtait l'opinion française, ou plutôt européenne, que Frédéric, et surtout Catherine, flattaient avec un art infini. Le *grand Frédéric* n'avait plus qu'à vivre sur sa renommée ; mais la tzarine s'y prenait de façon à effacer le roi de Prusse lui-même aux yeux des philosophes. Elle envahit, dans les affections du patriarche de Fernei, la place qu'avait occupée Frédéric dans ses meilleurs jours ; elle supplie d'Alembert de diriger l'éducation de son fils ; elle met la grâce la plus séduisante à imposer ses bienfaits à Diderot ; elle envoie des secours aux Calas et aux Sirven ; elle traduit en russe, de sa main impériale, le *Bélisaire* de Marmontel ; elle annonce aux philosophes qu'elle a enlevé plus de cinq cent mille serfs à l'église moscovite, désormais salariée par l'État (il est vrai que c'est pour attribuer à l'État les serfs d'église) et qu'elle réunit à Pétersbourg les délégués de toutes les populations soumises à son empire, pour

---

1. V. notre t. XV, p. 138.

préparer avec eux un corps de jurisprudence universelle et uniforme. Elle expédie à Voltaire, par un officier de ses gardes, l'instruction qu'elle a rédigée de sa main pour la commission chargée de dresser le projet du nouveau code. Presque tout est français dans cette instruction russe, qui n'est guère qu'une mosaïque des idées et des formules contradictoires de Louis XIV, de Montesquieu, des économistes, auxquels elle emprunte leur *despotisme rationnel*, mais dans les termes les plus adoucis[1], et même des parlementaires. Elle se croit assez sûre de son fantôme de sénat pour lui accorder le droit de refuser l'enregistrement des lois contraires à la constitution de l'état. Des chapitres entiers sont copiés dans l'*Esprit des Lois*. Les mots de citoyen, de patrie, sont prodigués dans un livre destiné aux représentants de cent tribus barbares, incapables d'attacher aucun sens à ces grands mots. Des maximes justes, des considérations ingénieuses, mais surtout la tolérance religieuse proclamée du haut d'un trône impérial, et une certaine tendance vers l'émancipation progressive des serfs[2], ferment les yeux aux philosophes sur ce qu'il y a d'illusoire et de fantastique dans cette grande comédie de législation philosophique destinée aux Cosaques, aux Baskirs et aux Kalmouks. La nature humaine est assez complexe pour que Catherine ait été à moitié sincère dans son rôle et qu'elle ait cru de bonne foi à sa gloire de législatrice. Le gouvernement de Louis XV prit aussi la chose au sérieux, car il interdit en France toute publicité à l'*Instruction* de Catherine, apparemment comme trop favorable aux prétentions parlementaires[3].

1. Elle porta au comble l'enthousiasme des économistes, en appelant Lemercier de La Rivière pour l'aider dans la confection de son code. Lemercier dépassa un peu l'époque du rendez-vous que lui avait donné Catherine. Quand il arriva, elle avait autre chose en tête et ne s'en souciait déjà plus. Lemercier revint fort désappointé.

2. Catherine, toutefois, ne s'engage qu'avec réserve sur ce point. Elle émet un doute sur l'utilité du servage pour le bien de l'état, établit que, cependant, il ne faut pas affranchir les serfs par grandes masses, mais que, pour le progrès de l'agriculture, il serait essentiel que le serf eût quelque chose en propriété. — Ce *progrès* n'a pas eu lieu : les serfs russes vivent toujours en communauté, et les révolutions de l'avenir en montreront les conséquences. (Écrit en 1853.) — Un descendant de Catherine commence courageusement en ce moment la grande expérience de la transformation des serfs en paysans propriétaires. (1859.)

3. Catherine, plus hardie que Montesquieu, que Voltaire, que Rousseau, se pro-

Le jeu sérieux, pour Catherine, se jouait en Pologne. Les Czartoriski renouvelaient leurs essais de réforme. Le nouveau roi, faible et léger, point malintentionné, était disposé à seconder ses oncles. La diète de couronnement, qui succéda à celle d'élection, entama le *liberum veto* en votant, *à la pluralité,* diverses réformes et une loi de douanes. Une amnistie rouvrit la Pologne aux *patriotes* qui s'étaient exilés après leur infructueuse prise d'armes. Catherine proposa de laisser la Pologne lever une armée permanente de cinquante mille hommes, à condition d'alliance offensive avec la Russie. On refusa : on lui offrit seulement une alliance défensive.

Catherine commença de se retourner contre ses anciens protégés : Frédéric II l'y poussa de toute sa force. Il savait que Stanislas-Auguste rêvait d'épouser une archiduchesse et de se rendre héréditaire, et que l'Autriche l'entretenait dans cette espérance. Il avait un double motif pour exciter Catherine à s'absorber dans les affaires de Pologne; le premier était de faire échouer les projets de Stanislas et de ses oncles; le second était de faire perdre de vue à Catherine un grand dessein qui ne convenait nullement à la politique prussienne. La tzarine, jalouse de l'*alliance du Midi,* formée par Choiseul, prétendait organiser une *alliance du Nord,* où la Russie aurait la prépondérance. Choiseul eut vent de ce dessein, et, dès lors, il se rejeta, avec toute l'impétuosité de son caractère, vers ces intérêts du Nord et du continent qu'il avait tant négligés : il reprit la direction immédiate des affaires étrangères et chercha partout à susciter des embarras à Catherine, mais par hostilité contre la Russie, bien plus que par sympathie pour la Pologne : les mouvements de la Pologne ne furent pour lui qu'un moyen, quand son salut eût dû être le but.

La tyrannie russo-prussienne continua de se couvrir devant l'Europe du masque de la tolérance; des sommations réitérées

nonce contre la peine de mort, sauf une toute petite réserve : « Lorsqu'un citoyen privé de la liberté a encore des relations et une puissance qui peuvent troubler la tranquillité de la nation. » (*Instruction* 1re, p. 77.) C'était sans doute en vertu de cette réserve que le tzarevitch Ivan, petit-neveu de Pierre le Grand, jadis écarté du trône par Élisabeth, venait d'être égorgé, le 16 août 1764, dans la prison où il était renfermé depuis l'enfance. Élisabeth et Pierre III avaient épargné ce prétendant dépossédé, mais Catherine n'avait pas de ces scrupules.

furent adressées à la diète polonaise par les deux puissances, en faveur des dissidents, en même temps qu'un *casus belli* était posé pour les atteintes au *liberum veto* et que les régiments russes allaient vivre en garnisaires sur les terres du roi Stanislas et de ses amis, afin de punir leurs velléités de résistance. Les réformateurs cédèrent sur le point capital, sur le *liberum veto* : la masse de la *nation,* c'est-à-dire la petite noblesse, montra une folle joie, comme si la liberté eût été sauvée : c'étaient les *patriotes* qui, à leur tour, s'appuyaient sur les Russes contre les réformateurs!

Les dissidents, cependant, n'avaient point obtenu pleine satisfaction; les protestants se *confédérèrent* dans la Prusse polonaise, sous la direction d'un agent de Frédéric; quarante mille Russes entrèrent en Pologne pour les soutenir. Le gros de la noblesse catholique, également à l'instigation des Russes et des Prussiens, forma une autre confédération pour l'abolition des réformes que le parti Czartoriski avait établies depuis 1764! Les agents russes firent entendre que la tzarine permettrait le détrônement de Poniatowski (mars-mai 1767). C'est quelque chose d'effrayant que de voir à quel point une nation peut perdre l'instinct politique et méconnaître ses vrais dangers et ses vrais ennemis. Les délégués de la grande confédération de Radom, à peine réunis, furent cernés par les troupes russes et contraints de signer un acte qui réclamait la garantie de la Russie pour toutes les lois à établir dans la prochaine diète et la satisfaction complète des dissidents. Les Russes exercèrent les dernières violences dans les élections à la diète : lorsqu'elle fut rassemblée (octobre 1767), ils la forcèrent de déléguer des pouvoirs illimités à une commission qui tint ses séances chez l'ambassadeur de Catherine et ne fit guère qu'écrire sous sa dictée. Les évêques de Cracovie et de Kiovie, le palatin de Cracovie et son fils, ayant essayé de lutter contre cet insolent despotisme, furent enlevés et envoyés en Sibérie. La commission décréta l'égalité des dissidents avec les catholiques, sauf quelques réserves quant à l'éligibilité au trône et quant aux catholiques qui changeraient de religion; la nécessité du *vote unanime* fut consacrée pour toutes les décisions des diètes sur les affaires d'État. Il fut statué que ces lois ne pourraient plus être abrogées *même par l'unanimité!* L'indigénat fut accordé en Pologne à une foule de Russes, afin de former le noyau d'une noblesse de religion grecque. On introduisit quelques améliorations : il fallait bien justifier la suprématie moscovite. Le droit de vie et de mort sur les paysans fut enlevé aux seigneurs. Des tribunaux furent institués pour les procès entre seigneurs et serfs. On abolit les compositions en argent pour crimes, reste de la barbarie antique.

Choiseul, si tardivement converti à la cause polonaise, tâchait de regagner par son activité le temps qu'il avait laissé perdre. La Turquie, cédant à ses instances, intervenait enfin diplomatiquement avec quelque énergie; mais il lui fut impossible d'ébranler l'Autriche. L'empereur François Ier était mort le 18 août 1765, et son successeur, le jeune Joseph II, qui avait été élu roi des Romains le 27 mars 1764, par le concours de Frédéric II, était mal disposé pour l'alliance française et enclin à un rapprochement avec la Prusse. Il n'avait pas plus que son père la réalité du pouvoir, que Marie-Thérèse gardait dans sa main jalouse et forte encore; mais le ministre Kaunitz ménageait l'avenir dans Joseph et servait d'intermédiaire entre le fils et la mère. On ne put obtenir de l'Autriche qu'une promesse secrète de neutralité entre les Turcs et les Russes, si la Turquie secourait la Pologne par les armes.

La malheureuse Pologne s'était enfin réveillée sous l'excès de l'oppression. Un homme d'un esprit élevé et hardi, Krasinski, évêque de Kaminiek (ou Kamenetz), avait organisé une vaste conjuration contre la tyrannie étrangère. L'explosion ne devait avoir lieu qu'au moment où les Turcs déclareraient la guerre à la Russie. Le mouvement éclata avant l'heure. Le 29 février 1768, un simple gentilhomme, nommé Pulawski, donna le signal de la fameuse Confédération de Bar. La noblesse podolienne s'insurgea, et son exemple fut suivi dans les provinces voisines. Malheureusement, dès le premier jour, la cause de la confédération fut compromise par le mélange des vieux sentiments nationaux avec ce fanatisme religieux que l'ancienne Pologne n'avait pas connu et qui ne compensait point, parce qu'il pouvait inspirer d'exaltation aux patriotes, la force d'opinion qu'il prêtait aux ennemis de l'indépendance polonaise. Les confédérés juraient de défendre la religion catholique, au prix de leur vie, « jusqu'à ce qu'elle fût entièrement fondée et rétablie dans leur patrie[1], » c'est-à-dire jusqu'à ce qu'elle eût ressaisi la domination exclusive et remis les dissidents sous le joug. Ils portaient la croix sur le cœur, comme les anciens croisés; leur devise était : *Jésus et Marie;* le crucifix et la Madone étaient les insignes de leurs étendards.

A la nouvelle de l'insurrection, l'évêque Krasinski avait couru à Versailles pour « jeter la Pologne dans les bras de la France. » Il promit à Choiseul la déchéance de Poniatowski et l'acceptation du roi que la France désignerait, et qu'on rendrait héréditaire. Choiseul promit de l'argent et dépêcha aux confédérés un plénipotentiaire (mai 1768). Les difficultés, pour les confédérés, étaient énormes : pas de forteresses ni de points de ralliements; presque pas d'armes de guerre; et, qui pis est, les paysans hostiles, espionnant pour les Russes, dans les provinces russiennes, où les paysans sont du rite grec. L'ambassadeur russe, Repnin, vrai vice-roi de la Pologne, avait forcé le sénat polonais de réclamer le secours de la tzarine contre les *rebelles* : la force ou la trahison, tout lui était bon; il avait fait surprendre les confédérés pendant des pourparlers. L'agent français, Taulès, trouva leur principal groupe dans un piteux état, refoulé momentanément par les Russes sur le territoire othoman; Taulès, ne voyant rien qui ressemblât à un vrai corps d'armée et ne comprenant rien à une guerre de ce genre, en conclut que tout était perdu, ne donna point d'argent et s'en alla.

En ce moment même, cependant, la guerre de partisans se propageait comme un incendie. Les Russes, sérieusement alarmés, recoururent à un moyen exécrable. Ils appelèrent les Cosaques Zaporogues (ou Zaporoves), cette république de brigands retranchée depuis des siècles dans les îles et dans les rochers du Borysthène. Les Zaporogues descendirent comme une bande de loups enragés, entraînant avec eux les paysans *grecs* de l'Ukraine et de la Podolie, qu'animait une haine invétérée contre les nobles catholiques, leurs maîtres. Catholiques, protestants et juifs, hommes, femmes et enfants, furent exterminés dans toute l'Ukraine polonaise. On égorgea seize mille personnes dans la

---

1. Saint-Priest, *Partage de la Pologne*, § 3.

seule ville d'Humane. Il y eut en tout plus de cinquante mille morts. Les confédérés de Bar et les paysans catholiques de la Grande-Pologne se vengèrent sur les dissidents, auxiliaires des Russes. La Pologne devint un théâtre d'horreur universelle.

Catherine trouva encore moyen d'éluder, aux yeux de l'Europe, la responsabilité des forfaits qu'elle avait soldés, et de laver le sang avec du sang. Elle sacrifia les malheureux qu'elle avait soulevés et fit livrer des masses de paysans ukrainiens aux tribunaux de la république de Pologne : les potences s'élevèrent par milliers pour les meurtriers, au milieu des ruines sanglantes où étaient entassés les cadavres des victimes. La confédération zaporogue, aussi redoutable à ses amis qu'à ses ennemis, finit par être dissoute par les Russes.

Une violation du territoire othoman, commise par les Russes en poursuivant un parti polonais, détermina enfin la Porte à l'intervention armée qu'avait provoquée Choiseul. Le sultan Mustapha déclara la guerre à la tzarine, après une dernière sommation d'évacuer la Pologne (septembre 1768). Choiseul comptait beaucoup sur le khan de la Petite-Tatarie, Krim-Gheraï, musulman demi-francisé, qui se faisait traduire Molière et qui a été un des premiers introducteurs des idées européennes dans l'islamisme. Ce khan, vassal de la Turquie, se jeta sur la Nouvelle-Servie et enleva trente-cinq mille colons grecs, français, allemands, que Catherine avait attirés et fixés, à force de promesses, entre le Dniester et le Borysthène. Il allait pousser plus loin ses entreprises, quand il mourut, très à point pour la Russie et avec des symptômes fort suspects. Cette mort subite désorganisa les Tatars de la mer Noire et priva les armées othomanes d'un guide intelligent et courageux. Catherine eut le temps de se reconnaître. Elle congédia les députés assemblés pour la confection du fameux *code* et ne songea plus qu'à la guerre. Une banque fut établie avec cours forcé des billets, pour attirer dans les mains du gouvernement russe tout l'argent de l'empire. Frédéric II commença de payer à la tzarine un subside annuel de trois millions, signifia aux Suédois qu'il prendrait parti contre eux s'ils s'alliaient aux Turcs, et donna des avis à Catherine sur le plan de la campagne.

Au printemps de 1769, les Russes prirent l'offensive et entrèrent en Bessarabie. Leur première attaque contre la place forte de Choczim fut repoussée. Ils revinrent à la charge et se heurtèrent contre des masses énormes amenées par le grand vizir. Fermes et patients, mais peu nombreux et mal commandés, les fautes de leurs chefs devaient les perdre : l'effroyable indiscipline de l'armée othomane les sauva; cette armée, qui cernait les Russes et les avait réduits à l'extrémité, fut tout à coup dispersée par une panique (septembre 1769). La Moldavie et la Valachie furent tout entières abandonnées aux vainqueurs, étonnés de l'être.

Les confédérés de Bar ne se découragèrent pas : quoique en proie à ces divisions intestines qui étaient l'éternel fléau de la Pologne, ils avaient profité de la puissante diversion des Turcs pour étendre la guerre jusqu'en Lithuanie. L'indignation soulevée par les atrocités des chefs russes, des Drewitz, des Suwarow, ces tigres à face humaine, grossissait les rangs des patriotes. Les délégués des cent soixante-dix-neuf districts de Pologne et de Lithuanie se réunirent, en novembre 1769, à Biala, sur la frontière de la Silésie autrichienne, et résolurent de faire les derniers efforts pour chasser l'étranger. Les agents de la confédération furent chargés de consulter les philosophes politiques de la France sur la constitution à donner à la Pologne, une fois délivrée : merveilleuse puissance de l'esprit du siècle! L'insurrection, commencée au nom du *saint-père de Rome*, aboutissait à Rousseau. La philosophie se partagea dès lors entre la cause russo-prussienne et la cause polonaise. Catherine avait séduit Voltaire et Diderot; les Polonais invoquèrent Rousseau et Mabli, qui n'avaient jamais partagé les illusions de Fernei et de l'Encyclopédie sur la *Sémiramis* du Nord.

L'attitude du roi Stanislas-Auguste, des Czartoriski et du sénat était significative : malgré les menaces de Catherine, le parti Czartoriski avait maintenu la neutralité officielle du gouvernement polonais entre la Russie et la Turquie; les troupes de la couronne avaient cessé de seconder les Russes contre les confédérés. Une transaction entre les deux partis polonais était possible et désirable[1]. Malheureusement ni les confédérés ni leur protecteur

---

1. « Il faut, écrivait Rousseau un peu plus tard, faire couper la tête au roi que les étrangers vous ont donné, ou, sans avoir égard à sa première élection, qui est

Choiseul ne le comprirent. Choiseul envoya des artilleurs, des ingénieurs, de l'argent, avec un officier qui s'était signalé en Corse, le colonel Dumouriez, depuis si célèbre (juillet 1770); mais cet agent, dans l'intérêt de la maison de Saxe, s'opposa à ceux des chefs polonais qui voulaient la fusion des partis, et contribua à faire prononcer, par la confédération, la déchéance de Poniatowski. Dumouriez servit mieux les Polonais dans les combats que dans les conseils. Sur la fin de 1770, la confédération, adossée aux Carpathes, maîtresse de quelques places à peu près fortifiées, victorieuse dans divers engagements, était dans la meilleure situation militaire où elle se fût encore trouvée.

Succès trompeurs, qui ne devaient qu'accélérer la catastrophe! Pendant ce temps, les événements qui se passaient au sein de l'empire othoman renversaient les espérances de Choiseul et des confédérés. Il courait, parmi les Grecs, des prophéties déjà anciennes, sur une *nation blonde* qui devait chasser les Turcs d'Europe. Cette tradition et la conformité de religion tournaient depuis longtemps vers la Russie les regards des Grecs et des Slaves, sujets de la Turquie. L'Allemand Munich, l'homme le plus intelligent qui eût gouverné ou servi la Russie depuis Pierre le Grand, avait le premier essayé d'exploiter les sympathies gréco-slaves. Catherine avait repris cette idée, et l'appliquait en grand. Elle avait suscité contre l'empire othoman une vaste conjuration dont les foyers principaux étaient le Montenegro et la Morée. Le mouvement du Montenegro éclata prématurément et fut comprimé; mais l'agitation continuait en Grèce. Dans l'automne de 1769, onze vaisseaux de ligne russes franchirent le Sund et arrivèrent dans les ports anglais. Des officiers et des matelots anglais s'installèrent à bord de ces navires pour diriger l'ignorance des marins russes. L'Angleterre sacrifiait ses intérêts politiques essentiels à l'intérêt commercial du moment (elle avait à obtenir le renouvellement d'un traité de commerce avec la Russie) et au plaisir de contrecarrer la France. L'escadre partie du golfe de Finlande entra dans la Méditerranée en novembre 1769. La France

de toute nullité, l'élire de nouveau; » c'est-à-dire écraser sous un exemple terrible le crime invétéré de l'appel à l'étranger, ou bien accepter sans réserve le repentir du coupable couronné.

et l'Espagne n'attaquèrent pas les Russes, de peur que l'Angleterre ne les soutînt. On n'était pas prêt à la guerre maritime, et surtout Louis XV la redoutait, si Choiseul l'appelait de ses vœux. L'opinion, d'ailleurs, ne provoquait pas la guerre à cette occasion. Catherine faisait célébrer d'avance, par toutes les trompettes de la renommée, la délivrance de la Grèce, du pays de Sophocle et de Léonidas, et le vieux Voltaire pleurait de joie en pensant qu'Athènes allait être libre.

Catherine avait projeté d'envelopper l'empire othoman dans une quadruple attaque par terre et par mer, et de l'abattre d'un seul coup. Les forces russes ne répondaient pas à ce plan gigantesque. A l'apparition des premiers vaisseaux russes, les montagnards du Magne, qu'on appelait déjà à Fernei les *Lacédémoniens*, se soulevèrent, entraînèrent quelques populations moréotes et Missolonghi, cette ville aux destinées lugubres et glorieuses. Mais les Russes n'avaient presque aucunes troupes de débarquement; ils ne furent pas en état de défendre leurs alliés contre le torrent d'Albanais que la Porte précipita sur le pays rebelle. L'insurrection fut étouffée dans des flots de sang. Russes et Grecs s'étaient trompés réciproquement sur leurs forces respectives : il en coûta cher aux malheureux Grecs. Quant aux Russes, ils se consolèrent par une grande victoire navale. Le 5 juillet 1770, leur flotte détruisit celle du capitan-pacha dans le golfe de Tchesmé, entre Chio et la côte de Smyrne. Ils pouvaient frapper un coup plus décisif. L'Anglais Elphinston, véritable auteur de leur victoire, voulait forcer les Dardanelles, qui n'étaient point en défense, et faire voile droit à Constantinople. Le commandant russe, Alexis Orloff, le meurtrier de Pierre III, refusa d'avancer jusqu'à l'arrivée d'un renfort. Ce délai sauva la capitale de l'empire turc. Le Hongrois Tott, agent de Choiseul, organisa l'artillerie othomane et mit les Dardanelles en défense.

Des trois autres attaques lancées par Catherine, deux échouèrent, l'expédition de Géorgie et l'armement maritime préparé dans le Don ; mais la troisième réussit. Tandis qu'un corps d'armée faisait face aux Turcs sur le Danube, un autre corps se retournait contre la Moldavie tatare ou Bessarabie. Le 30 juillet 1770, l'armée othomane, qui marchait au secours de la Bessarabie, fut mise en déroute après un combat sanglant sur le Kaghoul, entre le Danube et le Dniester. Les Tatars, qui habitaient entre le Dniester et le Borysthène, se soumirent, et la plupart furent transférés en Ukraine pour faire place, aux bords de la mer Noire, à des colons russes. Le 26 septembre, Bender, la place de guerre de la Bessarabie, fut emportée d'assaut après une héroïque défense; à la fin de la saison, les Turcs abandonnèrent Ismaïl, qui commande les bouches du Danube, et tout ce qui est au nord de ce fleuve.

Le contre-coup des désastres de l'empire othoman devait être fatal aux Polonais et à Choiseul, et très-favorable aux projets que nourrissait Frédéric. Dès qu'il avait vu la Russie engagée contre les Turcs, le roi de Prusse avait fait insinuer à Catherine que, pour détourner l'Autriche de s'opposer au progrès des armes russes en Turquie, il conviendrait de s'entendre sur le partage de quelques provinces polonaises entre la Russie, l'Autriche et la Prusse [1]. Catherine n'en avait tenu compte; mais Frédéric s'était préparé les moyens de l'obliger à ouvrir l'oreille. Après des intrigues habilement conduites afin d'augmenter le refroidissement entre la France et l'Autriche, il avait demandé une entrevue au jeune empereur Joseph II, à Neisse, en Silésie. Les ressentiments de la cour de Vienne contre le conquérant de cette belle province semblèrent tout à fait oubliés. On convint de rester neutre en cas de rupture entre la France et l'Angleterre. On effleura la question d'un démembrement de la Pologne. Mais Joseph II, qui dépendait de sa mère, n'avait pas le pouvoir de conclure. A la suite de cette conférence, l'Autriche se montra beaucoup plus sympathique aux Polonais; elle invita le conseil général de la confédération à se transférer à Éperies, en Hongrie, pour y être à l'abri des armes russes. Joseph II y visita les chefs polonais et leur témoigna beaucoup d'intérêt, quand il rêvait déjà le meurtre de leur patrie. Ces avances étaient un moyen d'inquiéter et d'influencer la tzarine. En juillet 1770, Frédéric vint rendre à Joseph II sa visite à Neustadt, en Moravie; cette fois, le ministre Kaunitz, et, avec lui, la pensée de Marie-Thérèse, accom-

---

1. *OEuvres* de Frédéric II, t. VI, p. 27, nouv. édit. in-8°; Berlin, 1846-47.

pagnaient Joseph. Les nouvelles de Tchesmé et du Kaghoul furent apportées à Neustadt par un *serasker* turc, qui venait solliciter la médiation de Frédéric entre le sultan et la tzarine. Frédéric offrit le partage de la médiation à l'Autriche. Les deux futurs médiateurs résolurent de proposer à la Russie une compensation en Pologne pour les provinces turco-danubiennes que l'Autriche ne pouvait laisser entre les mains de Catherine, et convinrent de prendre des parts équivalentes pour maintenir l'équilibre.

En attendant, l'Autriche, qui s'était mise en devoir de rajeunir de vieilles prétentions sur les *starosties* de sa frontière, occupa le district polonais de Zips, enclavé dans la Hongrie, et Frédéric recommença sur la plus grande échelle ses atroces exactions sur la Prusse polonaise, où il enlevait tout, argent et denrées, garçons pour en faire des soldats, filles pour les marier à ses Prussiens, avec des dots arrachées aux parents.

Les embarras et les périls se multipliaient autour de Choiseul, qui avait pris l'empire othoman pour point d'appui contre la Russie et qui sentait ce point d'appui se dérober sous sa main. Il cherchait en vain à se faire illusion sur la défection de l'Autriche et sur son union avec la Prusse : les protestations mensongères de Kaunitz ne l'abusaient pas ; le mariage tout récent du dauphin et d'une archiduchesse (LOUIS XVI et MARIE-ANTOINETTE! le 18 mai 1770), mariage souhaité, imposé, pour ainsi dire, par Marie-Thérèse, n'avait empêché en rien l'entrevue de Neustadt. La France marchait à une double guerre continentale et maritime, au milieu d'une violente crise financière. Sans doute, on pouvait encore prévenir le démembrement matériel de la Pologne, car la tzarine, en ce moment, continuait de s'y refuser : si l'on voulait sacrifier à Catherine et les confédérés de Bar et les réformateurs de l'autre parti, on pouvait maintenir, sans changement nominal dans le territoire, un fantôme de république, Pologne de nom, Russie de fait. Cela n'était pas sérieux. Choiseul ne pensa pas à un arrangement avec Catherine, mais il essaya de regagner l'Autriche. Il fit offrir le trône de Pologne à Marie-Thérèse pour l'époux d'une de ses filles, le duc de Saxe-Teschen [1]. L'Autriche

---

1. Celui qui vint avec sa femme bombarder Lille en 1792.

refusa. Il était donc très-probable, si l'on voulait véritablement délivrer la Pologne, qu'on aurait à lutter contre la Russie, la Prusse et l'Autriche réunies. D'un autre côté, la guerre avec l'Angleterre était imminente. L'Espagne disputait à l'Angleterre la possession des îles Malouines; les Espagnols avaient déjà recouru aux voies de fait dans ces parages lointains, et le cabinet de Madrid réclamait le secours de la France. Les bruits de guerre maritime avaient déjà un contre-coup dans l'Archipel. L'escadre russe était désorganisée par le rappel des marins anglais. L'Angleterre concentrait ses ressources navales, et puis elle commençait à trouver que les Russes allaient un peu vite en Orient.

La guerre générale n'eut pas lieu. Choiseul, depuis quelque temps miné par d'autres intrigues, tomba du pouvoir le 24 décembre 1770, et, avec lui, la dernière et faible chance de salut qui restait à la Pologne [1].

Nous avons dû traverser bien des ignominies depuis la mort de Louis le Grand, mais rien de comparable à ce qui a préparé et suivi la chute de Choiseul. Il semble qu'on s'enfonce toujours plus avant dans les cercles infernaux d'un abîme, non point de flammes, mais de boue.

Après la mort de la reine Marie Lesczynska (24 juin 1768) [2], Louis XV, d'abord assez fortement affecté de ce nouvel avertissement, n'avait pas tardé à s'affranchir de l'espèce de décence relative qui avait reparu à la cour durant deux ou trois ans, et s'était replongé dans la crapule avec une nouvelle frénésie, entraîné par le vieux Richelieu, cet éternel tentateur. On prétend qu'une sœur de Choiseul, madame de Grammont, personne très-altière, très-intelligente, très-énergique, dévouée à son frère (il en courut contre eux des bruits d'inceste), avait aspiré sans succès à l'héritage de madame de Pompadour, ou, plutôt, de madame de Châteauroux, à qui elle ressemblait davantage. La fierté des Choiseul n'était pas celle qu'inspire la vertu.

---

1. Dumouriez avait préparé un large plan de campagne pour 1771 : il prétendait organiser une armée régulière en Pologne et faire une pointe jusqu'en Russie; mais il y aurait eu sans doute, dans l'exécution, beaucoup à rabattre de cette conception aventureuse. V. ses *Mémoires*, t. Ier, ch. VII et VIII.

2. Son père, le vieux Stanislas, l'avait précédée, le 23 février 1766, et la Lorraine avait été définitivement réunie à la France.

Quoi qu'il en soit, Louis se prit dans de tout autres filets. Vers l'automne de 1768, le pourvoyeur du Parc-aux-Cerfs, le trop fameux valet de chambre Lebel, ne sachant à quoi recourir pour dissiper l'ennui du monarque blasé, se hasarda un jour à lui amener une fille entretenue par un chevalier d'industrie nommé du Barri, qui faisait servir ses grâces de mauvais lieu à l'achalandage d'un tripot. L'histoire est bien forcée d'effleurer ces turpitudes : cette créature devait régner sur la France! Jeanne Vaubernier inspira au débauché sexagénaire une telle ivresse, qu'il ne voulut plus s'en séparer. Il l'établit à Versailles; il la maria de nom au frère aîné de son ancien amant; il la fit présenter à la cour sous le nom de comtesse du Barri; il l'introduisit auprès de ses filles, et, plus tard, auprès de la jeune épouse de son petit-fils! Les salons de Louis le Grand furent envahis par des hôtes inconnus, échappés des repaires les plus honteux de la débauche parisienne. Cette cour dépravée, habituée depuis un demi-siècle à tous les scandales, recula pourtant comme au contact d'animaux immondes. Les femmes les plus tarées refusaient d'approcher l'étrange favorite. Le fier Choiseul ne put se résigner à ménager une telle influence : il repoussa les avances de la *comtesse;* il s'efforça de faire rougir le roi de *succéder à toute la France.* Tout fut inutile. Quand on vit le vieillard entièrement et définitivement subjugué, une portion de la cour commença de fléchir. Il se forma un *parti du Barri :* les ennemis de Choiseul se rapprochèrent de cette nouvelle puissance, et le duc d'Aiguillon servit d'intermédiaire à une coalition, au moins indirecte, entre la cabale dévote et le parti des mauvais lieux! Le feu dauphin n'était plus là pour imposer à ses amis le respect d'eux-mêmes et de leur cause !

De nouveaux personnages cependant s'étaient introduits dans le ministère, sous les auspices de Choiseul, sauf à s'unir avec ses ennemis s'il y avait profit. Ce n'étaient pas des médiocrités dociles ou peu dangereuses comme leurs prédécesseurs aux sceaux ou au contrôle général. Maupeou, nommé chancelier en 1768, et Terrai, appelé au contrôle général en décembre 1769, sur la recommandation de Maupeou, son ancien collègue au parlement, étaient de ces hommes de coups de main et d'aventures, comme il en surgit dans les temps d'orage; également audacieux, sans scrupule et sans foi, l'un, le chancelier, sous les formes d'abord souples, puis arrogantes d'un affranchi des Césars, l'autre, le contrôleur, sous les formes cyniques d'un satyre, dont il avait le visage et les mœurs. On avait représenté l'abbé Terrai au roi et à Choiseul, comme seul capable de trouver, et surtout de soutenir imperturbablement les moyens extrêmes devenus nécessaires pour prévenir l'écroulement immédiat des finances. Terrai, en effet, avait un esprit net et vigoureux au service de son immoralité. Une dépravation insensée avait mené le gouvernement à la ruine financière : une dépravation intelligente allait suspendre pour un moment cette ruine. Terrai ne savait ce que c'est que le juste et l'injuste; mais il connaissait fort bien le possible et l'impossible.

Il vit qu'à la fin de 1769 la dépense excédait le revenu de 63 millions[1]; la dette exigible atteignait 110 millions; les anticipations sur les revenus futurs dépassaient 161 millions; l'année 1770 était dévorée d'avance, avec les deux premiers mois de 1771, et les banquiers et financiers refusaient de faire de nouvelles avances pour 1770. Les principaux services allaient se trouver désorganisés. Devant l'opposition du parlement et la chute du crédit, l'on ne pouvait recourir à de nouveaux impôts, à de nouveaux emprunts, à de nouvelles anticipations. Quelques héritiers des traditions de Law proposaient le papier-monnaie. Terrai n'y croyait pas. Puisqu'on ne voulait point aborder les grandes réformes, il ne restait donc que deux ressources : l'économie et la réduction de la dette, c'est-à-dire la banqueroute partielle. L'économie, telle qu'on pouvait la proposer à ce gouvernement, était tout à fait insuffisante à elle seule; et la réduction, de son côté, pour suffire, eût dû être poussée jusqu'à la banqueroute totale, ce qui semblait par trop téméraire, même à Terrai. Il dressa son plan d'après les deux ressources réunies. Il proposa des diminutions de dépenses sur la maison du roi et sur les divers ministères, et il commença la série de ses opérations sur la dette.

1. C'est le chiffre donné par M. Maynon d'Invau. D'après les documents que possède la famille de l'abbé Terrai, le déficit réel aurait même atteint 76,774,000 fr. Nous ignorons sur quoi porte cette différence d'évaluation.

Le 7 janvier 1770, il suspend l'amortissement pour huit ans et destine son fonds (18 millions par an) à rembourser les anticipations; le 18 janvier, il convertit les tontines en simples rentes viagères (spoliation dont il n'évalue pas le produit à moins de 150 millions, répartis sur un assez grand nombre d'années); le 20 janvier, il réduit à quatre et à deux et demi pour cent les arrérages d'une masse d'effets antérieurement consolidés à cinq pour cent; les 29 janvier et 4 février, nouvelles retenues sur les pensions, avec effet rétroactif[1], sur les bénéfices des fermes, etc.; 18 février, suspension indéfinie du paiement des rescriptions sur les recettes générales, billets des fermes et autres effets remis aux financiers qui avaient avancé des fonds au Trésor; il y en avait au moins pour 200 millions; on assigne à ces effets un intérêt de quatre et demi à 5 p. %, et l'on établit pour eux un nouvel amortissement. Un emprunt de 160 millions, à 4 p. %, est ouvert sur l'Hôtel de Ville (la classe privilégiée des rentes); on admet, pour moitié, dans les versements, les effets dont les arrérages et intérêts ont été réduits le 20 janvier, et, pour l'autre moitié, les rescriptions suspendues le 18 février. C'est une nouvelle consolidation indirecte et partielle. En même temps, l'intérêt légal des constitutions de rente est reporté à 5 p. %, pour ranimer la circulation de l'argent. Les mesures violentes n'en continuent pas moins. A côté d'un nouvel emprunt de 25 millions sur les receveurs généraux, un emprunt forcé de 28 millions est levé sur les secrétaires du roi et autres officiers royaux (février). On suspend pour quatre ans tous les remboursements à opérer par les corps, communautés, etc., qui ont emprunté, soit pour le roi, soit pour eux-mêmes, et les fonds sont détournés à l'amortissement des rescriptions et assignations (25 février); bientôt on en vient à violer les dépôts judiciaires, dont on remplace les espèces par des effets du Trésor, effets discrédités sur la place. D'un autre côté, on presse, on tord, pour ainsi dire, les impôts, afin de leur extorquer tout ce qu'ils peuvent rendre. Terrai, après avoir remis

1. On annonça que les retenues seraient progressives, et, en effet, les pensions moyennes subirent une réduction proportionnellement plus forte que les petites; mais les plus grosses, celles des courtisans et des gens en faveur, furent épargnées. Tout était mensonge! V. Monthion, *Particularités sur les ministres des finances*, p. 168.

les services à flot, arrive ainsi, au bout de l'année, à diminuer la dépense de 36 millions et à augmenter la recette d'une quinzaine de millions. Il annonce au roi qu'une dizaine de millions d'économies achèveront de rétablir l'équilibre[1].

L'exécution avait été aussi énergique que les moyens étaient déloyaux. La plupart de ces mesures avaient été publiées sous forme d'arrêts du conseil; les moins scandaleuses, présentées au parlement sous forme d'édits et de déclarations, y avaient passé avec moins de difficulté qu'on ne l'eût pu croire. Le parlement toléra une banqueroute présentée comme inévitable : les intérêts particuliers des magistrats étaient peu affectés par les spoliations de Terrai, leur fortune consistant principalement en terres et en rentes sur l'Hôtel de Ville. Cet égoïsme diminua beaucoup leur force morale. La cour applaudissait au hardi contrôleur-général; mais de nombreux intérêts étaient foulés, broyés; des procès, de nombreuses banqueroutes, des suicides, accroissaient le mécontentement public; cependant l'indignation, dans les classes influentes, n'était pas aussi vive qu'elle le serait dans les sociétés actuelles, où tout repose sur le respect des engagements pécuniaires de l'État. Bien des gens mettaient leur philosophie à se consoler, comme Voltaire, d'une banqueroute par une épigramme.

Une grande association, qui avait eu un moment, jadis, la fortune de la France dans ses mains, acheva de s'écrouler durant la première année du ministère de Terrai. La Compagnie des Indes, œuvre de Colbert, relevée avec un éclat si prestigieux par Law, échappée à la catastrophe du *Système*, avait été, en général, plus utile indirectement aux relations et à la marine de la France que profitable à ses actionnaires; mais, depuis l'époque où, trop bien d'accord avec un gouvernement aussi pusillanime et plus coupable qu'elle, elle avait repoussé la puissance et la grandeur incomparable que lui offrait Dupleix, elle n'avait plus marché que de désastres en désastres. Après la paix, on fit une tentative pour la relever. En 1764, la Compagnie rétrocéda au roi les îles de France et de Bourbon et les comptoirs d'Afrique. Le roi lui re-

---

1. *Comptes rendus*, etc., concernant les finances de France, depuis 1758 jusqu'en 1787; Lausanne, 1788. in-4°.

mit les douze mille actions qui appartenaient au Trésor, moyennant quelques charges, et l'autorisa à s'administrer elle-même, sans commissaires royaux, et à faire un appel de fonds à ses actionnaires. Un banquier genevois établi à Paris, qui avait fait loyalement une grande fortune et qui devait jouer un grand rôle politique pendant les dernières années de l'ancien régime et les premières de la Révolution, M. Necker, avait pris la principale influence parmi les actionnaires, et peut-être une administration éclairée et honnête eût-elle relevé le commerce de la Compagnie; mais une intrigue ourdie autour du contrôleur-général amena la retraite des administrateurs élus et le rétablissement du régime du commissariat (1768). L'état des affaires parut bientôt donner raison aux économistes, qui battaient depuis longtemps en brèche le privilége de la Compagnie. Des mémoires pour et contre ce privilége furent publiés en 1769 par M. Necker et par l'abbé Morellet, représentant de la secte économique. Le ministère avait son parti pris, car c'était le contrôleur-général d'Invau qui avait lui-même engagé Morellet à écrire. Un arrêt du conseil, du 13 août 1769, de l'avis des députés du commerce, déclara libre le trafic de l'Inde; seulement les retours devaient continuer de se faire à Lorient, restriction qui diminuait fort les avantages du libre commerce (6 septembre).

La Compagnie, écrasée par ses dettes, n'essaya pas de lutter contre la concurrence du commerce libre. Elle fit cession de biens entre les mains du roi, qui se chargea de satisfaire les créanciers et de servir la rente des actions à 5 p. % (8 avril 1770). Le contrôleur-général, en sus de cette cession, qui portait sur une valeur de 100 millions, trouva encore moyen d'extorquer aux actionnaires, en augmentant leur rente, un dernier versement d'une quinzaine de millions, tandis qu'en réalité c'était l'état qui leur redevait 20 millions[1].

Ainsi finit la Compagnie française des Indes, pendant que la Compagnie anglaise, son heureuse rivale, s'avançait à pas de géant vers la conquête de l'Inde entière et possédait déjà le territoire et le revenu d'un grand empire. (Elle avait, avant 1772, outre

---

1. *Mém.* de l'abbé Morellet, t. Ier, c. VIII. — *Mercure hist.*, t. CLXVIII. — *Mém. de M. Necker pour la Compagnie des Indes.*

les profits du commerce, 120 millions de revenus, dont l'état s'attribuait à peu près 50.) D'autres opérations, plus obscures, agitaient plus le peuple que la ruine de la Compagnie des Indes, ou même que la banqueroute de l'abbé Terrai, et ces opérations eurent de bien plus terribles conséquences. Nous reviendrons bientôt sur la question des céréales : il suffit de faire remarquer en ce moment le contraste choquant que l'on eut à signaler entre la ruine de tant de particuliers spoliés par le ministre et la misère du peuple causée par la cherté des grains, d'une part, et, de l'autre, les dépenses énormes qu'ordonna le roi pour le voyage et la réception de la nouvelle dauphine. On prétend, sans doute avec exagération, que ces dépenses dépassèrent 20 millions. Parmi les magnificences de ces fêtes, des présages funestes semblèrent annoncer le sort réservé à la tragique union de Louis XVI et de Marie-Antoinette! Le feu d'artifice offert par la ville de Paris aux royaux époux, le 30 mai, sur cette place Louis-Quinze qui devait être un jour la place de la Révolution, se termina par une panique où s'étouffa, où s'écrasa la foule immense à laquelle on n'avait pas préparé des débouchés suffisants : plusieurs centaines de personnes périrent.

Quelques semaines après ce malheureux événement, le parlement de Paris, assez complaisant tout à l'heure sur les finances, rentra violemment en lutte avec la cour sur un autre terrain. La Chalotais, le parlement de Rennes, les États de Bretagne, avaient continué à demander justice de d'Aiguillon, depuis que le roi l'avait retiré de cette province. L'ex-gouverneur, outre les griefs relatifs à son administration, était accusé d'avoir suborné des témoins dans le procès de La Chalotais; on faisait même entrevoir le soupçon d'une tentative d'empoisonnement contre le procureur-général captif, chose bien plus invraisemblable que le reste. D'Aiguillon lui-même pria le roi de lui donner pour juge le parlement garni de pairs. La cour des Pairs fut convoquée à Versailles, sous la présidence du roi en personne (4 avril 1770), afin, dit le chancelier Maupeou, « de laver la pairie des crimes d'un pair, ou un pair des crimes qui lui sont imputés. » Ce procès solennel se développait régulièrement depuis près de trois mois, avec de nombreuses péripéties, lorsque Louis XV le trancha brusquement, par un lit de justice, le 27 juin. Le roi, considérant, dit-il, que les incidents de la procédure tendent à soumettre à l'inspection des tribunaux le secret de son administration, l'exécution de ses ordres et l'usage personnel de son autorité, convaincu que la conduite du duc d'Aiguillon et de *ceux* dénommés dans les informations (La Chalotais et autres) est irréprochable, annule les procédures, les plaintes réciproques, etc., et impose le silence le plus absolu sur le tout.

On ne pouvait être plus inconséquent ni plus dédaigneux de toute forme judiciaire. Les incidents du procès n'avaient rien qu'on n'eût dû prévoir; mais le chancelier ne cherchait que le prétexte d'une grande querelle avec le parlement. Le parlement, en effet, accueillit avec indignation cette intervention arbitraire du pouvoir personnel dans le cours de la justice, intervention qui, du reste, avait eu de nombreux précédents et avait assuré l'impunité de bien des coupables, avec des circonstances et dans des occasions moins éclatantes. Le parlement, par arrêt du 2 juillet, déclara que les informations, contrairement aux lettres patentes du 27 juin, contenaient des commencements de preuves graves de plusieurs délits compromettant l'honneur du duc d'Aiguillon, et que le duc devait donc s'abstenir de faire aucunes fonctions de pairie, jusqu'à ce qu'il se fût purgé par jugement. C'était jeter le gant en face à l'absolutisme royal

Le conseil cassa l'arrêt du parlement. Après d'inutiles remontrances, le parlement arrêta de nouveau que le procès ne pouvait être censé terminé par un acte arbitraire de l'autorité absolue (31 juillet). Le 14 août, le parlement de Rennes fit brûler par le bourreau deux mémoires et consultations en faveur du duc d'Aiguillon, et refusa d'enregistrer des lettres patentes qui cassaient un arrêté par lui rendu contre des membres de l'ex-*parlement d'Aiguillon*. Le roi fit emprisonner deux conseillers et enregistrer de force, à Rennes, les arrêts du conseil. Le parlement de Rennes proteste et envoie aux autres cours communication des informations qu'il a faites contre d'Aiguillon et ses fauteurs. Les autres cours prennent parti pour les parlements de Paris et de Rennes. M. de Calonne, qui, de procureur-général près la commission instituée pour juger La Chalotais, est devenu intendant de Metz, se voit refuser séance par le parlement de Metz, jusqu'à ce qu'il se soit justifié des inculpations portées contre lui dans les pièces communiquées par le parlement de Rennes. Le gouverneur de Metz, par ordre du roi, fait biffer l'arrêté contre Calonne. Pareils orages éclatent à Bordeaux, à Toulouse, à Besançon. Le 1er septembre, le conseil casse un arrêt du parlement de Bordeaux, où l'on prétend, dit l'arrêt du conseil, « que Sa Majesté tient d'une loi constitutive le pouvoir qu'elle ne tient que de Dieu. »

Le 3 septembre, le chancelier mène le roi au Palais tenir un nouveau lit de justice tout exprès pour se faire remettre les pièces du procès de d'Aiguillon et pour faire retrancher des registres tout ce qui touche à cette affaire. Le roi se sert à lui-même d'exempt et de recors! Le 6 septembre, le parlement de Paris prend un arrêté où il déclare que « la multiplicité des actes d'un pouvoir absolu exercé de toutes parts contre l'esprit et la lettre des lois constitutives de la monarchie est une preuve non équivoque d'un projet prémédité de changer la forme du gouvernement, et de substituer, à la force toujours égale des lois, les secousses irrégulières du pouvoir arbitraire. » La continuation de la délibération est ajournée au 3 décembre, après les vacances.

Ces vacances, qui devaient être les dernières, furent employées par le chancelier à préparer les machines de guerre dont il avait depuis longtemps le plan dans la tête.

Le 27 novembre, un édit royal, renouvelant la déclaration du 3 mars 1766, proscrit derechef les termes *d'unité* et de *classes*, interdit toute correspondance entre les parlements, toute suspension du service, toute résistance après que le roi a répondu aux remontrances de ses cours, sous peine de privation d'offices. Le parlement répond en rappelant que c'est à lui que la royauté a dû l'abaissement des grands vassaux, le maintien de l'indépendance de la couronne contre les entreprises de la cour de Rome, et la conservation du sceptre, de mâle en mâle, à l'aîné de la maison royale; il récrimine, avec une extrême virulence, contre les funestes conseillers du trône, et supplie le roi de livrer à la vengeance des lois les perturbateurs de l'état et les calomniateurs de la magistrature (3 décembre). Le 7 décembre, troisième lit de justice de l'année. Le roi mande le parlement à Versailles, et lui impose l'enregistrement de l'édit du 27 novembre, en fulminant contre des prétentions qui réduiraient le pouvoir législatif du roi à la simple proposition des lois. Le duc d'Aiguillon était venu prendre son siége parmi les pairs et braver arrogamment ses juges. Le 10 décembre, les membres du parlement en masse offrent au roi le sacrifice de leur état et de leur vie; c'était une forme de démission. Le roi leur ordonne de reprendre leurs fonctions. Ils se déclarent dans l'impossibilité d'obéir jusqu'au retrait de l'édit. « Il semblerait, écrivent-ils au roi, qu'il ne reste plus à votre parlement qu'à périr avec les lois, puisque le sort des magistrats doit suivre celui de l'état. » (13 décembre.) Le roi envoie des lettres de jussion. Le parlement persiste à suspendre la justice (19-20 décembre).

On avait déjà vu plus d'une fois, sous ce règne, des situations analogues en apparence; mais la question n'avait jamais été engagée si à fond ni dans de pareils termes. Tout le monde sentait qu'on allait à de grandes ruines. Un événement grave précéda le dénoûment de la querelle parlementaire. Choiseul n'était plus premier ministre de fait, comme il l'avait été longtemps : Maupeou et Terrai avaient soustrait leur ministère à son influence et minaient sa politique depuis un an. Choiseul voulait la paix au dedans, la guerre au dehors. Maupeou et Terrai voulaient le contraire, et tous deux, aspirant secrètement au premier rôle dans le cabinet, s'entendaient contre l'ennemi commun avec Mme du Barri. L'habitude soutenait Choiseul auprès du roi : la peur de la guerre le perdit enfin. Quand Louis reconnut à quel point son ministre l'avait engagé avec l'Espagne contre l'Angleterre, il se décida à le sacrifier. Le 24 décembre, Choiseul reçut son congé par une lettre d'une sécheresse brutale, qui lui exprimait le mécontentement que ses services causaient au roi, l'exilait dans son château de Chanteloup, et lui ordonnait de s'y rendre sous vingt-quatre heures.

On vit alors ce qui ne s'était peut-être jamais vu : la cour fidèle à la disgrâce! La plus grande et la plus brillante partie de la cour déserta Versailles pour courir s'inscrire à l'hôtel de Choiseul, puis pour faire escorte à l'exilé sur la route de Chanteloup. Le duc de Chartres, arrière-petit-fils du régent, força la consigne de l'hôtel de Choiseul, afin d'aller embrasser le ministre déchu. C'était le premier acte politique du jeune prince qui devait être *Philippe-Égalité*. La conduite de la cour était un symptôme menaçant de l'esprit d'indépendance qui pénétrait partout, au moment même où la royauté s'apprêtait à saisir d'une main défaillante le despotisme le plus illimité. Toute la partie éclairée et lettrée de la nation témoigna les mêmes sentiments que la cour. On sentait que tout ce qui restait de l'honneur français à Versailles en sortait avec Choiseul.

Les esprits furent bientôt remués par de nouvelles émotions. Un mois s'était passé en lettres de jussion réitérées jusqu'à cinq fois, pour sommer le parlement de rouvrir le cours de la justice, et en incidents relatifs à la résistance des magistrats. Le roi hésitait à frapper le coup décisif. La du Barri réussit où Maupeou eût sans doute échoué. Bien stylée par le chancelier, elle avait fait placer dans son appartement le portrait de Charles Ier par Van-Dyck, et, le montrant à Louis XV : « *La France!* (elle donnait au roi de France des noms de laquais de comédie) *La France!* disait-elle, ton parlement te fera aussi couper la tête! »

Le parlement de Paris n'était pas fait pour de si terribles coups! Il ne songeait pas même à se donner, comme sous la Fronde, la protection d'une émeute, et n'avait pas la moindre idée de résistance *matérielle*.

Dans la nuit du 19 au 20 janvier 1771, des mousquetaires réveillèrent tous les membres du parlement en les sommant, de par le roi, de signer, *oui* ou *non*, s'ils voulaient reprendre leur service. La grande majorité signa *non*. La nuit suivante, des lettres de cachet enjoignirent aux auteurs des signatures négatives, au nombre de plus de cent vingt, de se rendre en divers lieux d'exil, avec signification d'un arrêt du conseil qui confisquait leurs charges. Les trente-cinq ou quarante magistrats qui avaient signé *oui* se rétractèrent le 21 janvier. Le public les salua de vives acclamations à leur sortie du Palais. Ils partirent à leur tour pour l'exil.

Les membres du conseil d'état furent chargés provisoirement de rendre la justice au Palais (23 janvier) et s'installèrent en grand appareil militaire, au milieu des huées du peuple. Le greffier en chef, Gilbert des Voisins, sacrifia un poste de 100,000 francs de revenu et se fit exiler, pour garder sa foi au parlement : les autres greffiers ne cédèrent que devant des menaces de prison pour eux et de déclaration d'inhabilité à toutes charges pour leurs enfants; malgré de semblables menaces, les procureurs éludèrent l'ordre d'exercer leurs offices : il va sans dire que les avocats s'abstinrent. Les huissiers mêmes laissaient éclater leur répulsion contre le *parlement postiche*. Le chancelier poursuivit son œuvre, sans se soucier des protestations passionnées envoyées par les parlements de province, par les cours des aides, les chambres des comptes, la cour des monnaies, le Châtelet, par la magistrature tout entière. Le 22 février, un édit commença enfin de révéler la pensée de Maupeou. Le préambule s'exprimait, dans un langage que n'eussent pas désavoué les philosophes, sur la nécessité de réformer les abus dans l'administration de la justice; condamnait cette vénalité des offices, « introduite par le malheur des temps, » qui « éloignait souvent de la magistrature ceux qui en étaient les plus dignes; » reconnaissait que le roi devait à ses sujets une justice prompte et gratuite; que l'étendue excessive du ressort du parlement de Paris était infiniment nuisible aux justiciables, obligés d'abandonner leurs familles pour venir solliciter une justice lente et ruineuse par la longueur et la multiplicité des procédures. En conséquence, le roi établissait dans les villes d'Arras, Blois, Châlons, Clermont-Ferrand, Lyon et Poitiers six *conseils supérieurs* connaissant en dernier ressort de toutes matières civiles et criminelles, sauf quelques exceptions (pour les affaires de pairie, par exemple), chacun dans un certain nombre de bailliages. Les membres de ces conseils ne devaient toucher aucun droit de vacations, épices ou autres, en sus de leurs gages.

On ne saurait nier l'habileté du plan de Maupeou : abriter le despotisme sous le masque du progrès, prendre le rôle de Frédéric et de Catherine, était chose toute nouvelle pour Louis XV.

Le 9 avril, à la suite d'un affront fait, dans une procession, par la chambre des comptes et la cour des aides au *parlement postiche*, un édit supprima la cour des aides, que ses éloquentes et continuelles remontrances avaient rendue odieuse, démembra son ressort entre le parlement de Paris et les nouveaux conseils supérieurs, et ordonna le remboursement de ses offices. Les principaux membres de cette cour furent exilés de Paris. Le roi tint, le 13 avril, un lit de justice où furent enregistrés, avec l'édit qui abolissait la cour des aides, deux autres édits, dont le premier supprimait tous les anciens offices du parlement, avec remboursement (on revenait sur la confiscation annoncée), et les remplaçait par soixante-quinze offices gratuits, sans hérédité, sans vénalité [1], sans épices; le second édit supprimait le grand conseil, ce tribunal parasite, sans territoire et sans attributions fixes, qui avait eu tant de démêlés avec le parlement. Les membres du grand conseil formaient le nouveau parlement, avec quelques anciens membres de la cour des aides et quelques avocats obscurs, recommandés par l'archevêque de Paris ou par d'autres ennemis de la vieille magistrature [2]. Le roi, après avoir défendu toute intercession en faveur du parlement déchu, se retira en disant avec une énergie d'emprunt : « Je ne changerai jamais! »

Ce fut ainsi que le parlement de Paris alla rejoindre sa grande ennemie, la Société de Jésus. Tous les grands corps, tous les éléments fondamentaux du passé, sont détruits les uns après les autres par la royauté, qui reste seule suspendue sur l'abîme, dans sa pleine puissance apparente et sa faiblesse réelle. L'impression est profonde, immense, sans être unanime. Voltaire et quelques encyclopédistes, qui tout à l'heure déploraient avec le public la ruine de Choiseul, hésitent, s'étonnent et finissent par applaudir à Maupeou réformant les abus et chassant les juges de La Barre et de Lally. Mais l'opinion, pour la première fois, n'est pas avec Voltaire; elle est avec Mably, sur cette question. Les paroles de liberté, de droit, de légalité, sorties du sein des corps judiciaires, l'avaient fortement émue. Elle méprise trop le ministère pour lui savoir gré de ses réformes [3]. L'esprit d'opposition

---

1. Le nouveau parlement devait présenter au roi des candidats pour les offices qui viendraient à vaquer.

2. Le premier président du *parlement Maupeou* fut l'intendant de Paris, Berthier de Sauvigni, dont le fils devait périr tragiquement, en 1789, avec son beau-père Foulon, intendant des finances sous Terrai. — V. *Journal historique de la révolution opérée dans la constitution de la monarchie française par M. de Maupeou* ; 7 vol.

3. Un règlement, publié le 17 mai, simplifia la procédure en appliquant les formes du conseil d'état aux nouveaux tribunaux, sauf les modifications nécessaires.

fait oublier en ce moment les tendances rétrogrades, les fautes, les crimes même des parlements, pour ne rappeler que leurs longs services contre la féodalité et contre l'ultramontanisme, que le lien qui a uni ces grands corps, durant tant de siècles, aux destins de la nationalité française. L'opposition est partout, autour du trône, sur les marches du trône même. L'avocat-général Séguier avait dit en face au roi, dans le lit de justice, « que l'interversion des lois a été plus d'une fois, dans les plus grandes monarchies, la cause ou le prétexte des révolutions. » Sur vingt-neuf pairs présents, onze avaient opiné contre l'enregistrement des édits, et, ce qui semblait plus grave, tous les princes du sang, excepté le comte de La Marche, fils du prince de Conti, s'étaient abstenus de paraître au lit de justice. Ils avaient adressé au roi une protestation très-vive, où ils arguaient d'illégalité tout ce qui s'était fait depuis le mois de novembre dernier, soutenaient que l'inviolabilité des magistrats comptait parmi les lois fondamentales de la monarchie et déniaient formellement au roi le droit de rendre une loi telle que celle du 27 novembre [1]. Le roi exila les princes dans leurs terres.

Le parquet avait démissionné, et dix des anciens membres du grand conseil avaient refusé de siéger dans le *parlement Maupeou*. La plupart des bailliages et présidiaux refusaient de reconnaître les nouvelles juridictions. Le Châtelet de Paris, le premier des tribunaux inférieurs, se fit briser plutôt que de céder (27 mai). Parmi les magistrats du Châtelet envoyés en exil, on remarque le nom de d'Esprémesnil, avocat du roi. Les parlements provinciaux défiaient hautement les destructeurs de la magistrature parisienne, qui allaient les détruire à leur tour; le parlement de Rouen, entre autres, avait déclaré *intrus et parjures* les magistrats, avocats, etc., « qui se sont ingérés dans les fonctions du parlement de Paris (15 avril), » et avait conjuré le roi de convoquer les États-Généraux. Il n'y avait point de troubles matériels : la rue était tranquille; mais la fermentation était dans les esprits;

---

1. La protestation est signée du duc d'Orléans, du duc de Chartres, son fils, du prince de Condé, du duc de Bourbon, son fils, du comte de Clermont et du prince de Conti. Le roi appelait ce dernier *mon cousin l'avocat*, à cause de ses relations et de ses opinions parlementaires.

des *nouvelles à la main* bravaient la police et répandaient partout les détails des turpitudes de Versailles; des placards terribles, œuvres non point de factions ou de conspirations qui n'existaient pas encore, mais de colères individuelles, apparaissaient de temps en temps sur les places publiques. On lut un jour, au bas de la statue de Louis XV, ces paroles : *Arrêt de la cour des monnaies, qui ordonne qu'un Louis mal frappé sera refrappé.*

Le ministère poursuivit son ouvrage. Toutes les juridictions qui résistaient furent brisées : c'était la *table de marbre*, qui jugeait en dernier ressort ce qui regardait les eaux et forêts; c'étaient le bureau des finances, le siège général de l'amirauté, etc.

D'août en novembre 1771, tous les parlements provinciaux et plusieurs chambres des comptes, cours des aides, etc., furent dissous et réorganisés sur le nouveau pied. Non-seulement la haute bourgeoisie, mais la noblesse, adversaire accoutumée des gens de robe, se montra en général sympathique au désastre de la magistrature, soit qu'elle fût emportée par le sentiment général d'hostilité contre l'entourage du roi, soit qu'elle pressentît, dans la chute d'un établissement aussi ancien et aussi considérable, le péril imminent de toute la vieille société. Deux gouverneurs de province démissionnèrent plutôt que de prêter la main à la destruction des parlements de Toulouse et de Rouen. Le haut clergé seul se réjouit avec imprévoyance du coup qui vengeait les jésuites.

L'abbé Terrai avait les mains libres, depuis qu'il n'y avait plus à craindre de refus d'enregistrement. Les économies qu'il avait demandées n'ayant pas été exécutées, il augmenta les impôts, tailles, vingtièmes, gabelles[1], dons gratuits; il rendit la justice beaucoup plus coûteuse que lorsqu'elle n'était pas *gratuite,* en augmentant énormément les droits de greffe, de contrôle, etc.; il créa des taxes nouvelles et une multitude de petits offices nouveaux; il supprima d'autres offices; il renversa les ordonnances municipales de 1764, en rétablissant, pour les charges municipales, la vénalité qu'on venait d'abolir pour les cours de justice;

---

1. Au moment de la chute des parlements, l'administration avait préparé un plan pour le nivellement de l'impôt du sel. Terrai y renonça et augmenta purement et simplement la gabelle d'un cinquième.

en vrai financier du moyen âge, il doubla, au profit du fisc, non-seulement les péages qui appartenaient au roi, mais ceux qui appartenaient aux seigneurs; il révoqua toutes les aliénations des domaines et de divers droits, les unes sans aucun remboursement aux aliénataires, les autres en chargeant le trésor de leur payer une faible rente; il fit évaluer arbitrairement tous les offices, et taxa les titulaires à 1 pour 100 par an du capital, en sus des retenues que subissaient tous les gages et rentes [1]; il abolit toutes les exemptions de droits, d'aides, de gabelles, de traite foraine et de franc-fief, sans indemnité aux villes ou aux particuliers qui les avaient achetées : il se procura 50 millions par des émissions de rentes viagères à 10 pour 100; il arriva, par d'innombrables opérations bursales, à augmenter la recette de 34 millions et à rembourser une assez grande partie des effets suspendus, de façon à remettre à flot des financiers dont il avait besoin; il se vanta d'avoir dépassé l'équilibre de 5 millions en faveur de la recette pour 1773; mais, ce qui est sûr, c'est que, dans son propre plan pour 1774, le déficit, qu'il avoue en partie, se retrouve dépasser 40 millions. (Il en avoue passé 27.) Il avait demandé des économies à la cour; elle avait répondu par de nouveaux accroissements de dépenses [2].

On pense bien qu'un ordre véritable était incompatible avec une telle immoralité. Terrai avait déjà détourné en partie les fonds de son nouvel amortissement, après avoir détruit l'ancien. Il avait renouvelé le bail des fermes générales à 135 millions : tout étant convenu, il annonce aux fermiers que leurs places sont grevées de croupes (parts de faveur) et de pensions pour 2 millions. Les fermiers se récrient : il les menace de ne pas leur rendre les fonds déjà avancés. Il faut en passer par les 2 millions. Ce trait, parmi cent autres, indique la vraie physionomie de ce ministère de coupeur de bourse.

Terrai achetait, par toutes les exactions et les malversations imaginables, l'appui du *parti Du Barri*. La Pompadour, au moins,

---

1. Terrai fixa ces retenues à un dixième sur les rentes viagères et les gages, un cinquième sur les intérêts des cautionnements et les bénéfices des fermiers-généraux, et un quinzième sur les rentes perpétuelles.

2. 7 millions pour la maison civile du roi et l'apanage du comte d'Artois, etc.

avait eu une personnalité, une volonté; mais la Du Barri s'appelait *légion*; il n'y avait point de bornes à l'avidité de la volée de harpies qui entourait cette courtisane facile et fantasque. Il restait une dernière ombre de contrôle à la chambre des comptes, la seule des grandes cours que l'on eût épargnée et qui eût abandonné ou mollement soutenu la cause commune de la magistrature. La chambre des comptes essayait de se relever dans l'opinion par des remontrances sur les abus financiers. Terrai se débarrassa de ce faible obstacle : il ôta à la chambre des comptes la connaissance de la validité des pièces qui constataient les remboursements faits au nom du roi par les gardes du trésor, les trésoriers généraux du clergé et ceux des pays d'États, puis la connaissance de la comptabilité des receveurs des tailles (mai 1772). C'était la comptabilité tout entière s'abîmant dans le gouffre ténébreux des *acquits au comptant*[1].

Si l'on considérait à distance cet arbitraire absolu qui enserrait la France, c'était quelque chose d'effrayant; de près, c'était presque aussi ridicule qu'odieux. Toute opposition formulée en actes était punie par des lettres de cachet; mais ces lettres de cachet qui emprisonnaient ou faisaient circuler d'un bout du royaume à l'autre une multitude de personnes notables, enlevées à leurs familles et à leurs affaires, étaient révoquées aussi légèrement qu'elles étaient lancées. Le contrôleur-général était le premier à rire des bons mots qui couraient sur ses déprédations; il voulait bien qu'on lui reprochât d'être un voleur, pourvu qu'on ne lui reprochât pas d'être un sot[2]. Le sérieux et le nerf manquaient à ce despotisme débile et aviné, pour devenir une vraie tyrannie. Ce n'était pas que la vigueur personnelle faillît à Maupeou ni à Terrai; mais, au-dessus et au-dessous d'eux, tout faiblissait et s'affaissait dans la victoire même. Du côté opposé, on faiblissait aussi. Les membres des parlements de Grenoble et de Dijon avaient demandé à rentrer dans l'organisation nouvelle. Une

---

1. Sur les exactions de Terrai, V. Bailli, *Hist. financière de la France*, t. II, p. 184-188; et les *Mémoires concernant l'administration des finances sous Terrai*; Londres, 1776, *passim*.

2. *Un voleur*, pour le compte du roi; sa grande fortune privée et les énormes profits directs ou tolérés de son ministère permettent de croire qu'il ne pillait pas pour son compte.

grande partie de ceux du parlement de Douai, et, dans les parlements de Besançon, de Toulouse, de Bordeaux, de Rennes, de Metz, des minorités du quart au tiers, firent la même soumission. Les parlements de Paris et de Rouen restèrent unanimes dans l'abstention; mais une partie de leurs membres finirent par se résigner à accepter la liquidation de leurs offices, ce qui était reconnaître en quelque sorte la légalité du nouveau régime. La majorité des avocats, à Paris, s'étaient décidés à prêter serment à la rentrée de novembre 1771[1]. Les États-Provinciaux, même en Bretagne, plièrent devant une menace de suppression. Un grand nombre de gentilshommes normands, qui avaient signé une protestation contre la violation de l'antique *charte normande*, menacés d'exil ou de prison, se rétractèrent individuellement.

Les Condé, puis les d'Orléans, ennuyés de vivre loin de la cour, lésés dans leurs intérêts par des mesures fiscales, demandèrent à rentrer en grâce : ce n'étaient pas là les princes de la Ligue ni même de la Fronde! Le seul Conti soutint son caractère jusqu'au bout (Clermont était mort en juin 1771). Ces nombreuses défaillances ne rendaient pas l'attitude du public moins hostile. Paris était morne. La Bretagne surtout était si sombre, qu'on eût dit que, de son silence et de son immobilité allait sortir, au premier jour, quelque chose de terrible. Les pamphlets, avidement accueillis, se multipliaient contre le roi. Il était évident que, si tout était suspendu, rien n'était fini.

Si considérable que fût l'agitation causée par la chute de Choiseul et des parlements, ce mouvement n'affectait guère que les couches supérieures de la société; mais des profondeurs du peuple montaient de sourds murmures bien autrement menaçants, et provoqués par une autre cause. Maupeou n'était là pour rien, mais Terrai y était pour beaucoup, et, avec lui, le roi en personne!

Il faut reprendre d'un peu plus haut la redoutable question des céréales.

L'édit de 1764 en faveur de la libre exportation, si ardemment

---

1. On avait supprimé les offices de procureur au parlement et créé cent charges d'avocats faisant fonctions de procureurs, en dispensant des grades universitaires les acquéreurs de ces charges.

appelé par les économistes et par la plupart des parlements, avait d'abord donné de bons fruits. Les moissons abondantes, qui avaient peut-être sauvé la France dans les dernières années de la guerre de Sept Ans, s'étaient reproduites en 1765 et 1766 : l'intérêt des producteurs et celui des consommateurs avaient pu se concilier par un prix moyen; mais, à partir de 1767, la situation devint tout autre; de mauvaises récoltes amenèrent la cherté; le peuple s'en prit à l'exportation; elle n'avait pourtant pas dépassé la valeur annuelle de 15 millions de francs en 1765 et 1766, et diminuait depuis[1]; cette quantité était fort peu de chose relativement à la consommation de la France; mais la cherté allait fort au delà du déficit que pouvait causer l'exportation, qui, d'ailleurs, sauf dans des circonstances assez rares[2], cesse d'elle-même dès que le blé enchérit. Des troubles graves remuèrent la Normandie dans les premiers mois de 1768 : le peuple criait aux accapareurs. Ce cri de la faim accuse souvent les hommes là où il ne faudrait accuser que les choses; mais, cette fois, le peuple n'avait pas tout à fait tort. Dès le 5 mai 1768, le parlement de Rouen avait supplié le roi de suspendre cette liberté d'exportation qu'il sollicitait naguère avec tant d'instance[3]. Ce parlement ne fut point écouté. De nombreux agents avaient acheté le blé en grenier, quoique les édits qui défendaient de vendre ailleurs qu'au marché n'eussent pas été révoqués; ils manœuvraient pour détourner les fermiers d'envoyer leurs grains aux marchés; ils faisaient sortir de Normandie des masses de grains, tandis que le pouvoir ministériel interdisait à la chambre de commerce de Rouen de contre-balancer ces opérations par des achats de blé hors de la province. Le parlement de Rouen avait commencé à poursuivre les *monopoleurs*. Un ordre exprès du roi arrêta les poursuites. Le parlement de Rouen éclata par une lettre au roi, pleine des accusations les plus hardies. « Les achats les plus considérables ont été faits en même temps, pour

---

1. *Mémoires* de Choiseul, t. Ier, p. 73.
2. Par exemple, si le blé, cher dans le pays, est beaucoup plus cher encore à l'étranger
3. Pendant ce temps, le parlement de Dauphiné, province que la disette n'avait point encore atteinte, demandait, au contraire, au roi la liberté indéfinie, sans bornes et sans droits, du commerce des grains, et vantait les progrès qu'avait faits la culture depuis l'édit de 1764. (Avril 1768.)

un même compte, sur divers marchés de l'Europe. Les entreprises des particuliers ne peuvent être aussi immenses. Il n'y a qu'une société dont les membres sont puissants en crédit, qui soit capable d'un tel effort; on a reconnu l'impression du pouvoir, les pas de l'autorité... le négociant spéculateur ne s'y est pas trompé : les *enarrhements* (achats en greniers) ont été faits à l'ombre de l'autorité, par gens qui bravaient toutes les défenses; nous en avons la preuve dans nos mains... La défense de poursuivre manifeste l'existence des coupables, la crainte qu'ils ne soient découverts, le désir de les soustraire à la peine. *Cette défense du trône change nos doutes en assurance!...* » (29 octobre 1768.)

Le ministre de la maison du roi, Bertin, agent confidentiel de toutes les affaires privées de Louis XV, répondit au parlement de Rouen que ses réflexions « n'étaient que des conjectures, et des conjectures peu conformes au respect dû au roi; que le parlement les avait accueillies sans preuves, et n'avait pas approfondi les faits! » Le parlement de Rouen adressa sa réplique au roi même. « Quand nous avons dit que ce monopole existait, et qu'il était protégé, à Dieu ne plaise, sire, que nous eussions en vue Votre Majesté! mais peut-être quelques-uns de ceux à qui vous distribuez votre autorité. »

Le successeur de Louis le Grand en était à se défendre, et à se mal défendre, d'être un accapareur de grains!... Cet inconcevable dialogue atteste positivement l'existence de ce qu'on a nommé le PACTE DE FAMINE [1].

Qu'était-ce donc que le PACTE DE FAMINE, ce spectre sanglant évoqué tant de fois, comme le démon des vengeances, dans les journées les plus funèbres de la Révolution?

Nous ne remonterons pas jusqu'aux spéculations inhumaines qui avaient eu lieu dans d'autres temps, et auxquelles font allusion divers passages de Saint-Simon et même un sermon de Massillon; nous ne rechercherons pas les abus auxquels avaient sans doute donné lieu les *baux des blés du roi*, c'est-à-dire les marchés passés par le gouvernement pour l'approvisionnement soit

---

1. Nous avons puisé ces importants détails dans le vaste ouvrage de M. Floquet, si plein de documents utiles et curieux, *Hist. du parlement de Normandie*, t. VII, p. 421-432.

de la capitale, soit des armées, vers 1729 et 1740. Il ne s'agit ici que de la fameuse Société Malisset, organisée de 1765 à 1767. Il est probable que la première pensée de l'administration, c'est-à-dire du contrôleur-général Laverdi, de Trudaine de Montigni (fils de l'ami de Gournai) et des autres intendants des finances, fut seulement, tout en assurant l'approvisionnement de Paris, d'établir un certain niveau dans le prix des grains, par les opérations d'une société qui achèterait dans les bonnes années et emmagasinerait pour revendre dans les mauvaises. Le but était non-seulement licite, mais louable. Ce fut là sans doute ce que Louis XV ne manqua pas de se dire lorsqu'il s'intéressa, pour le compte de sa cassette particulière, dans les affaires de la société[1]. Il colora à ses propres yeux sa basse cupidité en se persuadant qu'il servait l'agriculture. Le but était louable, disons-nous. Le moyen était dangereux. Il eût été dangereux même dans un temps de liberté et de publicité : à une époque où les spéculations les plus oppressives et les plus iniques étaient passées en habitude chez les traitants, où le ministère couvrait les opérations financières et facilitait tous les abus, où les hommes puissants avaient les lettres de cachet à leur disposition pour punir les indiscrétions et comprimer les plaintes, une société appuyée par le gouvernement ne pouvait guère être qu'une machine de monopole et qu'étouffer dans le commerce des grains cette concurrence qu'appelaient les économistes. Il fallait dissimuler la main du gouvernement, dissimuler l'existence même de la société; on se cachait à cause des préjugés : on justifia les préjugés. La société était à peine constituée, que des manœuvres criminelles commencèrent pour exagérer la hausse. Un ancien secrétaire de l'ordre du clergé, Le Prévost de Beaumont, ayant eu connaissance du pacte constitutif de la compagnie Malisset, s'était mis en devoir de le communiquer au parlement de Rouen, qui avait constaté les effets sans pouvoir remonter jusqu'à la cause. Les pièces furent enle-

---

1. Cette cassette était administrée par Bertin. Avant de spéculer sur les grains, Louis avait beaucoup manié les effets publics. Il avait toujours toutes sortes de papiers, et, lorsqu'on préparait au conseil quelque édit qui en discréditait telle ou telle espèce, il ne signait pas qu'il n'eût prévenu la baisse en se défaisant des effets menacés : c'est-à-dire qu'il jouait *à coup sûr*. *Vie privée de Louis XV*, t. IV, p. 152.

vécs avant d'arriver au parlement de Rouen, et Le Prévost *disparut!* — On le retrouva vingt-deux ans après, au fond d'une prison d'état! Il fallut le 14 *juillet* pour le rendre à la liberté.

L'administration, d'abord plutôt dupe que complice, s'alarma quand elle vit la cherté devenue disette. On fit passer des secours en Normandie ; on donna des primes à l'importation des grains, avec exemption des droits de fret aux navires importateurs (31 octobre 1768). Le parlement de Paris, cependant, s'était ému à son tour. Une assemblée générale de police de la ville de Paris, convoquée par le parlement et composée des députés de toutes les cours et communautés, arrêta que le parlement serait prié d'obtenir du roi qu'on revînt sur les déclarations de 1763 et 1764 ; qu'on ne tolérât plus les achats de grains hors des marchés ; que ceux qui avaient des magasins fussent obligés d'envoyer leurs blés aux marchés, et que l'exportation fût suspendue pour un an (28 novembre 1768). Le parlement rendit arrêt en conséquence : le conseil cassa l'arrêt. Le ministère voulait maintenir les principes de la liberté commerciale[1].

La réaction antiéconomiste, cependant, débordait avec toute l'impétuosité française. Elle avait passé du peuple dans les parlements : elle gagna, jusqu'à un certain point, les philosophes eux-mêmes, précisément au moment où les économistes obtenaient au dehors les succès les plus flatteurs parmi les disciples étrangers de la philosophie française[2]. Le ton d'hiérophantes qu'affectaient les principaux disciples de Quesnai, leurs prétentions à l'infaillibilité, l'*évidence* par eux attribuée à certains principes très-contestables, la forme trop souvent obscure, pédantesque et diffuse de leurs aphorismes (Turgot toujours excepté), avaient choqué les écrivains de l'*Encyclopédie*, et, avant eux, le patriarche de Fernei. Voltaire avait raillé les économistes, quoique sans amertume, dans l'*Homme aux quarante écus* et ailleurs, et commandait en chef cette levée de boucliers en faveur des traditions de Colbert, dans laquelle se distingua le champion

---

1. Parmi les mesures dictées par les principes d'une saine économie, il faut citer l'abolition du parcours et vaine pâture en Champagne (mars 1769).
2. En 1769, une chaire d'*économie publique* est fondée à Milan pour Beccaria, sous les auspices du comte Firmian, gouverneur du Milanais. — Pareille chaire est établie à Naples par le ministre Tanucci.

malheureux de la Compagnie des Indes, le banquier Necker[1]. Rousseau s'abstenait, malgré les efforts du marquis de Mirabeau pour l'entraîner dans le camp des économistes. Rousseau ne demandait plus que la paix et le silence ; le *despotisme rationnel* n'était pas fait d'ailleurs pour le séduire. Le patriote Forbonnais, sans être l'ennemi de la liberté industrielle et commerciale, avait critiqué, au point de vue pratique, dans ses *Observations économiques*, les théoriciens cosmopolites qui lui paraissaient compromettre l'existence de la marine et des colonies. Mably attaqua plus à fond que Voltaire et que Forbonnais : il opposa au *droit naturel de la propriété*, selon les économistes, son hypothèse particulière sur la communauté primitive, et, à leur *despotisme rationnel*, les principes politiques qui lui étaient communs avec Rousseau et Montesquieu. Sur le second point, on peut dire qu'il eut victoire complète[2]. Mais, de tous les coups adressés aux économistes, le plus retentissant, et par sa vigueur, et parce qu'il portait sur la question vive du moment, partit de la main d'un nouveau venu, d'un étranger, de l'abbé Galiani, Italien francisé, qui avait longtemps charmé les salons philosophiques de Paris par la folle verve napolitaine dont s'enveloppait son génie hardi et pénétrant : « Tête de Machiavel sur un corps de bouffon, » a dit un éloquent écrivain[3]. Les *Dialogues sur le Commerce des Grains* (fin 1769), œuvre piquante d'un brillant esprit et d'une subtile dialectique[4], n'opposent point théorie à théorie, comme avait fait Mably. Galiani repousse toute théorie absolue, et sou-

1. Necker remporta le prix en 1773, dans un concours ouvert par l'Académie française sur l'éloge de Colbert. — L'article *Population*, dans le *Dictionnaire philosophique* de Voltaire, mérite d'être signalé dans ce débat contre les économistes. Voltaire y réfute très-bien Montesquieu et les économistes sur la prétendue dépopulation de l'Europe moderne, et, ce qui est plus remarquable encore, il réfute d'avance Malthus : « On ne progresse point en proportion géométrique. Tous les calculs qu'on a faits sur cette prétendue multiplication sont des chimères absurdes. La nature a pourvu à conserver et à restreindre les espèces. » —Les espèces, oui, mais fort aux dépens des individus. La question est obscure et pleine d'anxiétés pour l'espèce qui a conscience et responsabilité d'elle-même, pour l'espèce humaine.
2. *Doutes sur l'Ordre naturel des Sociétés politiques* ; 1768. C'est peut-être le mieux fait des ouvrages de Mably.
3. Louis Blanc, *Hist. de la Révolution*, t. Ier, p. 545.
4. Diderot les retoucha, mais n'eut à y mettre que de la correction ; la flamme y était.

tient que les phénomènes de la vie économique des nations et de leurs rapports internationaux sont trop compliqués pour qu'on puisse les gouverner par un principe unique ; que la marchandise qui est la vie même des peuples, le blé, n'est pas une marchandise comme une autre ; qu'on aurait dû détruire tous les obstacles intérieurs à la circulation avant d'ouvrir les frontières, attendu que le premier de tous les commerces pour un peuple est celui qu'il fait avec lui-même ; qu'il serait insensé aux gouvernements de laisser les choses aller d'elles-mêmes en se confiant à ce *niveau naturel* qui tend toujours à se rétablir, attendu que les populations pourraient fort bien mourir de faim dans l'intervalle. Il fait entendre qu'on ne peut procéder ainsi par mesures isolées, et qu'il ne faut toucher à rien, si l'on ne veut toucher à tout. Il conclut non par la prohibition, mais par la proposition d'un droit fixe à l'exportation, qu'on emploierait à racheter les péages, les droits de halle, de marché, de minage, qui gênent le commerce intérieur[1] ; on n'exporterait que chez les peuples qui accorderaient la réciprocité. Un de ces *Dialogues* contient un passage dont la sagacité recevra bientôt une terrible justification : c'est sur la *fausse sortie* du blé. « La sortie ne sera qu'apparente, lorsque les monopoleurs le feront passer hors des frontières, soit dans une petite souveraineté enclavée dans le royaume, soit dans les villes frontières, sans le vendre... Ils affameront la province, feront disparaître le blé, et, lorsqu'il sera monté excessivement, ils le feront rentrer comme s'il venait des pays les plus éloignés... Les îles de Jersey et de Guernesey seront l'entrepôt furtif des blés de Bretagne, et d'autres pays le seront des autres provinces...[2] »

1769 n'avait pas été plus heureux que 1768 ; l'année 1770 avait commencé de même. Les émeutes se multipliaient dans diverses provinces. Le gouvernement parut céder à la clameur publique. Déjà Terrai avait empêché la publication de la réponse de l'abbé

---

1. L'objection de Galiani était très-fondée : tous ces droits, joints à la vieille police des grains, qu'on n'avait point abolie, rendaient presque illusoires les édits qui accordaient la libre circulation.

2. *Dialogues sur le commerce des blés*, ap. *Mélanges d'économie politique*, t. II, p. 164 ; Guillaumin, 1848.

Morellet à Galiani, réponse suggérée par Choiseul, qui protégeait la libre exportation, sans la prendre pour une panacée, comme les économistes. C'était le premier échec de Choiseul à l'intérieur. Turgot, qui, dans son intendance de Limoges et d'Angoulême, montrait noblement que la liberté économique n'impliquait point à ses yeux l'inertie de l'autorité, ni la négation des devoirs sociaux[1], Turgot, qui ne voulait pas croire au *monopole*, s'efforça en vain de décider le contrôleur-général à maintenir le libre commerce des grains, en favorisant la formation d'entrepôts particuliers. Un arrêt du conseil, du 14 juillet 1770, suspendit provisoirement l'exportation.

Le peuple n'y gagna rien. La cherté continua, et l'on vit bien que l'exportation n'était pas la vraie cause du mal. C'étaient donc les accaparements à l'intérieur? les monopoles exercés ou protégés par les agents du pouvoir? Le peuple n'en douta plus, et les parlements pensèrent comme le peuple. Le parlement de Paris rendit encore, avant de disparaître, plusieurs arrêts contre les accapareurs, et, en janvier 1771, à la veille de sa destruction, il délibérait encore sur l'*affaire des blés*. Les économistes expliquaient la cherté par la panique générale qui décuplait l'effet de l'insuffisance réelle des récoltes; l'importation étrangère n'était pas venue arrêter le mal, parce que l'Angleterre, aussi maltraitée que nous, avait suspendu le commerce habituel de ses grains; que la Turquie, à cause de la guerre, en avait fait autant; que la Pologne était ravagée et ruinée. Tout cela était très-vrai, mais ce n'était pas toute la vérité. Terrai n'avait suspendu la libre exportation que pour la remplacer par un régime complétement arbitraire[2], et pour travailler tout à son aise *la matière des blés en finance*, comme dit Choiseul dans ses Mémoires. La société Malisset, dont le roi était le principal intéressé, eut ses coudées franches après la destruction des parlements et fit exactement ce qu'avait prédit

---

1. Il avait, conformément à un arrêt du parlement de Bordeaux, enjoint aux aisés de se cotiser pour subvenir à la subsistance des pauvres pendant la disette; obligé les propriétaires à entretenir leurs métayers jusqu'à la récolte prochaine; fait acheter des blés à l'étranger; organisé des ateliers de charité, et donné l'exemple par de grands sacrifices personnels, quoiqu'il ne fût pas riche.

2. Il avait maintenu nominalement la libre circulation à l'intérieur; mais, en fait, il la paralysa par les règlements de décembre 1770 et janvier 1771.

Galiani. Terrai, par exemple, défendait l'exportation en Languedoc, quand la récolte y était devenue meilleure, afin de faire enlever les grains à vil prix par ses agents [1]; pendant ce temps, il ouvrait les ports de Bretagne et en tirait des masses de grains qu'il envoyait entreposer à Jersey pour les faire revenir quand la hausse aurait été poussée artificiellement à son comble. Le quartier-général du monopole était aux moulins et aux magasins royaux de Corbeil, mais l'impulsion partait de Versailles, et les courtisans admis dans les *petits cabinets* du roi ne pouvaient s'empêcher de baisser les yeux lorsqu'ils voyaient sur son secrétaire des carnets où étaient inscrits jour par jour les prix des blés dans les divers marchés du royaume. C'était ainsi que Louis XV interprétait les leçons de Quesnai! On en vint à un tel cynisme, que l'éditeur de l'*Almanach royal de* 1774 plaça au rang des officiers de finances un sieur Mirlavaud, *trésorier des grains au compte de Sa Majesté*. On se ravisa trop tard : l'édition était lancée quand on voulut l'arrêter. Les ministres, cependant, tâchaient de détourner les rancunes populaires, en faisant accuser calomnieusement les parlements d'avoir causé la disette par leur patronage à l'exportation et même par accaparements. Le peuple crut ministres et parlements les uns contre les autres. Le mal trop réel de la spéculation grandit jusqu'à des proportions fantastiques dans l'imagination de la multitude. Les classes souffrantes s'habituèrent à considérer les classes supérieures, gens de cour, magistrats, financiers, comme une légion de vampires ligués pour sucer le sang des misérables, et d'implacables haines, ravivées de temps en temps par des incidents nouveaux, couvèrent dans les cœurs jusqu'aux jours du cataclysme social où elles débordèrent comme un torrent furieux. Au fond de tous les excès populaires de la Révolution, si l'on regardait de près, on apercevrait le spectre hâve et décharné du *Pacte de famine* [2].

Nous avons vu à l'œuvre Maupeou et Terrai ; un troisième per-

1. Le nouveau parlement de Toulouse, quoique fabriqué par Maupeou, rendit, en 1772, pour le maintien de la libre exportation, un arrêt qui fut cassé par le conseil.
2. V., dans le *Moniteur de* 89, le factum où se trouve le traité constitutif de la société Malisset. C'est le manifeste des haines populaires; tous les faits sont vrais, mais interprétés par la passion enflammée de l'époque.

sonnage complétait le triumvirat ministériel qui avait remplacé Choiseul; triumvirat fort mal uni, car Maupeou avait fait tous ses efforts pour écarter le nouveau venu, qui n'était autre que le duc d'Aiguillon. D'Aiguillon n'était enfin parvenu à son but, au ministère des affaires étrangères, qu'en juin 1771, et grâce à son intimité avec Mme Du Barri. Ce ministère était resté quelques mois en intérim, et, quant à la guerre et à la marine, on y avait placé d'obscures médiocrités, dont l'histoire n'a pas même à rappeler le nom; cela pouvait faire pressentir le rôle que jouerait au dehors l'administration qui succédait à Choiseul.

Lorsque d'Aiguillon entra aux affaires, les chances de guerre avec l'Angleterre avaient déjà disparu. L'Espagne, n'espérant plus être soutenue par la France, avait fait satisfaction à l'Angleterre en lui rendant le poste qu'elle lui avait enlevé dans les Malouines. Par compensation, la grande affaire de Pologne se précipitait vers la catastrophe préparée par le machiavélique génie de Frédéric. Le roi de Prusse ne voulait pas unir ses armes à celles de l'Autriche pour défendre la Turquie contre les Russes; l'Autriche n'avait pas voulu s'unir à la France pour défendre la Pologne contre Catherine et Frédéric; le partage de la Pologne était le seul expédient qui pût prévenir le démembrement de la Turquie et accommoder les trois redoutables voisins. Frédéric avait fait une nouvelle tentative auprès de la tzarine, durant l'hiver de 1770 à 1771; il lui avait dépêché son frère, le prince Henri, qui en obtint enfin un consentement éventuel au partage, mais donné d'assez mauvaise grâce et nullement définitif; Catherine eût bien mieux aimé les provinces turques qu'un lambeau de cette Pologne qu'en réalité elle tenait quasi tout entière [1]. L'Autriche était décidée, de son côté, à empêcher la cession des provinces danubiennes à la Russie; Marie-Thérèse, par un traité du 6 juillet 1771, traité qui fut caché à la France, promit au sultan de lui faire restituer les conquêtes russes et de ne pas souffrir qu'il fût porté atteinte à l'indépen-

---

1. Il n'y a pas un mot qui ne soit un mensonge dans tout ce que Frédéric et son frère ont débité sur le voyage du prince Henri. Frédéric, dans les écrits de ses derniers ans, a entrepris de tromper la postérité et de faire de l'histoire une grande imposture, en rejetant sur ses complices l'initiative du forfait politique qu'il avait si longuement et si savamment calculé.

dance de la Pologne. Ce traité était violé d'avance dans sa dernière clause !

Catherine, cependant, espérait encore regagner la cour de Vienne en lui faisant sa part en Turquie, et, par là, éviter de céder à Frédéric. Elle fit insinuer à Vienne qu'elle pourrait admettre la France dans la médiation quant à la Pologne. Marie-Thérèse, qui conservait quelque répugnance pour le partage souhaité par son fils, entra dans cette ouverture. Kaunitz dut en faire part au cabinet de Versailles. La chute de Choiseul, ennemi personnel de Catherine, eût facilité la négociation. D'Aiguillon ferma l'oreille ; il fit plus : imaginant de remplacer l'alliance autrichienne par l'alliance prussienne, il révéla les secrètes avances de l'Autriche et de la Russie à Frédéric, et dit à l'envoyé du roi de Prusse que la France se souciait peu de ce qui se passait en Pologne et ne se mettrait pas en mouvement à cette occasion ; ceci, en même temps qu'il promettait à l'agent des confédérés de Bar, Wielhorski, la continuation des secours français, et qu'en effet, pour obéir au roi, il faisait partir pour la Pologne Viomesnil, afin de remplacer Dumouriez, qui s'était brouillé avec les confédérés à la suite d'un combat malheureux contre les Russes [1].

Frédéric s'empressa de dénoncer à Vienne la duplicité du ministre de Louis XV, et l'Autriche n'eut plus qu'à s'entendre définitivement avec la Prusse, comme le souhaitaient Joseph II et Kaunitz. Au reste, la combinaison entre la Russie, l'Autriche et la France eût certainement échoué, parce que Marie-Thérèse, qui eût pu consentir à une extension du territoire russe du côté de la Crimée, n'eût jamais accordé les provinces du bas Danube, et que Catherine n'eût jamais renoncé à ces provinces sans une compensation en Pologne.

Sur ces entrefaites, les confédérés, qui avaient déclaré, l'année précédente, Poniatowski déchu du trône, cherchèrent à s'emparer de sa personne. Le 3 novembre, au soir, un de leurs partis assaillit, blessa et fit prisonnier le roi de Pologne dans les rues mêmes

---

[1]. Cet échec était dû au moins autant à l'indifférence, à la trahison, pour mieux dire, du cabinet de Versailles, qu'à l'indiscipline des Polonais. On avait fait manquer volontairement une levée de fantassins saxons et des convois d'armes qu'avait préparés Dumouriez. — V. *Mém.* de Dumouriez, t. I*er*, ch. VIII.

de Varsovie. Poniatowski n'échappa que grâce au repentir d'un des conjurés. Il y eut une explosion de cris contre ces *fanatiques* qui avaient, disait-on, juré la mort de *leur roi* aux pieds d'une madone. Voltaire ne s'y épargna pas. Frédéric prit ce *régicide* pour prétexte d'occuper et de rançonner la majeure partie de la Grande-Pologne. Les exploits des confédérés et de quelques Français qui combattaient dans leurs rangs ne compensèrent pas le mauvais effet de cet incident. Au commencement de 1772, les Franco-Polonais surprirent Cracovie : un officier français, Choisi, s'enferma dans le château et s'y défendit héroïquement contre les Russes; mais le commandant en chef, Viomesnil, ne fut point en état de le secourir du dehors, et la garnison fut réduite à se rendre le 15 avril. Les prisonniers français, envoyés en Russie, furent abandonnés de leur gouvernement, et Voltaire et d'Alembert sollicitèrent en vain leur liberté de Catherine.

Le démembrement de la Pologne se consommait pendant ce temps. Catherine s'étant enfin décidée à renoncer aux provinces danubiennes, il n'y avait plus d'obstacle aux projets de Frédéric. Le 17 février 1772, une convention secrète fut signée à Pétersbourg entre la Russie et la Prusse. Les parts étaient faites entre les deux alliés; on convenait d'offrir à l'Autriche la sienne et de s'unir contre elle si elle s'opposait au partage. Cette menace était une arme qu'on offrait à Joseph II et à Kaunitz pour vaincre les scrupules de Marie-Thérèse. L'Autriche se laissa faire violence de très-bonne grâce; car elle accéda en principe au partage dès le 4 mars, sauf à régler les conditions. Marie-Thérèse, depuis, prétendit n'avoir accédé au partage que dans l'espoir de décourager ses copartageants par l'exagération des prétentions qu'elle manifesterait : elle fut désolée, dit-elle, de voir le roi de Prusse et la tzarine lui accorder pleinement ses demandes[1]. La sincérité de ce récit est bien suspecte; car les demandes, *fort exagérées*, en effet, de l'impératrice-reine, furent longtemps disputées, opiniâtrément soutenues, et le traité définitif ne fut signé, le 5 août, qu'après que l'Autriche se fut quelque peu modérée.

Lorsque le cabinet de Versailles voulut se montrer surpris de

1. Correspondance de l'ambassadeur français Breteuil, dans Flassan, t. VII, p. 124.

ce qu'il avait eu tout le loisir de prévoir et se plaindre de l'allié qui l'avait trompé, Kaunitz répondit à d'Aiguillon par des récriminations assez arrogantes, mais dans lesquelles il y avait un mot vrai : « Vous ne nous auriez pas soutenus! » Seulement, l'Autriche ne voulait point *être soutenue* : Choiseul en avait fait l'épreuve[1].

Les confédérés étaient accablés, dispersés; la Pologne entière, envahie, étouffée sous les armées des trois puissances, lorsque le traité de partage fut signifié à Varsovie le 2 septembre 1772. La tzarine s'attribuait 3,000 lieues carrées et 1,500,000 âmes dans la Lithuanie et la Livonie polonaise; le roi de Prusse, la Prusse polonaise, comprenant 900 lieues carrées et 860,000 âmes; l'Autriche 2,500 lieues carrées, et 2,500,000 âmes dans la Russie Rouge et les palatinats polonais à la gauche de la Vistule. L'Autriche avait voulu qu'au moins le crime fût très-lucratif. Le principal auteur du partage avait été le plus modeste : il avait renoncé à Dantzig, que la Russie, à l'instigation de l'Angleterre, lui avait refusé; Frédéric était bien sûr que la Prusse, maîtresse de la basse Vistule, aurait Dantzig et la Posnanie tôt ou tard. Les prétextes qu'on imagina d'alléguer, les prétendus *droits* que revendiquèrent les chancelleries sur les territoires usurpés, étaient quelque chose de plus odieux encore que n'eût été le cynique aveu du droit de la force. Un simulacre de diète, convoquée en avril 1773, ratifia sous les baïonnettes, à deux voix de majorité, la mutilation de la république polonaise[2].

Ainsi commença ce meurtre d'un grand peuple, qui ouvrit pour la vieille Europe l'ère des bouleversements et de la destruction, l'ère sombre dans laquelle, à l'ancien droit anéanti, le droit nouveau ne succède point encore. Voltaire et les encyclopédistes, aveuglés par leurs préventions antipolonaises et par le cosmopolitisme qui obscurcissait en eux l'idée de nationalité, ne comprirent pas, applaudirent ou se turent. Rousseau avait compris! Il voyait bien qu'il s'agissait là d'autre chose que d'une victoire sur le fanatisme et le servage. Des trois auteurs du grand attentat,

---

1. Saint-Priest; *Partage de la Pologne*, § V.
2. Catherine et Frédéric, le partage consommé, oublièrent parfaitement la cause des dissidents, si longtemps leur prétexte.

l'un, Catherine, en porta légèrement le poids dans sa main rouge du sang de deux tzars; le second, Frédéric, trop desséché de cœur pour se repentir, mais trop éclairé pour ne pas pressentir le jugement de la postérité, a essayé de diminuer la responsabilité principale qui devait peser sur sa mémoire; le troisième, Marie-Thérèse, a laissé échapper plus d'une fois l'aveu de ses remords. « Comte de Barck, » disait-elle un jour à l'ambassadeur de Suède, « l'affaire de Pologne me désespère... C'est une tache à mon règne! — Les souverains, repartit le ministre embarrassé, ne doivent de compte qu'à Dieu. — C'est aussi celui-là que je crains [1]. »

La Pologne mutilée devait traîner encore sa triste existence une vingtaine d'années, en s'efforçant en vain de se réformer et de se réorganiser sous la main impitoyable de ses oppresseurs [2]. Cette noble nation a péri, victime d'un idéal irréalisable, le droit de l'unanimité, la souveraineté individuelle absolue, autant que d'une coupable contradiction entre l'idéal et la réalité, entre la liberté de quelques-uns et le servage du grand nombre. Si elle se relève, ce ne sera pourtant que pour ressaisir cet idéal dans les limites du possible : si la Pologne ne représente pas la liberté, la person-

---

1. Saint-Priest, § 5. — Marie-Thérèse était un de ces caractères complexes, de peu d'ouverture et de naturel, où le convenu tient la première place, et qui manquent de sincérité envers les autres et envers eux-mêmes, mais sans être véritablement hypocrites; le cri du cœur s'échappe parfois.

2. Elle essaya trop tard de mettre à profit les conseils qu'elle avait demandés à Rousseau et à Mabli. Le travail de Mabli avait été écrit dès 1770; celui de Rousseau, seulement en 1772. — Mabli, faisant plier ses maximes à ce qu'il considère comme une nécessité en Pologne, se prononce pour la royauté héréditaire; Rousseau, contre; mais il veut l'abolition du *liberum veto*, et propose un plan d'éducation nationale, et un plan très-sage, très-pratique, pour l'admission des villes aux droits politiques et pour l'émancipation progressive des serfs, qui seraient initiés d'abord à la liberté individuelle, puis à la liberté municipale, puis à la liberté nationale : « Il faut commencer par les rendre dignes de la liberté, affranchir leurs âmes avant d'affranchir leurs corps. Nobles Polonais, ne vous flattez jamais d'être libres tant que vous tiendrez vos frères dans les fers. » Il conseille, au lieu d'armée régulière, une organisation analogue à celle des milices helvétiques et des landwehrs actuelles de l'Allemagne. Il console d'avance la Pologne du partage qui va s'accomplir, en avançant qu'un démembrement partiel de ce vaste et faible corps sera peut-être l'occasion de son salut : « Polonais, s'écrie-t-il, vous ne sauriez empêcher que vos voisins ne vous engloutissent; faites au moins qu'ils ne puissent vous digérer. Si vous faites en sorte qu'un Polonais ne puisse jamais devenir un Russe, la Russie ne subjuguera pas la Pologne. »

nalité humaine dans ce monde slave que dévore le despotisme, elle n'a pas de raison de renaître.

Après la signification du partage, Louis XV avait semblé se réveiller un moment. Il eut la velléité de venger la Pologne, comme il avait eu la velléité de la défendre. D'Aiguillon craignit que le roi ne s'en prît à lui : il affecta un grand courroux ; il offrit à l'Angleterre de s'entendre sur la question de Pologne ; le cabinet anglais refusa ; il ne voulait qu'empêcher les Prussiens de prendre Dantzig et se tenait pour satisfait d'y avoir momentanément réussi. D'Aiguillon proposa au roi d'envahir la Belgique, puis d'armer, de concert avec l'Espagne, pour attaquer les Russes dans l'Archipel et obliger Catherine à une transaction. On fit, en effet, quelques armements maritimes au commencement de 1773. L'Angleterre signifia qu'elle porterait secours aux Russes. Louis XV recula, comme d'Aiguillon y avait compté, et tout fut dit. Si le rôle du gouvernement français fut pitoyable dans l'affaire de Pologne, celui du gouvernement anglais fut odieux ; le cabinet de Saint-James peut bien passer pour le quatrième des meurtriers de la Pologne [1].

Une intervention maritime contre les Russes en 1773 eût pu, en effet, modifier beaucoup la situation. Après avoir complété l'occupation de la petite Tatarie par la conquête de la Crimée, ils avaient franchi le Danube ; mais là s'étaient arrêtés leurs succès ; ils furent chassés de la Bulgarie par les Turcs, et une grande révolte suscitée chez les Cosaques du Don et du Jaïk par un faux Pierre III, le Cosaque Pugatschew, commença de gagner la Moscovie et de mettre en péril le trône de Catherine. Une révolution qui s'était opérée en Suède quelques mois auparavant (août 1772), avec l'appui pécuniaire et les encouragements du cabinet de Versailles, pouvait accroître les dangers de la Russie. Le jeune roi Gustave III, par un coup d'état militaire, avait renversé, au profit de la prépondérance royale, le gouvernement du sénat, l'espèce de république aristocratique établie depuis la mort de Charles XII [2],

---

1. Ed. Burke, *Annual Register*, an. 1763, t. XVI, c. v.
2. Cette révolution divisa nos écrivains, comme le partage de la Pologne : elle désola Mabli, qui avait prédit les plus belles destinées à la constitution suédoise, et réjouit Voltaire, qui voyait dans Gustave III un nouveau monarque philosophe. Gus-

et, maître de disposer de la Suède, il était fort désireux d'en employer les ressources à reconquérir les provinces enlevées par Pierre le Grand aux Suédois. L'inaction de la France ne permit pas à Gustave de tenter une entreprise dont l'alliance russo-prussienne rendait le succès impossible. Les Turcs ne surent point tirer parti de leurs avantages. Au printemps de 1774, les Russes rentrèrent en Bulgarie : le grand vizir se laissa bloquer dans son camp et réduire à une capitulation désastreuse. Azow, Jeni-Kalé, Kinburn, la partie de la petite Tatarie entre le Borysthène et le Bug, furent cédés à la tzarine. L'empire othoman renonça à la suzeraineté de la Crimée, qui devint indépendante en attendant qu'elle devînt russe, et la libre navigation dans les mers othomanes fut accordée aux Russes (10 juillet 1774). Catherine, débarrassée de la guerre étrangère, écrasa les Cosaques rebelles, et la Russie s'affermit à loisir dans ses usurpations. L'avide Autriche, de son côté, non contente d'avoir compensé, aux dépens de la Pologne, ses pertes des guerres de 1733 et de 1740, se fit payer par la Turquie, aux dépens des Moldaves, les services promis et non rendus, et obtint la cession d'un canton important de la Moldavie, la Bukowine, qui commande le haut du Pruth.

Tandis que les puissances de l'Europe orientale s'agrandissaient par un crime hardi, le gouvernement de la France s'affaissait dans les vices énervants. Despote avili, il ne réussissait pas à se faire craindre, quoique beaucoup de citoyens fussent atteints par son arbitraire dans leur liberté ou dans leurs intérêts, et que la Bastille fût toujours pleine. Personne ne lui résistait, mais tout le monde le méprisait. Il était douteux que cette patience durât longtemps encore. La cherté du blé, qui subsistait toujours, en partie par la faute de la nature, en partie par celle des hommes,

tave débuta par abolir la torture après son coup d'état. — Tous les philosophes, excepté Frédéric, avaient été d'accord pour déplorer une autre révolution en sens inverse, arrivée en Danemark au mois de janvier précédent; celle qui jeta des marches du trône à l'échafaud le médecin-ministre Struensée. La pleine liberté de la presse établie, les privilèges de la noblesse entamés, l'autorité assez pesante du clergé luthérien réduite, le divorce facilité, avaient signalé l'administration, louable à beaucoup d'égards, imprudente sous quelques autres, du parvenu que l'amour d'une reine avait imposé au faible roi Christiern VII. Une autre reine, la mère de Christiern, abattit le ministre bourgeois et philosophe, par une conspiration de la haute noblesse luthérienne. Les réformes de Struensée périrent avec lui.

occasionnait de fréquentes émeutes, surtout dans le Midi[1] : le peuple ne s'en prenait encore matériellement qu'aux boulangers, aux officiers municipaux, aux agents subalternes du pouvoir royal; mais il commençait à comprendre que le grand accapareur était à Versailles[2]. Quant aux classes aisées, leur opposition offrait un mélange des vieilles habitudes de gaieté railleuse et du sérieux qui gagnait l'esprit français. La plaisanterie devenait un glaive : l'ironie montait jusqu'au génie. Maupeou avait trop compté sur la légèreté et l'humeur oublieuse de la France : il avait espéré que, le premier feu jeté, on s'habituerait à ses parlements. On ne s'y habituait pas, et un de ces coups dont un établissement nouveau ne se relève point leur fut porté, en 1773, par un procès vulgaire dont un homme d'un prodigieux esprit fit un événement européen. Nous n'avons point à nous étendre ici sur Beaumarchais, homme d'entreprise et de finance, homme de cour, homme de plaisir, homme d'intrigue, homme de lettres enfin et philosophe à son loisir, espèce de Voltaire inférieur, mais chez qui les affaires sont au premier rang, et les lettres au second[3]. On sait comment d'un petit incident, de quinze louis exigés par la femme d'un conseiller pour obtenir une audience de son mari, Beaumarchais sut faire sortir l'avilissement de toute la nouvelle magistrature, et comment il apprit au public ce que coûtait la *justice gratuite* de Maupeou. Si Beaumarchais se montre quelque part le fils légitime de Molière, c'est moins dans ses deux comédies, si charmantes et si étincelantes, mais un peu factices et d'un goût équivoque, que dans les dialogues des Mémoires contre Goëzman et Marin. Il suffit de dire, pour sa gloire, que Voltaire en fut jaloux et converti : le patriarche se crut presque menacé d'un successeur et déserta la cause des parlements Maupeou.

Les chefs de ce gouvernement si décrié ne savaient pas même s'entre-soutenir contre l'hostilité publique. Chacun des triumvirs

---

1. Le maire d'Albi fut tué dans une de ces séditions; à Montauban, l'émeute ne fut réprimée que par une fusillade meurtrière. Sur un autre point, les soldats refusèrent de faire feu.

2 On se rappelle le cri de la foule, aux 5 ET 6 OCTOBRE. « Allons chercher le *boulanger* à Versailles. » Le crime royal avait cessé, la tradition restait.

3. Né à Paris en 1732.

visait à devenir premier ministre. Maupeou, dans les premiers temps, pour maintenir l'adultère alliance *du parti Du Barri* et de l'ancien parti du dauphin, alliance où l'on avait entraîné jusqu'au pieux Christophe de Beaumont, allait, le matin, communier à Saint-Denis devant madame Louise, celle des filles du roi qui avait pris l'habit de carmélite, et, l'après-midi, revenait étaler sa simarre à la toilette de la maîtresse du roi. Depuis qu'il se croyait triomphant, il avait commencé d'être un peu moins rampant devant la favorite, et son collègue Terrai cherchait à profiter de son *ingratitude* pour le supplanter et se faire chancelier et cardinal. Terrai avait toute l'étoffe d'un second Dubois. Un trait achèvera de peindre ce qu'était alors Versailles. On vit, un jour, le nonce du pape et le grand aumônier, le cardinal de la Roche-Aimon, présenter les mules à la Du Barri au sortir du lit. On assure que la favorite poussa la démence jusqu'à rêver de se faire épouser. Elle eût tout franchement demandé la cassation de son mariage avec le comte Du Barri, parce que les *faiblesses* qu'elle avait eues pour le frère du comte en faisaient une espèce d'*inceste !*

La peur de l'enfer reprenait le roi par accès, et c'était là ce qui avait suggéré un moment à la Du Barri la burlesque idée de jouer le rôle de Maintenon. Tandis que les premiers dignitaires de l'Église prostituaient la pourpre romaine aux pieds d'une courtisane, un simple prêtre avait osé faire entendre une voix chrétienne dans Versailles. L'abbé de Beauvais, prêchant le sermon du jeudi saint de 1773 devant le roi et la favorite, jeta à la cour stupéfiée l'allusion suivante : « Salomon, rassasié de voluptés, las
« d'avoir épuisé, pour réveiller ses sens flétris, tous les genres de
« plaisir qui entourent le trône, finit par en chercher d'une espèce
« nouvelle dans les vils restes de la corruption publique !... »

Il s'attendait tout au moins à une disgrâce, sinon à la Bastille ; il eut un évêché [1]... Louis XV récompensa ce rude avertisseur,

---

1. *Mém. secrets* de Bachaumont, t. VI, mars-mai 1773 ; — VII, avril 1774. — L'abbé de Beauvais, malgré ce nom aristocratique, appartenait à une famille d'artisans, ce que remarquent les Mémoires de Bachaumont comme une rare exception parmi les évêques. — Du reste, Beauvais était aussi intolérant que rigide et tenait pour l'emploi de la force en matière de religion.

mais ne profita pas de l'avis : les Du Barri, effrayés, l'abîmèrent plus que jamais dans la fange; la favorite appela à son aide toutes les ignominies du Parc-aux-Cerfs[1]. Là où elle cherchait un point d'appui, elle trouva la ruine, et Louis trouva la mort. L'immonde vieillard fut enfin frappé par son propre vice, et sa dernière victime l'entraîna dans la tombe. Une enfant à peine nubile, fille d'un meunier des environs de Trianon, avait été entraînée à force de promesses et de menaces, et livrée à Louis par les proxénètes royaux. Elle portait dans son sein les germes de la petite vérole, dont elle mourut bientôt après : elle les communiqua au roi. Le 29 avril 1774, la maladie se déclara chez Louis XV, compliquée d'un mal honteux qui couvait dans son sang vicié[2]. La Du Barri et ses alliés tinrent bon quelques jours contre ceux qui parlaient de pénitence et de sacrements. Toutefois, la situation empirant, Louis envoya sa favorite chez le duc d'Aiguillon, à Ruel, et, le lendemain, il communia, en déclarant que « *quoiqu'il ne dût compte de sa conduite qu'à Dieu seul*, il se repentait d'avoir causé du scandale à ses sujets. » (6 mai.) L'absolutisme agonisant bégayait encore ses formules parmi les râlements de la mort.

Comme au fameux voyage de Metz en 1744, Versailles, Paris, la France, attendaient avec anxiété, jour par jour, heure par heure, les nouvelles de la santé du prince qu'on avait nommé jadis Louis le *Bien-Aimé*; mais, cette fois, on ne tremblait que d'une seule crainte, c'était qu'il ne revînt à la vie. Quand on sut qu'il avait enfin expiré, le 10 mai à deux heures de l'après-midi, il sembla qu'un poids énorme fût levé de toutes les poitrines[3]. Ses restes gangrenés, qui infectaient l'air, furent transportés au grand trot et sans pompe à Saint-Denis, parmi les sarcasmes de la foule qui bordait le chemin.

1. Nous parlons par métaphore; car le vrai Parc-aux-Cerfs, la maison de la rue Saint-Méderic, avait été revendue par le roi en 1771.
2. Ses trois filles, qui n'avaient pas eu la petite vérole, donnèrent un bel exemple de dévouement filial, en s'enfermant avec lui pour le soigner.
3. Les Mémoires de Bachaumont citent un mot assez fort de l'abbé de Sainte-Geneviève. De jeunes philosophes le plaisantaient sur l'inefficacité de l'intervention de sa sainte dans la maladie du feu roi. — « De quoi vous plaignez-vous? leur répliqua-t-il; est-ce qu'il n'est pas mort? » — *Mém.* de Bachaumont, t. VII, p. 208.

Louis XV avait vécu soixante-quatre ans, régné cinquante-neuf : il avait passé sa vie à détruire peu à peu le prestige que les deux grands rois bourbons, Henri IV et Louis XIV, avaient donné à la royauté moderne, prestige déjà fort affaibli dans la vieillesse de Louis le Grand. L'intronisation de ces agents de dissolution, de ces personnifications du mépris, est un signe providentiel qu'une institution et qu'une race royale sont condamnés.

LIVRE CIII

LOUIS XVI ET TURGOT

Louis XVI et sa famille. Maurepas appelé au pouvoir. Chute du *triumvirat*. Turgot contrôleur général. Ses plans de réforme : la *Grande municipalité du royaume*, etc. — Rétablissement des parlements. — Réformes économiques. Liberté du commerce des grains. Attaque de Necker contre les plans de Turgot. Coalition des privilégiés contre Turgot. Les philosophes divisés sur la question économique. Combats de Voltaire en faveur de Turgot. *Guerre des farines*. La sédition fomentée par les privilégiés est comprimée. — Célèbres remontrances de la cour des aides contre le système fiscal. Malesherbes, leur auteur, appelé au ministère. Nombreuses améliorations économiques. — Réformes militaires du comte de Saint-Germain. — Abolition de la corvée. Suppression des jurandes et maîtrises : établissement de la liberté du commerce et de l'industrie. Résistance du parlement et attaques violentes contre Turgot. Lit de justice. — Liberté du commerce des vins. — Les princes, Maurepas, la cour et le parlement s'unissent contre Turgot. Chute de Turgot et de Malesherbes.

1774 — 1776.

Le règne infortuné de celui qui devait être le dernier roi de l'ancienne France s'était ouvert aux acclamations unanimes de la capitale et du royaume. La France n'éprouvait que la joie d'être délivrée de l'immonde vieillard qui avait fait si longtemps la honte de la nation. On connaissait peu le nouveau roi, qui avait vécu jusque-là fort à l'écart, comme, avant lui, son père; mais on disait qu'il ne ressemblait en rien à son aïeul; cela suffisait au peuple.

Les sentiments de la cour étaient moins décidés. Les courtisans se sentaient dans les mains d'un jeune homme de vingt ans, qui ne manifestait aucun des goûts de son âge ni de son rang, et qui semblait ne leur offrir aucune prise. Un roi sans vices et sans passions était pour eux une énigme inquiétante. Ceux même des gens de cour qui se réjouissaient de voir finir l'ignoble domination du parti Du Barri craignaient que Versailles ne passât d'un extrême à l'autre. Un mot de Louis XVI, encore dauphin, avait jeté une sorte de panique parmi les courtisans. Tandis qu'à Paris, par une sanglante épigramme contre son aïeul, on le surnommait Louis le *Désiré*, des seigneurs de la cour lui ayant un jour demandé quel surnom il préférerait : « Je veux, répondit-il, qu'on m'appelle Louis le *Sévère* [1]. » On redoutait donc à Versailles un règne dur et sombre. L'expression de brusquerie et de mauvaise humeur qui était assez habituelle au jeune monarque fortifiait ces appréhensions. L'éducation qu'il avait reçue de son gouverneur La Vauguyon avait augmenté sa sauvagerie naturelle, dont la cause n'était point dureté, comme on le supposait, mais timidité et répugnance pour les mœurs dont il était témoin. Qui eût examiné plus attentivement cette physionomie, d'où avait disparu la majesté mêlée d'élégance, le grand air bourbonien conservé par Louis XV jusque dans sa dégradation, y eût reconnu, sous une expression vulgaire, un fonds de bonté et surtout de grande honnêteté. Ce n'étaient pas les traits qui étaient vulgaires, mais le port, le geste, l'obésité précoce, le maintien gauche et disgracieux, la parole hésitante et embarrassée. Il n'était à son aise qu'au milieu de ses livres, car il était instruit et il aimait fort les sciences naturelles, ou, mieux encore, dans son atelier de serrurerie; s'il avait une passion, c'était le travail manuel; il suivait les préceptes de l'*Émile* par goût et non par système : la nature lui avait donné les facultés d'un habile et probe artisan; les lois humaines avaient fait de lui le chef d'un empire pour son malheur et pour celui de son peuple.

La rudesse de ses manières et ses dispositions chagrines devaient s'adoucir lorsqu'il connaîtrait les affections de famille, si puissantes sur les natures simples; mais à cette époque les satisfactions de la vie privée lui étaient encore inconnues : il subsistait entre lui et sa jeune femme comme une glace que rien n'avait pu fondre. La Vauguyon, par haine contre Choiseul, sup-

---

1. Droz, *Hist. du règne de Louis XVI*, t. Ier, p. 118.

posé beaucoup plus Autrichien qu'il ne l'était en réalité, avait suggéré au dauphin des préventions tenaces contre la fille de Marie-Thérèse, instrument par lequel son ambitieuse mère prétendait, disait-on, gouverner la France. Il y avait plus : c'est que Louis XVI n'était pas jusque-là véritablement l'époux de Marie-Antoinette. Une infirmité secrète, un vice de conformation dont l'art des médecins parvint à triompher un peu plus tard, lui faisait désespérer d'avoir jamais des héritiers[1].

Le vrai caractère de Louis XVI, ignoré à son avénement, méconnu plus tard par d'autres causes, apparaît dans deux documents vraiment précieux, et qui produisent des impressions bien différentes. L'un est le *Journal* écrit de sa main pendant son règne[2]; l'autre, rédigé par lui avant son avénement, est intitulé : *Mes réflexions sur mes entretiens avec M. le duc de Vauguyon*[3]. Le *Journal* est d'une incroyable monotonie : la chasse, les repas et la messe envahissent toutes les pages : — « J'ai manqué deux chasses. — J'ai mal digéré. » — Il ne trouve guère d'autres événements à consigner dans ces formidables journées qui décidèrent de son sort et de celui de la France ! il inscrit dans ses comptes des dépenses de quatre sous ! On ne rencontre là qu'innocence et pauvreté d'esprit. Les *Réflexions* sont toute autre chose. Dans ce travail, très-médité, le sens droit, mais un peu banal de Louis, atteint parfois beaucoup plus haut qu'on ne pourrait s'y attendre : il y a quelquefois de l'élévation, toujours de la sensibilité. C'est comme un reflet du duc de Bourgogne qui arrive à Louis XVI par le feu Dauphin son père. Quant aux principes, c'est l'absolutisme tempéré par le sentiment chrétien. Le roi est le pouvoir unique. La législation est à lui seul. Il a le *droit* de mettre des impôts pour les nécessités de l'état (sans consulter ses sujets), mais le *devoir* de l'économie. Quelques maximes de Rousseau et des économistes se glissent à travers ces données du passé. Par exemple, le souverain ne doit légiférer que par des actes généraux. Il y a de longues considérations sur la connais-

---

1. Droz, *Hist. du règne de Louis XVI*, t. Ier, p. 122. Il y a de fréquentes allusions à cette circonstance dans les Mémoires secrets, dits de Bachaumont.
2. Publié par extraits dans le t. V de la *Revue rétrospective*.
3. Paris, 1851, in-8°.

sance des hommes, sur la fermeté, sur l'irrésolution : « Je suis content, dit-il, de ce que je trouve dans mon cœur (sur la fermeté)!... » Il s'efforce ainsi de se rassurer sur lui-même et de s'affermir d'avance. Le sort de Charles I*er* le préoccupe déjà : ce nom exerce sur lui une sorte de fascination lointaine! Ce petit livre serre le cœur. Le *Journal* n'obtiendrait qu'une dédaigneuse compassion; c'est l'homme dans la trivialité des routines quotidiennes où il s'absorbe; mais les *Réflexions* inspirent une estime et une sympathie douloureuses ; c'est l'homme replié dans sa conscience et s'élevant au-dessus de sa nature par la force du sentiment moral et religieux.

Louis XVI est tout le contraire de ce qu'il voudrait être, c'est-à-dire l'indécision même. Plus tard, les variations de la faiblesse passeront chez lui pour les combinaisons de la fausseté et le jetteront à l'échafaud! Comme Louis XV, il voit bien et agit mal; il a le jugement droit, et il n'en tire aucun parti pour l'action, non par insouciance égoïste comme son aïeul, mais par défiance de lui-même, par défaut de volonté et d'esprit de suite. Nature vouée au malheur, victime sans défense, destinée, comme les hosties des religions antiques, à expier les erreurs et les crimes d'autrui, ce sont là les plus durs mystères de l'histoire et de la Providence. Qu'avait-il fait pour naître roi?

Louis offre le plus parfait contraste avec ses proches aussi bien qu'avec la cour. La nouvelle reine ne tient pas plus de sa mère, Marie-Thérèse, qu'elle ne ressemble à son époux. Vive, impétueuse, toute spontanée, violente et généreuse, également emportée dans ses affections et dans ses antipathies, se gouvernant en toute chose par sentiment et non par réflexion, réagissant d'instinct contre ce *convenu* qui est la loi suprême chez sa mère, à plus forte raison contre cette insupportable étiquette du xvii*e* siècle qui a survécu en France, sous Louis XV, à la dignité et à l'élégance des mœurs, et qu'on a vue disparaître à Vienne depuis l'avénement de la maison de Lorraine, Marie-Antoinette a tout le mouvement, toute l'initiative qui manquent à son époux ; mais, à cette époque, elle ne possède encore aucune influence sur lui, et, comme on le verra trop bien, il n'est pas à désirer qu'elle acquière cette influence. Très-mal élevée, très-ignorante, on n'a rien fait pour lui former le jugement et pour régler et contenir ce naturel aussi énergique dans ses défauts que dans ses heureuses qualités : l'esprit de conduite lui manquera entièrement. Ainsi ce bouleversement de l'étiquette, cette simplicité familière, cette liberté de vie qu'elle se donne avec éclat, pourraient être une force, un principe de popularité pour une jeune reine remplie d'attrait et de charme [1]. Mais il faudrait que Marie-Antoinette sût faire profiter la politique de la satisfaction accordée à ses goûts; que le public pût voir, dans cet abandon des anciens usages, une adhésion à la philosophie nouvelle, un gage offert au progrès. Si, au contraire, la reine se rattache d'une main aux préjugés et aux priviléges qu'elle ébranle de l'autre, on ne verra plus que caprice et légèreté dans les innovations qu'elle introduit à la cour, et bientôt on acceptera les interprétations plus funestes encore à l'honneur du trône qu'insinuent déjà ses ennemis. Le système de diffamation sous lequel doit succomber la fille de Marie-Thérèse a commencé dès qu'elle a mis le pied en France. Dès le premier jour elle s'est trouvée en butte à la cabale de La Vauguyon et des ex-jésuites, qui regardent son mariage comme l'œuvre de leur ennemi Choiseul, et au parti Du Barri, qui craint l'ascendant qu'elle peut prendre à la cour [2]. Toujours, tant que régnera Marie-Antoinette, il se rencontrera quelque intérêt ou quelque passion acharnée à la continuation de cette œuvre ténébreuse. C'est sur les marches du trône que se forge longtemps à l'avance la hache populaire qui abattra cette tête royale. Les sourdes trames des premiers ennemis de la reine seront reprises par le propre frère du roi, par le comte de Provence, ce bel esprit sans cœur qui sera un jour Louis XVIII, jeune homme sans jeunesse, âme froide et fausse, sceptique qui n'a pris de son siècle que les négations [3].

---

1. Grande, admirablement bien faite... La femme de France qui marchait le mieux, portant la tête élevée sur un beau cou grec. — *Mém.* de madame Vigée-Lebrun, t. Ier, p. 64.

2. Voir les *Mémoires* de l'ex-jésuite Georgel, un des ennemis de la reine, t. Ier.

3. Les bruits les plus infamants sur les mœurs de la reine furent bien antérieurs à sa brouille avec le duc de Chartres, et c'est à tort que les écrivains royalistes ont fait partir ces bruits du Palais-Royal, qui ne fit que les répéter plus tard. V. ce que disent les Mémoires de Bachaumont sur les chansons qui couraient contre la reine en 1776; t. IX, p. 54, 61, 69; et ce que raconte l'abbé Baudeau dans sa *Chronique secrète*, dès 1774, ap. *Revue rétrospective*, t. III, p. 381; 1834. Baudeau impute les

Louis XVI a encore un autre frère, Charles, comte d'Artois, qui diffère également de ses deux aînés. Celui-là, étourdi, bruyant et libertin, avec le cœur ouvert et l'humeur facile, a les défauts de la jeunesse sans qualité saillante ni caractère déterminé. Parmi les princes du sang, les Condé, avec des dispositions assez militaires, semblent toutefois trop médiocres pour être appelés à un rôle un peu notable; le duc d'Orléans, petit-fils du régent, n'aime que les plaisirs de la vie privée. Deux princes seulement sont aptes à faire figure dans les temps qui se préparent; l'un est ce Conti, intelligence active et inquiète, qui a figuré souvent dans nos récits, mais dont une vie déréglée précipite la vieillesse; l'autre est le fils du duc d'Orléans, Philippe, duc de Chartres, ami des débauches bruyantes et de toute espèce de bruit et de mouvement; il prend de son siècle le goût des innovations, quelles qu'elles soient, comme le comte de Provence en prend le scepticisme. On le trouvera partout où se produira une idée nouvelle ou un fait nouveau, sans qu'il y ait là ni un amour fort éclairé et fort sérieux du progrès, ni des calculs d'ambition aussi profonds qu'on le supposera plus tard. Il remue pour remuer, sera toujours emporté par les événements et ne les dirigera jamais.

Louis XVI débuta par un acte de sévérité mal soutenu, suivi d'un acte de faiblesse. Il envoya dans un couvent Mme Du Barri, et lui permit bientôt d'en sortir pour se retirer dans sa belle terre de Louvecienne, près Marli[1]. Le public comptait bien que le ministère suivrait la favorite. Louis XVI n'avait point encore de parti pris à cet égard; mais, sentant qu'aucun des *triumvirs* ne méritait confiance, il chercha en dehors du cabinet un conseiller intime qui pût guider son inexpérience. La reine, docile à l'impulsion de sa mère, eût souhaité le rappel de Choiseul : Marie-Thérèse, quoique Choiseul se fût montré beaucoup trop français pour la satisfaire, l'eût mieux aimé aux affaires étrangères que d'Aiguillon, qui avait recherché l'appui de la Prusse. La cour formait assez généralement le même vœu, et le public n'y était point défavorable; mais les préventions du roi furent invincibles. Il

horreurs qu'on débite sur la reine à la cabale du chancelier et des tantes du roi. L'accusation nous paraît injuste ou exagérée quant à *Mesdames tantes*.

1. Elle mourut sur l'échafaud pendant la *Terreur*.

déclara que l'homme qui avait manqué de respect à son père ne serait jamais son ministre. Il soupçonnait Choiseul d'avoir fait plus que d'offenser son père, et des insinuations aussi atroces qu'invraisemblables avaient laissé trace dans son esprit.

La première pensée du roi se porta sur un homme d'état éloigné des affaires depuis dix-sept ans, sur M. de Machault. Louis savait que son père avait conservé beaucoup d'estime pour cet ancien contrôleur-général, quoique mal vu du clergé, dont il avait menacé les priviléges pécuniaires[1] : Machault, sans être, à beaucoup près, un homme d'état complet, avait une probité incontestable, de larges vues de réforme en finances et la force de caractère nécessaire pour les réaliser. C'était un choix sensé; aussi, dès qu'on put entrevoir l'intention du roi, les intérêts contraires au bien public se coalisèrent-ils pour détourner Louis de son dessein. La Vauguyon était mort, mais l'ex-jésuite Radonvilliers, ancien sous-précepteur du roi, organe du parti clérical, les ministres d'Aiguillon et La Vrillière[2] circonvinrent madame Adélaïde, une des tantes du roi, qui avait des prétentions politiques et du crédit sur son neveu. Madame Adélaïde jeta un autre nom à Louis, celui d'un autre ministre renversé du pouvoir par madame de Pompadour, huit ans avant Machault; c'était le spirituel, égoïste et léger Maurepas, oncle de d'Aiguillon et beau-frère de La Vrillière. Il avait soixante-treize ans. Madame Adélaïde prétendit que la retraite et l'âge l'avaient rendu sage et sérieux, tout en respectant les grâces de son esprit et sa vive intelligence. Maurepas figurait, comme Machault, sur la liste des personnes recommandées par le feu dauphin. Louis crut sa tante et fit rappeler un page qui déjà montait à cheval pour porter à Machault une lettre qui le mandait à Versailles. On prétend que l'adresse seule fut changée, et que la lettre écrite pour Machault servit pour Maurepas[3]. Louis ne voulait d'abord, dit-on, que con-

---

1. V. dans Soulavie, *Mém. du règne de Louis XVI*, t. Ier, la liste de plusieurs personnages recommandés par M. le Dauphin à celui de ses enfants qui succédera à Louis XV. Cette liste est curieuse.

2. Saint-Florentin, devenu duc de La Vrillière.

3. Droz, *Histoire de Louis XVI*, t. Ier, p. 125-127. — *Mém.* de madame Campan (lectrice des tantes de Louis XVI), t. Ier, p. 89. — La lettre est dans les *Mémoires* de Bachaumont, t. VII, p. 196; Londres, 1777.

sulter Maurepas; mais ce rusé vieillard, après le premier entretien, se trouva tout à coup premier ministre de fait, presque sans que le roi y eût pensé[1]. C'était ainsi que Louis XVI appliquait ses maximes sur la fermeté, sur la connaissance des hommes, sur la distinction que doivent faire les rois entre l'*esprit solide* et l'*esprit léger*. Il remettait l'état, à la veille des tempêtes, dans les mains d'un homme que le marquis de Mirabeau appelait à trop juste titre le *Perroquet de la régence*, qui croyait prévenir une révolution avec un bon mot, et qui était incapable d'une autre politique que celle qui faisait dire à Louis XV : *Cela durera bien autant que moi!*

Le public n'avait guère d'opinion arrêtée sur Maurepas, qu'il avait depuis si longtemps perdu de vue; mais il attendait avec une extrême impatience la chute du triumvirat et des parlements Maupeou, deux questions qu'il confondait et qui étaient pourtant distinctes. Les ministres faisaient des efforts désespérés pour se maintenir. L'abbé Terrai présenta au roi un compte rendu financier fort habilement rédigé[2] : il glissait sur toutes ses odieuses opérations, faisait valoir l'augmentation de recettes due à ses soins, représentait que, si l'équilibre par lui rétabli s'était dérangé de nouveau, s'il avait été obligé de recommencer les anticipations et les autres expédients, la faute en était aux accroissements de dépenses survenus dans les autres départements ministériels et dans la maison du roi[3], contrairement aux promesses de réduc-

---

1. Son plan de domination était simple ; il dit au jeune roi qu'un administrateur ne peut bien exécuter que ses propres idées; qu'il faut, par conséquent, les adopter ou le renvoyer; en même temps il invita chaque ministre à ne faire aucune proposition importante sans en avoir conféré avec lui. Ainsi un ministre ne devait proposer que ce qui convenait à Maurepas, et le roi devait approuver tout ce que proposait un ministre. Le Mentor était présent lorsqu'on soumettait au roi un travail, et, s'il était mécontent, il pouvait user de son privilége d'entretenir Louis XVI à toute heure, pour lui démontrer que le moment était venu de ne pas suivre les idées de l'administrateur, et de le renvoyer. » Droz, *Hist. du règne de Louis XVI*, t. Ier, p. 128. — Le comte de Maurepas ne prit d'autre rang officiel que celui de ministre d'état sans portefeuille.

2. Il est juste de dire que cette pièce n'avait pas été composée en vue des circonstances; d'après des documents restés dans la famille de l'abbé Terrai, ce même compte rendu avait déjà été présenté à Louis XV le 20 mars 1774.

3. Les dépenses des maisons du roi et des princes avaient été portées de 26 millions à plus de 36, depuis qu'on avait formé les maisons de la dauphine, des frères et des belles-sœurs du dauphin. — V. *Comptes rendus des finances, de 1751 à 1787,*

tions qu'on lui avait faites. Il concluait en établissant qu'on ne pouvait plus espérer d'accroissement notable dans le produit des impôts, portés au maximum; que l'économie était donc absolument nécessaire. « Je ne puis plus ajouter à la recette, que j'ai augmentée de 60 millions; je ne puis plus retrancher sur la dette, que j'ai réduite de 20 millions... A vous, sire, de soulager vos peuples en réduisant les dépenses. Cet ouvrage, si digne de votre *sensibilité*, vous était réservé. »

L'abbé Terrai parlant de *sensibilité*, c'était le loup pleurant sur les moutons; mais son travail n'en était pas moins spécieux et propre à faire impression sur Louis XVI. Il soutint les paroles par des actes, en s'empressant de proposer une mesure qu'il savait être dans le cœur du jeune roi. La première ordonnance signée par Louis XVI, proclamant que la félicité des peuples dépend principalement d'une sage administration des finances, annonça que les arrérages des rentes, charges, intérêts et dettes diverses, et les remboursements promis, seraient acquittés fidèlement; que les fonds en étaient faits; que le roi s'occupait de réduire les dépenses tenant à sa personne et au *faste de la cour;* enfin, que le roi remettait à ses sujets le produit du droit qui lui appartenait à cause de son avénement à la couronne[1].

Le droit de joyeux avénement avait été affermé 23 millions sous Louis XV, et en avait coûté 41 aux contribuables! Les fermiers avaient gagné près de 100 pour 100.

En même temps, le pain baissait, par suite d'une fausse spéculation de la société du *Pacte de Famine,* qui n'avait pu placer à l'étranger, suffisamment pourvu, des grains exportés de France par permissions secrètes, et qui était obligée de les ramener sur les marchés français[2] : de premières réformes s'effectuaient à la cour[3], conformément à la promesse du roi; on relâchait peu

---

p. 115, 169. — Les maisons des deux frères du roi et de leurs femmes coûtaient ensemble 7,312,000 livres, qui en représenteraient 12 ou 13 d'aujourd'hui! — *Ib.,* p. 141. Bien des souverains n'avaient pas des maisons semblables!

1. Enregistré le 30 mai au parlement de Paris. — V. *Anciennes Lois françaises,* t. XXIII, p. 4-7. — Marie-Antoinette abandonna, de son côté, le droit appelé *droit de ceinture de la reine.*

2. *Mém. sur l'administration de l'abbé Terrai,* p. 226. — *Mercure hist.,* t. CLXXVI, p. 673.

3. « Les extraordinaires les menus, le grand commun, les gouverneurs des maisons

à peu bon nombre des personnes détenues par lettres de cachet.

L'impression sur le public ne fut pas telle qu'on l'espérait à Versailles. La main par laquelle passait le bienfait lui ôtait son prix. On approuvait la remise du *joyeux avènement*, mais on blâmait le langage de l'ordonnance, qui consacrait le droit tout en s'abstenant de l'appliquer : ce prétendu droit n'était, disait-on, qu'une exaction féodale non reconnue par les parlements. Le bon accueil fait par le roi et la reine à la députation du parlement Maupeou (5 juin) indisposait la bourgeoisie. Le prix du pain ne tarda pas à remonter et à tromper les espérances des classes pauvres.

L'opinion avait cependant obtenu une première satisfaction : le duc d'Aiguillon n'était plus ministre. Détesté de la reine, il avait eu l'imprudence de patroner à peu près ouvertement les propos et les chansons que répandaient contre Marie-Antoinette les anciennes cabales hostiles au mariage autrichien, grossies de gens de cour que la reine blessait par son étourderie moqueuse. Marie-Antoinette demanda justice de l'insolence du ministre, et Maurepas ne crut pas pouvoir soutenir son neveu, quoiqu'il lui dût en partie sa nouvelle position. D'Aiguillon eut défense de reparaître à la cour. Des deux ministères qu'il occupait, celui des affaires étrangères fut confié au comte de Vergennes, qui avait fait preuve de talents diplomatiques dans les ambassades de Constantinople et de Stockholm (8 juin); l'autre, le ministère de la guerre, fut donné au comte de Mui, dévot rigide, administrateur laborieux, le plus considéré d'entre les amis du feu Dauphin.

Après quelques semaines d'intervalle, eut lieu un second changement moins retentissant, mais de bien plus de portée réelle que le renvoi de d'Aiguillon. Le ministre de la marine, de Boines, homme d'intrigue, que l'on regardait comme le lieutenant du chancelier Maupeou, fut destitué. Maurepas, à l'instigation de sa femme, conseillée elle-même par un prêtre philosophe, l'abbé

royales, les spectacles de la cour, sont supprimés..., la chasse du daim et celle du faucon... Réforme considérable aux grandes et aux petites écuries... Le roi a donné ordre qu'on ne servirait à la cour qu'une seule table, qui serait commune à Sa Majesté, à la reine, à Monsieur, à Madame, à monseigneur le comte et à madame la comtesse d'Artois. » — *Mercure hist.*, t. CLXXVI, p. 671.

de Véri, fit remplacer de Boines par Turgot, sur qui son administration de la généralité de Limoges[1] fixait depuis longtemps les regards et les espérances des hommes éclairés. Turgot était resté volontairement dans cette intendance secondaire; il s'était attaché au pauvre Limousin par le bien qu'il y faisait, et il avait refusé, dès 1762, deux intendances de premier ordre, Rouen et Lyon[2]. Il ne se crut pas le droit de refuser, avec le ministère, les grands devoirs et les grandes épreuves auxquels il était dès longtemps préparé. Il accepta le département tout spécial qu'on lui offrait, comme transition à une action plus directe et plus générale sur le sort de la patrie (19-22 juillet 1774).

Maurepas, trop sceptique pour chercher la vraie gloire, aimait les louanges et les succès de salons : on lui avait persuadé que les hommes qui régnaient sur l'opinion lui sauraient infiniment de gré du choix de Turgot, et, d'une autre part, il ne pensait pas que sa suprématie ministérielle eût jamais rien à redouter d'un philosophe aussi étranger à la cour par ses goûts que par ses relations, et aussi impropre à ces intrigues qui, pour les hommes tels que Maurepas, sont toute la politique. La sensation produite par la nomination de Turgot fut vive, en effet, dans la classe lettrée, mais assez médiocre dans la multitude parisienne, qui connaissait peu l'intendant de Limoges. Le roi et la reine n'en furent pas moins accueillis avec froideur dans la première visite qu'ils firent sur ces entrefaites à Paris. Maupeou et Terrai étaient toujours en place; l'exil des anciens magistrats ne cessait point encore; le pain était toujours cher.

Maurepas se décida et décida le roi. Sans parti pris, sans système, prêt à les essayer tous, selon les circonstances, le vieux ministre n'avait rien en lui qui pût le porter à la résistance contre une pression un peu forte de l'opinion. Le 24 août, Maupeou eut ordre de rendre les sceaux, qui furent confiés à Hue de Miromesnil, ancien premier président de ce parlement de Rouen qui avait lutté avec tant d'énergie contre le despotisme. C'était, per-

---

1. Limousin et partie de l'Angoumois.
2. Il avait voulu rester en Limousin pour y établir la *taille tarifée* d'après la déclaration royale qu'il avait obtenue le 30 décembre 1761. — V. *OEuv.* de Turgot, t. Ier, p. 486.

sonnellement, un homme de peu de valeur, quant à la capacité et quant à la moralité; sa parenté avec Maurepas fut son principal titre. Terrai fut congédié le même jour. Turgot fut transféré de la marine au contrôle-général : c'est là qu'il était appelé par les vœux des gens éclairés. Le vieux Quesnai eut la joie, avant de mourir[1], de voir cet illustre adepte de son école en possession des finances. Madame de Maurepas, qui gouvernait son mari comme son mari gouvernait le roi, fit donner la marine au lieutenant-général de police Sartine. Elle eut cette fois la main moins heureuse que lorsqu'elle s'était laissé guider par le condisciple de Turgot, par l'abbé de Véri : Sartine, habile chef de police, auteur de diverses améliorations matérielles dans Paris[2], mais compromis, par ses honteuses complaisances, dans les infamies de Louis XV, n'apportait dans le gouvernement qu'un esprit d'arbitraire et de corruption, et n'avait d'ailleurs aucune aptitude au noble ministère qu'on lui confiait. On n'en fit que trop l'expérience.

Maupeou et Terrai, on doit le reconnaître, tombèrent dans des attitudes bien différentes. Maupeou, qui s'était introduit au pouvoir en rampant, avait commencé de relever la tête dès qu'il s'était cru affermi : il supporta la disgrâce avec une fierté inattendue : « J'avais fait gagner un grand procès au roi, dit-il; il « veut remettre en question ce qui était décidé; il en est le « maître. » Il refusa la démission de sa charge inamovible de chancelier et ne fit jamais aucune démarche pour reparaître à la cour[3]. Terrai n'eut pas cette tenue altière dans sa chute. Le roi l'obligea de restituer 450,000 fr. de pot-de-vin, qu'il s'était fait donner sur le bail des fermes, récemment renouvelé, conformément à un abus déjà ancien et qui cessa avec l'avénement de Turgot. On contraignit en outre Terrai de rembourser une somme à peu près égale pour des travaux qu'il avait fait faire au compte

---

1. Il mourut le 16 décembre 1774.
2. Il avait introduit les réverbères en 1766, à la place des vieilles lanternes de La Reinie, par voie de cotisation volontaire entre les propriétaires. La Halle au blé et l'École gratuite de dessin datent de son administration, mais aussi les maisons de jeu officiellement reconnues et taxées.
3. Il ne mourut qu'en 1792, à soixante-dix-huit ans.

de l'état, près de son château de La Motte[1]. Terrai ne s'en fût pas tiré à ce prix si l'on eût consulté le peuple.

La chute des deux ministres fut, en effet, célébrée à Paris et ailleurs par des démonstrations dont la violence rappelait et présageait des temps bien différents de la douceur des mœurs régnantes. Maupeou et Terrai furent pendus en effigie sur la montagne Sainte-Geneviève, et Terrai, en personne, faillit être jeté à l'eau en passant la Seine au bac de Choisi. Les écoliers, au Cours-la-Reine, firent tirer et démembrer par quatre ânes un mannequin en simarre de chancelier. Pendant plusieurs soirées, les clercs de la basoche, mêlés au peuple de la Cité, vinrent chanter, crier et lancer des fusées jusque sous les fenêtres du premier président du parlement Maupeou. Les archers préposés à la garde du Palais ayant tenté de s'y opposer, on tomba sur eux, on les mit en fuite, et un exempt fut assommé sur la place[2].

L'homme d'état qui voulait épargner à la France l'ère des vengeances que faisaient pressentir les ressentiments populaires avait commencé son laborieux ministère.

Le 24 août, le jour même où il avait été appelé à remplacer Terrai, Turgot, au sortir d'une entrevue avec le roi, résuma par écrit les propositions qu'il avait développées devant Louis XVI, afin de les fixer dans la mémoire du jeune monarque. — Point de banqueroutes; point d'augmentation d'impôts; point d'emprunts. Il ne faut, en temps de paix, emprunter que pour liquider les dettes anciennes, ou pour rembourser d'autres emprunts faits à un denier plus onéreux. — Réduire à tout prix la dépense d'une vingtaine de millions au-dessous de la recette. — Obliger les chefs des autres départements à se concerter avec le ministre des finances pour les dépenses de leurs ministères, et à discuter avec lui ces dépenses devant le roi. — Plus de grâces directes ni indirectes sur les impôts; plus d'intérêts gratuits dans les fermes, plus de croupes, de brevets gratuits. — L'économie est la préface né-

---

1. Il y avait là, au bord de la Seine, de grands magasins loués à la compagnie Malisset.

2. *Mercure hist.*, t. CLXXVII, p. 330. — *Mém. sur l'administ. de l'abbé Terrai*, p. 230. — Droz, t. Ier, p. 139. Un écrit du temps (*Journal historique*) ne craignit pas de plaisanter sur le nom de ce malheureux, qui s'appelait Bouteille. « On a cassé la *bouteille*. » Cela sentait déjà les plaisanteries sur la *Lanterne*.

cessaire des réformes qui, sans diminuer beaucoup les revenus publics, doivent soulager le peuple, *par l'amélioration de la culture, par la suppression des abus dans la perception, par une répartition plus équitable des impôts.* Il faut commencer par s'affranchir de la domination des financiers.

« Je ne demande point à Votre Majesté d'adopter mes principes sans les avoir examinés... mais, quand elle en aura reconnu la justice et la nécessité, je la supplie d'en maintenir l'exécution avec fermeté, sans se laisser effrayer par des clameurs qu'il est impossible d'éviter. — Je serai seul à combattre contre les abus de tout genre, contre la foule des préjugés qui s'opposent à toute réforme et qui sont un moyen si puissant dans les mains des gens intéressés à éterniser le désordre. J'aurai à lutter contre la bonté naturelle, contre la générosité de Votre Majesté et des personnes qui lui sont les plus chères. Je serai craint, haï même de la plus grande partie de la cour. On m'imputera tous les refus; on me peindra comme un homme dur, parce que j'aurai représenté à Votre Majesté qu'elle ne doit pas enrichir même ceux qu'elle aime aux dépens de la subsistance de son peuple. Ce peuple auquel je me serai sacrifié est si aisé à tromper, que peut-être j'encourrai sa haine par les mesures mêmes que je prendrai pour le défendre. Je serai calomnié, et peut-être avec assez de vraisemblance pour m'ôter la confiance de Votre Majesté... »

Il termine en rappelant que le roi a pressé affectueusement ses mains dans les siennes, comme pour accepter son dévouement. — « Votre Majesté se souviendra que c'est sur la foi de ses promesses que je me charge d'un fardeau peut-être au-dessus de mes forces; que c'est à elle personnellement, à l'homme honnête, à l'homme juste et bon, plutôt qu'au roi, que je m'abandonne...[1] »

Louis, touché et subjugué à la fois par l'accent de la vertu et par l'autorité d'un grand caractère, renouvela l'engagement de soutenir son ministre, et Turgot entra d'un pas assuré dans la carrière dont il avait si bien mesuré de l'œil tous les périls. Il n'avait exposé au roi, pour employer ses propres termes, que la *préface* de l'œuvre qu'il méditait : il se réservait d'ouvrir sa pensée

---

1. *Œuvres de Turgot*, t. II, p. 165.

entière à Louis, après qu'une première série de réformes importantes aurait déblayé le terrain pour la construction de l'édifice nouveau. L'analyse donnée plus haut de ses théories et de celles de ses amis les économistes[1] a déjà montré ce qu'il pensait sur les questions de l'impôt et du travail ; c'était, au moins comme but final, l'impôt unique et direct, et la liberté illimitée du commerce et de l'industrie. Quant aux institutions administratives, politiques et sociales, moyen nécessaire non-seulement d'établir ou de maintenir les réformes économiques, mais d'atteindre un but plus élevé encore, le développement du patriotisme, de la moralité et de l'intelligence populaires, nous possédons un plan écrit d'après ses idées et sous ses yeux par un de ses amis intimes (par Dupont de Nemours, selon toute apparence). Il est intitulé : *Mémoire au roi sur les municipalités*. Ce titre modeste enveloppe toute une Constitution du Royaume.

L'esprit du XVIIIe siècle est tout entier dans le début de ce mémoire. Turgot, ou l'interprète de Turgot, oppose nettement la raison à la tradition, le droit aux faits. Il ne s'agit pas de savoir ce qui est ou ce qui a été, mais ce qui doit être. Ce n'est pas à la science à décider, mais à la conscience. « Les droits des hommes réunis en société ne sont point fondés sur leur histoire, mais sur leur nature. » Il faut laisser de côté la diversité des formes actuelles pour établir une organisation uniforme, basée sur les droits et les intérêts de tous. Turgot expose, avec une grande lumière, les causes qui font qu'il n'y a point d'esprit public en France. « Le mal vient de ce que la nation n'a point de constitution. » C'est un peuple dont les membres n'ont entre eux que très-peu de liens sociaux. Presque personne ne connaît ses devoirs ni ses rapports légaux avec les autres membres de l'état. On attend les ordres spéciaux du prince en toute occasion, et le prince est obligé de statuer sur toutes choses, sur celles mêmes qu'il lui est impossible de connaître, et à lui, et à ses ministres, et aux délégués de ses ministres ! Les individus, n'ayant ni garanties ni fonctions déterminées dans l'état et n'étant point habitués à s'en considérer comme les membres actifs, se considèrent au contraire comme en guerre avec l'état, et chacun

---

1. V. ci-dessus, p. 199.

cherche à se dérober à sa part de l'impôt[1]. Le gouvernement a étouffé systématiquement l'esprit public dans son germe en interdisant aux communes rurales de se cotiser pour les travaux publics qui pourraient les intéresser.

Il s'agit de trouver des formes, des institutions, d'après lesquelles la plupart des choses qui doivent être faites se fassent d'elles-mêmes (c'est-à-dire par les citoyens), sans que le roi ait besoin d'y concourir autrement que par la protection générale qu'il doit à ses sujets.

C'est de ces institutions que l'auteur expose le plan, institutions calculées pour attacher les individus à leurs familles, les familles à leur village ou à leur ville, les villes et villages à l'*arrondissement*, les arrondissements aux provinces, les provinces à l'état.

1° La base de tout l'édifice est un conseil de l'instruction nationale. Il y a des méthodes et des établissements pour former des géomètres, des physiciens, des peintres; il n'y en a pas pour former des citoyens. Le conseil fera composer des livres classiques où l'étude des devoirs de citoyen sera le fondement de toutes les autres. L'instruction religieuse (donnée par le clergé) ne suffit pas pour la morale à observer entre les citoyens. Chaque paroisse aura son maître d'école chargé d'enseigner cette morale, et le même esprit sera introduit dans les établissements de tout degré (ainsi, c'est de l'éducation surtout qu'il s'agit : l'instruction n'est que le moyen; l'éducation est le but). En dix ans la nation ne sera pas reconnaissable.

2° Il n'est pas nécessaire d'attendre ce résultat pour passer à la seconde partie du projet; c'est-à-dire pour commencer à transformer en vraies municipalités les villages actuels, simples assemblages de cabanes et d'habitants, aussi passifs que leurs pauvres demeures. Les objets de l'administration municipale des villages doivent être : 1° la répartition des impôts; 2° les ouvrages publics et les chemins vicinaux; 3° la police des pauvres et leur soulage-

---

1. De là cette fatale habitude de tromper le fisc sans scrupule, qui existe encore et qui rend si difficile l'établissement de l'impôt sur le revenu mobilier, si juste pourtant! — L'habitude de tout attendre de l'État a également survécu à nos soixante-dix ans de Révolution, tant les maux dénoncés par Turgot avaient de profondes racines!

ment; 4° les relations de la communauté avec les villages voisins et avec l'arrondissement quant aux travaux publics, et la transmission des vœux de la communauté sur cet article à l'autorité compétente. Le cadastre et la répartition équitable de l'impôt se feront ainsi d'eux-mêmes. Les travaux communaux serviront à employer les pauvres dans la morte saison.

Le système du vote dérive du principe physiocratique que la terre seule est productive. Les possesseurs du sol seront seuls appelés, d'après ce principe, à régler les intérêts économiques de la société. Ils voteront à proportion de leurs propriétés : c'est la terre qui sera ainsi représentée, et non l'homme, et l'électorat de Turgot n'est, sur ce point, que la transformation et non l'abolition du principe féodal[1]. Il ne faut pas oublier toutefois que, selon Turgot, les droits ne doivent être que là où sont les charges, et que les propriétaires doivent seuls payer et doivent tous payer. Il laisse entrevoir ici ce but final au roi et lui montre, au bout de la carrière, l'abolition des impôts spéciaux pesant sur les seuls roturiers et des impôts de consommation, qu'on remplacera par un impôt direct. Alors il n'y aura plus qu'une seule espèce de votants, de même qu'une seule espèce de contribuables. Quant à présent, les privilégiés, quand il s'agira de répartir la taille, voteront avec les taillables dans la proportion de leurs propriétés affermées et soumises à la taille d'exploitation[2], déduction faite des propriétés qu'ils exploitent par eux-mêmes et qui sont exemptes. Les nobles voteront avec les roturiers pour la répartition des vingtièmes; les ecclésiastiques voteront avec les nobles et les roturiers pour les travaux publics, le soulagement des pauvres et la répartition des impôts que le roi pourra établir à la place des indirects, c'est-à-dire que votera quiconque paie un impôt

---

1. Si éloigné qu'on soit des physiocrates sur ce point, il est permis d'admettre une différence entre l'électorat national et l'électorat municipal. En admettant que, dans une société normalement constituée et pleinement développée, tout citoyen intervienne dans les intérêts généraux de l'état, il n'est pas aussi évident que tout citoyen qui se trouve momentanément dans une commune, sans y avoir d'intérêt constitué, et qui l'aura peut-être quittée demain, doive intervenir dans les affaires de cette commune. On peut admettre ici des conditions de temps et d'établissement, sinon de propriété.

2. Il entend mettre la taille d'exploitation à la charge des propriétaires, à l'expiration des baux existants.

direct et à proportion de ce qu'il paie[1]. On pourra simplifier plus tard ces complications (en arrivant à l'impôt unique).

Les assemblées de villages nommeront un maire ou président et un greffier.

3° Un établissement analogue, dans les villes, doit remplacer les municipalités actuelles, petites républiques à l'esprit de localité égoïste, sans liens les unes avec les autres ni avec l'état, tyranniques pour les campagnes qui les environnent et pour leurs propres travailleurs industriels et commerçants. Dans les villes, les propriétaires de maisons seuls voteront, à raison de la valeur de leurs terrains. Les villes, ayant des intérêts plus compliqués que les villages, éliront des officiers municipaux chargés de l'administration et responsables devant les électeurs; dans les grandes villes, il y aura un magistrat de police nommé par le roi. Elles seront subdivisées en assemblées de quartiers. Les octrois des villes seront abolis; les dettes contractées par les villes pour le compte du roi seront payées par le roi; celles contractées dans l'intérêt des villes seront payées par les propriétaires par annuités. Des secours à domicile remplaceront les secours donnés dans les hôpitaux. Les greniers d'abondance seront supprimés, et l'approvisionnement des villes abandonné au libre commerce.

4° Les municipalités des villes et des villages ressortiront, pour les intérêts et les travaux communs à une certaine étendue de territoire, à des municipalités d'arrondissement, composées de députés de toutes les villes et villages. Ces municipalités de second degré voteront en outre des secours aux paroisses frappées par les fléaux de la nature et décideront de certains débats intérieurs qui auront pu survenir dans les assemblées de premier degré.

5° Les municipalités d'arrondissement ressortiront à leur tour à des municipalités provinciales, composées de députés nommés par les assemblées d'arrondissement : ces assemblées de troisième degré seront chargées des intérêts provinciaux et secourront les maux qui dépasseraient les facultés des arrondissements.

6° Au-dessus des municipalités provinciales s'élèvera enfin la

---

1. Les manouvriers de campagne seront déchargés de la taille.

grande municipalité ou municipalité générale du royaume, formée des députés élus par les assemblées des provinces, et dernier terme de toute la hiérarchie. Les ministres y auront séance et voix. Le roi, à l'ouverture de la session, déclarera, en personne ou par son ministre des finances, les sommes dont il aura besoin pour les dépenses de l'état et les travaux publics qu'il aura jugé à propos d'ordonner, et laissera l'assemblée libre d'y ajouter tels autres travaux qu'elle voudra et d'accorder aux provinces souffrantes tels secours qu'elle jugera nécessaires. L'assemblée émettra des vœux sur toutes les matières que bon lui semblera.

Les députés aux municipalités provinciales et nationale seront indemnisés.

Ici se trouve une théorie de l'assistance à tous les degrés, depuis l'individu jusqu'à la province.

Chacun doit, dans la mesure du possible, pourvoir à ses propres besoins par ses propres forces. L'individu qui peut travailler et peut trouver du travail n'a rien à demander à personne. — S'il tombe dans un besoin qui excède réellement ses facultés, c'est à ses plus proches, à ses parents, à ses amis, qu'il doit s'adresser avant de recourir à toute autre assistance; et ses parents, ses amis, ne doivent être autorisés à invoquer le public qu'après avoir fait eux-mêmes ce qu'ils peuvent en sa faveur. Cette marche doit être suivie depuis le simple particulier jusqu'aux provinces demandant les bienfaits de l'état (c'est-à-dire que la municipalité, frappée d'une grêle, d'une épizootie, etc., demandera d'abord l'assistance des municipalités avec lesquelles elle est en relations habituelles, puis celles-ci la recommanderont à l'arrondissement, et ainsi de suite).

On commencerait par constituer les municipalités rurales; un mois après, les urbaines; trois ou quatre mois après, on lancerait un grand édit sur la hiérarchie complète des municipalités.

Turgot avait d'abord espéré qu'un an de ministère lui suffirait pour préparer la réalisation de son projet; puis il l'ajourna, d'une année encore, à l'automne de 1776, pour avoir le temps de préparer le terrain par des lois favorables aux classes laborieuses, et de revoir, de récrire le travail préparé par son ami, en le complétant par des projets de lois assurant pleinement la liberté individuelle et la liberté de l'industrie et du commerce, avant de le soumettre au roi. Ces lois devaient être la part des classes étrangères à la propriété foncière et aux droits qu'on destinait aux propriétaires.

Il n'est pas besoin d'insister sur la grandeur de ce plan. Quant à la combinaison singulière qui conduit un philosophe spiritualiste à proposer un système électoral matérialiste, quant au point qui choque le plus les notions de droit civique établies par Rousseau, il importe d'observer que Turgot n'est séparé de la démocratie que par une erreur économique : s'il eût admis, comme tout le monde le fait aujourd'hui, la *productivité* de tout travail utile, il fût arrivé à reconnaître, au moins virtuellement, le droit politique chez tout citoyen ; car l'école économique reconnaissait le principe de propriété dans les bras du travailleur aussi bien que dans la terre du possesseur, et ne faisait de différence que dans la productivité.

Au reste, même sur ce point, il ne faut pas oublier que substituer au despotisme des intendants et des fermiers généraux et aux priviléges pécuniaires de la noblesse, du clergé, de tous les exempts, l'administration des intérêts économiques du pays par la classe entière des propriétaires fonciers, était un progrès immense. Seulement il est à croire que les propriétaires fonciers eussent bientôt jugé que ce privilége politique était trop chèrement acheté par l'obligation de porter le fardeau entier de l'impôt.

Ce qu'il y a d'erroné ou de contestable dans les plans de Turgot lui vient des autres, de l'école à laquelle il s'est agrégé ; ce qu'il y a de beau, de vrai, de profond, lui appartient exclusivement, à l'exception de cette grande idée de l'instruction publique donnée comme base à la société, idée dont il partage la gloire avec toute l'école physiocratique, ou plutôt avec tout le XVIII° siècle. C'est bien lui qui a conçu la nation animée d'un mouvement régulier dans toutes ses parties ; la vie publique éveillée à tous les degrés de l'échelle territoriale ; et cette belle théorie de l'assistance qui conserve dans le pauvre la dignité de l'homme et du citoyen, en assimilant la pauvreté individuelle à la pauvreté collective, en appliquant le même principe aux secours accordés aux particuliers qu'aux secours accordés à une communauté quelconque : c'est bien la vraie solidarité, la vraie fraternité sociale, conçue par le grand apôtre de l'individualité, c'est que chez lui individualisme ne veut dire que liberté, et non point égoïsme. A lui l'honneur d'avoir cherché à combiner le fédéralisme avec l'unité, l'unité sans la concentration bureaucratique qui étouffait et qui étouffe encore la France. Quels progrès depuis les plans de d'Argenson, qui ne voyait que la royauté et la commune, rien entre deux[1] ! Ici les communes sont à la fois indépendantes dans leurs intérêts particuliers et solidement reliées à l'état d'échelon en échelon pour les intérêts communs. Le roi, le pouvoir central, garde le dernier mot pour les choses de l'état; mais les assemblées de divers degrés sont souveraines pour les affaires de commune, d'arrondissement et de province, et peuvent proposer pour les affaires d'état, le roi se réservant d'accomplir les réformes qu'il jugera nécessaires, lors même qu'elles ne seraient pas proposées par l'assemblée.

Turgot pensait-il que la faculté de proposer se serait transformée avec le temps en pouvoir de délibérer, et que la grande municipalité, partageant le pouvoir législatif avec le roi, serait devenue une assemblée nationale unitaire, substituée à la vieille forme des Trois États? avait-il pour but final quelque chose qui ressemblât à la tentative de 91 ? — Nous ne le croyons pas : Turgot n'admet pas les gouvernements mixtes. Il n'est nullement enchaîné en théorie au pouvoir héréditaire d'un seul, comme ses amis les physiocrates; mais il veut l'unité du pouvoir central, monarchique ou républicain; un roi ou une assemblée, point un roi ou un pouvoir exécutif élu, d'une part, et une ou deux assemblées, de l'autre. Il ne veut point, au sommet de l'état, cette distinction des pouvoirs recommandée par Montesquieu et par Rousseau. Trop confiant dans la raison humaine, il ne voit pas, comme nous l'avons déjà dit, à quel point il est difficile, ou plutôt impossible, de concilier cette formidable confusion du législatif et de l'exécutif avec la liberté qu'il aime par-dessus tout.

S'il avait à constituer un état *à priori*, il ne serait donc nulle-

---

1. V. notre t. XV, p. 356.

ment éloigné d'une république unitaire ; mais, en fait, il est le ministre d'un roi, et c'est ce qu'on ne doit point oublier. S'il ne veut point d'une assemblée partageant le pouvoir législatif, à plus forte raison ne peut-il accepter l'idée de rappeler les États-Généraux. S'ils reviennent tels qu'ils ont été, c'est un retour en arrière ; c'est une consécration nouvelle de l'existence des ordres privilégiés, de l'ordre social du moyen âge : s'ils deviennent autre chose, c'est une révolution. Il ne veut ni l'un ni l'autre. Il veut l'abolition des priviléges et l'établissement de l'unité sociale par voie de réforme. Il veut la réforme par la royauté, et ne peut vouloir autre chose. C'est là la signification de son nom dans l'histoire[1].

Du moment où il a été appelé au contrôle-général, Turgot ne perd pas un jour, pas une heure, pour rapprocher le jour tant désiré où il pourra dévoiler toute sa pensée à Louis XVI. Il a commencé par se rendre compte de l'état des recettes et dépenses ; il a trouvé le revenu brut, pour 1775, à 377 millions ; le revenu net, charges déduites, à 213 millions et demi ; la dépense du trésor royal, à 235 ; le déficit, à 21 et demi : il n'hésite pas à le porter à 36 et demi, en ajoutant à la dépense 15 millions pour diminuer l'arriéré et la dette exigible, qui, depuis la banqueroute de Terrai, est déjà remontée à 235 millions[2] : en même temps, il supprime la place de banquier du roi, brûlant ses vaisseaux vis-à-vis des traitants : il pose en principe que, sauf empêchement absolu, toutes les dépenses doivent se faire au comptant, et économise par là 6 millions de commissions par an à l'état. Louis XVI le seconde en faisant porter de sa cassette une somme au trésor pour payer une année d'arrérages des pensions de la guerre, de la marine et de la maison du roi. Louis semblait chercher à purifier cette cassette tant de fois remplie, sous son aïeul, des deniers arrachés à la faim du peuple.

1. V. *Mémoire au roi,* ap. OEuv. de Turgot, t. II, p. 502. — M. J. Reynaud a résumé, avec beaucoup de force et de clarté, les idées et les travaux philosophiques et politiques de Turgot, dans l'art. TURGOT de l'*Encyclopédie nouvelle.* V. aussi l'*Éloge de Turgot,* par M. H. Baudrillart, étude consciencieuse, écrite au point de vue de l'école économique actuelle et couronnée par l'Académie française.
2. *Comptes rendus des finances, de* 1758 *à* 1787, p. 126 et suiv.— *Mercure historique,* t. CLXXVII, p. 407 (octobre 1774).

Le 13 septembre 1774, un arrêt du conseil rétablit la pleine liberté du commerce des grains à l'intérieur, révoque les règlements restrictifs[1] renouvelés par Terrai le 23 décembre 1770, supprime tout achat et emmagasinement au compte de l'état et des municipalités, coupant court ainsi aux opérations de la société du *Pacte de Famine*, et encourage l'importation des grains étrangers. L'exposé des motifs, adressé à la raison publique par Turgot, est un éloquent manifeste en faveur de la liberté commerciale. Parmi les motifs allégués contre l'intervention de l'état dans le commerce des grains, l'on remarque l'aveu très-net de la possibilité qu'ont les agents du gouvernement de se livrer, à son insu, à des *manœuvres coupables*. Turgot avait bien fini par être obligé de croire aux monopoles. L'arrêt du conseil du 13 septembre 1774, tout en signalant le retour du mouvement économique arrêté en 1770, ne dépasse nullement les limites de la prudence; on ne rétablit que la déclaration de 1763, et non celle de 1764; le roi ajourne la liberté de la vente hors du royaume jusqu'à ce que les circonstances soient devenues plus favorables.

Quelques semaines après (2 novembre), des lettres patentes annoncent que le roi se réserve de statuer sur les règlements particuliers à la ville de Paris. La récolte ayant encore été peu satisfaisante, on a senti le danger, comme effet moral, de fermer immédiatement les greniers d'abondance à Paris.

Une lettre ministérielle du 14 septembre avait prévenu les fermiers-généraux qu'il ne serait plus dorenavant accordé de *croupes* ou parts de faveurs dans les bénéfices des fermes à des personnes étrangères et inutiles à la régie. Désormais les places de fermier-général ne seraient plus données qu'à des personnes qui auraient occupé d'une manière satisfaisante, pendant plusieurs années, des emplois supérieurs dans la ferme. Les fermiers furent aussi prévenus que, dans les contestations relatives aux impôts, les cas douteux seraient désormais jugés en faveur des contribuables, contrairement à la monstrueuse jurisprudence que la ferme avait fait passer en usage. Le 15 septembre, un arrêt

---

1. Ces règlements obligeaient les négociants en grains de faire inscrire à la police leurs noms, leurs demeures, le lieu de leurs magasins, les actes relatifs à leurs entreprises, et défendaient de vendre les grains hors des marchés.

du conseil abolit les 8 sous pour livre ajoutés par Terrai, en 1771, à tous les droits de péage royaux ou seigneuriaux, et qui étaient une source d'intolérables vexations. Un autre arrêt, du 25 septembre, annule le bail de la ferme des domaines, aliénés pour trente ans par Terrai à quelques-unes de ses créatures, à des conditions désastreuses pour l'état et qui constituaient un véritable dol. Une régie remplace la ferme. Le bail de la régie des hypothèques a le même sort [1].

Une grande question politique, soulevée par le fait même de l'avénement de Louis XVI, devenait cependant de jour en jour plus pressante : c'était la question de la magistrature. A peine Turgot fut-il entré en action au contrôle-général, que le roi se trouva en demeure de prononcer entre les anciens parlements et les parlements Maupeou. La solution devait nécessairement précéder la rentrée des tribunaux après les vacances judiciaires. Le roi hésita longtemps : hésitation excusable, il faut l'avouer; la solution était pleine d'embarras et de périls. Turgot, lui, n'hésitait pas. Dès sa jeunesse, il avait pris parti contre les parlements, et, convaincu que les tribunaux manquaient à leurs devoirs en suspendant le cours de la justice, il n'avait pas craint de braver l'opinion en siégeant comme maître des requêtes dans la *chambre royale* de 1753, pendant l'exil du parlement de Paris. Il avait toujours regardé comme un mal, comme un principe d'anarchie, l'immixtion des tribunaux dans la politique et dans la législation : il se refusait absolument à y voir une garantie régulière contre l'arbitraire et la fiscalité, et c'était ailleurs, nous l'avons vu, qu'il entendait chercher ces garanties; il projetait de transporter l'enregistrement des lois et le droit de remontrances dans la *grande municipalité du royaume*, et de réduire les cours supérieures aux seules fonctions judiciaires. Il n'était pas seulement opposé en théorie aux prétentions parlementaires : il connaissait en fait l'esprit stationnaire de l'ancienne magistrature; il savait que leur intérêt de propriétaires avait pu seul rendre une partie des magistrats favorables à la liberté du commerce des blés, mais qu'à tout autre égard ils s'opposeraient au bien comme

---

1. E. Daire, *Notice hist. sur Turgot*, ap. Œuv. de Turgot, t. Ier, p. 89. — *Anciennes Lois françaises*, t. XXIII, passim. — *Mercure hist.*, t. CLXXVII, 402, 595.

ils s'étaient opposés au mal, aux réformes comme aux exactions; que toute innovation les aurait pour adversaires. Il s'opposa donc avec énergie au rétablissement des anciens parlements, et, par la plus bizarre des combinaisons, Turgot, Voltaire, les économistes et les plus politiques des philosophes, se trouvèrent coalisés involontairement sur ce terrain avec le parti du clergé et les vieux courtisans du despotisme, avec les tantes et l'aîné des frères du roi, avec les débris de la cabale d'Aiguillon et Du Barri. Il n'est pas besoin de dire à quel point différaient les motifs et le but de ces alliés d'un jour.

Le ministre des affaires étrangères, Vergennes, partisan de la monarchie absolue, puis l'aîné des frères de Louis XVI, *Monsieur*, présentèrent successivement au roi plusieurs mémoires, où ils le conjuraient de ne pas désavouer la victoire de son aïeul et de ne pas remettre la couronne en tutelle. La reine, le jeune comte d'Artois, qu'elle gouvernait alors, les princes, et tout le parti de Choiseul, à la cour, pesaient en sens contraire. Ils n'eussent pas réussi à faire pencher la balance; mais le courant de l'opinion poussait du même côté. Il y avait une distinction délicate à établir entre Maupeou et l'œuvre de Maupeou, entre la cause et l'effet; le public ne fait guère de ces distinctions; il n'a jamais qu'une idée à la fois et ne démêle pas les actes d'avec les agents. L'idée qui le dominait en ce moment, c'était la réaction contre le despotisme : les parlements avaient combattu le despotisme; donc il fallait rappeler les parlements; on oubliait et Calas, et La Barre, et la vénalité des charges, et les épices, et tant d'autres griefs si bien fondés! Il faut convenir que la difficulté était très-grande à conserver le personnel déconsidéré de la nouvelle magistrature, et, si on ne le conservait pas, comment le remplacer, les hommes capables et honnêtes, dans la robe, étant pour la plupart engagés par le point d'honneur avec les anciens parlements?

Ces difficultés pratiques, que l'on eût pu sans doute surmonter avec de la volonté et de la persévérance, agirent moins sur le frivole mentor de Louis XVI que le désir d'être applaudi à l'Opéra. Quand Maurepas fut bien assuré que le vent du jour soufflait du côté de l'ancienne magistrature, il suivit le vent. Louis XVI, contre son instinct, suivit Maurepas. Ce fut la seconde des grandes fautes de son règne.

Louis s'efforça de rassurer Turgot en lui répétant qu'il pouvait compter sur son ferme appui, et tâcha de se persuader à lui-même que les parlements ne seraient plus à craindre, après les précautions que l'on avait prises pour les contenir. Ce n'était point, en effet, le rétablissement pur et simple des anciens tribunaux que Maurepas lui avait conseillé. Maurepas, d'après un plan suggéré par le garde des sceaux Miromesnil, avait proposé de rappeler les anciens titulaires, mais en leur imposant, à peu de chose près, le régime de Maupeou. Des lettres patentes rappelèrent donc officiellement d'exil tous les anciens membres du parlement de Paris et les invitèrent à se trouver au Palais, en robe de cérémonie, le 12 novembre, jour de la rentrée annuelle des vacances. Le roi vint en grand appareil tenir un lit de justice, escorté de tous les princes et pairs, entre lesquels on remarquait Conti, qui reparaissait pour la première fois à la cour. Louis harangua les *revenants* en termes assez sévères :

« Le roi, mon très-honoré seigneur et aïeul... forcé par votre résistance à ses ordres réitérés, a fait ce que le maintien de son autorité et l'obligation de rendre la justice à ses sujets exigeaient de sa sagesse. — Je vous rappelle aujourd'hui aux fonctions que vous n'auriez jamais dû quitter. Sentez le prix de mes bontés et ne les oubliez jamais. »

Il terminait en annonçant qu'il voulait ensevelir dans l'oubli tout le passé, mais qu'il ne souffrirait pas qu'il fût jamais dérogé à l'ordonnance dont on allait entendre la lecture.

Le garde des sceaux lut ensuite plusieurs édits qui rétablissaient les anciens officiers du parlement de Paris ; supprimaient les nouveaux offices; rétablissaient le grand conseil et le recomposaient des membres du parlement Maupeou; supprimaient les conseils supérieurs, en augmentant les anciennes attributions des présidiaux, afin de conserver une partie des avantages que la création des conseils supérieurs avait offerts aux justiciables; rétablissaient les cours des aides de Paris et de Clermont-Ferrand; rétablissaient la communauté des procureurs, etc. Ces édits étaient accompagnés de l'ordonnance annoncée par le roi, et qui réglait la discipline du parlement. Les deux chambres des requêtes, foyer le plus ordinaire des orages parlementaires, étaient supprimées. Les assemblées des chambres ne pourraient être convoquées que sur la décision de la grand'chambre, et hors le temps du service ordinaire, qui ne devait jamais être interrompu. Toute interruption de service, tout envoi de démissions combinées, serait considéré comme forfaiture, et jugé, à ce titre, par le roi en *cour plénière,* assisté des pairs et de son conseil : le grand conseil, dans ce cas, remplacerait de plein droit le parlement rebelle. La faculté de remontrances était maintenue; mais, en cas de réponse négative et d'enregistrement opéré en la présence du roi, rien ne devait plus suspendre l'exécution des volontés royales [1].

Vaines précautions! vaines restrictions! L'esprit de corps est immuable : toujours il renoue la chaîne de ses traditions; l'on peut être assuré que le parlement recommencera ses entreprises. Déjà un sourd murmure a parcouru ses bancs durant la lecture de l'ordonnance disciplinaire; les orateurs officiels, en répondant au roi, ont maintenu toutes les positions antérieures, et le duc de Chartres, saisissant avidement une occasion de popularité, a fait une espèce de protestation lorsque le garde des sceaux a rempli la formalité de recueillir les opinions. Le 9 décembre, le parlement convoque les princes et les pairs pour délibérer sur des remontrances qui sont votées dans une seconde séance par tous les assistants, moins les frères du roi, le comte de La Marche et six pairs, entre autres l'archevêque de Paris. Le duc de La Rochefoucauld demande les États-Généraux, auxquels, dit-il, la cour des pairs n'a pas le droit de suppléer. A la sortie du Palais les ducs d'Orléans et de Chartres et le prince de Conti sont salués par les acclamations populaires; un silence glacé accueille les frères du roi. L'archevêque de Paris est hué. Néanmoins, sur la réponse négative du roi, on ne réitère pas les remontrances et l'on se contente de consigner sur les registres du parlement une protestation contre la forme du lit de justice et contre tout ce qui pourrait être introduit au préjudice des lois, maximes et usages du royaume : le prince de Conti lui-même a conseillé d'en rester là

---

1. *Anciennes Lois françaises,* t. XXIII, p. 43, 86.

provisoirement; mais on agit sous main auprès de Maurepas et de Miromesnil, et, neuf mois après le lit de justice, l'ordonnance à laquelle il ne devait *jamais être dérogé* est déjà ébréchée par le rétablissement des deux chambres des requêtes[1].

Toutes les cours provinciales, et le Châtelet de Paris, furent rétablis successivement dans le cours d'une année, à la grande joie des populations, qui ne voyaient là qu'une victoire de l'esprit de liberté[2]. La restauration du vénérable La Chalotais à la tête du parquet de Rennes fut surtout un jour de fête et pour la Bretagne et pour la France entière. L'exil de cet homme si justement populaire avait cessé presque aussitôt après l'avènement de Louis XVI. Si l'esprit de La Chalotais eût bien été celui des parlements, la joie publique eût été complétement légitime et Turgot n'eût pas refusé de s'y associer!

La prévision des obstacles que ce retour des parlements compliquait d'une façon si redoutable ne faisait que redoubler l'énergique activité de Turgot. Plusieurs mesures importantes se succèdent de la fin de 1774 au printemps de 1775. Le 2 janvier 1775, exemption des droits d'insinuation, centième denier, franc-fief, etc., est accordée à tous les baux de terres jusqu'au terme de vingt-neuf ans. — Une déclaration du 3 janvier 1775 abolit les contraintes solidaires pour la taille entre les principaux habitants des paroisses. Cette inique solidarité, renouvelée des lois fiscales de l'empire romain, rendait, dans les pays de taille personnelle, quelques laboureurs, un peu plus aisés que les autres, responsables de l'impôt de toute la paroisse, les empêchait de jamais savoir ce qu'ils auraient à payer au fisc et amenait chaque année la ruine d'un grand nombre de familles laborieuses; aucune loi n'avait peut-être nui davantage au progrès de l'agriculture. — Des dispositions intelligentes sont prises pour combattre une épi-

---

1. Droz, *Hist. de Louis XVI*, t. Ier, p. 155-158. — *Mercure hist.*, t. CLXXVII, p. 633; t. CLXXVIII, p. 113, 226. — *Anciennes Lois françaises*, t. XXIII, p. 119, 134.

2. Le parlement de Rouen avait été réinstallé en même temps que celui de Paris. Ceux de Rennes et de Douai le furent en décembre 1774; ceux de Bordeaux et de Toulouse, en février 1775; celui de Dijon, en mars; celui de Grenoble, en avril; de Metz, en septembre; de Pau, en octobre.— *Anciennes Lois françaises*, t. XXIII, p. 43.

zootie qui désole le Midi : Vicq-d'Azyr, le plus éminent des disciples de Buffon, est nommé commissaire du gouvernement. — Divers droits à l'entrée du royaume et à l'entrée de Paris, principalement sur le poisson de mer, sont supprimés, réduits ou égalisés. — L'Hôtel-Dieu avait le monopole du commerce de la viande à Paris pendant le carême ; la liberté de ce commerce est accordée aux débitants ordinaires. — Deux chaires sont créées au Collége de France, l'une pour le droit de la nature et des gens, l'autre pour la littérature française. Une école de clinique est fondée, sous l'inspiration de Vicq-d'Azyr. La Société royale (Académie) de Médecine est autorisée, malgré l'opposition routinière de la vieille Faculté. — En mars 1775, Turgot charge d'Alembert, l'abbé Bossut, le célèbre mathématicien [1], et un homme destiné à une grande renommée, Condorcet, déjà secrétaire perpétuel de l'Académie des sciences, d'un ensemble de recherches théoriques et expérimentales sur le système de canalisation du royaume [2] : les trois commissaires, dignes du ministre, n'acceptent qu'à la condition que leurs fonctions seront gratuites. — Un arrêt du conseil du 23 avril exempte de tous droits les livres venant de l'étranger.

L'influence de Turgot se fait sentir jusque dans les matières les plus étrangères aux finances. L'année d'avant son avénement au ministère, il avait adressé, comme intendant, un mémoire au ministre de la guerre, contre les abus du régime de la milice, régime qui venait d'être modifié depuis la chute de Choiseul. La pensée de Turgot était d'organiser des régiments provinciaux permanents, dont on ne prendrait jamais les hommes, comme on

---

1. Une chaire d'hydro-dynamique fut fondée pour lui en septembre 1775.— En mars 1776 eut lieu l'ouverture d'un cours d'anatomie comparée, la plus féconde des sciences naturelles.

2. Un très-beau travail, prototype de tous ces souterrains artificiels aujourd'hui si multipliés en France, avait été commencé récemment par l'ingénieur Laurent. C'était le canal souterrain de Saint-Quentin, destiné à réunir les bassins de la Somme et de l'Escaut, et, par conséquent (la Somme étant déjà jointe à l'Oise par le canal de La Fère), à mettre Paris en communication avec les Pays-Bas. Le canal souterrain avait, dans les plans de Laurent, des proportions beaucoup plus vastes que celles qu'il a reçues définitivement : il devait avoir jusqu'à 7,000 toises. Laurent avait auparavant canalisé la Somme et rendu cette rivière navigable dans toute la partie supérieure de son cours. — V. *Mem. secrets* de Bachaumont, t. VII, p. 281.

le faisait arbitrairement dans la milice, pour les incorporer dans l'armée active; de faire des levées annuelles dans toutes les paroisses; de laisser les miliciens chez eux avec demi-solde, en les rassemblant chaque année un temps suffisant pour les former aux armes et à la discipline. C'eût été une véritable armée de réserve. Il admettait le remplacement[1]. Une ordonnance du 1er décembre 1774, sans suivre tout le plan de Turgot, lui emprunta ce qu'elle eut de meilleur. Trente régiments provinciaux, formés par le tirage au sort, entre tous les garçons et veufs sans enfants, de dix-huit à quarante ans, compteront de 66,000 à 67,000 hommes. Le service est de six ans. Le remplacement est autorisé. Toutes les exemptions de tirage sont maintenues pour les nobles, ecclésiastiques, fonctionnaires et employés de tout ordre et de tout rang, royaux, seigneuriaux, municipaux, hommes de robe et leurs clercs, médecins et chirurgiens, agriculteurs, manufacturiers et commerçants de certaines catégories; les fils des fonctionnaires supérieurs, et jusqu'aux valets des nobles, des gens d'église et des autres privilégiés sont exempts! Que cet impudent privilége soit conservé et sanctionné en présence de Turgot ministre, cela dit tout sur la force et la profondeur des iniquités sociales à détruire[2].

Ceux qui vivent de ces iniquités, tout ce qui s'attache aux abus par intérêt ou par vanité, ont compris que l'ennemi est dans la place. Les grands projets de Turgot transpirent. Il a déjà contre lui les parlements, qui n'oublient pas son opposition à leur rétablissement, le clergé, qui s'indigne de voir la philosophie envahir les conseils de la couronne, les fermiers-généraux, qui voient poindre le système des impôts en régie et de l'abolition des aides, les courtisans intéressés dans les *croupes*[3] et autres affaires de

---

1. Œuvres de Turgot, t. II, p. 115. La prohibition du remplacement a été souvent demandée au nom de l'égalité et du devoir civique. Nous croyons qu'il y a ici confusion. Quand la patrie est en danger et le territoire envahi, tout citoyen doit le service personnel; mais, tant que subsistera le système des armées permanentes, interdire les transactions de remplacement relatives au service ordinaire de ces armées aurait d'énormes inconvénients. Le remplacement n'est incompatible qu'avec le principe des gardes nationales, de la nation armée.
2. Anciennes Lois françaises, t. XXIII, p. 87.
3. On a la liste des croupes ou parts de bénéfices sur les fermes accordées aux personnes de la cour par le dernier bail du temps de Louis XV. La dauphine (Marie-

finances qui vont être supprimées, et toute la masse des gens de cour et des officiers de la maison du roi, qui savent les pensions de faveur, les sinécures, les gaspillages, menacés à fond. L'ancien régime tout entier commence à se liguer contre le réformateur, et Turgot n'a pas même avec lui la philosophie tout entière, à cause de la brouille des économistes avec une partie des encyclopédistes. Ceux-ci estiment et honorent le ministre, mais ne l'appuient pas sans réserve. La question des grains est une occasion de rupture. La cherté continue, sans arriver jusqu'à la disette ; des agitations sourdes remuent le pays ; à ce sujet, une attaque part contre Turgot, non pas du camp des rétrogrades, mais d'un des principaux salons philosophiques de Paris. La brillante sortie de Galiani contre les physiocrates est renouvelée par un autre ami de la philosophie, qui partage les opinions religieuses de Rousseau et de Turgot, mais qui, en économie politique, a déjà pris position avec éclat comme le défenseur des traditions de Colbert.

Au commencement du printemps de 1775, le banquier Necker, l'ancien champion de la Compagnie des Indes[1], l'auteur de l'*Éloge de Colbert*, se présente au contrôle-général, un manuscrit à la main. C'était un traité sur la *Législation des grains*, conçu dans des principes différents de ceux du ministre et fort vanté d'avance dans Paris. Necker venait offrir à Turgot de s'assurer par ses propres yeux si le livre pouvait être publié sans inconvénient pour le gouvernement : Turgot, avec une hauteur un peu dédaigneuse, répond qu'*on ne craint rien* ; que le livre, quel qu'il soit, peut paraître ; que le public jugera. Necker se retire avec une égale fierté, et le livre est publié[2].

La hauteur était de trop ici : c'était le défaut de Turgot, défaut

---

Antoinette) et Mesdames, filles de Louis XV, y sont inscrites à côté des demoiselles du Parc-aux-Cerfs ! V. *Mém. sur l'administration de l'abbé Terrai*, p. 241.

1. Depuis la chute de la Compagnie des Indes, Necker avait fait de grandes opérations financières avec le gouvernement. On lit, dans une lettre adressée à Necker par les bureaux sous l'abbé Terrai, l'étrange passage qui suit : « Nous vous *supplions* « de nous secourir dans la journée ; *daignez* venir à notre aide... Nous avons recours « à votre amour pour la réputation du trésor royal. » Droz, *Histoire de Louis XVI*, t. Ier, p. 216. — On voit bien là, comme le dit M. Droz, non-seulement dans quelle détresse, mais dans quelle *turpitude* l'administration était tombée, au moment même où elle revendiquait un despotisme plus absolu que celui de Louis XIV.

2. *Mém.* de Morellet, t. Ier.

qui procédait d'une conviction intolérante à force d'énergie et de
sincérité ; mais c'était pourtant une grande scène et un grand
exemple que ce pouvoir se désarmant lui-même et ouvrant la lice
à ses adversaires devant la raison publique prise pour juge!

Turgot n'avait point affaire à un méprisable rival! Moins spirituel, moins ingénieux que Galiani, Necker était plus chaleureux et plus émouvant : son éloquence sentimentale, quoique effleurant parfois l'emphase et la recherche, était faite pour produire de vives impressions. Ce n'était pas d'un penseur vulgaire que de prendre appui sur ce qu'il y avait eu de plus fort dans le passé, sur les souvenirs de Colbert, tout en regardant par-dessus les réformes annoncées par les économistes pour annoncer les misères nouvelles qui se mêleraient aux bienfaits de la libre concurrence, et en réclamant, au nom des prolétaires, des pauvres, des faibles, contre l'abandon de toute intervention de l'État dans les phénomènes économiques. La passion avec laquelle ce livre a été décrié et célébré de nos jours encore, suffit pour en attester la portée. A propos des grains, c'est l'économie politique tout entière qui est en jeu. Necker s'en prend moins à ce qu'a fait Turgot qu'à ce qu'il veut faire. La première partie, qui traite de l'exportation, émet des vues souvent justes. Il soutient, contre l'école de Quesnai, que la population contribue plus à la force d'un État que les richesses; que la liberté constante et absolue d'exporter les blés n'est pas nécessaire au progrès de l'agriculture; que les établissements d'industrie sont le seul moyen d'élever la consommation au niveau de la plus grande culture. Il va jusqu'à affirmer que la liberté constante d'exporter les grains nuit aux manufactures. Il établit une distinction entre l'intérêt des propriétaires de blé et les encouragements nécessaires à l'agriculture. Il proclame la supériorité du commerce des manufactures nationales avec l'étranger sur le commerce des blés. Turgot, emporté par la logique physiocratique, a écrit quelque part [1] que « le territoire n'appartient point aux nations, mais aux individus propriétaires des terres. » Necker pense plus justement que le territoire appartient et aux nations et aux propriétaires; qu'il y a deux droits à concilier;

---

1. *Lettre au docteur Price*, 1778; ap. Œuv. de Turgot, t. II, p. 808.

que, par conséquent, le droit du propriétaire de disposer des fruits de sa terre et de sa terre elle-même n'est point illimité [1]. Le devoir de l'état, suivant lui, est de protéger le faible contre le fort ; or « l'homme fort, dans la société, c'est le propriétaire : l'homme faible, c'est l'homme sans propriété. » Bientôt, entraîné à son tour par sa thèse, il évoque des images passionnées ; il soulève des problèmes redoutables. Il compare les propriétaires et les prolétaires à des lions et à des animaux sans défense qui vivraient en société. « On dirait qu'un petit nombre d'hommes, après s'être partagé la terre, ont fait des lois d'union et de garantie contre la multitude, comme ils auraient mis des abris dans les bois pour se défendre contre les bêtes sauvages. Cependant, on ose le dire, après avoir établi les lois de propriété, de justice et de liberté, on n'a presque rien fait encore pour la classe la plus nombreuse des citoyens. Que nous importent vos lois de propriété ? pourraient-ils dire. — Nous ne possédons rien ! — Vos lois de justice ? — Nous n'avons rien à défendre. — Vos lois de liberté ? — Si nous ne travaillons pas demain, nous mourrons !... »

Il serait facile de montrer à quel point ces lois bien définies *importent* à tous ; mais Necker lui-même se résume dans un langage moins oratoire, plus philosophique et plus calme : « Il faut qu'en accordant aux prérogatives de la propriété autant qu'il est possible, on ne perde jamais de vue les vieux titres de l'humanité. »

Ses conclusions pratiques, relativement à la question des grains, sont de ne permettre l'exportation que lorsque le blé sera au-dessous d'un certain prix qu'on reviserait tous les dix ans ; d'ordonner qu'il y ait une provision modique dans les mains des boulangers, du 1er février au 1er juin de chaque année, c'est-à-dire durant les mois les plus exposés à la hausse ; de laisser le commerce intérieur libre tant que le blé n'aura pas atteint un prix supérieur de moitié à celui où l'exportation aura été défendue ; ce prix dépassé, défendre de vendre hors des marchés, et, dans les marchés mêmes, défendre d'acheter pour emmagasiner. Ses

---

1. Pour la disposition de la terre, il est facile de citer un exemple : l'état a le droit d'interdire au propriétaire de vendre sa terre à un étranger, c'est-à-dire d'aliéner une portion du sol national à quelqu'un qui n'est pas citoyen.

objections contre la pleine liberté intérieure n'ont pas la même
valeur que celles contre la libre exportation absolue, et les expédients qu'il propose sont plus que contestables. Son hostilité
contre les marchands de blé n'est pas fondée : l'intervention des
marchands de blé, dans l'état normal, ne fait pas renchérir la
denrée d'une façon générale, mais nivelle les prix [1].

En somme, Necker, de même que Galiani, a raison de contester
l'absolu économique : on a blâmé des hyperboles dangereuses
dans son livre, et, de son temps même, un des lieutenants de
Turgot, l'illustre Condorcet, lui a répondu que ce n'était pas la
liberté du propriétaire, mais le monopole du privilégié, qui opprimait le non-propriétaire [2]. Il est certain qu'entre les deux, le plus
grand oppresseur était le monopoleur, ce qui n'établit pas que
Necker eût entièrement tort. L'inégalité des biens était alors beaucoup plus grande encore qu'aujourd'hui, et la législation que nous
devons au mouvement de 89 n'avait pas encore diminué la force
d'accumulation de la propriété. L'injustice, chez Necker, était
d'imputer à ses adversaires une prétendue négation absolue des
devoirs de l'état. Ils ne niaient pas le devoir social, ces hommes
qui voulaient organiser sur une échelle immense l'instruction
publique : seulement ils savaient que le meilleur, le seul moyen
de délivrer le prolétaire de la misère, c'est de le délivrer du vice
et de l'ignorance, et que la première de toutes les lois économiques, c'est une bonne loi d'enseignement. Turgot et ses amis
ne niaient pas davantage, nous l'avons déjà dit et nous allons le
montrer encore, que l'état dût travailler au soulagement des
pauvres dans les temps difficiles; mais ils entendaient concilier
cette intervention avec la liberté. Chez Necker, il faut bien le dire,
la protestation en faveur des prolétaires reste à l'état de sentiment :
il n'a aucun plan général de protection pour eux ; car ce n'est pas
avoir un plan que d'évoquer la tradition de Colbert, tradition que

---

1. V. Necker, *de la Législation des grains*, ap. *Mélanges économiques*, t. Ier, collect. Guillaumin.

2. Condorcet, *Lettre sur le commerce des grains;* ap. *Mélanges économiques*, t. II, p. 491. — « C'est, dit-il, dans les abus du crédit, du privilége et de l'arbitraire, et non dans le droit de propriété, que consiste la force funeste du riche contre le pauvre. C'est ce même droit de propriété qu'il s'agit d'assurer au pauvre. »

Colbert même, s'il pouvait revivre, transformerait de fond en comble.

Chez Turgot, derrière toute idée il y a un acte; chez Necker, l'idée ne sait pas prendre corps. L'un, au pouvoir, est un grand homme d'état; l'autre n'y sera qu'un habile financier, et, quand il essaiera quelque chose en dehors des combinaisons de crédit, il ne fera que reprendre quelques lambeaux du plan de son devancier.

Le temps est venu cependant où la pensée doit sortir de la sphère des généralités : les questions qu'agitent les livres commencent à descendre sur la place publique; l'ère des discussions paisibles va se fermer. Au moment où parut le livre de Necker, l'émeute grondait de toutes parts.

La cherté avait augmenté vers le printemps, comme il arrive toujours dans les mauvaises années. L'irritation des classes souffrantes était en raison même des espérances qu'avait données le nouveau règne : le peuple appréciait mal les obstacles qu'opposait la nature aux bonnes intentions du pouvoir. Le 18 avril, des paysans ameutés envahirent la ville de Dijon, attaquèrent la maison d'un conseiller au parlement Maupeou, bien connu pour ses relations avec la société du *Pacte de Famine*, saccagèrent tout sans rien piller, et voulurent tuer le gouverneur, M. de La Tour-du-Pin, qui les avait, dit-on, exaspérés par un mot aussi insensé que barbare. Comme les paysans lui disaient qu'ils n'avaient pas de quoi acheter du pain : « Mes amis, » aurait-il répondu, « l'herbe commence à pousser; allez la brouter. » L'évêque de Dijon parvint enfin à calmer cette foule exaspérée et à arrêter le désordre[1].

A la nouvelle des troubles de Bourgogne, Turgot fit suspendre les droits d'octroi et de marché sur les grains et farines dans les villes de Dijon, Beaune, Saint-Jean-de-Lône et Montbard, moyennant indemnité aux propriétaires de ces droits. Ce n'était que le commencement d'une série de mesures analogues, qui, du 22 avril au 3 juin, aboutirent à la suppression ou à la très-forte réduction de tous les droits de ce genre dans toute la France, sauf à Paris, qui restait soumis provisoirement à un régime particulier. C'était

---

1. Lettre de Dijon, citée dans la *Relation* à la suite des *Mém. sur l'administ. de Terrai*, p. 256.

là un des meilleurs moyens de faire baisser les grains. Le 24 avril, un autre arrêt du conseil accorda des primes à l'introduction des blés étrangers : on voit, dans cet arrêt, que le gouvernement multipliait les travaux publics dans tous les pays où les besoins étaient urgents; qu'on avait établi des ateliers de filature, de tricot, etc., à Paris, où l'on employait hommes, femmes et enfants. On ne pouvait donc reprocher l'inaction au pouvoir. Dès avant l'arrêt du 25 avril, Turgot avait fourni des fonds à des négociants pour faire venir des blés par la voie du Havre[1].

Les mouvements continuaient cependant, et prenaient, dans les contrées qui environnent Paris et qui en sont les greniers, un caractère tout à fait différent de l'émeute de Dijon, émeute facile à expliquer par des causes ordinaires. En Brie, en Soissonnais, dans la Haute-Normandie, dans le Vexin, des bandes d'hommes à figures sinistres couraient le pays, ameutant les populations, forçant les fermiers à livrer les grains à vil prix, envahissant les marchés des villes, se portant d'un point sur un autre, le long de la Seine, comme s'ils suivaient un mot d'ordre et que leur but principal fût d'empêcher les blés étrangers débarqués au Havre d'arriver jusqu'à Paris. Il paraît certain que des granges furent incendiées et des blés jetés à la rivière par des gens qui criaient famine! Le 1er mai, les bandes avaient pillé le marché de Pontoise; le 2, elles entrèrent à Versailles jusque dans la cour du château! Le roi parut au balcon, leur parla et ne fut point écouté. Il se troubla et fit proclamer que le pain serait taxé à deux sous la livre. Les vociférations cessèrent alors, et le tumulte se dissipa, mais les bandes annoncèrent publiquement qu'elles iraient le lendemain à Paris.

Turgot accourut de Paris, désolé d'une faiblesse qui menaçait de rendre impossible tout plan d'administration. Il força en quelque sorte le roi de revenir sur la concession faite à l'émeute et de l'autoriser à défendre à qui que ce fût d'exiger des boulangers le pain au-dessous du prix courant; mais Louis persista du moins

---

1. *Anciennes Lois françaises*, t. XXIII, p. 151, 155. — *Relation* à la suite des *Mém. sur l'administ. de Terrai*, p. 257. — Dans le préambule de l'arrêt du 24 avril, le ministère expliquait pourquoi le blé était cher : les malveillants ne manquèrent pas de dire qu'il approuvait la cherté.

à interdire aux troupes de faire feu. Pendant ce temps, les bandes entraient dans Paris (3 mai); les marchés étaient gardés, mais les boutiques des boulangers ne l'étaient pas, et les séditieux les pillèrent tout à leur aise, en présence d'une foule immense, moins complice que spectatrice. La police montra plus que de la mollesse; le lieutenant-général de police Lenoir, comme le ministre Sartine, à qui il avait succédé, était très-hostile au système de Turgot et très-désireux de le voir échouer. L'énergie de Turgot fut au niveau des circonstances : il exigea la destitution immédiate du lieutenant-général de police; le 4 mai, les boutiques des boulangers furent occupées militairement; les mouvements des troupes écartèrent les curieux, et la sédition, réduite à ses forces réelles, n'osa plus rien tenter dans Paris. Le parlement, cependant, s'était réuni, malgré une lettre du roi qui lui défendait d'intervenir en corps dans ces troubles, dont le conseil attribuait la connaissance à la chambre de la Tournelle; il rendit un arrêt qui revendiquait l'instruction de l'affaire pour la Grand'Chambre et qui suppliait le roi de faire baisser le prix des grains à un taux proportionné aux besoins du peuple. Un tel arrêt, affiché en regard de l'ordonnance du roi qui maintenait le prix courant du pain, était sinon une grande perfidie, tout au moins un grand péril. Si Paris était calmé, le désordre redoublait dans les campagnes et dans les petites villes, et plusieurs grandes cités, Lille, Amiens, Auxerre, avaient été en proie aux mêmes troubles que la capitale et le même jour[1]. Le bruit de l'imprudente concession accordée par le roi à Versailles s'était propagé avec la rapidité de l'éclair. On répandait de faux arrêts du conseil pour confirmer la parole du roi; la multitude en profitait pour exiger le pain, la farine, le grain, à vil prix; en même temps les bandits continuaient à crever les sacs, à assaillir les bateaux sur les rivières, et des agents inconnus engageaient secrètement les principaux détenteurs de grains à cacher et à ne pas vendre, parce que la cherté croîtrait encore.

Le conseil prit toutes les résolutions que dicta Turgot. La distribution de l'arrêt du parlement fut arrêtée, et la planche rom-

---

[1]. Le Midi eut aussi ses émeutes vers la même époque.

pue chez l'imprimeur. Une petite armée de 25,000 hommes fut mise sur le pied de guerre et occupa la capitale, l'Ile de France et surtout le cours des rivières. Elle était commandée par un maréchal de France (Biron), sous la direction supérieure du contrôleur-général, nommé *ministre de la guerre en cette partie*. Une ordonnance royale défendit, sous peine de la vie, de former des attroupements, de forcer les maisons des boulangers ou les dépôts de grains et farines, de contraindre les détenteurs à livrer les grains et farines au-dessous du cours, annonça que l'ordre était donné aux troupes de faire feu en cas de violence et que les contrevenants seraient jugés prévôtalement, rigoureuses mesures que Louis XVI ne signa pas sans une espèce d'effroi[1]. Le 5 mai, le parlement fut mandé à Versailles pour un lit de justice. Le garde des sceaux expliqua au parlement les motifs qui engageaient le roi à charger une juridiction sommaire, une juridiction de guerre, de la répression des troubles. « Lorsque les premiers troubles seront totalement calmés, le roi laissera, lorsqu'il le jugera convenable, à ses cours et à ses tribunaux ordinaires le soin de rechercher les vrais coupables, *ceux qui, par des menées sourdes, peuvent avoir donné lieu aux excès* qu'il ne doit penser, dans ce moment-ci, qu'à réprimer. »

Lorsque le garde des sceaux recueillit les voix pour la forme, le prince de Conti et un conseiller au parlement osèrent seuls manifester leur opposition. Le roi congédia l'assemblée, en défendant de faire aucunes remontrances. — « Je compte que vous ne mettrez point d'obstacle ni de retardement aux mesures que j'ai prises, *afin qu'il n'arrive pas de pareil événement pendant le temps de mon règne !*... »

Le parlement sentit les conséquences qu'aurait sa résistance dans de telles conjonctures et n'osa en courir la responsabilité. En intervenant mal à propos dans la question de la taxe du pain, il s'était ôté la possibilité de défendre son terrain légitime, la justice ordinaire, contre la juridiction exceptionnelle. Il n'était pas fâché, au fond, de voir rejeter sur d'autres la charge impopulaire de la répression : il ne protesta que pour sauver les apparences

---

1. Sa Majesté dit, en sortant, à M. Turgot : « Au moins n'avons nous rien à nous reprocher ?... » *Relation* à la suite des *Mém. sur Terrai*, p. 264.

et se tint tranquille, tandis que le ministère agissait[1]. Les grands moyens employés par Turgot réussirent pleinement : nulle part l'émeute ne devint insurrection et n'essaya de tenir sérieusement contre les troupes; la sécurité des routes et des marchés fut rétablie : les agents de l'administration avaient prévenu sous main les gros fermiers qu'on n'entendait pas les taxer arbitrairement, mais qu'il fallait tenir les marchés garnis et ne pas exiger des prix exorbitants. Les arrivages de grains étrangers, d'ailleurs, commençaient d'arrêter naturellement la hausse[2]. La nouvelle de l'emprisonnement de deux des principaux agents du *Pacte de Famine,* comme moteurs présumés de la sédition, dut contribuer aussi à ramener les esprits. On avait arrêté beaucoup de gens de diverses conditions, entre autres plusieurs curés de campagne, qui avaient déclamé en chaire contre le contrôleur-général. On crut nécessaire de faire des exemples. Le 11 mai, deux des acteurs de l'émeute du 3 furent pendus en Grève, par sentence de la commission prévôtale de Paris. C'était un ouvrier gazier et un perruquier, qui, sans être innocents, n'étaient pas plus coupables que bien d'autres, et qu'on ne pouvait considérer comme étant du nombre de ces *meneurs* dénoncés par le garde des sceaux. On peut dire que leur mort fut la première application que le parti du progrès fit de ces *rigueurs salutaires* et de ces *nécessités du salut public,* dont on devait faire plus tard un si terrible abus. C'est peut-être le seul reproche qu'il soit permis d'adresser à Turgot.

Les exécutions capitales, du moins, n'allèrent pas plus loin. Le jour même du supplice de ces malheureux, une amnistie, qui n'exceptait que les chefs et instigateurs, rassura les paysans, qui s'étaient réfugiés en foule dans les bois, et les garantit contre toutes poursuites ultérieures, à condition de rentrer paisiblement dans leurs paroisses et de restituer en nature ou en argent, à la véritable valeur, les grains et farines pillés ou extorqués au-dessous

---

1. Le parlement montra même, sur ces entrefaites, un zèle monarchique inattendu : il fit brûler deux brochures contre le pouvoir absolu, où les principes du *Contrat social* étaient mêlés à ceux des *Remontrances parlementaires* (30 juin). Le parlement prétendit qu'il n'appartenait point aux écrivains de traiter de ces matières. Droz, t. Ier, p. 171.

2. Le ministère y dépensa 10 millions.

du cours[1]. En même temps, le conseil adressa aux curés, par l'intermédiaire des évêques, une circulaire à lire et à commenter au prône. C'était à la fois un exposé des causes qui font naturellement hausser et baisser le prix des grains, et un manifeste contre les auteurs du complot formé pour affamer Paris et les provinces voisines. Le ministère affirmait dans cette pièce que la sédition n'avait point été occasionnée par la rareté réelle des blés; qu'ils avaient toujours été en quantité suffisante dans les marchés; qu'elle n'était pas non plus produite par l'excès de la misère; qu'on avait vu la denrée portée à des prix plus élevés[2], sans que le moindre murmure se fût fait entendre. — Sa Majesté n'a ni le pouvoir ni le moyen de baisser à son gré le prix des denrées; ce prix est entièrement dépendant de leur rareté ou de leur abondance... La sagesse du gouvernement peut rendre les chertés moins rigoureuses en facilitant l'importation des blés étrangers, en procurant la libre circulation des blés nationaux, en mettant, par la facilité du transport et des ventes, la subsistance plus près du besoin, en donnant aux malheureux, et en multipliant pour eux toutes les ressources d'une charité industrieuse; mais toutes ces précautions ne peuvent empêcher qu'il y ait des chertés... suite nécessaire des mauvaises récoltes. — *Lorsque le peuple,* était-il dit enfin, *connaîtra quels sont les auteurs de la sédition, il les verra avec horreur.*

Cette phrase, qui semblait annoncer que la foudre allait tomber sur de grands coupables, n'était pas de Turgot, mais de l'archevêque de Toulouse, Loménie de Brienne, prélat novateur et ambitieux, qu'on avait chargé de revoir la circulaire et qui se donnait beaucoup de mouvement pour arriver au conseil.

La circulaire fut mal accueillie du clergé, qui trouva mauvais qu'un *philosophe* comme Turgot s'ingérât de lui prescrire ses devoirs. Beaucoup de gens blâmèrent le gouvernement d'avoir dénoncé un complot qui ne fut pas prouvé. En effet, Saurin et Doumercq, ces deux agents du monopole des blés du roi sous Louis XV et sous Terrai, qui avaient été arrêtés, parvinrent à se

1. Des indemnités avaient déjà été allouées par le ministre à des propriétaires pillés.
2. Le blé avait été beaucoup plus cher du temps de Terrai et du *Pacte de Famine.*

disculper; un président de l'ex-conseil supérieur de Rouen (parlement Maupeou), également emprisonné, fut relâché aussi; les curés arrêtés en furent quittes pour quelques mois de prison, et la fameuse phrase de la circulaire « resta une vaine menace, » dit l'historien de Louis XVI, « soit que les troubles n'eussent pas de moteur caché, soit qu'on ne pût réunir contre les coupables des preuves suffisantes, *ou que Louis XVI ne permît pas de les publier*[1]. » Ce qui est certain, c'est que Turgot était convaincu de l'existence d'une conspiration tramée par le prince de Conti et par quelques membres du parlement : Conti, ce prince philosophe et adversaire du despotisme, finissait tristement une carrière qui avait eu des moments honorables, en se mettant à la tête de tous les brouillons contre la philosophie arrivée au pouvoir sous d'autres auspices que les siens. Bien des soupçons s'étaient élevés aussi contre le ministre Sartine. On ne peut douter qu'il n'y ait eu, sinon complot formel et organisé, au moins propagation perfidement systématique de tous les bruits qui pouvaient pousser à la sédition, et argent répandu pour l'encourager[2]. Il y eut dans la *Guerre des Farines*, ainsi que l'on nomma ces troubles, une coalition monstrueuse d'éléments contraires : les agents et les victimes du *Pacte de Famine* s'y donnèrent la main; les passions populaires s'y mêlèrent aux passions les plus rétrogrades; une violente et aveugle fraction du peuple servit contre l'ami du peuple les partisans du monopole et du despotisme qu'elle s'imaginait combattre. Ils croyaient que le monopole était encore à Versailles, comme sous Louis XV. De là, ces placards furieux affichés jusque dans les Tuileries et provoquant à brûler Versailles. Les insensés défenseurs des vieux abus et du vieux régime sourirent au lieu de trembler : ils ne virent là qu'un embarras pour leur adversaire, qu'un moyen d'abattre Turgot[3] !

1. Droz, t. Ier, p. 167. — Plus loin, p. 168, cet historien consciencieux se décide tout à fait à admettre que « des hommes puissants excitaient les troubles. »
2. Voici un des faits les plus avérés : dans la séance du parlement du 4 mai, un conseiller raconta que, durant la bagarre de la veille, apercevant une femme plus animée que les autres, il l'avait engagée à se retirer de la mêlée, en lui offrant un écu pour acheter du pain ; mais que cette furie lui avait répondu ironiquement, en faisant sonner sa poche : « Va, va, nous n'avons pas besoin de ton argent : nous en avons plus que toi ! » — *Relation* à la suite des *Mém. sur Terrai*, p. 265.
3. Sur la Guerre des Farines, V. *Relation* à la suite des *Mém. sur l'administ. de*

Turgot ne tomba pas : l'ordre matériel se rétablit; mais ce n'était point assez. Les classes moyennes avaient pris assez légèrement ces incidents si graves : influencées indirectement par l'aristocratie, leur adversaire naturel, et par la fraction des encyclopédistes qui, avec fort peu d'intelligence politique, se groupait autour de Necker contre Turgot, les classes moyennes ne donnaient pas au gouvernement tout l'appui moral qu'il avait droit d'attendre d'elles. Les traitants, qui avaient envoyé tant de milliers de malheureux aux galères ou à la mort pour crime de contrebande, criaient effrontément contre la *barbarie* de Turgot. Les pamphlets, les caricatures, les chansons, se multipliaient, accueillis par le public sinon avec une faveur décidée, du moins avec beaucoup trop d'indulgence. Voltaire fut admirable de bon sens et d'énergie. Lui qui avait raillé naguère les exagérations et les bizarreries des économistes, il n'hésita pas un instant à reconnaître qu'ici leur cause était celle de la philosophie et du progrès, et il se lava glorieusement de sa connivence avec Maupeou et la Du Barri[1] par le concours dévoué qu'il apporta à Turgot. Déjà, dans l'ingénieuse allégorie du *Voyage de la Raison*, monument d'une fugitive alliance entre les monarchies européennes et la philosophie, il avait félicité le gouvernement français de mériter à son tour les éloges dus à ses confrères, le feu pape en tête; il est vrai que c'était le pape qui avait aboli les jésuites. Deux autres de ses écrits abordent directement la question du jour, la libre circulation des grains à l'intérieur, répandent sur ces sérieuses matières économiques tout le charme, tout le piquant d'une verve inimitable, et réfutent indirectement Necker, et directement un allié compromettant de Necker : c'était l'avocat Linguet, le paradoxe incarné, l'apologiste de Tibère, de Néron, de l'esclavage, des jésuites et du despotisme pur, seul protecteur, suivant lui, des pauvres contre l'oppression des riches; écrivain facile et non pas sans vigueur, qu'égaraient l'amour du bruit et la recherche d'une fausse originalité. Voltaire, suivant sa cou-

---

Terrai. — *Mercure hist.*, t. CLXXIX, p. 48 et suiv. — *Journal des Économistes*, t. X, p. 279. — Soulavie, *Mém. du règne de Louis XVI*, t. III. — Droz, t. Ier, p. 164 et suiv.

1. Connivence dont les motifs étaient parfaitement désintéressés, ne l'oublions pas.

tume, touchait à tout à propos de tout, et le second de ses deux écrits, la *Diatribe à l'auteur des Éphémérides*, fut supprimé par arrêt du conseil du 19 août, à cause de certains passages sur le rôle du clergé dans les derniers troubles. Turgot fit prier Voltaire de modérer l'expression de ses sympathies, dans l'intérêt de la cause. Le vieillard continua toutefois à célébrer le Messie politique de la philosophie et à travailler à lui ramener les esprits indécis [1].

Chaque jour, quelque incident nouveau montrait plus clairement à quel point le moindre progrès serait disputé. L'époque du sacre était venue (11 juillet 1775). Turgot eût voulu, par raison d'économie, que cette cérémonie se célébrât à Paris. Le sacre à Reims était une affaire de 8 millions. La tradition l'emporta : les droits de Reims furent maintenus. Turgot s'efforça, chose plus importante, de faire modifier le serment du sacre et supprimer les deux formules, l'une ancienne, l'autre moderne, par lesquelles le roi s'obligeait à *exterminer* les hérétiques et à maintenir la peine capitale contre les duellistes. Maurepas déconseilla cette innovation et Louis XVI n'osa suivre l'avis de Turgot [2]. On dit qu'au moment de prononcer le barbare serment du moyen âge, Louis se troubla et balbutia des mots inintelligibles. Malheureux prince, incapable de prendre nettement parti dans le combat du passé et de l'avenir !

Ce fut, au contraire, le clergé qui modifie les formules du

---

1. V. l'ode sur *le Passé et le Présent* :

> Contemple la brillante aurore
> Qui t'annonce enfin les beaux jours.
> Un nouveau monde est près d'éclore :
> Até disparaît pour toujours.
> Vois l'auguste philosophie,
> Chez toi si longtemps poursuivie,
> Dicter ses triomphantes lois.
> La vérité vient avec elle, etc.
> ...Quels dieux répandent ces bienfaits ?
> — C'est un seul homme ! — Et le vulgaire
> Méconnaît les biens qu'il a faits !

2. Turgot, dans ce qui regardait le sacre, n'eut de succès que sur la question économique. Au lieu de faire approvisionner Reims par l'autorité, il laissa le soin de l'approvisionnement au libre commerce, en se bornant à suspendre l'octroi de la ville. On eut tout en abondance.

sarce et qui en ôta ce que pouvait accepter l'esprit moderne! Tandis qu'on exhumait encore une fois devant le xviiie siècle le souvenir des rois franks et des rois féodaux, la sainte ampoule de Clovis, la couronne et l'épée de Charlemagne, les pairs de Hugues Capet et de Philippe-Auguste, on chassait le peuple de la place que la tradition lui avait maintenue dans le rituel, comme une protestation qui ne laissait point périmer le droit primordial. L'officiant (le coadjuteur de Reims) supprima la question au peuple : « Voulez-vous N... pour roi? » Les hommes du passé rompaient eux-mêmes le compromis entre le droit divin et la souveraineté nationale que recélait l'antique cérémonial [1].

Au retour du sacre, Turgot adressa au roi un très-beau mémoire sur la *tolérance*. Il affirme que c'est un devoir de ne pas tenir des engagements criminels; il réclame la liberté des cultes au nom de la raison d'état, du droit naturel et des vrais principes religieux [2].

Pendant ce temps, l'assemblée du clergé, réunie de juillet à septembre 1775, demande qu'on achève l'œuvre de Louis le Grand et de *Louis le Bien Aimé*; qu'on dissipe les assemblées des protestants, tolérées par un relâchement funeste; qu'on les exclue de toutes fonctions publiques; qu'on interdise la célébration de leurs mariages et l'enseignement de leurs enfants. Le clergé se plaint qu'on laisse les enfants à leurs mères; il appelle cela « *ravir* de tendres enfants aux ministres de notre sainte religion. » Sur les réclamations des ordres mendiants, qui se plaignent de voir leurs noviciats déserts, il demande que les vœux de religion, reportés à vingt et un ans par l'ordonnance de 1768, soient autorisés à seize ans comme auparavant. Enfin, dans sa colère contre le siècle, après avoir condamné un grand nombre de publications philosophiques, il déclare que « le monstrueux athéisme est devenu l'opinion dominante [3]. »

Ces doléances de l'esprit de persécution furent portées au roi par l'archevêque de Vienne, frère du poëte Lefranc de Pompi-

---

1. Droz, t. Ier, p. 171. — *Œuv.* de Turgot, t. Ier, Notice hist., p. c. — *Relation du sacre*, ap. *Mercure hist.*, t. CLXXIX, p. 78 et suiv.
2. *Œuvres* de Turgot, t. II, p. 492.
3. Droz, t. Ier, p. 182. — Bachaumont, t. VIII, p. 269-312.

gnan et son allié dans la guerre contre Voltaire. Ce prélat, sincère dans son intolérance, avait pour acolytes l'archevêque de Toulouse, Loménie de Brienne, ministre en expectative, et un jeune ecclésiastique destiné à devenir bien plus fameux encore, l'abbé de TALLEYRAND-PÉRIGORD, deux hommes d'Église qui croyaient tout au plus en Dieu, mais qui, du moins, avaient tâché en particulier de s'opposer aux résolutions qu'ils étaient obligés de soutenir officiellement.

Cette assemblée si rétrograde avait cependant refusé d'autoriser la fête du *Sacré Cœur de Jésus,* que les ex-jésuites tâchaient d'introduire par la société secrète des *Cordicoles.* C'était une concession à l'esprit antijésuite du parlement, qui répondit aux avances du clergé en condamnant au feu la *Diatribe à l'auteur des Éphémérides,* déjà prohibée par le conseil. L'avocat-général Séguier proclama, dans son réquisitoire, l'étroite union de la magistrature et du clergé. Les deux vieux adversaires se réunissaient contre l'ennemi commun[1].

D'autres remontrances, conçues dans un esprit bien différent, avaient été présentées au roi avant celles du clergé (6 mai 1775). C'étaient ces remontrances de la cour des aides, demeurées si justement célèbres comme la pièce historique la plus instructive qui soit émanée des corps de magistrature. A propos de quelques observations sur les conditions de son rétablissement, la cour des aides, ou plutôt son premier président, l'excellent Malesherbes, avait tracé un tableau complet du système d'impôts qui pesait sur la France et des effroyables abus qui en résultaient. Le roi pouvait tout embrasser d'un coup d'œil, le passé et le présent. C'est là qu'on voit ces détails si poignants et si souvent reproduits sur la gabelle du sel, de ce don, « un des plus précieux que la nature ait faits à la France, si la main du financier ne repoussait sans cesse ce présent que la mer ne cesse d'apporter sur nos côtes... Il est des parages où les commis de la ferme assemblent les paysans, dans certain temps de l'année, pour submerger le sel que la mer a déposé sur le rivage!... » C'est là encore qu'apparaît à nu la démoralisation causée par le régime des douanes

---

1. *Mém.* de Bachaumont, t. VIII, p. 241 — Droz, t. Ier, p. 183. — E. Daire, *Introduction aux Œuvres de Turgot,* p. xcix.

intérieures et des impôts inégaux, démoralisation dont il nous reste de déplorables traces ; l'auteur montre les populations habituées à ne pas regarder comme un délit la contrebande, c'est-à-dire la fraude contre l'état[1] ; « il y a des provinces entières où les enfants y sont élevés par leurs pères, n'ont jamais acquis d'autre industrie, et ne connaissent d'autres moyens pour subsister. » Et cela avec les galères ou même le gibet en perspective ! La ferme générale combat cette corruption par une bien pire : elle achète secrètement la femme pour dénoncer le mari, le fils pour dénoncer le père ! Elle a obtenu qu'en matière de fraude l'accusation équivale à peu près à la condamnation ; on n'est pas obligé de prouver le délit : le procès-verbal des commis faisant foi, c'est à l'accusé de prouver son innocence, et Dieu sait quelle foi méritent les commis intéressés à trouver toujours des coupables[2]. Dans la plupart des cas, l'accusé n'a qu'un seul juge, la plupart des affaires d'impôt ayant été soustraites aux tribunaux spéciaux et renvoyées devant l'intendant de la généralité, et de là, en appel, au conseil des finances, c'est-à-dire à un intendant des finances, puisque le contrôleur-général qui compose ce conseil avec cet intendant ne peut entrer dans le détail du contentieux. Lors même qu'il n'y a pas évocation, les appels des tribunaux aboutissent encore à ce juge unique du conseil des finances. N'avoir qu'un seul juge, c'est *n'avoir point de juge,* c'est n'être jugé que par l'arbitraire. La concession faite aux cours des aides, en 1767, par l'abolition des commissions extraordinaires, a donc été presque entièrement illusoire.

La tyrannie insolente que la ferme et tous ses employés, jusqu'aux plus infimes, exercent sur la masse laborieuse, sur tout ce qui n'est pas privilégié ou protégé, repose sur un code inconnu, immense chaos de règlements qui ne sont rassemblés nulle part

---

1. Témoin l'espèce de popularité de Mandrin, le héros de la contrebande.
2. V. dans le *Recueil de la cour des aides,* p. 485 et suiv., l'histoire de Monnerat, soupçonné de contrebande (on l'avait pris pour un autre), arrêté, enseveli, sans aucune forme de justice, dans un cachot souterrain, pendant six semaines, chargé de fers, au pain et à l'eau, puis détenu vingt mois dans une autre prison. L'erreur reconnue, remis en liberté, il fait assigner en dommages et intérêts l'adjudicataire des fermes par-devant la cour des aides. Le conseil d'état évoque et enterre l'affaire, et casse les arrêts par lesquels la cour des aides essaie de maintenir sa juridiction et de faire justice. C'est un exemple entre mille.

et où les financiers pénètrent seuls. Le contribuable ne sait jamais ce qu'il doit payer; le fermier, souvent, ne sait pas mieux ce qu'il doit exiger; mais il a fait passer en jurisprudence que le doute s'interprète toujours à l'avantage de la ferme. « L'homme du peuple est obligé de souffrir journellement les caprices, les hauteurs, les insultes même, des suppôts de la ferme. » Il est entièrement à la merci des tyrans fiscaux, de même qu'il avait été autrefois à celle des tyrans féodaux.

Comment s'étonner des haines traditionnelles qui poursuivent encore aujourd'hui tout ce qui tient aux contributions indirectes?

« Des branches entières d'administration sont fondées sur des systèmes d'injustice, sans qu'aucun recours ni au public, ni à l'autorité supérieure, soit possible. » Il n'y a ni plus de clarté ni plus d'équité dans ce qui regarde les impôts directs. La corvée, par exemple, n'a été établie par aucune loi, pas même par un arrêt du conseil imprimé! Non-seulement le roi s'est attribué le droit exclusif et absolu de faire des lois, mais, maintenant, on met des impôts même sans loi du roi. Le vingtième a bien été établi par des édits, mais les rôles en sont occultes; impossible aux particuliers de les consulter. La cour des aides avait obtenu, en 1756, que la publicité fût donnée à ces rôles : les ministres ont fait révoquer cette concession au feu roi. Quant à la taille et à ses accessoires, les rôles ne peuvent être secrets; mais il n'existe pour les communautés ni pour les particuliers aucun moyen de discuter ni de réclamer d'avance. On n'est instruit de ce qu'on doit qu'au moment de payer. La cour des aides avait ordonné, en 1768, à chaque élection de lui envoyer un état annuel des tailles. Le conseil a cassé l'arrêt de la cour. Toutes les garanties ont été englouties les unes après les autres par une marée montante d'arbitraire. Les élus chargés du département de la taille étaient jadis, comme leur nom l'indique, des délégués populaires; on en a fait des officiers royaux, puis ils ont été présidés par l'intendant de la généralité; puis l'intendant a décidé seul, les élus étant réduits à la voix consultative, et les cours souveraines ont reçu défense de se mêler des questions concernant l'assiette de l'impôt; puis enfin, en 1767, la connaissance a été retirée aux élus de ce qui regarde les accessoires de la taille, c'est-à-dire la partie mobile de l'impôt, partie à peu près égale au principal qui reste fixe ; l'intendant non-seulement statuant seul, mais connaissant seul désormais, quant aux accessoires de la taille et aussi aux diminutions et remises.

La cour des aides ne discute pas les limites des droits de la couronne, comme avaient fait sans cesse les parlements ; elle laisse de côté toute métaphysique politique[1], et concentre son attaque pour la rendre irrésistible. L'ennemi qu'elle saisit corps à corps, c'est le despotisme *bureaucratique*[2] : c'est la puissance clandestine, impersonnelle, irresponsable des commis ; dans l'immense majorité des cas qui intéressent le plus grand nombre des citoyens, ce n'est pas en effet le ministre, ce n'est pas même l'intendant, c'est un subalterne inconnu qui décide en toute souveraineté sous la signature de son supérieur qui le couvre. La cour des aides attaque avec une extrême énergie ce système d'arbitraire et de clandestinité suivi avec persévérance par l'administration pour enlever aux peuples, à tous les degrés, le moyen de faire entendre leur voix au prince, ce système qui a fait disparaître, dans presque toute la France, toute représentation générale ou locale, qui a été jusqu'à dépouiller les corps et communautés du droit d'administrer leurs propres affaires, qui en est venu à cet *excès puéril* de concentration universelle de « déclarer nulles les délibérations des habitants d'un village, quand elles ne sont pas autorisées par l'intendant, en sorte que, si cette communauté a une dépense à faire, quelque légère qu'elle soit, il faut prendre l'attache du subdélégué de l'intendant... »

Après soixante-dix ans de révolution, les communes ne sont

---

1. Il y a cependant à citer un passage qui renferme une vue très-fine et très-remarquable. Le rédacteur compare la France avec les pays de despotisme oriental où il n'y a ni lois ni corps constitués, et avec les pays où les prérogatives du prince et de la nation ont été respectivement fixées. « En France, dit-il, la nation a toujours eu un sentiment profond de ses droits et de sa liberté : nos maximes ont été plus d'une fois reconnues par nos rois ; ils se sont même glorifiés d'être les souverains d'un peuple libre. Cependant les articles de cette liberté n'ont jamais été rédigés. (*Recueil de ce qui s'est passé à la cour des aides*, etc.; Bruxelles, 1779, p. 652.) Il y a en effet dans l'histoire autre chose que les institutions et les faits officiels. Il y a les mœurs et les idées ; c'est surtout dans l'histoire de France qu'il ne faut jamais l'oublier ; car nous sommes la moins *formaliste* des nations.

2. Le terme est *barbare*, mais expressif, et nous ne lui trouvons pas d'équivalent.

point encore affranchies; mais on voit, du moins, ce qu'il faut penser du reproche si souvent adressé à la Révolution d'avoir étouffé les libertés communales [1].

En poursuivant partout le système de clandestinité, la cour des aides ne pouvait manquer de rencontrer les lettres de cachet : elle voudrait bien réclamer leur entière abolition; elle demande, du moins, qu'on donne aux gens arrêtés par voie extraordinaire les moyens de débattre leur innocence, avec indemnité s'ils sont reconnus innocents, et que tout ordre d'arrestation extraordinaire soit revisé par des magistrats spéciaux.

Les *Remontrances* essaient d'indiquer partout le remède à côté du mal. — Simplifier les droits et taxes : « Il n'y a de bonnes lois que les lois simples. » — Ordonner aux fermiers de publier des tarifs exacts et une collection courte et claire des règlements. — Rendre au peuple le droit de nommer des représentants pour assister au département des impôts avec l'intendant et les élus actuels, et attribuer à cette assemblée tout ce qui regarde les impôts directs. — Révoquer la capitation ou en changer entièrement la nature arbitraire [2]. Fixer l'époque où cessera le vingtième, fort augmenté sous l'abbé Terrai; changer, en attendant, la nature de cet impôt par un cadastre une fois fait. Plus d'impôt dont la somme totale ne soit pas fixée d'avance. Le particulier doit avoir à payer sa part proportionnelle dans un total déterminé, et non point une portion déterminée de son revenu faisant partie d'un total inconnu [3].

La cour des aides termine en réclamant la publicité à tous les degrés dans l'administration. « Le vœu unanime de la nation est d'obtenir des États-Généraux, ou au moins des États-Provinciaux. »

---

1. Que la centralisation administrative, avec tous ses abus, soit d'origine monarchique et non révolutionnaire, c'est ce qui ressort de l'étude attentive de l'ancien régime; M. de Tocqueville nous a rendu le service de mettre cette vérité au-dessus de toute discussion et à la portée de tout le monde, en multipliant, en concentrant les preuves dans une œuvre décisive : *l'Ancien Régime et la Révolution*, dernier effort d'une belle intelligence que la mort allait nous ravir.

2. Les nobles et tous les privilégiés, dans les provinces, avaient trouvé moyen de faire réduire leur capitation à un taux excessivement modique, tandis que celle des taillables égalait presque le principal de la taille. *Œuv.* de Turgot, t. II, p. 258.

3. C'est-à-dire qu'il ne doit y avoir que des impôts de répartition, et point d'impôts de quotité.

Il faudrait commencer par avoir auprès du roi des députés des provinces pour toutes leurs affaires en général, comme il y en a déjà pour les intérêts spéciaux du commerce. Il faudrait qu'on pût recourir publiquement au conseil ou au ministre contre un intendant, comme aux cours souveraines contre un tribunal inférieur[1].

Malesherbes ne concluait pas comme Turgot, puisqu'il réclamait des États-Généraux, et son projet de réforme était beaucoup moins vaste et moins profond que celui du contrôleur-général ; mais la présentation officielle au nom d'une cour souveraine lui donnait un grand poids, et l'impression générale des *Remontrances*, malgré certaines divergences dans les points de vue, était très-favorable aux plans de Turgot. Aussi le contrôleur-général avait-il lui-même engagé le premier président de la cour des aides à presser son travail, et tous deux étaient-ils d'accord pour tâcher de faire nommer une commission de magistrats et d'administrateurs qui examinerait les *Remontrances* et chercherait les moyens pratiques de réforme. Cette commission eût été l'instrument essentiel de Turgot.

Le vieux Maurepas le sentit : l'autorité croissante de Turgot commençait sinon à l'inquiéter, du moins à l'importuner. Le sévère et sombre tableau retracé par Malesherbes l'effaroucha. Il ne voulait laisser le gouvernement s'engager à fond sur rien. Il ne songea qu'à enterrer les *Remontrances* et le projet de commission, fit répondre par le roi que les réformes nécessaires sur les objets qui en seraient susceptibles devaient être, non pas l'ouvrage d'un moment, mais le travail de tout son règne, et, par le garde des sceaux, que, *s'il existait réellement des abus*, il ne faudrait les faire connaître qu'au moment de les corriger ; que la cour des aides ne devrait donc pas s'étonner des moyens extraordinaires

---

1. *Mém. pour servir à l'hist. du Droit public*, etc., ou *Recueil de ce qui s'est passé en la cour des aides, de* 1756 *à* 1775, p. 628-693. — Il y a dans cette pièce, en dehors de son objet spécial, bien des vues judicieuses. Le rédacteur, par exemple, montre qu'une des causes qui arrêtent le développement de la prospérité et de la grandeur de la France, c'est qu'il est plus avantageux chez nous d'être commis ou même fraudeur que soldat, d'être officier de finance qu'agriculteur, que commerçant ou qu'industriel. — Forbonnais avait dit la même chose en posant des chiffres qui montrent l'homme de finance gagnant trois fois plus que l'industriel.

pris pour empêcher la publication de ses *Remontrances*. Ces moyens consistaient à enlever la minute des registres de la cour (30 mai 1775). Maurepas n'y gagna pas grand'chose ; car la pièce qu'il voulait faire disparaître fut imprimée secrètement, quelques semaines après, à l'insu de Malesherbes[1].

La présentation des *Remontrances* fut le dernier acte important de Malesherbes comme premier président de la cour des aides. Maurepas avait reconnu enfin l'impossibilité de soutenir plus longtemps contre le mépris universel son beau-frère, le vieux La Vrillière, honteux débris d'un honteux régime. La reine, excitée par ses familiers, qui avaient de l'ambition pour elle, tâchait d'introduire quelqu'un de ses protégés dans le cabinet à la place de La Vrillière. Maurepas craignait sur toute chose que la reine ne prît de l'influence : il se rejeta du côté de Turgot et fit nommer au ministère de la maison du roi précisément l'auteur des *Remontrances*. Malesherbes refusa par deux fois et ne se résigna que lorsque Turgot lui eut fait un devoir positif d'accepter, en lui représentant qu'un esprit de dissipation et de frivolité allait envahir, avec la société de la reine, la place qu'il refusait, et que la cause des réformes serait perdue (mi-juillet 1775).

C'était un indice assez significatif que de voir au ministère chargé des rapports avec le clergé et des lettres de cachet le correspondant de Rousseau, le magistrat qui avait revu en secret les épreuves de l'*Émile !* La présence de cet homme de bien semblait purifier les bureaux où avait siégé durant un demi-siècle le lâche complaisant de Louis XV et de tous les grands, l'instrument servile du vice et du fanatisme. Le premier soin de Malesherbes fut de visiter les prisons d'état et de délivrer le plus grand nombre qu'il put des victimes de l'arbitraire. Il ne lui fut pas possible de les délivrer toutes, ni de donner des juges à ceux des détenus qui paraissaient coupables ou dangereux. L'infortuné Le Prévôt de Beaumont, qui avait dénoncé le Pacte de Famine, resta en prison. Ce seul fait montre à quel point la machine du despotisme était fortement montée. Les hommes d'état qui désiraient le plus sincèrement la briser étaient pris et entraînés dans ses rouages dès qu'ils

---

1. *Recueil de ce qui s'est passé en la cour des aides*, p. 694, 695. — *Mémoires* de Bachaumont, t. VIII, p. 138.

touchaient au pouvoir. Malesherbes lui-même signa quelques lettres de cachet[1]. Il proposa, conformément aux *Remontrances*, de remettre à un tribunal spécial l'arme funeste dont il avait hâte de se débarrasser. En cas d'arrestation par ordre exprès du roi, le nouveau tribunal serait saisi dans les vingt-quatre heures. Louis XVI approuva; mais Maurepas entrava sourdement, et le tribunal ne fut point établi.

Il en fut de même d'un autre abus monstrueux que Malesherbes avait voulu rendre moins criant. Il s'agissait des *arrêts de surséance* à l'abri desquels les courtisans avaient l'habitude de braver leurs créanciers et d'ajourner indéfiniment le paiement de leurs dettes. Malesherbes demandait que les *arrêts de surséance* ne fussent accordés que par un conseil, une espèce de tribunal, et que les débiteurs favorisés par ces arrêts fussent relégués hors de la cour et de Paris tant qu'ils en garderaient le bénéfice. Le roi applaudit, et rien ne fut fait[2].

Turgot continuait cependant d'avancer à travers tant d'obstacles. Il achevait d'effacer les traces des déprédations de Terrai. Après le bail des domaines et le bail des hypothèques, il avait cassé le bail des poudres et remis cette administration en régie : parmi les régisseurs figurait l'illustre chimiste Lavoisier (fin mai). On travaillait à remplacer par des nitrières artificielles les vieux procédés vexatoires de recherche du salpêtre dans les maisons. Lavoisier perfectionna la poudre, et nos armées en eurent le bénéfice dans la guerre d'Amérique.

Un édit de juin 1775 supprime avec indemnité les offices de marchands privilégiés et porteurs de grains de la ville de Rouen et le droit de banalité appartenant à cette ville. Le maintien de ces privilèges eût rendu absolument illusoire, pour Rouen et les pays voisins, la liberté du commerce des grains proclamée par le gouvernement. Une compagnie de cent douze marchands avait le droit exclusif d'acheter les grains sur les marchés de Rouen, des Andelis, d'Elbeuf, de Duclair et de Caudebec, et de les revendre aux boulangers et aux particuliers. Une autre compagnie de quatre-vingt-dix porteurs, chargeurs et déchargeurs de grains

---

1. Et Turgot en demanda. — V. *la Bastille dévoilée*.
2. Droz, *Hist. de Louis XVI*, t. Ier, p. 178-180.

avait seule le droit de se mêler du transport de la denrée. Enfin la ville de Rouen possédait cinq moulins jouissant du droit exclusif de mouture pour ses habitants, droit qui se résolvait en une surtaxe sur les boulangers. Sous les entraves réglementaires de la monarchie moderne, la France portait encore les mille chaînes locales du moyen âge [1].

Quelque temps après, un arrêt du conseil permet aux boulangers forains d'apporter et de vendre librement leur pain dans la ville de Lyon (novembre 1775).

En août 1775, des commissaires sont nommés pour examiner les titres de tous seigneurs et autres propriétaires de droits sur les grains, mesure préparatoire du rachat de ces droits.

La caisse d'amortissement, fondée en 1764 et désorganisée par Terrai, est supprimée : on emploiera d'autres moyens pour rembourser (30 juillet) ; Turgot n'est nullement opposé au principe de l'amortissement, car il vient de l'imposer dorénavant à tout corps et communauté qui voudra contracter un emprunt. Les désordres administratifs des corps de ville et de toutes les autres corporations ne motivaient que trop cette mesure (24 juillet).

Un impôt est établi pour la continuation des travaux des canaux de Bourgogne et de Picardie (1er août).

Le 7 août, arrêt du conseil qui réunit au domaine et met en régie les messageries et diligences. Les lourds coches à dix ou onze lieues par jour sont remplacés par des véhicules plus actifs et marchant en poste sur toutes les grandes routes. Promesse est faite d'organiser le service sur les routes de traverse, et il est expliqué que l'exploitation par l'état n'est qu'une transition préparant un régime de liberté. Turgot avait bien compris quelle puissante assistance la facilité des voyages et la multiplication des rapports apporteraient à la cause du progrès [2].

Le 18 août, Turgot et Malesherbes font rendre au conseil un

---

1. Une déclaration du 12 janvier 1776 supprima des entraves d'un autre genre qui empêchaient le développement des verreries en Normandie. On apprend par cette pièce que c'était vers 1711 que l'usage des carreaux de vitre s'était substitué à celui des panneaux de verre en losange. *Anc. Lois françaises*, t. XXIII, p. 29.

2. *OEuv.* de Turgot, t. II, p. 424, et t. Ier; Notice, etc., p. LXXXVII; sur l'hostilité du clergé contre cet établissement. — Le coche ou carrosse de Bordeaux mettait quatorze jours pour arriver à Paris : la *turgotine* arriva en cinq jours et demi.

arrêt qui inflige à un tribunal colonial, le conseil supérieur du Cap (île de Saint-Domingue), un blâme sévère pour avoir employé en justice des lettres interceptées; « considérant que tous les prin- « cipes mettent la correspondance des citoyens au nombre des « choses sacrées, dont les tribunaux, comme les particuliers, « doivent détourner les yeux, et qu'ainsi le conseil supérieur « devait s'abstenir de recevoir la dénonciation qui lui était faite [1]. »

Un édit d'août 1775 supprime, à mesure des extinctions, avec remboursement aux familles, les offices anciens, alternatifs, triennaux, mi-triennaux, de receveurs des tailles, et crée un seul et unique receveur de toutes les impositions (directes) par chaque élection, bailliage, viguerie, etc., où il existe des offices de receveur. La simplification des emplois fiscaux prépare la simplification des impôts.

29 août : suppression de la corvée militaire (corvée pour le transport des convois), remplacée par un impôt de 1,200,000 fr. sur les pays d'élection et pays conquis. Turgot avait donné, dans sa généralité de Limoges, l'exemple du rachat de cette corvée par abonnement, exemple suivi par huit autres intendants. L'arrêt du conseil applique le même principe à la plus grande partie du royaume.

La pleine liberté du commerce des grains à l'intérieur est étendue au transport d'un port à l'autre du royaume (12 octobre).

La haute police du grand monde, créée ou largement développée dans les dernières années de Louis XV, est mise à la réforme [2].

Des lettres patentes du 22 décembre 1775 affranchissent le pays de Gex de la gabelle, des aides, du monopole du tabac, moyennant un abonnement payé par les propriétaires fonciers et équivalant à la somme que la ferme retirait de ce petit coin de terre. Il ne s'agissait que d'une trentaine de mille livres, qui en coûtaient peut-être dix fois autant au pays par les vexations, les désordres, les obstacles à la production. C'était un témoignage délicat de reconnaissance envers Voltaire que de commencer à expérimenter

---

1. *Anciennes Lois françaises*, t. XXIII, p. 229. — L'arrêt ordonne que les auteurs de l'interception soient poursuivis selon la rigueur des ordonnances.
2. *Mémoires* de Bachaumont, t. VIII, p. 236.

aux portes de Fernei les plans du ministre qu'il soutenait avec tant de zèle [1]. La plume infatigable du *patriarche* continuait d'enfanter écrit sur écrit en faveur du gouvernement présent.

L'esprit de réforme avait conquis une troisième place dans le cabinet. Le ministre de la guerre, le maréchal du Mui, venait de mourir. Le choix du successeur embarrassait : Turgot et Malesherbes proposèrent à Maurepas, toujours dominé par la préoccupation d'écarter les protégés de la reine, un vieil officier-général qui vivait dans la retraite et dans la pauvreté, au fond d'un village d'Alsace. C'était le comte de Saint-Germain, un des rares généraux qui, dans la guerre de Sept Ans, avaient soutenu, avec Chevert, l'honneur des armes françaises. Quelques griefs, exagérés par son imagination ardente, lui avaient fait quitter l'armée au milieu de la guerre : il avait passé au service du Danemark, réorganisé l'armée danoise sur un plan nouveau, puis abandonné ce pays après la catastrophe de ses infortunés protecteurs, Struensée et Caroline-Mathilde. Retiré en Alsace et ruiné par une banqueroute, il ne vivait que d'une modique pension, partageant son temps entre la culture de son jardin, la rédaction de mémoires sur la constitution de l'armée, et les exercices d'une dévotion mystique où il était tombé sur ses vieux jours.

Maurepas vit un élément de popularité dans le piquant et dans l'imprévu d'un tel choix. Il n'eût pas laissé un troisième adepte de la philosophie pénétrer dans le conseil; mais il compta que Saint-Germain, réformateur sans être philosophe, ne ferait pas cause commune avec Malesherbes et Turgot, quoiqu'il dût sa place à leur recommandation. Saint-Germain fut donc appelé à Versailles, et l'on raconta avec admiration, à la ville et à la cour, que l'envoyé qui lui portait sa nomination au ministère l'avait trouvé occupé à planter ses légumes de ses propres mains. Le public, épris d'un subit engouement pour ce nouveau Cincinnatus, oublia trop que les vieux héros de Rome ne quittaient pas l'armée en temps de guerre pour des mécontentements privés.

Quoi qu'il en soit, le choix était bon quant aux vues : Saint-Germain avait des plans bien conçus, au moins sur l'organisation

---

1. *Mercure hist.*, t. CLXXX, p. 333.

de l'armée active. Il avait des lumières, mais l'événement allait montrer qu'il n'avait pas le caractère sans lequel les lumières ne sont rien chez un administrateur. La réforme militaire ne pouvant valoir que par l'ensemble et devant frapper sur des intérêts puissants et remuants, il ne fallait pas laisser à ces intérêts le temps de se reconnaître; il fallait mettre à profit la faveur de l'opinion pour imposer la réforme en bloc. On l'émietta, pour ainsi dire. Saint-Germain avait bien aperçu ce qu'il convenait de faire; mais Maurepas, toujours ennemi des grands partis, conseilla au roi de ne promulguer que successivement les ordonnances réformatrices, et Saint-Germain ne sut pas insister avec autorité ni faire comprendre au roi en quoi sa position différait de celle de Turgot, qui avait à opérer des changements aussi vastes que compliqués, et auxquels l'élément du temps était indispensable. Saint-Germain voulait à la fois se donner un point d'appui et assurer la durée de ses réformes après lui par la création d'un conseil permanent de la guerre, sans l'avis duquel il fût interdit de changer dorenavant les lois militaires. Le conseil de la guerre resta en projet : Maurepas n'entendait point qu'on limitât l'omnipotence ministérielle.

Saint-Germain débuta par une amnistie aux déserteurs qui rejoindraient les drapeaux, avec substitution des galères à la mort pour ceux qui déserteraient à l'avenir, sauf le cas de désertion à l'ennemi (12 décembre 1775); puis il procéda à la réforme des corps privilégiés de cavalerie de la maison du roi, corps d'officiers faisant le service de soldats et avançant au tableau avec les vrais officiers, création contraire à tous les vrais principes militaires, mais politiquement utile à la splendeur et à la force de la monarchie absolue. On put reconnaître dès lors combien l'énergie de Saint-Germain était au-dessous de ses projets. Il ne sut point résister aux clameurs des grands seigneurs qui commandaient ces corps. Il supprima les mousquetaires, qui, précisément, avaient les états de service les plus brillants; mais il conserva en partie les autres compagnies et surtout les gardes-du-corps, les plus nombreux et les plus dispendieux, et il se laissa aller à accorder le rang d'officiers à tout le corps de la gendarmerie, créant ainsi un abus nouveau quand il prétendait abattre les anciens (décembre 1775 — février 1776). Il supprima les régiments provinciaux, institution qu'il eût mieux valu perfectionner, et n'en laissa subsister que le tirage et l'inscription pour disponibilité. Il supprima l'École Militaire et le collége préparatoire de La Flèche, et fit ordonner que les enfants nobles élevés aux frais du roi dans ce collége seraient désormais distribués dans des colléges ordinaires, d'où, à quinze ans, on les enverrait dans des régiments parmi douze cents cadets gentilshommes que le roi y entretiendrait (1ᵉʳ février 1776). Un autre règlement du 28 mars 1776 répartit les futurs cadets entre une dizaine de colléges dirigés par des bénédictins, des oratoriens, des minimes, éducation qui parut singulière pour former des gens de guerre[1]. Le 25 mars 1776, parurent des ordonnances d'une incontestable utilité sur le nombre et les appointements des gouverneurs de villes et de provinces; sur la formation des troupes en divisions, de manière à avoir, au lieu de régiments isolés, une véritable armée organisée en grands corps et dressée aux manœuvres d'ensemble; sur la suppression de la finance de tous les emplois militaires; sur une augmentation de solde que l'augmentation du prix de toutes les denrées rendait juste et nécessaire; sur l'avancement réglé avec ordre et justice; enfin diverses mesures destinées à doter l'armée de cette constitution uniforme que Choiseul avait déjà fort avancée; tout cela était excellent; mais, peu de temps après avoir proclamé l'abolition de la vénalité des charges de guerre, Saint-Germain laissa vendre, pour couvrir quelques dépenses de son ministère, cent charges de capitaines de cavalerie. Ce n'était pas ainsi que Turgot menait la réforme.

Toutes les innovations de Saint-Germain n'étaient point d'ailleurs également judicieuses. Dans son règlement disciplinaire, mélange de bonnes dispositions et de minuties monacales, il s'avisa d'introduire les punitions corporelles en usage chez les Allemands et les Anglais, mais que l'armée française n'avait

---

1. On trouva encore plus étrange, dans le règlement disciplinaire du 25 mars, l'article où le ministre déclarait que l'intention du roi était de ne souffrir dans ses troupes « aucun officier affichant l'incrédulité. » *Anc. Lois françaises*, t. XXIII, p. 472.

jamais connues. Le vieil honneur gaulois se souleva : il y eut des rébellions, des suicides, quand il s'agit d'appliquer aux soldats la punition des coups de plat de sabre. « Je n'aime du sabre que le tranchant! » s'écria un grenadier, dont le mot courut toute la France. Un sous-officier s'enfonça dans le cœur l'arme dont on l'avait forcé de frapper un soldat! Les officiers approuvaient la susceptibilité de leurs soldats, et la discipline se relâcha au lieu de se resserrer [1].

Une prompte réaction s'opéra dans l'opinion contre Saint-Germain, et l'inégalité de son humeur, mélange de brusquerie et de faiblesse, lui fit autant d'ennemis que l'inconséquence de sa conduite. La confusion qui se fit dans la masse peu éclairée entre ses réformes et celles de Turgot fut un obstacle de plus pour celui-ci.

Turgot poursuivait sa marche avec une fermeté que rien ne pouvait ébranler, avec une activité que rien ne pouvait lasser, et cela parmi de longues et cruelles attaques de goutte qui altéraient déjà sa forte constitution. Il se hâtait d'autant plus qu'il avait moins à compter sur le temps et sur la vie.

Les premiers résultats financiers de son administration étaient le meilleur argument à donner au roi en faveur de ses plans économiques. Dans l'état des recettes et dépenses pour 1776, le découvert se trouvait réduit de 36 millions et demi à 23 et demi. Il n'y avait découvert que parce qu'on remboursait plus de 31 millions sur l'arriéré : le découvert n'existait donc plus sur la dépense ordinaire : il y avait au contraire excédant de recettes.

Dans le courant de janvier 1776, Turgot présenta au roi en conseil une série de projets de lois qui faisaient faire de nouveaux et de très-grands pas à son système. Les principaux étaient : 1° l'abolition de la corvée pour les chemins et son remplacement par un impôt sur les propriétaires de biens-fonds; 2° l'abolition des droits établis à Paris sur les blés et farines, et de toute cette vieille police des grains, si vexatoire, si incohérente, qui eût

---

1. *Vie du comte de Saint-Germain*, en tête de sa Correspondance avec Pâris Duvernei; Londres, 1789; 2 vol. in-8°. — *Mém.* du comte de Saint-Germain; Amsterdam, 1779; in-12. — *Anc. Lois françaises*, t. XXIII, passim. — Droz, *Hist. de Louis XVI*, t. Ier, p. 184 et suiv.

rendu tout commerce de blé absolument impossible à Paris et aux environs si l'on eût exécuté les règlements à la lettre: c'était là le complément nécessaire des édits de 1763 et de 1774 sur la libre circulation des grains à l'intérieur[1]; 3º l'abolition des offices créés sur les halles, quais et ports de Paris[2]; 4º la suppression des jurandes, maîtrises et corps de métiers, et la pleine liberté pour tout citoyen d'entreprendre toute espèce d'industrie, conformément au droit naturel.

D'autres projets transpiraient et devaient suivre ceux-ci : 1º la réforme de la maison civile du roi, dont la monstrueuse dépense était triple de celle de la maison militaire[3] et que Turgot avait dessein de réduire de 14 millions par des diminutions graduées qui ne seraient complétement réalisées qu'au bout de neuf ans; 2º la transformation des deux vingtièmes, impôt vaguement assis et arbitrairement réparti, en une *subvention territoriale* établie sur les bases d'une rigoureuse proportionnalité; 3º la modification profonde de la gabelle, si odieusement inégale; 4º la suppression ou la conversion des droits féodaux du domaine royal en une redevance annuelle, comme exemple du roi aux seigneurs, qu'on pousserait à consentir au rachat ou à la conversion de leurs droits, en réformant les dispositions des coutumes qui s'y opposaient; enfin, 5º la validation des mariages des protestants[4].

Toute la société officielle et privilégiée, depuis les titulaires des

---

1. La déclaration de 1763 avait laissé subsister tous les règlements particuliers des villes : on a vu tout à l'heure ceux de Rouen; ceux de Paris étendaient leur action à vingt lieues à la ronde, interceptaient les relations entre l'est et l'ouest, et, combinés avec ceux de Rouen, enlevaient absolument au libre commerce le bassin de la Seine. A Lyon, les greniers d'abondance et l'élévation des droits produisaient à peu près le même effet. — Une déclaration royale autorisa l'exportation sans droits pour le ressort du parlement de Toulouse et pour le Roussillon.

2. Il y avait jusqu'à 3,200 chargeurs, déchargeurs, rouleurs, etc., de grains. — *OEuv. de Turgot*, t. Ier, p. 61. — Les commissionnaires courtiers de vins étaient conservés.

3. La maison militaire coûtait 8 millions; la maison civile du roi, plus de 23 ; les maisons de la reine, des princes et princesses, plus de 13 ! — V. *Comptes rendus des finances, de* 1758 *à* 1787, p. 169.

4. Parmi les écrits publiés pour préparer la voie et former l'opinion, l'on remarque les *Réflexions sur la Jurisprudence criminelle*, par Condorcet (contre le code des gabelles). — V. *Mélanges économiques*, t. II.

pairies et des grandes charges de la maison du roi jusqu'aux gardes des métiers et aux titulaires des maîtrises, s'agita comme une ruche, ou, plutôt, comme un immense essaim de frelons troublé dans son domaine. La *Guerre des Farines* avait échoué. On prépara une résistance désespérée sur un autre terrain. Déjà l'opposition s'était manifestée dans le conseil même. Maurepas n'avait rien dit; mais le garde des sceaux, Miromesnil, l'homme de Maurepas, n'avait pas eu honte de défendre la corvée, cette odieuse imitation des abus féodaux, par laquelle la monarchie du xviiie siècle avait achevé d'écraser les *taillables* des campagnes : il avait combattu, au nom des priviléges *nécessaires* de la noblesse, l'établissement d'un impôt sur les propriétaires pour la confection et l'entretien des routes. Turgot répondit à Miromesnil avec sa vivacité ordinaire : « M. le garde des sceaux semble adopter le « principe que, par la constitution de l'état, la noblesse doit être « exempte de toute imposition. Cette idée paraîtra un paradoxe « à la plus grande partie de la nation. Les roturiers sont certai- « nement le plus grand nombre, et nous ne sommes plus au « temps où leurs voix n'étaient pas comptées[1]. » Le roi se prononça pour Turgot, et signa les édits[2].

L'opposition se concentra dans le parlement, devenu, comme Turgot l'avait bien prévu, le quartier-général de tous les intérêts stationnaires ou rétrogrades. Le parlement prit l'offensive dès le 30 janvier. Un jeune conseiller, d'Éprémesnil, qu'attendait une tumultueuse renommée, dénonça à la compagnie, en présence des princes et des pairs, une brochure anonyme contre la *corvée*, et, à cette occasion, déclama dans les termes les plus virulents contre la secte des économistes et contre Turgot, désigné aussi clairement que s'il eût été nommé. L'avocat-général Séguier le prit de haut avec le pamphlet dénoncé, écrit *futile*, « plus digne de mépris que de censure. » Le parlement supprima l'écrit, qui n'était rien moins que l'œuvre de Voltaire. Trois brochures

1. *OEuvres* de Turgot, t. II, p. 269-270.
2. Louis XVI, pris d'émulation, voulut aussi travailler personnellement à la réforme. Il exhuma et rajeunit un règlement de Colbert pour la destruction des lapins qui ravageaient les champs voisins des forêts royales (21 janvier 1776), montrant ainsi, comme le dit son historien (M. Droz), ses bonnes intentions et le peu d'étendue de son esprit.

en faveur du ministère venaient de partir coup sur coup de l'officine de Fernei[1].

Le 9 février[2], les édits annoncés furent envoyés au parlement pour l'enregistrement. La corvée était abolie comme *injuste :* Turgot espérait qu'un tel stigmate, imprimé par la main du roi même sur cette exaction, en rendrait le retour impossible. L'impôt qui la remplaçait, et qui ne devait pas dépasser 10 millions environ, portait sur tous les propriétaires de biens-fonds ou de droits réels sujets aux vingtièmes, ce qui laissait les dîmes ecclésiastiques en dehors. Turgot n'avait pas « voulu se faire deux querelles à la fois. » Le préambule de l'édit sur les jurandes repoussait, du haut du trône, au nom du droit naturel, l'extravagante prétention qui faisait du droit naturel et universel de travailler un droit domanial que les sujets devaient acheter du prince. On avait observé, dans la suppression des offices et dans l'abolition des jurandes, tous les ménagements que demandaient la prudence et la justice.

L'abolition des jurandes ne devait être immédiate qu'à Paris : pour les provinces, elle n'aurait lieu qu'après que le gouvernement aurait pris connaissance des dettes des communautés et assuré leur remboursement. A Paris même l'exécution de l'édit était suspendue pour certaines professions intéressant la foi publique, la police générale ou la sûreté et la vie des hommes, l'orfévrerie, l'imprimerie, la pharmacie, jusqu'à ce qu'on leur eût donné des règlements particuliers[3]. Des syndics de quartiers remplaçaient les officiers des communautés pour les mesures d'ordre et de police. Tous les genres de commerce et d'industrie étaient libres à tous, même aux étrangers non naturalisés, moyennant déclaration devant le lieutenant-général de police. Quant aux ouvriers travaillant pour des entrepreneurs, ce serait à ceux-ci

1. Bachaumont, t. IX, p 37-41. — *Mercure hist.*, t. CLXXX, p. 324. — Une des trois brochures était intitulée : *Lettre d'un laboureur de Champagne à M. Necker.*
2. Ce même jour, un arrêt du conseil ordonne que les boîtes de remèdes distribuées gratuitement dans les campagnes soient triplées. — Le 6 février, un autre arrêt avait réduit la largeur des grandes routes de 60 à 42 pieds, rendant ainsi un assez grand espace à l'agriculture.
3. Dès que Turgot admettait la nécessité de réglementer certaines professions, il est difficile de ne pas considérer la boulangerie comme devant figurer parmi ces exceptions.

à représenter au lieutenant de police l'état des gens qu'ils emploient. Les règlements sur les métiers insalubres ou dangereux étaient maintenus, ainsi que quelques autres dispositions prescrites par la morale publique. Le lieutenant-général de police jugerait sommairement, sur rapports d'experts, les contestations pour défectuosité d'ouvrages, et celles entre ouvriers et entrepreneurs, jusqu'à concurrence de cent livres ; au-dessus de cent livres, les tribunaux ordinaires seraient saisis. Toutes les confréries, forme religieuse des corporations comme les jurandes en étaient la forme civile, étaient abolies.

Sur six édits envoyés par le roi, le parlement n'en enregistra qu'un, portant suppression de la caisse de Poissi, création fiscale qui imposait des charges inutiles au commerce de la boucherie parisienne, sous prétexte de lui assurer des ressources. Pour l'examen des cinq autres, le parlement nomma une commission dont le prince de Conti voulut être membre : la commission fit, le 17 février, un rapport en suite duquel des remontrances furent arrêtées pour demander au roi le retrait des édits. Le 23 février, l'avocat-général Séguier, qui faisait du temps de Louis XV des phrases si retentissantes sur le despotisme, fulmina un réquisitoire furieux contre une brochure intitulée : les *Inconvénients des droits féodaux,* que Turgot avait fait rédiger par le premier commis des finances, Boncerf. Cette pièce, écrite avec modération, cherchait à démontrer aux seigneurs qu'il était de leur intérêt d'accepter le rachat des droits féodaux, et sa plus grande hardiesse consistait à soutenir que, si les seigneurs refusaient les offres des vassaux, le roi pourrait trancher la question législativement. L'avocat-général proclama les droits féodaux, les corvées, les banalités, « portion intégrante de la propriété ; » il se déchaîna contre *ceux qui, cachés sous le voile du mystère,* « sèment dans le public des idées capables de renverser la propriété de tous les citoyens, et cherchent à ébranler les fondements de l'état[1]. »

Le parlement ratifia par son vote cette confusion monstrueuse entre la propriété de privilége et d'exception et la propriété de droit commun. Il condamna la brochure au feu et décréta l'au-

1. *Mercure hist.*, t. CLXXX, p. 324 et suiv.

teur d'ajournement personnel. Il reniait ainsi ce qu'il y avait de plus honorable dans son passé, ses vieilles luttes contre l'esprit féodal. Le conseil d'état, par contre, supprima les consultations et remontrances que les corporations d'arts et métiers avaient fait publier par Linguet et autres avocats : l'auteur de la brochure contre les *droits féodaux* fut mandé à Versailles et placé sous la protection immédiate du roi. La guerre était ouvertement déclarée. Les remontrances du parlement furent présentées le 4 mars. Nous n'en possédons pas le texte. On assure que le parlement y énonçait le principe que le peuple, en France, est *taillable et corvéable à volonté,* et que c'est une partie de la constitution que le roi est dans l'impuissance de changer. Il est probable que le texte ne s'exprimait pas avec cette crudité brutale. Le roi répondit par l'ordre d'enregistrer, et par la défense de poursuivre l'auteur de la brochure contre les *droits féodaux.* Le parlement arrêta d'itératives remontrances et chargea son premier président (d'Aligre) « d'obtenir du roi la fin de ce débordement d'écrits économiques, » et de représenter le danger qu'il y a de laisser imprimer « des écrits séditieux, tendant à porter tous les peuples aux soulèvements, dont on vient d'avoir l'exemple dans la Bohême. »

Les paysans bohêmes venaient en effet de se soulever contre les intolérables exactions de leurs seigneurs, et le gouvernement de Marie-Thérèse n'avait pu rétablir l'ordre que par des concessions à ce peuple justement exaspéré[1].

Le roi renouvela l'ordre d'enregistrer sans délai, et, comme certains des ministres tâchaient d'excuser la résistance de la magistrature : « Je vois bien, leur dit-il avec brusquerie, qu'il n'y a ici que M. Turgot et moi qui aimions le peuple ! »

Louis était tout à fait en ce moment sous l'influence du contrôleur-général, et Maurepas commençait sérieusement à craindre de voir le roi lui échapper.

Le parlement continuant à désobéir, le roi le manda à Versailles le 12 mars. La philosophie et le progrès retournaient contre les vieux abus les formes qu'avaient coutume d'employer

---

1. Les seigneurs exigeaient cinq jours de corvée par semaine! Les cinq jours furent réduits à trois. — V. *Mercure hist.*, t. CLXXIX.

le despotisme et la fiscalité. Le lit de justice fut, cette fois, suivant le mot de Voltaire, un *lit de bienfaisance.*

Les orateurs du parlement n'en tinrent pas moins un langage qui eût à peine convenu aux plus mauvais jours de Louis XV. Après que le garde des sceaux eut motivé assez faiblement les mesures auxquelles il prêtait malgré lui son concours, le premier président répondit par une harangue emphatique, où il peignait la morne tristesse partout répandue, le peuple consterné, la capitale en alarmes, la noblesse plongée dans l'affliction. L'édit qui remplace la corvée « est accablant si l'on impose tout ce qui serait nécessaire, insuffisant si on ne l'impose pas. »

L'impôt prétendu accablant pour les privilégiés était léger apparemment pour les malheureux taillables ! « Cet édit donne une nouvelle atteinte à la franchise *naturelle* de la noblesse et du clergé. »

Faire dériver les priviléges du droit naturel dépassait les limites de l'absurde !

Le premier président continue par des déclamations plus perfides encore que violentes sur les autres édits, et qui s'adressent à l'opinion du dehors. Ils montrent la subsistance du peuple parisien en danger par la suppression de la police des grains, tout ordre public détruit par l'abolition des jurandes, les remboursements des offices supprimés écrasant les finances et menant à la banqueroute. L'avocat-général Séguier enchérit sur le chef de sa compagnie. Il tâche d'établir, par une théorie empruntée aux physiocrates eux-mêmes, que, le propriétaire payant déjà en définitive tous les impôts, on le ruine par une nouvelle charge. Il se plaint que cette contribution confonde la noblesse et le clergé avec le reste du peuple. La seule chose raisonnable qu'il objecte à l'édit sur la corvée, chose, du reste, contradictoire avec son premier argument, c'est que, le commerce profitant des routes comme la propriété foncière, on devrait lui en faire payer sa part. Il conclut en demandant que les routes soient faites par l'armée. Quant aux jurandes, il affirme que ce sont précisément ces gênes, ces entraves, ces prohibitions tant décriées, qui font la gloire, la sûreté, l'immensité du commerce français ; il s'efforce d'effrayer le roi par le tableau fantastique de la ruine universelle qui suivra la chute des corporations : une *indépendance* effrénée succédant à la liberté réglée qu'on possède (quelle liberté!) détruira infailliblement le commerce, l'industrie, l'agriculture même! Il veut bien convenir, toutefois, que les corporations ne sont pas sans abus, et qu'il y a lieu à quelques réformes. Il invoque, en termes pathétiques, les glorieuses mémoires de saint Louis, d'Henri IV, de Louis XIV, de Colbert, principaux auteurs, dit-il, de la réglementation de l'industrie. Une seule idée juste est noyée dans tout ce fatras, c'est la nécessité d'assurer la loyauté de la fabrication[1].

Il fut passé outre à l'enregistrement. Tandis que le parlement peignait le peuple dans la consternation, les ouvriers, ivres de joie, couraient la ville dans des carrosses de remise surchargés d'hommes, encombraient les guinguettes retentissantes de chants d'allégresse tels que le vieux Paris n'en avait jamais entendu, et bénissaient la liberté et son auteur avec un délire inexprimable. Les paysans eux-mêmes, si lents à comprendre le bien qu'on veut leur faire, mais si persévérants à poursuivre l'espérance une fois entrevue, commençaient à s'émouvoir profondément. Dans les classes moins directement favorisées par les mesures du pouvoir, tout ce qui n'était pas aveuglé par l'intérêt ou par le préjugé ne pouvait s'empêcher d'être touché par ces préambules des édits, qui respiraient une confiance si généreuse, une si noble ardeur pour le bien et pour le vrai, une bonté si active et si communicative. L'opinion s'éclairait d'heure en heure. Une publication tout à fait opportune mettait le parlement en contradiction flagrante avec son passé. On avait imprimé un extrait de ses registres, où l'on montrait que, lorsque Henri III, en 1581, dans un but purement fiscal, avait institué les jurandes et maîtrises dans un grand nombre de villes où elles n'existaient pas, le parlement avait résisté, deux années durant, à cette innovation, et qu'il avait fallu un lit de justice pour établir le régime des jurandes, comme il en fallait un maintenant pour l'abattre. On eût pu aussi rappeler, en faveur des édits, les vœux des États-Généraux de 1614, si favorables à la liberté de l'industrie[2].

---

1. V. le procès-verbal de la séance, ap. *Anc. Lois françaises*, t. XXIII.
2. *Mém.* de Bachaumont, t. IX, p. 78. — *Mercure hist.*, t. CLXXX, p. 318. — Deux jours avant le lit de justice (10 mars), une déclaration royale avait restreint les

L'état prospère du commerce, l'abondance et la facile circulation des capitaux, étaient d'excellents arguments en faveur de Turgot. L'argent était tombé à 4 pour 100, non, comme sous Louis XV, par une mesure arbitraire du pouvoir, mais par le mouvement naturel des affaires. Ce taux fut adopté pour base des opérations d'une banque que Turgot autorisa, sans privilége exclusif, sous le nom de *Caisse d'escompte*, et dont les négociants virent l'établissement avec la plus vive satisfaction (24 mars 1776).

C'était aussi sur le pied de 4 pour 100 que Turgot négociait vers le même temps un emprunt de 60 millions en Hollande, pour rembourser des dettes d'un intérêt plus élevé, seul genre d'emprunt qu'il crût permis en bonne administration[1].

Un nouveau bienfait répandit l'allégresse dans des provinces entières. Un édit d'avril 1776 fit pour les vins ce que l'édit de septembre 1774 et les édits complémentaires avaient fait pour les blés. La circulation et le commerce des vins furent déclarés libres par tout le royaume, en acquittant les droits d'octrois ou autres : tous les droits n'étaient pas supprimés, mais toutes les prohibitions l'étaient. Les douanes intérieures se trouvaient ainsi abolies pour les deux grandes productions de notre sol, et, avec les douanes royales, ces barrières municipales ou seigneuriales dont le moyen âge avait hérissé la France. Les aristocraties municipales de Bordeaux et de Marseille, par exemple, ne pourraient plus fermer la mer aux vins de la Haute-Guienne, du Languedoc, de la Provence et du Dauphiné, dans l'intérêt exclusif du territoire des deux grandes villes[2]. Tout était accessible à tous. Turgot réalisait ce

---

inhumations en usage dans les églises et les cloîtres, ordonné l'agrandissement des cimetières ou leur translation hors de l'enceinte des villes. Le parlement lui-même avait rendu un arrêt analogue pour Paris dès 1765, et le cardinal-archevêque de Toulouse, Loménie de Brienne, avait fait adopter la même réforme dans son diocèse en 1775 et poussé l'assemblée du clergé à la proposer au roi. Ce fut la seule mesure progressive qu'il put faire adopter à l'assemblée. — V. *Anciennes Lois françaises*, t. XXIII, p. 391.

1 *OEuv.* de Turgot, t. II, p. 341. — Bailli, *Hist. financière de la France*, t. II, p. 212.

2. La police marseillaise punissait du fouet les voituriers qui introduisaient du vin en contrebande. — Les villes mêmes qui se plaignaient le plus du monopole de Bordeaux ou de Marseille en exerçaient un pareil dans leur banlieue, et se fermaient aux vins *étrangers*, c'est-à-dire aux vins des cantons voisins. La petite ville de Veines en Dauphiné, réclamant auprès du conseil, en 1756, la confirmation de ses

qu'avait souhaité et ce que n'avait pu faire celui de ses devanciers qu'on affectait de lui opposer, le grand Colbert.

Le lit de justice, les excellentes mesures qui l'avaient suivi, le progrès de l'opinion désintéressée, semblaient indiquer l'affermissement graduel de Turgot. Malheureusement la situation intérieure ne répondait pas au mouvement des faits. Chaque succès augmentait le nombre et l'acharnement des ennemis de la réforme, et il était bien difficile que la faible organisation morale de Louis XVI suffît longtemps à une dépense d'énergie qu'il fallait renouveler chaque jour. Le parlement, encouragé des marches mêmes du trône à continuer la lutte, avait rendu, le 30 mars, un arrêt dans lequel il énonçait que, « quelques esprits inquiets ayant altéré, par des opinions systématiques, les principes anciens et immuables qui doivent servir de règle à la conduite des peuples, » il en était déjà résulté en divers lieux des commencements de troubles contraires à l'autorité du roi et aux droits de propriété des seigneurs. La cour ordonnait donc à tous les sujets du roi censitaires, vassaux et justiciables des seigneurs particuliers, de s'acquitter, comme par le passé, des droits et devoirs dont ils sont tenus, soit envers le roi, soit envers les seigneurs, et défendait d'exciter, soit par des propos, soit par des écrits indiscrets, à aucune innovation contraire auxdits droits et usages légitimes[1]. Le peuple des campagnes, en effet, commençait à s'agiter et à résister, en Bretagne et ailleurs, d'une part aux employés de la ferme, de l'autre aux redevances féodales. C'étaient les premières étincelles de l'embrasement de 89.

Le 3 mai, nouvel arrêt contre un livre de l'école économiste, le *Parfait Monarque*[2], à la suite d'un réquisitoire furibond de Séguier,

---

priviléges, avouait naïvement que la prohibition des vins *étrangers* lui était indispensable, parce que, sans cela, ses propres habitants ne voudraient pas consommer les vins de son territoire, « attendu leur mauvaise qualité. » *Anc. Lois françaises*, t. XXIII, p. 536.

1. *Anciennes Lois françaises*, t. XXIII, p. 525.
2. Ce livre portait un nom qui devait s'illustrer dans la Révolution, le nom de Lanjuinais. Il était l'ouvrage du frère aîné du célèbre représentant breton. Beaucoup plus virulent que l'écrit contre les *droits féodaux*, il parlait de la *nécessité* de l'insurrection dans certains cas extrêmes. Le *parfait monarque* proposé en modèle était l'empereur Joseph II. — V. *Mercure hist.*, t. CLXXX, p. 708. — Soulavie, *Mém. du règne de Louis XVI*, t. III, p. 95.

qui traita l'économisme de doctrine *meurtrière,* « produit de l'effervescence que l'amour de la liberté indéfinie, dont toutes les nations sont tourmentées, a fait naître dans tous les cœurs. » Les promoteurs de ces systèmes *séditieux,* « prédicants insensés et furieux, osent se promettre de détruire tous les gouvernements, sous prétexte de les réformer. »

Turgot releva cette insolente harangue par une lettre fort vive adressée directement à Séguier. Le parlement riposta en se plaignant au roi de l'offense faite à son avocat-général. L'opposition de Turgot au retour du parlement n'était que trop justifiée, et Voltaire était excusé d'avoir applaudi à Maupeou. La situation n'était plus tolérable. Tout plan de réforme était impossible, si l'on ne brisait de nouveau cette égoïste et intraitable oligarchie de la robe.

Louis XVI n'était pas à la hauteur d'une telle résolution. Le parlement avait de puissants alliés, et la ligue hostile à Turgot resserrait d'heure en heure son cercle autour du monarque, obsédé d'intrigues incessantes. Toute la maison royale et la majorité du conseil étaient unies contre le ministre réformateur. Maurepas avait compris que sa position de *Mentor* du roi n'était plus tenable à côté de Turgot; qu'il fallait se ranger derrière Turgot ou l'abattre. Il s'était donc rapproché de la reine et des princes. La reine et le comte d'Artois, aussi légers, aussi inconsidérés l'un que l'autre, étaient hostiles au contrôleur-général à cause de son économie: les tantes du roi, à cause de sa philosophie; *Monsieur,* le seul esprit supérieur de la famille, mais esprit gâté par le mauvais cœur, affectait le rôle de défenseur des priviléges, rôle qu'il abandonna plus tard quand il eut reconnu la force de la Révolution naissante. Il lança secrètement contre Turgot un pamphlet venimeux où il avait saisi et grossi, avec une insigne malignité, les petits défauts du ministre pour le tourner en ridicule; mais il ne se contentait pas de railler la raideur un peu dédaigneuse, le manque d'aisance et d'élégance qu'on remarquait dans les manières et dans la conversation de Turgot, et que rachetaient si bien sa noble figure, son maintien imposant et les jets lumineux de sa parole; il défigurait odieusement son caractère et ses principes[1].

1. Ce pamphlet, intitulé le *Songe de M. de Maurepas, ou les Mannequins du gouverne-*

Pendant ce temps, Maurepas employait tout l'art d'un vieux courtisan à jeter l'incertitude et la crainte dans l'esprit de Louis XVI, à miner Turgot sans l'attaquer de front, à faire entrevoir au roi, dans les réformes du ministre, la subversion de la monarchie. Turgot dédaigna trop de se défendre; il crut trop à la puissance de la raison et de la justice; il eut trop de foi dans le roi et garda envers le vieillard qui l'avait appelé au pouvoir, et qui maintenant travaillait à l'en chasser, des ménagements qui ne le ramenèrent pas et qui lui facilitèrent l'entreprise. Il pensa n'avoir excité la jalousie de Maurepas que pour s'être affranchi de la loi que celui-ci avait faite à ses collègues de ne point travailler en particulier avec le roi. Il renonça à ses tête-à-tête avec Louis XVI. C'était s'ôter le seul moyen de résister à l'intrigue.

Louis flottait, en proie à une perplexité cruelle. Las de lutter pour son ministre, comme si ce n'était pas lutter pour lui-même, fatigué même, il faut bien le dire, de l'essor trop élevé que le génie de son ministre imposait à sa médiocrité, il hésitait néanmoins encore à manquer aux promesses tant répétées de soutenir Turgot. Il balançait entre la peur d'exécuter les projets des novateurs et la peur de les abandonner. On employa, dit-on, pour le décider, un moyen qui sentait le bagne plus que la cour. Louis XVI, malgré son honnêteté native, avait conservé, des deux règnes antérieurs, la déplorable habitude de violer le secret de la poste et de se faire rendre compte des lettres qui présentaient quelque intérêt politique. On imita l'écriture de Turgot dans une correspondance qui renfermait des sarcasmes contre la reine, des plaisanteries contre Maurepas et des paroles blessantes pour le roi, et qui fut transmise à Louis XVI. Le roi tomba dans le piége [1].

Maurepas jugea le moment venu de frapper le dernier coup. Turgot n'avait plus qu'un seul appui dans le conseil, Malesherbes; car Saint-Germain s'isolait, sans comprendre que son sort était

ment français, fut répandu manuscrit le 1er avril 1776. Maurepas alors ne s'était pas encore entendu avec *Monsieur*, car il y est ridiculisé comme Turgot. — V. Soulavie, *Mém. du règne de Louis XVI*, t. III, p. 107. — *Mém.* de Bachaumont, t. IX, 1er avril 1776.

[1]. Ce fait fut révélé à Dupont de Nemours, l'ami de Turgot, par M. d'Angevillers, à qui Louis XVI l'avait confié. — V. Œuv. de Turgot, *Notice hist.*, t. Ier p. cxi.

attaché à celui du chef de la réforme. Maurepas résolut de lui
ôter cet appui. Malesherbes n'avait pas brillé dans le ministère :
esprit étendu et lumineux, âme sereine et pure, il était excellent
dans le conseil, mais impuissant dans l'exécution. La bonté de
Turgot était celle qu'exprime si bien l'auteur du testament latin
de Richelieu : *Severus in paucos fui, ut essem omnibus bonus* : la
bonté de Malesherbes n'avait pas ces réserves nécessaires; courageux contre les choses, il était faible contre les personnes. Trop
sage pour se méconnaître, il n'avait accepté le pouvoir que malgré lui et n'aspirait qu'à le quitter. Turgot l'y retenait pour ainsi
dire de force; s'il faisait peu dans son ministère spécial, du
moins sa voix et l'autorité de son nom populaire étaient acquises
à toutes les propositions du contrôleur-général, et l'affection qu'il
avait inspirée au roi était d'un grand secours à Turgot. Maurepas
se débarrassa d'abord de Malesherbes. Il lui fit, un jour, une querelle calculée, assez vive pour que Malesherbes crût de sa dignité
d'envoyer sa démission sur-le-champ. Maurepas avait compté
là-dessus. Le roi pressa en vain Malesherbes de retirer sa démission. Leur entretien finit par un mot touchant de Louis XVI :
Vous êtes plus heureux que moi, vous pouvez abdiquer !

La conduite du roi fut tout autre envers Turgot. On insinua au
contrôleur-général de donner sa démission. Il ferma l'oreille. Il
voulait tomber comme un soldat frappé à son poste. Le 12 mai,
il vint entretenir le roi d'un nouveau projet d'édit précédé, comme
à son ordinaire, d'un exposé des motifs. « Encore un mémoire ! »
dit Louis avec humeur. Il écouta avec dégoût, et, à la fin, il lui
demanda : « Est-ce tout ? — Oui, Sire. — Tant mieux ! » répliqua-t-il, et il s'en alla. Deux heures après, Turgot reçut sa lettre
de renvoi. « Elle n'était pas telle, » dit un historien peu favorable
au parti du progrès, « que pouvait au moins s'y attendre un
homme à qui, quelques mois auparavant, le roi avait mandé : *Il
n'y a que vous et moi qui aimions le peuple*[1] ! »

---

1. Monthion, *Particularités sur les ministres des finances*, p. 192. — On dit que sa
chute fut accélérée par le ressentiment d'une personne haut placée (probablement
la reine), qui avait obtenu de Louis XVI un bon de 500,000 livres sur le Trésor.
Turgot fit révoquer le bon au roi. Trois jours après il tomba. — Bailli, *Hist. financière*, t. II, p. 214. — Cette anecdote paraît confirmée implicitement par la lettre
d'adieu de Turgot au roi.

Turgot répondit par une lettre, telle assurément que n'en avait jamais écrit ministre révoqué.

« ... J'ai fait, Sire, ce que j'ai cru de mon devoir, en vous exposant avec une franchise sans réserve et sans exemple les difficultés de la position où j'étais, et ce que je pensais de la vôtre... Tout mon désir est que vous puissiez toujours croire que j'avais mal vu, et que je vous montrais des dangers chimériques. Je souhaite que le temps ne me justifie pas [1]. »

Versailles, le Palais, les salons aristocratiques, la société privilégiée tout entière, ripostèrent par une explosion de joie aux acclamations populaires qui avaient accueilli autour des barrières de Paris et dans les chaumières l'abolition des jurandes et de la corvée. La vanité, la routine et la frivolité se félicitaient à grand bruit de leur victoire : la sagesse se voilait le front. Les hommes vraiment éclairés voyaient tout un monde de pacifiques espérances s'abîmer avec Turgot. « Ah ! » s'écria le vieux Voltaire, dont la sensibilité devenait plus expansive et plus passionnée avec l'âge, « ah ! quelle funeste nouvelle j'apprends ! La France aurait été trop heureuse ! que deviendrons-nous ?... Je suis atterré... nous ne nous consolerons jamais d'avoir vu naître et périr l'âge d'or... Je ne vois plus que la mort devant moi, depuis que M. Turgot est hors de place... ce coup de foudre m'est tombé sur la cervelle et sur le cœur [2]. »

---

1. *OEuv.* de Turgot, t. Ier; *Notice hist.*, p. CXIV. — Il avait écrit un jour au roi que les monarques gouvernés par les courtisans n'avaient qu'à choisir entre la destinée de Charles Ier ou celle de Charles IX. — Soulavie, *Mém. sur le règne de Louis XVI*, t. II, p. 55. Louis XVI connut plus tard ce plan sur la grande organisation municipale et représentative que Turgot n'avait pas eu le temps de lui soumettre. On a de sa main quelques annotations sur ce plan, datées de février 1788. Elles ne sont pas à l'avantage de son intelligence. Durant les douze années écoulées depuis la chute de Turgot, il semble n'avoir fait de pas qu'en arrière. A la veille de la Révolution, la réforme de Turgot lui paraît une utopie téméraire, et il n'est préoccupé que de la nécessité de maintenir l'*état actuel*, le régime des trois ordres, la hiérarchie sociale fondée sur la naissance, etc. — V. Soulavie, *Mém. du règne de Louis XVI*, t. III, p. 147 et suiv. Nous nous sommes déjà expliqué sur ce compilateur, dont le misérable caractère et les jugements versatiles sont indignes de tout crédit, mais qui a eu à sa disposition une multitude de documents précieux, que l'historien est obligé de lui emprunter avec précaution et à ses risques et périls.

2. *Correspond.* de Voltaire, année 1776. — Un jeune prédicateur se fit interdire par l'archevêque de Paris pour avoir fait en chaire, à Saint-Germain-l'Auxerrois, dans la paroisse royale, un éloge passionné de Turgot. C'était l'éloquent et enthou

Le patriarche de Fernei ne reprit possession de lui-même que pour formuler ces mêmes sentiments avec plus de calme dans sa noble *Épître à un homme*. Voltaire était ici la voix de la postérité.

Turgot eût-il réellement donné cet *âge d'or*, autant qu'un âge d'or est possible en ce monde? Eût-il ouvert à la France une ère de progrès réguliers, au lieu de l'ère des conquêtes débattues dans le sang et les ruines? Les erreurs qui se mêlaient aux vérités dans le système physiocratique n'eussent-elles pas fait avorter la réforme? — La principale de ces erreurs, au point de vue administratif, c'était l'impôt unique sur la propriété foncière. Mais, avant d'arriver à cette application complète de la théorie, le plan de Turgot comportait une vaste série de réformes, toutes excellentes, toutes incontestables : la condition de la France eût été assez profondément améliorée pour lui permettre de supporter, sans de grands bouleversements, l'épreuve d'un système d'impôts très-défectueux, sans doute, mais non pas impossible en fait comme il le serait aujourd'hui après l'énorme développement des valeurs mobilières et industrielles. L'épreuve, ne réussissant pas, n'eût-elle pas amené tout simplement la modification de l'économie de Quesnai et de Turgot par l'économie d'Adam Smith, et l'admission des industriels et des commerçants aux droits comme aux charges attribués d'abord aux seuls détenteurs du sol? La *grande municipalité* ne fût-elle pas arrivée avec le temps à dépasser le but de Turgot, à conquérir le vote délibératif et les attributions d'une assemblée nationale, et n'eût-elle pas préparé les voies à une lointaine démocratie par des transformations progressives?

Cela n'eût pas été irréalisable, peut-être, si Louis XVI avait eu l'énergie de Louis XIV avec les opinions de Turgot. Mais, dans ce cas même, la résistance des deux premiers ordres, de la magistrature et de tous les privilégiés, n'eût-elle pas réduit le pouvoir réformateur à évoquer la force terrible des masses et à passer par-dessus le régime intermédiaire que Turgot voulait inaugurer? — Vaines hypothèses! inutiles débats! La Providence ne nous réservait pas ces faciles destinées rêvées par la philan-

---

siaste abbé Fauchet, si fameux depuis dans la Révolution. — V. Bachaumont, t. IX, p. 128.

thropie. La parole de Rousseau était justifiée. La réforme par lui déclarée impossible avait échoué sans retour. Ce que n'a pu faire l'homme qui *a le cœur de L'Hôpital avec la tête de Bacon*[1], ce que n'a pu faire Turgot, personne ne le fera. La monarchie n'a pas voulu être sauvée. La réforme a échoué ; la Révolution est inévitable. « Le rôle des philosophes, des sages, est fini : la place est aux hommes du destin[2]. »

1. Expression de Malesherbes.
2. J. Reynaud, *Encyclopédie nouvelle*, art. Turgot. — Il y a toujours, dans la vie des peuples, comme dans celle des individus, un temps de choix et de liberté, puis la fatalité vient : elle n'est que la fille de nos fautes. C'est nous qui faisons la fatalité, et, venant de l'homme, elle n'est point absolue.

LIVRE CIV

LOUIS XVI (SUITE)

Guerre d'Amérique.— OUVERTURE DE L'ÈRE DE LA RÉVOLUTION.— Clugni, contrôleur-général. Réaction. La loterie. Rétablissement de la corvée. Rétablissement des maîtrises et jurandes. Mort de Clugni. La réaction arrêtée. Necker, directeur des finances. Rétablissement de l'ordre dans la comptabilité et du crédit public. Réformes diverses. — Voltaire à Paris. Mort de Voltaire et de Rousseau. — RÉVOLUTION D'AMÉRIQUE. DÉCLARATION DES DROITS. Soulèvement de l'opinion en faveur des *insurgents*. Rôle curieux de Beaumarchais. Le gouvernement fournit des secours indirects aux *insurgents*. DÉCLARATION D'INDÉPENDANCE DES ÉTATS-UNIS. La Fayette en Amérique. Le gouvernement entraîné par l'opinion. Traité d'alliance entre la France et les États-Unis. Rupture avec l'Angleterre. Bataille navale d'Ouessant. L'Inde négligée. Perte de Pondichéri. Expédition de d'Estaing en Amérique. Prise de la Dominique. Perte de Sainte-Lucie. Conquête du Sénégal. — Médiation de la France entre l'Autriche et la Prusse. Paix de Teschen. — L'Espagne s'allie à la France. — Prise de Saint-Vincent et de la Grenade. Échec de Savannah. Exploits de la marine française. Les Espagnols envahissent les Florides. Succès de Guichen contre Rodney. Expédition de Rochambeau aux États-Unis. — Violences de la marine anglaise contre les neutres. *Neutralité armée du Nord*. L'Angleterre attaque la Hollande et envahit ses colonies. — Conquête de Minorque. Prise de Tabago. — Capitulation d'York-Town : une armée anglaise se rend prisonnière aux Franco-Américains. Reprise des colonies hollandaises d'Amérique. Prise de Saint-Christophe. — Chute de Necker. — Perte d'une bataille navale aux Antilles. Attaque infructueuse de Gibraltar. — Efforts tardifs dans l'Inde. SUFFREN. *Six* batailles navales en deux ans. Reprise de Trinquemalé. Bussi renvoyé dans l'Inde. Haïder-Ali et Tippo-Saëb. Suffren sauve Bussi assiégé dans Goudelour par les Anglais. Il est arrêté par la paix. — Nouveaux traités de Paris. L'Angleterre reconnaît l'indépendance des États-Unis. La France ne garde de ses conquêtes que Tabago et le Sénégal, et recouvre ce qu'elle a perdu pendant la guerre. L'Espagne garde Minorque et les Florides.

1776 — 1783

Les actes du successeur de Turgot apprirent au peuple ce qu'il avait perdu. Maurepas, quittant l'apparence modeste dont il avait enveloppé son omnipotence, s'était attribué le titre de chef du conseil des finances, comme pour marquer nettement la dépendance où il entendait tenir le ministre (14 mai 1776); puis il avait fait appeler au contrôle-général l'intendant de Bordeaux, M. de Clugni. L'avénement du nouveau ministre fut signalé par la chute immédiate du crédit public. Les Hollandais ne voulurent pas réaliser l'emprunt de 60 millions à 4 pour 100, qu'ils avaient promis à Turgot : le beau plan général d'emprunt à 4 pour 100 pour convertir la dette, qui en coûtait 5 à l'État, dut être abandonné : les actionnaires de la caisse d'escompte ne versèrent pas les 10 millions qu'ils s'étaient engagés à prêter au roi; il fallut même, pour n'avoir pas la honte de voir fermer cette caisse patronée avec éclat par le pouvoir, restituer 2 millions déjà reçus à compte sur ces 10 millions. Le contrôleur-général ne sut trouver de ressources pour remédier au discrédit que dans l'institution d'une loterie royale, institution immorale à laquelle le parlement avait eu le mérite de s'opposer en diverses occasions et qui faisait du roi le croupier d'une grande maison de jeu. La loterie royale fut créée par un simple arrêt du conseil, sans enregistrement (30 juin 1776). Le langage prêté au roi était d'une bassesse nauséabonde. Après avoir exposé que les Français avaient la mauvaise habitude de porter leur argent à des loteries étrangères, « Sa Majesté, » poursuivait l'arrêt, « a jugé que, la prohibition ne pouvant être employée contre les inconvénients de cette nature, il ne pouvait y avoir d'autre remède que de procurer à ses sujets une nouvelle loterie dont les différents jeux, en leur présentant les hasards qu'ils veulent chercher, soient capables de satisfaire et de fixer leur goût. »

Le faible Louis XVI souscrivit ces ignominies de la même main qui avait signé, la veille, les nobles préambules de Turgot.

Quelques semaines après (août 1776), une déclaration royale rétablit l'*ancien usage pour les réparations des chemins*, c'est-à-dire la CORVÉE! Les rédacteurs de la déclaration avaient l'effronterie d'accuser l'administration précédente d'avoir négligé ces réparations pendant les deux ans qui venaient de s'écouler. Turgot avait supporté sa chute avec le calme des vrais philosophes; mais il ne put, sans verser des larmes, voir remettre au cou des malheureux campagnards la chaîne qu'il avait brisée.

On revint sur l'affranchissement de l'industrie en même temps que sur l'abolition de la corvée. L'édit qui supprimait les maîtrises et les jurandes fut rapporté (mai 1776) : on n'osa pas toutefois rétablir purement et simplement les anciens abus ; on recréa à Paris les six corps de marchands et quarante-quatre communautés d'arts et métiers ; mais on laissa subsister la franchise d'un certain nombre de professions. Le cumul des métiers *non incompatibles* fut autorisé ; les femmes ne furent plus exclues des maîtrises ; les frais de réception furent réduits ; les marchands et les artisans libres qui s'étaient établis à la faveur de l'édit de Turgot purent continuer à exercer leur industrie moyennant un léger droit annuel. Le même régime fut étendu aux provinces qui n'avaient pas, comme Paris, commencé à jouir du bénéfice de la liberté, et qui n'eurent à regretter dans l'édit de Turgot qu'une promesse et une espérance [1].

Les économistes étaient frappés dans leurs personnes en même temps que dans leurs œuvres. On n'osa exiler Turgot : le roi n'eût jamais pu s'y résoudre ; mais on supprima le recueil périodique de l'abbé Baudeau, les *Éphémérides du citoyen*, et une compagnie de traitants essaya de faire condamner comme calomniateur ce violent dénonciateur des malversations financières. Baudeau se défendit lui même devant le Châtelet, et, d'accusé, se fit accusateur aux applaudissements de l'auditoire. Il fut acquitté et exilé en province avec un autre économiste fort connu, Roubaud [2].

Le retour de la corvée et des jurandes eut pour corollaire le renouvellement des barbares ordonnances contre la contrebande : la déclaration publiée à ce sujet (2 septembre 1776) fait tonner le roi « contre les gens malintentionnés qui ont abusé les peuples de l'espérance de la suppression des fermes des gabelles, aides et tabacs, en se permettant même contre les fermiers, leurs commis et préposés, des déclamations injurieuses... Cette licence a produit ses effets... Des troupes nombreuses de contrebandiers armés ont fait des incursions dans plusieurs parties de notre royaume : la fraude s'est répandue dans celles de nos provinces qui sont dans l'étendue de nos fermes des gabelles, aides et tabacs (les pays d'é-

---

1. *Anciennes Lois françaises*, t. XXIV, p. 68-74.
2. *Mém.* de Bachaumont, t. IX, p. 191.

lection); les employés et préposés de nos fermiers, exposés à des rébellions, spoliations et violences de la part des fraudeurs, quelquefois même de la part des habitants des villes et paroisses, ont souvent succombé aux excès commis contre eux ou ont été contraints, pour s'y soustraire, d'abandonner leur service[1]. »

A ce tableau fidèle de l'irritation populaire, il faut ajouter qu'on ne ramenait les paysans à la corvée que par la force et qu'en les faisant travailler littéralement sous le bâton. Il s'amassait là des colères et des malédictions formidables!...

Maurepas commença de prendre l'alarme. L'impopularité et la gêne financière au dedans; au dehors des difficultés graves, les chances croissantes d'une grande guerre; ce n'était pas avec un aide tel que Clugni qu'on pouvait faire face à une situation qui s'aggravait de jour en jour. Maurepas avait résolu de sacrifier le contrôleur-général, lorsque celui-ci tomba malade et mourut (18 octobre 1776). Réacteur vulgaire, il s'était montré sans application, sans talents et sans mœurs; un contemporain a donné de son ministère la définition suivante : « Quatre mois de pillage dont le roi seul ne savait rien[2]. »

Clugni eut pour remplaçant officiel un conseiller d'état assez obscur, Taboureau des Réaux; mais l'initiative et la conduite réelle des finances durent passer, selon les intentions de Maurepas, à un personnage qui fut donné pour second à Taboureau. L'expérience venait de prouver au vieux ministre l'impossibilité de gouverner avec des commis et des routines traditionnelles : il se résigna à l'absolue nécessité de faire rentrer dans les affaires le mouvement et le progrès, dans des proportions moins grandioses et moins décisives que sous Turgot, mais suffisantes néanmoins pour ajourner les orages. Un seul homme éminent, parmi ceux que leur capacité spéciale désignait pour l'administration, offrait à Maurepas le double avantage d'être mal avec ses ennemis les économistes et bien avec l'opinion publique : c'était l'ancien défenseur de la Compagnie des Indes, le panégyriste de Colbert, l'adversaire ou plutôt le rival de Turgot, l'ex-banquier Necker[3].

1. *Anciennes Lois françaises*, t. XXIV, p. 102.
2. *Mémoires* de Marmontel, t. II, p. 204. — Il fallait dire *cinq* mois.
3. V. ci-dessus, p. 340.

La bourgeoisie financière et commerçante regardait ce riche et habile Genevois comme son représentant le plus distingué; les philosophes peuplaient le salon où sa femme héritait, avec moins de grâce, mais avec une moralité plus élevée, du sceptre des du Deffant et des Geoffrin; ce salon où grandit Mme de Staël. Necker était entré en relations avec Maurepas par l'envoi d'un mémoire où il indiquait les moyens de combler le déficit et la possibilité de pourvoir aux nécessités éventuelles d'une guerre en inspirant confiance aux capitalistes. Maurepas se décida à essayer du Genevois. Porter au contrôle-général un étranger, un banquier, un protestant surtout, lui parut cependant trop hardi. Il éluda la difficulté en faisant créer pour Necker le titre nouveau de directeur du trésor royal (21 octobre 1776).

Necker débuta par refuser toute espèce d'appointements, voulant prouver qu'il ne restait rien en lui de l'homme d'argent, et que la fortune avait été à ses yeux un moyen et non un but. Ce désintéressement pécuniaire lui coûtait peu : il n'était avide que de renommée. On a trop et trop bien écrit sur ce personnage célèbre pour qu'il soit nécessaire d'insister beaucoup ici sur son caractère. Son portrait si connu, sa figure et son port révèlent au premier regard ses qualités et ses défauts : plus de hauteur et de roideur que de force ; une intelligence active et pénétrante, avec de l'indécision dans l'esprit; une philanthropie un peu emphatique, vraie pourtant; beaucoup de faste, de vanité, de vie extérieure; le besoin d'agir, le besoin de paraître, mais aussi le besoin d'être ; car c'est une nature sincère et droite, après tout, et qui aime la vertu comme elle aime la renommée, mais qui n'est point assez philosophique pour être heureuse par la vertu sans le succès.

Une hausse considérable dans les effets publics attesta les bonnes dispositions des capitalistes, dispositions partagées par la majeure partie de la population. On savait que M. Necker voulait le bien comme M. Turgot, quoique par des moyens différents, et l'appréciation de ces différences n'était à la portée que du très-petit nombre. Il n'y eut d'opposition que chez les économistes et dans le clergé. Quelques prélats se plaignirent au roi des importantes fonctions confiées à un hérétique. « Si le clergé veut acquitter les dettes de l'état, » aurait répondu Louis, « il pourra se mêler de choisir des ministres[1]. »

Necker commença par se souvenir à propos de son ancien métier en travaillant à faire rentrer l'ordre dans la comptabilité. Il provoqua un règlement pour la liquidation des dettes et le paiement des dépenses de la maison du roi : les chefs de service, qui prenaient directement les ordres du roi, furent invités à remettre à Sa Majesté un plan d'économie chacun pour son département. Toutes les pensions, assignées sur diverses caisses, furent concentrées au trésor. On annonça qu'il ne serait plus dorenavant attribué d'intérêts de faveur à personne dans les fermes, régies ou affaires de finances. Diverses régies furent réunies en une seule. Ce n'étaient pas encore les réformes, mais c'était la préface des réformes. Une autre mesure fut moins louable, la création d'un emprunt dont une partie devait se rembourser par voie de tirage au sort, l'autre partie, se convertir en rentes viagères. Turgot n'eût point admis un pareil expédient. Les rentes viagères reposent sur un principe d'égoïsme trop nuisible à l'ordre social! Cette création de rentes, faite, du reste, à des conditions avantageuses, grâce à la confiance qu'inspirait Necker, fut vivement attaquée au parlement par le conseiller d'Éprémesnil, qui demanda les États-Généraux ; mais cet appel prématuré demeura sans écho ; le parlement en était encore à la satisfaction du renvoi de Turgot et n'avait point de malveillance pour Necker. Il se contenta de recommander en termes généraux l'économie au roi et enregistra sans difficulté (7 janvier 1777)[2].

---

1. *Mercure hist. et polit.*, t. CLXXXI, p. 589. — Les *Mémoires secrets*, dits de Bachaumont (t. IX, p. 272), attribuent à Maurepas cette réponse, avec une nuance d'ironie conforme à son caractère.

2. Sismondi, *Hist. des Français*, continué par A. Renée, t. XXX, p. 109. — Il y eut dans le parlement, sur ces entrefaites, une certaine agitation causée par les mouvements des ex-jésuites, qui, disait-on, réunissaient les tronçons épars de leur ordre, avaient organisé une grande maison de commerce à Lyon, propageaient les affiliations du *Sacré-Cœur* et répandaient un commentaire de l'*Apocalypse* qui annonçait, pour l'année courante, 1777, le rappel des jésuites et la domination du pape tellement établie, « que l'état serait dans l'église. » Ce livre fut condamné au feu, et un édit royal interdit aux ex-jésuites les fonctions de l'enseignement et les fonctions sacerdotales dans les villes, et les obliga de souscrire aux Quatre Articles pour posséder des bénéfices ou des vicariats ruraux (mai 1777). — V. Droz, *Hist. du règne de Louis XVI*, t. Ier, p. 265, et *Anciennes Lois françaises*, t. XXV, p. 61.

La suppression des intendants du commerce, puis de ceux des finances, et le remplacement de ces conseillers inamovibles par de simples commissions, manifesta l'intention de concentrer l'autorité tout entière dans le cabinet du ministre, changement fort discutable pour un temps régulier, mais indispensable peut-être pour une période de réformes radicales. Le ministre qui devait en apparence profiter de ce changement s'y était vivement opposé, comme à toutes les innovations suggérées par son subordonné ; entre l'honnête et médiocre défenseur de la routine et l'homme des promesses et des séduisantes espérances, Maurepas avait fait son choix : Taboureau donna sa démission. Il ne fut point remplacé nominalement au contrôle-général : le directeur du trésor fut seulement nommé directeur-général des finances, c'est-à-dire que Necker eut l'autorité sans le titre, mais aussi sans l'entrée au conseil (29 juin 1777). Maurepas ne fut pas fâché d'avoir le prétexte de la religion pour retenir son protégé dans cette position inférieure. Le cabinet de Versailles n'en devint pas moins, pour le public français et européen, le *ministère Necker*.

Les premières mesures de quelque intérêt qui suivirent la retraite de Taboureau furent la prorogation pour dix ans des octrois municipaux, que le trésor partageait avec les villes (2 août) ; l'application aux postes d'un régime qui était la transition de la ferme à la régie, et qui indiquait les vues ultérieures de Necker (17 août)[1] ; un bon règlement sur les impôts directs (4 novembre), portant qu'aucune cote d'imposition ne pourrait être augmentée qu'à l'époque d'une vérification générale et publique du produit des fonds de la paroisse, vérification opérée en présence des collecteurs, du syndic de la paroisse et de trois autres notables élus par la communauté. Le *vingtième d'industrie* est supprimé dans les campagnes, où il occasionnait beaucoup de vexations aux contribuables et peu de profit à l'état. La langue de Turgot reparaît dans cette pièce. On y parle des *lois de la justice et de l'égalité* ; on y donne la vraie raison de l'accroissement légitime de l'impôt[2]. Un des objets de ce règlement était de vérifier

---

1. Les fermiers s'engagèrent à 1,800,000 fr. comptant, plus à partager les bénéfices avec l'état. — *Anciennes Lois françaises*, t. XXV, p. 96.
2. « Pour maintenir l'équilibre dans les finances, il est nécessaire que les revenus

les déclarations des propriétaires sur les *vingtièmes*, impôt pour lequel les taillables étaient taxés à la rigueur, et les privilégiés selon ce qu'il leur plaisait de déclarer. Ce fut l'occasion d'une première querelle entre Necker et le parlement, qui avança, dans ses remontrances, que les *vingtièmes* étaient un *don gratuit*. « Tout propriétaire, disaient les remontrances, a le droit d'accorder des subsides, par lui-même ou par ses représentants. S'il n'use pas de ce droit en corps de nation, il faut bien y revenir indirectement... La confiance aux déclarations personnelles est donc la seule indemnité du droit que la nation n'a pas exercé, mais n'a pu perdre, d'accorder et de répartir elle-même les vingtièmes. »

Le parlement aurait eu raison, s'il eût entendu par là que tout *imposable* a droit d'être consulté sur l'impôt; mais, appliquée aux seuls privilégiés et dirigée contre la péréquation des impôts, sa doctrine n'était que la consécration des iniquités sociales sous une forme anarchique[1]. La justice avait dicté le règlement sur les impôts : l'humanité inspira à Necker la formation d'une commission chargée d'examiner les moyens d'améliorer les hôpitaux de Paris, création de la charité du moyen âge, qui avait grand besoin, pour se perfectionner, de la philanthropie éclairée du xviiie siècle. L'aspect de l'Hôtel-Dieu, de la Salpêtrière, de Bicêtre, était hideux : les malades, les vieillards, les fous, étaient entassés les uns sur les autres dans ces vastes réceptacles des misères humaines. A l'Hôtel-Dieu, on voyait parfois un convalescent, un mourant et un mort étendus côte à côte dans un même lit! A Bicêtre, un seul lit contint jusqu'à neuf vieillards! La réforme de ces odieux abus, dont la tradition rend encore aujourd'hui les hôpitaux un objet d'effroi pour les classes pauvres, fut décrétée, le 22 avril 1781,

---

du roi suivent, du moins à une certaine distance, le progrès de la valeur des biens, puisque ce progrès, effet inévitable de l'accroissement annuel du numéraire, augmente dans la même proportion tous les objets de dépense. » — *Anc. Lois françaises*, t. XXV, p. 146

1. Droz, *Hist. de Louis XVI*, t. Ier, p. 282. — A cette première année de l'administration de Necker appartient un édit intéressant pour l'histoire des institutions sociales : c'est une autorisation aux propriétaires et fermiers du Boulonnais de clore leurs prés, malgré la coutume du pays qui ne permettait de clore que la cinquième partie des propriétés et accordait à tous la jouissance des prés et *riez* (terres incultes), du 1er au 15 mars; c'était un reste de l'antique communauté du clan qui achevait de disparaître. — *Anc. Lois françaises*, t. XXV, p. 136.

sur un rapport de Necker au roi. L'active charité de Mme Necker avait créé un excellent modèle sur de petites proportions, dans l'hospice qui porte encore aujourd'hui le nom de son époux; mais la réforme, préparée, décrétée par Necker, ne fut exécutée que sous son second ministère, à la suite d'un rapport rédigé, en 1787, par le savant Bailli[1].

La création à Paris d'un mont-de-piété, institution italienne qui avait déjà été introduite en Flandre et en Artois (9 décembre 1777), la fondation de prix annuels en faveur des nouveaux établissements de commerce et d'industrie (28 décembre), méritent encore d'être signalés.

Tout cela ne peut encore passer que pour des préludes, de la part d'un ministre annoncé avec tant d'éclat; mais de grands événements obligeront bientôt, sinon de suspendre les réformes intérieures, au moins de les subordonner à un autre intérêt capital. La politique extérieure va reprendre pour quelque temps le premier rôle.

Le monde tressaille partout au bruit des armes. Il semble que de grandes voix appellent de toutes parts la France à rentrer dans l'arène. L'orgueilleuse triomphatrice de 1763, l'Angleterre, voit son empire colonial croulant en Amérique, ébranlé dans l'Inde. Pendant ce temps, un jeune empereur, plein d'une ambition inquiète, Joseph II, cherche autour de lui l'occasion d'agir et de s'agrandir, n'importe aux dépens de qui; plus loin, l'insatiable Russie, une main sur les dépouilles de la Pologne, étend l'autre sur la Turquie et foule déjà aux pieds le traité de Kaïnardji, qu'elle a dicté la veille.

Tout à coup la curiosité publique est vivement éveillée par la nouvelle que l'empereur est arrivé incognito à Paris (18 avril 1777). Le comte de Falkenstein, pseudonyme transparent de l'illustre voyageur, descendu dans un simple hôtel garni, est partout, voit tout, comprend tout. En quelques jours il connaît Paris comme Louis XVI ne le connaîtra de sa vie. Il va saluer aux Invalides la création du Grand Roi, que Louis XVI n'a jamais visitée;

---

1. *Anc. Lois françaises*, t. XXV, p. 96. — Par un règlement pour l'extinction de la mendicité, on voit que les ateliers de charité établis à Paris sous Turgot avaient été maintenus. — *Ibid.*, p. 74.

il s'indigne, à l'Hôtel-Dieu, devant ce spectacle d'inhumanité que sa réprobation signale aux intentions réformatrices du ministère; il pénètre dans l'humble asile où l'abbé de L'Épée, négligé du pouvoir, persécuté par l'autorité ecclésiastique[1], se dévoue à l'œuvre admirable de l'éducation des sourds et muets, qu'il tire de leurs limbes pour les rendre à la vie morale et sociale. Joseph II excite dans Paris une sorte d'enthousiasme et provoque des comparaisons peu flatteuses avec la pesante inertie du roi et la frivolité de la reine. Après six semaines de séjour dans la capitale, il fait rapidement le tour de la France et sort du royaume par Genève, sans aller voir Voltaire qui l'attend : soit égard pour la dévotion de Marie-Thérèse, soit crainte de paraître inféoder la majesté impériale à cette autre majesté philosophique. Des grands écrivains du siècle, il n'a visité que Buffon dans son temple du Jardin des Plantes.

L'empereur avait moins réussi dans les provinces qu'à Paris; il avait trop laissé paraître la jalousie que lui inspiraient la puissance et l'unité de la France. Il avait d'ailleurs un autre motif de mauvaise humeur; il n'avait pu obtenir du roi aucun engagement politique. Tout le monde avait bien pensé que Joseph venait tenter de resserrer l'alliance franco-autrichienne, fort relâchée depuis quelques années; mais on ne savait pas trop ce qu'il entendait tirer de cette alliance. Le ministre des affaires étrangères Vergennes, d'accord avec Maurepas pour combattre les tendances autrichiennes de Marie-Antoinette, avait prémuni Louis XVI contre les projets hostiles à la Turquie que l'on supposait à l'empereur[2]. C'était en ce moment tout le contraire. Joseph, mécontent de Catherine II, qui l'avait obligé d'arrêter ses nouveaux empiétements en Pologne, était disposé à une alliance défensive avec la France contre la Russie, afin d'interdire à celle-ci de s'étendre davantage aux dépens des Turcs. On éluda ses insinua-

---

1. L'archevêque l'avait interdit des fonctions sacerdotales comme janséniste. — Le gouvernement ne vint en aide à l'abbé de L'Épée que l'année suivante, et bien faiblement. En novembre 1778, une partie des biens du couvent des Célestins, qui venait d'être supprimé, fut appliquée à la maison des sourds et muets. — *Ann. Lois françaises*, t. XXV, p. 459. — La commission formée pour les réunions et les suppressions de monastères commençait à produire quelques résultats.
2. Flassan, t. VII, p. 138.

tions ; on eut peur de voir renaître la *Guerre de Sept Ans* et de s'engager sur le continent lorsqu'il y avait probabilité d'un nouveau choc contre les Anglais. Un autre étranger, plus grand que Joseph II dans l'histoire, l'avait précédé à Paris dans un autre but : c'était Benjamin Franklin, qui venait solliciter les secours de la France en faveur des Anglo-Américains soulevés contre l'Angleterre (décembre 1776).

Le mauvais accueil fait aux projets de Joseph II n'en fut pas moins une faute énorme. On n'eût pas eu la guerre sur le continent; car le vieux Frédéric n'en voulait plus et n'eût pas soutenu les Russes, qu'on eût contenus sans combat. Joseph, rebuté, se rapprocha de Catherine et seconda plus tard, au lieu de s'y opposer, les entreprises de la tzarine sur l'empire othoman [1].

L'émotion causée en France par le voyage de Joseph II s'effaça bientôt devant l'agitation passionnée que soulevait le plus grand événement du siècle, la Révolution d'Amérique. Il y eut toutefois à cette préoccupation du public une grande diversion dans les premiers mois de 1778, diversion qui ne pouvait d'ailleurs que redoubler le mouvement des esprits, et qui fut causée par un nouveau voyageur. Celui-ci, qui remua Paris bien autrement encore que Joseph II, portait aussi une couronne, mais ne la tenait pas de ses ancêtres. Après vingt-huit ans d'absence, Voltaire arriva à Paris le 10 février 1778.

Tant qu'avait vécu Louis XV, par une espèce de convention tacite entre Versailles et Fernei, Voltaire s'était abstenu de reparaître aux bords de la Seine. Depuis, la crainte d'être un embarras pour Turgot, et la crainte de la réaction qui semblait devoir suivre la chute du ministre philosophe, l'avaient retenu tour à tour; mais l'avénement d'un ministre protestant n'avait pas tardé à lui prouver combien ce torrent du siècle auquel il avait ouvert les barrières était devenu irrésistible. Il se décida : aucune défense *officielle* ne lui interdisait la capitale. Une fois arrivé, il savait bien qu'on n'oserait le chasser. Le clergé, en effet, sollicita inutilement

---

1. Soulavie, *Mémoires du règne de Louis XVI*, t. V, p. 49. Soulavie cite en entier un mémoire très-intéressant, trouvé dans les papiers de Louis XVI; c'est une critique de l'administration de M. de Vergennes, qu'il attribue au comte de Grimoard.

son expulsion du roi et dut s'estimer heureux que le prince des novateurs ne fût pas présenté à Louis XVI. La reine et le comte d'Artois le voulaient; car ils se laissaient emporter au courant de la vogue, n'avaient encore aucun parti pris en faveur du passé et ne redoutaient des novateurs que l'économie. *Monsieur*, qui affectait la réserve et la gravité, ne se prononçait pas dans le même sens. Le rigide et dévot Louis XVI refusa de voir *l'ennemi de la religion et des bonnes mœurs;* mais ce fut tout. S'il laissa prêcher contre Voltaire dans sa chapelle, il laissa, par compensation, le directeur de ses bâtiments commander au sculpteur Pigalle la statue du vieillard de Fernei, et le ministre de sa maison[1] défendre aux journaux de l'attaquer. Cette défense fut ensuite révoquée sur les cris du clergé; mais qu'importait à ce flot de l'opinion qui entraînait tout, à cette voix publique qui étouffait toute opposition sous son acclamation immense!

La ville et la cour (le temps est passé où l'on disait la cour et la ville), toute une génération, tout un peuple de grands seigneurs, de magistrats, de gens de lettres, d'artistes, de savants, se presse dans les salons de l'hôtel où Voltaire a accepté une somptueuse hospitalité[2]; chacun mendie une parole, un sourire du grand homme, qui trône là au milieu des encyclopédistes comme un monarque entouré de ses pairs. « Le regard de Louis XIV n'avait pas produit plus d'effet sur une cour dont il était adoré que n'en produisait le regard étincelant de Voltaire[3]. » Au dehors, une foule enthousiaste se dédommage de ne pouvoir être admise dans le sanctuaire, en attendant la sortie de l'illustre vieillard ou son apparition aux fenêtres, et en lui faisant partout un cortège triomphal. Ses moindres mots courent Paris et la France. On compte ses pas; on commente toutes ses démarches; on rapporte avec attendrissement qu'il s'est précipité sur les mains de Turgot en fondant en larmes et en s'écriant : « Laissez-moi baiser cette main qui a signé le salut du peuple! » On raconte la scène imposante qui a eu lieu lorsque le docteur Franklin, ce savant illustre

---

1. Amelot, créature de Maurepas et successeur de Malesherbes.
2. L'hôtel du marquis de Villette, au coin de la rue de Beaune et du quai Voltaire.
3. Lacretelle, *Hist. de France pendant le* XVIIIe *siècle*, t. V, p. 159.

devenu un des principaux moteurs d'une glorieuse révolution, cet homme qui a

Ravi la foudre au ciel et le sceptre aux tyrans [1],

est venu prier Voltaire de bénir son petit-fils : « *Dieu et la liberté!* s'est écrié le vieillard de Fernei, voilà la seule bénédiction qui convienne au petit-fils de Franklin! » Paroles augustes qui consacrent la bouche qui les prononce comme le front qui les reçoit, paroles qui purifient les derniers jours du patriarche du xviiie siècle, et sont comme la formule du baptême conféré par la France philosophique à son enfant d'adoption, au nouveau monde républicain éclos par delà les mers!

Cette représentation continuelle, animée de tant d'émotions, les fatigues causées par les répétitions d'une tragédie, dernier enfant de sa veine poétique qu'il amène d'une main défaillante sur cette scène française où *OEdipe* a commencé sa gloire il y a soixante ans, épuisent l'ardent vieillard [2]. Le sang s'échappe de sa poitrine haletante. En quelques jours, il semble à l'extrémité.

Moment d'attente et d'anxiété universelle! On ne s'inquiète pas seulement de voir finir, mais de voir comment finira Voltaire. Un événement singulier et nouveau a consterné le clergé deux ans auparavant : un prince du sang, ce Conti qui a joué depuis trente ans un rôle fort mêlé et fort équivoque, est mort le 2 août 1776, après avoir refusé les sacrements d'une croyance qui n'était plus la sienne. Le clergé espère réparer, et fort au delà, l'impression de cette mort *philosophique,* s'il peut induire le patriarche même de l'*impiété* à mourir dans le giron de l'église. Un prêtre réussit à pénétrer auprès de Voltaire. Le philosophe, dans de moins graves circonstances, n'a montré que trop de facilité à s'accommoder aux rites du catholicisme, ou plutôt à jouer avec ces rites. Cette fois encore, souhaitant d'éviter le bruit et de mourir en repos, il cède, se confesse et souscrit une déclaration de foi catho-

---

1. *Eripuit cœlo fulmen sceptrumque tyrannis.*
Ce beau vers, attribué à Turgot, est, dit-on, du poëte latin Manilius.
2. L'admirable interprète des créations de Voltaire et des chefs-d'œuvre du siècle passé, Lekain, venait de disparaître de cette scène, après avoir porté l'art dramatique au plus haut degré où il fût encore parvenu en France.

lique, demandant pardon à l'église du scandale qu'il a pu lui causer (2 mars 1778).

La victoire du clergé n'est pas de longue durée. La prodigieuse vitalité de Voltaire le relève pour un moment des portes du tombeau; il ne songe plus qu'à effacer le souvenir de ce qu'autour de lui on appelle un acte de faiblesse, de ce que d'autres nomment une profanation, et ses derniers jours ne sont qu'une suite de triomphes. Le 1er avril, il se rend à l'Académie, qui lui a envoyé députation sur députation et qui se transporte en corps au-devant de lui, honneur qu'elle ne rend pas même aux têtes couronnées. La plupart des membres ecclésiastiques protestent par leur absence. Voltaire reconnaît l'accueil du grand corps littéraire par un très-beau projet de refonte de l'éternel Dictionnaire, qu'il veut inaugurer en se chargeant de la lettre A[1]. Le vivace vieillard fait des projets comme s'il ne devait jamais quitter ce monde. De l'Académie, il passe à la Comédie-Française. Les détails de cette scène de délire, de cette apothéose qui paya soixante ans de combats, sont dans toutes les mémoires. Le burin a cent fois reproduit le *Couronnement de Voltaire*, ce sacre du roi des philosophes, célébré aux cris de : *Vive Mahomet! Vive la Henriade!* et aussi, il faut bien l'avouer, de : *Vive la Pucelle!* Dans cette soirée, qui résume un siècle, c'est Voltaire *tout entier* qui triomphe par le mal comme par le bien. C'est ce soir-là que le vieillard put se redire dans l'ivresse de la victoire :

> J'ai plus fait dans mon temps que Luther et Calvin.

Il n'avait pas tenu à Marie-Antoinette que la couronne de France ne vînt s'incliner devant la couronne du poëte-philosophe. La reine, qui était déjà venue applaudir à la première représentation d'*Irène*, en l'absence de l'auteur, était en route pour la Comédie-Française, quand un ordre exprès du roi l'obligea de rebrousser

---

1. « Ce plan consistait à suivre l'histoire de chaque mot depuis l'époque où il avait paru dans la langue, à marquer les sens divers qu'il avait eus dans les différents siècles..., à employer, pour faire sentir ces différentes nuances, non des phrases faites au hasard, mais des exemples choisis dans les auteurs qui avaient eu le plus d'autorité. » — Condorcet, *Vie de Voltaire*. C'est ce plan que l'Académie commence d'exécuter aujourd'hui.

chemin. La maison d'Orléans, qui dessinait de plus en plus son rôle d'amie du progrès, fit à Voltaire, quelques jours après, une véritable ovation chez Mme de Montesson et au Palais-Royal. La réception de Voltaire chez les francs-maçons fut encore un épisode digne de mémoire. Leur secret n'était que le sien : HUMANITÉ, TOLÉRANCE; et, là, le bien était sans mélange.

Il avait eu sa récompense : il pouvait mourir. Surexcité, consumé par cette exaltation continuelle, il demanda le sommeil à un moyen factice, au laudanum ; il se trompa sur la dose. Cet accident fut sans remède. Il tomba dans un engourdissement léthargique dont il ne sortit plus que par intervalles. Il refusa, dans ces intervalles, de renouveler sa confession de foi catholique. Un dernier mouvement de joie ranima un instant son cœur quand il apprit le succès de ses efforts pour la réhabilitation de la mémoire du malheureux Lally. Il expira, le 30 mai 1778, à onze heures du soir; il avait vécu quatre-vingt-quatre ans et fait retentir le monde de son nom pendant soixante.

Le public réclamait impérieusement les honneurs funèbres pour le grand homme : le vieil archevêque et son clergé étaient décidés à les refuser. Le faible gouvernement de Louis XVI, inquiet, embarrassé, ne sut rien trouver de mieux que de défendre aux journaux de parler de l'illustre mort, soit en bien, soit en mal. L'abbé Mignot, neveu de Voltaire, tira le gouvernement de peine en enlevant le corps de son oncle et en le faisant inhumer dans son abbaye de Scellières en Champagne, avant que l'évêque diocésain eût le temps de s'y opposer. C'est là que, treize ans après, la grande Constituante devait envoyer chercher les restes de Voltaire pour les transférer solennellement dans le monument qu'elle consacra à nos grands hommes [1].

A peine l'astre de Voltaire était-il descendu sous l'horizon, que l'autre grande étoile du xviiie siècle s'éteignit à son tour.

Par un contraste singulier, mais qui n'est pas sans exemple chez les hommes les plus disposés à la vie intérieure, c'était dans

---

1. V., sur le séjour de Voltaire à Paris et les incidents relatifs à l'intervention du clergé, les *Mém.* de Bachaumont, t. XI, passim. — *Correspond.* de Grimm, t. X, avril-juin. L'espèce d'éloge funèbre : « *Il est tombé dans l'abîme funeste,* » etc., est de Diderot.

le centre tumultueux de la grande ville[1], dans ce *désert d'hommes*, comme on l'a dit, que Rousseau était venu chercher une solitude souvent troublée par les autres et surtout par lui-même. Il y vivait depuis huit ans, toujours plus détaché des choses présentes (son travail sur le *Gouvernement de Pologne* fut son dernier tribut aux intérêts de ce monde), et flottant entre les moments de repos moral où la paix de la conscience lui faisait goûter ce sentiment contemplatif de l'existence, qu'il appelle la *douceur de vivre*[2], et les accès multipliés de sa sombre hypocondrie. De là le double caractère de ses derniers écrits posthumes, étranges alternatives d'amertume et de résignation, d'aberration et de sagesse. Il n'est pas de lecture plus douloureuse que celle de ses *Dialogues*, où il se débat contre les fantômes de son cerveau et s'épuise à se justifier contre des accusations imaginaires. Un jour, il distribue lui-même dans la rue un appel pathétique aux Français; un autre jour, il veut aller déposer le manuscrit des *Dialogues* sur le maître-autel de Notre-Dame, comme pour mettre sa défense sous la protection immédiate du Dieu de vérité. Et, avec cette conviction d'un complot atroce qui l'a déshonoré, qui l'a perdu dans l'esprit de la génération présente, qui lui a aliéné jusqu'aux petits enfants, aucun fiel, pas un mot de haine contre ses persécuteurs : il ne demande vengeance ni aux hommes ni à Dieu. « On ne l'entend jamais dire de mal de personne ; » il rend pleine justice à ses ennemis, tant réels que supposés ; il approuve, au fond de son humble retraite, les honneurs éclatants rendus à Voltaire[3]. A côté des preuves mille fois répétées de l'idée fixe qui l'égare, jamais chez lui plus d'élévation morale, jamais une douceur si évangélique, jamais un sentiment religieux si profond, si pur et si tendre que dans ces *Rêveries*, qui sont comme son adieu à la terre. Sa

1. Rue Plâtrière, aujourd'hui rue Jean-Jacques-Rousseau.
2. « Ce n'est point par des plaisirs entassés qu'on est heureux, mais par un état permanent qui n'est point composé d'actes distincts. » *Correspondance*; lettre du 17 janvier 1770.
3. Voyez les Relations de Corancez et de Bernardin de Saint-Pierre. Celui-ci raconte un petit fait d'un autre ordre, mais assez caractéristique. Un jour, Rousseau, à la promenade, aima mieux endurer une soif ardente que de toucher à des fruits en plein vent sans la permission du propriétaire. Cet incident, puéril en apparence, indique avec quelle rigueur il tâchait de mettre d'accord sa conduite et ses principes. — *OEuvres* de Bernardin de Saint-Pierre, t. XII.

sublime intelligence et son cœur aimant planent, pour ainsi dire, sur le naufrage de la raison pratique.

Avec les souffrances de l'âme, les infirmités croissaient : la pauvreté devenait plus dure au vieillard[1], dont la fierté repoussait les secours matériels, de même que sa défiance écartait le plus souvent les consolations morales. Ce qu'il consentit enfin d'accepter, ce fut un asile à la campagne pour abriter ses derniers jours : il voulut finir au sein de la nature, qu'il avait tant aimée; il s'y sentait plus près de Dieu. Entre diverses retraites offertes, Ermenonville fut choisi, beaux lieux qu'une admiration ingénieuse avait déjà peuplés des souvenirs de sa *Julie*. Mais l'infortuné n'apportait point la paix de l'âme dans cet Élysée. Il n'en jouit que d'une manière bien imparfaite et que durant bien peu de temps.

Sa fin est restée enveloppée de mystère. On a prétendu (et cette opinion a été adoptée par beaucoup de ses plus sincères admirateurs), qu'en proie à d'incurables douleurs physiques et morales, et se sentant désormais impuissant à faire le bien en ce monde, il crut pouvoir abréger sa vie et « se jeter avec confiance dans le sein de l'éternité[2]. »

Les principes de Rousseau contre le suicide ne suffiraient pas à écarter sans réplique cette opinion; ces principes, assis plutôt sur le devoir envers l'humanité que sur le devoir envers Dieu, n'étaient pas suffisamment absolus, et le libre arbitre pouvait d'ailleurs être altéré en lui par la surexcitation mentale. Mais d'autres motifs, puisés dans la comparaison des témoignages contemporains, nous paraissent péremptoires. La première relation de la mort de Rousseau, celle du médecin Lebègue de Presle, semble encore la plus digne de foi pour le fond, bien qu'il y ait un peu trop d'emphase dans la forme et qu'on y fasse trop discourir Jean-Jacques.

Le 3 juillet au matin, Jean-Jacques se serait donc senti très-malade, pris d'une grande anxiété et de vives douleurs d'entrailles : il eut le sentiment que la dernière heure approchait : il fit

---

1. Pauvreté qui ne l'empêchait pas de partager son pain avec la tante octogénaire qui l'avait élevé.
2. Relation de Corancez.

ouvrir les fenêtres pour revoir encore la verdure et le soleil. « Le soleil m'appelle... Voyez-vous cette lumière immense?... voilà Dieu... Dieu m'ouvre son sein... Être des êtres!...» La crise qui se prépare depuis quelques heures éclate ; frappé d'une apoplexie séreuse, il tombe, le visage contre terre... Aux cris de Thérèse, son hôte, M. de Girardin, accourt ; on le relève ; peu de moments après, il n'était plus[1] !

Par une calme et brillante nuit d'été, son corps fut déposé en silence à l'ombre des peupliers, dans un îlot d'un petit lac, au fond de cette belle et mélancolique solitude d'Ermenonville, où les âmes sensibles et méditatives affluèrent comme à un saint pèlerinage[2], et où l'on eût dû laisser reposer ses restes mortels, en lui élevant dans Paris cette statue qu'il demandait si justement à ses contemporains, que la grande Constituante lui avait promise, et qu'il attend encore.

Voltaire avait fini au milieu de toutes les splendeurs sociales : il était mort, pour ainsi dire, sur le théâtre, au bruit des applaudissements. Rousseau s'était éteint dans le silence et le mystère des bois ; chacun selon sa nature. Le contraste avait subsisté entre eux jusqu'au bout ; et cependant un infaillible instinct public a réuni pour toujours dans la tradition nationale ces deux hommes qui se complètent l'un par l'autre. Un poëte aux mâles accents, Marie-Joseph Chénier, a été la voix de la postérité :

> O Voltaire! son nom n'a plus rien qui te blesse!

---

1. Les douleurs d'entrailles firent naître l'idée d'un empoisonnement. On sut qu'on l'avait relevé sanglant dans sa chambre, avec un trou à la tête. On en conclut qu'il s'était achevé d'un coup de pistolet, que M. de Girardin avait voulu dissimuler le suicide et obtenu des médecins un procès-verbal attribuant la mort à un épanchement de sérosité dans le cerveau. Le masque moulé sur nature par le statuaire Houdon dément cette hypothèse. Il n'y a point de trou de balle, mais seulement l'indication d'une double contusion avec déchirure de la peau. D'ailleurs, un coup de pistolet à bout portant n'eût pas produit un simple trou, mais eût fait éclater le crâne et rendu le moulage impossible. Il y a donc toute apparence que Rousseau est véritablement mort d'apoplexie. — Voyez tous les arguments des deux opinions contraires résumés dans Musset-Pathay, *Histoire de Jean-Jacques Rousseau*, t. Ier, p. 429 et suiv. ; et dans G.-H. Morin, *Essai sur la vie et le caractère de Jean-Jacques Rousseau*, p. 269 et suiv. ; 1851. Ce dernier ouvrage, fidèle à son titre, offre le résumé complet de tout ce qui concerne la personne de Rousseau. Nous pouvons ajouter personnellement, d'après la tradition conservée dans la famille de Houdon, que ce grand artiste a toujours nié le prétendu suicide de Rousseau.

2. La mode s'en mêla : tout le monde y courut ; la reine y vint.

> Un moment divisés par l'humaine faiblesse,
> Vous recevez tous deux l'encens qui vous est dû :
> Réunis désormais, vous avez entendu,
> Sur les rives du fleuve où la haine s'oublie,
> La voix du genre humain qui vous réconcilie [1].

Quelles que soient, en effet, les transformations de l'avenir, la postérité ne les séparera ni ne les reniera jamais. Le sentiment religieux de l'avenir, dans les larges horizons qu'il saura embrasser, laissera une place, au moins parmi les avenues du temple, à l'homme qui a si vaillamment défendu l'humanité et la justice, quelles qu'aient été sur son front les taches et les ombres. Plus près du sanctuaire sera placé l'homme qui, pareil au fugitif de Troie, du milieu de la cité croulante du passé, a emporté les dieux, les vérités éternelles, dans le pan de son manteau, pour les transmettre aux générations futures. Voltaire est jugé, pour les amis comme pour les ennemis; la mémoire de Rousseau est plus débattue. On connaît Voltaire en le parcourant, en l'effleurant comme il effleurait toutes choses; il s'ouvre à tous en pleine lumière. On ne connaît Rousseau qu'en l'abordant avec simplicité, en l'étudiant patiemment, en vivant avec lui, en poursuivant l'unité de sa pensée à travers les modifications réelles et les contradictions apparentes. La postérité, toutefois, ne s'est pas laissé et ne se laissera point abuser sur le caractère de l'œuvre ni sur celui de l'écrivain, que les attaques viennent des doctrines rétrogrades ou du scepticisme. A travers les erreurs et les exagérations de son esprit, les égarements moraux de la première moitié de sa vie, l'altération mentale partielle de l'autre moitié, elle saura distinguer la justesse de ses vues et surtout de ses sentiments fondamentaux, et la profonde sincérité de son cœur [2].

---

1. M.-J. Chénier, *Épître à Voltaire*. La Convention, obéissant au sentiment que Chénier exprima plus tard avec éloquence, réunit leurs restes sous les voûtes du Panthéon. — Le sentiment public n'a pas vu si clairement le rapport de Montesquieu et de Rousseau.

2. Résumons ici ce que nous avons dit sur les doctrines *antiprogressives* de Rousseau. Rousseau a vu une grande vérité, à savoir : que le progrès des idées et des connaissances peut marcher sans un progrès parallèle dans les mœurs et dans les sentiments, et qu'alors il y a décadence réelle sous le progrès apparent. Il a exagéré cette vérité; mais les théoriciens récents du progrès l'ont méconnue, pour la plupart, à cause de l'insuffisance de leur sentiment moral. Il y a sur Rousseau, dans la *Correspondance* de Grimm (t. X, p. 70; juillet 1778; nouv. édit. 1830), un passage

Mais ne nous engageons pas dans un avenir qui dépasse les limites de notre œuvre. Les dernières années de l'ancienne société nous appartiennent seules encore.

beaucoup plus impartial qu'on ne saurait s'y attendre, et qui renferme un aveu singulier dans la bouche de Grimm. « Cette âme, naturellement susceptible et défiante, *victime d'une persécution peu cruelle, à la vérité, mais du moins fort étrange*, aigrie par des malheurs qui furent peut-être son propre ouvrage, mais qui n'en étaient pas moins réels, tourmentée par une imagination qui exagérait toutes les affections comme tous les principes, plus tourmentée peut-être par les tracasseries d'une femme (Thérèse), qui, pour demeurer seule maîtresse de son esprit, avait éloigné de lui ses meilleurs amis en les lui rendant suspects; cette âme, à la fois trop forte et trop faible pour porter tranquillement le fardeau de la vie, voyait sans cesse autour d'elle des abîmes et des fantômes attachés à lui nuire. (Suivent des détails exacts sur l'idée qu'avait Rousseau d'une grande ligue formée contre lui, idée fixe à laquelle il rapportait les moindres incidents de sa vie.) Sur tout objet étranger à la manie dont nous venons de parler, son esprit conserva jusqu'à la fin toute sa force et toute son énergie. »

Rien n'est plus juste que ces réflexions, et c'est ce qui rend inexcusable la conduite de Grimm envers Rousseau; car il avait très-bien vu, vingt ans auparavant, poindre la maladie morale de ce grand et malheureux homme, et il avait fait tout ce qu'il fallait pour en activer le progrès. C'est dans le passage que nous venons de citer qu'il faut écouter Grimm, et non dans les Mémoires, ou plutôt le roman de Mme d'Épinai, espèce de contre-partie des *Confessions* trouvée chez Grimm, remaniée à loisir, et à laquelle on a voulu attribuer une autorité qu'elle ne mérite en aucune façon. La parole du fils de Mme d'Épinai doit avoir du poids dans cette question : « J'ai été témoin bien souvent, écrivait-il, des vifs reproches que Mme d'Épinai a faits à Grimm... sur les procédés durs qu'il avait eus pour le pauvre Jean-Jacques, qui ne les avait pas mérités. » — V. Œuvres inédites de J.-J. Rousseau, publiées par Musset-Pathay, 1825, in-8º, p. 389. — On a nié Rousseau à fond dans ces derniers temps. Nous nous bornerons à *nier*, de notre côté, qu'il puisse exister un vrai génie, un de ces grands et légitimes interprètes de l'âme et du cœur humains, sans un *homme* derrière l'*écrivain* : nous ne disons certes pas sans un idéal vivant, mais sans un *homme*, sans un être *vrai*, quelles que soient ses inconséquences. — Et où veut-on qu'il puise, s'il n'avait la source vive en lui? — Si un *méchant* et un *menteur* pouvait écrire l'*Émile*, il est clair qu'on devrait conclure au scepticisme absolu sur tout homme et sur toute parole humaine. — Nous terminons sur Jean-Jacques en citant un panégyrique que le nom de son auteur rend sans doute digne d'intérêt.

« Ce ne sont point, a écrit Mirabeau, ses grands talents que j'envierais à cet homme extraordinaire, mais sa vertu, qui fut la source de son éloquence et l'âme de ses ouvrages. J'ai connu J.-J. Rousseau, et je connais plusieurs personnes qui l'ont pratiqué;... il fut toujours le même, plein de droiture, de franchise et de simplicité, sans aucune espèce d'art pour cacher ses défauts ou montrer ses vertus. Quoi qu'on pense ou quoi qu'on dise de lui pendant encore un siècle (c'est l'espace et le terme que l'envie laisse à ses détracteurs), il ne fut jamais peut-être un homme aussi vertueux, puisqu'il le fut avec la persuasion qu'on ne croyait pas à la sincérité de ses écrits et de ses actions. Il le fut malgré la nature, la fortune et les hommes, qui l'ont accablé de souffrances, de revers, de calomnies, de chagrins et de persécutions. Il le fut malgré les faiblesses qu'il a révélées dans les mémoires de sa

L'année 1778 est solennelle. La disparition de Voltaire et de Rousseau est un grand signe. Le brillant XVIIIe siècle s'en va ; un âge orageux et sombre s'élève à l'horizon. L'ère des idées se ferme : l'ère de l'action va s'ouvrir.

Entre la mort de Voltaire et celle de Rousseau furent tirés les premiers coups de canon de la guerre d'Amérique.

Il nous faut retourner de quelques pas en arrière pour rappeler les commencements de cette révolution, qui ne fut rien moins que l'affranchissement d'un monde.

Nous avons indiqué ailleurs[1] le caractère et les progrès des colonies anglaises de l'Amérique du Nord. Après la paix de 1763, le gouvernement anglais voulut leur faire supporter leur part des charges énormes que la guerre avait infligées à la Grande-Bretagne : c'était juste. Mais l'Angleterre prétendit imposer au lieu de demander. Les Américains se soumettaient sans difficulté aux lois de douane, aux taxes commerciales que le parlement britannique établissait pour tout l'empire ; mais, quand il s'agissait de taxes intérieures et spéciales aux colonies, on consultait leurs assemblées, leurs *parlements* provinciaux. Le gouvernement de George III, sous la malfaisante inspiration de lord Bute, qui dominait encore le ministère, quoiqu'il ne fût plus ministre, prétendit se passer de leur consentement, en vertu de précédents remontant à des époques où plusieurs des colonies n'avaient point encore de législatures. Le parlement anglais voyait dans le droit de taxer les colonies une extension de sa prérogative ; il seconda volontiers la couronne sur ce point. Les Américains eussent probablement accordé ce qu'on voulait d'eux si on le leur eût demandé. Ils le refusèrent, parce qu'on l'exigeait. La révolution d'Amérique naquit donc, et c'est là sa grandeur, d'une question de droit bien plus que d'une question d'intérêt matériel. Dès 1764, au bruit des projets du cabinet anglais, une *Déclaration des Droits de l'Homme*

---

vie. J.-J. Rousseau arracha mille fois plus à ses passions qu'elles n'ont pu lui dérober... Quelque abus qu'on puisse faire de ses propres confessions, elles prouveront toujours la bonne foi d'un homme qui parla comme il pensait, écrivit comme il parlait, vécut comme il écrivit, et mourut comme il avait vécu. » V. Musset-Pathay, *Hist. de J.-J. Rousseau*, t. Ier, p. 300. — Mirabeau était trop grand pour ne pas aimer la vertu, quoiqu'il ait eu le malheur de ne point la pratiquer.

1. V. notre t. XV, p. 466.

fut formulée dans la Nouvelle-Angleterre. Dès lors on put reconnaître qu'il y avait un abîme entre la vieille Angleterre et cette nationalité naissante, entre une société de fait et de tradition et une société de droit et de raison; grande erreur de ne voir dans l'Amérique, comme on l'a dit quelquefois, qu'une *Angleterre renforcée.*

La création d'un papier timbré (22 mars 1765) fut le signal de la crise. L'Amérique, prévenue des intentions du gouvernement anglais, était déjà en fermentation; les presbytériens, animés de sentiments démocratiques, avaient profité de cette situation agitée pour s'organiser en association générale, ce qu'on les avait toujours empêchés de faire, et cette association religieuse devint un vigoureux instrument politique. L'acte du timbre fut accueilli par des démonstrations de deuil et d'indignation profonde. La législature de la Virginie, province d'où allait sortir le libérateur de l'Amérique, déclara l'acte du timbre inconstitutionnel; ses *Résolutions* n'eurent pas le caractère théorique de la *Déclaration des Droits* publiée dans les provinces du Nord; mais le débat prit chez elle la physionomie la plus menaçante. Dans ce pays de *cavaliers* et d'*épiscopaux*, on fit ouvertement appel à la mémoire de Cromwell, comme on l'eût pu faire sur les rives puritaines du Connecticut. Le mouvement fut plus violent encore dans la Nouvelle-Angleterre, foyer de la démocratie américaine. On ne se contenta pas d'annoncer la résistance, on commença de l'organiser. A Boston, cette glorieuse ville qui était et qui est toujours le vrai centre moral de l'Amérique du Nord, autant qu'un centre est possible dans ce monde si varié et si libre, à Boston, les défenseurs du *droit constitutionnel* s'assemblaient sous un grand orme; on le nomma l'*arbre de la liberté*. Les rejetons de l'arbre de Boston couvrirent bientôt l'Amérique anglaise; ils devaient plus tard passer les mers.

A la suggestion de la législature du Massachusets, la province dont Boston était la capitale, un congrès extraordinaire de représentants des colonies se réunit à New-York. Le congrès, avec autant de modération que de fermeté, établit que les habitants des colonies avaient les mêmes droits que les natifs de la Grande-Bretagne; que, ne pouvant être représentés dans le parlement, ils devaient l'être par des assemblées locales exclusivement investies du droit de les taxer. Le congrès adressa une supplique à la couronne et une adresse aux deux chambres pour réclamer l'abrogation de l'acte du timbre. Comme moyen de coercition, on résolut de frapper l'Angleterre dans son plus cher intérêt, dans son commerce, et partout se formèrent des associations dont les membres s'engageaient à repousser les produits britanniques, au prix de toutes les privations, jusqu'à ce que réparation eût été accordée aux colonies. On fit plus : on empêcha le débarquement et la distribution du papier timbré, et, l'administration de la justice civile et le commerce se trouvant ainsi suspendus de fait, la législature du Massachusets se posa hardiment en face du parlement anglais et autorisa les citoyens à se passer du timbre dans les transactions.

Le gouvernement britannique s'étonna et mollit. Lord Chatham avait soutenu, dans le parlement, la justice de la cause des colons. Le ministère fit révoquer l'acte du timbre (18 mars 1766), mais en maintenant théoriquement le droit législatif absolu du parlement. Lord Chatham rentra au pouvoir; mais, comme nous l'avons déjà dit ailleurs, lord Chatham, usé par de cruelles souffrances physiques, ne fut que l'ombre de lui-même durant son second ministère.

L'Amérique se réjouit de sa victoire et du retour de ce grand homme aux affaires; mais elle se réjouit, pour ainsi dire, sous les armes, et fit bien; car les collègues de lord Chatham, d'accord avec le parlement, ne tardèrent pas à faire une nouvelle tentative d'arbitraire en enjoignant aux colonies de livrer de certaines fournitures aux troupes. La législature de New-York refusa; elle fut suspendue par acte du parlement, jusqu'à ce qu'elle eût obéi; puis le parlement vota la création de droits sur le papier, sur le verre, sur le thé, etc. (1767).

L'assemblée du Massachusets donna le signal de la résistance par une circulaire aux autres législatures coloniales. Les représentants du Massachusets y revendiquaient à la fois leurs droits naturels comme hommes, et leurs droits légaux comme Anglais. Le gouverneur de la province cassa l'assemblée. La législature suivante prit les mêmes errements. Elle fut cassée à son tour (1768). Les législatures des autres colonies approuvèrent hautement l'assemblée du Massachusets, et le peuple de cette province remplaça l'assemblée dissoute par une *convention* extraordinaire. La convention, prohibée par le gouverneur comme illégale, se sépara, mais en laissant derrière elle un comité d'organisation, tandis que le gouverneur, de son côté, recevait des troupes d'Angleterre et les installait dans Boston.

L'Amérique anglaise s'agitait pour un grand but. L'Angleterre, pendant ce temps, était en proie à des troubles qui semblaient révéler des symptômes de dissolution politique plutôt que de régénération. En 1769, à l'occasion de l'arrestation du fameux Wilkes, poursuivi pour des pamphlets, il y eut à Londres de violentes émeutes. Le peuple promena par la ville un char portant une jeune fille, avec l'inscription : *Liberté*. Sur l'un des côtés du char on lisait : « Charles Ier, couronné en 1626, décapité en 1649; » sur l'autre : « Jacques II, couronné en 1685, chassé en 1688; » et derrière le char : « George III, couronné en 1760, puis... »

Lord Chatham, étranger aux derniers actes du ministère, se retira et laissa ses collègues sous le poids de leur impopularité. Ils n'en gardèrent pas moins la majorité dans un parlement solidaire de leurs fautes et firent un pas de plus dans la voie fatale où ils étaient rentrés. Ils crurent intimider les colons en faisant passer au parlement un acte portant que les délinquants d'Amérique pourraient être jugés dans la Grande-Bretagne. L'exaspération des colonies arriva au comble. Une nouvelle législature du Massachusets répondit en demandant l'éloignement des troupes anglaises, la mise en accusation de son gouverneur, et en protestant contre la suppression du jury. Les autres provinces suivirent le mouvement. Les associations contre l'importation des produits anglais se renouvelèrent sur la plus vaste échelle : on nota d'infamie quiconque ne s'y enrôlait pas, et les esprits les plus sages et les plus mesurés se familiarisèrent dès lors avec la pensée d'un recours aux armes en dernier ressort[1]. Le premier sang versé à Boston, le 5 mars 1770, dans un engagement tumultueux entre les soldats et le peuple, sembla rejaillir dans toute l'Amérique.

Le gouvernement britannique hésita pour la seconde fois. Un

1. V. une lettre de Washington, d'avril 1769, dans sa *Vie*, traduite par M. Guizot, t. Ier, p. 142.

nouveau chef du cabinet, lord North, sur les cris des marchands anglais, que ruinait l'interruption du commerce avec l'Amérique, fit supprimer les droits récemment établis, excepté celui sur le thé (1770). Concession puérile. Dans une telle question de principe, c'était tout ou rien. Les Américains se relâchèrent de leur rigueur envers les produits anglais; mais ils maintinrent l'exclusion du thé apporté par navires anglais. Il y eut à peine une trêve. L'irritation se raviva bientôt à propos d'un acte du parlement suivant lequel le gouverneur et les juges, dans chaque colonie, devaient être désormais appointés par la couronne et non plus par les assemblées coloniales. La législature du Massachusets nia formellement aux deux chambres le droit de faire des lois pour les colonies : c'était la première fois que la suprématie du parlement était repoussée en termes exprès et généraux. La résistance légale tendait à devenir révolution (1772).

L'arrivée de fortes cargaisons de thé, envoyées par la Compagnie des Indes, décida la crise. Une troupe de Bostoniens, déguisés en sauvages, abordèrent les navires entrés dans le port de Boston et jetèrent les caisses de thé à la mer. Cet exemple fut imité dans les autres provinces (1773). D'une autre part, l'assemblée du Massachusets vota la mise en accusation des juges qui consentaient à recevoir leurs appointements de la couronne. Le port de Boston fut mis en interdit par le parlement à une énorme majorité, malgré une opposition où se signalèrent Fox et Burke : lord Chatham, après deux ans de silence, était venu apporter en vain à l'opposition le secours de sa vieille gloire (1774). Lord North, le chef du ministère, plaisanta fort spirituellement sur l'invocation des *droits naturels* par les colons : il n'avait vu ces droits-là écrits sur aucun parchemin.

On ne plaisantait pas, de l'autre côté de l'Atlantique. La lutte de la liberté fut inaugurée sous les formes religieuses empruntées à la Bible par les nations protestantes. Un jeûne général fut ordonné par toutes les législatures, à l'exemple de l'assemblée de Virginie (1er juin 1774); puis les législatures formèrent, par voie de députations, un nouveau congrès général comme en 1765. Celui-ci devait porter de bien autres conséquences.

L'association générale contre l'interdiction des produits anglais n'attendit pas la réunion du congrès pour se réorganiser sous la forme la plus solennelle. Elle s'engagea à ne se dissoudre qu'après la réouverture du port de Boston et la pleine et entière reconnaissance des droits des colonies. La sympathie la plus universelle et la plus efficace aida Boston à supporter la suspension de son existence commerciale. Les villes voisines refusèrent de profiter du malheur de la noble cité. Une admirable unité de sentiments éclatait dans l'Amérique anglaise, à l'exception d'une faible minorité de royalistes et d'aristocrates. Les provinces du Sud renoncèrent, avec une résignation digne d'être un éternel exemple, à tous les objets de luxe et de *comfort* que leurs riches propriétaires semblaient dans la nécessité de demander à l'Angleterre.

L'exaltation publique redoubla à l'arrivée de nouvelles lois qui changeaient la constitution du Massachusets (8 août 1774). La province entière refusa de s'y soumettre. On déclara infâme et traître quiconque accepterait une place dans la nouvelle constitution. On commença de refuser l'impôt, c'est-à-dire les anciennes taxes constitutionnellement établies. Le gouverneur ajourna la session annuelle de la législature. L'assemblée fut élue et réunie, malgré la défense du gouverneur à Concord, à vingt milles de Boston, tandis que le congrès général s'ouvrait à Philadelphie, capitale de la Pensylvanie (5 septembre 1774). Les instructions des députés au congrès, fermes mais mesurées, écartaient encore toute idée de séparation entre les colonies et la mère patrie, et ne réclamaient que le redressement des griefs. Mais, en même temps, le congrès décida qu'on secourrait par la force Boston et le Massachusets, si le gouvernement anglais employait la force contre cette ville et cette province, et il prit des mesures afin de régulariser la prohibition de l'importation anglaise, de préparer la prohibition de l'exportation pour l'Angleterre et la création de manufactures américaines; il recommanda aux marchands américains de ne point abuser des circonstances pour augmenter le prix des denrées. Le congrès formula une DÉCLARATION DES DROITS « fondés à la fois sur les lois immuables de la nature, sur les principes de la constitution anglaise et sur les chartes et lois positives, » et adressa une requête au roi, un mémoire au peuple anglais, des circulaires aux colonies anglaises et au Canada.

L'adresse aux Canadiens était pleine de citations de Montesquieu. Le langage de toutes ces pièces, remplies d'éclat et de force, attestait une société qui entend s'asseoir sur le droit et la raison avant tout, comme nous l'avons dit, mais sans repousser la tradition et en lui faisant sa juste part. Pourquoi l'eût-elle repoussée, en effet? Les libertés traditionnelles venaient d'elles-mêmes aboutir à la grande liberté philosophique du XVIIIe siècle, comme les rivières à l'Océan! La Révolution française ne put combiner avec cette facilité les deux grands éléments de la vie des nations, le droit philosophique et le droit historique; elle n'avait pas sous la main la tradition immédiate de libertés toujours en action : de là cette sublime témérité avec laquelle elle se lança dans la raison pure et le droit absolu. L'Amérique, plus heureuse, a eu tout de suite son équilibre : nous cherchons encore le nôtre.

Le congrès se sépara en convoquant une autre assemblée générale pour mai 1775. Les populations s'armèrent de toutes parts et attendirent. Le parlement anglais fut renouvelé sur ces entrefaites. La majorité resta ministérielle. Lord Chatham, Fox et Burke s'efforcèrent inutilement de faire prévaloir des principes de conciliation. La pêche de Terre-Neuve fut interdite aux colonies de l'Amérique du Nord. Défense fut faite de transporter des armes et des munitions dans ces colonies. Le Massachusets fut déclaré rebelle. Lord North lui-même, cependant, esprit indécis au fond sous des apparences hautaines, fit voter une sorte de plan de transaction vague et confus : les colonies se seraient reconnues, en termes généraux, obligées de participer aux dépenses communes.

Cela n'était pas sérieux et ne pouvait arrêter le cours des événements. Les hostilités étaient commencées. Le peuple, dans les provinces de Rhode-Island et de Connecticut, avait occupé des postes, enlevé des canons : le gouverneur du Massachusets voulut, de son côté, s'emparer d'un dépôt d'armes et de munitions formé par les colons à Concord, où s'assemblait la législature de cette province insurgée. Le corps de troupes envoyé de Boston pour cette expédition fut repoussé avec perte par les milices du Massachusets, qui vinrent hardiment bloquer les Anglais dans Boston (avril 1775) et furent bientôt renforcées par les provinces voisines. La législature du Massachusets décréta un papier-monnaie provincial[1]. Le nouveau congrès général décréta une armée *et un papier-monnaie* pour toutes les colonies réunies, prohiba tout commerce avec les possessions anglaises qui n'étaient pas de la *Grande-Alliance*, déclara le pacte politique rompu entre le Massachusets et la Grande-Bretagne, et invita les habitants de cette colonie à établir un nouveau gouvernement. Le 6 juillet 1775, le congrès vota cependant un manifeste où il protestait encore contre l'accusation de *séparatisme* et disait souhaiter le rétablissement de l'union avec la mère-patrie : il adressa une dernière requête au roi et de nouvelles adresses aux Anglais et aux Irlandais ; mais, en même temps, Benjamin Franklin, revenu d'Angleterre, où il avait été longtemps l'agent officiel de la Pensylvanie, et où il avait tenté tous les moyens d'arrêter le gouvernement britannique sur une pente funeste[2], Franklin fut chargé de préparer un plan de confédération et union *perpétuelle* pour le cas où les griefs ne seraient pas réparés. Les douanes furent fermées, et les ports ouverts à toutes les nations qui voudraient protéger le commerce des colonies associées, la Grande-Bretagne étant exclue. Il fut décidé que les partisans de la tyrannie seraient rendus responsables des violences commises par les troupes anglaises contre les bons citoyens. Le congrès nomma général en chef Georges WASHINGTON, de la province de Virginie.

La guerre grandissait. Un corps d'armée anglais, débarqué à Boston, n'avait pas réussi à faire lever le blocus. Les gouverneurs des provinces du sud, chassés par les colons, étaient réduits à faire une guerre de pirates sur les côtes et avaient tenté sans succès de soulever en masse les noirs des colonies à esclaves. Les Américains

---

1. L'histoire des *assignats* d'Amérique est curieuse à comparer avec l'histoire des nôtres. Les colonies anglaises étaient déjà familiarisées et avec l'usage et avec le décri du papier-monnaie. Le papier du Massachusets, à la paix de 1763, perdait onze douzièmes de sa valeur. Durant la guerre de l'Indépendance, en septembre 1779, le papier du congrès perdit dix-neuf vingtièmes ; en mars 1780, trente-neuf quarantièmes ; à la fin de 1780, soixante-quatorze soixante-quinzièmes. La circulation cessa, vers cette époque, dans les états du nord et du centre, dura encore un an dans le sud, et s'éteignit quand le papier ne valut plus qu'un millième. Le congrès, en 1784, décida de racheter le papier suivant la valeur relative pour laquelle chacun l'avait reçu. Il y en avait pour deux milliards environ de valeur nominale. — Après les assignats, les États-Unis eurent un moment le *maximum* à la fin de 1777 ; mais ils y renoncèrent promptement.

2. V. les *Mémoires* de Franklin.

tâchèrent d'entraîner le Canada dans leur cause. Le gouvernement britannique, après avoir d'abord imposé les lois anglaises au Canada, venait de lui rendre ses anciennes lois. Les nobles étaient reconnaissants de cette restauration du passé ; le reste de la population ne pensait pas de même, et la grande majorité des Canadiens refusa de prendre les armes contre les Anglo-Américains et favorisa leur invasion. Les forts de la frontière, puis Montréal, tombèrent au pouvoir du corps expéditionnaire envoyé par les insurgés. L'attaque de Québec fut moins heureuse (31 décembre 1775). L'évêque et les nobles soutinrent les Anglais; les Américains et leurs amis français, n'ayant pu enlever la place d'assaut, la bloquèrent; mais les Anglais reçurent des renforts considérables, et, après des efforts héroïques, les Américains furent obligés d'évacuer le Canada au printemps de 1776.

Le gouvernement anglais était enfin revenu du mépris absurde qu'il avait d'abord manifesté pour les mutineries des colons : faute de soldats nationaux, il cherchait partout à acheter des mercenaires. Sur le refus de Catherine II, qui n'avait pas voulu lui vendre ses Russes, il se fit livrer à prix d'or de la chair à canon par les petits princes allemands. La Hesse fut son principal marché de chair humaine[1]. Il est difficile d'exprimer à quel degré d'abjection et de dépravation étaient tombées certaines de ces maisons souveraines, et particulièrement cette branche de Hesse-Cassel, si glorieuse au temps des guerres de la Réforme[2]! L'opposition

1. L'exemple avait été donné par le duc Ferdinand de Brunswick (le Brunswick de la Révolution).

2. On a cité une lettre inouïe, incroyable, du landgrave de Hesse-Cassel à un de ses officiers ; il faut la reproduire sans commentaire :

« Vous ne pouvez vous figurer la joie que j'ai ressentie en apprenant que, de mille neuf cent cinquante Hessois qui se sont trouvés au combat, il n'en est échappé que trois cent quarante-cinq ; ce sont justement mille six cent cinquante hommes de tués, et partant six cent quarante-trois mille florins que la trésorerie me doit, suivant notre convention. La cour de Londres objecte qu'il y a une centaine de blessés qui ne doivent pas être payés comme morts; mais j'espère que vous vous serez souvenu des instructions que je vous ai données à votre départ de Cassel, et que vous n'aurez pas cherché à rappeler à la vie par des secours inhumains les malheureux dont vous ne pouvez sauver les jours qu'en les privant d'un bras ou d'une jambe. Ce serait leur faire un présent funeste, et je suis sûr qu'ils aiment mieux mourir avec gloire que de vivre mutilés et hors d'état de me servir. Rappelez-vous que, de trois cents Lacédémoniens qui défendaient les Thermopyles, il n'en

parlementaire protesta en vain contre cet ignoble trafic et contre l'appel fait par le gouvernement aux sauvages qu'il déchaînait comme des bêtes féroces sur les colonies.

A mesure que les colons anglo-américains confirment plus dignement leurs principes par leurs actions, l'intérêt qu'ils inspirent en France va grandissant et envahissant tout. Des sentiments très-divers, mais également énergiques, passionnent la société tout entière. Tout ce qu'on a lu, tout ce qu'on a conçu théoriquement, tout ce qu'on a puisé dans l'*Esprit des lois*, dans le *Contrat social*, va se voir réalisé, vivant. Ceux même que la philosophie n'a pas conquis, ceux qui n'aimeraient pas dans les Américains les hommes libres, aiment les ennemis de l'Angleterre. Les uns y voient le triomphe de l'idéal nouveau, la grandeur de l'humanité ; les autres la vengeance de la patrie. Les plus opposés aux nouveautés en France accueillent les nouveautés en Amérique comme funestes à l'ennemi de la France[1], et bien peu, entre les futurs adversaires de notre Révolution, comprennent le mot de Joseph II : « Mon métier est d'être royaliste[2]. » Cette société, qui va bientôt se diviser d'une manière si terrible, est pour un moment d'accord et ajourne les problèmes intérieurs pour suspendre son âme aux nouvelles de l'autre hémisphère.

Le gouvernement français, qui sent le vent souffler la guerre autour de lui, et qui redoute cette guerre[3], est en proie à de vives préoccupations. L'opinion pèse sur lui avec force. Les avis, les excitations, lui arrivent de tous côtés. Entre les nombreux mémoires adressés au roi par des particuliers, on en remarque deux, écrits par un homme d'un esprit vif et hardi, d'une re-

---

revint pas un seul. Que je serais heureux si j'en pouvais dire autant de mes braves Hessois ! »

1. Et aussi par une sympathie naturelle et involontaire : *l'homme aime naturellement la justice*, tant que ses passions et ses intérêts ne sont pas engagés contre la justice.

2. Mot de Joseph II à une dame qui lui demandait, dans un cercle parisien, son sentiment sur les *insurgents*.

3. Il n'avait nullement *préparé*, comme on l'a dit, la Révolution d'Amérique, pas même au commencement des troubles, du temps de M. de Choiseul. Ce ministre envoya bien un agent en Amérique pour observer ce qui se passait ; mais il ne lui donna pas même d'audience à son retour, tant il était étranger aux mouvements dont on lui a voulu faire un crime ou un honneur. — V. *Mém.* de La Fayette, t. Ier, p. 11.

nommée bruyante et orageuse, d'un caractère contesté et d'une activité prodigieuse : ce Beaumarchais, qui n'est pour les uns qu'un dangereux intrigant, soupçonné de prétendus forfaits[1], qui est, pour les autres, pour le grand nombre, l'héritier présomptif de Voltaire et l'heureux vainqueur du parlement Maupeou[2]. Employé par Louis XV dans la diplomatie secrète, il avait des relations multipliées dans les divers partis anglais et s'était lié tout à la fois avec un des ministres et avec le démagogue Wilkes. Dans son premier mémoire (21 septembre 1775), il exagère les périls intérieurs de l'Angleterre, qu'il présente comme à la veille d'une révolution ! C'est une illusion que se sont faite souvent les politiques, à l'aspect de troubles qui suffiraient à renverser d'autres gouvernements, mais qui, là, ne produisent qu'un ébranlement momentané, grâce aux habitudes d'ordre légal et aux exutoires ouverts au flot populaire.

Beaumarchais voit plus clair sur l'Amérique, qu'il déclare perdue pour la métropole. Dans le second mémoire (29 février 1776), il cherche à démontrer la nécessité de secourir les Américains, si l'on veut sauver les Antilles françaises et même conserver la paix. Victorieuse, l'Angleterre retombera sur nos îles ; vaincue, elle fera la même tentative pour se dédommager de ses pertes. Si l'opposition parlementaire l'emporte et réconcilie les deux Angleterres, elles se réuniront contre nous. On ne peut conserver la paix entre la France et l'Angleterre qu'en empêchant la paix entre l'Angleterre et l'Amérique et en équilibrant les forces des deux partis par des secours secrets aux Américains. Il propose de secourir l'Amérique par l'intermédiaire de particuliers et en exigeant le secret[3].

Le ministre des affaires étrangères, Vergennes, hésitait beaucoup ; le roi et Maurepas encore plus. Les tracasseries, les inso-

---

1. Ses ennemis ne craignirent pas de lui imputer des empoisonnements.
2. Il venait d'accroître sa popularité par son *Barbier de Séville,* œuvre d'un goût équivoque, et qu'eût hésité d'avouer la belle époque de la Comédie, mais présentant des types originaux et remplie de verve et de traits piquants, où l'on reconnaissait l'adversaire de Goezman.
3. *Beaumarchais, sa vie, ses écrits et son temps,* par M. de Loménie. Ce travail, très-consciencieux, offre des matériaux fort intéressants pour l'histoire des dernières années de l'ancien régime.

lences de la marine anglaise envers nos bâtiments firent gagner du terrain à Beaumarchais, qui écrivait lettre sur lettre au roi et au ministre. La question fut examinée à fond en conseil et traitée par écrit. Nous n'avons pas le mémoire de M. de Vergennes, mais nous possédons celui de Turgot. C'était en avril 1776, un mois avant la chute de l'illustre contrôleur-général. Turgot part d'un point de vue singulier et inattendu chez lui. Écartant ses sympathies et raisonnant sur la base du pur intérêt, il dit que l'intérêt de la France serait que l'Angleterre réussît à subjuguer ses colonies, parce que, si elles étaient ruinées, l'Angleterre en serait affaiblie, et que, si elles restaient fortes, elles garderaient toujours le désir de l'indépendance et demeureraient un embarras pour la métropole. Le coup d'œil d'aigle de Turgot reparaît bien vite dans la suite du mémoire. Quelle que soit l'issue immédiate de l'insurrection, annonce-t-il, l'issue définitive sera la reconnaissance de l'indépendance des colonies par l'Angleterre même, une révolution totale dans les rapports de politique et de commerce entre l'Europe et l'Amérique, et l'émancipation finale de toutes les colonies européennes. « Je crois fermement que toutes les métropoles seront forcées d'abandonner tout empire sur leurs colonies, de leur laisser une entière liberté de commerce avec toutes les nations, de se contenter de partager avec les autres cette liberté et de conserver avec leurs colonies les liens de l'amitié et de la fraternité. — Il importe que l'Espagne se familiarise dès à présent avec cette idée [1]. »

Turgot pense, comme Vergennes, qu'il faut éviter la guerre offensive. Il invoque, à cet égard, les raisons morales, ainsi que l'état des finances et des forces de terre et de mer; on a besoin de temps pour régénérer ces branches de la puissance du roi; il y aurait danger d'éterniser notre faiblesse en faisant de nos forces renaissantes un usage prématuré. Enfin, la raison décisive, c'est qu'une guerre offensive réconcilierait la métropole et les colonies, en décidant la première à céder. Turgot, dans ses conclu-

---

[1]. Bien peu de temps après que Turgot eut formulé cette prophétie, une grande insurrection éclata contre l'Espagne parmi la race indigène du Pérou et fut le présage de la révolution générale qui s'opéra trente ans plus tard dans l'Amérique espagnole.

sions, ne s'éloigne cependant pas des propositions de Beaumarchais ; car il conseille de faciliter aux colons les moyens de se procurer, par la voie du commerce, les munitions et même l'argent dont ils ont besoin, sans sortir de la neutralité officielle et sans secours directs.

Rétablir sans bruit nos forces maritimes, nous mettre en état d'armer deux escadres à Toulon et à Brest ; si la guerre devient imminente, tout disposer pour une descente en Angleterre, afin d'obliger l'ennemi à concentrer ses forces, et profiter de cette concentration de l'ennemi pour envoyer des expéditions, soit aux Antilles, « soit dans l'Inde, où nous nous serions préparé des moyens d'action. » Éviter toutefois la guerre tant que cela ne sera pas absolument impossible, parce qu'elle empêcherait pour longtemps, et peut-être pour toujours, une réforme intérieure absolument nécessaire.

Tels furent les derniers conseils du ministre réformateur à la veille de sa chute [1]. Ces conseils furent suivis quant aux secours indirects à l'Amérique et quant au rétablissement de nos forces maritimes [2] : plus tard, on n'y sut pas choisir ce qu'il y avait de meilleur pour le cas de guerre.

---

1. *Œuvres* de Turgot, t. II. — Il y a dans ce mémoire une observation digne de remarque, c'est que l'Angleterre avait intérêt d'attaquer du commencement d'avril à la fin d'octobre, parce que l'élite de nos matelots occupés à la pêche et nos vaisseaux occupés au commerce d'Amérique offraient une proie facile ; la France et l'Espagne avaient intérêt d'attaquer d'octobre à janvier, parce que c'était le temps où les pêcheurs anglais allaient vendre leurs cargaisons en Espagne, en Portugal, en Italie.

2. Le 10 juin 1776, ordre fut donné d'armer vingt vaisseaux de ligne à Brest et à Rochefort. Le 27 septembre, parut une série d'ordonnances qui réformaient l'administration de la marine, abolissaient la puissance exorbitante des hommes de plume et de bureau, remettaient sous la direction des officiers militaires tout ce qui regarde la disposition, la direction et l'exécution des travaux maritimes ; déterminaient la forme et les fonctions des conseils permanents et du conseil extraordinaire de la marine, éventuellement chargé par le roi d'examiner la conduite et les opérations des commandants d'escadres, de divisions et de vaisseaux détachés (institution indispensable pour faire sentir aux chefs de la marine la responsabilité qu'ils avaient parfois si honteusement éludée sous Louis XV), etc., etc. Le principal mérite de ces réformes paraît appartenir au chevalier de Fleurieu, directeur des ports et des arsenaux, que le ministre Sartine avait eu le bon sens de prendre pour conseil. — V. les ordonnances dans les *Anciennes Lois françaises*, t. XXIV, p. 141, et l'appréciation de ces ordonnances dans L. Guérin, *Hist. marit. de France*, t. II, p. 386. — Une des meilleures dispositions était celle qui réunissait les *officiers de port* ou *officiers bleus*, rotu-

Vergennes s'était enfin décidé et avait décidé le roi à accepter les propositions de Beaumarchais. La faveur personnelle de Beaumarchais auprès de Maurepas, dont il charmait la vieille frivolité, fit peut-être plus que les meilleures raisons d'état. On donna en secret [1] un million à Beaumarchais pour fonder une maison de commerce qui approvisionnerait l'Amérique d'armes, de munitions, d'équipements militaires : les arsenaux seraient ouverts à cette maison, mais elle serait tenue de remplacer ou de payer les objets qui lui auraient été livrés. Les Américains rembourseraient ces avances en denrées avec le temps et les facilités nécessaires (juin 1776). Beaumarchais obtint un second million du gouvernement espagnol, sur la recommandation du cabinet de Versailles, trois autres millions d'armateurs qu'il s'associa, et se lança dans une entreprise où l'homme de progrès et de sympathie se combinait singulièrement en lui avec le spéculateur. Il aimait tout, la gloire, l'argent, la philosophie, le plaisir, et le bruit par-dessus toutes choses. D'autres maisons de commerce furent également subventionnées dans le même but. L'agent américain Silas Deane étant arrivé sur ces entrefaites à Paris, on lui refusa *officiellement* les deux cents canons, les armes et les effets pour vingt-cinq mille hommes qu'il demandait à la France; mais on l'adressa *officieusement* à Beaumarchais, qui procura tout, même, avec les canons, des officiers d'artillerie et du génie pour aider les Américains à s'en servir. Parmi les officiers de diverses armes qui s'enrôlèrent par cet intermédiaire, on remarque les noms de Casimir Pulawski, le héros polonais, et de La Rouarie, qui fut depuis le premier organisateur de l'insurrection contre-révolutionnaire de la Vendée [2].

Les nouvelles d'outre-mer, durant l'année 1776, devinrent de plus en plus émouvantes. On sut que les Américains avaient

---

riers pour la plupart, aux *officiers de vaisseaux* sortis du corps privilégié des gardes de la marine, et faisait prendre rang aux *officiers de port* après les *officiers de vaisseaux* de même grade. La division de la marine en deux corps, dont l'un écrasait l'autre de son orgueil, avait eu les plus mauvais résultats.

1. Ce fut un secret même pour les Américains. — D'après une lettre de M. de Vergennes au roi, du 2 mai 1776 (V. Flassan, t. VII; p. 149), on fit passer en outre des secours directs d'argent au congrès, sous le couvert d'un nommé Montaudoin.

2. Loménie, *Beaumarchais*, etc. La plupart, suivant le témoignage de La Fayette, étaient des aventuriers qui réussirent assez mal outre-mer.

abandonné le drapeau anglais pour prendre l'étendard aux treize bandes, signe de l'alliance des *Treize États-Unis*. Boston était libre : dès le mois de mars, les troupes anglaises avaient été obligées d'évacuer cette généreuse ville[1] et de se rembarquer pour la Nouvelle-Écosse. Au mois de mai, sur l'avis de l'envoi d'une armée de mercenaires étrangers, le congrès général publia un manifeste où il démontrait aux colonies la nécessité d'abolir entièrement l'autorité britannique, et adressa à toutes les législatures coloniales la même invitation qu'il avait faite, l'année d'avant, au Massachussets, à savoir, d'adopter la forme du gouvernement la plus convenable au bien de leurs constituants en particulier et de l'*Union* en général[2].

Le 4 juillet 1776, date qui ne s'effacera jamais de la mémoire des hommes, parut la DÉCLARATION D'INDÉPENDANCE DES ÉTATS-UNIS D'AMÉRIQUE, rédigée par Franklin, Jefferson, John Adams, etc.

Le préambule et les conclusions de cette pièce sont le *Contrat social* en action.

« Quand, dans le cours des événements humains, il devient nécessaire à un peuple de rompre les liens politiques qui l'unissaient à un autre peuple et de prendre, parmi les puissances de la terre, la place séparée et le rang d'égalité auxquels les lois de la Nature et celles du Dieu de la Nature lui donnent droit de prétendre, le respect qu'il doit aux opinions du genre humain exige qu'il déclare les raisons qui le forcent à cette séparation.

« Nous regardons comme incontestables et évidentes les vérités suivantes : que tous les hommes ont été créés égaux et qu'ils ont été doués par le Créateur de certains droits inaliénables ; que parmi ces droits sont la vie, la liberté et la recherche du bonheur ; que, pour assurer ces droits, les gouvernements ont été établis parmi les hommes et qu'ils tirent leur juste autorité

---

1. La popularité du nom de Boston en France fut signalée par une circonstance marquée de cette frivolité que nous mêlons aux choses les plus graves. On substitua au jeu anglais du *whist*, déjà en possession d'une vogue qu'il a reprise de nos jours, un autre jeu appelé le *boston*.

2. Parmi les nombreux écrits qui provoquèrent cette grande résolution, on remarque le célèbre pamphlet *Common sense* (le Sens commun), de ce Thomas Payne qui, après avoir contribué à la Révolution d'Amérique, vint chercher un rôle dans celle de France.

du consentement de ceux qui sont gouvernés; que, quand un gouvernement ne tend point à ces fins, le peuple est en droit de le changer ou de l'abolir et d'en établir un nouveau, fondé sur les principes qui lui paraîtront les plus convenables à sa sûreté et à sa félicité... »

Suit l'exposé des griefs qui réduisent les colonies d'Amérique à la nécessité d'user de ce droit suprême.

« En conséquence, **nous les représentants des États-Unis de l'Amérique, assemblés en congrès**, prenons à témoin de la droiture de nos intentions le Juge suprême de l'Univers, publions et déclarons solennellement, au nom et par l'autorité du bon peuple de ces colonies, que ces provinces unies sont et ont droit d'être des états libres et indépendants; qu'elles sont absoutes de la fidélité qu'elles devaient à Sa Majesté Britannique; que toute liaison entre elles et la Grande-Bretagne est et doit être rompue; et que, comme états indépendants, elles ont pouvoir de déclarer la guerre et de faire la paix, de former des alliances, d'établir un commerce, en un mot, de faire tout ce que les autres états indépendants ont droit de faire; et, pour le soutien de cette Déclaration, comptant d'ailleurs sur la protection de la divine Providence, nous engageons mutuellement nos vies, nos biens et notre honneur sacré. »

Tel fut l'acte de naissance de la plus libre, et l'on dira bientôt de la plus vaste société qui ait jamais été dans le monde[1]. Le mariage du christianisme protestant et de la philosophie du XVIIIe siècle avait engendré cette grande progéniture. Deux hommes de premier ordre devaient être les sauveurs et les guides de son enfance, et chacun d'eux représentait plus particulièrement une des deux origines : Washington, la tradition, mais progressive et transformée, le protestantisme éclairé et tolérant; Franklin, l'esprit du siècle, le mouvement de Locke à Rousseau, la philosophie, mais religieuse.

---

1. L'*acte d'union* entre les treize états fut publié trois mois après la *Déclaration d'indépendance* (4 octobre 1776). Chaque état restait maître de sa constitution et de son administration intérieure. Au congrès général appartenaient le droit de guerre et de paix, et toutes les relations extérieures, la monnaie, les poids et mesures, les postes, la quotité et l'emploi des impôts nationaux, enfin tout ce qui regardait les armées de terre et de mer.

La jeune République devait avoir de sévères épreuves à supporter. Au moment même où paraissait la Déclaration d'indépendance, l'armée et la flotte anglaises renforcées revenaient de la Nouvelle-Écosse et attaquaient les îles de l'état de New-York. Des complots loyalistes éclataient à l'intérieur. Les trahisons de la minorité antinationale furent réprimées par des rigueurs nécessaires, mais l'armée ennemie obtint d'abord de grands succès. Malgré leur courage et les talents militaires de leur chef, les milices américaines plièrent devant la discipline des Anglo-Allemands. Elles perdirent une bataille dans Long-Island et furent obligées d'évacuer New-York. Les Anglais envahirent encore le New-Jersey et Rhode-Island. La cause de la liberté semblait aux abois. L'armée de Washington fut un instant réduite à trois mille hommes manquant de tout. Le général américain refit son armée et lassa la mauvaise fortune par des prodiges de constance. Ses belles opérations durant l'hiver de 1776 à 1777 relevèrent le cœur de ses concitoyens. Il rentra dans le New-Jersey, tint en échec les forces bien supérieures des Anglais, et couvrit Philadelphie, siège du congrès. On put, dès cette première campagne, juger ce que valait cet homme, mélange de Fabius et d'Épaminondas[1], pareil, comme on l'a si bien dit[2], à ces monuments dont la grandeur ne frappe pas au premier coup d'œil, précisément à cause de la parfaite harmonie de leurs proportions, et parce qu'aucune partie n'étonne le regard. « Le plus raisonnable des grands hommes[3], » il était bien la personnification du plus rationaliste des peuples, et son *auguste bon sens,* suivant l'heureuse expression d'un de nos contemporains[4], n'était que la qualité distinctive des Anglo-Américains portée au sublime.

Pendant ce temps, l'autre gloire de l'Amérique, Franklin, avait quitté sa patrie pour mieux la servir. Après avoir rédigé l'immortelle *Déclaration,* il était parti pour conquérir l'alliance française.

---

1. Épaminondas, moins toutefois l'élan poétique et artiste qu'eut le Thébain, comme presque tous les grands hommes de la Grèce.
2. Théod. Fabas, *Encyclopédie nouvelle,* art. WASHINGTON. Cet article et l'article ÉTATS-UNIS, du même auteur et dans le même recueil, sont deux des meilleurs morceaux d'histoire philosophique qui aient été écrits de nos jours.
3. Théod. Fabas.
4. M. Eugène Pelletan.

Il débarqua à Nantes le 17 décembre 1776. Les États-Unis avaient admirablement choisi leur plénipotentiaire. Sorti de ces classes ouvrières mises en lumière et relevées dans l'opinion par Diderot, non pas protestant, comme la masse des siens, mais philosophe déiste, de nuance intermédiaire entre Voltaire et Rousseau, physicien de premier ordre, dans ce siècle si passionné pour les sciences naturelles, simple dans ses manières et son costume comme Jean-Jacques et les héros de Jean-Jacques, et cependant le plus spirituel et le plus fin des hommes, d'un esprit tout français par le ton et la grâce, merveilleux mélange de probité et d'habileté au plus haut degré l'une et l'autre, à la fois grand homme de l'antiquité par certains aspects et l'homme moderne par excellence, rachetant, autant que possible, ce qui lui manquait d'idéalité par cet excellent équilibre moral qui lui était commun avec Washington, et plus nuancé, plus compréhensif et moins sévère que celui-ci, il devait prendre et il prit la France du xviiie siècle par tous ses sentiments, par toutes ses idées; il conquit les sages par le bon sens de son génie, les enthousiastes par l'éclat de son rôle, les frivoles par l'originalité de sa situation et de sa physionomie. Il fut, au bout de peu de jours, aussi populaire à Paris qu'à Boston ou à Philadelphie.

Tandis que Franklin travaille à gagner le gouvernement après la société française, et à changer l'appui indirect en alliance déclarée, les secours de France commencent d'arriver. Neuf vaisseaux chargés par Beaumarchais abordent assez à point à Portsmouth en Virginie, au mois d'avril 1777. Quelques semaines après, un autre bâtiment jette sur la côte de la Caroline un jeune homme de vingt ans, un grand seigneur français, qui a écarté tous les obstacles, le courroux de sa famille, les défenses expresses du roi, et, ce qui est autrement difficile à braver, la douleur d'une jeune femme aimée et près d'être mère, pour accourir offrir son épée à la nouvelle République. C'était ce La Fayette qui devait donner à l'Europe, bouleversée par le flux et reflux perpétuel des opinions et des intérêts, et dégradée par la versatilité des âmes, l'illustre exemple d'une constance politique de soixante années, et mourir en 1834 tel qu'il s'était révélé en 1777 sur les plages de l'Amérique. Son inébranlable dévouement pour la liberté a pu errer parfois sur le choix de la route, dans les heures sombres de nos orages, mais jamais un seul jour délaisser le but.

Le jeune officier français, nommé sur-le-champ par le congrès officier-général dans l'armée de Washington, partagea les rudes travaux de son chef avec une valeur intelligente et une abnégation que le grand homme paya d'une affection et d'une confiance sans réserve. L'ennemi s'était préparé à de puissants efforts. Un second corps d'armée anglais, descendu du Canada et maître du lac Champlain, s'avançait vers le Haut Hudson et Albany sous les ordres du général Burgoyne; si le général Howe, qui faisait face à Washington sur la Delaware, eût donné la main à Burgoyne par le bas de l'Hudson, l'Amérique eût été coupée en deux, et la cause républicaine réduite aux plus extrêmes périls. Heureusement le général Howe tourna du côté opposé, s'embarqua pour la baie de la Chesapeake et alla prendre Philadelphie à revers. Washington perdit contre lui la bataille de Brandywine (11 septembre 1777), et fut contraint de lui abandonner la ville qui avait été le séjour du congrès. Mais ce succès eut plus d'éclat que de solidité. Washington se maintint à peu de distance de Philadelphie et continua d'occuper le général Howe. Pendant ces opérations, Burgoyne, qui avait débuté par des succès et débouché victorieusement du bassin des grands lacs dans celui de l'Hudson, était arrêté dans les forêts et les montagnes du Haut Hudson par les généraux américains Gates et Arnold. Après une longue série de combats, Burgoyne, cerné, décimé, se rendit prisonnier de guerre avec tout son corps d'armée (17 octobre 1777).

L'effet fut prodigieux en Europe. Il devint de plus en plus difficile au gouvernement français de se maintenir dans la position équivoque où il s'était engagé. Les Anglais renouvelaient incessamment leurs aigres plaintes sur la présence des agents des *rebelles* en France[1], sur l'accueil fait aux corsaires américains dans les ports français, sur les envois et les armements faits en France pour le compte des rebelles. Le cabinet de Versailles désavouait les envois et les faisait parfois suspendre, chassait les cor-

---

1. En 1776, le cabinet anglais avait demandé l'extradition de Silas Deane, *sujet rebelle* de Sa Majesté Britannique. Il n'est pas besoin de dire la réponse. — V. tout ce qui regarde la diplomatie dans Flassan, t. VII, liv. VI.

saires, qui, renvoyés d'un port, rentraient dans un autre[1], déclarait ne tolérer les agents du congrès que comme simples particuliers et récriminait contre les violations de pavillon et les visites vexatoires de nos bâtiments que les Anglais se permettaient jusque sur nos côtes. Le 4 juillet 1777, le ministre de la marine signifia aux chambres de commerce qu'il protégerait et réclamerait les vaisseaux dont les Anglais s'empareraient sous prétexte de commerce avec l'Amérique. Des escadres s'armaient à Toulon et à Brest. Cependant le ministre des affaires étrangères, dans une réponse officielle au cabinet de Saint-James, le 15 juillet, protestait encore de la fidélité de la France aux traités. L'Angleterre riposta en proposant un traité de garantie mutuelle pour la sûreté des possessions des deux couronnes en Amérique.

Cette impertinente proposition fut reçue avec le dédain qu'elle méritait; mais la situation n'était plus tenable : il n'y avait plus ni dignité ni sûreté. Tout était changé depuis le mémoire de Turgot au roi et ses conseils n'étaient plus applicables. D'une part, la réunion des deux Angleterres contre nous était à redouter maintenant, non point si nous faisions la guerre, mais si nous ne la faisions pas. Les Anglais pouvaient, d'un moment à l'autre, reconnaître l'indépendance des États-Unis au prix d'une alliance offensive contre la France[2]. De l'autre part, les Américains avaient fait le grand pas : c'était avec une république constituée que l'on avait à traiter maintenant, république qui, une fois assurée de l'alliance française, verrait dans cette alliance la garantie de son indépendance nationale et n'y renoncerait pas plus qu'à cette indépendance même.

Les agents américains redoublaient leurs instances, secondés par une énorme pression de l'opinion. Tout était emporté : après le public, la cour et jusqu'aux familiers de la reine. Le roi, la reine et les ministres presque seuls résistaient : Maurepas et Vergennes, par timidité; Necker, par esprit financier et en prévision des diffi-

---

1. Ces corsaires étaient, en majeure partie, des Français mêlés de quelques Américains.

2. Beaucoup d'Américains inclinaient de ce côté par souvenir de leur origine. Le général Gates, le vainqueur de Burgoyne, écrivit dans ce sens à des Anglais influents. — Droz, *Hist. du règne de Louis XVI*, t. Ier, p. 262.

cultés pécuniaires; le roi et la reine, par instinct monarchique, et Louis, de plus, par scrupule de conscience sur la légitimité de cette guerre. Louis céda à contre-cœur et le dernier[1], mais enfin il céda, conditionnellement toutefois, comme on le verra. Le 16 décembre 1777, à la nouvelle du désastre de Burgoyne, Maurepas prit courage[2], et M. de Vergennes informa les trois commissaires du congrès, Franklin, Silas Deane et Arthur Lee, que le roi était décidé à reconnaître l'indépendance de leur patrie et à conclure avec eux un traité de commerce et une alliance défensive éventuelle.

Un double traité fut signé en conséquence, le 6 février 1778. Le premier statue qu'il y aura paix et amitié entre la France et les États-Unis d'Amérique. Les parties contractantes se promettent de se traiter mutuellement, quant aux relations commerciales, sur le pied de la nation la plus favorisée et de se protéger réciproquement sur mer. La France s'engage à intervenir auprès des États Barbaresques, afin d'obtenir qu'ils respectent le pavillon américain. Le droit d'aubaine est aboli de part et d'autre. Les navires de l'une des deux puissances pourront commercer en toute liberté avec les ennemis de l'autre, sans exception que pour la contrebande de guerre. Tout Français qui prendra des lettres de marque d'une puissance étrangère contre les États-Unis, ou tout Américain, contre la France, sera puni comme pirate. Le Roi Très-Chrétien accordera aux sujets des États-Unis un ou plusieurs ports-francs où ils pourront amener et débiter toutes les denrées et marchandises provenant desdits treize états.

Par le second traité, les deux parties prennent leurs mesures pour le cas où la Grande-Bretagne, « par ressentiment de la liaison et bonne correspondance » que le traité précédent vient d'établir, romprait la paix avec la France : « au cas que la guerre se déclarât entre la France et la Grande-Bretagne, » pendant la durée de la présente guerre entre les États-Unis et l'Angleterre, Sa Majesté et les États-Unis feront cause commune. — Le but

---

1. Une plaisanterie de fort mauvais goût attesta qu'il ne partageait pas l'enthousiasme général pour Franklin. — V. les *Mém.* de Mme Campan, t. 1er, p. 234. Plus tard, cependant, il témoigna de l'admiration pour Washington.
2. *Mém.* de La Fayette, t. Ier, p. 77.

essentiel et direct de la présente alliance défensive est de maintenir efficacement la liberté, la souveraineté et l'indépendance des États-Unis, tant en matière de gouvernement que de commerce. — Les deux parties feront, chacune de sa part et de la manière qu'elles jugeront le plus convenable, tous les efforts en leur pouvoir contre l'ennemi commun. — Dans le cas où l'une ou l'autre partie formerait quelque entreprise particulière où elle aurait besoin du concours de l'autre, on réglerait par une convention particulière le secours à fournir et les avantages qui en doivent être la compensation. — Au cas que les États-Unis jugeassent à propos de tenter la réduction de la puissance britannique qui reste encore dans les parties septentrionales de l'Amérique ou dans les îles des Bermudes, ces pays ou îles, en cas de succès, seront confédérés avec les États-Unis et en dépendront. — Sa Majesté Très-Chrétienne renonce pour jamais à la possession d'aucune partie du continent de l'Amérique septentrionale, qui est à présent ou qui a été récemment sous le pouvoir du roi et de la couronne de la Grande-Bretagne. — Au cas que Sa Majesté Très-Chrétienne jugeât à propos d'attaquer aucune des îles dans le golfe du Mexique ou près de ce golfe, qui sont à présent sous le pouvoir de la Grande-Bretagne, toutes lesdites îles, en cas de succès, appartiendront à la couronne de France. — Aucune des deux parties ne conclura ni paix ni trêve avec la Grande-Bretagne sans en avoir obtenu, au préalable, le consentement formel de l'autre, et elles s'engagent mutuellement à ne pas mettre bas les armes avant que l'indépendance des États-Unis soit assurée par le traité ou les traités qui termineront la guerre. — Sa Majesté Très-Chrétienne et les États-Unis conviennent d'inviter ou d'admettre d'autres puissances, qui peuvent avoir essuyé des torts de la part de l'Angleterre, à accéder à la présente alliance. — Les deux parties se garantissent mutuellement pour toujours, savoir : les États-Unis, à Sa Majesté Très-Chrétienne, les possessions présentes de la couronne de France en Amérique, ainsi que celles qu'elle y pourra acquérir par le futur traité de paix; et Sa Majesté Très-Chrétienne, aux États-Unis, leur souveraineté, liberté et indépendance, etc., ainsi que leurs possessions et les accessions ou conquêtes que leur confédération pourra obtenir durant la guerre, sur aucun des états possédés à présent ou ci-devant par la Grande-Bretagne en Amérique[1].

Cette alliance éventuelle, cette manière détournée de provoquer un choc devenu inévitable, avait quelque chose de bizarre et de peu digne; mais il avait fallu, pour vaincre les scrupules du timoré Louis XVI, supposer une agression matérielle des Anglais préalablement à toute action collective contre eux.

Il est une autre observation importante à faire sur ce pacte d'alliance; c'est que le système politique nommé aujourd'hui *américanisme*, c'est-à-dire la prétention des États-Unis d'exclure les puissances européennes du continent américain, est déjà fortement indiqué par la renonciation au Canada et à l'Acadie, obtenue de la France.

A la nouvelle de ce second *Traité de Paris* qui allait mettre à néant celui de 1763, si funeste à la France et si glorieux pour l'Angleterre, le cabinet anglais, consterné, fit un dernier effort pour transiger avec les Américains; l'effort le plus sérieux qu'il eût encore tenté. Il ne s'agissait plus de *pardon*, mais de *traité* avec le congrès. Lord North présenta au parlement un projet de réunion et d'accommodement basé sur la représentation des colonies dans le parlement (17 février 1778).

Il était trop tard. Un peuple ne rétracte jamais un acte tel que la *Déclaration d'indépendance*. Le congrès refusa de négocier tant que les flottes et les armées ennemies n'auraient pas quitté les parages des États-Unis, et que l'indépendance n'aurait pas été formellement reconnue (22 avril).

Le 13 mars, l'ambassadeur de France avait notifié au cabinet de Saint-James le traité d'amitié et de commerce signé entre la France et les États-Unis de l'Amérique septentrionale, « qui sont en pleine possession de l'indépendance prononcée par leur acte du 4 juillet 1776. » — Sa Majesté Très-Chrétienne croyait devoir déclarer à la cour de Londres que les parties contractantes n'avaient stipulé en faveur de la nation française aucun avantage commercial que les États-Unis n'eussent la liberté d'accorder également à toute autre nation. — Le roi était persuadé que la cour de Londres

---

1. V. les traités dans Martens, *Recueil de Traités*, t. II, p. 587 et suiv.

trouverait dans cette communication de nouvelles preuves des dispositions de Sa Majesté pour la paix, et que Sa Majesté Britannique, animée des mêmes sentiments, prendrait des mesures efficaces pour empêcher que le commerce des sujets français avec les États-Unis ne fût troublé. — Dans cette juste confiance, l'ambassadeur de France pourrait croire superflu de prévenir le ministère britannique, que le roi son maître étant déterminé à protéger efficacement la liberté légitime du commerce de ses sujets et à soutenir l'honneur de son pavillon, Sa Majesté a pris en conséquence des mesures éventuelles, de concert avec les États-Unis de l'Amérique septentrionale[1]. »

L'Angleterre ne répondit que par le rappel de son ambassadeur. L'embargo fut mis en France sur les vaisseaux anglais (18 mars). L'Angleterre rendit la pareille. Le 21 mars, les trois plénipotentiaires américains furent reçus en audience solennelle par le roi, à Versailles. De longs applaudissements accueillirent, dans le palais de Louis XIV, les représentants du nouveau monde républicain. Franklin et ses collègues ne sortirent de chez le roi de France que pour se transporter officiellement chez la jeune épouse de l'homme qui devait, onze ans après, inaugurer la Révolution française sur les ruines de la Bastille, chez Mme de La Fayette.

Quand La Fayette, au quartier-général de Washington, lut ces paroles du gouvernement français dans la notification du 13 mars : *Les États-Unis... en possession de l'indépendance prononcée par leur acte de tel jour...* « Voilà, s'écria-t-il, une grande vérité que nous leur rappellerons un jour chez eux[2]. »

La scène la plus émouvante s'était passée, sur ces entrefaites, dans le parlement d'Angleterre. On sentait que les tardives propositions du ministère n'avaient point de chance d'être accueillies par l'Amérique : une fraction de l'opposition proposa de reconnaître l'indépendance des colonies. A cette nouvelle, le vieux lord Chatham, malade, épuisé, se fit porter de son lit à la chambre des lords, et là, pâle, enveloppé de ses couvertures comme d'un suaire, appuyé sur ce fils qui devait être le second Pitt, il protesta

---

1. Flassan, t. VII, p. 167.
2. *Mém.* de La Fayette, t. Ier, p. 177.

avec désespoir contre l'idée du démembrement de l'empire britannique, contre la séparation de ces Anglo-Américains qu'il avait défendus contre l'arbitraire comme citoyens anglais, mais qu'il ne reconnaîtrait jamais comme nation indépendante. Il conjura ses compatriotes de périr plutôt que d'abaisser le pavillon de l'Angleterre devant la maison de Bourbon. Un des chefs de l'opposition, le duc de Richmond, ayant fait entendre que l'Angleterre était hors d'état de soutenir le choc de la maison de Bourbon unie aux Américains, et continuant à soutenir la nécessité de reconnaître l'indépendance américaine et de maintenir la paix avec la France, lord Chatham, transporté d'indignation, se souleva de son siége pour répondre; mais la violence des sentiments qui l'agitaient avait brisé le reste de ses forces : il retomba évanoui. On l'emporta au milieu de la consternation générale. Il languit quelques semaines et mourut.

La mort de ce puissant ennemi de la France semblait un signe fatal pour l'Angleterre. On pouvait croire qu'il emportait la fortune de sa patrie.

Il n'y avait plus à hésiter. Le gouvernement français avait déjà laissé passer la saison la plus favorable à l'attaque. Il fallait bien choisir où porter les coups et frapper vite et fort. Le 15 avril, une escadre de douze vaisseaux et cinq frégates partit de Toulon sous les ordres du vice-amiral d'Estaing, le dernier officier qui eût soutenu sur mer l'honneur du drapeau français dans la déplorable guerre de Sept Ans[1]. Cette escadre conduisait en Amérique un ministre plénipotentiaire accrédité par Louis XVI auprès du congrès, Gérard de Raineval, qui avait été le signataire des deux traités du 6 février.

Les instructions de M. Gérard, en date du 30 mars, étaient, entre autres, de décliner les demandes de subsides, de veiller à ce que les opérations militaires fussent concertées avec le comte d'Estaing et d'éviter de prendre des engagements formels relativement

1. Après la chute des établissements français dans l'Inde, quand notre pavillon avait disparu des mers d'Orient, d'Estaing, parti de l'île de France avec un bâtiment de la Compagnie des Indes et une petite frégate, avait emporté et détruit les comptoirs anglais du golfe Persique, puis ceux de Sumatra, et enlevé plusieurs navires de la Compagnie des Indes anglaises. — V. L. Guérin, *Histoire maritime de France*, t. II, p. 346.

à la conquête du Canada et autres possessions anglaises. Le cabinet de Versailles n'était pas fâché que les États-Unis conservassent dans leur voisinage quelque sujet d'inquiétude qui leur fît sentir le prix de l'alliance française. Washington, par d'autres motifs, devait aider sur ce point le ministre français et faire sentir qu'il fallait délivrer le territoire des treize états confédérés avant d'agir au dehors. Sur les subsides, le gouvernement français se relâcha ; du moins il fit une avance de 3 millions en 1778 et d'autres avances les années suivantes[1].

L'envoi de l'escadre de Toulon était une bonne mesure ; mais ce fut tout ce qu'on fit de bien. Le roi et les ministres spéciaux étaient également incapables de voir la guerre en grand et d'arrêter de bons plans de campagne. Le ministre de la marine, Sartine, avait montré de l'activité[2] et publié des règlements utiles, mais sa portée ne dépassait pas le matériel de l'administration en temps de paix : quant au ministre de la guerre, ce n'était plus le vieux Saint-Germain, qui, usé, déconsidéré par ses bizarreries et ses inconséquences, avait donné sa démission au commencement de septembre 1777[3] ; on l'avait remplacé par un personnage de fort mince valeur, le prince de Montbarrei, que poussaient d'obscures influences et des intrigues de femme. Aussi ne sut-on pas profiter de ce que l'Angleterre, de son côté médiocrement gouvernée, n'était pas prête à la guerre. Le cabinet de Versailles commença, y compris M. de Vergennes, par ne pas voir que la guerre était inévitable et par se flatter que l'Angleterre reculerait ; puis, une fois la lutte certaine, il ne vit pas qu'il fallait charger à fond

---

1. Garden, *Hitoire des traités de paix*, t. IV, p. 301, 387. Un million en 1779, 4 millions en 1780, 4 en 1781, et jusqu'à 6 en 1782.

2. En juin 1778, nous eûmes soixante-quatre vaisseaux armés de cinquante à cent dix canons (*Mercure de France* de juin 1778). Ces soixante-quatre vaisseaux nous avaient été laissés par Choiseul, avec cinquante frégates.

3. Il mourut le 15 janvier 1778. — Ses seuls actes un peu importants, depuis la chute du grand ministère réformateur auquel il avait quelque temps survécu, avaient été la désorganisation de l'hôtel des Invalides (il n'y laissa que quinze cents hommes en tout, et dispersa le reste dans les provinces (17 juin 1776) et la réorganisation de l'École militaire (17 juillet 1777), sur un plan assez singulier. C'était la formation d'un corps de cadets gentilshommes payant pension, et auxquels on réunirait gratis les meilleurs élèves des nouveaux collèges militaires fondés dans les provinces en remplacement de l'ancienne École. — *Anc. Lois françaises*, t. XXIV, p. 58. On ridiculisa beaucoup l'idée de faire le roi *maître de pension*.

sur-le-champ et s'efforcer de couper les deux bras de l'ennemi : l'Amérique et l'Inde. Jamais le gouvernement royal n'a voulu rien comprendre à l'Inde. Les énormes progrès des Anglais, qui réalisaient dans l'Indoustan, sous Clive et Hastings, les plans de Dupleix et de Bussi, avec des crimes de plus, ne purent tirer de son insouciance le cabinet de Louis XVI. On était pourtant très-bien informé à Versailles des circonstances favorables et du parti que la France pouvait tirer d'une alliance avec Haïder-Ali, ce héros musulman qui avait fondé un grand état dans le midi de la presqu'île et imposé à la présidence anglaise de Madras une paix désavantageuse, en 1769. On n'envoya rien dans l'Inde, et la puissante flotte qu'on avait armée à Brest fut retenue plusieurs semaines dans l'inaction, parce que le vieux roi d'Espagne, Charles III, avait offert sa médiation au lieu de ses secours. Le gouvernement espagnol avait bien voulu participer aux secours indirects fournis par la France aux *insurgents,* mais il hésitait fort à s'engager ouvertement dans leur cause : l'exemple lui semblait trop dangereux pour ses propres colonies.

L'Angleterre répondit à l'offre de médiation, qu'il fallait que la France, avant tout, retirât sa note du 13 mars[1]. Même après cette réponse, Louis XVI hésitait encore à faire partir la flotte de Brest : il en était toujours à vouloir essuyer le premier coup de canon, scrupule d'autant plus puéril qu'il était impossible que d'Estaing n'en vînt pas aux mains dans les mers d'Amérique.

Ce *premier coup de canon* fut enfin tiré. Les Anglais avaient paru les premiers dans nos mers. Une flotte anglaise de vingt vaisseaux, aux ordres de l'amiral Keppel, étant venue faire une reconnaissance vers Brest, rencontra deux frégates françaises à la hauteur de l'île d'Ouessant (17 juin). La guerre n'étant pas déclarée, Keppel ne fit pas tout d'abord assaillir les frégates. Il les somma de venir à la poupe de son vaisseau pour répondre à ses questions. La plus avancée des deux frégates, *la Licorne,* refusa. On tira sur elle : enveloppée, elle lâcha sa bordée et se rendit. La seconde frégate, *la Belle-Poule,* commandée par La Clochetterie, fit force de voiles pour échapper; poursuivie et atteinte près de la côte

---

1. Flassan, t. VII, p. 171.

par la frégate anglaise *l'Aréthuse*, elle la désempara après un combat de cinq heures, la força de se retirer vers sa flotte, et rentra victorieuse à Brest, aux acclamations de la marine et de la population.

Ainsi fut inaugurée la guerre d'Amérique.

Keppel, informé de la supériorité de la flotte française par les papiers trouvés sur *la Licorne*, rentra à Portsmouth. La flotte de Brest, aux ordres du lieutenant-général d'Orvilliers, sortit enfin le 8 juillet. Ses longs retards avaient permis aux flottes marchandes des Antilles anglaises et du Levant de regagner paisiblement les ports anglais et d'y apporter de grandes ressources en hommes et en marchandises. Elle était forte de trente-deux vaisseaux de ligne et divisée en trois escadres, commandées, la première, par d'Orvilliers en personne; la seconde, par le lieutenant-général Duchaffaut; la troisième, par le jeune duc de Chartres, qui avait pour conseil le chef d'escadre La Motte-Piquet. Le 23 juillet, la flotte française reconnut l'ennemi entre l'île d'Ouessant et les Sorlingues. Keppel, renforcé, avait remis en mer. Après quatre jours de savantes évolutions, qui attestèrent les progrès de notre marine en matière de tactique depuis la paix de 1763[1], les deux armées navales s'engagèrent le 27 juillet au matin. Elles comptaient chacune trente vaisseaux, deux de nos vaisseaux s'étant trouvés séparés de notre flotte par un accident de mer; les Anglais avaient plus de trois-ponts que nous. Les historiens spéciaux ont décrit les belles manœuvres de cette journée vivement disputée durant quelques heures. Les Anglais durent reconnaître avec angoisse la supériorité de notre artillerie de marine réorganisée par Choiseul. Dans l'après-midi, l'amiral français fit, pour couper la ligne ennemie, une tentative qui eût dû être décisive; malheureusement son signal ne fut pas immédiatement compris de l'escadre que commandait le duc de Chartres. Le duc vint en personne demander des explications à d'Orvilliers, puis retourna exécuter les ordres de son chef; mais un temps précieux avait été perdu : la flotte anglaise ne fut pas coupée; elle fut seulement arrêtée

---

1. D'Orvilliers avait pour major général Du Pavillon, inventeur d'une nouvelle tactique navale qui apporta les perfectionnements les plus décisifs à la langue des signaux. — V. la *Biographie universelle*, art. DU PAVILLON, par M. de Rossel.

dans un mouvement commencé. Elle alla se reformer hors de la portée du canon et ne revint plus à la charge, quoiqu'elle eût le vent et que les Français l'attendissent. Une grande partie des vaisseaux anglais étaient désagréés et à peu près hors d'état de manœuvrer. Le lendemain, les Anglais se dirigèrent vers Plymouth et les Français vers Brest.

La victoire demeura donc inachevée; mais c'était certes beaucoup pour une marine sur laquelle pesaient les souvenirs de la guerre de Sept Ans, que d'avoir repoussé avec quelque avantage, à force égale ou même un peu inférieure, le choc de la principale flotte anglaise parfaitement commandée! Aussi les premières nouvelles de la journée d'Ouessant furent-elles reçues avec colère à Londres et avec allégresse à Paris. Le duc de Chartres, revenu à Paris pendant que la flotte se réparait à Brest, fut couvert d'applaudissements à l'Opéra; les maisons furent illuminées en son honneur autour du Palais-Royal. Au bout de quelques jours, cependant, des bruits accusateurs amenèrent une réaction dans l'opinion. On prétendit que ce prince n'avait montré qu'hésitation et que mollesse; qu'il n'avait pas obéi à l'amiral ni écouté le chef d'escadre La Motte-Piquet, chargé d'être son guide sous le titre de son second. On alla jusqu'à raconter qu'il s'était caché à fond de cale. Ce qui était vrai dans ces rumeurs, c'est que l'amiral d'Orvilliers avait écrit au ministre de la marine que « le défaut d'attention des premiers vaisseaux de cette escadre (celle du duc de Chartres) à ses signaux avait seul privé le pavillon français du plus grand éclat dans la journée du 27 juillet. » Mais il n'est pas moins vrai que La Motte-Piquet, un des plus vaillants et des plus habiles marins qu'eût la France, loin de rejeter la faute sur le duc de Chartres, prit pour lui le reproche de l'amiral et s'en justifia très-vivement. Il est très-possible qu'il n'y ait point eu de coupable dans tout cela, et que la lenteur de la manœuvre ait tenu aux difficultés du nouveau système de signaux, qui n'était pas encore passé dans les habitudes. L'accusation de lâcheté contre le duc de Chartres était injuste : ce prince manquait de force d'âme et de dignité morale, mais non pas de courage physique.

Cet incident devait avoir de graves conséquences dans l'avenir : le duc de Chartres imputa à la reine et aux familiers de la reine la propagation des bruits injurieux à son honneur; déjà brouillé avec la reine, à la suite de relations d'abord très-bienveillantes, il conçut pour elle une implacable haine qui leur devait être également fatale à tous deux.

Les conséquences immédiates avaient déjà été fâcheuses. L'amiral et le ministre de la marine s'entendirent pour amener le prince à quitter son commandement maritime. Le roi ne voulait pas le destituer brusquement. Ces tiraillements retardèrent la remise à la voile de la flotte. Sur ces entrefaites, les Anglais enlevaient de toutes parts nos bâtiments de commerce, grâce à la coupable négligence du ministre de la marine, qui ne les avait pas fait protéger par des croisières ni par des escortes[1]; tous les convois anglais, au contraire, passaient librement. La flotte remit à la mer le 17 août : le duc de Chartres avait obtenu d'y reparaître un moment pour couvrir sa disgrâce; mais il se fit bientôt ramener à Brest et changea son grade de lieutenant-général des armées de mer contre le titre de colonel-général des hussards.

La flotte fit une troisième sortie : cette fois, ce fut faute d'argent et d'hommes qu'elle dut rentrer (8 octobre). La solde n'était pas payée depuis plusieurs mois. Sartine, dans sa correspondance avec l'amiral, en rejette la responsabilité sur Necker, qui, plus tard, devait à son tour, avec plus de vraisemblance, accuser de désordre et de gaspillage le ministre de la marine. On envoya enfin quelques croisières au secours du commerce et l'on commença de faire des prises, qui, cette année, dans nos parages, furent loin de compenser celles de l'ennemi.

Cette première campagne dans les mers d'Europe avait donc été stérile ou même dommageable comme résultat matériel, honorable, comme effet moral, pour notre marine[2], et peu honorable pour le gouvernement, qui se montrait fort au-dessous de la situation[3].

---

1. Les ennemis en prirent pour quarante et quelques millions, et enlevèrent beaucoup de nos matelots.

2. Il y eut plusieurs beaux combats particuliers : deux frégates françaises prirent deux frégates anglaises, égales ou supérieures. Un vaisseau français força à la retraite un vaisseau et une frégate anglais. — L. Guérin, *Hist. maritime de France*, t. II, p. 430.

3. V. les détails de la campagne dans L. Guérin, *Hist. maritime*, t. II, p. 405-432;

Sa coupable négligence avait eu dans l'Inde des conséquences faciles à prévoir. Aux premières nouvelles, non pas de la guerre, mais de l'imminence de la guerre, le conseil suprême de Calcutta, qui gouvernait l'Inde anglaise, se mit en devoir d'assaillir à l'improviste le peu qui restait aux Français dans ces vastes régions (juillet 1778). Chandernagor et les comptoirs de Masulipatam et de Karical se rendirent sans coup férir. Un corps d'armée et une petite escadre se portèrent sur Pondichéri, que les Français avaient relevé de ses ruines. Une escadrille française, égale en force à celle des Anglais (cinq bâtiments de 24 à 64 canons de chaque côté), lui livra un combat indécis (10 août). Quelques jours après, le chef d'escadre français Tronjoli quitta la rade de Pondichéri et fit voile pour l'Ile-de-France. Il ne pouvait, prétendait-il, se ravitailler à la côte ni attendre de renforts, tandis que les Anglais allaient se renforcer et l'accabler[1]. Si coupable qu'ait été cet officier, le ministère était au moins aussi coupable que lui. Le brave gouverneur de Pondichéri, Bellecombe, abandonné dans une place presque ouverte, avec une faible garnison, ne capitula qu'après soixante-dix jours de siége et quarante jours de tranchée, et à la condition d'être transporté en France avec ses compagnons d'armes (17 octobre 1778).

Quelques mois après (20 mars 1779), les Anglais s'emparèrent de Mahé presque sans coup férir. Cette place, si forte par sa seule situation, n'avait ni soldats ni munitions. Le pavillon français disparut encore une fois de l'Inde.

Il flottait du moins avec honneur dans les mers d'Amérique !

L'escadre partie de Toulon, sous le vice-amiral d'Estaing, contrariée par les vents, avait mis près de trois mois pour gagner l'embouchure de la Delaware (13 avril-7 juillet). Cette lenteur sauva le corps d'armée anglais qui occupait Philadelphie et qui eut le temps de se rembarquer et de regagner New-York. Si d'Estaing fût arrivé trois semaines plus tôt, les troupes de terre et

---

— *Hist. impartiale de la dernière guerre* (par de Lonchamps), t. Ier, p. 349 et suiv., Amsterdam et Paris, 1785. — *Hist. des troubles de l'Amérique anglaise*, par Fr. Soulès, t. III, p. 81-101. Paris, 1787. — Adolphus, *Histoire d'Angleterre sous George III*, liv. XXXV.

1. Les Anglais étaient très-supérieurs sur terre; mais leurs forces navales étaient fort médiocres en ce moment dans ces mers.

l'escadre ennemie de l'amiral Howe eussent été prises, comme dans un piége, entre l'armée de Washington et l'escadre française, supérieure en nombre. Les nouveaux alliés voulurent se dédommager de cette belle occasion perdue : une double attaque par terre et par mer fut combinée contre Rhode-Island, importante position maritime, conservée par l'ennemi au cœur des États-Unis du Nord. Les passes qui conduisent à New-Port, chef-lieu de l'île, furent brillamment forcées par d'Estaing[1], secondé par d'excellents officiers, entre lesquels se signala Suffren, destiné à une grande et prochaine renommée. Un vaisseau, cinq frégates et une corvette anglais se brûlèrent pour ne pas tomber au pouvoir des assaillants. Les Français allaient débarquer pour coopérer avec les Américains, déjà descendus dans l'île de Rhode, quand on signala l'escadre de l'amiral Howe, grossie de plusieurs bâtiments. D'Estaing traversa de nouveau les passes pour aller au-devant de l'armée navale anglaise, qui prit chasse devant lui et qu'il atteignit. Le signal de la bataille allait être donné, quand un furieux ouragan sépara les deux escadres, les ballotta, les désempara durant quarante heures (11-13 août). La tempête calmée, le vaisseau de d'Estaing, démâté, rasé comme un ponton, n'échappa aux attaques d'un vaisseau ennemi que grâce à l'indomptable fermeté de l'amiral français. D'Estaing rallia ses navires; mais il ne crut pas possible de reprendre les opérations contre New-Port et fit voile pour Boston, ce qui obligea les Américains de lever le siége de New-Port et d'évacuer Rhode-Island.

Cet insuccès d'une entreprise si bien commencée menaçait de rompre l'union, fragile encore, des Français et des Anglo-Américains. Ceux-ci se dirent abandonnés, presque trahis. Il y eut beaucoup d'aigreur entre les chefs, des rixes entre la population et ses auxiliaires étrangers. La Fayette, que de grands services militaires avaient investi d'une juste popularité, s'employa avec zèle et autorité à calmer les esprits, et l'offre généreuse que fit d'Estaing de se mettre, lui, vice-amiral de France, sous les ordres d'un simple légiste devenu général (Sullivan), pour agir sur terre avec ses troupes de débarquement, effaça des ressentiments peu

---

[1]. Il avait auparavant enlevé une trentaine de bâtiments de commerce et de transport, et 1,500 recrues anglaises.

fondés. La concorde ne fut plus troublée de tout le reste de la guerre.

D'Estaing, conformément à ses instructions, après avoir aidé à mettre B ston en état de défense contre la marine anglaise puissamment renforcée, quitta bientôt après les parages des États-Unis pour les Antilles, où il trouva les colonies françaises dans la joie d'une importante conquête. Le gouverneur des îles du Vent, ce marquis de Bouillé qui devait jouer un grand rôle dans le parti de la contre-révolution, venait d'opérer une descente dans l'île de la Dominique et de forcer la garnison anglaise à se rendre après une faible résistance (6-8 septembre), débarrassant ainsi la Guadeloupe et la Martinique du plus nuisible voisinage. Malheureusement cet avantage fut balancé par la perte de l'île de Sainte-Lucie, qui n'était défendue que par une poignée de soldats et de miliciens, et qui tomba au pouvoir d'une escadre anglaise (13-14 décembre). D'Estaing s'efforça sur-le-champ de reprendre Sainte-Lucie. Il avait douze vaisseaux contre six : il attaqua vigoureusement l'escadre ennemie; mais celle-ci, embossée dans la baie appelée le Grand-Cul-de-Sac et protégée par deux batteries de terre, rendit, par son excellente position et sa défense opiniâtre, la supériorité du nombre inutile. Les troupes de débarquement furent moins heureuses encore : dépourvues d'artillerie, elles se brisèrent contre les batteries et les retranchements que les Anglais avaient établis à la hâte sur des mornes d'un difficile accès, et battirent en retraite, après trois assauts, en abandonnant sept ou huit cents morts ou blessés (18 décembre). D'Estaing, averti qu'une forte escadre ennemie était attendue des États-Unis, dut abandonner l'entreprise et se retirer à la Martinique.

Nous fîmes encore, cette année-là, une autre perte inévitable en Amérique. Les Anglais occupèrent les îles de Saint-Pierre et de Miquelon, que le traité de 1763 avait interdit de fortifier, et renvoyèrent en France la population, au nombre de deux à trois mille âmes. Ils tinrent ainsi la grande île de Terre-Neuve tout entière (septembre 1778). Les nouvelles de cet hiver furent à leur avantage sur le continent américain aussi bien qu'aux Antilles. Une double expédition, venue de New-York par mer et de la Floride par terre, envahit le plus méridional des treize États unis, la Géorgie, et s'empara de la capitale, Savannah, et de la plus grande partie du pays (décembre 1778 — janvier 1779).

Il n'en fut pas de même dans les mers d'Afrique. Dans les mois de janvier et de février 1779, une escadrille française reprit sur les Anglais Saint-Louis du Sénégal, cédé par le traité de 1763, y concentra les ressources défensives de Gorée, qu'on abandonna comme un poste moins avantageux, et détruisit les comptoirs anglais de la Gambie, de Sierra-Leone et de toute la côte depuis le cap Blanc jusqu'au cap Lopez. On fit pour plus de 15 millions de prises.

Les pertes matérielles se balançaient, et les désastres prédits au gouvernement anglais par l'opposition ne se réalisaient pas jusqu'ici; mais ce qui devait profondément blesser l'orgueil britannique, c'est que non-seulement la marine française s'était montrée égale à la marine d'Angleterre dans les grandes évolutions de flotte contre flotte, mais qu'elle avait eu l'avantage sur elle dans presque tous les combats particuliers. Un assez grand nombre de frégates anglaises avaient été vaincues et conduites en triomphe dans les ports français par des bâtiments égaux ou même inférieurs [1].

La France s'animait de plus en plus à la lutte. Quand La Fayette revint sur la frégate américaine *l'Alliance* pour reprendre sa place dans l'armée française, il ne trouva chez le roi et chez les ministres ni la volonté ni, il faut le dire, le pouvoir de punir sa glorieuse désobéissance : le roi fut bienveillant; la reine, avec sa vivacité accoutumée, fut complétement subjuguée par l'enthousiasme universel qu'inspirait le jeune et illustre volontaire de la liberté (février 1779).

Les *classes* navales en France avaient été augmentées de onze mille cinq cents matelots par ordonnance de janvier 1779. L'acti-

---

[1]. Le plus héroïque de ces combats fut celui du *Triton*, de trente canons, contre un bâtiment anglais de quarante. Le capitaine français, Caluélan, avait été emporté blessé à mort; il apprend que son équipage commence à faiblir; il se fait reporter sur le tillac : « Mes enfants! » s'écrie-t-il, « j'ai peu d'heures à vivre; que je n'aie pas la douleur de mourir sans vous voir maîtres de la frégate anglaise. Allons, mes enfants, un dernier coup de force! elle est à vous! » L'Anglais est pris, et Caluélan meurt content. — *Hist. de la dernière guerre*, t. II, p. 5. — La marine royale anglaise avait déjà perdu cinquante-six bâtiments au printemps de 1779. *Ibid.*, p. 82.

vité de nos chantiers et de nos armements ne se ralentissait pas.
Nos corsaires, encouragés par deux ordonnances de juillet 1778,
qui leur accordaient de grands avantages, s'organisaient sur la
plus vaste échelle et formaient de véritables escadres auxiliaires
de la marine royale [1]. Les corps recommençaient les dons patriotiques. Les États d'Artois avaient offert une frégate de trente-six
canons. Le parlement anglais avait voté, de son côté, soixante-dix
mille matelots et soldats de marine pour l'année où l'on entrait.
L'Angleterre prévoyait que le nombre de ses ennemis allait s'accroître et que le *Pacte de famille* entraînerait le roi d'Espagne,
tandis qu'elle ne pouvait pas même compter sur le concours actif
du Portugal, qui eût bien voulu échapper à son oppressive
alliance [2].

L'Angleterre avait espéré voir se renouveler la diversion continentale qui lui avait si bien réussi dans la guerre de Sept Ans. Il
s'était élevé en Allemagne une grande querelle où la France pouvait se trouver engagée. L'électeur de Bavière, Maximilien-Joseph,
était mort le 30 décembre 1777. Avec lui s'éteignait cette branche
Wilhelmine de Bavière, qui avait joué un rôle si considérable dans
l'histoire politique et religieuse de l'Empire. Son héritier légal
était le chef de l'autre branche bavaroise, de la branche *Rodolphine*, c'est-à-dire l'électeur palatin Charles-Théodore. Mais l'empereur Joseph II, qui, depuis longtemps, jetait des regards de
convoitise sur la Bavière, exhuma, tant en son nom propre, comme
chef de l'Empire, qu'au nom de sa mère, comme reine de Bohême
et archiduchesse d'Autriche, de ces vieilles prétentions que le
chaos des archives germaniques ne manquait jamais de fournir en
pareil cas. Il réclama la majeure partie de la succession et arracha
le consentement de la vieille Marie-Thérèse pour faire entrer ses
troupes en Bavière. L'électeur palatin, qui n'avait pas d'enfant
légitime, se laissa gagner par la promesse d'un grand établissement pour son fils naturel et céda presque tout l'héritage à l'Au-

---

1. Une compagnie de Nantes arma six frégates de trente-six canons et deux corvettes; une compagnie de Bordeaux arma douze bâtiments légers. L'état leur fournissait l'artillerie gratis et leur abandonnait les deux tiers des prises; l'autre tiers était pour la caisse des invalides de la marine.

2. Le Portugal avait un nouveau roi, don Pèdre III. La mort de Joseph Ier avait amené la chute du fameux ministre Pombal.

triche (janvier 1778), sans tenir compte des droits de son neveu, le duc de Deux-Ponts. Joseph II avait compté sans le vieux Frédéric. Le roi de Prusse savait encore monter à cheval et n'était pas homme à laisser sa rivale l'Autriche s'accroître, sans coup férir, d'une grande province. Il se fit le champion de l'héritier présomptif qu'on sacrifiait, du duc de Deux-Ponts, et de l'électeur de Saxe, qui revendiquait les alleux de la Bavière, auxquels les femmes succédaient : il commença par sonder prudemment les cours de Versailles et de Saint-Pétersbourg, rappelant à l'une le traité de Westphalie dont elle était garante, faisant valoir près de l'autre l'intérêt qu'elle avait à maintenir l'équilibre de l'Allemagne. L'Autriche, pendant ce temps, réclamait le secours éventuel de la France contre la Prusse, en vertu du traité de 1756, comme si ce malheureux traité eût inféodé la France à toutes ses ambitions.

La situation du cabinet français était délicate : la reine commençait d'acquérir auprès de son mari un crédit inaccoutumé [1] et n'oubliait pas assez qu'elle était née *Autrichienne*, nom funeste qui devait être un jour un arrêt de mort pour la fille de Marie-Thérèse! Cependant le souvenir des avis d'un père mourant et l'intérêt évident de la France l'emportèrent à demi auprès de Louis XVI. Maurepas et Vergennes étaient anti-Autrichiens, autant que le comportaient la légèreté de l'un et la circonspection de l'autre. La France signifia sa neutralité à l'Autriche, en s'en référant à la diète de l'Empire pour savoir si le traité de Westphalie avait été ou non respecté. Néanmoins, pour apaiser un peu l'empereur, qui se plaignait amèrement de cette *défection*, on eut la faiblesse de lui fournir en secret le subside de 15 millions promis par les traités [2]. Par compensation, le cabinet français servit Frédéric en agissant à Constantinople afin d'arrêter les hostilités qui s'étaient rouvertes entre les Russes et les Turcs, à cause de la manière dont Catherine II interprétait le traité de Kaïnardji [3].

---

1. L'art des chirurgiens avait vaincu l'obstacle qui avait rendu jusque-là leur union stérile : elle avait donné au roi, le 19 septembre 1778, une fille qui fut Madame, duchesse d'Angoulême.
2. Soulavie, *Mém. du règne de Louis XVI*, t. V, p. 56. — *Mém.* de Mme Campan, t. II, p. 29.
3. Les Russes avaient violé ce traité dès 1777, en intervenant à main armée dans les affaires de la Crimée.

Le roi de Prusse, certain de n'avoir rien à redouter de la France, prit l'offensive et se jeta sur la Bohême, que Joseph II défendit en personne, assisté des vieux généraux de la guerre de Sept Ans (juillet 1778). Le jeune empereur évita le choc décisif que cherchait le vieux roi. Les Prussiens, après avoir fourragé la Bohême, rentrèrent en Silésie et enlevèrent aux Autrichiens cette extrémité méridionale de la Silésie qu'ils avaient conservée à la paix de 1763 (septembre-novembre). Les hostilités, soutenues contre le gré de Marie-Thérèse, n'allèrent pas plus loin. L'impératrice-reine demanda la médiation de la Russie, puis de la France : c'était renoncer implicitement à ses prétentions, ou plutôt à celles de son fils. La base de l'accommodement fut arrêtée dès le mois de janvier 1779. Joseph II, néanmoins, suscita difficulté sur difficulté, jusqu'à ce qu'on eût reçu la nouvelle de la convention signée à Constantinople le 21 mars. La Turquie avait accepté, sur le traité de Kaïnardji, les interprétations russes qui livraient à Catherine la Crimée sous l'ombre d'une indépendance fictive, et minaient l'autorité de la Porte sur la Moldavie et la Valachie; la Russie consentant d'évacuer la côte de la mer Noire entre le Bug et le Dniester, qu'elle venait d'occuper militairement. La Russie avait maintenant les mains libres et pouvait tenir les engagements du pacte qui la liait à la Prusse. Joseph II se résigna. Les traités signés, le 10 mai 1779, à Teschen en Silésie assurèrent à l'Autriche, pour toute part dans la succession de Bavière, la portion de la régence de Burghausen entre le Danube, l'Inn et la Salza. Tout le reste demeura à l'électeur palatin, avec substitution au duc de Deux-Ponts : l'électeur de Saxe fut indemnisé en argent par le Palatin[1].

De cette crise, qui avait failli absorber la Bavière dans la monarchie autrichienne, sortit donc une nouvelle maison de Bavière, plus puissante que l'ancienne, puisqu'elle réunissait les deux électorats bavarois et palatin. Le gouvernement français n'avait pas été héroïque dans cette affaire, mais il avait évité un piège très-dangereux, conservé la libre disposition de toutes ses ressources contre l'Angleterre et obtenu un bon résultat en Allemagne. L'expérience du passé n'avait pas été tout à fait perdue.

1. V. les négociations dans Flassan, t. VII, liv. VII ; — Frédéric II, OEuvres posthumes, t. V; Mém. de la guerre de 1778.

Non-seulement la France avait évité de s'engager contre de nouveaux ennemis, mais elle s'était assuré un allié entraîné peu à peu de la neutralité à une pleine coopération. Le roi d'Espagne avait renouvelé ses tentatives de médiation au commencement de 1779. Il avait proposé une longue trêve entre l'Angleterre et les États-Unis, trêve où interviendrait la France et qui mettrait l'Angleterre et ses anciennes colonies dans la même position respective où s'étaient trouvées l'Espagne elle-même et les Provinces Unies des Pays-Bas sous le régime de la trêve de 1609. C'eût été reconnaître en fait l'indépendance des États-Unis : l'Angleterre refusa. Dans la prévision de ce refus, le 12 avril 1779, le cabinet de Madrid avait signé une convention éventuelle de concours armé avec la France contre l'Angleterre. Le 16 juin, l'ambassadeur d'Espagne à Londres prit congé du cabinet de Saint-James par un manifeste que suivit immédiatement une déclaration de guerre. Il n'était question dans ce manifeste que des griefs particuliers de l'Espagne, fondés sur des violations de territoire en Amérique et de pavillon sur toutes les mers : avec les Anglais, de pareils griefs ne manquaient jamais ; l'Espagne, de peur de l'exemple, évitait de lier sa cause ostensiblement à celle de l'insurrection américaine.

Ce fut seulement alors que la France, après un an de guerre, publia aussi un manifeste, que réfuta le célèbre historien Gibbon[1]. La réponse de Gibbon provoqua de nouvelles répliques, parmi lesquelles se signala la plume mordante de Beaumarchais. Le vainqueur du parlement Maupeou semblait prétendre à devenir le vainqueur de l'Angleterre et faire de cette guerre son affaire personnelle.

La campagne de 1779 avait commencé sur nos côtes par une petite expédition contre l'île de Jersey (fin avril). L'arrivée for-

---

1. Vers le même temps parurent des lettres patentes du roi, qui faisaient honneur au gouvernement français. Louis XVI défendait d'inquiéter, jusqu'à nouvel ordre, les pêcheurs anglais, « pour donner un exemple d'humanité que le roi espérait voir suivre par les Anglais. » 5 juin 1779. — *Anc. Lois françaises*, t. XXVI, p. 92. Le gouvernement français, à la suggestion indirecte de Turgot, avait antérieurement ordonné à nos marins de traiter l'illustre navigateur Cook, s'ils le rencontraient, *comme un officier d'une puissance alliée*. Franklin invita aussi les Américains à ne voir dans Cook et son équipage que *les amis de tout le genre humain*.

tuite d'une escadre anglaise fit échouer l'entreprise et obligea l'escadrille française à se réfugier dans la baie de Cancale. Les Anglais l'y poursuivirent et détruisirent les bâtiments dont elle se composait, après que les équipages se furent réfugiés à terre (13 mai). Cet échec, qui nous coûta deux frégates et quelques bâtiments légers, fut compensé par le retard occasionné à l'escadre ennemie, qui portait des secours à l'armée anglaise d'Amérique, et qui fut ensuite arrêtée longtemps par les vents contraires et par la crainte de tomber dans la flotte française de Brest.

La flotte française, forte de trente vaisseaux de ligne, remit à la voile le 3 juin, sous les ordres de d'Orvilliers. On fondait de hautes espérances sur la grandeur des forces franco-espagnoles, bien supérieures à celles de l'Angleterre. L'Espagne avait eu, dès l'année précédente, soixante vaisseaux de ligne, dont trente-deux armés. On avait réuni sur nos côtes une armée de quarante mille hommes commandée par le lieutenant-général de Vaux. La Fayette devait figurer dans l'état-major. La flotte française devait aller chercher la flotte espagnole et revenir embarquer ce corps d'armée pour le jeter sur l'île de Wight et Portsmouth, pendant que les Espagnols commenceraient le blocus de Gibraltar avec leurs troupes de terre soutenues d'une escadre. Le plan était beau : les mesures furent très-mal prises par le ministère[1]. Les transports destinés à la descente furent séparés, moitié au Havre, moitié à Saint-Malo, ce qui rendait leur réunion très-difficile[2]. Sartine obligea d'Orvilliers d'aller trop tôt à la rencontre des Espagnols, avec seulement trois mois de vivres, en lui promettant un convoi de ravitaillement quand il reviendrait à la hauteur d'Ouessant, accompagné de la flotte alliée. Le cabinet de Madrid n'avait pas encore en ce moment rompu officiellement avec l'Angleterre : ses armements n'étaient pas prêts; d'Orvilliers dut dévorer son impatience durant de longues semaines; la jonction ne s'opéra que le 26 juillet.

Les armées navales combinées comptèrent alors, par la réunion de diverses escadres, jusqu'à soixante-huit vaisseaux de ligne,

1. *Mém.* de Rochambeau, t. Ier, p. 233.
2. Des préparatifs d'embarquement pour un troisième corps de dix-huit mille hommes, destiné à une diversion, se faisaient en même temps à Dunkerque.

sous le commandement en chef de d'Orvilliers. Jamais force plus imposante n'avait paru sur les mers. La terreur fut profonde en Angleterre, quand on sut que cette flotte immense se dirigeait vers la Manche. Les Anglais, affaiblis par les escadres détachées en Amérique et dans l'Inde, n'avaient plus que trente-huit vaisseaux pour couvrir les Iles-Britanniques ; presque tous leurs régiments étaient aux colonies, et leurs milices, bien que levées avec un zèle patriotique, étaient une faible défense. L'agitation de l'Irlande aggravait encore leurs périls : il ne s'agissait plus seulement de la vieille haine des Gaëls catholiques contre les dominateurs protestants d'origine anglaise ou écossaise : les Anglo-Irlandais eux-mêmes, indignés des lois égoïstes par lesquelles l'Angleterre, depuis un siècle, fermait les ports d'Irlande au profit du monopole anglais[1], menaçaient de tourner contre la Grande-Bretagne les armes qu'ils venaient de prendre sous prétexte de combattre l'invasion française. Déjà l'Irlande, à l'exemple de l'Amérique, repoussait les produits anglais. L'Angleterre semblait toucher à sa ruine.

La puissance réelle des armées combinées ne répondait pourtant pas entièrement à l'apparence. L'incapacité des marins espagnols, demeurés étrangers aux récents progrès de la tactique navale, diminuait beaucoup l'utilité de leur concours[2]. D'une autre part, le scorbut, cette cruelle maladie que l'amélioration de l'hygiène et une rigoureuse propreté, imitée un peu tardivement des Anglais, ont aujourd'hui presque bannie de notre marine, désolait la flotte française. Le seul vaisseau *la Ville-de-Paris* avait perdu deux cent quatre-vingts hommes! D'Orvilliers vit mourir dans ses bras son fils unique. Son patriotisme et sa pieuse résignation lui donnèrent la force de continuer la campagne. Le

---

1. Non-seulement les Irlandais étaient presque entièrement exclus du commerce avec les colonies anglaises, mais l'exportation de leurs produits naturels ou manufacturés les plus importants leur était interdite! — Les Irlandais émigraient en grand nombre pour l'Amérique : il y en avait beaucoup dans l'armée de Washington. — *Hist. de la dernière guerre*, t. II, p. 84.

2. Si les Espagnols manquaient de savoir, ils ne manquaient pas de courage ; ils furent justement fiers d'un combat livré à la hauteur de Cadix, où trois frégates espagnoles prirent à l'abordage trois frégates anglaises. — *Hist. de la dernière guerre*, t. II, p. 237.

7 août, les flottes alliées furent en vue d'Ouessant. Elles n'y trouvèrent pas le convoi promis. Elles tournèrent vers la côte anglaise, et, contrariées par les vents, n'aperçurent le cap Lizard que le 14.

Ce fut dans ces parages que d'Orvilliers reçut, par une frégate, l'avis que le projet d'attaque sur Portsmouth était abandonné et qu'on devait opérer la descente à Falmouth, à l'extrémité de la Cornouaille : changement absurde, car le port et la rade de Falmouth sont aussi mauvais l'un que l'autre et incapables d'abriter une flotte. Quoi qu'il en fût, d'Orvilliers s'efforça d'abord d'atteindre la flotte ennemie ; mais l'amiral anglais Hardy se réfugia dans la rade de Plymouth, et l'on ne put lui enlever qu'un vaisseau de soixante-quatre, mauvais marcheur (17 août). Les vents d'est rejetèrent la flotte combinée hors de la Manche : l'armée navale anglaise se montra une seconde fois vers les Sorlingues, mais pour fuir sur-le-champ à toutes voiles. La flotte franco-espagnole se rabattit de nouveau sur Ouessant : au lieu du convoi de vivres qu'elle espérait y rencontrer, elle ne trouva que l'ordre de rentrer à Brest (13 septembre).

Quand on eut enfin les moyens de la ravitailler, il était trop tard pour remettre à la mer. Il n'y eut pas même de tentative d'embarquement des troupes de terre.

Ce prodigieux déploiement de forces n'avait abouti qu'à humilier l'Angleterre, en promenant des pavillons ennemis dans ses eaux, sans qu'elle osât répondre à leur défi ; mais on n'avait obtenu aucun résultat positif, pas même celui d'intercepter les flottes marchandes anglaises[1]. Le public, mal éclairé sur les faits, rendit l'amiral responsable de l'impéritie du ministre de la marine. « D'Orvilliers, accablé de sa douleur paternelle plus encore que de l'injustice des hommes, abandonna le service et alla finir ses jours loin du monde[2]. » Il n'avait manqué à ce

---

1. La Fayette avait proposé, dès son arrivée, d'aller rançonner les riches villes de Liverpool, de Bristol, etc., qui n'étaient nullement en défense. « L'économie, la timidité des ministres, dit-il, firent manquer ce coup hardi. » Le grand établissement maritime de Portsmouth n'était pas mieux armé et eût pu être détruit à coup sûr. — *Mém.* de Rochambeau, t. Ier, p. 340.

2. L. Guérin, *Hist. marit. de France*, t. II, p. 463. — *Hist. de la dernière guerre*, t. II, p. 197-213, 223-229. — Peu après la rentrée de la flotte, eut lieu, à l'entrée de la Manche, un des plus héroïques combats de navire à navire qu'aient recueillis

savant tacticien que des occasions plus favorables et qu'une direction ministérielle plus intelligente pour prendre place parmi nos plus grands marins.

L'Angleterre, échappée aux menaces d'invasion, écarta une partie de ses dangers en rendant enfin justice à l'Irlande, au moins en matière commerciale, et en levant les prohibitions d'exportation et de négoce avec les colonies (décembre 1779).

La campagne avait été plus fructueuse aux Antilles qu'en Europe. Le 16 juin, une escadrille, envoyée de la Martinique par d'Estaing, avait jeté trois ou quatre cents soldats ou volontaires sur l'île anglaise de Saint-Vincent. La garnison et la milice de l'île étaient fort supérieures en nombre aux assaillants; mais les Caraïbes de Saint-Vincent, dernier reste de la population primitive des Antilles, qui se souvenaient d'avoir été cruellement opprimés par les Anglais et protégés par les Français, accoururent joindre les assiégeants, et les Anglais capitulèrent. D'Estaing se dirigea ensuite contre l'île de la Grenade avec toute sa flotte, que des renforts avaient portée à vingt-cinq vaisseaux de cinquante à quatre-vingts canons : il descendit à terre en personne avec treize cents soldats, sans artillerie (2 juillet), et, dans la nuit du 3 au 4, emporta d'assaut le *morne* de l'Hôpital, position abrupte et fortement retranchée, qui commandait la ville

---

les annales maritimes : la lutte des deux frégates la *Surveillante* et le *Québec* (6 octobre 1779) fut un duel de géants. Il en faut lire le terrible et touchant récit dans l'*Histoire maritime* de Léon Guérin, t. II, p. 465 et suiv. Les forces, la valeur, l'habileté, étaient égales : la fortune décida en faveur des Français. La frégate anglaise s'abîma dans les flammes avec son intrépide commandant Farmer. Les restes mutilés de son équipage furent recueillis et traités en frères sur le navire français, encombré lui-même de morts et de mourants et désemparé de ses trois mâts. La rentrée de *la Surveillante* à Brest fut à la fois un triomphe et un convoi funèbre. Le capitaine du Couëdic, qui avait été sublime de courage et d'humanité, mourut de ses blessures trois mois après. Les Anglais furent renvoyés libres, comme ne s'étant pas rendus. Les Anglais ne devaient pas, plus tard, montrer cette magnanimité envers les débris de l'héroïque équipage du *Vengeur*. — Les corsaires français, qui, en vertu d'une ordonnance rendue sous le ministère de Choiseul, en 1765, avaient maintenu le droit de porter le pavillon blanc comme la marine royale, s'étaient signalés par de nombreux exploits pendant la campagne de 1779. Un compatriote de Jean Bart, le Dunkerquois Royer, se rendit surtout terrible à la marine anglaise et fit une énorme quantité de prises. Les corsaires français, armés en véritables frégates, faisaient disparaître devant eux les petits corsaires anglais. — V. *Hist. de la dernière guerre*, t. II, p. 234 et suiv.

et les autres forts de la Grenade. C'était la revanche de Sainte-Lucie. Le gouverneur se rendit à discrétion. Deux jours après, la flotte anglaise de l'amiral Byron, forte de vingt et un vaisseaux de ligne, parut en vue de la Grenade, qu'elle venait trop tard secourir. Si l'on eût laissé le pavillon anglais sur les forts de la Grenade, la flotte fût venue se placer entre le feu des forts et celui de nos vaisseaux. Malheureusement on négligea ce stratagème, et la flotte anglaise, qui eût pu être écrasée, ne fut que repoussée avec quelque perte. Un vaisseau de soixante canons, appartenant à Beaumarchais, se signala parmi les navires de la marine royale. *Le Fier-Rodrigue* avait été armé pour convoyer les bâtiments de commerce expédiés en Amérique par son propriétaire : le fait est assez curieux pour être recueilli par l'histoire [1].

Après ces conquêtes, qui assuraient aux Français une supériorité décidée dans les Antilles, d'Estaing retourna au secours des alliés de la France. Il alla combiner, avec les Américains des Carolines, une attaque contre Savannah, capitale de la Géorgie, prise par les Anglais l'hiver précédent. Les détachements anglais épars dans la Géorgie réussirent à se jeter dans la place, qui se défendit opiniâtrement. Les assiégés, renforcés de beaucoup d'esclaves noirs, égalaient à peu près en nombre les assiégeants. D'Estaing, voyant les opérations traîner en longueur, voulut emporter de vive force les boulevards ennemis ; l'assaut fut repoussé et coûta un millier d'hommes aux Franco-Américains qui se retirèrent en bon ordre; d'Estaing, au premier rang en toute occasion, avait reçu deux blessures. Parmi les morts se trouva le brave Casimir Pulawski, chef d'une petite légion qui fut comme le premier modèle des fameuses légions polonaises de la République et de l'Empire (septembre-octobre). Les Français se rembarquèrent, et leur flotte, qui avait souffert de plusieurs coups de vent, se sépara en trois escadres : une des trois retourna en Europe avec d'Estaing.

L'expédition de Savannah, malgré son insuccès, avait eu indirectement un résultat avantageux. Les Anglais, à l'arrivée des Français sur les côtes des États-Unis, avaient cru New-York me-

---

1. Loménie, *Beaumarchais, sa vie et son temps*.

nacé et avaient abandonné, pour se concentrer à New-York, cette position de Rhode-Island qu'on avait tenté en vain de leur arracher l'année précédente. D'Estaing leur avait, de plus, enlevé un vaisseau de cinquante canons et deux frégates.

L'année 1779 se termina, dans les mers américaines, par un combat très-glorieux pour nos armes. Sur la côte de la Martinique, le 18 décembre, le chef d'escadre La Motte-Piquet osa s'engager avec trois vaisseaux contre quatorze vaisseaux anglais, pour défendre une flottille marchande dont il sauva la moitié ; puis il débarrassa ses trois vaisseaux du milieu des ennemis et rentra dans la rade de Fort-Royal.

L'an 1779 avait été triste pour l'Angleterre : elle avait fait trêve à ses discordes intérieures avec un énergique sentiment national ; elle s'était épuisée en dépenses gigantesques ; elle avait jeté jusqu'à 20 millions sterling (500 millions) dans le gouffre de la guerre, et cependant elle s'était trouvée très-inférieure en forces aux alliés. Menacée dans ses foyers, elle avait fait dans ses possessions lointaines des pertes sensibles qui paraissaient en présager de plus funestes. Elle semblait glisser sur la pente de la ruine. Des Indes mêmes, où les Français n'étaient plus rien, arrivaient de sombres nouvelles : un corps d'armée anglais avait capitulé devant les Mahrattes ; Haïder-Ali s'apprêtait à reprendre les armes. Sur le continent d'Amérique, les Espagnols venaient de saisir l'offensive avec une vigueur et une activité imprévues. De la Louisiane occidentale, cette terre française abandonnée à l'Espagne par le traité de 1763, un corps de troupes s'était jeté sur la Louisiane orientale, que les Anglais, ses possesseurs actuels, appelaient la Nouvelle-Floride : entamée dans l'automne de 1779, cette province[1] passa tout entière aux mains des Espagnols avant le printemps de 1781, sans que les Anglais, obligés de faire face en tant de lieux à la fois, eussent les moyens d'y porter secours.

L'Angleterre eut, au commencement de 1780, des motifs de consolation. Un marin anglais de très-grands talents, mais d'habitudes fort désordonnées, l'amiral Rodney, était retenu en France

---

1. Bâton-Rouge, Mobile, Pensacola, etc.

pour dettes antérieures à la guerre. Il dit un jour, devant le maréchal de Biron, que, « s'il était libre et à la tête de la marine britannique, il aurait bientôt détruit les flottes de France et d'Espagne. — Essayez, monsieur, répondit le maréchal, vous êtes libre! » Et il paya ses dettes. Rodney, rendu à l'Angleterre par ce mouvement chevaleresque qui devait nous coûter assez cher, reçut aussitôt le commandement de vingt-deux vaisseaux le ligne destinés à secourir Gibraltar, que les Espagnols serraient de près, et à nous disputer ensuite les Antilles. Il réussit complètement dans la première partie de sa mission, enleva une flotte marchande espagnole avec son escorte, accabla, sur la côte d'Andalousie, une faible escadre espagnole à laquelle il prit ou détruisit six vaisseaux de ligne, ravitailla Gibraltar et partit triomphant pour les Antilles (janvier-février 1780). Un de ses lieutenants prit un vaisseau français de soixante-quatre canons, qui escortait un convoi. Nous perdîmes encore cette année, dans les mers d'Europe, un vaisseau de soixante canons et plusieurs frégates, entre autres la célèbre *Belle-Poule,* qui se défendit cinq heures, avec ses vingt-six canons, contre un vaisseau de soixante-quatre.

Ces échecs, dont aucun ne fut sans gloire, car aucun des bâtiments perdus n'avait cédé qu'à des forces supérieures, furent compensés par des prises très-considérables. On cite, entre autres, un corsaire irlandais au service de France, qui enleva plus de quarante navires de commerce dans une seule croisière. Un convoi de soixante-deux bâtiments, dont la cargaison valait 1 million et demi sterling (37 à 38 millions), et que montaient trois mille matelots, tomba au pouvoir d'une flotte franco-espagnole vers le cap Saint-Vincent (9 août). On prit aux Anglais un certain nombre de frégates et de bâtiments légers. Notre marine eut à regretter, dans une de ces rencontres, le brave corsaire Royer, blessé à mort en forçant à la retraite une escadrille anglaise supérieure à la sienne.

Rodney, sur ces entrefaites, se trouvait en demeure de réaliser ses menaces. Après avoir battu les Espagnols en Europe, il était en présence des Français aux Antilles; d'Estaing ne les commandait plus. Chéri des matelots et des soldats, très-populaire dans la masse de la nation, cet amiral était en butte à l'hostilité du

Corps de la marine, le plus jaloux, le plus intraitable de tous les corps, qui le regardait comme un intrus parce qu'il ne sortait pas des gardes de la marine et qu'il avait d'abord servi dans les troupes de terre. L'intrigue parvint à l'écarter cette année du commandement le plus actif et le plus brillant, celui d'Amérique. Il fut du moins remplacé par un marin digne de lui succéder, le lieutenant-général comte de Guichen. Rodney et Guichen en vinrent aux mains, le 17 avril, dans les eaux de la Dominique : les Français avaient vingt-quatre vaisseaux, les Anglais vingt et un [1]. Après de très-belles manœuvres des deux parts, Rodney, qui avait le dessus du vent, cessa le feu et se retira pendant la nuit, après avoir été obligé de quitter son vaisseau amiral mis hors de combat. Il alla à Sainte-Lucie réparer sa flotte, qui avait plus souffert que la flotte française, et revint bientôt à la charge. Le 15 mai, une seconde action peu décisive eut lieu entre la Martinique et Sainte-Lucie. Le 19, l'avant-garde anglaise, forte de sept vaisseaux, se trouva engagée contre l'arrière-garde et le centre des Français. Le vent étant tombé tout à coup, le gros de la flotte anglaise fut longtemps sans pouvoir secourir son avant-garde; elle la dégagea enfin, mais tellement désemparée, que, dans la nuit, ces vaisseaux mutilés durent être remorqués vers Sainte-Lucie; il y en eut un de soixante-quatorze qui coula. Le reste de la flotte se retira sur la Barbade. L'amiral français payait cher sa gloire : son fils, lieutenant de vaisseau, était au nombre des victimes de cette troisième journée.

Rodney, malheureux dans ses attaques contre la flotte française, ne réussit pas davantage à intercepter une escadre espagnole de douze vaisseaux, qui amenait aux îles un grand convoi de troupes et de marchandises. Les amiraux de Guichen et Solano effectuèrent leur jonction sans obstacle (19 juin). La Jamaïque et les autres îles anglaises étaient dans la terreur; mais le peu d'accord des deux amiraux, les lenteurs, les incertitudes des Espagnols, et surtout une épidémie qui ravageait leurs équipages et leurs régiments, et qu'ils communiquèrent aux Français, paralysèrent la flotte combinée. Ces grandes forces et cette campagne si

---

1. On commençait à ne plus compter les bâtiments de cinquante canons comme vaisseaux de ligne. Chacune des deux flottes n'avait qu'un seul de ces vaisseaux.

bien commencée n'eurent aucun résultat[1]. Vers l'automne, de Guichen, au lieu de se rendre aux États-Unis, où on l'espérait, retourna, suivant ses instructions, escorter en personne, jusque dans les eaux de Cadix, la flotte marchande des Antilles, que d'Estaing, avec l'escadre franco-espagnole de Cadix, convoya ensuite vers la France[2].

Les éléments furent, cette année, pour les colonies anglaises des Antilles, de plus terribles ennemis que les hommes. La Jamaïque avait été, le 23 février, cruellement maltraitée par un ouragan; elle en subit un second très-violent au commencement d'octobre. Le 10 de ce mois, une tempête d'une fureur inouïe, une véritable convulsion de la nature, bouleversa de fond en comble la riche et belle île de la Barbade, écrasa plusieurs milliers d'habitants sous les ruines de leurs demeures, dévasta également Sainte-Lucie, naufragea une multitude de navires, dont deux vaisseaux de ligne et une grosse frégate, et désempara beaucoup d'autres bâtiments de guerre. Les îles françaises firent aussi de grandes pertes, mais beaucoup moindres que celles des Anglais, aggravées par la destruction d'une partie de la flotte marchande de la Jamaïque, qui était en mer pendant ces effroyables orages.

Durant les luttes stériles des Antilles, les affaires des Anglais s'étaient relevées aux États-Unis. Une expédition, partie de New-York, avait pris Charles-Town, capitale de la Caroline du Sud, et envahi toute cette province (avril-mai 1780). Le général Gates, le vainqueur de Burgoyne, fut battu en essayant de la recouvrer (août). Tout le Sud paraissait fort compromis : les États-Unis s'épuisaient à leur tour, et jamais le secours de la France ne leur avait été si nécessaire. Aussi accueillirent-ils avec autant de joie que de reconnaissance leur fidèle ami La Fayette, qui, ne voyant plus pour cette année de projet de descente en Angleterre, venait rejoindre Washington, cette fois avec l'autorisation du cabinet de Versailles, et annonçait l'arrivée d'un corps de troupes françaises,

1. L'amiral espagnol Solano fut plus heureux au printemps suivant : ce fut lui qui, en mai 1781, secondé par les Français de Saint-Domingue, décida la conquête de Pensacola et de toute la Floride occidentale.
2. L. Guérin, *Hist. maritime*, t. II, p. 493. — *Hist. de la dernière guerre*, t. II, p. 420, 475-481. — *Hist. des troubles de l'Amérique anglaise*, t. III, p. 275-282, 305-306.

avec un convoi d'armes et d'équipements pour les Américains.
Cinq mille soldats français abordèrent en effet à Rhode-Island,
le 12 juillet, sous les ordres d'un général distingué, le comte de
Rochambeau, qui avait ordre de reconnaître pour commandant en
chef Washington, investi du grade de lieutenant-général dans
l'armée française. Ils n'étaient escortés que par une petite escadre
de sept vaisseaux de ligne, et les Anglais gardaient la supériorité
maritime aux États-Unis; mais la jonction du corps français avec
les Américains de Washington et de La Fayette obligeait du moins
l'ennemi à concentrer ses principales forces de terre et de mer
pour couvrir New-York et observer Rhode-Island. Les opérations
offensives de l'autre corps d'armée anglais contre les provinces
du Sud en furent ralenties. Le général en chef Clinton ne put
envoyer au conquérant de Charles-Town, à lord Cornwallis,
des renforts suffisants, et la cause américaine commença de se
rétablir dans le Sud. L'Amérique et La Fayette, son interprète
ordinaire, conjurèrent le gouvernement français d'achever son
œuvre, en envoyant aux États-Unis une force navale suffisante :
tout l'avantage, dans cette guerre de côtes, appartenait à celui
des deux adversaires qui pouvait porter rapidement ses troupes
par mer où bon lui semblait.

Ces vœux, qui ne pouvaient plus être exaucés que pour la campagne suivante, arrivèrent à des ministres nouveaux. Sartine
vivait mal avec Necker, comme il avait mal vécu avec Turgot,
bien que ce ne fût point par la même cause. S'il avait le mérite
de pousser vivement les constructions navales[1], par compensation, non-seulement il n'entendait rien à la guerre, mais le
désordre régnait dans son administration. Il avait dépassé de
17 millions, en 1780, les fonds énormes alloués à la marine
(126 millions), et cependant la solde n'était pas payée et tous les
services étaient sans cesse en retard, comme on ne l'avait que
trop éprouvé dans les plus importantes occasions. Necker, fort de
l'appui de l'opinion et des éloges qu'il avait reçus jusque dans le

---

1. On avait lancé quinze vaisseaux de ligne depuis deux ans, et l'on avait ouvert la campagne de 1780 avec soixante-dix-neuf vaisseaux; les Anglais se vantaient d'en avoir cent deux. — L. Guérin, t. II, p. 489. — *Hist. de la dernière guerre*, t. II, p. 355.

parlement d'Angleterre, où l'opposition se servait de son nom pour flageller les ministres de George III, Necker déclara qu'il fallait opter entre sa démission ou la révocation de Sartine. Maurepas, devenu très-jaloux du directeur des finances, eût bien voulu, mais n'osa le sacrifier. Sartine fut congédié. Maurepas proposa à Necker de réunir dans ses mains la marine et les finances, à *l'exemple de Colbert*. Il espérait l'accabler sous le poids de ce double ministère. Necker évita le piége, et ce fut lui qui joua Maurepas. D'accord avec la reine, il profita d'un accès de goutte qui retint le vieux ministre quelques jours au lit, pour enlever la nomination d'un protégé de Marie-Antoinette, le marquis de Castries (14 octobre 1780). Cette fois, la reine avait honorablement placé sa confiance. M. de Castries était trop étranger à la marine; mais, du moins, c'était un homme de tête et de cœur, fort estimé pour sa conduite dans la guerre de Sept Ans.

Deux mois après, le ministre de la guerre disparut à son tour. L'incapable courtisan qui avait succédé à Saint-Germain, le prince de Montbarrei, fut remplacé par le marquis de Ségur (décembre 1780). C'était encore une créature de la reine et un nouvel échec pour Maurepas. Ségur, brave officier et administrateur intelligent, avait les qualités nécessaires pour aider Castries à pousser les opérations avec vigueur : il était même plus spécial à la guerre que Castries à la marine.

La France renforçait donc ses moyens d'action et se mettait en devoir d'en faire un meilleur usage. L'Angleterre était retombée dans ses discordes. L'opposition s'était déchaînée de nouveau après les revers de 1779 et avait fait arriver aux communes des masses formidables de pétitions contre l'influence de la couronne et la corruption parlementaire. Le langage des orateurs et des pétitionnaires était si menaçant, que le refus d'impôt et la guerre civile semblaient imminents. Les communes s'effrayèrent; l'opposition eut un moment la majorité; elle la reperdit cependant, et le ministère North se maintint (avril 1780). Mais des troubles violents éclatèrent sur ces entrefaites par une autre cause. Avant les concessions commerciales à l'Irlande, d'importantes concessions avaient été accordées aux catholiques en 1778. On les avait relevés de l'incapacité d'hériter¹ et d'acquérir des biens-fonds, et l'on avait abrogé la peine de la prison perpétuelle portée contre leurs prêtres et leurs religieux, moyennant serment de fidélité à la maison régnante et abjuration de la croyance au pouvoir du pape sur le temporel. La haine et l'effroi du papisme s'étaient conservés dans toute leur âpreté parmi les presbytériens d'Écosse. Ces violentes populations avaient crié à la trahison et accueilli l'acte du parlement par des émeutes et par le sac des maisons des catholiques à Édimbourg et à Glasgow. Deux grandes associations se formèrent en Écosse, puis en Angleterre, *pour combattre le rétablissement du papisme,* et choisirent toutes deux pour président lord George Gordon, personnage d'une exaltation poussée jusqu'au délire. Le 2 juin 1780, une foule immense, sur l'invitation de lord Gordon, se porta à Westminster pour imposer au parlement la révocation des concessions faites aux catholiques. Beaucoup de membres des deux chambres furent insultés et maltraités aux abords de Westminster; néanmoins les chambres refusèrent de délibérer sous la pression de l'émeute, et la multitude hésita à violer le sanctuaire de la législature. Elle ne s'apaisa pas, cependant, et, durant plusieurs jours, les désordres allèrent croissant. La sédition saccagea et incendia d'abord les chapelles qu'on tolérait aux catholiques, puis leurs maisons, puis les maisons de plusieurs hauts fonctionnaires et membres du parlement, qui avaient proposé ou appuyé les mesures de tolérance : les prisons avaient été forcées ; chaque nuit, les flammes rougissaient le ciel au-dessus de la grande ville. Les passions brutales de la populace sans nom qui remplit les vieux quartiers de Londres étaient surexcitées au dernier point, et l'on commençait à détruire pour détruire ou pour piller : la Banque fut sérieusement menacée; mais le gouvernement s'était enfin décidé à appeler des troupes dans Londres. La sédition ne tint pas devant la fusillade et fut étouffée dans le sang de plusieurs centaines de mutins. Les chefs de l'opposition, Fox, Burke, et jusqu'au démagogue Wilkes, s'étaient prononcés énergiquement contre l'émeute et pour la tolérance. Cet orage, en épouvantant les classes

---

1. Par un acte du règne de Guillaume III, l'héritier catholique était évincé, quand le plus proche parent, après lui, était de l'*église établie.*

moyennes, fit diversion aux luttes légales du parlement, et raffermit pour quelque temps le ministère. Il obtint encore la majorité dans un nouveau parlement, et put, malgré la fatigue et les souffrances de l'Angleterre, disposer, pour 1781, de sommes qui dépassaient de beaucoup celles qu'avait jamais eues entre les mains aucune administration anglaise. Le budget de la guerre atteignit 25 millions sterling (625 millions)[1].

La guerre avait été moins désavantageuse aux Anglais en 1780 que l'année précédente; mais tout annonçait que la campagne suivante exigerait de leur part des efforts inouïs pour n'être point accablés. Leur diplomatie n'était pas heureuse. Leur orgueil égoïste, leur mépris pour les droits d'autrui, étaient châtiés par un isolement absolu, tandis que la France trouvait partout, soit des alliés, soit une neutralité bienveillante. Dès le 26 juillet 1778, presque à l'ouverture des hostilités, le gouvernement français avait publié un règlement maritime favorable aux droits des neutres. Il avait été défendu à nos armateurs d'arrêter les navires neutres, même sortant des ports ennemis ou s'y dirigeant, excepté ceux qui porteraient des secours à des places bloquées ou assiégées, ou qui seraient chargés de contrebande de guerre. Ces dernières marchandises seraient confisquées; mais le navire arrêté n'aurait le même sort que si la contrebande formait les trois quarts de son chargement, ou s'il avait à bord, soit un subrécargue, commis ou officier ennemi, soit un équipage formé, pour plus d'un tiers, de sujets ennemis. Les neutres furent peu satisfaits de ces dernières restrictions; mais les sévices de l'Angleterre leur firent bien vite oublier ce léger grief. Les Anglais, foulant aux pieds le principe établi dans leurs traités avec la Hollande comme dans les traités d'Utrecht, à savoir, que le pavillon couvre la marchandise, moins la contrebande de guerre, traitaient de contrebande toute marchandise pouvant servir à la marine, et arrêtaient sur l'Océan tous les navires neutres frétés pour la France, comme trafiquant avec des places bloquées, *attendu que les ports de France sont naturellement bloqués par les ports d'Angleterre.*

---

1. *Hist. de la dernière guerre*, t. II, p. 521.

L'irritation devint générale contre eux. Le Danemark se plaignit et n'obtint qu'une réparation très-insuffisante. Le roi de Suède fit mieux que de se plaindre : il arma, et imposa par cette énergique démonstration (avril 1779). La Hollande se plaignit comme le Danemark et arma comme la Suède ; mais ses paroles et ses actes ne lui valurent que de nouveaux affronts. L'Angleterre comptait sur la criminelle connivence du pouvoir exécutif, de ce Nassau dégénéré qui vendait sa patrie en échange de l'appui que lui donnait le cabinet de Saint-James contre les amis de la liberté. Non-seulement elle ne respecta pas davantage la neutralité hollandaise, mais elle somma impérieusement les Provinces-Unies de renoncer à cette neutralité et de lui fournir les secours stipulés par les anciens traités d'alliance (juillet-novembre 1779). La France réclamait non moins péremptoirement l'entière observation de la neutralité, à laquelle les Provinces-Unies avaient dérogé en admettant le principe anglais qui qualifiait de contrebande de guerre les munitions navales destinées à la France. Les mesures restrictives adoptées en représailles par le gouvernement français contre le commerce hollandais portèrent leurs fruits : la ville d'Amsterdam, puis la plupart des villes de Hollande, puis une partie de celles des autres Provinces-Unies, se prononcèrent successivement en faveur de l'entière neutralité et des vrais principes du droit maritime. Le parti républicain, relevé et soutenu avec autant d'habileté que d'énergie par l'ambassadeur français, La Vauguyon, qui ne ressemblait guère à son père, le funeste gouverneur de Louis XVI, fit, malgré la faction du stathouder[1], convoyer les vaisseaux marchands par des escortes armées. Le 31 décembre 1779, un convoi escorté par quelques vaisseaux de guerre hollandais fut arrêté dans la Manche par une escadre anglaise. Le chef d'escadre hollandais fit feu sur les agresseurs pour constater leur violence et sa résistance ; puis, trop inférieur pour pouvoir livrer bataille, il amena pavillon et suivit à Spithead ses navires de commerce emmenés par les Anglais. Les bâtiments de

---

1. Flassan remarque, comme une circonstance rare dans l'histoire diplomatique, que La Vauguyon « ne donna pas la plus légère somme d'argent pour gagner ou corrompre personne, et ne conquit la supériorité au parti français que par la voie de la persuasion. — Flassan, t. VII, p. 289.

commerce furent déclarés de bonne prise par l'amirauté anglaise. L'Angleterre, n'espérant plus l'alliance de la Hollande, l'aimait mieux ennemie que neutre. Cet adversaire, riche et faible, offrait à l'avidité britannique des colonies florissantes à piller et des rentes énormes à ne plus payer[1].

A défaut de la Hollande, le cabinet de Saint-James espérait, en ce moment, gagner enfin une puissante alliée, la Russie, qui n'avait presque aucun commerce avec la France, en avait un très-grand avec l'Angleterre, et semblait d'ailleurs disposée à tout sacrifier aux intérêts de son ambition en Orient. Catherine II avait fait insinuer au gouvernement anglais que, s'il consentait à s'unir à elle contre l'empire othoman, elle accepterait l'alliance anglaise sous la forme d'une médiation armée de la Russie dans la guerre de l'Angleterre avec ses colonies, la France et l'Espagne. Catherine était disputée entre deux influences : celle du favori Potemkin, qui inclinait vers l'Angleterre, et celle du premier ministre Panin, attaché au grand Frédéric et mal disposé pour les Anglais. Lorsque le cabinet anglais adressa officiellement à la tzarine les propositions qu'elle-même avait provoquées, Panin trouva moyen de traîner l'affaire en longueur. Sur ces entrefaites, les Espagnols ayant saisi, dans la Méditerranée, deux bâtiments russes qui trafiquaient avec les Anglais, Catherine demanda satisfaction à l'Espagne et arma quinze vaisseaux de ligne pour appuyer sa réclamation. Les Anglais croyaient tout gagné, lorsque Panin, avec une habileté merveilleuse, persuada à la tzarine de saisir cette occasion pour s'assurer la gloire d'établir en Europe le système du vrai droit maritime et pour se mettre avec éclat à la tête des puissances neutres. Le *droit* préoccupait fort peu Catherine, mais elle allait volontiers à tout ce qui brille ; elle permit à Panin d'envoyer aux puissances belligérantes et aux cours de Suède et de Danemark une déclaration où la Russie posait en principe : 1° que les vaisseaux neutres ont droit de naviguer de port en port et sur les côtes des nations en guerre ; 2° que les effets appartenant aux sujets des puissances belligérantes doivent être respectés sur les vaisseaux neutres ; 3° qu'il n'y a d'autres

---

1. Les Hollandais avaient, comme nous l'avons déjà dit, des capitaux immenses placés en Angleterre.

objets de contrebande que les armes, équipements et munitions de guerre; 4° que les seuls ports bloqués sont ceux devant lesquels se tient à demeure et à proximité une force navale ennemie (mars 1780).

Ces principes étaient les seuls que puisse avouer le droit des gens, et c'est une des singularités de l'histoire qu'ils aient été proclamés si bruyamment par un des gouvernements les moins soucieux du droit qui aient paru sur la terre.

Les maximes de l'amirauté anglaise se trouvaient radicalement niées par la déclaration de la Russie, que le gouvernement français se hâta d'accepter comme n'étant que l'expression de ses propres principes (25 avril 1780). L'Espagne en fit autant. La Suède et le Danemark contractèrent l'engagement de soutenir par les armes les principes qu'avait posés la Russie, et les trois puissances du nord s'engagèrent à former au besoin une flotte combinée de trente-cinq vaisseaux dans ce but, et à tenir la Baltique fermée aux vaisseaux de guerre des états belligérants [1]. La Hollande eût dû se hâter d'adhérer à la neutralité armée du Nord; mais le stathouder eut encore le pouvoir de traîner l'accession en longueur, malgré de nouveaux outrages [2], et ce fut l'Angleterre qui déclara la guerre à la Hollande par un manifeste du 20 décembre 1780. Pendant ce temps, les ambassadeurs hollandais signaient enfin la neutralité armée à Pétersbourg (5 janvier 1781); mais la Russie, comme on l'avait espéré à Londres, répondit qu'il était trop tard et ne voulut plus couvrir le pavillon des Provinces-Unies. Catherine II, qui ne tenait essentiellement qu'à une seule chose, à ses vues sur la Turquie, et qui avait cédé, sur la question maritime, à l'impulsion d'autrui, ne montra pas une énergie bien soutenue dans cette affaire, et finit par qualifier elle-même la *neutralité armée* de *nudité armée* [3].

---

1. Le Portugal même fit une tentative pour se soustraire à la tyrannie anglaise. Les corsaires anglais faisaient de ses ports des marchés où ils venaient trafiquer de leurs prises sur les neutres comme sur les ennemis. Le gouvernement portugais ferma le port de Lisbonne aux vaisseaux de guerre qui s'y présentaient avec des prises. L'Angleterre cria si fort, que le roi de Portugal annula son règlement. — *Hist. de la dernière guerre*, t. II, p. 495.

2. Les Anglais enlevèrent de vive force des navires américains dans le port hollandais de l'île Saint-Martin, aux Antilles (août 1780).

3. Flassan, t. VII, liv. VII, liv. VIII. — Garden, t. IV, p. 316-319. La Prusse

Les possessions hollandaises d'Amérique avaient été assaillies sur-le-champ. Au commencement de février 1781, l'amiral Rodney, après une tentative infructueuse pour reprendre aux Français l'île de Saint-Vincent, se porta sur les Antilles hollandaises, qui étaient sans défense. La petite, mais riche île de Saint-Eustache, et ses annexes Saint-Martin et Saba, tombèrent au pouvoir des Anglais avec un très-grand nombre de navires de commerce soit hollandais, soit étrangers, qu'attirait à Saint-Eustache la franchise du port. Rodney usa de sa facile victoire, non pas en général d'une force régulière, mais en chef de flibustiers. Toutes les propriétés mobilières, privées comme publiques, furent confisquées; toutes les marchandises furent mises à l'encan au profit des chefs et de l'armée. De très-grandes valeurs en marchandises appartenaient à des négociants anglais; on n'en tint compte : les Américains firent acheter par intermédiaires des approvisionnements qu'ils devaient employer contre l'Angleterre; on ferma les yeux. La perte immense qu'essuyèrent les Hollandais (75 millions, dit-on) fut ainsi peu profitable à la Grande-Bretagne. Rodney lui-même reperdit une très-grande partie de son énorme butin : la plupart des bâtiments sur lesquels il avait embarqué le fruit de ses pirateries furent pris par une croisière française.

Deux des florissants établissements de la Guyane hollandaise, Demerari, Essequibo, furent envahis à leur tour, mais traités d'une manière plus conforme aux usages des peuples civilisés.

Les premiers coups portés semblaient justifier l'audace de l'Angleterre à se donner un ennemi de plus; mais les redoutables préparatifs de la France et de l'Espagne troublèrent bientôt la joie de ces succès sans péril et sans gloire.

La campagne de 1781 s'était ouverte dans nos mers par un coup de main qu'un intrépide aventurier, le baron de Rullecourt, tenta sur l'île de Jersey avec un corps franc d'un millier d'hommes. Cette poignée de volontaires, partis des petites îles de Chausey sur de simples barques, abordèrent de nuit sur la côte périlleuse de Jersey, où quelques-uns de leurs transports se brisèrent avec perte

---

avait adhéré le 8 mai 1781; l'Autriche, le 9 octobre 1781; le Portugal même, secouant le joug anglais, accéda le 13 juillet 1782. — V. Garden, t. V, p. 1-49, sur l'ensemble de cette affaire.

de deux cents hommes : ils escaladèrent toutefois les falaises, pénétrèrent par surprise dans Saint-Hélier, capitale de l'île, s'emparèrent du gouverneur et des magistrats, et leur firent signer une capitulation. Le succès de cette incroyable témérité paraissait assuré, lorsque la garnison anglaise de la citadelle refusa de reconnaître la capitulation et refoula les Français par son artillerie. La population sortit de sa stupeur, courut aux armes; des renforts arrivèrent du reste de l'île. Rullecourt se fit tuer à la tête de sa petite troupe. La plupart de ses compagnons furent pris : les autres parvinrent à se jeter dans les bateaux et à regagner la côte de France (6 janvier 1781).

Cet épisode ne pouvait exercer d'influence sur les grands armements. On voyait bien que Sartine n'était plus au ministère : le plan de campagne avait été parfaitement conçu, et les ressources furent prêtes à point. Dès le mois de mars, une première flotte partit de Brest pour les Antilles. Nous reparlerons tout à l'heure des événements auxquels elle apporta un concours décisif. Vers la fin de juin, une seconde escadre de dix-huit vaisseaux de ligne, conduite par de Guichen, mit à la voile de Brest pour aller rallier à Cadix la flotte espagnole de Cordova, qui n'avait pas su, au mois d'avril, empêcher les Anglais de ravitailler, sans coup férir, Gibraltar aux abois. Le 21 juillet, la flotte combinée, forte de cinquante vaisseaux de ligne, quitta la rade de Cadix, en même temps qu'un grand convoi portant dix mille hommes de troupes espagnoles commandées par un général français, le duc de Crillon, sous l'escorte de deux vaisseaux de ligne et d'autres bâtiments. Le convoi franchit le détroit de Gibraltar, et, contrarié quelque temps par les vents, jeta enfin, le 21 août, les troupes de débarquement sur les plages de Minorque. Le gouverneur anglais, qui n'avait que trois mille hommes à sa disposition, n'essaya même pas de défendre la ville et le port de Mahon ni les autres places de l'île, laissa cent soixante pièces de canon, un grand nombre de navires, de riches magasins, passer, sans coup férir, dans les mains des assaillants, et se renferma en toute hâte dans le fort Saint-Philippe, où il se défendit opiniâtrément contre le corps d'armée espagnol, renforcé successivement de Barcelone et de Toulon.

Pendant ce temps, la grande flotte, après avoir protégé l'entrée du convoi dans la Méditerranée, était revenue dans la Manche. Cette fois, c'était l'Espagnol Cordova qui commandait en chef. L'amiral anglais Darby, qui croisait avec vingt et un vaisseaux, faillit tomber au milieu de ce formidable armement et n'eut que le temps de se réfugier dans la rade de Torbay. L'amiral français Guichen et le major-général de la flotte espagnole, Massaredo, pressèrent ardemment Cordova de consentir à l'attaque; le défilé, pour entrer dans la rade, offrait quelque péril; mais aucunes fortifications, du côté de terre, ne protégeaient le mouillage de Torbay. Le vieil amiral, usé par l'âge, refusa, et le conseil de guerre, où les Espagnols étaient en majorité, se prononça dans le même sens [1]. Bientôt après, les maladies et le mauvais temps obligèrent la flotte combinée à se dissoudre : les Français rentrèrent à Brest dès le 11 septembre; les Espagnols retournèrent à Cadix. C'était à renoncer complétement à ces réunions hétérogènes qui combinaient de si grandes masses pour rien.

L'espèce de fatalité qui pesait sur notre flotte de la Manche venait, pour la troisième fois, de rendre sa grande supériorité inutile : les nouvelles d'Amérique en dédommagèrent la France. Cette année, le sort de la guerre se décida enfin aux États-Unis.

Dès le 24 mars, une flotte de vingt et un vaisseaux de ligne était partie de Brest pour la Martinique, escortant un grand convoi, et si bien outillée, qu'elle put faire le voyage en trente-six jours. L'opinion publique eût souhaité qu'on replaçât d'Estaing à la tête de ce bel armement; mais le commandement avait été donné au lieutenant-général de Grasse. C'était un officier brave et dévoué; les événements devaient montrer si ses talents répondaient à une si grande tâche. On n'eut pas lieu de se repentir tout d'abord de ce choix. La fortune favorisait nos armes. L'amiral Hood essaya en vain, avec dix-huit vaisseaux anglais, de fermer la baie de Fort-Royal à de Grasse, qui introduisit son convoi dans la baie et qui se renforça de quatre vaisseaux auparavant bloqués dans cette rade (28-29 avril). L'amiral Hood, après un combat soutenu

---

1. Mémoires inédits de l'amiral Willaumez, cités par le capitaine de vaisseau Bouet-Willaumez, *Revue des Deux Mondes* du 1er avril 1852.

vaillamment à forces inférieures, échappa, grâce à l'habileté de ses manœuvres, et se retira vers l'île d'Antigoa, où Rodney, son commandant en chef, vint le rejoindre de Saint-Eustache avec trois vaisseaux. La flotte française, laissant aller Hood, était revenue faire une fausse attaque sur Sainte-Lucie (9-13 mai); pendant ce temps, une escadrille avait jeté un corps de troupes françaises sur Tabago, la plus méridionale des Iles-sous-le-Vent. Quelques jours après, toute la flotte se porta du même côté avec de nouvelles troupes de débarquement. La garnison anglaise de Tabago capitula le 2 juin, sans que Rodney eût pu lui porter secours.

Au commencement de juillet, l'amiral de Grasse fit voile de la Martinique pour le cap français de Saint-Domingue, y prit trois mille soldats de débarquement et quelque argent, franchit avec bonheur le double canal de Bahama, où s'engageaient rarement les flottes, et alla mouiller, le 30 août, à l'entrée de la Chesapeake, cette baie immense qui s'enfonce de quatre-vingts lieues au cœur des États-Unis.

On l'y attendait avec impatience. Les opérations militaires avaient été fort actives sur le continent américain depuis le commencement de l'année. Les Anglais, renforcés d'Europe, avaient jeté par mer, de New-York, un corps de troupes dans la rivière James, en Virginie. Cette attaque, poussée au cœur de l'Amérique, avait une portée bien plus décisive que l'invasion de la Géorgie ou de la Caroline du Sud : la possession de la Virginie devint le grand objet de la guerre. La Fayette eut l'honneur d'être chargé de défendre la Virginie; le général américain Greene reprit l'offensive par l'intérieur des terres, du côté des Carolines. Le général anglais du Sud, lord Cornwallis, chargeant ses lieutenants de disputer le terrain à Greene, traversa la Caroline du Nord et vint rejoindre en Virginie le détachement de New-York avec le gros de ses troupes. Il laissa un corps de réserve, avec une flottille, à Portsmouth, dans le bas de la rivière James, et se porta en avant à la tête de cinq mille hommes d'élite. La Fayette, qui n'en avait que trois mille, la plupart miliciens, se trouva en grand péril (mai 1781). Tandis que, dans la vieille Europe, on avait vu récemment des centaines de milliers de soldats s'entr'égorger sans aboutir à changer les limites d'une province, ces poignées d'hommes décidaient en Amérique des destinées d'un monde naissant !

La Fayette, avec une prudence et une habileté bien remarquables chez un général de vingt-quatre ans, se replia pas à pas, sans se laisser entamer, jusqu'à l'extrémité septentrionale de la Virginie, afin de conserver ses communications avec la Pensylvanie. Renforcé par les Pensylvaniens, il cessa de reculer, sauva, par une marche rapide, les magasins militaires des états du Sud, et, devenu à peu près égal en nombre à l'ennemi, il eut l'art de se faire croire très-supérieur en forces. Cornwallis, à son tour, recula vers la rivière James et ne s'arrêta plus qu'il n'eût rejoint sa réserve, dans le bas et au midi de ce large fleuve. La Fayette n'était pas en état de l'attaquer. Cornwallis se rassura, se reporta au nord de la rivière James et vint se mettre à cheval sur la rivière d'York, près de l'embouchure de cette rivière dans la baie de Chesapeake. La Fayette prit poste sur la rivière d'York au-dessus de l'ennemi et fit couper les communications de Cornwallis avec les Carolines et menacer Portsmouth, où était restée la réserve anglaise. Cette réserve abandonna Portsmouth et rallia Cornwallis à York-Town (juillet-août). Quand La Fayette lui-même eût dirigé l'armée ennemie, elle n'eût pas opéré autrement. Les positions d'York-Town et de Glocester, excellentes pour une armée maîtresse de la mer, devenaient un véritable piège pour qui cessait d'avoir la supériorité maritime. Or, le 30 août, comme nous l'avons dit, la flotte française vint fermer la baie de Chesapeake, bloquer la rivière James et la rivière d'York, et débarquer trois mille Français qui se réunirent à La Fayette [1].

Le 5 septembre, on signala une flotte anglaise : c'était l'escadre de New-York, sous l'amiral Graves, renforcée d'une partie de la flotte des Antilles aux ordres de Hood. De Grasse, sans attendre un bon nombre de ses matelots occupés à débarquer les soldats, alla au-devant des Anglais avec vingt-quatre vaisseaux de ligne contre vingt. L'amiral Graves, reconnaissant la force des Français,

---

1. Le gouvernement français avait accompagné ces secours militaires d'importants secours d'argent : outre ses prêts directs aux Américains, il avait garanti, puis pris à sa charge un autre emprunt de dix millions qu'ils avaient essayé de faire en Hollande.

profita de l'avantage du vent pour éviter une action générale ; mais son avant-garde, commandée par Hood, fut fort maltraitée par l'avant-garde française, que conduisait l'illustre navigateur Bougainville et que soutint le corps de bataille. La nuit permit à Graves de se rallier et de se réparer. Il n'essaya pas de renouveler le combat et reprit la haute mer, tandis que de Grasse retournait à son blocus, enlevant sur son chemin deux frégates anglaises qui tentaient de pénétrer dans la rivière d'York. De Grasse trouva, à la hauteur du cap Henry, à l'entrée de la baie de Chesapeake, l'escadre française de Rhode-Island, que le comte de Barras[1], quoique son ancien, venait spontanément mettre sous ses ordres avec une abnégation trop rare parmi les chefs militaires. De Grasse eut alors jusqu'à trente-huit vaisseaux de ligne sous son pavillon, force qui interdisait à l'ennemi toute espérance d'un secours maritime.

Le chef d'escadre Barras avait apporté de l'artillerie de siège et des munitions ; de Grasse, qui se disait obligé de repartir pour les Antilles, pressa La Fayette d'attaquer sur-le-champ. Le jeune général eut la sagesse de s'y refuser et la vertu de préférer à sa gloire personnelle l'intérêt de la cause et le sang du soldat ; il était à peine supérieur en nombre à un ennemi bien retranché, et il savait que Washington et Rochambeau, après avoir feint de menacer New-York pour empêcher le général Clinton d'envoyer des renforts en Virginie, arrivaient à marches forcées ; qu'ils étaient déjà au fond de la baie de Chesapeake. De Grasse consentit à prolonger son séjour, envoya prendre par ses bâtiments légers six mille soldats qu'amenait le général en chef américain, et, le 28 septembre, huit mille Américains et autant de Français investirent les deux corps de la petite armée anglaise dans York-Town et Glocester, sur les deux bords de la large rivière d'York. La tranchée fut ouverte devant York-Town dans la nuit du 6 au 7 octobre ; la nuit du 14, deux colonnes, l'une d'infanterie légère américaine, conduite par La Fayette, l'autre, de grenadiers et de chasseurs français[2], aux ordres du maréchal de camp Viomesnil, enlevèrent

---

1. Oncle du conventionnel.
2. Ils avaient été tirés de ce fameux régiment d'Auvergne, dont Rochambeau avait été longtemps colonel, et dans les rangs duquel était mort d'Assas. « Mes enfants, »

à la baïonnette deux redoutes qui couvraient la gauche des lignes ennemies. Le 19, lord Cornwallis capitula pour York-Town, Glocester et la flottille, et se rendit prisonnier de guerre avec sept mille soldats et mille matelots; deux cent quatorze canons et une trentaine de bâtiments tombèrent au pouvoir des vainqueurs. Un vaisseau de cinquante et plusieurs autres navires avaient été brûlés. La flotte anglaise, renforcée jusqu'au nombre de vingt-sept vaisseaux, ne reparut, le 27 octobre, devant le cap Henry; que pour recevoir la nouvelle de ce désastre, et fut trop heureuse elle-même d'échapper à de Grasse.

Un long cri de joie retentit dans toute l'Amérique : après Dieu, ce fut la France que tout un peuple salua comme l'auteur de sa délivrance. L'indépendance des États-Unis était désormais assurée. « L'humanité, » écrivait La Fayette, « a gagné son procès : la liberté ne sera jamais plus sans asile[1]. » Beaux jours où la France, rajeunie, épurée, forçait, par le seul ascendant de l'opinion, le pouvoir traditionnel qui la gouvernait encore à mettre son épée au service de la justice et de la raison, jours d'une gloire sans tache que ne doivent pas effacer de notre mémoire les triomphes gigantesques d'un âge postérieur, mêlés d'erreurs fatales et suivis de si cruels revers!

Washington et La Fayette eussent voulu compléter la victoire en retenant près d'eux l'amiral de Grasse pour les aider à chasser les Anglais de la Caroline du Sud et de la Géorgie. De Grasse ne crut pas pouvoir prolonger sa coopération et retourna aux Antilles. Quoi qu'il en fût, la chute des postes anglais dans le Sud n'était plus qu'une question de temps. De toute la Caroline, le général Greene avait déjà refoulé les ennemis dans la seule place de Charles-Town, et les progrès des Espagnols en Floride achevaient de rendre la position des Anglais intenable. Les Espagnols, maîtres de la Floride occidentale, avaient opéré un nouveau débarquement dans la Floride orientale et emporté Saint-Augustin, capitale de cette grande presqu'île (août 1781). Les garnisons anglaises de Savannah et de Charles-Town allaient être prises

---

leur cria Rochambeau au moment de donner le signal, « n'oubliez pas *Auvergne sans tache!*... » Ils s'en souvinrent. — *Mém.* de Rochambeau, t. Ier, p. 294.

1. *Mém.* de La Fayette, t. II, p. 50.

entre les Espagnols et les Américains, et New-York même ne pouvait plus être bien longtemps soutenu[1].

La prise d'une partie d'un convoi de troupes et de munitions, sorti de Brest pour les deux Indes, fut pour les Anglais une faible consolation des désastres d'Amérique (12 décembre).

La France portait partout un concours énergique à ses alliés. La Hollande avait grand besoin de son assistance. L'indigne stathouder avait laissé partout les arsenaux vides et les colonies sans défense, et le parti républicain, redevenu prépondérant, mais non pas maître absolu du gouvernement, avait bien des efforts à faire pour contraindre le pouvoir exécutif à rendre aux Provinces-Unies une force navale un peu respectable. Les marins hollandais prouvèrent, au combat de Dogger's-bank, que le sang de Ruyter et de Tromp n'était point tari dans leurs veines[2]; mais leur patrie n'en fut pas moins obligée de demander aux Français une vengeance qu'elle ne pouvait exercer elle-même. Le gouverneur de la Martinique, le brave et habile marquis de Bouillé, surprit l'île de Saint-Eustache dans des conditions qui rappelaient la malheureuse attaque de Jersey : il réussit mieux que Rullecourt, et quatre cents Français, séparés de leurs navires qu'écartait la mer et de leurs camarades qui ne pouvaient les secourir, firent mettre bas les armes à huit cents Anglais. Saint-Eustache et les îles voisines furent rendues à la Hollande avec les restes du butin de Rodney (26 novembre). Une escadrille française, quelques semaines après, chassa les Anglais de la Guyane hollandaise.

Les Français entreprirent, aussitôt après, une autre conquête pour leur compte. L'amiral de Grasse, revenu de la Chesapeake aux Antilles, après des tentatives sur la Barbade que les vents contraires firent échouer, alla jeter Bouillé avec six mille hommes sur l'île de Saint-Christophe, berceau commun de la colonisation française et anglaise aux Antilles, et demeurée aux Anglais par le

1. Sur cette campagne, V. *Mém.* de La Fayette, t. Ier, p. 266-284, 409-480. — *Hist. des troubles de l'Amérique anglaise*, t. III, p. 359-400. — *Hist. de la dernière guerre*, t. III, p. 126-152. — L. Guérin, *Hist. maritime*, t. II, p. 499-510. — *Mém.* de Rochambeau, t. Ier, p. 262-299. — *Vie et correspondance de Washington*.

2. Le 5 août 1781, deux petites escadres anglaise et hollandaise se livrèrent, dans la mer du Nord, le combat le plus acharné qu'on eût encore vu de cette guerre. Elles se désemparèrent et s'écrasèrent l'une l'autre sans résultat.

traité de 1763 (11 janvier 1782). La faible garnison anglaise abandonna la ville de la Basse-Terre, chef-lieu de l'île, et les batteries de la côte, et se réfugia sur le morne fortifié de Brimstone-Hill, où les Français l'assiégèrent. La flotte anglaise de l'amiral Hood accourut de la Barbade au secours de Saint-Christophe. Elle n'avait que vingt-deux vaisseaux contre trente. De Grasse veut profiter de sa supériorité pour accabler l'ennemi. Il quitte la rade où il était embossé et va aux Anglais. Hood recule, attire l'amiral français au large, puis, par une manœuvre d'une grande habileté, il tourne la flotte française et va se poster dans cette même rade que de Grasse vient d'abandonner. De Grasse, furieux, tâche de réparer sa maladresse à force de témérité : il attaque par deux fois Hood dans l'excellent poste que celui-ci lui a dérobé ; il est repoussé par deux fois, et la flotte anglaise débarque un corps de troupes qui s'efforce de secourir Brimstone-Hill (25-26 janvier). Par bonheur, le général des troupes de terre sait réparer la faute de l'amiral : un petit détachement du corps de Bouillé bat les Anglais et les oblige à se rembarquer, et ce général, tout séparé qu'il est de la flotte, continue vigoureusement le siège et force la garnison de capituler sous les yeux de l'amiral Hood (13 février). La capitulation comprit l'île de Nieves.

Hood, pris entre la flotte française et les batteries que Bouillé faisait dresser sur les hauteurs qui dominent la rade, était perdu s'il avait eu affaire à un autre adversaire que de Grasse. Celui-ci eut l'incroyable aberration de quitter son mouillage pour aller chercher des vivres en personne à l'île de Nieves, au lieu d'y envoyer ses frégates. Hood, la nuit, coupa ses câbles et s'échappa. Le lendemain, il était hors de vue !

Il était effrayant de voir notre plus belle flotte à la discrétion d'un homme capable de pareils vertiges et qui n'écoutait aucun conseil. On devait craindre que la fortune ne finît par se lasser. Elle nous favorisait pourtant encore, et l'île de Montserrat se rendit après Saint-Christophe (22 février). Il ne restait plus aux Anglais, de toutes les Antilles, que la Jamaïque, Antigoa, la Barbade et Sainte-Lucie.

La chute du fort Saint-Philippe, cette puissante citadelle de Port-Mahon, que les Anglais ne purent ravitailler et que l'épuisement de sa courageuse garnison força de se rendre le 5 février 1782, put être considérée, avec la prise de Saint-Christophe, comme le complément de cette belle campagne de 1781. La Provence et le Languedoc virent avec la plus vive allégresse tomber ce nid de vautours, d'où les corsaires britanniques s'élançaient incessamment à la proie contre tout ce qui sortait de nos ports du Midi. La perte d'un pareil poste était pour l'Angleterre plus qu'une bataille perdue : c'était perdre un des fruits les plus précieux du traité d'Utrecht.

Des événements considérables, sur lesquels nous aurons à revenir, se passaient vers le même temps aux Indes-Orientales, et le pavillon français y avait reparu avec gloire. Partout, au dehors, les présages sont favorables. Il n'en est malheureusement plus de même au dedans. Tandis que la nation se montre complétement relevée et de courage et de puissance, son faible monarque, incapable de soutenir et de mettre à profit un tel retour de fortune, vient de renouveler l'irréparable défaillance de 1776, de sacrifier Necker comme il a sacrifié Turgot, et aux mêmes ennemis (19 mai 1781). Pour ne pas interrompre le récit de la guerre d'Amérique, nous ajournerons l'exposition des principaux actes administratifs de Necker, ainsi que des circonstances qui amenèrent sa chute et son remplacement par un homme de robe sans consistance financière, Joli de Fleuri. Observons seulement que, si sa chute produisit un grand effet sur l'opinion en France et partout, elle n'eut pas de conséquences matérielles immédiates; les fonds avaient été largement assurés pour 1781, et même en partie pour 1782, par le ministre qui avait trouvé 500 millions à emprunter en quatre ans, à des conditions relativement modérées. Son successeur compléta les ressources de 1782 par les vieux expédients des ministres routiniers, rétablissements d'offices supprimés, augmentation des taxes et droits, etc.

La France avait perdu le ministre qui, après s'être opposé à la guerre, avait su trouver les moyens de la faire. L'Angleterre, quelques mois plus tard, chassa le ministre qui avait voulu la guerre et l'avait mal faite. L'Irlande, soupçonnant l'intention de retirer les concessions qu'elle avait obtenues, reprenait l'attitude la plus menaçante, sans distinction de protestants ni de catholiques, et commençait à refuser toute suprématie au parlement de la Grande-Bretagne sur le parlement irlandais : les agitations irlandaises, mais surtout la chute de Minorque et de Saint-Christophe, déterminèrent la chute de lord North, déjà fort ébranlé par le désastre d'York-Town. La chambre des communes vota une résolution qui impliquait la renonciation à reconquérir les *colonies révoltées* et la concentration des efforts de l'Angleterre contre ses ennemis européens. La Grande-Bretagne se résignait à ce démembrement de l'empire britannique, dont la pensée avait tué lord Chatham. Lord North donna sa démission après douze ans du ministère le plus malheureux que l'Angleterre eût depuis longtemps subi (mars 1782). Le parlement avait, de 1775 à 1782, voté pour la guerre plus de 100 millions sterling (2 milliards et demi!)[1]. A la fin de 1781, l'Angleterre avait perdu quatre-vingt-deux navires de guerre; ses ennemis tous ensemble, quatre-vingt-quatorze. Elle avait quatre-vingt-dix vaisseaux de ligne; les Franco-Espagnols, cent trente-six, sans compter les Hollandais. Le parlement venait de voter cent mille matelots pour 1782!

Le nouveau ministère, où figuraient tous les noms importants de l'opposition, Fox, Burke, Sheridan, lord Shelburne, les frères Howe, l'amiral Keppel, lord Richmond, etc., tous, hormis ce jeune héritier du nom de Pitt qui devait sitôt et si longtemps gouverner l'Angleterre; le nouveau ministère, fidèle à son origine, pacifia l'Irlande en reconnaissant l'indépendance du parlement irlandais, concession éclatante que devait un jour faire révoquer le second Pitt parmi des flots de sang. Il essaya en même temps de traiter avec les États-Unis et la Hollande, pour ne plus avoir en face de lui que les anciens ennemis de l'Angleterre, la France et l'Espagne, la maison de Bourbon. Il offrit de reconnaître l'indépendance des colonies américaines et n'envoya plus aucuns renforts aux garnisons anglaises des États-Unis. La guerre ne fit plus que languir

---

1. 2 millions sterling en 1775; 5, en 1776; 5, en 1777; 10, en 1778; 12, en 1779; 12, en 1780; 12, en 1781, outre les emprunts. — *Histoire de la dernière guerre*, t. III, p. 195, 309. — Dans les dernières discussions, un homme d'état, lord Mulgrave, laissa échapper une assertion qui excita un grand scandale; c'est que l'Angleterre n'avait jamais été supérieure à la France sur mer, quand la France appliquait toutes ses ressources à la marine. — V. Adolphus, *Règne de George III*, liv. XLII.

sur le continent américain, où les Anglais découragés se renfermaient dans les quelques places qu'ils conservaient, et où les Américains, épuisés par tant d'efforts, semblaient attendre que les dernières positions des ennemis tombassent toutes seules.

Il n'en fut pas de même aux Antilles, où de grandes forces navales se trouvaient en présence. L'amiral Hood, si habilement échappé à de Grasse, avait été rejoint par une escadre amenée d'Europe par Rodney, et celui-ci, en prenant le commandement en chef, avait trente-huit vaisseaux de ligne sous son pavillon. Les Français, réunis aux Espagnols, devaient être encore très-supérieurs, et leur plan était d'aller attaquer la Jamaïque avec cinquante vaisseaux et de nombreuses troupes de débarquement rassemblées à la Martinique, à Saint-Domingue et à Cuba.

Il fallait, avant tout, opérer, sur les côtes de Saint-Domingue, la jonction entre la flotte française et la flotte espagnole. Jusque-là, l'intérêt capital des Français était d'éviter la bataille, comme l'intérêt des Anglais était de la livrer. De Grasse mit à la voile du Fort-Royal de la Martinique, le 8 avril, avec trente et un vaisseaux de ligne, deux de cinquante canons, et un convoi de cent cinquante voiles. Bougainville et Vaudreuil commandaient sous lui. Il se dirigea vers le canal qui sépare la Dominique de la Guadeloupe, pour déboucher au vent des îles. Rodney, qui l'observait de Sainte-Lucie, se met à sa poursuite. Les Français s'éloignent, favorisés par une brise dont l'avant-garde anglaise seule peut profiter comme eux. De Grasse ne résiste pas à la tentation d'attendre cette avant-garde et de prendre sa revanche sur Hood. La division de Hood est en effet assez maltraitée, mais non point accablée, et, lorsque le centre anglais parvient à lui porter secours, de Grasse se décide à éviter un engagement général. Il y réussit (9 avril). Rodney emploie la nuit à se rallier et à se réparer. De Grasse fait filer son convoi sous l'escorte de deux vaisseaux de cinquante et poursuit sa route, laissant à la Guadeloupe deux autres vaisseaux, séparés ou obligés de relâcher par accidents de mer. Le 11 avril, on est presque hors de la vue des ennemis. Dans la nuit du 11 au 12, un vaisseau de soixante-quatorze, endommagé par un maladroit abordage, s'attarde et ne peut plus suivre. La plus vulgaire prudence prescrivait le sacrifice de ce bâtiment.

De Grasse, sans prendre conseil de personne, vire de bord, retourne dégager le vaisseau retardataire et l'envoie à la Guadeloupe. Ce mouvement insensé avait rendu le combat inévitable avec vingt-huit vaisseaux contre trente-huit.

Le 12 avril, à sept heures du matin, le feu fut engagé sur toute la ligne. Les Français montrèrent un inébranlable courage, et, jusque vers midi, soutinrent la lutte sans désavantage marqué. Rodney parvint enfin, par la supériorité de ses manœuvres, à couper leur ligne et à gagner le vent. Dès lors le désordre fut sans remède : chaque vaisseau français n'eut plus qu'à se défendre en désespéré au poste où l'avaient jeté les hasards du combat et de la mer. Encore, plusieurs vaisseaux de l'escadre de Bougainville, tombés sous le vent, se trouvèrent-ils à peu près dans l'impossibilité de prendre part aux derniers efforts de leurs compagnons d'armes. Le nombre devait l'emporter. Le savant major-général des flottes françaises, du Pavillon, et l'intrépide La Clochetterie, qui avait ouvert glorieusement cette guerre par le combat de la *Belle-Poule*, sont frappés à mort avec bien d'autres hommes d'élite. Trois vaisseaux de soixante-quatorze et un de soixante-quatre sont pris, après avoir perdu presque tous leurs officiers et une grande partie de leurs équipages. Bougainville sauve un cinquième navire près de succomber; mais personne, malgré de généreux efforts, ne peut secourir efficacement de Grasse, qui, monté sur le magnifique vaisseau de cent dix, *la Ville-de-Paris*[1], lutte jusqu'au soir avec furie contre quatre vaisseaux anglais qui l'écrasent de leurs feux combinés. Enfin, à six heures du soir, un cinquième adversaire vient achever l'amiral français; c'était l'amiral Hood. L'imprudent et infortuné de Grasse amène enfin son pavillon. Il combattait depuis près de douze heures et n'avait plus sur le pont de son vaisseau que trois hommes sans blessure; il avait le malheur d'être un des trois. Il s'était montré, dans cette fatale campagne, le plus brave des soldats, le plus incapable des chefs.

La nuit avait mis fin à la bataille. Tandis que l'ennemi, qui avait lui-même beaucoup souffert, se remettait en ordre et se réparait,

---

1. C'était le navire offert à Louis XV, en 1762, par le corps de ville de Paris.

le gros de la flotte française gagna la haute mer, puis Saint-Domingue; mais les deux vaisseaux de soixante-quatre qui avaient relâché à la Guadeloupe, ayant repris la mer sans avoir les nouvelles du combat, tombèrent dans l'escadre de Hood et vinrent accroître le succès des Anglais.

C'était là une victoire bien consolante pour l'amour-propre anglais, et la seule journée navale de cette guerre où les résultats eussent été tout à fait décidés. Mais ce n'était là pourtant qu'une victoire défensive. La Jamaïque était sauvée; mais, loin que les Antilles françaises ou espagnoles fussent livrées aux vainqueurs, les Anglais ne crurent pas même pouvoir essayer de reprendre leurs îles conquises par les Français. Les trophées de leur triomphe leur échappèrent : un des vaisseaux pris, *le César*, avait sauté, la nuit d'après la bataille, avec son équipage et les Anglais qui l'occupaient. Le vaisseau amiral français *la Ville-de-Paris* et un autre navire, envoyés des Antilles en Angleterre, furent abîmés par une tempête avec deux vaisseaux anglais qui les accompagnaient. Un quatrième de nos vaisseaux devenus anglais fut coulé par deux frégates françaises; un cinquième périt bientôt par un coup de mer. Il ne resta guère aux vainqueurs de trophée que l'amiral captif, qu'ils expédièrent à Londres. Les populations britanniques firent de véritables ovations au vaincu, dont elles rehaussaient la valeur avec une orgueilleuse générosité pour rehausser leur propre gloire. De Grasse ne comprit pas assez le vrai sens des acclamations qu'on lui prodiguait et s'y prêta avec une vanité puérile, soutenant mal la dignité de son malheur. L'opinion, en France, lui en devint d'autant plus sévère[1].

L'opinion nationale avait soutenu chez nous ce revers avec fermeté. On vit se renouveler le grand mouvement qui s'était manifesté après les derniers désastres maritimes de la guerre de Sept Ans. De larges souscriptions s'ouvrirent dans les corps et parmi les particuliers pour réparer les pertes de notre marine. Le corps de ville de Paris donna l'exemple en offrant un vaisseau de ligne au roi. On assure que les souscriptions s'élevèrent à une somme

---

1. *Hist. de la dernière guerre*, t. III, p. 217-244. — *Hist. des troubles de l'Amérique anglaise*, t. IV, p. 61-71. — L. Guérin, *Hist. maritime*, t. II, p. 517-526. — Adolphus, *Règne de George III*, liv. XLIII.

suffisante pour la construction de quatorze vaisseaux[1]. L'attitude de la marine française en Amérique répondit aux manifestations énergiques de la nation. Notre marine était si peu abattue, qu'elle fit plusieurs expéditions offensives. Le capitaine La Peyrouse, depuis si célèbre par son grand voyage et sa fin tragique et mystérieuse, détaché avec une escadrille, détruisit les établissements anglais de la baie d'Hudson, entrepôt du commerce des pelleteries[2]. Un autre détachement s'empara des îles Turques, îlots remplis de riches salines, à l'extrémité sud-est de l'archipel des Lucayes. Les Espagnols, de leur côté, prirent les îles de Bahama.

Nos alliés tinrent loyalement leurs engagements : les propositions du nouveau ministère anglais, arrivées aux États-Unis en même temps que la nouvelle de la défaite de l'amiral de Grasse, furent repoussées sans hésitation par le congrès, et toutes les assemblées des Treize États déclarèrent ennemi de la patrie quiconque proposerait de traiter sans le concours de la France[3]. Les Anglais n'en évacuèrent pas moins Savannah et Charles-Town pour se concentrer à New-York.

La Hollande avait également rejeté les offres de traité séparé que l'Angleterre lui adressait par l'intermédiaire de la Russie, infidèle à la *neutralité armée*.

En Europe, les opérations n'eurent cette année d'activité que sur un seul point. Une fois Minorque reconquise, la cour d'Espagne n'eut plus qu'une pensée, recouvrer à tout prix Gibraltar, bloqué depuis trois ans, ravitaillé plusieurs fois, mais, néanmoins, réduit à de dures épreuves. Le parti le plus sage semblait être de compléter le blocus et de mettre à profit la supériorité des flottes combinées pour tâcher d'empêcher tout nouveau secours. Les Espagnols perdirent patience. Leurs premiers ouvrages de siége avaient été détruits dans une vigoureuse sortie de la garnison (novembre 1781); ils les rétablirent, les agrandirent. Une attaque de vive force fut résolue contre l'inabordable rocher de Gibraltar.

---

1. *Hist. de la dernière guerre*, t. III, p. 246.
2. Il eut l'humanité d'épargner un magasin rempli de vivres, afin que les Anglais qui s'étaient enfuis dans les bois retrouvassent de quoi subsister. — *Hist. de la dernière guerre*, t. III, p. 422.
3. *Hist. des troubles de l'Amérique anglaise*, t. IV, p. 76.

Deux princes français, le comte d'Artois et le duc de Bourbon, accoururent pour assister à ce grand spectacle. Du côté de la terre, une immense batterie de plus de deux cents pièces d'artillerie s'étendait dans toute la largeur de la presqu'île. Du côté de la mer, dix batteries flottantes, gros vaisseaux rasés, blindés d'énormes pièces de bois que revêtaient du liége et des cuirs verts, et munis de réservoirs d'eau à l'intérieur, portaient cent cinquante-cinq canons et mortiers, et devaient être soutenus par une flottille de canonnières et par la grande flotte franco-espagnole.

La flotte, commandée par le vieux Cordova, arriva le 12 septembre, au nombre de quarante-cinq vaisseaux de ligne, après avoir enlevé sur sa route un grand convoi anglais destiné pour le Canada et Terre-Neuve. Le lendemain, un déluge de feux se croisèrent sur Gibraltar. Le détroit retentit, tout un jour et toute une nuit, de cette tempête d'artillerie qui porta l'effroi jusque chez les populations du Maroc. L'orage passa en vain. Vers la terre, les myriades de projectiles lancés par les assaillants frappèrent inutilement les rocs creusés dans lesquels se cachaient les canons ennemis. Vers la mer, l'attaque fut mal concertée. Le mouillage avait été mal reconnu. Une partie des batteries flottantes touchèrent sur des bas-fonds. Les autres furent mal postées. Les moyens inventés pour les garantir des boulets rouges se trouvèrent insuffisants. Elles furent incendiées, les unes par l'ennemi, les autres par leurs équipages, obligés de les abandonner sous le feu des Anglais, qui abîma la plupart de ces malheureux. La flotte, par des incidents de mer, n'avait pu prendre part à l'action.

Après cette malheureuse journée, on reprit le blocus; mais la mer favorisa encore les Anglais. A la suite d'une tempête qui avait maltraité et écarté la flotte combinée, l'amiral Howe, arrivé d'Angleterre avec trente-quatre vaisseaux de ligne, parvint à franchir le détroit et à ravitailler de nouveau Gibraltar. La flotte franco-espagnole ne put le joindre que lorsqu'il avait déjà repassé le détroit. L'avant-garde des confédérés, commandée par La Motte-Piquet, canonna vivement et endommagea l'arrière-garde anglaise, mais l'amiral Howe évita une affaire générale et regagna les mers britanniques (10-21 octobre).

L'année 1782, si mal commencée pour les Anglais, leur était devenue relativement heureuse, car, dans l'état de leurs affaires, c'était du bonheur que de se défendre avec succès et de cesser de perdre. Cette année avait coûté de grandes pertes d'hommes et de matériel aux Espagnols et aux Français : quinze vaisseaux de ligne et quatre frégates; les Anglais n'avaient perdu que quatre vaisseaux et six frégates.

Ce n'était déjà plus au grand ministère, héritier de lord North, que profitait ce demi-retour de fortune. Ce cabinet, si riche en célébrités, s'était dissous en moins de quatre mois, pour des questions de personnes : Fox, Burke, Sheridan, étaient sortis du ministère, et, par une de ces singulières combinaisons qui ne sont pas rares dans le gouvernement parlementaire, s'étaient coalisés avec leur ancien ennemi, lord North, contre lord Shelburne et les autres ministres en fonction, parmi lesquels venait de prendre place le jeune William Pitt, tête et cœur de fer, vieux politique à vingt-trois ans, aussi fort de volonté, plus constamment habile aux affaires et moins magnanime que son père.

Les succès des Antilles et de Gibraltar ne devaient pas suffire pour rassurer l'Angleterre, ni pour imposer silence au désir de paix qui se produisait depuis quelque temps chez elle avec énergie. On savait qu'une colossale expédition franco-espagnole s'apprêtait pour le commencement de 1783; on ignorait où elle irait fondre, et, cette fois, l'étoile de Rodney pouvait pâlir : une seule défaite eût été irréparable. Pendant ce temps, les conquêtes de l'Inde, qui promettaient de remplacer l'empire perdu par l'Angleterre en Amérique, étaient gravement compromises. Le génie de la France, qui s'était retiré avec Dupleix de ces riches contrées, y revenait menaçant avec Suffren.

Dans l'intervalle de la paix de 1763 à la guerre d'Amérique, la domination britannique dans l'Inde, malgré un échec partiel contre Haïder, avait pris des proportions énormes. La Compagnie anglaise, maîtresse du Bengale et des Circars maritimes en son propre nom, comme feudataire du fantôme impérial de Delhi et du soubahdar de Dekhan, maîtresse du Carnatic, au nom du nabab, son protégé ou plutôt son esclave, régnait en despote sur tout le littoral de l'est; elle dominait le centre du haut Indoustan, en usant à son profit les derniers restes de l'autorité du Grand Mogol, et le centre de la presqu'île, en substituant son influence à celle qu'avait exercée autrefois notre Bussi sur le soubahdar du Dekhan ; elle était, enfin, très-fortement établie sur la côte de l'ouest. Il ne lui restait plus que deux adversaires sérieux : dans l'ouest et le centre, l'empire des Mahrattes, renaissance de l'Inde antique parmi la dissolution de la grande monarchie mogole, féodalité de kchatryas (la caste militaire) gouvernée par un conseil de brahmanes ; et, dans le sud, la monarchie guerrière de Maïssour, improvisée par le musulman Haïder-Ali.

Au commencement de 1779, un corps d'armée anglo-indien, qui s'était porté sur Pounah, capitale des Mahrattes, est cerné et obligé de capituler. A ce signal, le vieux Haïder-Ali, en paix avec les Anglais depuis dix ans, reprend les armes, s'allie aux Mahrattes et au soubahdar du Dekhan, et se jette sur le Carnatic. Quelques centaines d'aventuriers français, débris des fameuses bandes de Bussi, marchent joyeusement contre l'Anglais sous les étendards du sultan de Maïssour. Après des incidents que nous n'avons point à décrire, le 9 septembre 1780, la moitié de l'armée anglaise du Carnatic est détruite dans les bois de Condjeveram. Presque toute cette vaste nababie de Carnatic, et la capitale, Arcate, tombent au pouvoir de Haïder-Ali. Dans le courant de l'année suivante (1781), une grande révolte éclate dans la *ville sainte* des brahmanes, à Bénarès, contre les tyrans du Gange : l'atroce gouvernement de Warren Hastings avait poussé à bout ces paisibles populations [1]. Qu'une expédition française eût débarqué en ce moment sur la côte de Coromandel, la puissance anglaise eût été anéantie dans le Carnatic et dans les Circars, et bien entamée partout ailleurs.

Sartine et Montbarrei n'envoyèrent pas un soldat dans l'Inde !

---

1. Sous lord Clive, une immense famine, non pas causée, mais aggravée par la barbare avidité des spéculateurs anglais, avait fait périr des millions d'hommes. On a cherché à justifier personnellement lord Clive d'une manière assez spécieuse ; mais on n'a pu trouver d'excuses pour Hastings, bien que quelques historiens le traitent avec une inexplicable indulgence : son génie politique est incontestable ; mais sa moralité était celle d'un chef de *chauffeurs*. V. dans l'*Histoire de la fondation de l'Empire anglais dans l'Inde,* par M. Barchou de Penhoën (t. III, liv. IX), ces hideuses histoires de femmes et de vieillards torturés pour leur arracher leurs trésors !

Sartine envoya à l'Ile-de-France, de 1779 à 1780, cinq vaisseaux de ligne, dont un fut pris en route. Il était absurde d'expédier des vaisseaux sans troupes de débarquement. Quoi qu'il en soit, le chef d'escadre qui commandait à l'Ile-de-France pouvait, du moins, agir dans les mers de l'Inde, où les Anglais n'eurent d'abord que deux vaisseaux et n'en comptèrent six qu'à la fin de 1779; mais ce chef d'escadre était ce même Tronjoli qui avait honteusement abandonné le valeureux Bellecombe dans Pondichéri. Il ne se montra même pas sur les côtes indiennes, et, en 1780, il partit, remettant le commandement au capitaine d'Orves, brave homme, mais malade, usé de corps et de tête. Il semblait qu'on choisît tout exprès pour l'Inde les officiers et les navires hors de service. M. d'Orves ne parut sur la côte de Coromandel qu'en février 1781. L'escadre anglaise était au Malabar. Haïder accourut au bord de la mer pour s'entendre avec les Français. On pouvait tout tenter. L'armée anglaise avait évacué Pondichéri pour se retirer à Goudelour, où Haïder la resserrait; Madras était à découvert, gardé par cinq cents invalides. D'Orves ne voulut ni opérer avec son escadre, ni débarquer les garnisons de ses vaisseaux pour renforcer les auxiliaires français de Haïder, et s'en retourna à l'Ile-de-France[1]. Haïder, délaissé, continua vaillamment la lutte et livra jusqu'à trois batailles en trois mois aux Anglais, qui avaient reçu des secours considérables du Bengale (juillet-septembre 1781). Trois fois il fut contraint de céder le champ de bataille à la discipline européenne; mais l'ennemi ne put jamais ni lui enlever son artillerie, ni l'empêcher de se reformer et de se maintenir dans le Carnatic.

Les Anglais eurent ailleurs des succès plus fructueux. De novembre 1781 à janvier 1782, ils s'emparèrent de Negapatnam et des autres établissements hollandais de la côte de Coromandel, puis de Trinquemalé, le meilleur port de l'île hollandaise de Ceylan. Les Mahrattes, cependant, étaient en pleine négociation avec le conseil suprême de Calcutta, qui leur offrait une paix avantageuse, et Haïder lui-même, ne comptant plus sur les Fran-

1. *Mém.* mss. du vicomte de Souillac, aux Archives de la Marine, cités par M. Ch. Cunat, *Hist. du bailli de Suffren*, p. 86; 1852. — M. de Souillac était gouverneur de l'Ile-de-France.

çais, se disposait à traiter, lorsque enfin arriva dans ces mers un homme décidé à employer toutes les forces de son héroïque génie pour empêcher la puissance anglaise de se raffermir : c'était le bailli de Suffren [1].

Le nouveau ministre Castries, plus résolu qu'éclairé, n'avait pas vu assez vite la nécessité de réparer le temps perdu par l'envoi de troupes de terre dans l'Inde; mais, du moins, il avait eu le bon sens d'écouter d'Estaing sur le choix du chef à donner aux forces navales qu'il expédiait en Orient. Le brave amiral recommanda instamment un de ses anciens capitaines de vaisseau, dans lequel il avait reconnu l'étoffe d'un grand chef d'armée. Suffren fut placé à la tête de cinq vaisseaux de ligne [2] chargés de protéger contre les Anglais l'importante colonie hollandaise du Cap de Bonne-Espérance, puis d'opérer dans les mers indiennes. Une escadre anglaise de cinq vaisseaux de ligne, trois frégates, dix vaisseaux de la Compagnie des Indes, etc., était partie pour la même destination. La possession du Cap devait être le prix de la course, et les vaisseaux anglais, tous doublés en cuivre, étaient meilleurs voiliers que les nôtres. Suffren rencontre l'ennemi aux îles du Cap Vert, l'attaque audacieusement dans la rade portugaise de Praya (île de San-Yago) (16 avril 1781), jette le désordre dans l'expédition anglaise, gagne les devants, va mettre en défense le Cap de Bonne-Espérance, y laisse des soldats, se porte à l'Ile-de-France, décide son supérieur, le chef d'escadre d'Orves, à tâcher de réparer la déplorable retraite du mois de février passé, et part avec lui pour l'Inde, emportant la meilleure partie de la garnison de l'Ile-de-France, près de trois mille soldats que le zélé gouverneur Souillac leur confie sans ordre du ministère.

L'escadre débute dans les mers de l'Inde par enlever un vaisseau de cinquante. Les vents protègent contre les Français les six vaisseaux de l'amiral Hughes, qui se réfugient dans la rade de Madras, y sont ralliés par trois des vaisseaux que Suffren a combattus à Praya, puis ressortent bravement pour offrir le com-

---

1. On l'avait appelé le commandeur, puis le bailli, à cause de ses grades successifs dans l'ordre de Malte.
2. Sans frégates, faute impardonnable du ministère. Une armée sans troupes légères!

bat. Les Anglais ont neuf vaisseaux contre douze, mais en beaucoup meilleur état que les nôtres. Suffren commande en chef : d'Orves vient de mourir à bord, expiant ainsi noblement des fautes dues à l'affaissement de la maladie. Si Suffren eût été bien secondé, l'escadre anglaise eût été probablement détruite; mais la mollesse ou le mauvais vouloir de la moitié des capitaines, mécontents de se voir commander par un officier moins ancien qu'eux, rend la victoire indécise (17 février 1782). Ces infernales jalousies étaient la honte et le fléau de notre marine. Les Anglais toutefois semblent se reconnaître vaincus en s'éloignant du champ de bataille, et Suffren atteint son but en empêchant Haïder de traiter avec l'ennemi[1], et en débarquant à Porto-Novo les troupes chargées de coopérer avec le héros musulman ; puis il retourne chercher, sur la côte de Ceylan, l'escadre anglaise renforcée de deux vaisseaux. Le même jour que de Grasse est vaincu et pris aux Antilles (12 avril 1782), Suffren livre un second et terrible combat à Edward Hughes : la mauvaise conduite de deux vaisseaux l'empêche d'obtenir un succès complet, et un orage sépare les deux escadres. L'Anglais évite un nouvel engagement. Sur ces entrefaites, Suffren reçoit du ministère l'ordre de retourner à l'Ile-de-France. Sa retraite eût anéanti l'éclatant effet moral de ses exploits. Il désobéit généreusement, quoiqu'il n'ait ni port pour s'abriter, ni gréements pour se réparer, presque plus de munitions ni d'argent. Son génie et le dévouement passionné des matelots, bien étrangers aux indignes calculs de certains de leurs chefs, suppléent à tout.

Ce n'était plus néanmoins en vue d'un honteux abandon que le ministre avait voulu rappeler Suffren à l'Ile-de-France : c'était afin de concentrer une force imposante dans cette île, choisie comme point d'attaque. Le ministre avait pris une résolution qui, trois ans plus tôt, aurait eu des résultats immenses : il envoyait dans l'Inde un homme dont le nom fascinait encore toutes les imaginations et eût pu valoir une armée, le fidèle compagnon de Dupleix, Bussi-Castelnau. Bussi, nommé commandant en chef, arriva à l'Ile-de-France le 31 mai 1782 et s'y arrêta pour attendre

---

1. Le lendemain du combat naval (18 février), Tippou-Saëb, fils de Haïder-Ali, avait détruit un corps anglo-indien dans le Tandjaour.

les renforts promis par le cabinet de Versailles. Mais il y eut du malheur ou de l'imprudence dans les mesures adoptées : deux convois considérables, trop faiblement escortés, furent pris au sortir de la Manche ou rejetés vers les ports de France (décembre 1781 — avril 1782). Bussi, malade, dévoré d'impatience et d'inquiétude, envoya provisoirement à Suffren tout ce dont il pouvait disposer, deux vaisseaux, une frégate et quelques soldats.

Suffren venait d'avoir un troisième choc contre l'amiral Hughes. Aussi mal secondé sur terre que sur mer, il avait pressé en vain le commandant des troupes débarquées de reprendre la clef du beau pays de Tandjaour, Negapatnam, enlevé par les Anglais à la Hollande. Ce commandant avait mieux aimé s'emparer de Goudelour, place mal située et qui n'offrait qu'une simple rade foraine, et Suffren s'était résolu d'assaillir lui-même Negapatnam avec le concours de Haïder-Ali. Il fallait auparavant battre l'escadre anglaise qui couvrait cette place. Suffren l'attaque avec vigueur; onze vaisseaux contre onze mieux équipés; car le capitaine du douzième vaisseau français, un peu avarié, déserte honteusement la ligne de bataille. Un autre capitaine, dont le vaisseau de soixante-quatre est aux prises avec un anglais de soixante-quatorze, amène son pavillon : deux de ces *officiers bleus*[1], que dédaignait la vanité des officiers du *Grand-Corps*, s'élancent vers leur lâche commandant, le forcent de faire relever le pavillon, font continuer le feu et sauvent le navire. L'ignominie de ce capitaine est bien effacée par l'héroïsme de Cuverville, qui soutient, avec un bâtiment de cinquante canons, l'effroyable feu de deux vaisseaux de soixante-quatorze et de soixante-quatre, et, haché lui-même, désempare le plus fort de ses ennemis. Quant à Suffren, il est digne de lui-même, c'est tout dire. Il se multiplie, assaillant tour à tour l'ennemi ou couvrant nos vaisseaux en péril. Une partie de l'escadre anglaise a molli : Hughes se retire, mais il regagne le mouillage de Negapatnam, et Suffren n'est pas assez complétement vainqueur pour effectuer son projet (6 juillet 1782). Il se dédommage par la reprise de l'autre établissement hollandais, Trinquemalé, et conquiert enfin un excellent port dont la

---

1. Officiers de port, employés comme *auxiliaires* avec brevet pour la campagne.

possession change tout à fait la situation des deux partis dans ces mers (25-31 août). Edward Hughes arrive trop tard au secours : il ne trouve, à la vue de Trinquemalé perdu, qu'une quatrième bataille (3 septembre). Treize vaisseaux de ligne français, deux de cinquante et quarante canons, et trois bâtiments légers, attaquent douze vaisseaux de ligne et six bâtiments légers. Toujours mêmes fautes, ou plutôt même trahison. Suffren, un moment abandonné au centre du combat, avec deux vaisseaux contre cinq ou six, voit tomber sous un ouragan de fer son grand mât et son pavillon amiral. Un *hurra* de triomphe s'élève du vaisseau amiral anglais. « Des pavillons ! des pavillons ! » s'écrie Suffren ; « qu'on en mette tout autour du *Héros*[1] ! » L'équipage tout entier, partageant l'héroïsme désespéré de son chef, vomit les boulets et la mitraille par tous les sabords : trois vaisseaux anglais sont criblés, hachés par ce furieux effort ; l'avant-garde française dégage enfin son amiral, et les Anglais battent en retraite à la nuit.

Cette journée sanglante retarda les projets des Anglais contre Goudelour ; mais elle eût dû avoir bien d'autres conséquences. Le chef de l'odieuse cabale qui avait failli causer la perte de Suffren se rendit à demi justice en demandant à repartir pour la France avec ses complices, et l'escadre en fut enfin purgée ; mais le mal qu'ils avaient fait paraissait irréparable. Ils avaient empêché Suffren de fixer la fortune. Les forces françaises diminuaient : deux de nos vaisseaux se perdirent par des accidents de mer ; les Anglais, au contraire, reçurent cinq vaisseaux de renfort, et les Hollandais, dont nous avions sauvé ou recouvré les colonies, ne nous portaient aucun secours : une escadre de sept vaisseaux restait immobile à Batavia ; un autre armement, au Cap ! Les chefs hollandais étaient paralysés par l'incurable perfidie du stathouder, que le parti républicain avait affaibli sans l'abattre.

Les vents, si souvent favorables à nos rivaux, vinrent cette fois à notre aide. Un ouragan désempara l'escadre ennemie, au moment où elle faisait voile de Madras pour Bombay (15 octobre), et la mit hors de combat pour plusieurs mois.

---

1. Nom de son vaisseau.

Suffren ne put profiter du malheur d'Edward Hughes : il avait donné rendez-vous à Bussi en rade d'Achem (île de Sumatra), pour revenir ensemble attaquer Madras, de concert avec Haïder-Ali; mais les troupes, qui avaient enfin rejoint Bussi à l'Ile-de-France, étaient tellement ravagées par une épidémie, et les vaisseaux qui les convoyaient se trouvaient en si mauvais état, que la jonction de Bussi et de Suffren, au lieu de se faire à Achem en novembre, ne put s'opérer que le 10 mars 1783 sur la côte de Ceylan. Dans cet intervalle avait eu lieu un bien funeste événement : un des plus fiers et des plus profonds génies qu'ait enfantés l'Orient avait disparu de ce monde : Haïder-Ali n'était plus (7 décembre 1782). Coup terrible pour la cause française et pour Suffren ! Ces deux grands hommes s'étaient compris et comptaient entièrement l'un sur l'autre.

Bussi et Suffren n'avaient plus qu'à soutenir de tous leurs efforts le fils de Haïder, Tippou-Saëb, héritier, sinon de son génie, au moins de son courage et de sa haine contre l'Angleterre. Mais la situation était bien changée lorsque Bussi débarqua à Goudelour, le 15 mars 1783, avec deux mille cinq cents soldats. Tippou, qui, au moment de la mort de son père, achevait d'enlever le Tandjaour aux Anglais, avait été obligé d'abandonner cette belle conquête et de quitter le Carnatic pour voler au secours des possessions maïssouriennes de l'ouest. Les Anglais, tranquilles du côté des Mahrattes, qui venaient de conclure définitivement la paix à la nouvelle de la mort de Haïder, avaient dirigé de Bombay une puissante diversion contre les provinces maïssouriennes de Malabar et de Canara. Presque toute cette côte était rapidement tombée en leur pouvoir, et l'intérieur du Maïssour était entamé. Tippou, en marchant vers le Malabar, n'avait pu laisser qu'une dizaine de mille hommes en Carnatic pour tenir la campagne avec les Français. Bussi, très-inférieur en forces aux Anglais, ne tira peut-être pas même tout le parti possible de ce qu'il avait de ressources : vieilli, tourmenté par la goutte, affaibli par les suites de l'épidémie qui l'avait atteint à l'Ile-de-France, ce n'était plus l'éclatant et infatigable compagnon de Dupleix : il ne lui restait plus guère que son courage. Il se laissa refouler sur Goudelour par le général anglais Stuart, qui avait, à la vérité, près de vingt mille soldats réguliers, dont quatre mille Anglais, contre neuf à dix mille, dont deux mille deux cents Français.

Le 13 juin, un furieux combat fut livré sous les murs de Goudelour. Devant le canon, Bussi se retrouva. Incapable de se tenir à cheval, il se fit porter partout en palanquin au plus fort du péril. Les Anglais perdirent mille à douze cents hommes et ne purent forcer les lignes fançaises. Durant la nuit, cependant, sur la nouvelle que l'ennemi allait mettre en batterie des masses d'artillerie, Bussi fit évacuer les dehors de la place et se renferma dans Goudelour. La place se trouva bloquée entre l'armée de Stuart et l'escadre d'Edward Hughes, enfin revenu de Bombay.

Elle ne le fut pas longtemps. Dès le lendemain du combat, les sentinelles du rempart signalèrent Suffren au large. Le 16 juin, par de savantes évolutions, Suffren parvint à écarter l'escadre anglaise et à se mettre en communication avec Goudelour. Les deux escadres manœuvrèrent quatre jours encore en vue de la ville et des deux armées. Ce fut le 20 seulement qu'elles engagèrent leur cinquième bataille depuis seize mois! Les Anglais avaient à la fois la supériorité du nombre et celle de l'armement : seize vaisseaux de ligne et deux de cinquante, contre treize vaisseaux de ligne, deux de cinquante et un de quarante. Mais, ce jour-là, tous firent leur devoir à bord de notre flotte. Sur l'ordre de Suffren, tous nos vaisseaux approchèrent l'ennemi à portée de pistolet. Ce fait suffit pour faire entrevoir tout ce que la journée eut de terrible. Parmi tant d'incidents tragiques et glorieux, il faut citer l'héroïsme du *Flamand,* vaisseau de cinquante, qui, après avoir beaucoup souffert et perdu son capitaine dès le commencement de l'action, attaque et force à la retraite un vaisseau de quatre-vingts qui voulait couper notre ligne. Les Anglais plient, serrés de près, sous les volées incessantes de l'artillerie qui les désempare : les ténèbres viennent couvrir leur retraite; l'amiral Hughes échappe à un nouveau combat par la supériorité de sa marche, et va se réfugier à Madras. Suffren reparaît triomphant le 23 juin devant Goudelour et débarque les garnisons des vaisseaux, aux cris d'allégresse de l'armée, qui réclame l'attaque des lignes anglaises dès le lendemain. On reproche à Bussi d'avoir hésité et de n'avoir autorisé, le 25, qu'une sortie partielle, qui fut mal conduite et que l'ennemi repoussa. Malgré ce petit succès, coupée d'avec la mer, ayant en face d'elle une garnison renforcée et pleine d'ardeur, harcelée sur ses derrières par plusieurs milliers de cavaliers maïssouriens qui lui coupaient les vivres, l'armée anglaise était très-compromise. Sa défaite ne paraissait qu'ajournée. Les nouvelles étaient excellentes pour les Français. Des convois français et hollandais allaient arriver de l'Ile-de-France. Tippou-Saëb, digne de son père, venait de prendre dans Bednore le gros des forces anglaises qui avaient ravagé le Malabar avec une cruauté et une rapacité indignes d'une armée civilisée. Notre cause se relevait dans l'Inde. Tout pouvait se réparer encore.

Sur ces entrefaites, le 29 juin, une frégate anglaise apporte à Suffren et à Bussi une autre nouvelle. La paix était conclue; l'Inde restait définitivement aux mains de l'Angleterre en compensation de l'Amérique perdue[1]!..

De 1779 à 1781, l'Autriche et la Russie avaient fait quelques tentatives pour offrir leur médiation aux puissances belligérantes; tentatives sans résultat, l'Angleterre ayant décliné toute négociation où les *colonies rebelles* seraient admises : Joseph II et Catherine, qui rêvaient ensemble le partage de l'empire othoman, ne souhaitaient sans doute pas bien sincèrement que la paix rendît aux puissances maritimes le loisir de traverser leurs projets; mais la Russie suivait son inclination à se mêler de tout, et l'Autriche tendait à renouer ses vieilles relations avec l'Angleterre[2].

Le vieux Maurepas mourut, sur ces entrefaites (14 novembre

---

1. Sur les campagnes de l'Inde, V. *Hist. du bailli de Suffren*, par Ch. Cunat; Rennes, 1852. — *Hist. de la fondation de l'empire anglais dans l'Inde*, par Barchou de Penhoën, t. III, liv. X-XI. — Le dernier des grands marins de l'ancienne France fut blessé mortellement en duel, le 8 décembre 1788, par un courtisan, le prince de Mirepoix, dont il avait traité les neveux, officiers de marine, avec une sévérité méritée. La cause de sa mort fut tenue cachée. — V. Ch. Cunat, p. 345.

2. Joseph II essaya même de détacher l'Espagne de la France en lui offrant de lui faire rendre Gibraltar (août 1780). Charles III repoussa loyalement cet appât. — Soulavie, *Mém. du règne de Louis XVI*, t. V, p. 59, d'après un mémoire trouvé dans les papiers de Louis XVI. — Suivant W. Coxe (*Hist. d'Espagne sous les Bourbons*, t. V), le cabinet espagnol aurait été moins scrupuleux et eût volontiers traité, si les Anglais eussent offert sérieusement Gibraltar.

1781), ayant fait tout le mal qu'il pouvait faire à la France, en abattant Necker après Turgot. Sa mort, qui, plus tôt arrivée, eût été un grand bien, ne fut qu'un événement insignifiant : les choses furent après lui ce qu'elles eussent été, lui vivant. Personne ne le remplaça complétement auprès du roi : la principale influence passa toutefois au ministre des affaires étrangères, Vergennes, qui hérita du titre de chef du conseil des finances. Vergennes, loin d'être capable de porter le fardeau de premier ministre, n'était pas même à la hauteur des grandes circonstances dans son ministère particulier. On ne tarda pas à en faire l'épreuve.

Au mois de mars 1782, dans les derniers jours du cabinet de lord North, ce ministre, ployant sous les revers de la campagne précédente, avait envoyé un agent à Paris pour sonder le gouvernement français. Les pourparlers furent continués au nom du nouveau cabinet qui remplaça lord North, et qui, cependant, prenant le contre-pied du ministre déchu, avait songé d'abord à traiter avec l'Amérique et la Hollande, en continuant la guerre contre la maison de Bourbon. Également repoussé à Paris par l'illustre plénipotentiaire des États-Unis, par Franklin (15 avril), et en Amérique par le congrès même (mai), le ministère anglais se résigna à entamer à Paris une négociation simultanée avec la France, l'Espagne, l'Amérique et la Hollande. Louis XVI, ou plutôt M. de Vergennes, dans une note à l'envoyé anglais, accepta pour base le traité de Paris, sauf les changements dont on conviendrait, entre autres points, relativement aux Indes-Orientales, à l'Afrique, à la pêche de Terre-Neuve et à un traité de commerce. Il ne parlait pas spécialement des Antilles. Ce point de départ était faible et promettait peu : accepter pour base le déplorable traité de 1763 !

La modification survenue dans le ministère anglais, la retraite de M. Fox et de ses amis (fin juin 1782) ne changea pas la marche de la négociation. Les intérêts de la France y furent bien mollement soutenus. Le plus vif et le plus long débat porta sur ceux de l'Espagne. Charles III réclamait opiniâtrément Gibraltar. L'Angleterre défendit la citadelle du grand détroit par la diplomatie comme par les armes; néanmoins le principal ministre, lord Shelburne, finit par se montrer disposé à céder, mais au prix de la restitution de Minorque et des Florides et d'énormes concessions dans les Antilles; puis il s'effraya d'abandonner Gibraltar, même pour une telle rançon, et offrit à la place la cession de Minorque et des Florides. L'Espagne accepta.

Il n'y eut avec le cabinet français de difficulté grave que sur un point, sur l'île de la Dominique. Louis XVI, poussé par quelques-uns des ministres, notamment par Castries, montra d'abord quelque fermeté. Jamais on n'eût dû céder sur cette question. La Dominique, si heureusement conquise, n'avait d'importance que comme position offensive contre les riches îles de la Guadeloupe et de la Martinique. Lord Shelburne refusa d'y renoncer. Il fallait accepter son refus et faire une dernière campagne. Toutes les chances étaient pour nous. Une immense flotte franco-espagnole se rassemblait à Cadix pour opérer au commencement de 1783. D'Estaing, le chef favori du soldat et du matelot, enfin rappelé à la tête de nos armées, allait commander soixante-six vaisseaux de ligne et vingt-quatre mille soldats de débarquement, avec La Fayette pour major-général. Cet ouragan d'hommes et de vaisseaux devait fondre d'abord sur la Jamaïque, puis remonter au Canada et à Terre-Neuve, et une escadre de dix vaisseaux devait se détacher pour les Indes-Orientales. La Hollande, s'arrachant aux intrigues du stathouder, était enfin en mesure de prendre part sérieusement à la guerre d'Asie. L'Angleterre n'avait pas les forces nécessaires pour repousser un si terrible choc, et tout semblait lui annoncer de grands revers dans l'Inde et peut-être la perte de ce qui lui restait en Amérique, îles et continent[1].

Lord Shelburne connaissait les périls de l'Angleterre, mais il connaissait le désir immodéré de paix qu'avait laissé transpirer M. de Vergennes[2]. Il eut gain de cause! Louis XVI consentit à restituer la Dominique, et George III annonça au parlement britannique l'espoir d'une prochaine paix.

Un incident faillit tout renverser. A la fin de novembre, les

1. *Mém.* de La Fayette, t. II, p. 3 et suiv. — Soulavie, *Règne de Louis XVI*, t. V, p. 12-26. — Flassan, t. VII, p. 362.

2. « Si votre cour eût moins annoncé le désir de terminer la guerre, elle aurait obtenu de nous de plus grands sacrifices. » Paroles de lord Shelburne à M. de Bouillé, citées dans le Mémoire au roi, ap. Soulavie, *Règne de Louis XVI*, t. V, p. 17.

commissaires américains, Franklin, J. Adams, J. Jay, H. Laurens, signèrent à Paris des préliminaires de paix avec le plénipotentiaire anglais Oswald, au lieu d'attendre, comme il avait été convenu, que le traité de la France fût achevé pour signer en même temps. A cette nouvelle, lord Richmond, le jeune Pitt et la plupart des membres du cabinet anglais voulurent rompre la négociation avec la France et offrir contre elle une étroite alliance aux Américains. L'esprit chimérique de lord Richmond et la haine passionnée dont le second Pitt avait hérité contre la France les aveuglaient sur le précipice où ils entraînaient l'Angleterre. Lord Shelburne se jeta en travers avec une énergie désespérée et les arrêta[1]. Ils n'avaient pas voulu voir qu'une clause capitale des préliminaires avec les États-Unis statuait que les conventions n'auraient leur effet qu'après la paix de la France conclue, c'est-à-dire que les Américains poursuivraient la guerre jusqu'à ce que leurs alliés eussent satisfaction. L'Amérique était si peu dans les dispositions rêvées par les Anglais, que le secrétaire d'État des affaires étrangères aux États-Unis, Livingston, blâma fort le *manque de bienséance* dont s'étaient rendus coupables les plénipotentiaires, comme le reconnut Franklin, qui avait « cédé trop facilement à ses collègues[2]. » Quant à l'idée d'une ligue avec l'Angleterre contre la France, idée qui était certes bien loin de la pensée de Franklin et de ses collègues, elle eût été huée dans le congrès.

Les préliminaires de paix entre la France et l'Angleterre et entre l'Angleterre et l'Espagne furent signés le 10 janvier 1783. Le parlement les accueillit par un violent orage. Lord Shelburne paya de sa place le service qu'il avait rendu à son pays en obtenant des conditions de paix bien moins désavantageuses que la situation ne le comportait, mais bien éloignées de ce traité de 1763, auquel l'orgueil britannique eût voulu enchaîner l'histoire. La singulière coalition Fox et North entra au pouvoir, mais se garda bien de refuser la ratification du pacte qu'elle avait

---

1. Garden, *Hist. des Traités de paix*, t. IV, p. 329.
2. Lettre de M. de Vergennes, citée par P. Chasles; art. *Franklin; Revue des Deux Mondes*, t. XXVI, p. 294; 1841. Cette étude sur Franklin, très-peu bienveillante et plus spirituelle qu'exacte, doit être lue avec beaucoup de précaution.

blâmé. Des points secondaires sur l'interprétation de quelques articles relatifs à l'Espagne, mais surtout la transaction avec la Hollande, retardèrent de plusieurs mois les traités définitifs. Le cabinet de Versailles avait eu le tort de conclure les préliminaires avant que les intérêts de la Hollande fussent réglés, tort moins grave, comme procédé, que celui des commissaires américains envers la France, puisque les obligations n'étaient pas les mêmes, mais plus grave en fait par les conséquences. L'Angleterre, trop sûre que le cabinet de Versailles ne rouvrirait pas les hostilités, fut inflexible dans ses prétentions contre la Hollande, et il fallut que celle-ci se résignât à ouvrir la mer des Moluques au commerce anglais et à céder Negapatnam, la meilleure rade de la côte de Coromandel.

On signa les traités définitifs le 3 septembre 1783.

L'Angleterre reconnaissait la pleine indépendance des États-Unis d'Amérique, retirait ses troupes de New-York et des autres points du territoire américain qu'elles occupaient encore, reconnaissait pour limites aux États-Unis la rivière de Sainte-Croix, les montagnes qui séparent le bassin du Saint-Laurent des bassins des rivières nord-américaines, les grands lacs, le Mississipi jusqu'au trente et unième degré de latitude nord. Au midi de cette latitude, comme à l'ouest du Mississipi, l'Angleterre ne réservait ses droits que pour les céder à l'Espagne. Les Américains avaient la pêche libre à Terre-Neuve et dans le golfe du Saint-Laurent.

L'Angleterre restitue à la France les îles de Saint-Pierre et de Miquelon, en *toute propriété*, c'est-à-dire sans renouveler l'interdiction de les fortifier, stipulée dans le traité de 1763. La France renonce au droit de pêche sur la partie de la côte orientale de Terre-Neuve entre le cap Bona-Vista et le cap Saint-Jean, et l'acquiert sur la partie de la côte occidentale entre le Port-à-Choix et le Cap Ray, transaction extrêmement désavantageuse; car la côte orientale de Terre-Neuve, qui fait face au Grand-Banc et au large, est bien meilleure pour la pêche que le littoral de l'ouest[1].

---

1. Un excellent Mémoire, adressé à Vergennes par les consuls de Saint-Malo, avait pourtant très-bien renseigné ce ministre sur la question de Terre-Neuve. — V. ce Mémoire dans Soulavie, *Règne de Louis XVI*, t. V, p. 387.

L'Angleterre rend à la France, dans les Antilles, l'île de Sainte-Lucie et renonce à Tabago. La France rend la Grenade et les Grenadins, Saint-Vincent, la Dominique, Saint-Christophe, Nieves, Montserrat. L'Angleterre renonce au Sénégal et à ses dépendances (Podor, Calam, Arguin, Portendick), et restitue Gorée, que les Français avaient évacuée pour se concentrer à Saint-Louis-du-Sénégal et que les Anglais avaient occupée. La France garantit à l'Angleterre le fort Saint-James et la Gambie. Les Anglais ont la liberté de faire la traite de la gomme, de l'embouchure de la rivière Saint-Jean jusqu'à Portendick. L'Angleterre restitue Pondichéri et Karikal avec cession d'un petit territoire alentour ; elle rend Mahé ; elle rend Chandernagor, « avec la liberté de l'entourer d'un fossé pour l'écoulement des eaux » (quelle grâce !...), et les comptoirs français d'Orixa, de Surate, etc. Elle promet aux Français le rétablissement du libre commerce, tel que le faisait l'ancienne Compagnie française des Indes. « Il est convenu que si, dans le terme de quatre mois, les alliés respectifs (dans l'Inde) n'ont pas adhéré à la présente pacification ou fait leur accommodement séparé, il ne leur sera plus donné aucune assistance directe ou indirecte. »

C'était l'abandon complet du sultan de Maïssour[1].

L'Angleterre consent à l'abrogation de la défense de fortifier Dunkerque et de rétablir le port. L'affront des vieux jours de Louis le Grand est du moins effacé par la France rajeunie.

Les deux couronnes conviennent de conclure un traité de commerce avant le 1er janvier 1786[2].

L'Angleterre cède Minorque et les deux Florides à l'Espagne. L'Espagne rend les îles de Bahama.

La Hollande cède Negapatnam et promet de ne pas gêner la navigation anglaise dans les mers orientales (mers des îles à épices), si longtemps monopolisées par les Hollandais[3].

Malgré tout ce qu'on pouvait dire sur cette paix, qui ne réparait pas suffisamment les calamités de 1763, la France avait

1. Tippou-Saëb continua bravement la lutte et obtint une paix honorable.
2. Tous les exemplaires du traité furent rédigés en français, « sans tirer à conséquence. »
3. V. les traités dans l'*Hist. des troubles de l'Amérique anglaise*, par Soulès, t. IV, pièces.

accompli une bien grande œuvre : la philosophie du xviiiᵉ siècle avait eu sa *croisade*, plus heureuse que celles du moyen âge. Il en sortait un phénomène nouveau dans le monde politique. Jusqu'ici l'on n'avait guère vu extirper radicalement l'aristocratie que par le despotisme : l'aristocratie, c'est-à-dire la liberté de quelques-uns, se perdait dans l'égalité de la servitude. Quand cette liberté partielle, disons-le en passant, disparaît de telle sorte que la liberté ne soit plus nulle part, nous ne voyons pas ce qu'y gagne la dignité ni le progrès du genre humain. L'Amérique donnait le premier grand exemple contraire : l'exemple de la liberté dans l'égalité, de la vraie démocratie, succédant à la liberté aristocratique; première et triomphante application de la théorie du droit selon le xviiiᵉ siècle. Ailleurs, sur un sol moins préparé et formé d'éléments plus complexes, cette théorie, rapportée d'Amérique aux lieux de son origine par nos chevaliers de la liberté, exigera de bien plus terribles efforts et n'obtiendra que des succès bien plus disputés et plus douloureux, dans son œuvre dix fois renversée et dix fois recommencée !...

La France avait accompli les devoirs de sa mission providentielle : ses intérêts moraux, les intérêts de sa gloire et de ses idées, étaient satisfaits. Les intérêts de sa puissance matérielle avaient été mal défendus par son gouvernement; le seul avantage solide qu'elle eût obtenu, c'était d'avoir ôté aux Anglais Minorque, ce frein de Toulon, bien plus dangereux pour nous dans leurs mains que Gibraltar. La raison sérieuse alléguée par Vergennes pour hâter la paix avait été l'état des finances. Dès le 27 septembre 1780, il écrivait au roi que « la situation... alarmante semblait ne laisser de ressource que la paix la plus prompte. » Necker avait relevé encore une fois le crédit public au commencement de 1781, par un coup d'éclat dont nous reparlerons, et il eût encore trouvé les moyens de soutenir la campagne de 1783; mais la funeste cabale qui avait renversé Turgot n'avait pas tardé d'abattre Necker à son tour, et Vergennes avait été un des membres les plus actifs de cette cabale. La rechute des finances était donc sa condamnation. « Les dépenses, disait-il au roi, sont un abîme qu'on ne peut sonder [1]. »

---

1. Flassan, t. VII, p. 361. — L'Angleterre était, de son côté, dans une extrême

C'est dans cet abîme, en effet, que va s'engloutir la monarchie, pour n'avoir pas su le combler à temps en y jetant les priviléges.

La guerre d'Amérique a tout à la fois ajourné et préparé la Révolution; elle a donné momentanément un dérivatif extérieur aux sentiments les plus énergiques de la France; mais ces sentiments nous reviennent, précisés, fortifiés par l'aspect des faits plus puissants que les livres et que les théories [1], en même temps que les grandes charges de la guerre, alourdissant le char de l'État, que n'allége point par compensation une réforme radicale, accélèrent l'impulsion qui le précipite sur la pente fatale.

détresse : sa dette annuelle avait monté de 4 millions 1/2 sterling à 9 millions 1/2 ; l'impôt foncier et les autres impôts étaient énormes. — L'Angleterre avait perdu, depuis le commencement de la guerre, seize vaisseaux de cinquante à cent dix canons, et quarante-neuf frégates ou corvettes de vingt à quarante canons ; la France, dix-neuf vaisseaux et vingt-neuf frégates et corvettes. V. la liste dans l'*Hist. de Suffren,* par Ch. Cunat, pièces justific., n° 32. — La guerre avait coûté à la France plus de 1,200,000,000; à l'Angleterre, plus du double.

1. La présence de Franklin à Paris, personnifiant la République sous une forme si respectable, exerça une grande influence morale. Nos philosophes, en discutant avec lui dans Paris la constitution américaine, se préparaient à discuter les lois futures de la Révolution française. Un publiciste royaliste, Mallet-Dupan, nous a conservé un grand mot que Franklin, dit-il, répéta plus d'une fois à *ses élèves de Paris :* « Celui qui transporterait dans l'état politique les principes du christianisme primitif changerait la face du monde. »

LIVRE CV

LOUIS XVI (SUITE).

Ministère de Necker. État financier de la France sous Necker et ses successeurs, jusqu'en 1783. — Améliorations économiques et judiciaires. Assemblées provinciales. *Compte rendu des finances*. Démission de Necker. — Réaction. Mort de Maurepas. Calonne appelé aux finances. — Mœurs, idées, lettres et sciences après la guerre d'Amérique. — La société de la reine. *Le Mariage de Figaro*. — Bernardin de Saint-Pierre. — Lagrange. Lavoisier. Les aérostats. Condorcet. — Mouvement mystique. Mesmer. Saint-Martin. Franc-maçonnerie. — Mirabeau.

1778 — 1789.

Il a été nécessaire d'ajourner l'exposé des opérations intérieures de Necker, pour ne pas interrompre le récit des événements militaires. Il faut maintenant résumer ces opérations pour arriver à présenter sous ses divers aspects la situation de la France après la paix de 1783.

Depuis son entrée aux finances jusqu'à l'ouverture des hostilités contre l'Angleterre, nous avons vu Necker travailler à ramener l'ordre dans la comptabilité, à préparer la réforme des sinécures et des gaspillages de la maison du roi, la réforme de la perception des impôts, la réforme des hôpitaux. Une fois la guerre engagée, son premier devoir et sa plus vive préoccupation dut être de suffire aux frais de la guerre. Il le fit par l'emprunt, sans impôts nouveaux et sans donner aux prêteurs d'autre gage, d'autre *assignation*, que la promesse de réduire les dépenses pour dégager une partie du revenu. Quoi qu'en aient dit ses adversaires[1], il fit ce qu'il y avait de mieux à faire[2]; car l'impôt, même écrasant, même exagéré jusqu'à l'impossible, ne lui eût pas donné ce que lui donna l'emprunt, et la France se trouvait assurément dans une de ces crises où il est légitime de grever l'avenir. Necker emprunta, en pleine guerre, à des conditions que d'autres ministres, Turgot excepté, eussent à peine obtenues pendant la paix[3].

Il n'en poursuivit pas moins les réformes intérieures, autant que la situation le lui permit. S'il fit peu de grandes choses, si rien ne décela en lui de vastes plans comme ceux de Turgot, on doit reconnaître du moins que toutes les modifications qu'il apporta au régime des finances furent bien conçues. Il avait commencé et il acheva de centraliser la comptabilité au trésor royal, de manière que le gouvernement pût se rendre compte annuellement de ses recettes et de ses dépenses, ce qui était devenu depuis longtemps impossible, une très-grande partie des dépenses, assignées sur diverses caisses, n'étant pas consignées sur les registres du garde du Trésor. Il fit dresser le tableau général des pensions : cette simple mesure, en révélant au roi des cumuls et des abus de tout genre dissimulés par la confusion financière, le mettait en demeure d'autoriser une réforme que Necker n'osa pourtant demander immédiatement. Necker reprit par en haut la réduction des offices de finances que Turgot avait entamée par en bas. Il réduisit à douze les quarante-huit receveurs-généraux et leur interdit toute disposition de fonds sans l'autorisation du ministre ; il fit réduire à deux les vingt-sept trésoriers de la guerre et de la marine, avec même interdiction, et parvint ainsi à enlever à ces deux ministères leur indépendance financière vis-à-vis du ministre des finances. Plus de cinq cents offices, c'est-à-

1. Le plus violent fut Mirabeau. — V. son pamphlet de 1787 : *Lettre sur l'administration de M. Necker*.

2. Au point de vue financier; car il y a une réserve à faire au point de vue moral, quant au mode employé dans la plupart de ses emprunts : les loteries et les rentes viagères.

3. Il y eut toutefois des exceptions. Necker se trompa, ou fut trompé dans quelques-unes de ses combinaisons viagères et tontinières par ses anciens confrères les banquiers genevois, qui, du reste, lui procurèrent de très-grandes sommes, jusqu'à 100 millions, dit-on.

dire plus de cinq cents sinécures, portant priviléges en matières d'impôts, furent supprimés dans la maison du roi (1779-1780).

Un arrêt du conseil du 15 août 1779, reconnaissant que « les nombreux péages établis sur les grandes routes et sur les rivières navigables... droits nés, pour la plupart, des malheurs et de la confusion des anciens temps... arrêtent et fatiguent le commerce, et forment autant d'obstacles à la facilité des échanges, » enjoint à tous les propriétaires de ces droits de communiquer incessamment leurs titres au conseil, afin qu'on puisse préparer le rachat avec indemnité. — Un autre arrêt du conseil, de haute importance, du 9 janvier 1780, change profondément l'administration des impôts indirects. L'intention de « s'affranchir de l'ancienne dépendance des secours de la finance » y est formellement énoncée : Necker visait à n'avoir plus affaire à d'autres financiers qu'aux banquiers souscripteurs d'emprunts. Le corps puissant des fermiers généraux est démembré en trois compagnies : 1° la *ferme générale,* qui ne conserve que les traites (douanes extérieures et intérieures), les gabelles et le tabac; 2° la *régie générale,* qui a les aides ou droits sur les boissons et autres droits sur la fabrication de divers objets de commerce; 3° l'*administration générale des domaines et droits domaniaux*, à laquelle est adjointe la perception des droits de greffe et d'hypothèques. Les fermiers généraux auront droit, outre l'intérêt à 5 pour 100 de leur cautionnement de 1,200,000 francs, à 30,000 francs de fixe, plus à une part dans le produit que rendront les impôts affermés, au delà d'un minimum qu'ils garantissent au roi. C'est la transition du système d'affermage au système de régie, et la plus considérable peut-être des mesures financières de Necker. L'État y gagna sur-le-champ 14 millions par an [1]. L'arrêt du conseil sur les fermes est suivi d'une déclaration (13 février) annonçant que la taille, la capitation et les accessoires de la taille ne seront plus augmentés dorénavant que par des lois enregistrées dans les cours supérieures. Le roi se réserve d'examiner si ces impôts sont répartis dans une juste proportion entre les généralités; il annonce pareil examen pour les gabelles, les traites et les aides.

---

1. Droz, *Hist. du règne de Louis XVI*, t. Ier, p. 282.

Necker, à la vérité, avant de dicter au roi la promesse de ne plus augmenter sans formes légales les impôts directs, les avait lui-même accrus de 5 ou 6 millions par les mêmes procédés que ses devanciers. Il fit en outre proroger pour dix ans le premier vingtième (février 1780), prorogea également les huit sous pour livre de tous les droits et la portion des octrois perçue au profit du Trésor, se procura 10 millions en autorisant les hôpitaux à faire des ventes d'immeubles pour en verser le produit au Trésor en échange de titres de rente, avec accroissement du dixième tous les vingt-cinq ans, afin de compenser la dépréciation des métaux. Il obtint enfin 30 millions de l'assemblée du clergé, dont 16 millions en don gratuit et 14 en prêt remboursable en quatorze ans sur les fermes (juin 1780).

Un arrêt du conseil qui promettait encore des ressources assez notables fut celui qui ordonna la révision des domaines engagés. D'après le principe de l'inviolabilité du domaine royal, le gouvernement avait droit, à chaque changement de règne, de revenir sur les concessions faites. Necker, le 14 janvier 1781, fit enjoindre aux détenteurs, à titre gratuit ou onéreux, de présenter les titres et l'état de leurs possessions dans le cours de l'année, afin que l'administration des domaines fixât la rente ou le supplément de rente qui leur serait imposé, s'ils n'aimaient mieux restituer en recevant leur remboursement. La plupart des aliénations étaient des faveurs gratuites ou presque gratuites aux princes, aux courtisans, aux gens en crédit.

Le ministère de Necker fut signalé, en dehors des questions purement financières, par un certain nombre de mesures tant sociales ou économiques que philanthropiques, appartenant directement ou indirectement à l'influence de cet homme d'état; ainsi, en matière industrielle, la défense d'exporter des métiers, outils et instruments servant à la fabrication (3 mars 1779), défense émanant du système *protecteur;* le règlement sur les manufactures (5 mai 1779), essai d'un régime mixte entre la réglementation et la libre concurrence. Le code industriel, « devenu, par sa complication et son ancienneté, d'une exécution difficile, » est abandonné : chaque ville de manufacture est invitée à présenter au conseil de nouveaux projets de règlements « adaptés aux temps actuels ; » les étoffes *réglées* auront des marques particulières. En dehors des règlements, les fabricants auront la liberté absolue de faire des étoffes nouvelles ou différentes, sans autre interdiction que celle d'y apposer les marques qui sont la garantie officielle de la bonne fabrication. Dans un autre ordre de choses, il faut citer la suppression de la peine de mort pour vol de chevaux, usitée dans la coutume de Flandre (juillet 1778) ; et surtout le célèbre édit d'août 1779, portant suppression de la mainmorte et de la servitude personnelle dans les domaines du roi. Ce n'était encore, pour les droits de la nature et de l'humanité, qu'une demi-victoire. Louis XVI, disputé entre ses bons sentiments et ses préjugés, craignit de « blesser les lois de la propriété, » s'il affranchissait, par un coup d'autorité, les serfs des seigneurs en même temps que les siens. Un assez grand nombre de Français demeurèrent, pour quelque temps encore, enchaînés à la glèbe féodale et même privés du droit de se marier à leur gré et de transmettre librement à leurs enfants le fruit de leurs travaux[1]. Les mânes de Voltaire n'eurent pas la consolation de voir affranchir ces serfs du mont Jura, pour lesquels le vieillard de Fernei avait éloquemment plaidé contre la tyrannie du chapitre de Saint-Claude. Les moines-seigneurs refusèrent de s'associer à la bienfaisance du roi, à moins d'indemnité. Louis n'osa enlever aux seigneurs que le droit de *suite,* en vertu duquel le serf de *corps* échappé de la glèbe était *suivi* et ressaisi sur terre franche, avec ses biens et *acquêts,* par la main du seigneur. Les tribunaux avaient encouragé le faible monarque par leur exemple ; ils hésitaient à accueillir ce *droit excessif,* contesté, dès le moyen âge, par les princes fondateurs de *villes franches.*

Une déclaration du 24 août 1780, qui n'eut pas moins de retentissement, satisfit enfin aux énergiques réclamations de la philosophie. La *question préparatoire,* qu'on infligeait à l'accusé pour lui arracher l'aveu du crime, fut abolie en France, trop tard pour l'honneur de notre gouvernement, car elle l'était déjà dans plusieurs états bien inférieurs en civilisation à la France. La *question*

---

1. Le serf de *ténement* ne pouvait laisser son bien à ses enfants que s'il faisait ménage commun avec eux ; si l'enfant avait quitté le foyer paternel, le seigneur héritait.

préalable, à laquelle on soumettait l'accusé condamné pour le forcer de révéler ses complices, fut maintenue jusqu'en 1788, et encore la déclaration du 1ᵉʳ mai 1788, qui la supprima, ne fut-elle définitivement exécutée que par une loi de la CONSTITUANTE (du 9 octobre 1789). Quelques jours après l'abolition de la *question préparatoire* (30 août 1780), une déclaration sur le régime des prisons ordonna la séparation des prévenus, des condamnés et des prisonniers pour dettes, et promit la suppression de tous les cachots souterrains, ces tristes monuments de la cruauté des temps passés.

La formation d'une commission pour examiner les demandes en suppression et union ou translation de titres de bénéfices et biens ecclésiastiques indique que le clergé continue à perdre du terrain (10 mars 1780)[1].

Necker remua fortement les esprits et souleva de vives controverses en s'emparant d'un lambeau du plan de Turgot. Nous avons exposé plus haut la vaste organisation projetée par Turgot, et qui devait partir de la commune pour s'élever jusqu'à une espèce d'assemblée nationale consultative. Necker laisse la base et le couronnement de l'œuvre, et s'en approprie la partie intermédiaire en la dénaturant. Un arrêt du conseil, du 12 juillet 1778, ordonne la formation, dans la province du Berri, d'une assemblée composée de douze ecclésiastiques, douze gentilshommes propriétaires et vingt-quatre membres du Tiers-État, dont douze députés des villes et douze propriétaires habitants des campagnes, sous la présidence de l'archevêque de Bourges, « pour répartir les impositions (directes) dans la province, en faire la levée, diriger la confection des grands chemins et les ateliers de charité, ainsi que tous les autres objets que le roi jugerait à propos de confier à ladite assemblée. » L'assemblée aura une session d'un mois ou plus tous les deux ans; les suffrages y seront comptés par tête et non par ordre[2]; le roi y fera connaître ses volontés par un ou deux commissaires. Dans l'intervalle des sessions, un bureau

---

1. Sur toutes ces mesures, V. les t. XXV et XXVI des *Anc. Lois françaises,* passim, aux dates indiquées. — Bailli, *Hist. financière de la France,* t. II.

2. C'est déjà le *doublement du Tiers* qui devait reparaître dans une plus solennelle occurrence, en 89.

d'administration suivra tous les détails relatifs à la répartition et à la levée des impôts, etc., conformément aux délibérations de l'assemblée, à laquelle il rendra compte. L'assemblée ou son bureau ne pourra ordonner aucune dépense sans l'autorisation du roi. Le roi permet à l'assemblée et au bureau de lui faire telles représentations et telles propositions qu'ils croiront justes et utiles, sans que la répartition et le recouvrement des impositions établies ou à établir puissent éprouver ni obstacle ni délai. L'intendant de la province pourra prendre connaissance des délibérations de l'assemblée et du bureau toutes les fois qu'il le croira convenable. La manière définitive de procéder aux élections de l'assemblée sera réglée ultérieurement; pour la première fois, le roi nommera seize personnes qui en proposeront trente-deux autres à l'approbation de Sa Majesté[1].

Par le règlement définitif, le nombre des membres fut modifié : le clergé n'en forma plus que le cinquième au lieu du quart, et il fut statué que l'assemblée se renouvellerait partiellement par ses propres choix, approuvés du roi.

On voit combien il y avait loin de ces assemblées fondées sur la distinction des trois ordres aux *municipalités* de Turgot, où l'on n'eût figuré qu'à titre de citoyen propriétaire.

La pensée de Necker était d'appliquer successivement à toute la France l'essai tenté dans le Berri et de faire sortir des mains des intendants et de leurs subdélégués l'administration de l'impôt et des intérêts locaux, pour la remettre aux représentants plus ou moins directs des contribuables. L'innovation, toute boiteuse et incomplète qu'elle était, fut généralement bien accueillie. On voyait avec joie ébranler le régime des intendants, cette grande machine de despotisme et d'aplatissement universels.

L'assemblée du Berri rendit quelques services; elle obtint que la corvée fût remplacée par une augmentation de la taille et de la capitation. Cela ne valait pas la mesure de Turgot; ce n'était plus l'égalité devant l'impôt, mais cela valait toujours mieux que la corvée. Les généralités de Grenoble, de Montauban, de Moulins, demandèrent et obtinrent aussi bientôt leurs assemblées provin-

---

1. *Anc. Lois françaises*, t. XXV, p. 354.

ciales (27 avril, 11 juillet 1779; 19 mars 1780.) Une autre généralité, apparemment par l'organe des personnes mêmes que le pouvoir avait désignées, refusa l'assemblée provinciale qu'on lui offrait, parce que cet établissement purement consultatif dérogeait au droit des citoyens de voter l'impôt. On dit qu'il y eut des provinces, au contraire, où les notables choisis par le gouvernement déclarèrent que, si, de la concession qu'accordait le roi, il résultait quelque trouble dans l'ordre public, la concession devrait être révoquée[1]. Cette timidité était fort exceptionnelle dans l'esprit du temps.

L'établissement des assemblées provinciales ne pouvait pas précisément *troubler l'ordre public,* mais pouvait causer des embarras et des tiraillements, si l'on n'arrivait pas jusqu'à l'assemblée générale de Turgot. On pouvait compter que les administrations provinciales, n'étant pas mises face à face les unes des autres dans une grande assemblée, fatigueraient le gouvernement de leurs doléances, chacune dans le but de soulager ses administrés aux dépens des provinces voisines, et qu'on ne saurait à qui entendre.

Durant les derniers mois de 1780, des embarras bien autrement imminents pressaient Necker. Sa bonne veine en matière d'emprunts semblait épuisée. Il n'avait obtenu dans toute l'année que 21 millions des prêteurs, et, encore, par l'intermédiaire et grâce à la garantie des pays d'États; il s'était vu réduit à anticiper de 155 millions sur les recettes des huit années à venir, la pire de toutes les espèces d'emprunts[2]. L'opinion flottait, le crédit s'épuisait. Necker ressaisit l'une et releva l'autre par un grand coup. Il démontra au roi que confiance et publicité sont inséparables; que, dès qu'on faisait de l'emprunt sa principale ressource, il fallait ouvrir, ou du moins entr'ouvrir aux yeux du public ce *secret des finances* jusqu'alors enfermé avec un soin si jaloux dans les cartons du contrôle général[3]. Bref, il obtint de Louis XVI la

---

1. Monthion, *Particularités sur les ministres des finances*, p. 252-253.
2. La dépense de 1780 s'éleva à 615,848,000 fr. — Bailli, *Hist. financière*, t. II, p. 233.
3. Il n'y était pas même tout entier. Bailli montre fort bien, en effet, dans son *Histoire financière* (t. II, p. 235), que les contrôleurs-généraux eux-mêmes ne connaissaient que très-imparfaitement l'état réel des recettes et des paiements chaque année, les *états au vrai* n'étant arrêtés qu'au bout de plusieurs années.

permission de publier le fameux *Compte rendu des finances* (janvier 1781).

L'effet fut prodigieux. La nation, qui avait jusqu'alors également ignoré « et le montant des subsides qu'elle fournissait à la couronne, et le rapport des dépenses avec les recettes annuelles du Trésor, et la somme des engagements extraordinaires contractés par l'état[1], » la nation salua par un cri de joie cette lumière qui se faisait dans les ténèbres fiscales. On se sentit marcher par la publicité à la liberté. On applaudit aux vues morales et philanthropiques étalées par l'auteur du *Compte rendu* avec un peu d'emphase, mais avec sincérité. On accepta, d'une foi entière, tous les chiffres, tous les résultats; l'extinction promise d'une grande partie des pensions, celle des rentes viagères, les nouvelles économies annoncées; le projet de transformer les gabelles, si monstrueusement inégales, en un impôt uniforme sur le sel, et d'abolir les douanes intérieures[2]. On ratifia les éloges que Necker ne s'épargnait pas à lui-même, en admirant que les recettes en fussent venues à dépasser les dépenses ordinaires de 18 millions[3]. Les abus mêmes qu'avouait le *Compte rendu*, les 28 millions de pensions, somme double de celles qu'employaient au même objet tous les rois de l'Europe ensemble, l'inégalité des charges entre les provinces, l'énormité de certaines dépenses superflues, redoublaient la confiance publique. Puisqu'on ne craignait pas d'appeler le grand jour sur de tels désordres, c'est qu'on était bien résolu à les corriger.

Le crédit fut pleinement reconquis : toutes les bourses s'ouvrirent; en quelques mois, en quelques semaines, Necker obtint pour 236 millions d'emprunts; presque autant qu'il en avait réalisé dans les quatre années précédentes!

Ce fut l'apogée de sa fortune. L'apogée ne fut pas loin de la chute.

Le *Compte rendu*, on doit le reconnaître, n'était nullement ce

1. Bailli, t. II, p. 234.
2. Necker attaque, par de solides arguments, le système économique de l'impôt unique sur la propriété foncière et vante les impôts indirects comme étant ceux dont le consommateur s'aperçoit le moins, argument souvent répété depuis.
3. Et même de plus de 27, en comptant 17 millions de remboursements pris sur la recette ordinaire. — *Compte rendu*, p. 13.

qu'avaient pensé les personnes peu familiarisées avec les questions de finances, c'est-à-dire presque tout le monde. Ce n'était nullement l'exposé exact de la totalité des recettes et des dépenses, de l'actif et du passif de l'État. Premièrement, les charges extraordinaires de la guerre et les dispositions financières du service des armées n'y sont point indiquées, omission qui se peut excuser par des motifs assez plausibles. Il n'y a rien non plus sur la dette flottante ou arriéré exigible. Secondement, le tableau détaillé des finances ne comprend pas le revenu total, montant à environ 430 millions, mais seulement les 264 millions versés et payés par le Trésor; les 166 millions restants étant versés dans diverses caisses, dont le ministre lui-même connaît mal les opérations. Ce n'était pas la faute de Necker : il avait au contraire, comme nous l'avons montré, pris les mesures nécessaires pour changer cet état de choses, et ces mesures étaient en cours d'exécution. Troisièmement, pour la part de l'impôt versée directement au Trésor, le *Compte rendu* n'offre pas même le bilan spécial de l'année 1781, où l'on entre. Il ne donne qu'une espèce de moyenne abstraite des revenus et des dépenses ordinaires, ne s'appliquant en particulier à aucune année et faisant abstraction des circonstances particulières à l'exercice courant; par exemple, de 119 millions versés au Trésor par les receveurs-généraux, dans l'année normale, Necker ne déduit pas 11 millions qui, en 1781, n'arriveront pas au Trésor et seront appliqués à des dépenses extraordinaires; de même, il ne déduit pas de certains fonds consommés d'avance et qu'on ne touchera pas cette année. Son état de recettes dépassant les dépenses était ainsi purement fictif et ne se rapportait qu'à une situation normale qui pouvait ne pas revenir et qui ne revint point, à la vérité par le fait d'autrui. « En dernier résultat, le *Compte rendu* était un travail fort ingénieux, qui paraissait prouver beaucoup et qui ne prouvait rien [1]. »

Ce ne furent pas toutefois les inexactitudes ou les illusions du *Compte rendu* qui perdirent Necker : ce furent les vérités que renfermait ce travail et les projets utiles qu'il annonçait.

Au début, Necker n'avait eu contre lui que le clergé et les éco-

1. Droz, *Hist. de Louis XVI*, t. 1er, p. 297.

nomistes. Depuis, à mesure qu'il conquérait davantage cette *opinion publique,* cette opinion désintéressée à laquelle il en appelait sans cesse, il s'était fait à chaque pas une nouvelle classe d'ennemis : les grandes familles administratives, le conseil d'état, par la suppression des intendants des finances et de ceux du commerce, et par ces administrations provinciales qui menaçaient le despotisme des intendants des provinces; les financiers, par la réforme des fermes, par la suppression d'une foule d'emplois de finances et la préférence accordée aux banquiers sur les anciens traitants; les grands officiers de la couronne, par l'abolition de toutes ces sinécures subalternes qui relevaient de leurs charges et dont ils trafiquaient; une foule d'autres grands seigneurs, par la menace suspendue sur les pensions, par la revendication des domaines royaux que la faveur avait aliénés, par le projet d'abolir les péages de routes et de rivières; les autres ministres, sauf Castries et Ségur, par jalousie, rivalité personnelle ou attachement aux anciens établissements qu'il renversait; les frères du roi, parce qu'il n'ouvrait pas, sans compter, les caisses publiques à leur avidité ou à leur prodigalité, qu'il n'entendait pas subir l'égoïsme dominateur de l'un et les caprices de l'autre. La ligue qui avait renversé Turgot était reformée contre son rival, moins complète toutefois. La reine n'en était plus, et la reine était maintenant une puissance : la société particulière de la reine, ménagée par le directeur des finances, le soutenait contre le reste de la cour[1]. L'hostilité du clergé n'était ni très-violente ni unanime : non-seulement les prélats politiques et philosophes appuyaient Necker; mais le vieux Beaumont, si fougueux contre les jansénistes et les incrédules, s'était laissé gagner par ce protestant philanthrope et par sa charitable femme, et un motif également honorable de part et d'autre, le zèle pour les institutions de bienfaisance, avait amené entre la direction des finances et l'ar-

---

1. « Les déprédations des grands seigneurs qui sont à la tête des dépenses de la maison du roi sont énormes, révoltantes... Necker a pour lui l'avilissement où sont tombés les grands seigneurs; il est tel, qu'assurément ils ne sont pas à redouter, et que leur opinion ne mérite pas d'entrer en considération dans aucune spéculation politique. » (*Mém.* de Besenval.) — C'est l'opinion de la société de la reine, exprimée par un membre de cette société, qui n'était sévère que pour les abus dont profitaient les autres.

chevêché d'amicales relations dont Paris s'étonnait fort. Quant aux parlements, ils avaient cessé d'être favorables depuis que Necker avait manifesté le dessein de rétablir l'égalité, c'est-à-dire l'équité, dans la perception des vingtièmes[1], et qu'ils avaient pu pressentir en lui un adversaire des priviléges, quoique bien timide en comparaison de Turgot.

L'automne de 1780 avait vu la guerre sérieusement déclarée entre Necker et Maurepas, dont la légèreté maligne savait trouver de la persévérance quand il s'agissait de défendre sa position. Necker avait eu d'abord l'avantage. Le *Compte rendu* marqua le terme de ses succès. Le roi, assailli d'une nuée de remontrances, de critiques, de pamphlets, qu'on faisait arriver jusqu'à lui sous toutes les formes, commença de s'effrayer de ce qu'il avait laissé faire et se demanda si on n'allait pas véritablement à la ruine de la monarchie en révélant le *secret des finances* et en entamant le système administratif de Richelieu et de Louis XIV. Vergennes seconda les épigrammes de Maurepas par de lourds *mémoires au roi*, qui expriment la quintessence de l'absolutisme et manifestent les illusions dont se berçaient encore les hommes du passé. Il s'efforçait d'y démontrer le danger de laisser « la plus délicate des administrations du royaume dans les mains d'un étranger, d'un républicain et d'un protestant. — Il n'y a plus de clergé, ni de noblesse, ni de Tiers-État en France; la distinction est fictive et sans autorité réelle. *Le monarque parle: tout est peuple, et tout obéit*... M. Necker ne paraît pas content de cette heureuse condition. Il s'est engagé une lutte entre le régime de la France et le régime de M. Necker. » Vergennes termine assez adroitement en représentant comme une grave offense au roi la prétention qu'étale Necker de fonder le crédit sur la moralité du ministre des finances, et non sur la parole royale[2].

Sur ces entrefaites, un autre *mémoire* dans un sens opposé, celui que Necker, en 1778, avait présenté au roi pour le décider

---

1. Le parlement de Rouen avait résisté aux modifications des vingtièmes avec une opiniâtreté qui avait été jusqu'à la démission collective, si sévèrement défendue par l'édit de rétablissement des parlements. Cette démission, toutefois, n'eut pas de suites. — V. *Hist. du parlement de Normandie*, par M. Floquet, t. VII, p. 63. — Le parlement de Grenoble avait fait aussi beaucoup de bruit.

2. V. les mémoires dans Soulavie, *Règne de Louis XVI*, t. IV, p. 149, 206.

à l'établissement des administrations provinciales, fut imprimé clandestinement par Maurepas. L'esprit de cette pièce montrait que les craintes de Vergennes sur le prétendu *républicanisme* de Necker étaient bien chimériques; mais, en même temps, les idées et les expressions du directeur des finances étaient de nature à exaspérer ses adversaires et à soulever la partie de la magistrature qui hésitait encore. D'une part, il formulait des maximes d'absolutisme, tout comme Vergennes, seulement d'absolutisme employé au service du progrès : « C'est le pouvoir d'*imposer*, disait-il, qui constitue essentiellement la grandeur souveraine, » érigeant ainsi en principe cet arbitraire royal qui avait toujours été contesté en droit, quoique subi en fait. D'une autre part, après avoir flétri le régime *confus, abusif, presque ridicule* des intendants, il attaquait les parlements, « comme tous les corps qui veulent acquérir du pouvoir en parlant au nom du peuple... Bien qu'ils ne soient forts ni par l'instruction ni par l'amour du bien de l'état, ils se montreront dans toutes les occasions, si longtemps qu'ils se croiront appuyés de l'opinion publique. Il faut leur ôter cet appui... Il faut soustraire aux regards continuels de la magistrature les grands objets d'administration... par une institution qui, en remplissant le vœu national, convienne également au gouvernement (les administrations provinciales)[1]. »

On peut juger quel orage cette révélation due à un abus de confiance excita dans le parlement : l'impétueux d'Éprémesnil éclata en déclamations furibondes; des magistrats plus graves proposèrent de *décréter*, pour attentat aux lois de l'état, le ministre qui conspirait l'abolition de l'enregistrement parlementaire. « Il fallut que Louis XVI dît au premier président qu'un mémoire destiné au roi seul ne pouvait être l'objet des recherches du parlement. Ce corps se dédommagea en refusant d'enregistrer l'édit de création d'une assemblée provinciale (celle de Moulins) et en

---

1. V. le mémoire de Necker, ap. Soulavie, *Règne de Louis XVI*, t. IV, p. 121, avec les remarques de Louis XVI. Le roi s'y montre fort hésitant, fort timide, penchant fort pour les formes anciennes, moins assuré que Necker du droit absolu d'imposer. Il n'ose accepter l'idée de faire disparaître les pays d'États et leurs *dons gratuits* sous le régime uniforme des *administrations provinciales*.

arrêtant qu'il serait rédigé des remontrances contre ce mode d'administration¹. »

Necker, attaqué avec emportement par les uns, avec déloyauté par les autres, prit l'offensive en homme de cœur. Dans la position qu'on lui avait faite, une marque éclatante de la confiance du roi lui était indispensable. Ses projets étaient contrecarrés, déchirés dans le conseil du roi en son absence. Il demanda l'entrée au conseil, ce qui impliquait le rang de ministre d'état. Le roi hésitait. Maurepas l'emporta et fit répondre à Necker qu'il entrerait au conseil s'il voulait abjurer les erreurs de Calvin. Law l'avait fait en pareille occurrence; mais, pour un homme du caractère de Necker, une telle proposition était un outrage. Necker se réduisit à demander que le directeur des finances eût inspection sur les marchés de la guerre et de la marine, et que l'édit qui créait l'administration provinciale du Bourbonnais fût enregistré par lettres de jussion. Il fut encore refusé². Il avait rempli les coffres par ses nouveaux emprunts. Les services étaient assurés pour une année entière. On crut pouvoir être ingrat sans péril. Necker ne jugea pas possible de conserver honorablement son poste : le 19 mai 1781, il adressa sa démission au roi. La reine le fit appeler et tâcha en vain d'ébranler sa résolution. Quant à Louis XVI, lassé de Necker comme il s'était lassé de Turgot, non-seulement il reçut sa démission avec plaisir, mais il fut extrêmement piqué de la forme insolite du billet que lui avait écrit le ministre démissionnaire, sur petit papier, *sans titre ni vedette,* et cette infraction à l'étiquette ne contribua pas peu à fermer à Necker le retour au pouvoir³.

Dans la masse moyenne de la population et dans la forte minorité des hautes classes qui secondait le mouvement de réforme, la

---

1. Droz, t. Ier, p. 300.
2. Suivant Mme Campan (*Mémoires*, t. Ier, p. 263), Maurepas aurait joué à Necker, comme naguère à Turgot, un tour de faussaire. Il aurait fait falsifier une lettre de Necker au roi, de manière à rendre la lettre inconvenante aux yeux de Louis XVI.
3. Soulavie, t. IV, p. 217. — Voici le texte du billet : « La conversation que j'ai « eue avec M. de Maurepas ne me permet plus de différer de remettre entre les mains « du roi ma démission. J'en ai l'âme navrée. J'ose espérer que Sa Majesté daignera « garder quelque souvenir des années de travaux heureux, mais pénibles, et surtout « du zèle sans bornes avec lequel je m'étais voué à la servir. »

chute de Necker fut ressentie comme une calamité publique. L'effet fut beaucoup plus grand que lors de la disgrâce de Turgot, qui venait de mourir à cinquante-quatre ans[1], heureux de n'être pas condamné à voir s'abîmer dans le sang et les larmes cette société qui n'avait pas voulu être sauvée par lui. Depuis cinq ans, l'opinion s'était beaucoup développée, et bien plus de gens se préoccupaient activement des affaires publiques : un moindre mal produisit donc une impression beaucoup plus forte. L'attitude des amis et des ennemis de Necker attesta les immenses progrès qu'avait faits la classe moyenne, devenue vraiment la France. Le monde officiel n'osa pas triompher tout haut. Le cri de Paris, auquel répondirent les provinces, était trop violent. Il n'eût pas été prudent de témoigner un sentiment de joie sur les promenades ou dans les lieux publics. Avec les philosophes, avec la bourgeoisie, une partie de la cour afflua chez le ministre déchu, dans ce château de Saint-Ouen où un des auteurs de la chute de Necker, le frère de Louis XVI, devait, trente-trois ans plus tard, s'approprier les principes qu'il combattait maintenant. Les d'Orléans, les Condé, jusqu'au vieux Richelieu et à l'archevêque de Paris, se montrèrent à Saint-Ouen dans un bizarre amalgame. L'étranger fit chorus avec la France. L'Angleterre se réjouit de n'avoir plus en face d'elle le grand trouveur de millions. Joseph II et la tzarine firent exprimer à Necker leur haute estime : il n'eût tenu qu'à lui d'aller administrer les finances de la Russie. Il ne voulut pas quitter la France; il attendit que la nécessité lui ramenât le roi; sa confiance en lui-même lui persuadait que l'attente ne serait pas longue. Ce retour, cependant, n'eut lieu qu'au bout de sept années, et, quand Louis subit de nouveau plutôt qu'il ne rappela Necker, il était désormais trop tard pour l'un et pour l'autre.

Si Necker eût patienté, le roi ne se fût peut-être pas décidé à le destituer, et Maurepas, qui termina, quelques mois après, sa funeste carrière (21 septembre 1781), lui eût laissé la place libre. Il est probable que Vergennes n'eût pas été assez fort pour l'abattre. Necker, maintenu au ministère, eût un peu reculé la

---

1. Le 20 mars 1781.

catastrophe vers laquelle on marchait, mais il ne l'eût que reculée : il n'avait ni le caractère ni les vues qui eussent pu la prévenir, en admettant que la prévenir fût possible, et, s'il les avait eus, le roi l'eût abandonné comme Turgot.

Quoi qu'on ait pu dire de sa vanité et de ses faiblesses, Necker a été du petit nombre des hommes politiques qui ont aimé le pouvoir comme moyen et non comme but, et qui ont toujours identifié leur ambition personnelle à l'intérêt général. Cela suffit à l'honneur de sa mémoire [1].

Un conseiller d'état, Joli de Fleuri, fut appelé, malgré lui, au périlleux héritage de Necker. Il visait au ministère de la justice. Le garde des sceaux Miromesnil le poussa aux finances pour l'y compromettre et n'avoir plus à craindre sa rivalité ailleurs. Maurepas lui força la main. Il ne prit que le titre de conseiller au conseil royal des finances, ne s'installa pas à l'hôtel du contrôle-général et affecta de se donner comme l'admirateur et le continuateur de Necker, qu'il alla visiter dans sa populaire retraite de Saint-Ouen. Ceci en dit plus que tout sur la puissance qu'avait conquise l'opinion : Joli de Fleuri pensait tout bas le contraire de ce qu'il manifestait tout haut; mais il sentait l'impossibilité de maintenir le crédit s'il s'avouait l'adversaire du système de Necker.

Si la réaction se déguisait dans les finances, elle venait de se révéler ailleurs par un coup d'une inconcevable folie. Un règlement arrêté malgré le ministre de la guerre, M. de Ségur, trois jours après la chute de Necker (22 mai 1781), décida que tout sujet proposé pour le grade de sous-lieutenant devrait dorénavant faire preuve de quatre générations de noblesse paternelle, à moins qu'il ne fût fils de chevalier de Saint-Louis! Toute la bourgeoisie aisée, tous les fils de familles non nobles *vivant noblement*, c'est-à-dire vivant de la propriété territoriale ou de professions libérales, et jusqu'aux enfants d'aïeux anoblis depuis un siècle au moins, se trouvaient ainsi exclus de l'armée, à moins

---

1. Parmi les plans d'améliorations qui disparurent avec lui, on remarque le projet d'indemniser les victimes des erreurs judiciaires, les citoyens accusés injustement. — Soulavie, t. IV, p. 184. — Necker aussi connut la tristesse de Turgot, la tristesse de l'homme d'état qui se voit arracher des mains le bien d'un peuple!

de commencer par porter le mousquet comme simples soldats, condition qui, d'après le mode de formation de l'armée, était envisagée tout autrement qu'elle ne l'a été depuis 1792. C'est-à-dire qu'on rendait l'armée, après Voltaire et Rousseau, bien plus féodale que sous Louis XIV, et même qu'à l'époque de sa création au xv° siècle! Ni Chevert, ni les fils des ministres de Louis XIV, n'auraient pu être sous-lieutenants en 1781[1]; pas plus, au reste, que Bossuet ou Massillon n'eussent été évêques, car il en était des mitres comme des épaulettes, bien qu'on n'eût pas fait là-dessus de règlement officiel. Le roi était décidé à faire des bénéfices, depuis le plus modeste prieuré jusqu'à la plus riche abbaye et à la crosse épiscopale, l'apanage exclusif de la noblesse[2].

La monarchie ne pouvait se porter d'atteinte plus profonde à elle-même. Elle exaspérait à la fois la bourgeoisie entière et une classe redoutable de l'armée, les sous-officiers, qui sentaient qu'on allait les murer, par le fait, dans leur humble condition, quoiqu'on n'eût pas aboli en droit l'exception qui les rendait aptes à devenir officiers de fortune. Bourgeois et sergents se souvinrent de l'offense faite à la *roture,* quand ils se donnèrent la main au pied des murs de la Bastille.

Le jour même de la nomination de M. de Fleuri aux finances (25 mai), la seconde édition de l'*Histoire philosophique des deux Indes,* de l'abbé Rainal, édition plus hardie que la première et signée de l'auteur, fut condamnée par le parlement. Rainal fut obligé de quitter la France. La Sorbonne avait récemment voulu inquiéter Buffon pour son dernier chef-d'œuvre, les *Époques de la Nature :* il avait fallu que la cour intervînt pour qu'on laissât en repos l'illustre vieillard. L'assemblée du clergé, en 1780, avait renouvelé ses plaintes contre la tolérance et ses demandes de persécutions contre les philosophes et les protestants : elle avait imploré du roi une nouvelle loi qui réprimât les abus de l'*art*

---

1. Auparavant, les grades militaires étaient déjà censés réservés aux gentilshommes, mais on se contentait de certificats de complaisance, et tout homme *vivant noblement* était admis sans peine. — V. le règlement ap. *Anciennes Lois françaises,* t. XXVII, p. 29. — L'année suivante, le ministre de la marine Castries protestait dignement en faisant recevoir dans la marine royale les capitaines au long cours, suivant le projet de Choiseul. — V. *Hist. de la dernière guerre,* t. III, p. 460.

2. V. des détails curieux dans les *Mém.* de Mme Campan, t. II, p. 236.

d'écrire[1]. Les puissances du passé ravivaient par moments leurs prétentions avec l'emportement de la caducité révoltée, et passaient tour à tour de l'affaissement à des paroxysmes de colère.

On fut bientôt à même de reconnaître que l'esprit de Necker ne présidait plus aux finances. Joli de Fleuri ne créa plus de nouvelles administrations provinciales, restreignit autant que possible celles qui existaient, augmenta de deux sous pour livre tous les impôts indirects, gabelles, taxes et droits; proportionnalité très-injuste, car elle faisait peser la plus forte part de la charge nouvelle sur ceux qui étaient déjà les plus chargés, au lieu de commencer par rétablir l'égalité entre les particuliers et entre les provinces et les communautés (août 1781). « C'était, » dit très-bien M. Droz, « administrer à la Terrai. » Bientôt on vit reparaître une bonne partie des offices de finances, supprimés par Necker, avec les priviléges qui y étaient attachés (octobre 1781 — janvier 1782).

Maurepas mourut sur ces entrefaites (21 novembre 1781). Les regrets du roi sur la perte de *son vieil ami* attestèrent son bon cœur et son peu d'intelligence. Personne ne remplaça entièrement le fatal Mentor du roi; mais Vergennes obtint la place la plus considérable dans la confiance de Louis XVI, qui le fit chef du conseil des finances au lieu de Maurepas. Vergennes fit un pas de plus vers la position de premier ministre, en induisant le roi à établir un comité des finances composé seulement du chef du conseil des finances, du garde des sceaux et du contrôleur-général, et auquel les autres ministres rendraient leurs comptes (février 1783). Il n'alla pas plus loin : son ambition n'avait point

---

1. Soulavie, *Règne de Louis XVI*, t. V, p. 136. Le clergé reconnaît qu'on ne peut appliquer la loi de 1757, qui prononce la peine de mort contre les écrivains irréligieux. Il réclame des peines *moins sévères*, mais plus fidèlement appliquées; des amendes, l'exclusion des emplois et des priviléges de citoyen, et la détention perpétuelle pour les récidivistes incorrigibles; — pour les libraires, la perte du privilége; — la suppression, ou l'extrême restriction du colportage; — une inspection inquisitoriale sur les *mauvais livres* devrait être accordée au clergé de compte à demi avec l'autorité civile. — Nous reviendrons tout à l'heure sur ce qui regarde les protestants. — La piété de Louis XVI n'était nullement fanatique, et il sut du moins se garder d'entrer dans la voie où le clergé voulait l'entraîner. Ses notes sur les *Remontrances* sont pleines de bon sens.

assez d'énergie pour atteindre le but, et il n'eût su que faire de la puissance suprême s'il l'eût obtenue.

Fleuri poursuivait ses augmentations d'impôts. Il établit, en juillet 1782, pour durer trois ans après la paix, un troisième *vingtième* évalué à 21 millions¹ : les deux sous pour livre devaient en rapporter 30. Il prétendait faire marcher de front l'augmentation de l'impôt avec le système des emprunts, en présentant cette augmentation de revenus comme une garantie aux prêteurs. Il réussit d'abord jusqu'à un certain point, et trouva, depuis son entrée aux affaires jusqu'à la fin de 1781, 190 millions à emprunter à des conditions moins bonnes, il est vrai, que son prédécesseur. Le parlement de Paris enregistrait tout, dans sa satisfaction du renvoi de Necker. Joli de Fleuri, sorti d'une des principales familles parlementaires, était personnellement au mieux avec la Compagnie, et n'avait accepté la direction des finances que sur les instances des chefs du parlement. Les parlements de province se montrèrent moins dociles. Celui de Franche-Comté mit des restrictions à l'édit des deux sous pour livre et n'enregistra le troisième vingtième que jusqu'à la fin de la guerre. Le gouverneur de Franche-Comté, par ordre du roi, fit procéder d'autorité à l'enregistrement pur et simple. Le parlement déclara nul l'enregistrement et défendit la perception des nouvelles taxes, à peine de concussion. Les scènes du temps de Louis XV se renouvelèrent. Le parlement de Franche-Comté lutta à coups d'arrêtés contre le conseil, reprenant la vieille tactique de séparer la volonté du roi et celle des agents du roi. Il demanda la convocation des États-Provinciaux et celle des États-Généraux. La proposition d'envoyer aux parlements, aux princes et aux pairs l'arrêté qui contenait cette demande fut rejetée à cinq voix de majorité. L'heure n'était pas venue encore, mais elle approchait. La querelle aboutit à une transaction.

La fière Bretagne recommençait aussi à remuer. Ses États, en 1782, renouvelèrent d'énergiques réclamations contre l'injonction étrange de n'élire pour députés chargés de suivre leurs affaires à la cour que des hommes *recommandés* par le gouverneur de leur

---

1. L'industrie et les offices et droits étaient exemptés de ce nouveau vingtième.

province¹. Ils résolurent de ne pas voter de subsides, si le roi ne consentait à recevoir une députation chargée de lui exposer leurs droits. Le roi reçut les députés, et, au lieu de les écouter, leur enjoignit l'obéissance, en déclarant que ses ordres n'avaient rien de contraire aux priviléges que « ses prédécesseurs avaient bien voulu accorder à sa province de Bretagne. » Les États répondirent par une lettre presque républicaine : «Nos franchises sont un contrat et non un privilége... Votre Majesté a juré d'observer nos lois et notre constitution... Les conditions qui vous assurent notre obéissance sont des lois positives. »

La noblesse soutint ce langage altier avec plus de vigueur que les deux autres ordres, ce qui ne tenait pas à l'infériorité d'énergie dans la bourgeoisie, mais à la façon peu démocratique dont s'élisait la représentation du tiers. La noblesse s'opposa à ce qu'on délibérât sur les subsides réclamés par le roi, jusqu'à ce que les États eussent recouvré leur indépendance. Le gouverneur fit entrer des troupes dans Rennes, en violation des lois qui interdisaient à la force militaire d'approcher de dix lieues la ville où siégeaient les États de Bretagne. Par l'intrigue, plus encore que par la menace, le gouverneur et l'évêque de Rennes parvinrent enfin à gagner la portion la plus pauvre de la noblesse. La majorité se soumit : une centaine de gentilshommes persistèrent dans leur protestation².

Tout était inconséquence dans Louis XVI. Il s'effrayait quand ses ministres lui proposaient de changer les formes anciennes pour réaliser des réformes nécessaires, et, en même temps, il violait les vieilles lois par des boutades d'arbitraire, tout comme eût pu faire son aïeul, ne sachant être franchement ni despote, ni réformateur, ni conservateur.

Les symptômes d'agitation se montraient dans les conditions les plus diverses. En Provence et en Dauphiné, c'était le bas clergé

---

1. Le recueil des *Anciennes lois françaises*, t. XXIV, p. 355, contient un arrêt du conseil cassant une délibération des États de Bretagne, parce qu'ils ont nommé, pour les ordres de la noblesse et du tiers, d'autres députés que ceux recommandés par le gouverneur (1776). Le second ordre du clergé (bas clergé) de Bretagne réclama avec une grande énergie contre un autre arrêt du 4 novembre 1780, qui l'excluait de la députation. — *Mémoires secrets*, t. XVII, p. 27.

2. Droz, t. Iᵉʳ, p. 386-390.

qui fermentait. Les pauvres curés à portion congrue se rassemblaient pour formuler leurs plaintes et nommer des syndics et des députés. Ceux du diocèse de Vienne « firent imprimer des mémoires contraires au respect dû aux évêques, leurs supérieurs, » dit la déclaration royale qui prohibe leurs assemblées (9 mars 1782).

La guerre, cependant, était finie, très à point pour le ministre des finances, qui sentait la ressource des emprunts s'épuiser et la confiance se retirer de lui à mesure que le public pénétrait davantage sa vraie pensée, hostile aux réformes. Joli de Fleuri voulut, néanmoins, faire des économies à sa manière. D'accord avec Vergennes et le garde des sceaux, qui composaient avec lui le nouveau comité des finances, il fit autoriser le Trésor, par arrêt du conseil, à suspendre le paiement des lettres de change qui venaient des colonies; c'était manquer à la foi publique envers ces colons qui avaient tant contribué au succès de la guerre et prendre une banqueroute pour une économie. Le ministre de la marine s'indigna qu'on eût mis son nom au bas d'une telle mesure sans le consulter. Joli de Fleuri récrimina sur les dépenses de la marine, comme naguère Necker contre Sartine, et parla de *déprédations*. Mais le fier et loyal Castries n'était pas un Sartine : il poussa si rudement Fleuri, que Vergennes n'osa soutenir celui-ci. Fleuri donna sa démission, échappant ainsi, sans trop de regrets, aux immenses embarras qu'il prévoyait (mars 1783).

Le garde des sceaux Miromesnil, du consentement de Vergennes, fit donner pour successeur à Fleuri un autre conseiller d'état, d'Ormesson, qui n'accepta qu'en tremblant. « Sire, je suis bien jeune, » disait-il au roi en le remerciant d'un si difficile emploi. « Je suis plus jeune que vous, » répliqua Louis, « et j'occupe une plus grande place que celle que je vous donne[1]. »

Leur malheur à tous deux n'était pas la jeunesse, mais l'incapacité. La probité laborieuse de d'Ormesson ne pouvait suppléer au manque de force et d'étendue dans l'esprit. Le nouveau contrôleur-général lutta contre l'avidité des courtisans : il résista aux frères du roi qui, non contents de leurs énormes apanages,

---

1. Monthion, *Ministres des finances*, p. 272.

prétendaient que l'État payât leurs dettes ; mais il n'était propre qu'à une résistance passive contre le mal, quand il eût fallu le hardi génie des plus grandes entreprises. Bientôt il se brouilla avec Vergennes, par suite d'une brouille entre celui-ci et Miromesnil. Vergennes le desservit auprès du roi, qui acheta Rambouillet 14 millions au duc de Penthièvre, sans en dire un mot au ministre des finances. Louis, si économe dans sa vie privée, était gagné à son tour par le vertige de ce qui l'entourait. D'Ormesson voulait répondre à ce manque de confiance par sa démission. Sa femme pleura. Il resta et laissa échapper l'occasion d'une honorable retraite, pour tomber, peu de jours après, d'une lourde et légitime chute. Ses tentatives d'emprunt avaient échoué : ne sachant où trouver de l'argent, il perdit la tête et se lança tout à coup dans l'arbitraire : il cassa, sans aucun prétexte, le bail des fermes, si bien réglé par Necker, et mit les fermes en régie. Peu de temps auparavant, il avait obligé la caisse d'escompte, créée par Turgot, conservée et développée par Necker, à prêter secrètement 6 millions au Trésor. Le secret transpira. Les porteurs de billets accoururent en foule à la caisse. Elle ne put rembourser[1]. D'Ormesson l'autorisa à suspendre pour trois mois le paiement en numéraire des billets au-dessus de 300 livres, et donna cours forcé aux billets. La panique se répandit : l'argent se resserra ; le paiement des arrérages de rentes faillit être suspendu.

On ne pouvait garder d'Ormesson. Castries, dans un mémoire très-pressant, conjura le roi de rappeler Necker. Il y soutenait que Necker seul pourrait faire accepter du public l'impôt après l'emprunt, et qu'avec d'autres, on serait infailliblement poussé, de désordre en désordre, jusqu'à la banqueroute générale[2]. Le roi répondit que, « d'après la manière dont Necker l'avait quitté, » il ne pouvait plus se servir de lui. On lui parlait du salut de son État ; il répondait par des susceptibilités puériles.

Necker écarté, il fut question de Foulon, personnage détesté du peuple de Paris, qui lui réservait une fin terrible[3]. Sa réputation

1. Ses administrateurs avaient engagé la meilleure part de son numéraire dans des opérations étrangères à sa vraie destination, ce qui fit que les 6 millions suffirent à l'épuiser. — V. *Mém.* de Mirabeau, t. IV, p. 221.
2. V. le mémoire dans Soulavie, t. IV, p. 274.
3. Ex-intendant des finances, massacré après la prise de la Bastille.

était telle, qu'on disait que le ministère de l'abbé Terrai allait renaître. Foulon ne fut point admis. Le roi repoussa aussi l'archevêque de Toulouse, l'ambitieux et remuant Loménie de Brienne[1], Louis ne se souciait point de prélats, et surtout de prélats *ne croyant pas en Dieu,* comme il le dit lui-même.

Une intrigue conduite par Vergennes, avec le concours des amis de la reine et du comte d'Artois, fit agréer au roi un troisième candidat; c'était l'intendant de Valenciennes, un des hommes les plus spirituels, mais certainement l'homme le plus taré qu'il y eût dans l'administration, ce Calonne qui s'était signalé par tant d'effronterie dans l'affaire de La Chalotais, et qui ne s'était certes pas moralisé depuis. Prendre Calonne après avoir renvoyé Turgot et Necker, c'était faire comme un malade désespéré, qui appelle un audacieux charlatan après avoir donné congé aux médecins (2 novembre 1783)[2].

Avant de résumer ce ministère de l'agonie, jetons un moment les yeux sur l'état des mœurs et des idées dans les derniers jours qui précèdent la grande catastrophe. Nous avons sondé, analysé, autant qu'il a dépendu de nous, les origines morales du nouveau monde qui commence en 1789. Notre récit s'arrête au seuil de ce monde. Il nous reste à indiquer les dernières modifications qui séparent l'incubation de l'éclosion, Voltaire et Rousseau de la Révolution; modifications dont la plus considérable consiste dans un

---

[1]. Brienne ne visait pas au titre de contrôleur-général, incompatible avec sa robe, mais à l'entrée du conseil, d'où il eût pris la haute main sur les finances par ses connaissances économiques et administratives.

[2]. Le contraste entre l'opinion et le gouvernement s'accusait de plus en plus. Pendant le ministère de d'Ormesson, un arrêt du conseil, du 24 juin 1783, avait accordé de nouveaux encouragements à la *traite des noirs,* et cela au moment où l'abolition de l'esclavage commençait à entrer non plus seulement dans les vagues espérances, mais dans les projets positifs des esprits avancés; où La Fayette, dans son voyage en 1784, en exprimait le vœu aux États-Unis du Sud et entreprenait à ses frais, à Cayenne, une expérience sur l'affranchissement graduel des noirs, aux applaudissements de Washington. « Plût à Dieu, lui écrivait cet illustre ami, « qu'un semblable esprit vînt animer tout le peuple de ce pays!... Une émancipa-« tion subite amènerait, je crois, de grands maux; mais, certainement, elle pour-« rait, elle devrait être accomplie graduellement par l'autorité législative. » Lettre du 10 mai 1786, ap. *Mém.* de La Fayette, t. II, p. 157. — Le vœu de Washington, réalisé ailleurs, est malheureusement bien loin de sa réalisation dans la patrie de ce grand homme, et il pourra en coûter cher à l'Amérique de ne l'avoir point écouté!

mouvement mystique bien imprévu au lendemain de Voltaire et de l'*Encyclopédie*.

Il n'est pas dans notre plan d'entrer dans l'histoire anecdotique de la cour de Louis XVI. Les faits ont déjà suffisamment mis en scène ce malheureux roi, capable de comprendre, incapable de vouloir, incapable de s'assurer le mérite et de produire l'effet de ses bonnes intentions; destiné à repousser ou à lâcher, l'une après l'autre, toute forte main qui se tend vers lui pour le sauver et à rejeter inévitablement le peuple de l'attente trompée à la colère et de la confiance à la haine. Nous avons aussi tâché d'esquisser le portrait de cette infortunée Marie-Antoinette, qui, mal accueillie dès son arrivée en France par le public, pour qui elle était le gage de l'impopulaire alliance autrichienne, poursuivie successivement par les calomnies des d'Aiguillon et des Du Barri, par les menées sournoises du comte de Provence et de l'entourage du comte d'Artois[1], par la rancune emportée du duc de Chartres, semble prendre à tâche de fournir incessamment de nouvelles armes à ces haines par une manière d'être qui n'est qu'une perpétuelle imprudence, voit, sans savoir s'en défendre et presque sans s'en émouvoir, transformer ses étourderies en crimes, ses faiblesses en infamies, chercher non-seulement des fautes dans toutes ses relations avec l'autre sexe, mais des vices monstrueux dans ses amitiés féminines, descend enfin à une entière déconsidération, et, sinon peut-être irréprochable, certainement moins reprochable que la plupart des dames de la cour, acquiert, sans la mériter, la réputation que mérite son abominable sœur, Caroline de Naples[2].

La reine est décriée; on la raille, et on l'imite dans ses habitudes, dans ses goûts, dans ses folies. Une marchande de modes, admise dans l'intérieur de Marie-Antoinette, à la grande stupeur de tout ce qui garde quelque reste de culte à l'étiquette,

---

1. Nous disons de l'*entourage*, car le comte d'Artois lui-même, capable de propos plus que légers, ne l'était nullement d'une trame haineuse et perfide.

2. Les promenades nocturnes sur la terrasse de Versailles, les fêtes nocturnes de Trianon, les équipées au bal de l'Opéra, ne paraissent point avoir recélé les mystères qu'y a cherchés la malveillance : Mme Campan, surtout, a justifié la reine d'une manière plausible sur ce point et sur d'autres. Les *débordements* de Marie-Antoinette sont imaginaires. L'histoire n'a point à se prononcer sur les deux *attachements* qu'on lui attribue à quelques années d'intervalle. — V., mais avec réserve, les *Mém.* du comte de Tilli.

M¹¹ᵉ Bertin, devient un personnage historique. Son influence ébranle tout le système de nos vieilles industries en achevant la révolution commencée par la Pompadour et la Du Barri, et en substituant à la solide magnificence des anciennes étoffes un luxe léger, frivole et fantasque. Tantôt la reine, et, après elle, toutes les beautés à la mode, affectent une extrême simplicité et empruntent la légère robe blanche de leurs femmes de chambre; tantôt elles s'affublent de costumes de théâtre, d'immenses panaches; elles élèvent sur leur tête un gigantesque échafaudage de gaze, de fleurs et de plumes, si bien qu'une femme, comme le montrent les caricatures du temps, a *la tête au milieu du corps*, et que tout cercle a l'air d'un extravagant bal travesti.

Les salons rient de la mode tout en lui obéissant : les ateliers crient que l'*Autrichienne* ruine nos fabriques lyonnaises, nos belles manufactures de soieries, pour enrichir les fabriques de linon brabançonnes et les sujets de son frère Joseph II [1].

Tout le monde, au reste, artisans, bourgeois, courtisans même, est d'accord pour crier contre la société intime de la reine, contre les Polignac et leurs amis, qui sont comme une petite cour dans la grande : les courtisans, parce qu'ils jalousent les membres de ce petit cercle favorisé; les autres classes, parce qu'elles s'imaginent y découvrir la source de tous les mauvais conseils et le point d'appui de tous les abus. Prévention exagérée; car cette société, gouvernée par de petits intérêts et des passions imprévoyantes, fait tantôt le mal, tantôt le bien, sans aucune vue générale. Un trait peut faire juger avec quel sérieux on y traite la politique. Un des membres du cercle, le comte d'Adhémar, personnage assez insignifiant, avait le malheur d'ennuyer la reine; Marie-Antoinette ne trouve rien de mieux, pour s'en débarrasser, que de lui faire donner l'ambassade de Londres [2].

La majorité de la nation n'est pas moins hostile à la cour qu'aux

---

1. La France avait elle-même, dans ses provinces du Nord, des fabriques de linon très-florissantes, qui ne sont tombées que devant l'invasion des cotonnades.
2. *Mém.* de M™ᵉ Campan, t. I, p. 265. Il est vrai que M™ᵉ Campan dit que la reine se reprocha plus tard cette légèreté. — D'après M™ᵉ Campan, ce serait à partir de 1783 que l'influence des Polignac serait devenue tout à fait nuisible et qu'ils auraient de plus en plus compromis le nom de la reine dans des intrigues dont elle aurait eu souvent la responsabilité sans la complicité.

amis de la reine, et à la noblesse en général qu'à la cour. La bourgeoisie commente avec amertume les chiffres du *Compte rendu*, la somme des pensions, celle des dépenses de la cour, des apanages princiers, chiffres qui sont devenus une condamnation depuis qu'ils ne sont plus une promesse de réforme; elle s'irrite plus âprement encore de la trop fameuse ordonnance sur les grades militaires. Quant aux paysans, la corvée abolie et sitôt rétablie, l'idée d'abolition des droits féodaux et celle d'abolition de la gabelle, lancées au milieu des essais de Turgot, ont porté l'agitation au fond de la plus humble chaumière. La masse lourde et profonde des campagnes s'ébranle sourdement dans l'attente prochaine de ce jour de réparation, de ce jour du jugement sur terre, invoqué si souvent en vain par leurs pères dans les révoltes mystiques du moyen âge, et près de se lever enfin. Les campagnes sont prêtes à suivre dès que la bourgeoisie aura donné le signal.

Cette absorbante avidité de la noblesse, qui excite à un si haut degré la colère de la bourgeoisie, est la conséquence inévitable de l'œuvre de Richelieu et de Louis XIV. Abattre les existences seigneuriales, attirer à l'ombre du trône les grands seigneurs transformés en courtisans, c'était mettre à la charge de l'État la petite noblesse, auparavant entretenue dans les châteaux par la grande, puis celle-ci elle-même, bientôt ruinée ou obérée par la vie de cour. Les mésalliances, qui ont *fumé* les terres seigneuriales avec l'argent des financiers, n'ont fait que retarder cette nécessité logique, qui implique les pensions, les grâces pécuniaires de tout genre, l'attribution exclusive des grades militaires et des bénéfices ecclésiastiques [1], si l'on veut conserver une noblesse héréditaire, souvent obstacle, mais toujours contre-fort indispensable de la royauté. On n'arrive au bout de cette logique qu'à la veille de la chute commune de la noblesse et de la royauté. — C'est-à-dire qu'on exclut le Tiers-État de tout, lorsque le Tiers-État est arrivé à se sentir capable d'être tout; c'est-à-dire qu'on pousse l'inégalité au dernier excès lorsque l'égalité est partout, à l'extérieur comme à l'intérieur, dans le costume comme dans les esprits,

---

1. Ce qui pousse vers la Révolution les curés comme les sergents.

lorsque la reine a fait disparaître les derniers vestiges de l'étiquette de Versailles, « lorsqu'on ne distingue plus une duchesse d'une actrice, » lorsque les grands seigneurs, laissant déserts les salons de Louis XVI, courent Paris en redingote et en gros souliers, et se font colleter dans les foules par les crocheteurs.

Tout est inconséquence, et l'inconséquence suprême se personnifie dans un incident, dans un nom, FIGARO *ou la Folle Journée*.

Folle journée, en effet! Saturnale dernière de l'ancien régime, où ceux qui vivent des abus et ne veulent pas cesser d'en vivre se coalisent pour obliger le gouvernement à laisser traîner les abus sur la scène; où ceux qu'abrite l'arbitraire vont battre des mains à qui sape l'arbitraire; où les privilégiés s'épanouissent au spectacle de la hiérarchie sociale croulant sous le rire éclatant de Panurge devenu Figaro. Beaumarchais couronne ses mille aventures par la plus hardie de toutes. Dans cette comédie, œuvre d'un Voltaire inférieur, qui semble avoir passé par les écoles littéraires de la décadence espagnole et italienne, par les *concetti* et le *gongorisme*, au lieu d'être, comme le vieillard de Fernei, le légitime héritier de la littérature du grand siècle, Beaumarchais ne s'est plus attaqué à un seul corps, ainsi qu'au temps du *parlement Maupeou*; il frappe tous les corps, tous les ordres, tous les établissements : il ramasse, il concentre, il rejette sur le théâtre en riant tout ce qui a été semé sérieusement dans tant de livres. Louis XVI ne s'y est pas trompé. Après s'être fait lire le manuscrit : « Si l'on jouait cette pièce, s'était-il écrié, il *faudrait détruire la Bastille!*... on ne la jouera jamais! »

On la joua, cependant!... la société de la reine, la cour presque en masse, et, en tête, les grands seigneurs incapables et vicieux sur lesquels tombent d'aplomb les sarcasmes de Beaumarchais, la plupart des hommes en place et en dignité, jusqu'aux censeurs royaux, jusqu'à des évêques, joignent la pression de leur influence à la clameur de Paris. Beaumarchais l'emporte sur le garde des sceaux et sur le roi même. *Le Mariage de Figaro,* joué une première fois au château de Genevilliers devant le comte d'Artois et la société de la reine, qui ne manqua d'y assister que parce qu'elle était malade, fait son apparition au Théâtre-Français au mois d'avril 1784. Beaumarchais lui-même est stupéfié de l'immensité d'un succès dont son esprit, plus vif que profond, n'a pas mesuré toute la portée[1].

Beaumarchais remporte sur la vieille société une seconde victoire, en menant jusqu'au bout et en faisant pénétrer tout entière, en France, malgré les plaintes réitérées du clergé, la double édition des œuvres complètes de Voltaire imprimée à Kehl, sur le territoire du margrave de Bade. Condorcet est le second de Beaumarchais dans cette vaste entreprise, que favorise la connivence de Maurepas, puis de Calonne, avec la même logique que la cour protége *Figaro*. La grande opération de Beaumarchais, renforcée d'une édition de Rousseau commencée avec moins de fracas, remplit et déborde même l'intervalle qui sépare la mort de Voltaire et de Rousseau d'avec la Révolution : commencée en 1779, elle ne s'achève qu'en 1790, entre la prise de la Bastille et la translation des restes de Voltaire au Panthéon[2] !

Ainsi, au moment où est parvenu notre récit, le XVIIIe siècle se résume et se contemple dans les œuvres de ses initiateurs avant de passer à l'action. La littérature n'a plus à émettre des pensées nouvelles, mais à vulgariser les pensées émises et à répandre les testaments des grands morts. Les principaux contemporains de Voltaire et de Rousseau les rejoignent successivement dans les sphères d'outre-tombe. Condillac a disparu en 1780 ; d'Alembert, en 1783 ; Diderot s'éteint en 1784 ; puis Mably, en 1785 ; le prophète de la nature, le grand Buffon, ferme la marche funèbre de cette génération à jamais fameuse (1788). Les hommes de l'idée semblent se hâter de faire place aux hommes de combat.

Les lettres, riches encore en talents de second ordre, n'enfantent donc plus d'hommes de génie, sauf une seule exception pour le grand écrivain qui a consolé parfois les derniers jours et recueilli l'héritage de Jean-Jacques, pour le disciple fidèle qui développe si heureusement cette religieuse poésie de la nature, absente de notre littérature et retrouvée par Rousseau, ce Bernardin de Saint-Pierre, qui sait, dans des tableaux d'une fraîcheur incom-

---

[1]. Les Mémoires de Mme Campan et ceux de Mme Vigée-Lebrun sont peu exacts sur ce qui regarde Figaro. — V. *Beaumarchais et son Temps*, par M. de Loménie.

[2]. Loménie, *Beaumarchais et son Temps*.

parable et d'une naïveté sublime, réunir la beauté grecque et la pureté chrétienne, et créer un type immortel de tendresse et de pudeur dans sa *Virginie,* le plus touchant des chefs-d'œuvre[1]. En somme, la littérature baisse, chose inévitable; mais les beaux-arts, nous l'avons dit ailleurs, prennent, à leur tour, un caractère altier, héroïque, et le progrès des sciences se précipite au lieu de se ralentir. Il s'y produit un magnifique mouvement de découverte et de création. Là, tout vide qui se fait est comblé aussitôt : à d'Alembert éteint succède Lagrange, Piémontais de naissance, Français d'origine, fixé vingt ans à Berlin par le grand Frédéric, puis attiré en France à l'instigation de Mirabeau, génie d'un autre ordre qui a compris le génie du savant (1787). Lagrange était depuis bien longtemps présent à Paris par ses ouvrages et sa correspondance, avant d'y être établi de sa personne. Nul, depuis Descartes et Leibniz, n'a fait autant pour étendre la souveraineté des mathématiques sur les sciences de la nature, pour diriger et universaliser l'action de cet instrument abstrait par lequel la raison pure dicte des lois aux choses sensibles sans les voir et sans les toucher[2]. Les mathématiques continuent de grandir, bien que

1. Bernardin de Saint-Pierre, descendant prétendu d'Eustache de Saint-Pierre, né au Havre en 1737, produisit tard, comme son maître Rousseau, et après avoir été, comme lui, longtemps et cruellement ballotté par la fortune. Ses voyages dans les régions tropicales ouvrirent à son imagination des sources d'inspiration inconnues et lui fournirent ces riches couleurs dont on devait abuser après lui. Ses *Études de la nature,* où tant de beautés littéraires et tant d'élévation de sentiment rachètent bien une mauvaise physique, ne parurent qu'en 1784, et *Paul et Virginie* qu'en 1788; douce et mélancolique idylle qui précédait de si peu les grandes tragédies.

2. Dès sa première jeunesse, il a trouvé les éléments de sa Méthode des variations, procédé de calcul indépendant de toute considération géométrique, selon les termes d'Euler. Il généralise le principe de la *moindre action* et l'applique à la solution de toutes les questions de dynamique. Il fait de belles recherches sur la propagation du son. Il gagne le prix de l'Académie des sciences sur la théorie de la *libration de la lune* et y montre toute la généralité du principe des *vitesses virtuelles* (1764). Il gagne le prix sur la théorie des *satellites de Jupiter* et en donne la première théorie mathématique (1766). Impossible même d'indiquer ici ses immenses travaux de mathématiques et d'astronomie générale. En 1776, il démontre que les variations des grands axes du système solaire ne peuvent être que périodiques; « la plus belle découverte de l'astronomie physique, après celle de Newton, » a dit le savant Clayfair. — En 1781, il publie la *Mécanique analytique,* où, par une heureuse combinaison du principe de d'Alembert et de celui des *vitesses virtuelles,* les progrès de la mécanique rationnelle sont réduits à ne dépendre que de ceux du calcul. Le grand théoricien devait rendre d'éclatants services pratiques à la France de la Révolution par sa participation à l'établissement du système métrique, de la première École normale, de l'École polytechnique, etc. — V. *Biographie universelle,* article LAGRANGE.

d'Alembert et Lagrange lui-même aient cru parfois le génie de l'homme arrivé au terme de la carrière. L'astronomie française est dans tout son éclat : Bailli, Lalande, Messier, poursuivent leurs travaux. Laplace commence de manifester ce puissant esprit qui doit s'immortaliser par la *Mécanique céleste*. Dans d'autres branches de la science, ont déjà paru Berthollet, Monge, Fourcroi, etc.; groupe imposant que domine une des grandes figures scientifiques du monde moderne, le réformateur, le régulateur, on pourrait dire le créateur de la chimie, LAVOISIER.

Bien des secrets avaient déjà été dérobés à la nature par les chimistes; mais on opérait encore dans les ténèbres, sans savoir distinguer les uns des autres, par leurs caractères spécifiques, les divers et subtils agents des phénomènes qui nous entourent, c'est-à-dire les éléments véritables cachés sous les quatre éléments apparents des anciens. Les trois quarts du xviiie siècle avaient été employés à l'étude des *gaz*[1]. En 1757, l'Anglais Black avait découvert le fluide élastique irrespirable (gaz acide carbonique) et la chaleur *latente* (que le thermomètre n'accuse pas). En 1771, un autre Anglais, l'illustre Priestley, découvre l'échange des gaz entre le règne animal et le règne végétal. Vers 1774, le Suédois Scheele reconnaît la composition de l'air, mélange de trois fluides élastiques (acide carbonique, azote, oxygène). L'hypothèse de Stahl, l'existence supposée d'une substance qui aurait été le principe de la combustibilité et qu'on croyait sortir du métal quand on le calcine et y rentrer quand on le révivifie (le *phlogistique*), tyrannise toujours la science et empêche de trouver le lien de ces belles découvertes et de beaucoup d'autres. Lavoisier, après de longues, d'opiniâtres et dispendieuses expériences facilitées par cette lucrative position de fermier-général qu'il n'a recherchée que pour acquérir des moyens d'action scientifiques, et qui lui sera un jour imputée à crime, Lavoisier ose enfin briser le joug du *phlogistique* et avancer que la calcination des métaux n'est que leur combinaison avec l'air fixe (1772). Il modifie bientôt cette première idée. En 1774, Burger ayant réduit des chaux de mercure sans charbon dans des vases clos, Lavoisier examine l'air obtenu de cette

---

1. Gaz, de l'allemand *gast, geist*, esprit. C'est Van-Helmont qui leur donna le premier ce nom.

manière et le trouve respirable. Peu après, Priestley établit que c'est précisément la seule partie respirable de l'atmosphère. Aussitôt Lavoisier conclut que la calcination et toutes les combustions sont le produit de l'union de cet air essentiellement respirable avec les corps, et que l'air fixe, en particulier, est le produit de l'union de l'air respirable avec le charbon. Combinant cette donnée avec les découvertes de Black et de Wilke sur la chaleur latente, il considère la chaleur qui se manifeste dans les combustions comme dégagée de l'air respirable, qu'elle était auparavant employée à maintenir à l'état élastique. De cette double proposition sort la nouvelle théorie chimique (1775-1777), que Lavoisier, secondé directement ou indirectement par Cavendish, par Monge, par Meusnier, par Berthollet, par Guyton de Morveau, par Laplace, applique à toutes les modifications des corps appartenant aux divers règnes, en un mot à la nature entière, et qu'il vulgarise, après l'avoir créée, en trouvant les mots comme les choses. Le vieux et obscur langage de l'alchimie achève de disparaître devant une terminologie simple, logique et lumineuse[1], et le *Traité élémentaire de chimie* (1789) montre que Lavoisier sait aussi bien exposer qu'accomplir ses conquêtes sur les mystères de la nature. « La chimie est aisée maintenant, » a dit Lagrange; « elle s'apprend comme l'algèbre. » D'un art empirique, Lavoisier a fait une science mathématique.

Les savants étrangers, après quelques efforts pour défendre la tradition de Stahl, sont bien vite obligés de reconnaître l'empire de la théorie nouvelle : la France est fière d'avoir conquis le sceptre de la science qui nous révèle, autant qu'il est permis à l'analyse humaine, les véritables principes du monde matériel, et qui introduit l'homme dans l'éternel laboratoire de l'Isis cachée. Une autre découverte d'une nature moins générale et moins vaste, mais qui manifeste avec un éclat extraordinaire les progrès de la physique, vient, sur ces entrefaites, agir bien plus puissamment sur l'imagination de la foule, en frappant ses yeux d'un spectacle inouï. Le 5 juin 1783, les États particuliers du Vivarais, assemblés dans la petite ville d'Annonai, reçoivent des frères Montgol-

---

1. *Méthode de nomenclature chimique*, 1787.

fier, directeurs d'une papeterie[1], l'invitation d'assister à une expérience de physique. Un sac de toile doublé en papier, de trente-cinq pieds de haut, gonflé par un procédé inconnu, s'élance dans les airs, monte à plus de mille toises, et redescend lentement à une demi-lieue de son point de départ. En méditant sur l'ascension des vapeurs dans l'atmosphère et sur la formation des nuages, les frères Montgolfier avaient compris que, pour enlever jusqu'aux nues une machine colossale, il suffisait de renfermer dans un vaisseau léger un fluide moins lourd que l'air atmosphérique, c'est-à-dire un nuage factice. Ils s'étaient procuré, par une combustion entretenue dans le ballon à l'aide d'un réchaud, un gaz moitié plus léger que l'air. L'art merveilleux de faire voyager dans l'espace un corps parti de la terre était trouvé. Il se perfectionne rapidement. Une société d'amateurs de physique, à Paris, substitue au gaz de Montgolfier *l'air inflammable,* dix fois plus léger que l'air atmosphérique, l'enferme dans une enveloppe imperméable de taffetas gommé, et, par un jour d'orage, lance du Champ de Mars le nouveau ballon aux applaudissements d'une innombrable multitude. Le ballon du Champ de Mars monte bien plus vite et plus haut que celui des Montgolfier; il dépasse la région des nuages et va retomber à Écouen, à quatre lieues de Paris (27 août 1783).

Le navire aérien inventé, les navigateurs ne sauraient manquer. Ce n'est pas l'audacieux génie du xviiie siècle qui reculerait quand il s'agit de conquérir à l'homme un nouvel empire et de prendre possession « du domaine immense de l'air[2]. »

Joseph de Montgolfier adapta à sa machine un réchaud et une nacelle : le 21 novembre 1783, le physicien Pilâtre de Rozier et le marquis d'Arlandes se confient à ce formidable véhicule et partent du jardin de la Muette (bois de Boulogne), en saluant la foule muette d'admiration et de terreur. Ils passent, dans leur nef aérienne, par-dessus tout Paris et descendent volontairement, en cessant d'entretenir le feu, sur la Butte-aux-Cailles, au midi de la

---

1. Nous rappellerons, à ce propos, que l'industrie des papiers peints, originaire de la Chine, s'introduisit en France vers 1780.
2. *Description des expériences de la machine aérostatique,* etc., par Faujas de Saint-Fond, t. II, p. 2.

grande ville. Quelques jours après, le physicien Charles renouvelle heureusement l'expérience avec le ballon à air inflammable, procédé plus sûr et plus propre aux longs voyages et aux grandes ascensions. Bientôt le mécanicien Blanchard, enchérissant de hardiesse sur ses devanciers, franchit la mer en ballon et vient descendre de Douvres sur les falaises de Calais[1].

La foule ne doute pas qu'on ne dirige bientôt les navires de l'air comme les navires de l'Océan et qu'on ne circule en toute liberté à travers l'atmosphère. C'est une ivresse inexprimable, à peine un moment attristée par la catastrophe de Pilâtre de Rozier, qui, nouvel Icare, tombe foudroyé du haut des nues au bord de cette mer qu'a traversée Blanchard[2]. Est-il une victoire qui n'ait coûté le sacrifice de quelque héros? — Le génie et la puissance de l'homme seraient donc destinés à ne plus connaître de limites! Les éléments vont être ses esclaves dociles! On pressent une foule d'autres applications prodigieuses de ces théories scientifiques qui s'agrandissent tous les jours[3]. On compte bien que cette puissance croissante que l'homme déploie au dehors de lui, il saura la tourner sur lui-même et faire disparaître ses maux physiques et moraux. Aux rêves de l'orgueil s'associent les rêves non moins illimités de

---

1. Il était accompagné d'un Anglais, le docteur Jefferies. Chacun des deux avait arboré le pavillon de sa nation. On raconta avec fierté que, les aéronautes ayant été forcés de jeter du lest et jusqu'à leurs habits pour s'alléger et se tenir à une hauteur suffisante, l'Anglais jeta son pavillon; le Français garda le sien, qui flotta seul sur l'Angleterre.

2. Pilâtre avait voulu combiner le réchaud de Montgolfier et l'air inflammable de Charles. C'était, comme le dit celui-ci, placer un réchaud sur un baril de poudre.

3. Il est surprenant que la navigation à vapeur n'ait pas été constituée dès ce temps. En 1775, M. de Jouffroi avait inventé et fait manœuvrer sur la Saône un batelet mû par une machine à vapeur. — V. le rapport fait à l'Académie des Sciences sur la navigation à vapeur, en 1840. — Il y avait eu aussi des tentatives analogues en Lorraine. — V. le *Constitutionnel* de septembre 1851. Tout éveillés que fussent les esprits sur les nouveautés scientifiques, on ne comprit point alors la portée de cette magnifique application du principe de Papin. — La télégraphie électrique eut le même sort. Les premiers essais en furent tentés à Genève, en 1774, par un physicien français, Louis Lesage; mais on en resta là pour trois quarts de siècle, bien que la nouvelle forme de l'électricité découverte par Volta en 1800 dût fournir à cette invention merveilleuse des instruments décisifs. — A propos de Volta, il y a lieu de rappeler ici que Duvernei, de l'Académie des sciences, avait exécuté, dès 1700, l'expérience de la grenouille, que Galvani renouvela avec tant d'éclat et qui devint le *galvanisme*. V. *Giornale di Scienze per la Sicilia*, n° 41, cité par Ed. Fournier; *Siècle* du 21 décembre 1853.

la philanthropie[1]. Plus de guerres! plus d'injustices! plus de tyrannies! Les générations si éclairées et si fortes de l'avenir pourraient-elles connaître encore des malheureux ou des méchants! L'homme civilisé, après avoir réformé et purifié la civilisation, ira, comme un dieu bienfaisant, dicter aux sauvages, du haut de ses chars aériens, les lois de la science et de l'ordre véritable[2]!

Songes dorés d'une vieille société qui se croit plongée dans la fontaine de Jouvence! Hélas! la *renaissance* coûte plus cher : on ne peut *renaître* sans passer par les angoisses de la mort! .

La société du xviiie siècle se croit une destinée plus facile : tout

---

1. La philanthropie, comme la science, n'avait des rêves si hardis que parce qu'elle avait de belles réalités. Nous avons déjà mentionné l'abbé de L'Épée, rouvrant aux malheureux sourds et muets le commerce avec leurs semblables. Son successeur Sicard allait les élever des idées simples que suggèrent les sens aux idées générales et abstraites, et réveiller en eux l'homme spirituel après l'homme matériel. — En 1784, le frère du savant physicien Haüy fonde l'Institut des jeunes aveugles, autres victimes arrachées, autant que l'homme le peut faire, aux rigueurs de la nature. — Pendant ce temps, l'excellent et infatigable Parmentier emploie sa vie à chercher les moyens de prévenir les disettes et de multiplier les substances alimentaires. La pomme de terre, apportée du Pérou dès le xvie siècle, cultivée en Italie et dans le midi de la France, n'était considérée que comme une racine bonne pour les animaux domestiques. Turgot l'avait introduite en Limousin et en Auvergne. Parmentier la démontre propre à l'alimentation de l'homme, fait les essais de culture en grand dans les plaines des Sablons et de Grenelle, avec le concours du roi, qui porte à sa boutonnière des fleurs de pomme de terre offertes par Parmentier, et cette racine du Nouveau-Monde, sans égaler en qualités nos céréales, leur devient un supplément d'une immense utilité (1773-1784). Parmentier propage également la culture d'une belle céréale américaine, le maïs, et s'efforce de perfectionner la fabrication du pain.
2. Le même sentiment, sous une forme plus pratique et moins ambitieuse, avait inspiré l'Anglais Cook, victime des sauvages auxquels il offrait les bienfaits de la civilisation, et dicta les instructions données par le directeur de la marine, Fleurieu, et par Louis XVI en personne, au malheureux La Peyrouse, chargé d'exécuter, avec deux frégates, un grand voyage de circumnavigation, dans un but à la fois politique, commercial, philanthropique et scientifique (1785). Les recommandations faites à La Peyrouse de chercher tous les moyens d'améliorer la condition des sauvages, et d'éviter le recours à la force envers eux sans une nécessité absolue, ont quelque chose de touchant. « Sa Majesté, » est-il dit, « regarderait comme un des succès les plus heureux de l'expédition, qu'elle pût être terminée sans qu'il en eût coûté la vie à un seul homme. »—V. Lacretelle, *Hist. de France pendant le* xviiie *siècle*, t. VI, p. 75. — Ce vœu d'humanité ne fut point exaucé. Après trois ans de travaux et de découvertes achetées par des pertes cruelles, La Peyrouse et ses deux navires disparurent entre les archipels de l'Océanie. Après des recherches demeurées inutiles durant bien des années, on a fini par retrouver, sur les récifs de Vani-Koro, quelques débris du naufrage où se sont abîmées tant d'existences précieuses. M. P. Margry a réuni les éléments d'une *Vie de La Peyrouse*, qui offrirait beaucoup d'intérêt.

en célébrant Rousseau, elle rejette bien loin ses réserves sévères et les menaçantes prophéties de quelques esprits méditatifs. Les uns associent les joies que promet la vie présente, si embellie, à l'attente de la vie future ; les autres emplissent la terre de tant d'espérances, qu'elle leur semble suffire au genre humain. L'enthousiasme de l'humanité et de la perfectibilité se personnifie dans un homme qui ferme en quelque sorte l'ère philosophique du XVIII siècle, et qui en jettera tout à l'heure les dernières et solennelles paroles au vent des tempêtes révolutionnaires prêtes à l'engloutir. C'est ce Condorcet, *volcan couvert de neige*, comme l'appelle un de ses contemporains, disciple affectionné de Turgot, héritier de ses sentiments, moins l'idéalisme religieux et la rigidité morale, esprit croisé de Turgot et de Voltaire, successeur de Fontenelle dans les *Éloges académiques*, « ces oraisons funèbres que la philosophie a enlevées à l'Église[1] » et où les savants remplacent les saints, mais bien éloigné de penser comme Fontenelle sur les *vérités dangereuses*, et résolu de les laisser échapper de sa main quand il devrait lui en coûter la vie ; champion inébranlable de la liberté civile, politique, économique et de la liberté individuelle, base de toute liberté[2] ; un des hérauts de la croisade contre l'esclavage des noirs[3], croisade qui prend des proportions croissantes à mesure qu'on approche de 89 ; trop porté à confondre le monde moral et social avec le monde physique régi par les lois mathématiques, et à tenter d'appliquer aux mouvements variables et passionnés de l'un les règles exactes et fixes de l'autre[4] ;

---

1. J. Reynaud, *Encyclop. nouv.*, art. CONDORCET.
2. Dans son livre de l'*Influence de la Révolution d'Amérique sur l'Europe*, il condamne la maxime, trop répandue chez les républicains anciens et modernes, que le petit nombre peut être légitimement sacrifié au grand. — *Mélanges économiques*, t. II, p. 545 ; Guillaumin. — En même temps, partisan de l'unité politique, il publie, en 1781, une réfutation de Delolme et une critique de la constitution anglaise. Comme Franklin, comme Turgot, qui allait plus loin, beaucoup trop loin, et qui confondait le législatif et l'exécutif, il combat le système des deux Chambres et doit appliquer plus tard à la République ce principe d'unité que d'Argenson et Turgot appliquaient à la monarchie. Unitaire entre tous, après de nobles et stériles efforts afin d'empêcher la fatale scission des Jacobins et des Girondins, il ne sera confondu par des passions aveugles avec le parti accusé de fédéralisme que pour avoir courageusement réprouvé la violation de la Convention nationale au 31 mai et protesté contre la Constitution de 93, comme ouvrant la porte au fédéralisme.
3. *Réflexions sur l'esclavage des nègres*, 1781.
4. Il ne faut pas toutefois repousser d'une manière absolue les tentatives des ma-

contenant en lui presque tout ce qu'il y aura de vigoureux et d'original, et, en partie, ce qu'il y aura d'erroné chez Saint-Simon et chez les diverses écoles du xixe siècle qui chercheront surtout la perfectibilité dans le progrès des sciences physiques et dans la venue d'une ère industrielle; rêvant enfin, lui, l'élève de la philosophie expérimentale, le fils de Voltaire! l'immortalité du corps à défaut de celle de l'âme, et se déguisant ainsi sous une forme obscure et fantastique l'indestructible sentiment de l'infini, il ne donnera son dernier mot que dans une esquisse tracée au fond de la retraite du proscrit[1], à deux pas de l'échafaud, monument d'une foi en l'humanité que n'a pu ébranler la perte des douces illusions de 1783, hymne à la perfectibilité indéfinie de l'homme, écrite en attendant la mort, œuvre d'une grandeur morale qui étonne d'autant plus, que le véritable idéal religieux, l'idéal de la perfectibilité outre-tombe, ne la soutient pas; grandeur qui ne peut plus même être comprise dans les époques d'indifférence et d'abaissement des âmes!

Le testament de Condorcet sera dans cette maxime, qui formule d'avance tout ce qu'il y aura de légitime dans les aspirations du *socialisme* moderne :

« Toutes les institutions sociales doivent avoir pour but l'amélioration, sous le rapport physique, intellectuel et moral, de la classe la plus nombreuse et la plus pauvre[2]. »

De Condorcet aux mystiques, de l'école de Fernei aux évocations cabalistiques, qui pourrait croire qu'il y ait une transition naturelle? Elle est dans cette pensée que Condorcet laisse entrevoir au bout de la carrière ouverte à la perfectibilité, dans ce rêve d'échapper à la mort physique, dernier terme où aboutit et où se renonce le matérialisme, et qui porte l'esprit de l'homme en plein dans un ordre extra-scientifique, extra-philosophique. Le siècle de Voltaire,

thématiciens à cet égard. Il est impossible d'arriver à la certitude dans cette voie; mais on peut calculer utilement des chances de probabilité auxquelles les faits moraux, pris dans un ensemble social, se peuvent ramener jusqu'à un certain point.

1. *Esquisse d'un Tableau historique des progrès de l'esprit humain;* écrit en 1793 ; publié en 1795, par ordre de la Convention nationale.

2. *Rapport à la Convention nationale sur l'Instruction publique.* — Sur Condorcet, V. sa *Biographie,* par M. Arago, 1849, et l'art. de M. J. Reynaud, *Encyclop. nouv.*

à son déclin, tend une main aux sciences occultes du moyen âge.

Rousseau avait opéré une grande et glorieuse réaction, au nom du sentiment, contre ce rationalisme mutilé dont on avait fait le serviteur de la sensation ; mais les limites où Rousseau avait eu la sagesse d'enfermer son action pour en rendre l'effet plus assuré ne suffisaient déjà plus aux cœurs ni surtout aux imaginations. Il s'était interdit les mystères qui entourent l'homme de toutes parts : on recommençait à vouloir les sonder, avec des tendances et dans des directions très-diverses. Ceux-là mêmes, du moins beaucoup de ceux qui niaient ou révoquaient en doute les principes les plus simples et les plus universels de la philosophie religieuse, se remettaient, comme les adeptes de la vieille alchimie, à chercher ou plutôt à imaginer les causes occultes des choses, le secret physique de la vie, et abdiquaient la méthode expérimentale aussi bien que le rationalisme, tout en restant sensualistes. D'autres, en affectant des formules et des pratiques étranges et obscures, n'aspiraient qu'à se faire un instrument politique et social propre à remuer vivement les âmes par l'attrait de l'inconnu. Il était enfin des esprits qui visaient plus haut dans leur témérité sublime, voulaient refaire l'homme *spirituel*, principe de l'homme social ou extérieur, et prétendaient non-seulement ramener l'homme à son vrai principe, à Dieu, mais lui faire retrouver Dieu dans son cœur comme cause immanente et perpétuellement active de son être, expliquer le monde par l'homme et non plus l'homme par le monde, et rouvrir, dès cette vie, les communications avec les sphères supérieures qu'avaient cru posséder les *voyants* de tous les pays et de tous les siècles.

Les sociétés secrètes devaient être et furent le réceptacle de toute cette fermentation d'idées et d'aspirations ardentes. À partir de 1770, ou un peu avant, la franc-maçonnerie, déjà très-répandue, a pris un développement immense et tend à changer de caractère. D'abord simple instrument de tolérance, d'humanité, de fraternité, agissant d'une manière générale et un peu vague sur les sentiments de ses adeptes et de la société qu'ils influencent[1], elle tend à devenir instrument de mouvement et d'action,

---

1. Les gouvernements qui voulaient passer pour éclairés favorisèrent d'abord la

organe direct de transformation. Les trois espèces de mysticisme que nous venons d'indiquer la travaillent et la pénètrent à la fois : le mysticisme qu'on peut appeler sensualiste; le mysticisme politique, qui n'a de mystique que l'apparence; le mysticisme théosophique, qui est le véritable.

A partir de 1778, un médecin allemand a profondément remué Paris en annonçant la guérison de toutes les maladies par la vertu d'un agent universel qu'il a découvert et qu'il dirige à son gré. Tous les êtres, assure Mesmer, sont plongés dans un océan de fluide par l'intermédiaire duquel ils agissent les uns sur les autres. L'homme peut concentrer ce fluide et en diriger les courants sur ses semblables, soit par le contact immédiat, soit, à distance, par la direction du doigt ou d'un *conducteur* quelconque. Ces courants portent avec eux la santé et la vie dans les corps dont les fonctions sont troublées. Ils guérissent immédiatement les maux de nerfs et médiatement les autres maux. Par analogie avec les attractions de l'aimant ou du magnétisme minéral, Mesmer qualifie cette influence de *magnétisme animal*. Certains prodiges des anciennes religions, les cures miraculeuses par l'imposition des mains, les extases collectives et autres phénomènes extraordinaires opérés par des hommes sur d'autres hommes, n'ont été, suivant l'audacieux novateur, que des phénomènes *magnétiques*.

L'impression produite par Mesmer est immense : il entraîne les femmes, les jeunes gens, tous les esprits amoureux de l'inconnu et saisis par les espérances sans bornes qui sont le caractère du temps[1]. Bien des penseurs sont satisfaits de voir enfin donner une autre explication des faits mystérieux de l'histoire que la banale accusation d'imposture contre tous les thaumaturges et tous les chefs des religions. Quant à la foule, elle se précipite au *baquet* de Mesmer avec un entraînement bien plus général qu'elle ne courait autrefois au tombeau du diacre Pâris.

---

franc-maçonnerie comme la philosophie du xviiie siècle : on sait que le grand Frédéric était franc-maçon. Chose plus singulière, l'empereur François Ier, l'époux de Marie Thérèse, l'était aussi.

1. La correspondance de La Fayette avec Washington conserve des traces bien curieuses de cet enthousiasme. — *Mém.* de La Fayette, t. II, p. 93. Le jeune défenseur de la liberté américaine est entièrement subjugué par Mesmer.

Nous ne raconterons pas ces incidents bizarres, mais si connus, où l'on voit presque se renouveler les *convulsions* de Saint-Médard sous un aspect moins violent et moins sombre, ni les luttes opiniâtres de Mesmer et de ses disciples contre les corps savants, luttes qui aboutissent au célèbre rapport rédigé par Bailli au nom d'une commission prise dans la Faculté de médecine et l'Académie des sciences (1784). La science, par la voix de Bailli, écarte comme arbitraire l'hypothèse du fluide magnétique, et, par conséquent, le pouvoir que s'attribuent Mesmer et ses adeptes de diriger ce fluide, ne nie pas absolument les phénomènes signalés, mais les attribue exclusivement à une cause morale, au *pouvoir de l'imagination*. Nier ces phénomènes emporte, en effet, des difficultés historiques bien autrement graves que les admettre dans une limite quelconque ; mais il est très-douteux que l'explication de Bailli soit suffisante, quoiqu'on puisse croire que la cause inconnue qui agit si puissamment sur le système nerveux de l'homme soit beaucoup plus morale que physique.

Les développements que reçut le *Mesmérisme*, et qui en transformèrent tout à fait le caractère, allèrent dans la direction que nous venons d'indiquer. On connaissait plus ou moins obscurément le somnambulisme naturel et ses étonnants effets, expliqués dans les temps passés par des causes surhumaines, bienfaisantes ou malfaisantes. Le xviiie siècle avait négligé ces faits étranges. Tout à coup se produit un somnambulisme artificiel. Les frères Puy-Ségur, disciples de Mesmer, déterminent par l'action magnétique, quelle qu'en soit la nature, exercée sur des malades, non plus les crises nerveuses du *baquet* de Mesmer, mais un sommeil extatique durant lequel le somnambule a la vue intérieure de son propre corps, celle du corps de la personne avec laquelle on le lie d'un rapport magnétique, et, parfois même, à ce qu'on prétend, dépassant toutes les bornes assignées à l'action et à la portée de nos sens, étend au loin dans l'espace et même dans le temps une vue qui n'est plus celle du corps, c'est-à-dire retrouve la *seconde vue* des *voyants* et des sibylles. Ici, le matérialisme encore enveloppé dans la théorie de Mesmer achève de disparaître, et nous nageons en plein mysticisme. L'interprétation des traditions historiques par le *magnétisme* se complète et embrasse tous les mystères de l'antiquité. La séduction redouble, comme aussi l'opposition : les matérialistes s'exaspèrent d'une réaction si soudaine et si imprévue; les savants s'effraient et s'indignent de voir le vieux monde des sciences occultes reparaître tout à coup et défier la philosophie expérimentale et les prudentes méthodes, mères de tant de progrès. La philosophie spiritualiste elle-même peut s'inquiéter à bon droit d'une telle disposition dans les esprits, si pleine de périls et d'illusions. Cette disposition, toutefois, il faut le dire, est superficielle chez le grand nombre; le génie du XVIIIe siècle doit bientôt revenir sur l'espèce de surprise qu'il a subie et reporter cette effervescente ardeur sur la politique ; néanmoins le magnétisme et le somnambulisme continueront à exciter par intervalles de vives préoccupations et à manifester des faits en dehors des lois ordinaires de la physique, sans que ces faits puissent être suffisamment fixés pour entrer dans le domaine de la science : le problème restera problème.

Le mouvement mystique avait atteint son degré le plus élevé ailleurs que dans le magnétisme. Il s'était toujours maintenu çà et là, depuis le XVIe siècle, des adeptes secrets de doctrines émanées de la Cabale ou philosophie mystique des Juifs, et du néoplatonisme alexandrin et gnostique réveillé par la Renaissance. Un personnage singulier, Martinez Pasqualis, juif portugais, à ce qu'on croit, introduisit, de 1754 à 1768, dans un certain nombre de loges maçonniques françaises, un rite portant le titre hébraïque des *cohens* (prêtres). Il s'agissait, dans les initiations des *Martinistes*, comme s'appelèrent les disciples de Martinez, non-seulement de communications *intérieures* avec le monde des esprits, mais de manifestations visibles, c'est-à-dire d'évocations théurgiques, de pratiques superstitieuses mêlées à une idéalité d'ailleurs élevée. Un jeune officier nommé Saint-Martin [1] fut initié à Bordeaux par Martinez. C'était une des âmes les plus religieuses et les plus pures qui aient passé sur la terre. Il ne resta pas longtemps engagé dans cette secte *cabalistique*; tout en admettant la réalité des relations surhumaines qu'on y cherchait, il les écarta

---

1. La ressemblance de son nom avec celui de son maître les a fait souvent confondre.

comme dangereuses et s'enferma dans la pure théosophie. Le livre *des Erreurs et de la Vérité, par un philosophe inconnu* [1], œuvre d'une grandeur voilée et d'une fascination d'autant plus saisissante qu'on y sent l'âme parlant à l'âme en dehors de toute préoccupation terrestre, le livre anonyme de Saint-Martin n'expose pas méthodiquement le fonds commun du mysticisme hébraïque et platonicien, la théorie de l'homme créé dans un état de lumière, de liberté, d'immortalité, tombé par sa faute dans le domaine de la nature corporelle et de la mort, *dans la région des pères et des mères*, comme dit énergiquement Saint-Martin, mais pouvant remonter vers son origine par le bon usage de ce qui lui reste de liberté [2]. Saint-Martin ne discute pas en philosophe ou en théologien; il ravive ces antiques idées par une effluve de sentiment chrétien d'une singulière puissance : c'est la vie spirituelle ellemême qui se montre en action dans sa parole. Quoi qu'on pense du fond de sa doctrine, il est admirable quand il montre la science humaine se dispersant dans les phénomènes, au lieu de remonter vers la cause, et s'obstinant follement à expliquer l'univers sans Dieu, au lieu d'expliquer l'univers par Dieu. Nous n'avons pas à le suivre dans le développement de son *à priori* gigantesque [3], mais nous devons indiquer les traces de sa pensée dans l'histoire. C'est à lui qu'appartient l'idée théocratique qui fera explosion, après 1830, dans la secte saint-simonienne, secte bien contraire d'ailleurs à l'esprit de Saint-Martin. Le *Philosophe inconnu* veut le gouvernement d'un seul; le plus aimant, le plus éclairé, l'homme *réhabilité,* doit s'affirmer, se poser, d'autorité divine. Il n'y a de gouvernement légitime que celui de l'homme *réhabilité*

---

1. Imprimé à Lyon, en 1775, sous la rubrique d'Édimbourg.

2. C'est une des deux grandes explications contradictoires de la destinée humaine, et l'antithèse de celle de nos pères, des druides et des bardes, qui est la création dans le plus bas degré de l'être, avec progression ascendante.

3. Il publia d'assez nombreux ouvrages, tant originaux que traduits du grand mystique allemand Jacob Bœhme, de 1775 à 1803, époque de sa mort. — Nous ferons remarquer seulement que Saint-Martin ne sort pas des données de la théologie chrétienne ordinaire sur le *principe du mal,* sur l'introduction du mal dans le monde par un être supérieur à l'homme et déchu avant lui; tandis qu'un autre célèbre mystique du XVIIIe siècle, le Suédois Swedenborg, n'admet d'autres anges bons et mauvais que les âmes des hommes transmigrées dans l'autre vie. — *Les Merveilles du Ciel et de l'Enfer,* de Swedenborg, furent traduites en 1783.

sur les hommes qui ne le sont pas. Dans l'idéal, si l'humanité était *réhabilitée* tout entière et relevée à son état primordial, il n'y aurait pas de gouvernements : tout homme serait roi.

Cette idée, longtemps avant le saint-simonisme, s'infiltra plus ou moins obscurément dans la Révolution jusque chez Robespierre, et les ennemis du redoutable chef des Jacobins en eurent l'instinct ; car Saint-Martin, fort étranger de sa personne aux luttes désespérées des partis et à l'interprétation sanglante qu'on faisait de ses idées, fut enveloppé dans la persécution dirigée contre Catherine Théot, dom Gerle et quelques autres révolutionnaires mystiques, peu avant le 9 thermidor, par les hommes qui préparaient la chute de Robespierre

Il nous faut revenir à des années antérieures et à des personnages moins purs et plus agissants que Saint-Martin. On ne peut s'abstenir de mentionner ici une bizarre figure qui apparut dans Paris vers le temps où Mesmer quitta cette capitale, en 1781, et qui, sans faire secte comme Mesmer, fit presque autant de bruit que l'inventeur du magnétisme. Il s'agit du prétendu comte de Cagliostro[1], demi-charlatan, demi-enthousiaste, mû par l'ambition de jouer un rôle extraordinaire plutôt que par la cupidité, et qui, grâce au prestige singulier de sa physionomie et de sa parole, réussit à se faire prendre au sérieux par une foule de gens considérables et à exercer une certaine influence sur les loges maçonniques, tout en débitant les fables les plus absurdes sur son origine et sur sa vie, et en évoquant les âmes des morts, comme un magicien de l'antiquité. Nous le retrouverons tout à l'heure dans ce fameux procès du *collier* qui doit consommer la déconsidération des personnes royales et accélérer la chute du trône. Si l'on peut se fier à la déposition que lui arracha, en 1790, le saint-office de Rome, il aurait alors révélé d'où lui venait l'argent qui subvenait à son errante et somptueuse existence. Cet argent serait sorti de la caisse d'une grande société secrète fondée, depuis 1776, en Allemagne, par le professeur bavarois Weishaupt. La mission de Cagliostro eût été de travailler à disposer la francmaçonnerie française dans le sens des projets de Weishaupt.

---

1. C'était un Sicilien nommé Joseph Balsamo.

L'esprit politique avait déjà pénétré fort avant dans la franc-maçonnerie. Les maximes de liberté, d'égalité, de fraternité, que la Révolution allait bientôt consacrer dans la formule impérissable de son *ternaire* politique, faisaient le fond principal des hauts grades récemment superposés à la vieille hiérarchie maçonnique : cette hiérarchie s'était fortement concentrée, en 1772, par la création du Grand-Orient, d'où relevaient toutes les loges de France et un certain nombre de loges étrangères, et la maçonnerie française, fidèle à son habitude de chercher des points d'appui sur les marches mêmes du trône, avait élu pour grand-maître, après le prince de Conti, le jeune duc de Chartres. Presque tous les hommes qui devaient prendre une part de quelque importance à la Révolution figuraient dans les loges de Paris ou des provinces. Condorcet, membre de la célèbre loge des *Neuf-Sœurs*, où fut reçu Voltaire, a indiqué, dans son *Esquisse des progrès de l'Esprit humain*, quels coups l'*idolâtrie monarchique* et la *superstition* avaient reçus des sociétés secrètes issues de l'*ordre des Templiers*. Dans les hauts grades se trouvaient d'ailleurs représentées les tendances diverses, contraires même, dont nous avons parlé, bien qu'on fût uni par les sentiments de philanthropie, de progrès et d'affranchissement.

Cette diversité, qui existait pareillement hors de France, l'Allemand Weishaupt prétendit la faire disparaître, en même temps que transformer la grande association intellectuelle et morale en une conjuration universelle. Cet homme, « un des plus profonds conspirateurs qui aient jamais existé[1], » imagina de refaire, pour démolir le vieux monde, ce qu'avait fait Loyola pour sauver l'église romaine : il organisa, à côté de la franc-maçonnerie et avec l'espoir de l'absorber, une contre-société de Jésus, avec toutes les maximes et toutes les pratiques des jésuites poussées au delà des jésuites eux-mêmes : l'obéissance passive, l'espionnage universel, le principe que la *fin justifie les moyens*, etc.[2] En quatre ou

---

1. Louis Blanc, *Hist. de la Révolution*, t. II, p. 84. — V. tout le brillant chapitre de M. Louis Blanc sur les *révolutionnaires mystiques*, sauf réserve et pour la différence de nos points de vue et particulièrement pour l'interprétation donnée à la pensée de Saint-Martin.

2. Il emprunta en même temps aux gouvernements la pratique de la violation du secret des lettres.

cinq ans, il eut étendu sur l'Allemagne un réseau vraiment formidable, et il eut, par ses adeptes, la main dans toutes les affaires et l'oreille dans le cabinet de tous les princes. Il ne visait pas, au moins dans le présent, à préparer des mouvements populaires, mais à gagner les personnes considérables et à pousser ses affiliés aux positions influentes, afin de circonvenir et de diriger les gouvernements. Quel était donc le but de l'*illuminisme*, nom que la doctrine secrète de Weishaupt emprunta aux mystiques? Ce but, pour lequel il déployait des facultés pratiques si surprenantes, qu'il poursuivait en remuant tant de choses et tant d'hommes avec une ardeur si âpre du succès et si peu de souci de la moralité, était l'utopie la plus insaisissable qu'eût jamais pu rêver un penseur solitaire loin du monde et de toute réalité. On ne pouvait guère voir un tel contraste qu'en Allemagne! Weishaupt avait érigé en théorie absolue la boutade misanthropique de Rousseau contre l'invention de la propriété et de la société, et, sans tenir compte de la déclaration si nettement formulée par Rousseau sur l'impossibilité de supprimer la propriété et la société une fois établies, il proposait pour fin à l'*illuminisme* l'abolition de la propriété, de l'autorité sociale, de la nationalité, et le retour du genre humain à *l'heureux état où il ne formait qu'une seule famille*[1], sans besoins factices, sans sciences inutiles, tout père étant prêtre et magistrat. Prêtre, on ne sait trop de quelle religion; car, malgré les fréquentes invocations au Dieu de la nature dans les initiations, bien des indices font présumer que Weishaupt n'avait, comme Diderot et d'Holbach, d'autre Dieu que la nature elle-même. De sa doctrine découleraient ainsi l'*ultra-hégélianisme* allemand et le système d'*an-archie* développé récemment en France, où sa physionomie accuse une origine étrangère[2].

L'histoire détaillée de l'*illuminisme* allemand n'est pas de notre

1. C'est ici que se manifeste le plus clairement l'esprit chimérique de Weishaupt. Rousseau, gardant le bon sens du génie jusque dans le paradoxe, savait très-bien que le genre humain, à l'état sauvage, loin de former une *seule famille,* ne pouvait offrir que des individus isolés. Il n'était *genre humain* que virtuellement· il ne l'était pas en fait, puisqu'il n'avait pas conscience de son unité.

2. Quoique les mœurs françaises soient souverainement opposées au communisme, l'esprit utopique, en France, quand il s'attaque à la propriété, est plus naturellement enclin à invoquer la communauté organisée que l'*an-archie* : celle-ci est allemande.

sujet. Il importe seulement d'observer que la grande majorité des *illuminés* ne furent jamais initiés à la pensée entière de Weishaupt, ce qui explique la facilité avec laquelle il engloba tant de gens qui entendaient tout autrement que lui le progrès de l'humanité. Ce fut en 1782, lors du congrès général tenu par les délégués des francs-maçons de tous pays à Wilhemsbad, qu'il fit sa principale tentative pour s'emparer de la franc-maçonnerie. Les *illuminés* disputèrent la domination du congrès aux mystiques martinistes et swedenborgistes, et obtinrent l'affiliation d'un grand nombre de députés; mais ces adhésions, qui n'allaient pas jusqu'au fond des choses, n'eurent pas, hors de l'Allemagne, les suites qu'espérait Weishaupt. La propagande des *illuminés* continua toutefois ses progrès; mais il était bien difficile qu'une pareille organisation pût rester longtemps secrète : son existence fut révélée, de 1785 à 1786, au gouvernement bavarois : les papiers de Weishaupt tombèrent dans les mains de l'électeur de Bavière, qui, dirigé vraisemblablement par les ex-jésuites, fit imprimer et envoya ces pièces à tous les gouvernements de l'Europe, pour les prévenir du danger que couraient *tous les autels et tous les trônes*. On ne tint pas grand compte de cet avis, et ce fut chez un prince souverain, le duc de Saxe-Gotha, que Weishaupt proscrit trouva un asile jusqu'à la fin de ses jours. Ce duc, le prince Ferdinand de Brunswick, si fameux depuis la guerre de Sept Ans, et plusieurs autres princes allemands étaient affiliés aux *illuminés* de Weishaupt, pendant que le prince héritier de Prusse, neveu du grand Frédéric, était complétement dominé par les mystiques swedenborgiens et autres[1]. Les princes affiliés ne croyaient avoir rien à craindre d'un réformateur qui ne leur avait pas tout dit, et qui, d'ailleurs, dans les initiations, protestait contre tout appel à la force des masses, tant que les hommes seraient ce qu'ils sont, et déclarait qu'il faudrait peut-être *des mille et mille ans* pour arriver au but. On doit néanmoins reconnaître que, lorsque éclata la Révolution française, nos armées rencontrèrent d'utiles auxiliaires parmi les *illuminés* des provinces rhénanes, qui voulaient

---

[1]. Ce fut pour complaire au grand Frédéric et pour arracher son neveu aux *illuminés*, car on confondait toutes les sociétés secrètes sous ce nom, que Mirabeau écrivit sa *Lettre sur Cagliostro et Lavater*; 1786.

probablement aller moins loin que leur ancien chef, mais arriver plus vite.

Weishaupt ne prit, du reste, aucune part personnelle aux grands événements qui suivirent de près sa retraite à Gotha, et les relations que d'autres chefs illuminés, ses successeurs, nouèrent avec la franc-maçonnerie parisienne, purent bien y introduire quelques procédés propres à resserrer et à fortifier l'unité d'action de l'ordre, mais n'y introduisirent nullement les principes personnels de Weishaupt. Les doctrines communistes qui se montrèrent plus tard sous une forme évangélique chez Fauchet, sous une forme matérielle et violente chez Babeuf, venaient plutôt de Morelli et de Mably, bien ou mal entendu, que du chef des *illuminés*. La maçonnerie resta chez nous, jusqu'en 89, l'instrument général de la philosophie et le laboratoire de la Révolution, non l'organe d'une secte tout exceptionnelle. En un mot, elle fut à peu près ce que voulait d'elle un homme d'un génie aussi pratique que celui de Weishaupt l'était peu, et qui avait projeté de la réformer pour lui donner un but plus précis, au moment même où Weishaupt songeait à la noyer dans son *illuminisme*. En 1776, le jeune Mirabeau avait rédigé un plan de réforme où il proposait à l'ordre maçonnique de travailler avec modération, mais avec résolution et activité soutenue, à transformer progressivement le monde, à miner le despotisme, à poursuivre l'émancipation civile, économique, religieuse, la pleine conquête de la liberté individuelle[1].

Les hommes de pensée, avons-nous dit, faisaient place aux hommes d'action. Tandis que Voltaire, Rousseau, et ce Turgot qui faisait le lien de ces deux espèces d'hommes, descendaient dans la tombe, avait commencé de se dessiner l'étrange et tumultueuse figure de Mirabeau, avec sa *magnifique laideur* illuminée de tant d'éclairs, laideur de Titan également puissant pour le bien et pour le mal, physionomie sillonnée par la foudre, où se combattent les signes de la passion la plus effrénée et du bon sens le plus profond; grand homme vicieux et bien fâché de l'être, plein de regrets d'un passé qu'il ne peut effacer, d'habitudes qu'il ne

---

1. *Mém.* de Mirabeau, t. II, liv. VI. — Il poussait alors la modération jusqu'à admettre les indemnités pour les seigneurs qui renonceraient aux droits féodaux.

peut rompre, et qui reste, dans le vice, trop haut d'esprit et même de cœur pour ne pas sentir le prix de la vertu, de cette vertu qui seule peut-être lui manque pour devenir le premier homme de son temps et le chef incontesté du plus grand mouvement de l'histoire.

Du moins, rendons-lui cette justice : à travers les misères morales et les déplorables transactions de sa vie, c'est avec une entière sincérité qu'il poursuivra la conquête des institutions libres, assurant ainsi à son orageuse mémoire l'amnistie de la postérité. Victime de l'abus du pouvoir paternel, fils d'une race féodale conservée dans toute sa force et sa violence primitives parmi l'amollissement général de la caste nobiliaire, révolté contre sa race qui l'opprime, mais gardant d'elle les énergies, les instincts et partie des sentiments, il combat le despotisme, toute espèce de despotisme, comme un ennemi personnel : traîné de prison en prison par les lettres de cachet qu'a obtenues son père, il écrit l'*Essai sur le Despotisme* au château d'If (1772), à vingt-trois ans[1] ; l'*Avis aux Hessois*, pour les engager à refuser obéissance à l'indigne prince qui vend leur sang aux Anglais (1777), dans son refuge de Hollande ; le livre sur les *Lettres de cachet,* au donjon de Vincennes (1778)[2]. Chacun de ses livres anonymes, dont l'éloquence abrupte reproduit la vigoureuse originalité et les éclats d'idées de son père, débrouillés du fatras et de la confusion du vieil économiste, chacun de ses livres est une action. Ses écrits sont déjà ce que seront ses immortels discours.

Lui, à son tour, après Turgot, il reprend le dessein de trans-

---

1. « L'homme social est bon, quoi qu'en ait dit Rousseau, » etc.
2. C'est là qu'il réfute le *despotisme éclairé* de son père et des autres économistes, comme incompatible avec la liberté civile, et qu'il écrit cette phrase menaçante : « Je demande s'il est aujourd'hui un gouvernement en Europe, les confédérations Helvétique et Batave et les îles Britanniques seules exceptées, qui, jugé d'après les principes de la Déclaration du congrès américain, donnée le 4 juillet 1776, ne fût déchu de ses droits. »
Ce livre est en quelque sorte le Contrat social revu et limité au point de vue de l'application prochaine. Ainsi Mirabeau, tout en posant la souveraineté du peuple, exclut, comme Voltaire et Mably, les prolétaires du droit politique, exclusion sur laquelle il reviendra plus tard ; et, s'il veut que le peuple soit armé (la garde nationale), c'est la portion possédante et fixée du peuple. Il réclame la responsabilité de tous les magistrats, la séparation totale du législatif, de l'exécutif et du judiciaire, l'abolition des substitutions, toutes les lois devant favoriser l'égalité.

former la monarchie, mais par des moyens et dans des conditions tout autres. Le temps a marché. La réforme par en haut ne suffit plus, n'est plus possible. Il faut à Mirabeau la révolution par la nation, mais avec le roi en tête. En deux mots, c'est encore la royauté; ce n'est plus la monarchie. L'hérédité du trône n'est plus un principe, mais un fait subordonné à la souveraineté du peuple[1].

La révolution avec la royauté est bien plus difficile encore que n'eût été naguère la réforme par la royauté : les chances de réalisation, surtout les chances de durée, sont bien moindres; peut-être n'y a-t-il pas encore impossibilité absolue, au moins pour une courte période.

A peine sorti de sa longue captivité (vers la fin de 1780), Mirabeau s'évertue à se racheter de sa déconsidération, à se rapprocher du pouvoir pour le conseiller, en même temps qu'il continue ses écrits novateurs et, pour mieux dire, révolutionnaires. Il écrit un mémoire à la reine : il rêve pour elle, afin de lui ramener la popularité et d'occuper son activité, une sorte de ministère des beaux-arts : il veut qu'elle fasse achever le Louvre; qu'elle forme la *galerie du Musée* avec tous les chefs-d'œuvre des arts entassés obscurément dans les combles des résidences royales; il émet, sur l'embellissement de Paris, une foule d'idées ingénieuses ou grandioses, en partie réalisées depuis. D'une autre part, il publie, sous son nom et avec un grand éclat, à l'instigation de Franklin, ses *Considérations sur l'ordre de Cincinnatus,* où il attaque toute espèce de priviléges nobiliaires, en attaquant l'espèce de chevalerie républicaine que viennent d'établir entre eux les officiers de l'armée libératrice des États-Unis (septembre 1784)[2]. Il s'efforce d'avoir un pied chez les ministres et l'autre sur le terrain le plus avancé des écrivains les plus hardis. Durant plusieurs années, sa parole prophétique ne se lassera pas de retentir aux oreilles des puissants, qui vont cesser de l'être! Mais quel prophète les puissances destinées à périr ont-elles jamais écouté!

1. *Lettres de cachet,* ap. *Mém.* de Mirabeau, t. V, p. 36.
2. Le péril de cette association était dans le dessein qu'avaient les officiers américains de transmettre la décoration de *Cincinnatus* à leurs enfants. Ils y renoncèrent.

LIVRE CVI

LOUIS XVI (FIN)

Derniers jours de la monarchie.—Ministère de Calonne. Chaos des finances. — Procès du *collier*.— Calonne veut tenter à son tour la réforme. Assemblée des notables. Aveu du déficit. Chute de Calonne. — Ministère de Brienne. La lutte recommence entre la couronne et les parlements. Le parlement de Paris demande les états-généraux. — Abaissement au dehors; affaires de Hollande. — Brienne recommence Maupeou contre les parlements. *La cour plénière*. La noblesse soutient les parlements. Troubles en Bretagne, en Béarn, en Dauphiné. Assemblée de Vizille. Promesse des états-généraux pour 1789. Commencement de banqueroute. Chute de Brienne. — Rappel de Necker. Seconde assemblée des Notables. Immense mouvement de la presse politique. Lutte entre le Tiers-État et les privilégiés. Pamphlet de Sieyès : *Qu'est-ce que le Tiers-État ?* Troubles de Bretagne. Mirabeau en Provence. Élections. Les cahiers. Ouverture des états-généraux. Le Tiers-État se déclare assemblée nationale. Fin de l'Ancien Régime et de la Monarchie.

1783 — 1789.

Presque aussitôt après que la fin de la guerre eut remis le pouvoir royal face à face avec les périls intérieurs, nous avons vu tomber le ministère des finances, le principal ministère, dans les mains d'un nouveau contrôleur-général à qui Mirabeau devait prêter, quelque temps, peu de temps, le secours de sa plume.

Quelle était la valeur réelle de ce personnage si controversé? Sur la moralité de Calonne il n'y a qu'une opinion[1]; sur sa capacité, il y en a deux. Tous lui reconnaissent un esprit séduisant,

---

1. Sa conduite envers La Chalotais avait été plus ignominieuse encore que nous ne l'avons dit : il avait reçu les confidences de ce grand magistrat avant d'ourdir une trame perfide pour le perdre.

une grande facilité de conception et de travail, un don singulier de fascination; mais, en général, on a cru, ou qu'il se laissait emporter lui-même aux illusions dont il fascinait les autres, ou que sa légèreté perverse jouait les destinées de l'état au jour le jour dans un grand jeu de hasard. « Le succès du moment est toujours le dernier terme de votre vue, » lui écrivait Mirabeau dans un jour de colère; « jamais votre horizon d'idées ne s'étend plus loin¹. » Un historien de notre temps² a cru reconnaître, au contraire, que la frivolité n'était qu'à la surface et que Calonne avait suivi un dessein profond et un plan fortement conçu. Calonne n'aurait achevé la ruine des finances, comme nous allons le voir, que parce que, persuadé que les demi-mesures seraient impuissantes et que les privilégiés ne renonceraient à leurs privilèges qu'en présence d'une nécessité absolue et au bord d'un gouffre effroyable, il voulait les amener à leur insu jusqu'au bord de ce gouffre et les terrifier en le leur dévoilant soudain.

Nous ne croyons pas à tant de suite et de profondeur chez cet homme. Nous ne croyons pas non plus à tout l'aveuglement que d'autres lui prêtent. Il prenait les finances comme une aventure, mais l'aventurier avait trop d'esprit pour ne pas au moins entrevoir qu'on finirait par arriver à une situation où tous les expédients connus deviendraient impossibles. « Rajustons les choses avec dextérité, soutenons-les tant que nous pourrons à force de charlatanisme et d'audace, vivons joyeusement au jour le jour, accordons à qui demande, donnons à la cour une dernière fête; puis, quand les coupes seront vides, si nous ne pouvons plus les remplir, nous nous lancerons sur la mer des grandes réformes et nous trancherons du Turgot, le plus tard possible. En attendant, nous aurons vécu et joui. » Voilà probablement le sentiment vrai de cet homme, qui avoua à un grave personnage, au vieux Machault, qu'il ne se fût pas chargé des affaires du roi sans le mauvais état des siennes³.

1. V. le vigoureux *factum* de Mirabeau contre Calonne, ap. *Mém.* de Mirabeau, t. IV, p. 192.
2. M. Louis Blanc, *Hist. de la Révolution française*, t. II, ch. v.
3. Il lui fit bien un autre aveu, au grand étonnement de l'ancien ministre, qui n'avait rien fait, suivant ses propres paroles, « pour mériter une confidence si extraordinaire. » Il lui raconta que, dans sa première entrevue avec le roi, il avait

Les *affaires* du roi étaient en effet dans une position déplorable lorsque Calonne entra au contrôle-général : le trésor était vide[1]. La vieille et la nouvelle finance, les traitants et les banquiers, le crédit sous ses deux formes, étaient désorganisés par la rupture du bail des fermes et par la suspension des paiements de la caisse d'escompte; la dette consolidée s'était augmentée de 345 millions depuis la chute de Necker, en deux ans et demi. Il existait un arriéré de 220 millions sur la marine, de 170 millions sur divers autres objets, 176 millions d'anticipations et 80 millions de déficit sur l'année courante, en tout 646 millions de dette flottante exigible. Le revenu annuel était arrivé à 505 millions; mais il en fallait retrancher 205 pour rentes constituées et intérêts d'avances et de cautionnements, plus 45 pour remboursements d'annuités et de loteries; il ne restait que 255 millions disponibles, et les dépenses ordinaires en exigeaient au moins 300. Le déficit annuel, jusqu'au remboursement total des annuités et des loteries, c'est-à-dire pendant bien des années, devait donc être d'une cinquantaine de millions[2].

Calonne débuta brillamment. Il se fit bien venir de la majorité du conseil[3] en amenant Vergennes à consentir la suppression du comité des finances, qui faisait une position inférieure à ceux des ministres qui n'en étaient pas membres. Il gagna les financiers en rétablissant le bail des fermes (9 novembre 1783). Il releva le crédit en supprimant le cours forcé des billets de la caisse d'escompte avant le délai fixé par son prédécesseur. Les banquiers et un agent de change du Trésor mirent la caisse en mesure de faire face; un procès-verbal favorable du passif et de l'actif de la caisse, lancé habilement dans le public, ranima la confiance; mille nouvelles actions émises se placèrent sans difficulté, et la caisse

---

avoué à Louis XVI 220,000 francs de dettes exigibles. « Un contrôleur-général, avait-il dit au roi, peut trouver facilement les moyens de s'acquitter; mais je préfère tout devoir aux bontés de Sa Majesté. » Louis, sans dire un mot, alla prendre dans un secrétaire 230,000 livres en actions de la compagnie des eaux de Paris, et les remit à Calonne, qui garda les actions et sut payer autrement ses dettes ! — V. Monthion, *Particularités sur les ministres des finances*, p. 279.

1. Il n'y avait que 360,000 francs en caisse : Calonne, dans son *Mémoire au roi*, pour produire plus d'effet, dit qu'il n'y avait que deux sacs de 1,200 écus.
2. Bailli, *Hist. financière de la France*, t. II, p. 250.
3. Il entra au conseil, comme ministre d'état, le 23 janvier 1784.

élargit ses opérations et reprit la plus grande faveur[1]. Calonne profita de ce premier succès pour fermer un emprunt de son prédécesseur qui n'avait pas été rempli, et pour en rouvrir un autre de 100 millions en viager à des conditions séduisantes pour les prêteurs et onéreuses pour l'état (décembre 1783). Le parlement enregistra, avec des représentations. Il n'en coûtait rien à Calonne de répondre à des remontrances par des promesses. Il les avait prodiguées d'avance dans le préambule de l'édit d'emprunt. « L'ordre, l'économie, l'arrangement, présidaient à toutes les opérations; bientôt l'équilibre, rétabli entre les recettes et les dépenses, allait conduire à la diminution du poids des impôts. » L'emprunt réussit tellement, qu'il gagna 11 p. % sur le prix d'émission. Les Hollandais, qui profitaient de la paix pour retirer leur argent de la banque d'Angleterre et l'apporter en France, aidèrent beaucoup à la promptitude du placement.

Un arrêt du conseil, du 14 mars 1784, sembla commencer à justifier les belles paroles de Calonne. L'hiver ayant été long et dur, et suivi de grands débordements, le roi accorda 7 millions en secours et réparations qui durent être retenus, en majeure partie, par voie de retranchements, sur la maison du roi, sur les bâtiments, les pensions, les grâces et les gros traitements. On annonçait qu'on poussait activement les études préparatoires (commencées sous Turgot) pour la suppression des douanes intérieures. Au mois d'août 1784, on recréa une caisse d'amortissement, qu'on dota de 3 millions par an, et à laquelle on attribua en outre les arrérages des rentes perpétuelles qu'on amortirait avec ces 3 millions et des rentes viagères, à mesure de leur extinction, évaluée à 12 millions de francs par an. Suivant les calculs fournis à Calonne par un ami de Mirabeau, un habile financier, nommé Panchaud, qui avait étudié le mécanisme de l'intérêt composé, déjà employé heureusement par les Anglais, la nouvelle caisse devait amortir en vingt-cinq ans plus de 1,260 millions de la dette tant flottante que consolidée, et libérer le Trésor

---

1. La caisse fut astreinte à avoir toujours en numéraire un quart au moins de la valeur des billets circulant; son escompte fut fixé à quatre-vingt-dix jours au plus, et à 4 pour 100 pour un mois, 4 et demi pour plus long terme. — *Mém.* de Bachaumont, t. XXIII, p. 35.

de 91 millions d'arrérages et d'autres engagements annuels. Calonne déclarait que la guerre même, si elle se renouvelait, ne suspendrait pas les opérations de cet établissement libérateur [1].

Les sages secouaient la tête; mais le public fut un moment ébloui. Calonne fit un tour de force vraiment incroyable. S'il y a, dans ce peuple trop oublieux, un groupe de population qui se souvienne et qui garde obstinément ses affections et ses haines, c'est sans doute la Bretagne. C'était dans le pays de La Chalotais qu'on devait le mieux connaître Calonne! eh bien, il trouva moyen de faire crier : *Vive Calonne!* dans Rennes même, à la porte de ce Palais de Justice témoin de son ignominie! Son prédécesseur, le garde des sceaux et le ministre de la maison du roi avaient comploté de supprimer les États de Bretagne et de réduire cette province à la condition des pays d'élection. Calonne fit abandonner cette dangereuse et inique entreprise, protesta, auprès des Bretons les plus influents, qu'on l'avait calomnié autrefois, le leur persuada à moitié, fit rendre aux États de leur province la libre nomination de leurs députés, avec d'autres concessions, et en obtint avec acclamation un don gratuit double de l'ordinaire (novembre — décembre 1784) [2]!

La cour était bien autrement en joie que le public; mais les choses allaient précisément beaucoup trop bien au gré de ce petit monde privilégié pour que cette satisfaction fût longtemps partagée par la grande société. Calonne riait le premier avec les courtisans des graves maximes qu'il étalait devant le roi, devant les parlements, devant le public. Il leur expliquait sa vraie théorie économique, la *large économie,* qui consiste à dépenser beaucoup pour paraître riche, et à paraître riche pour pouvoir emprunter beaucoup. Les gens de cour entendaient mieux cette économie que celle de Turgot ou de Necker! La pratique répondit à la théorie. Le Trésor fut ouvert sans réserve aux princes, à la reine, aux personnes en crédit. Les frères du roi ne se contentaient pas de leurs immenses revenus : on paya leurs dettes; la reine désirait Saint-Cloud; on acheta pour elle cette magnifique rési-

---

1. *Anciennes lois françaises,* t. XXVII, p. 464. — Bailli, t. II, p. 253. — Droz, t. Ier, p. 454.

2. *Mém. de Bachaumont,* t. XXVII, p 101. — Droz, t. Ier, p. 402.

dence du duc d'Orléans; le prince de Guémené avait fait, comme on l'a déjà dit, une banqueroute de 30 millions : on lui racheta, pour le roi, à un prix exorbitant, le domaine de Lorient et quelques autres propriétés féodales des Rohan, afin de l'aider à apaiser ses créanciers. Tout grand seigneur obéré qui avait une terre à vendre venait l'offrir au roi; il y eut, en trois ans, pour 70 millions de ces acquisitions inutiles et onéreuses [1]. Ceux qui voulaient échanger et non vendre des domaines n'étaient pas moins bien reçus, et il n'est pas besoin de dire que ce n'était jamais la couronne qui gagnait aux échanges; Calonne et ses amis ne s'oublièrent pas en obligeant autrui. Tous les moyens étaient bons au contrôleur-général pour se faire des partisans. On vit reparaître les croupes et parts de faveur dans les fermes et dans les régies, les baux et les marchés sans enchère, à huis clos, les augmentations et les survivances de pensions, et cela au moment même où une déclaration royale (8 mai 1785) annonçait qu'il ne serait plus accordé de pensions qu'à mesure des extinctions. Les droits du fisc étaient non avenus à l'égard de quiconque avait accès au contrôle-général. Chaque jour, Calonne accordait la diminution ou la remise entière des droits qui pesaient sur la transmission d'une charge ou sur la mutation d'une propriété féodale. Chaque année, le revenu des domaines, des aides, des tailles et des gabelles perdait plus de 2 millions par des remises de faveur. L'immensité des acquits de comptant, des dépenses soustraites à la comptabilité régulière, dépassait, depuis la chute de Necker, tout ce qu'on avait vu sous Louis XV. Les acquits de comptant s'élevèrent, en 1785, à plus de 136 millions [2], sur lesquels plus de 21 millions sur ordonnances au porteur, sans qu'on pût connaître à quelles personnes ni pour quels objets elles avaient été délivrées! Toutes les dépenses augmentaient dans des proportions insensées. L'esprit de paresse et de désordre envahissait les bureaux, à l'exemple du cabinet du ministre. Ce qui faisait huit divisions et coûtait 300,000 francs du temps de l'abbé Terrai,

---

1. Il faut déduire du compte de Calonne Rambouillet, acheté avant son avénement, malgré son prédécesseur.
2. Ils avaient été plus haut encore en 1783; passé 145 millions. — V. Bailli, *Hist. financière*, t. II, p. 266.

laborieux et rangé dans ses vices, était transformé, sous Calonne, en vingt-huit départements, qui dépensaient 3 millions.

A travers tant de dilapidations folles et coupables, une seule espèce de dépense eût mérité des éloges, quoique le faste y eût encore trop de part, si la continuation et l'achèvement de ce qu'on entreprenait eussent été assurés par une administration prévoyante. C'étaient ces travaux partout commencés pour l'embellissement et l'assainissement des grandes villes, et surtout les travaux des ports de mer et des canaux, travaux dans lesquels le gouvernement était secondé, quelquefois devancé par les provinces et par les villes. A voir l'activité féconde qui se déployait pour agrandir ou améliorer les ports du Havre, de Dunkerque, de Dieppe, de la Rochelle, d'Agde, de Cette, pour achever la canalisation du Languedoc [1], pour joindre par trois nouveaux canaux le bassin du Rhône à ceux de la Loire, de la Seine et du Rhin [2]; à voir cette titanique entreprise de Cherbourg qui devait enfin réaliser la pensée de Colbert [3] et donner à la France, en dépit de la nature, un formidable port de guerre à l'entrée de la Manche, qui eût pu se croire à la veille de la chute d'une monarchie et d'une société?

Pour subvenir aux exigences d'un tel présent, Calonne achevait de dévorer l'avenir. Il payait, par an, à peu près 30 millions pour intérêts d'avances faites au Trésor. Il vendit aux comtés de Bar-sur-Seine et d'Auxerre le rachat des aides à perpétuité; afin d'obtenir des États de la Flandre maritime un prêt de 10 millions à intérêt, il leur engagea, pour dix ans, moyennant une faible redevance, les taxes sur les consommations, appelées *Droits des quatre membres de Flandre*. Il restaura le monopole du commerce de l'Inde en fondant une nouvelle compagnie privilégiée, dont il

---

1. Canal de Beaucaire à Aigues-Mortes.
2. Canaux du Centre, de Bourgogne et du Rhône au Rhin. — Les plans du canal de Berri furent en outre arrêtés en 1786.
3. Et dépasser la pensée de Vauban, qui voulait seulement creuser un port pour trente à quarante vaisseaux, vers le lieu appelé la *Fosse du Galet*. Le gigantesque projet de changer la rade ouverte de Cherbourg en une rade que fermerait une île artificielle d'une lieue de long, *construite* à une lieue de la côte, fut proposé par le capitaine de vaisseau La Bretonnière, en 1777. On adopta son idée, mais non pas ses moyens d'exécution, et, après la paix de 1783, on commença la construction de la prodigieuse digue d'après le plan de l'ingénieur Cessart.

comptait tirer quelque avance à l'occasion ¹. Il battit monnaie avec des créations d'offices dans les finances, rétablit tous ces officiers *alternatifs,* tous ces doubles emplois qui avaient disparu sous Turgot et sous Necker, et fit un énorme cadeau, toujours aux dépens de l'état, aux receveurs-généraux qu'il venait de reporter du nombre de douze à celui de quarante-huit. Il circulait encore pour 32 millions de ces rescriptions dont le paiement avait été autrefois suspendu par Terrai. Au lieu de faire racheter par la caisse d'amortissement ces effets dépréciés, Calonne laissa opérer ce rachat, à bas prix, par les receveurs-généraux et leur en fit compte au pair.

Le premier emprunt de Calonne et les fruits de ses expédients étaient consommés. Il fallait de nouvelles masses d'or, et déjà, cependant, le public se désillusionnait. Une publication très-inopportune pour le contrôleur-général eut lieu sur ces entrefaites (fin 1784); ce fut le livre de Necker sur l'*Administration des finances*², œuvre des loisirs d'un ministre déchu et fort désireux de se relever et d'en démontrer la nécessité au public. Ce livre, loin de pécher par l'excès de hardiesse, indiquait un esprit déjà dépassé par le mouvement des choses : Necker en était encore aux réformes partielles et compatibles avec le maintien des privilèges; néanmoins le bon sens et la moralité qui caractérisent ses vues offraient, avec ce qui se passait au contrôle-général, un contraste qui ne pouvait échapper à personne³. Ses plans sur la modification du fonds et de la perception des impôts furent très-bien accueillis de cette *opinion publique* à laquelle il avait coutume de faire appel, et l'on fut indulgent pour la personnalité outrée qui rend l'introduction de son ouvrage presque nauséabonde. Le roi, au contraire, fut fort mécontent que Necker eût imprimé et répandu son livre sans autorisation : une lettre d'envoi très-respectueuse ne le réconcilia pas avec l'auteur, et il fut un moment question de signifier à Necker qu'il eût à quitter la

---

1. Le commerce de l'Inde, si déchu, avait remonté de 8 millions à 20 millions depuis la suppression du monopole.
2. 3 vol. in 8° : ne porte la rubrique d'aucune ville.
3. Il y a, dans son livre, une bonne réfutation de l'impôt unique sur le sol, voulu par les physiocrates (t. Ier, ch. vi). Il combat aussi, au point de vue pratique, l'idée plus plausible de l'impôt unique sur les facultés présumées de chacun.

France, ou même de déférer son livre aux parlements pour violation des secrets de l'état. Le roi ne se décida pas à aller si loin; mais le séjour de Paris fut interdit à l'ancien ministre[1].

Cela ne ramena point à Calonne les esprits, qui commençaient de s'aliéner. Un second emprunt de 125 millions, combiné d'une façon nouvelle et attrayante pour les prêteurs, mais fort désavantageuse au Trésor[2], ne fut enregistré au parlement qu'après de vives représentations, et sur l'ordre exprès du roi (30 décembre 1784)[3]. Cet emprunt prit bien dans le premier moment, grâce à son habile distribution; mais la confiance ne tarda pas à baisser, et diverses compagnies financières, la Caisse d'escompte, la Compagnie des eaux de Paris, la Banque espagnole de Saint-Charles, firent une concurrence redoutable aux émissions ministérielles. Un agiotage effréné s'était jeté sur les actions de ces compagnies. Calonne prit l'offensive par un arrêt du Conseil qui non-seulement prohiba pour l'avenir, mais annula dans le passé les marchés à prime concernant les dividendes des actions de la Caisse d'escompte (janvier 1785); puis il lança sur les agioteurs un puissant adversaire, Mirabeau, qui, par des brochures marquées de l'énergie et de la lucidité qu'il portait en toutes choses, fit baisser le taux artificiel et immodéré des actions. Le gouvernement espagnol, protecteur de la Banque de Saint-Charles, se plaignit : Mirabeau fut abandonné et deux de ses écrits furent supprimés par arrêt du Conseil; mais, en même temps, Calonne poursuivit la guerre contre les marchés à prime et déclara nulles toutes les conventions par lesquelles l'un vend ce qu'il n'a pas et l'autre achète sans avoir les fonds, c'est-à-dire tous les jeux ou paris sur la hausse ou la baisse se résolvant en un paiement de différence[4]. L'arrêt du Conseil ne validait de marchés à terme

---

1. Soulavie, *Mém. sur le règne de Louis XVI*, t. IV, p. 281. Il donne les pièces originales

2. L'emprunt devait être éteint en vingt-cinq ans, par des remboursements annuels tirés au sort : les remboursements devaient être accompagnés d'une augmentation progressive du capital restant, en sorte que les derniers prêteurs, la vingt-cinquième année, recevraient deux capitaux pour un.

3. Les parlements de province recommençaient à parler d'États-Généraux : celui de Besançon, dès juillet 1783, avant Calonne; celui de Bordeaux, en janvier 1785.

4. Il faut avouer que le caractère officiel donné aux marchés à terme sur la cote de la Bourse n'est pas un indice de progrès dans la moralité publique!

que ceux dont les titres seraient déposés en dedans le mois de novembre (7 août). Calonne avait dépassé son but. Toute la banque, tous les gens d'affaires étaient engagés dans les spéculations qu'il proscrivait : une panique se déclara; l'argent se resserra brusquement et le papier des meilleurs banquiers ne fut plus escompté qu'à 7 ou 8 p. %. La Caisse d'escompte ne voulut plus avancer de fonds et demanda elle-même du secours au contrôleur-général.

L'emprunt des 125 millions n'y gagnait rien et baissait autant ou plus que les actions. Calonne eut beau chercher à dissimuler ses embarras en remboursant, par fanfaronnade et sans nécessité, 29 millions d'inscriptions pour lesquelles l'état ne payait que 5 p. % d'intérêt (août 1785). Ses efforts pour relever le cours des effets royaux échouèrent[2]. Il dut revenir sur ses pas, et, après avoir aidé les banquiers à sortir de la crise, il se relâcha, dans un nouvel arrêt, des dispositions rigoureuses de l'arrêt du 7 août (2 octobre 1785) et chargea des commissaires royaux de faire une espèce de cote mal taillée entre les vendeurs et les acheteurs des marchés à terme[1].

Calonne avait fait sa paix avec les gens de finances, qui voyaient, dans les besoins croissants du Trésor, la source de nouveaux profits; mais il ne put ressaisir l'opinion publique désabusée et il eut à la fois contre lui les hommes éclairés et les masses souffrantes. Deux hivers rigoureux, dont le second avait été suivi d'une extrême sécheresse, avaient infligé de grandes misères aux campagnes. Le gouvernement favorisa l'introduction des bestiaux étrangers, interdit l'exportation des grains, autorisa les paysans à faire pâturer leurs troupeaux dans les bois du domaine et des communautés religieuses, défendit l'accaparement des fourrages; mais ces mesures protectrices, qui n'étaient pas toutes également dictées par une saine économie politique, furent plus que compensées par l'accroissement de rigueur dans les poursuites contre

1. Il s'y était fort mal pris. « Il confia, sans autorisation du roi, près de 12 millions d'assignations sur les domaines à des amis qui devaient les employer à soutenir les effets publics, et qui, soit par ignorance, soit par friponnerie, soit par négligence, en firent perdre au Trésor la plus grande partie. » — Droz, t. Ier, p. 457.

2. *Mém.* de Bachaumont, t. XXIX, p. 200, 249, 256; XXX, p. 1. — *Anciennes Lois françaises*, t. XXVIII, p. 7. — *Mém.* de Mirabeau, t. IV, p. 181 et suivantes.

les contribuables, et l'on vit avec indignation le fisc arracher violemment le denier du pauvre et négliger ses droits sur l'or du riche et de l'homme en crédit[1].

A travers tout le bruit que faisait Calonne, on entendait craquer la machine financière, et aucune réforme, dans aucun genre, ne venait distraire l'attention publique. Le parlement lui-même, si peu novateur, à l'instigation d'un parent de Malesherbes, du président de Lamoignon, avait présenté au roi un mémoire sur la réforme des frais de justice et des épices (mai 1784); le mémoire du parlement restait enterré à Versailles. L'année d'après, à l'occasion d'un procès qui excita un grand intérêt, un magistrat du parlement de Bordeaux, qui s'était illustré au parquet avant de passer dans la magistrature assise, le président Dupati, renouvela, avec l'autorité de sa position, les attaques des philosophes contre la procédure secrète, l'isolement de l'accusé et l'ensemble des formes de notre justice criminelle. Le mémoire de Dupati ayant été publié à Paris, le parlement, fort dépassé dans son zèle de réforme, entama des poursuites contre le président bordelais. Le roi couvrit Dupati contre le parlement, mais on ne toucha pas à la jurisprudence criminelle (1785-1786)[2].

Le gouvernement allait se disloquer au dedans avec Calonne; il faiblissait au dehors avec Vergennes. Avant la fin de la guerre d'Amérique, il s'était passé en Europe divers incidents qui avaient peu satisfait l'opinion. Ainsi, à Genève, de 1779 à 1782, la majorité de la population ayant voulu se soustraire à la domination exclusive d'un petit nombre de familles, qui faisaient la loi dans le conseil des *deux cents,* et ayant prétendu interpréter la constitution genevoise dans un sens plus démocratique, l'aristocratie en appela aux puissances garantes du pacte de 1739, c'est-à-dire à la France, à la Sardaigne et à Berne. Les trois puissances intervinrent par les armes (juin 1782), menacèrent de donner l'assaut à Genève et forcèrent les Genevois de rentrer sous le joug de leurs patriciens. Le public français ne vit pas volontiers traiter de la sorte

---

1. Bailli, t. II, p. 261. — *Mém.* de Bachaumont, t. XXIX, p. 52.
2. L'écrit du président Dupati en suscita beaucoup d'autres sur le même sujet. On remarque, parmi les auteurs, à côté du nom de Condorcet, celui de Brissot de Warville.

le parti de Rousseau dans sa propre ville, et étouffer la démocratie en Europe par les mêmes mains qui l'aidaient à triompher en Amérique. La monarchie bourbonienne eut à s'en repentir : un grand nombre de Genevois, bannis par les patriciens restaurés, se répandirent en Angleterre et en France, et plusieurs d'entre eux figurèrent parmi les plus ardents promoteurs de la Révolution.

Quelque temps auparavant, on avait reproché à Vergennes d'avoir souffert que la maison d'Autriche s'établît sur le Rhin, par l'élection de l'archiduc Maximilien à la coadjutorerie de Cologne et de Munster (1780). L'intérêt de la France eût été de s'entendre avec la Prusse pour empêcher ce choix; mais Vergennes n'avait pas été libre : il avait dû céder à l'ascendant de la reine.

Des événements plus graves se passèrent bientôt sur la mer Noire. Un des motifs allégués par Vergennes pour hâter si fort la paix avec l'Angleterre avait été la nécessité de s'apprêter à mettre obstacle aux projets de la Russie et de l'Autriche sur l'empire othoman. On a vu qu'en 1779, il avait fait consentir la Turquie, pour avoir la paix, à accorder aux Russes la libre navigation de la mer Noire, du Bosphore et de toutes les mers othomanes, l'indépendance des Tatars et la réduction de la suzeraineté othomane sur la Valachie et la Moldavie quasi à un vain titre, c'est-à-dire que les concessions du traité de Kaïnardji avaient été de beaucoup dépassées. Il semblait qu'au moins le cabinet de Versailles dût se croire obligé de faire respecter le nouveau pacte.

Les conditions n'en furent pas un instant observées. Catherine n'eut pas plutôt fait la Crimée indépendante, qu'elle travailla à la faire russe : l'un n'avait été que le moyen de l'autre. Elle suscita contre le khan des Tatars, partisan de la Turquie, une révolte qui l'obligea de prendre la fuite, et fit élire à sa place un successeur qui vendit sa souveraineté à la Russie (fin 1782). Les Tatars se soulevèrent pour défendre leur nationalité. Ils furent accablés par les forces moscovites avec d'effroyables cruautés; les Russes égorgèrent trente mille de ces malheureux, hommes, femmes et enfants. Des colonies russes s'établirent en Crimée : Taman et le Kouban furent occupés par les soldats de Catherine. La tzarine allait hardiment à ses fins, assurée qu'elle était de l'Autriche par un traité secret. Depuis la mort de sa mère[1], Joseph II donnait pleine carrière à sa double passion de réformes intérieures et d'envahissements extérieurs ; d'une part, il semblait se hâter de devancer la France dans l'application des doctrines enseignées par les philosophes français, sans y mettre la réserve prudemment égoïste qu'avait gardée le grand Frédéric, son devancier dans cette voie[2] ; de l'autre part, il tâchait d'appliquer le système très-peu philosophique de *convenance*, c'est-à-dire le droit du plus fort,

---

1. Marie-Thérèse était morte en novembre 1780.
2. Sous Marie-Thérèse même, le courant du siècle avait fait quelques brèches aux abus du moyen âge. Défense avait été faite aux ecclésiastiques d'assister à la rédaction des testaments. Le droit d'asile avait été aboli, l'inquisition supprimée en Milanais, ainsi que les prisons monastiques. La noblesse et le clergé avaient été soumis à un impôt foncier, beaucoup plus faible, il est vrai, que celui que payaient les roturiers. Les paysans opprimés par leurs seigneurs avaient été autorisés à porter appel aux tribunaux du souverain. A peine Marie-Thérèse eut-elle fermé les yeux, que Joseph se donna toute carrière. Il proclama dans son empire un système administratif et judiciaire uniforme, devant lequel devaient disparaître les assemblées nationales et provinciales, les coutumes locales, les juridictions féodales. Il ordonna l'unité d'impôt, la suppression des dîmes, des corvées, de toutes redevances personnelles ; il abolit le droit d'aînesse. Secondant et poussant à toute extrémité, au profit de l'État, le mouvement qui portait alors les princes ecclésiastiques et le clergé catholique allemand à restreindre l'autorité du pape (le mouvement dont Van-Espen, Hontheim (*Febronius*), Eybel, étaient les théoriciens), il interdit les recours à Rome pour dispenses et cas réservés, les communications directes des évêques avec Rome ; il réduisit les revenus des plus riches évêchés, supprima des évêchés, en créa d'autres, interdit tous rapports aux ordres monastiques avec des chefs étrangers, supprima plus de deux mille couvents et n'en garda que sept cents, à condition qu'ils se vouassent à l'enseignement ; il augmenta le nombre des curés, supprima les séminaires dirigés par les évêques, prohiba les pèlerinages, diminua le nombre des fêtes, fit composer pour la jeunesse un catéchisme politique et moral, imprima une forte impulsion à l'instruction primaire, institua le mariage civil, autorisa le divorce dans certains cas, établit l'égalité devant la mort par l'uniformité des cérémonies funèbres et des inhumations, créa une multitude d'hôpitaux, d'asiles pour les orphelins et les enfants pauvres, abolit la peine de mort, si ce n'est contre les assassins, établit la conscription militaire régulière et uniforme, institua enfin la liberté des cultes en droit et la liberté de la presse au moins en fait.

Comme on l'a dit souvent, Joseph tenta d'avance dans les états autrichiens presque toutes les réformes sociales que devait accomplir l'Assemblée Constituante en France ; mais il n'eut pas le même succès. La volonté arbitraire d'un seul homme, s'attaquant à la fois aux vieilles libertés et aux abus, ne peut équivaloir à l'action de tout un peuple sur lui-même. La Constituante, d'ailleurs, eut à agir sur une nation dont il s'agissait seulement de consommer l'unité providentielle, préparée par les siècles. Joseph II, au contraire, voulut imposer une unité artificielle à des peuples divers. Il crut qu'on pouvait *faire* une nation. Il se brisa contre cette œuvre impossible. — V. le tableau de son règne dans l'*Histoire de Joseph II*, par M. Paganel, 2º édit. ; 1853.

avec aussi peu de scrupule, mais beaucoup moins d'habileté que n'avait fait Frédéric. Lorsque le cabinet de Versailles tenta de le détourner de s'unir à Catherine contre les Turcs, il n'avoua pas tout de suite son pacte avec la Russie, mais il laissa entendre que, pour maintenir l'équilibre, il serait obligé « de s'étendre en raison de ce que la Russie pourrait acquérir. » Il se montra peu sensible aux représentations de la cour de France sur l'immoralité de ce *monstrueux système*.

Le cabinet de Versailles, alors, se tourna vers la Prusse et entama une négociation avec Frédéric II pour arrêter l'œuvre de destruction de l'empire othoman. Mais rien n'était plus loin de la pensée de Vergennes qu'une grande guerre contre la Russie et l'Autriche. Il avait fait d'avance la *part du feu*, et cette part n'était rien moins que la Crimée et le Kouban, c'est-à-dire qu'il se résignait à ce que la Russie gardât tout ce qu'elle avait pris, pourvu que l'Autriche ne prît rien. Sur ces entrefaites, Joseph II ayant signifié à la France l'intention où il était de soutenir la tzarine, son alliée, avec cent vingt mille hommes, l'ambassadeur français à Constantinople, Saint-Priest, eut ordre de presser la Porte-Othomane de céder aux exigences russes. Le divan, n'ayant plus aucun espoir de secours, souscrivit, le 8 janvier 1784, à un nouveau traité qui cédait à la Russie la souveraineté de la Crimée, de l'île de Taman et du Kouban. L'empire othoman perdait définitivement sa fidèle avant-garde de la Petite-Tatarie. La pleine possession de la mer d'Azow et la prépondérance décidée sur la mer Noire étaient assurées désormais aux Russes.

La prompte conclusion du traité déconcerta les prétentions de Joseph II, qui s'apprêtait à envahir la Valachie et la Moldavie, et qui n'eut plus ni prétexte ni possibilité d'agir. « Du moins, » dit Vergennes pour tâcher de justifier sa politique, « du moins l'empereur n'a rien eu, et la satisfaction de la cour de Pétersbourg, qui, à la vérité, pèse éminemment sur les Turcs, n'est d'aucun préjudice pour la France [1]. » Vergennes cherchait à faire illusion aux autres et peut-être à lui-même sur l'énorme concession arrachée par le désir de la paix.

---

1. Flassan, t. VII, p. 399. — Soulavie, *Mémoires du règne de Louis XVI*, t. V, p. 64-80.

L'indifférence et l'inaction absolue de l'Angleterre en présence des progrès de la Russie étaient peut-être plus surprenantes que la faiblesse de la France. Si Vergennes eût cru à la possibilité d'un rapprochement avec les Anglais, il eût été probablement moins faible dans le Levant.

L'affaire de Turquie était à peine terminée, du moins pour un moment, que Joseph II, désappointé du côté de l'Orient, suscita une nouvelle querelle en Occident. Vers la fin de 1781, las et humilié de supporter des garnisons étrangères sur ses terres des Pays-Bas, il avait renvoyé les troupes hollandaises des places de la *Barrière*, devenues inutiles, suivant lui, depuis l'alliance de la maison d'Autriche avec les Bourbons, et il avait fait démanteler toutes ces places élevées à grands frais contre la France, excepté Luxembourg, Ostende et les citadelles d'Anvers et de Namur : la Révolution devait tirer profit de cette opération en 1792! La Hollande réclama en vain les anciens traités. Joseph alla bien plus loin : en 1784, après quelques empiétements de vive force, il somma les Provinces-Unies de lui céder Maëstricht avec diverses portions de territoire sur l'Escaut et sur la Meuse, de lui payer de grandes indemnités pour jouissance indue de ces territoires et pour de prétendues créances; puis, découvrant tout à coup son vrai but, il offrit de se désister de ses réclamations moyennant l'ouverture de l'Escaut et la liberté du commerce maritime pour ses sujets des Pays-Bas autrichiens. Les premières prétentions de Joseph étaient absurdes : la dernière, essentiellement contraire au droit positif, au droit fondé sur les traités, était conforme au droit naturel, fort blessé assurément par les conventions qui interdisaient aux populations riveraines de l'Escaut l'usage du beau fleuve que Dieu leur a donné; on peut dire toutefois que ce n'était pas au chef d'un empire aussi artificiel que l'Autriche à réclamer le droit naturel.

Quoi qu'il en soit, Joseph voulut passer outre au refus de la Hollande : il fit tenter le passage de l'Escaut par deux navires : les Hollandais tirèrent dessus et les forcèrent d'amener pavillon. L'empereur rappela son ambassadeur de La Haie. Les Hollandais invoquèrent le secours de la France. Vergennes, qui négociait en ce moment même avec les États-Généraux un pacte d'alliance auquel il attachait avec raison beaucoup d'importance, sentit qu'il fallait à tout prix empêcher les Hollandais de se rejeter dans les bras de l'Angleterre : il décida le roi à signifier à Vienne que la France s'opposerait à toute agression contre les Provinces-Unies (novembre 1784); deux corps d'armée furent rassemblés en Flandre et en Alsace; mais, en même temps, la France fit à l'empereur de nouvelles offres de médiation. Joseph accepta d'assez mauvaise grâce, et, après de longs débats, il se rabattit à demander satisfaction pour l'affront infligé à son pavillon, quelques cessions territoriales peu considérables et une indemnité en argent. Ce dernier article faillit faire rompre les négociations : les Hollandais ne consentaient à donner que 5 millions et demi de florins; Joseph en exigeait 10; le cabinet de Versailles trancha la question en payant les 4 et demi restants. On évita par cet expédient peu héroïque une guerre qui fût probablement devenue générale et eût partagé l'Europe en deux camps.

Le jour même du traité définitif entre l'empereur et la Hollande, un pacte d'alliance défensive fut signé entre la Hollande et la France (10 novembre 1785)[1].

Le public fut très-choqué de voir la France payer encore une fois l'Autriche, et l'impopularité de la reine s'en accrut. Cette négociation n'avait pourtant pas été mal conduite et le succès pouvait justifier le gouvernement de Louis XVI, si l'on savait maintenir avec vigueur et mener à bonne fin l'utile alliance qui venait de rattacher à la France la république hollandaise, si longtemps l'instrument de l'Angleterre. Il n'en devait malheureusement rien être!

Vergennes, qui péchait d'ordinaire par trop de circonspection, en manqua dans une occasion assez grave. Probablement pour gagner la reine, qui se plaignait de le voir toujours contraire à son frère et à sa maison, il se laissa aller à favoriser un nouveau dessein par lequel l'infatigable Joseph II cherchait à se dédommager de ses échecs successifs. Joseph était revenu à son projet favori de réunir la Bavière à l'Autriche. N'ayant pu s'en emparer de haute lutte, il visait maintenant à l'obtenir par échange. Cathe-

---

1. V. la négociation dans Garden, *Hist. des Traités de paix*, t. V, p. 52-71; — et Flassan, t. VII, p. 399-410.

rine II, qui comptait bien reprendre l'œuvre de démembrement de la Turquie et qui pensait avoir encore besoin de l'empereur, tâcha, en le secondant avec zèle, de lui faire oublier qu'elle ne lui avait pas donné sa part en Orient. Le 13 janvier 1785, l'électeur palatin, duc de Bavière, s'engagea à céder la Bavière à l'empereur en échange des Pays-Bas autrichiens, moins le duché de Luxembourg et le comté de Namur. Joseph voulait acheter avec ces deux provinces le consentement de la France. L'empereur promit ses bons offices à l'électeur pour lui faire obtenir le titre de *roi de Bourgogne*[1]. Un agent russe se chargea de communiquer le traité d'échange à l'héritier présomptif de Bavière, au duc Maximilien de Deux-Ponts (depuis roi de Bavière), en lui signifiant que, s'il refusait son aveu, on s'en passerait. Le duc de Deux-Ponts refusa, comme en 1778, et en appela aux cours de Versailles et de Berlin. Frédéric éclata avec une telle énergie, que le cabinet français désavoua toute participation au dessein de l'empereur et pria Joseph d'y renoncer. Pour la quatrième fois, Joseph recula devant les résistances soulevées par son ambition et mérita plus que jamais la réputation de « l'homme qui commence tout et n'achève rien[2]. » Mais l'affaire n'en resta pas là. Frédéric voulut élever une barrière qui empêchât l'empereur de récidiver, et, fort mécontent de la cour de France, ce fut au roi d'Angleterre qu'il s'adressa comme électeur de Hanovre. Il organisa, le 23 juillet 1785, avec les électeurs de Hanovre, de Saxe, de Mayence, les princes de Mecklenbourg, de Hesse, de Bade, etc., une confédération pour maintenir la constitution de l'Empire, les droits des états, les pactes de famille et de succession. Le rapprochement de l'Angleterre et de la Prusse, qui était au fond de cette ligue germanique, était un fait grave et alarmant pour les intérêts français : on devait en faire bientôt l'épreuve. Jamais le cabinet de Versailles n'eût dû manifester des vues susceptibles de lui aliéner la Prusse, à moins d'être bien décidé à aller jusqu'au bout, ce qui n'était ni dans sa pensée ni dans l'intérêt de la France[3].

1. On se rappelle que les Pays-Bas formaient dans l'Empire le *Cercle de Bourgogne*.
2. *Mém.* de La Fayette, t. II, p. 230.
3. Garden, *Hist. des Traités de paix*, t. IV, p. 269-282. — Soulavie, *Mém. du règne de Louis XVI*, t. V, p. 65-71.

En somme, le gouvernement français baissait au dehors; il reperdait peu à peu le terrain qu'il avait regagné par la guerre d'Amérique. Au dedans, il allait rapidement à sa ruine. Les choses, après avoir été si longtemps en suspens et en oscillation, se précipitaient avec violence. Les grands scandales, qui sont les signes précurseurs des catastrophes, prenaient un caractère étrange, inouï. Le fracas de la banqueroute du prince de Guémené se tut devant le procès bien autrement éclatant d'un autre prince de la même maison, du cardinal de Rohan, évêque de Strasbourg et grand-aumônier de la couronne. La partie adverse du cardinal dans ce procès n'était rien moins que la reine de France! Le jour de la Notre-Dame d'août, la cour remplissait la galerie de Versailles; l'office allait commencer; le cardinal grand-aumônier était là, prêt à se rendre à la chapelle en habits pontificaux. Tout à coup, il est mandé chez le roi; il ne revient pas et le bruit se répand qu'il est parti pour Paris, escorté d'un officier des gardes du corps. C'était à la Bastille qu'on le conduisait! Le 5 septembre 1785, des lettres-patentes du roi traduisirent le cardinal de Rohan devant la grand'chambre du parlement, avec une comtesse de La Motte-Valois, descendante d'un bâtard de Henri II, comme ayant attenté à la majesté royale en usurpant le nom de la reine pour acheter à crédit, à des joailliers, un magnifique collier de diamants du prix de 1,600,000 francs.

Le clergé revendiqua le droit de l'accusé d'être jugé par ses pairs, par son ordre, et non par la magistrature laïque. Rohan, qui avait d'abord réclamé lui-même le parlement pour juge, revint sur ses pas, protesta et demanda d'être renvoyé aux juges d'église. Le pape, en consistoire, suspendit Rohan des prérogatives du cardinalat pour avoir reconnu la compétence du parlement et ne lui rendit ses honneurs qu'après avoir été informé de sa protestation tardive. Le parlement passa outre et retint le procès : c'était la première fois qu'on abaissait la pourpre romaine devant le juge séculier et la justice du droit commun. Quelques années plus tôt, l'opinion ne se fût préoccupée que de cette grande victoire de l'esprit du siècle; mais, depuis l'abolition des jésuites, on ne songeait plus guère à Rome; le public avait l'œil sur la cour plus que sur l'Église; on s'arrêta peu aux incidents de la forme, dans l'ardente curiosité qu'on avait de pénétrer le fond de cette stupéfiante affaire. De quelque façon que la question fût posée judiciairement, le public la posait sans hésiter entre Rohan et Marie-Antoinette. Il s'agissait de savoir si le cardinal grand-aumônier avait commis une escroquerie colossale, s'il avait été la dupe imbécile d'un escroc femelle (Mme de La Motte), ou si, enfin, il avait véritablement acheté en secret le *collier* pour la reine et par l'ordre de la reine, à l'insu du roi. On peut juger, avec la renommée que de nombreuses inconséquences et dix ans de diffamations avaient faite à Marie-Antoinette, de la facilité d'une foule de gens à accepter la dernière des trois solutions et à en tirer les plus étranges commentaires. On connaissait cependant fort bien la haine personnelle de la reine contre le cardinal, haine qui remontait à l'époque où elle était dauphine et lui ambassadeur en Autriche[1]; mais on pensait que cette haine avait pu céder au repentir de Rohan et à la passion qu'il avait affectée pour Marie-Antoinette; que Mme de La Motte avait peut-être été réellement l'intermédiaire secret de la reine et du cardinal. Les pièces du procès démontrent que Rohan se crut, de très-bonne foi, en correspondance avec la reine par Mme de La Motte et chargé par la reine d'acheter le collier en gage de réconciliation.

L'affaire avait éclaté parce que les joailliers, inquiets de ne pas recevoir d'argent, s'étaient adressés directement, pour être payés, à Marie-Antoinette. La reine se montra d'abord stupéfaite, puis exaspérée; elle porta plainte à Louis XVI, et sa violence eût attesté, pour des esprits non prévenus, qu'elle n'avait pas changé de sentiments à l'égard de Rohan et qu'elle n'était pas sa complice. Le baron de Breteuil, ministre de la maison du roi[2], ennemi implacable de Rohan pour des rivalités diplomatiques, et l'abbé de Vermont, ancien précepteur et conseiller intime de Marie-Antoinette, précepteur qui ne lui avait rien appris, conseiller qui

---

1. Ambassadeur à Vienne en 1772, au moment du partage de la Pologne, Rohan, bien secondé ou plutôt dirigé par son secrétaire, l'ex-jésuite Georgel, homme d'esprit et d'intrigue, avait averti son gouvernement de tout ce qui allait se faire et s'était acquitté de ses fonctions d'une façon assez distinguée; mais il s'était attiré la haine de Marie-Thérèse et celle de Marie-Antoinette par des lettres interceptées, où il parlait peu avantageusement de la jeune dauphine.

2. Il avait succédé à Amelot dans l'automne de 1783.

ne lui donna jamais que de pernicieux avis, vrai Maurepas de Marie-Antoinette, aussi égoïste et moins sagace que le fatal ministre de Louis XVI, Breteuil et Vermont, disons-nous, excitèrent encore la reine et entraînèrent, par elle, le roi à mettre le feu à cette mine creusée sous le trône et qu'il eût fallu étouffer à tout prix. Les gouvernements faibles et déconsidérés ne peuvent prolonger leur existence que dans le silence et l'ombre. Il fallait être pris de vertige pour ouvrir le sanctuaire de la famille royale aux réticences transparentes d'un débat judiciaire et aux malveillants commentaires de la foule, comme on eût fait de l'intérieur équivoque d'une maison mal famée, pour mettre l'honneur de la couronne à la discrétion du parlement, d'un corps naguère terrassé, puis relevé conditionnellement par la royauté, et plus irrité de l'outrage que reconnaissant de la réparation.

Ce malheureux gouvernement entassait fautes sur fautes. Quelques semaines après s'être jeté dans les mains du parlement, il se brouilla avec lui, à l'occasion d'un troisième emprunt envoyé par Calonne à l'enregistrement. Il s'agissait de 80 millions en rentes viagères, remboursables en dix ans et assignés sur les aides et gabelles; dernier secours, disait le préambule de l'édit, qui suffirait « pour effectuer l'accaparement total des dettes et rétablir l'ordre dans les affaires. » De telles assertions faisaient pitié et non plus illusion : le parlement, d'une voix unanime, pria le roi de retirer l'édit. Le roi répondit par un exprès commandement d'enregistrer. L'enregistrement eut lieu, mais avec des modifications et des explications par lesquelles le parlement en déclinait la responsabilité devant le public. Le parlement fut mandé à Versailles et l'enregistrement pur et simple fut imposé en lit de justice (23 décembre 1785). Pendant les pourparlers qui avaient précédé ce coup d'autorité, Calonne s'était aliéné personnellement le premier président d'Aligre et les meneurs les plus influents de la compagnie. On en sentit le contre-coup dans le procès du cardinal de Rohan.

Le *procès du collier* se prolongea neuf mois entiers, sans lasser l'attente ni la curiosité publiques. L'acharnement maladroit que mirent les affidés de la reine, surtout le ministre Breteuil, à poursuivre le cardinal seul en cherchant à rejeter hors du débat

Mme de La Motte, acheva de tourner l'opinion en sens inverse. Le public oublia le juste mépris longtemps infligé à ce prélat perdu de débauches et couvert de dettes, qui ne concevait pas, suivant ses propres paroles, qu'*un galant homme pût vivre avec* 1,200,000 *livres de rente,* et qui, en conséquence, complétait les revenus de ses dignités ecclésiastiques[1] avec les fonds de la grande aumônerie, payant ses maîtresses de l'argent destiné à soulager les pauvres. On ne s'indigna pas, on se contenta de rire de l'effronterie de l'ex-jésuite Georgel, vicaire-général de la grande aumônerie et confident de Rohan, qui commença en ces termes un mandement pour le carême : « Envoyé vers vous, mes très-chers frères, comme le disciple Timothée le fut au peuple, que Paul dans les liens ne pouvait plus enseigner, » etc. Quel Timothée et quel Paul!... Il y eut aussi peu de pudeur d'un côté que de l'autre, du côté de Breteuil que de celui des Rohan, qui avaient pris parti pour leur parent et entraîné avec eux une des branches de la maison royale, les Condé, alliés aux Rohan par le mariage du prince de Condé avec une personne de cette famille. On vit ces illustres parents de l'accusé, les princes et les princesses des maisons de Condé et de Rohan, suivant l'usage des procès criminels, faire la haie, en habits de deuil, sur le passage de *messieurs de la grand'chambre* les jours de séance, et « des princes du sang se déclarer en sollicitation ostensible contre la reine de France[2]. » Les intrigues secrètes firent encore plus que les sollicitations publiques.

L'arrêt fut enfin rendu le 31 mai 1786. Le procureur-général, Joli de Fleuri, conclut à ce que le cardinal fût tenu : 1º de déclarer à la chambre assemblée que témérairement il s'était mêlé de la négociation du collier, sous le nom de la reine; que, plus témérairement, il avait cru à un rendez-vous nocturne à lui donné par la reine[3]; qu'il demandait pardon au roi et à la reine, en

1. L'évêché de Strasbourg, seul, lui valait 400,000 fr.
2. *Mém.* de Mme Campan, t. II, p. 286. Tel est du moins le récit de Mme Campan; les *Mém.* de Bachaumont (t. XXXII, p. 86) ne parlent point de la présence des Condé au Palais.
3. Rendez-vous d'un moment, dans un bosquet de Versailles, où une fille qui ressemblait beaucoup à la reine, apostée par Mme de La Motte, joua le rôle de Marie-Antoinette.

présence de la justice ; 2° de donner sa démission de la charge de grand-aumônier ; 3° de s'abstenir d'approcher à une certaine distance des lieux où serait la cour, etc. Ces conclusions, trop raisonnables, du moins quant aux premiers points, ne pouvaient satisfaire ni ceux qui voulaient que Rohan fût condamné pour vol, ni ceux qui prétendaient flétrir la reine en déchargeant *honorablement* Rohan de toute accusation. Ce dernier parti l'emporta ! A cinq voix de majorité, le cardinal fut acquitté purement et simplement, tandis que la comtesse de La Motte et son mari, qui avaient grossièrement dupé Rohan et mené toute la négociation du collier pour escroquer les diamants, étaient condamnés à être fouettés et marqués, puis à être envoyés, la femme à la Salpêtrière, le mari aux galères.

Le parlement vengeait cruellement son affront de 1771. Les grands pouvoirs de la vieille société s'entre-tuaient. La foule accueillit avec une joie délirante l'arrêt qui humiliait et abaissait le trône : on fit une ovation au cardinal ; on en fit une au fameux thaumaturge Cagliostro, impliqué dans le procès à cause de ses liaisons avec Rohan et acquitté comme lui[1]. La reine, transportée de colère et d'indignation, fit exiler Rohan, par lettre de cachet, au fond de l'Auvergne, faibles représailles d'une défaite qui en présageait tant d'autres à la royauté !

Nous n'avons pu entrer dans les détails de cette longue et confuse affaire ; l'impression qui en résulte pour nous est l'impossibilité que la reine ait été coupable ; mais plus les imputations dirigées contre elle étaient invraisemblables, plus la créance accordée à ces imputations était caractéristique et attestait la ruine morale de la monarchie. C'était l'ombre du Parc-aux-Cerfs qui couvrait toujours Versailles ; la terrible nuit du 5 octobre devait montrer, plus tard, que les spectres du Pacte de famine n'avaient pas cessé non plus de planer sur le palais des rois.

Un voyage que fit Louis XVI en Normandie, peu de jours après le dénoûment du fatal procès, offrit au monarque humilié quelques compensations ; il fut très-bien accueilli des populations normandes ; l'entreprise de Cherbourg, digne couronnement de la

---

1. *Mém.* de Mirabeau, t. IV, p. 326. — *Mém.* de Bachaumont, t. XXXII, p. 85-91. — Lés pièces du procès ont été réunies en 2 volumes in-12 ; Paris, 1786.

guerre d'Amérique, était justement populaire dans l'Ouest ; il y eut un véritable enthousiasme lorsque le roi, en présence de l'escadre et de la foule entassée dans les embarcations, sur la grève, sur l'amphithéâtre de granit qui domine la plage, vint s'installer sur un des fameux cônes de M. de Cessac déjà immergés en pleine mer, pour voir amener et immerger un autre de ces cônes, destinés à former la digue[1]. Louis XVI fut récompensé en ce moment de son zèle pour les progrès de la marine française : c'était peut-être le seul côté par lequel il fût vraiment chef de l'état (fin juin 1786)[2].

Ce furent là ses derniers beaux jours. Une triste révélation l'attendait à son retour à Versailles. Calonne était au bout de son orgie financière. Pendant les pourparlers avec le parlement pour le dernier emprunt de 80 millions (en décembre 1785) et en attendant l'ouverture de cet emprunt, Calonne avait négocié des rentes furtivement pour près de 100 millions sur des emprunts de 1781 et de 1782 déjà remplis : il alla ainsi jusqu'à 123 millions. On ne pouvait renouveler une telle ressource. Le troisième vingtième allait expirer à la fin de 1786 et diminuer encore le revenu de 21 millions. Le parlement n'était certes pas disposé à se prêter à la prorogation de cet impôt, et la disposition des esprits rendait un coup d'autorité fort chanceux. Le crédit expirait[3]. Les ressources du charlatanisme étaient épuisées ; les derniers expédients auxquels on pouvait recourir n'eussent plus fait marcher la machine gouvernementale au delà de quelques mois. Le char allait inévitablement s'arrêter et se briser du choc. Se sauver par la route du cardinal Dubois et de l'abbé Terrai n'était plus pos-

---

1. C'étaient d'énormes paniers en charpente, chargés de pierres. — La charpente fut détruite par les flots, mais les pierres sont restées la base de l'enrochement qu'on a revêtu de maçonnerie et de blocs de granit. L'immense entreprise, suspendue parfois durant nos orages politiques, mais toujours reprise avec une nouvelle ardeur, s'est enfin achevée après plus de soixante années. — Il y a des détails intéressants dans les Mémoires de Dumouriez, commandant de Cherbourg de 1778 à 1788 ; t. 1er, chap. V.

2. Une série d'ordonnances sur la marine venaient d'améliorer le régime des classes et de supprimer la compagnie des gardes de la marine, foyer de tant d'abus et d'un si funeste esprit de corps, pour la remplacer par des élèves de marine ; 1er janvier 1786 ; Anc. Lois françaises, t XXVIII, p. 123.

3. Les assignations sur les revenus publics ne se négociaient que difficilement à 9 et 10 pour 100 d'escompte.

sible; on n'était plus assez fort pour faire banqueroute, et la justice oblige de reconnaître que Louis XVI, quand il en aurait eu la force, n'en aurait pas eu la volonté.

Calonne se décida à faire à Vergennes, puis au roi, l'aveu de la situation réelle.

Depuis le renvoi de Turgot, c'est-à-dire depuis dix ans, le gouvernement avait dévoré 1,600 millions d'extraordinaire, dont 1,338 millions obtenus par voie d'emprunts en rentes[1], et le reste, par anticipations et créations d'offices. Pendant les trois années de Calonne, en temps de paix, le déficit annuel s'était accru de 35 millions, quoique le revenu public eût augmenté de 140 millions depuis Turgot, moitié par accroissement naturel des recettes, moitié par nouveaux impôts et additions aux anciens. La France payait à la couronne et aux ordres privilégiés environ 880 millions par an, en impôts de tout genre, corvées comprises, sans compter une grande partie des droits féodaux, pour lesquels la base d'évaluation nous manque[2]. Sur ces 880 millions, 510 étaient levés au nom du roi, au lieu de 370 qu'on levait du temps de Turgot; mais, déduction faite de 76 millions pour frais de régie, de 224 pour rentes, gages, intérêts de cautionnements et autres créances privilégiées, de 27 pour la partie des pensions ordonnancée directement sur le Trésor, il ne restait que 183 millions pour les dépenses de l'état, et ce faible reliquat de tant de tributs allait s'engloutir, pour les trois quarts, dans le gouffre des acquits de comptant[3].

Calonne commença donc par laisser entrevoir au roi des nuages à l'horizon : il lui avoua, en termes généraux, un déficit ancien, non mentionné dans le *Compte rendu* de Necker, et que lui-même avait été obligé d'accroître; puis, dans un mémoire écrit, après avoir rappelé l'*affreuse situation des finances* à l'époque où le roi

---

1. 440 millions sous Necker, de 1776 à 1781; 411 sous Joli de Fleuri et d'Ormesson, de 1781 à 1783, et 487 en pleine paix, sous Calonne, de 1783 à 1786. Dans ces 487, nous comprenons 30 millions d'emprunt que fit la ville de Paris pour le compte du roi, en septembre 1786. Calonne avait, en outre, fait pour 79 millions d'anticipations.

2. Bailli, en 1830, évalue ces 880 millions de 1786 à plus de 1,200; aujourd'hui on pourrait les évaluer peut-être de 1,500 à 1,600.

3. Bailli, t. II, p. 263-266.

les lui avait confiées et les efforts d'abord heureux qu'il avait faits pour les relever, il déclara nettement que « le moment actuel cachait un terrible embarras sous l'apparence de la plus heureuse tranquillité; que la France ne se soutenait que par une espèce d'artifice. — Il est nécessaire de prendre bientôt un parti qui fixe le sort de l'état. — Il existe un déficit de 100 millions par an[1]. On ne peut combler un vide aussi énorme que par de grands moyens. Ces moyens ne doivent pas augmenter le fardeau des impôts, qu'il est même nécessaire de diminuer. — Le plan que j'ai formé, ajoute-t-il, me paraît le seul qui puisse résoudre un problème aussi difficile. J'ose croire qu'on n'en a pas conçu de plus vaste, de plus digne d'illustrer votre règne et d'assurer la prospérité de votre empire... Ce sera peut-être l'affaire de six mois ou d'un an au plus[2]. »

Le plan annoncé en termes si pompeux fut présenté en secret au roi le 20 août 1786. Sans admettre que Calonne l'eût profondément combiné trois ans d'avance et n'eût comblé le mal que pour rendre le remède indispensable, on doit au moins confesser qu'il avait, comme il le dit lui-même, pris promptement son parti. L'idole des courtisans, le ministre des abus, signifiait que le seul moyen de salut était « la réforme de tout ce qui existe de vicieux dans la constitution de l'état... Il est indispensable de reprendre en sous-œuvre l'édifice entier pour en prévenir la ruine... Sire, le succès élèvera votre nom au-dessus des plus grands noms de cette monarchie et vous mériterez d'en être appelé le législateur. »

Après un tableau, qui semble emprunté à Turgot, de l'inégalité, de l'incohérence, de l'absence d'unité et d'harmonie qui rendaient le royaume impossible à bien gouverner, Calonne proposait d'effacer toute distinction entre les pays d'États, les pays d'élection, les pays d'administration provinciale et d'administration mixte. On appliquerait à tout le royaume un système d'administrations provinciales reposant sur des assemblées de trois degrés : 1° l'assemblée de paroisse; 2° l'assemblée de district; 3° l'assemblée de la province. Ces assemblées feraient connaître le

---

1. Il dit plus tard 114.
2. V. le Mémoire ap. Soulavie, t. VI, p. 117.

vœu des populations sur la nature de l'impôt et procéderaient à l'assiette et à la répartition des charges publiques. — Les vingtièmes, dont les privilégiés avaient trouvé moyen de rejeter le principal fardeau sur les taillables, seraient remplacés par une subvention territoriale portant sur toute terre sans exception, pas même pour le domaine royal. Cette subvention serait perçue en nature et progressive suivant la qualité des terres, dans une proportion s'élevant du quarantième au *minimum* jusqu'au vingtième du produit au *maximum*. Pour faire accepter aux privilégiés la subvention territoriale, on les affranchirait de la capitation : la capitation roturière serait maintenue, ainsi que la taille, mais avec une réduction notable. — La corvée en nature était abolie, mais remplacée par une prestation pécuniaire réglée au sixième de la taille et de la capitation roturière, et, par conséquent, payée par les seuls roturiers. — Les douanes intérieures étaient abolies ; les droits de traite ou douanes des frontières étaient remplacés par un tarif qui serait combiné en vue des intérêts de la politique et de l'industrie. — Les maîtrises seraient corrigées de leurs abus. — On supprimerait les taxes et les droits qui entravaient les fabriques, le commerce maritime et la grande pêche. — La forme tyrannique de la gabelle, dans les pays sujets à la ferme générale, serait adoucie, et le prix du sel diminué. — Le commerce des grains serait libre, sauf à suspendre l'exportation quand les assemblées provinciales le demanderaient. — Les droits de contrôle et d'insinuation seraient convertis en un seul droit de timbre plus élevé, applicable à toutes personnes et étendu à des objets qui en étaient jusqu'alors exempts. — Tous les domaines de la couronne seraient vendus à titre d'inféodation et le prix de leur vente concourrait à l'extinction de la dette publique. — La caisse d'amortissement serait maintenue, en divisant les remboursements sur un plus grand nombre d'années. — On diminuerait la dépense annuelle de 20 millions par des retranchements sur tous les départements et sur la maison du roi.

Par cette transformation du système fiscal, les impôts existants allaient être, suivant Calonne, diminués de 30 millions par an, sans compter les 21 millions du troisième vingtième qu'on allait cesser de percevoir, et la balance entre les ressources et les dépenses ordinaires serait rétablie *en un an* par une augmentation de 115 millions dans les revenus [1].

Après avoir trompé les autres, Calonne se faisait illusion à lui-même. Ce projet, formé de lambeaux dérobés à tous ses devanciers, à Turgot, à Necker, à Machault, à Silhouette, et même à Colbert et à Vauban, si étendu qu'il fût, ne suffisait plus comme réforme politique et ne pouvait produire, comme réforme financière, les résultats immédiats que promettait Calonne. D'une part, tout ce qui n'était pas l'abolition radicale des priviléges en matière d'impôts n'était plus capable de satisfaire l'opinion; de l'autre part, la classification des terres, base de l'impôt progressif que voulait fonder le contrôleur-général, devait exiger bien plus d'un an de travaux préparatoires, et le paiement en nature, la moins pratique des idées de Vauban, devenue encore moins praticable que de son temps par l'accroissement des complications sociales, eût emporté des frais et des non-valeurs impossibles à calculer avant l'expérience. Les calculs de Calonne étaient donc tout à fait arbitraires. Son plan était hardi, puisqu'il s'attaquait nettement aux immunités du clergé et lançait l'état dans l'inconnu; mais il n'était pas encore assez hardi pour réussir, en supposant le succès possible [2].

Vergennes, consulté par Calonne afin d'amortir d'avance son opposition près du roi, avait courbé la tête devant les chiffres effrayants présentés par le contrôleur-général. Louis XVI dit avec étonnement : « Mais c'est du Necker tout pur que vous me donnez là ! — Sire, dans l'état des choses, on ne peut rien vous donner de mieux ! »

La réponse logique du roi eût dû être de chasser Calonne et de rappeler Necker. Louis n'y songea pas, et Calonne, parodiant Turgot, se fit promettre par le roi un appui inébranlable dans les

---

1. *Précis d'un plan d'amélioration des finances, présenté au roi le 20 août* 1786, par M. de Calonne. — V. l'analyse dans Bailli, t. II, p. 267. — Droz, t. Ier, p. 461.

2. M. Droz (t. Ier, p. 463) pense que les réformes de Calonne eussent pu « fonder la prospérité du royaume. » Nous croyons que ce respectable historien, qui a jugé fort sainement les ministères de Turgot et de Necker, a été entraîné trop loin par la réaction, très-morale d'ailleurs, contre le fatalisme historique. S'il a été des temps « où l'on pouvait prévenir et diriger la Révolution française, » ces temps étaient passés, nous le croyons du moins, à l'époque où notre récit est parvenu.

grandes choses qu'il allait entreprendre pour sauver la monarchie.

Il fallait s'assurer de n'être pas surpris par quelque embarras extérieur pendant cette vaste opération. La mort du grand Frédéric, qui venait de s'éteindre après avoir rempli l'Europe de son nom et de son influence durant un demi-siècle (17 août 1786)[1], le caractère inconsistant de son successeur, Frédéric-Guillaume II, pouvaient donner lieu à des complications imprévues. Vergennes pourvut de son mieux aux nécessités signalées par son collègue des finances. Par un article du traité de 1783, les gouvernements de France et d'Angleterre s'étaient engagés à conclure un traité de commerce. Depuis trois ans, Vergennes éludait l'exécution de cet article : il pressa la conclusion, afin d'attacher les intérêts anglais à la conservation de la paix, et le traité fut signé le 26 septembre.

Le succès fut complet, quant au but que nous venons d'indiquer : les intérêts anglais furent conquis à la paix. Reste à savoir si les intérêts français reçurent la même satisfaction !

Le traité de commerce contenait quelques stipulations générales dignes d'éloge. En cas de guerre entre les deux nations, les négociants pourraient demeurer librement dans les états respectifs, ou, tout au moins, auraient un an de délai pour arranger leurs affaires. Les *lettres de représailles*, vrais restes de la *guerre privée* du moyen âge appliquée aux rapports internationaux, étaient abolies. Les Anglais renonçaient à leurs maximes exorbitantes contre le droit des neutres et admettaient que le pavillon couvre la marchandise qui n'est pas contrebande de guerre : les objets propres à la construction et au gréement des navires ne sont pas contrebande de guerre.

Quant aux marchandises et denrées des deux pays, les vins de France sont assimilés pour les droits, en Angleterre, aux vins de Portugal. Le droit sur les vinaigres est réduit de plus de moitié. Le droit sur les eaux-de-vie est diminué. Les huiles d'olive fran-

---

1. Son dernier acte important avait été la pleine émancipation civile des juifs (juillet 1786). — Mirabeau, durant son voyage en Prusse, avait eu l'honneur de contribuer à cette résolution de Frédéric par un mémoire sur l'illustre philosophe juif Mosès Mendelssohn et sur la réforme politique des juifs.

çaises sont assimilées à celles des nations les plus favorisées. Les *modes*, les glaces et divers objets de luxe, ne paient plus qu'un droit de 12 p. %. Par compensation, les droits sur toutes les étoffes de laine et de coton, sur la faïence et la poterie, sont réduits au même taux de 12 p. %; les droits sur la quincaillerie, à 10 p. %; ceux sur la sellerie, à 15 p. %. Toutes les étoffes de soie, ou mêlées de soie, restent prohibées en Angleterre, tandis qu'aucun des grands articles de fabrication anglaise n'est plus interdit en France.

Les conséquences devaient être complexes. Durant l'année qui suivit le traité, il arriva chaque semaine, au bureau des affaires étrangères, des paquets de lettres de remerciement de la Guyenne et du Languedoc, et des paquets de lettres de plaintes de la Picardie et de la Normandie [1]. Les propriétaires de vignes et d'oliviers, et les fabricants d'articles de goût, à Paris, étaient en fête, pendant que les manufacturiers luttaient avec angoisse ou fermaient leurs ateliers. En somme, l'Angleterre importait chez nous deux fois plus de marchandises qu'elle n'en tirait. On a dit que l'émulation aurait bientôt relevé notre industrie. Cela est fort douteux. Non-seulement la supériorité des capitaux accumulés dans l'industrie anglaise eût permis à nos rivaux de grands sacrifices pour écraser la concurrence, mais l'application de la vapeur à l'industrie comme moteur universel, par Watt et Arkwright, allait bientôt décupler, centupler la force productive de l'Angleterre, et, si le traité de commerce n'eût été brisé par la guerre de la Révolution, il est probable qu'avant que les fabricants français eussent pu s'approprier ces grandes innovations, ils eussent été écrasés pour longtemps [2].

---

1. Flassan, t. VII, p. 428.
2. La découverte de Watt, heureux continuateur de notre Papin, date de 1769 en théorie, de 1776 dans la pratique. A partir de 1782, on commença d'en apprécier toute la portée. — V. l'*Éloge historique de J. Watt*, par M. Arago, dans l'*Annuaire du Bureau des longitudes* de 1839. — V., sur ce traité, Bailli, t. II, p. 247. — Monthion, *Particularités sur les ministres des finances*, p. 296. — Flassan, t. VII, p. 421-430. — *Revue des Deux Mondes*, t. XXIV, 1843, p. 642; *de la Politique commerciale de l'Angleterre*, par M. E. Forcade. — Il y eut, au sujet du traité de 1786, une bien singulière discussion dans le parlement anglais. Pitt, alors ministre, et Fox, alors chef de l'opposition, y tinrent tous deux un langage absolument contraire à la double politique qu'ils suivirent depuis et qu'ils personnifient dans l'histoire. Fox, depuis si bienveil-

Quelques mois après, un autre traité de commerce, qui n'avait que des avantages et point d'inconvénients économiques, mais qui pouvait avoir l'inconvénient politique de nous aliéner les Turcs, fut conclu avec la Russie (janvier 1787)[1].

Vergennes avait écarté les périls du dehors : il s'agissait maintenant, pour Calonne, d'aviser à l'exécution de la réforme intérieure. Y faire concourir les parlements était impossible : on pouvait compter sur la plus violente résistance de leur part à la diminution des priviléges. Leur imposer la réforme purement et simplement à coups de lits de justice était trop fort pour ce gouvernement usé et débile. Calonne jugea indispensable de faire appel à l'opinion dans des formes officielles et de chercher pour le trône un point d'appui dans la nation. Le nom des États-Généraux eût épouvanté le roi. Calonne s'avisa d'un moyen terme : il rappela au roi et à Vergennes les assemblées de Notables convoquées à diverses époques, comme une espèce de grand conseil extraordinaire, que le souverain choisissait dans l'élite de la nation et dont il prenait les avis sur un objet déterminé. Vergennes n'aimait aucune espèce d'assemblées; mais Calonne sut lui persuader que c'était le seul moyen de prévenir toute résistance parlementaire et d'écarter les réclamations du clergé contre la subvention territoriale. Quant à Louis XVI, il fut séduit

---

lant pour la France, combattit tout rapprochement entre les deux nations avec une extrême violence, et Pitt, qui devait être pour la France un ennemi plus implacable que son père lui-même, protesta dans les termes les plus philanthropiques et les plus philosophiques contre le préjugé qui fait d'un peuple l'ennemi naturel et nécessaire d'un autre peuple. C'était, suivant lui, *calomnier la nature humaine*. Il est vrai qu'il expliquait sa philanthropie en démontrant que le bénéfice de cette nouvelle *amitié* serait tout pour l'Angleterre. Quant à Fox, il n'était pas complétement inconséquent; c'était la monarchie de Louis XIV qu'il haïssait en France; ce fut la Révolution qu'il aima.

1. C'était un traité analogue à celui que l'Angleterre avait avec la Russie, et dont le pacte entre la Russie et la France empêcha le renouvellement. On se traitait réciproquement sur le pied des nations les plus favorisées. On réduisait beaucoup, de part et d'autre, les droits sur les marchandises des deux pays. On abolissait le droit d'aubaine. On proclamait de nouveau le droit des neutres, tel que l'Angleterre même venait de le reconnaître, en ajoutant la clause que les bâtiments escortés ne pourraient être visités. A la suite de ce pacte, Marseille établit des relations fructueuses avec la mer Noire, où les Russes n'avaient point encore adopté un système d'exclusion et de prohibition. La Guerre de la Révolution interrompit bientôt ces rapports. — V. Flassan, t. VII, p. 430-439.

par l'idée d'imiter Henri IV après la Ligue, et ne soupçonna même pas la différence entre un héros victorieux qui fermait une révolution et un faible prince qui allait en ouvrir une autre infiniment plus vaste et plus profonde. Aucun des trois personnages qui arrêtèrent la convocation des Notables ne comprit que cette réunion, n'ayant aucun caractère représentatif, serait absolument sans autorité pour ce qu'on attendait d'elle; que, dès qu'on entrait dans la voie des assemblées, les Notables n'étaient bons qu'à servir d'antichambre aux États-Généraux, et que, si les États-Généraux étaient devenus inévitables, il ne fallait pas perdre un jour, pas une heure, pour les convoquer! Chaque heure perdue creusait l'abîme plus avant!

Un homme plus clairvoyant que le roi et que les deux ministres avait, si l'on en croit sa correspondance, suggéré à Calonne l'idée et le plan de convocation des Notables; mais Mirabeau comptait bien que cette convocation précéderait de peu celle de l'Assemblée nationale [1].

Le mémoire sur le plan et la forme des Notables fut présenté par Calonne au roi vers le 15 décembre : le garde des sceaux, Miromesnil, avait seul été mis dans le secret après Vergennes. La reine elle-même ne sut rien jusqu'au jour où le plan fut communiqué au conseil et l'ordonnance de convocation arrêtée (29 décembre). Marie-Antoinette en garda une vive rancune à Calonne. Dans le mémoire du contrôleur-général au roi, on remarque la phrase suivante : « La succession des temps et la révolution des événements semblent avoir amené le moment où la monarchie, longtemps agitée, est enfin parvenue au point de *tranquillité* et de *maturité* qui permet de perfectionner sa constitution [2]!... Le pauvre

---

1. *Mém.* de Mirabeau, t. IV, p. 339, 340. — Son père, le vieux physiocrate, juge fort bien à sa façon les Notables. « Cet homme (Calonne) assemble une troupe de *guillots* qu'il appelle nation, pour leur donner la vache par les cornes et leur dire : « Messieurs, nous tirons tout, et le par-delà; nous mangeons tout, et le par-delà; et « nous allons tâcher de trouver le moyen de ce par-delà, sur les riches dont l'argent « n'a rien de commun avec les pauvres; et nous vous avertissons que les riches, « c'est vous; dites-nous maintenant votre avis sur la manière. » *Mém.* de Mirabeau, t. IV, p. 492.

2. V. le mémoire dans Soulavie, t. VI, p. 130. — On avait voulu faire quelque chose en attendant les Notables. Le 6 novembre, un arrêt du conseil avait ordonné l'essai, pendant trois ans, d'un plan pour la conversion de la corvée en une prestation pécuniaire

roi avait été si bien fasciné par les belles phrases du ministre, qu'il lui écrivait, le lendemain de la séance du conseil : « Je n'ai pas dormi la nuit, mais c'était de plaisir ! » L'innocence du roi et la fatuité du ministre aboutissaient à la même insanité de confiance !

Les Notables furent convoqués à Versailles pour le 29 janvier 1787. Ils étaient au nombre de cent quarante-quatre, dont sept princes du sang, quatorze archevêques et évêques, trente-six ducs et pairs, maréchaux de France, gentilshommes, douze conseillers d'état et maîtres des requêtes, trente-huit premiers présidents, procureurs généraux et autres magistrats des cours souveraines, douze députés des pays d'États, dont quatre du clergé, six de la noblesse, deux du Tiers-État, vingt-cinq officiers municipaux. Le vrai Tiers-État, la grande masse nationale des non-privilégiés, ne figurait, sur ces cent quarante-quatre Notables, que par six ou sept municipaux : tous les autres étaient nobles ou avaient priviléges de noblesse. A la vérité, parmi les personnes convoquées, plusieurs prélats et gentilshommes étaient connus pour leurs opinions philosophiques et réformatrices. Entre les noms nobiliaires éclatait celui de La Fayette. Mais il eût fallu être fort enclin aux illusions pour croire que les sentiments de La Fayette pussent être ceux de la majorité. Tous ces privilégiés se piquaient d'être des gens éclairés : la plupart eussent concédé, en théorie, à peu près tout ce que réclamait l'esprit du siècle ; mais, en pratique, fort peu étaient disposés à sacrifier leurs priviléges.

Quoi qu'il en fût, c'était une assemblée politique extraordinaire, dans un pays qui n'en avait vu aucune depuis plus d'un siècle et demi [1]. On sentit que, si ce n'était pas du tout une solution, c'était un commencement. De là les alarmes de la cour et l'attente agitée du public. Les courtisans, réveillés en sursaut du songe riant où les avait bercés un trop séduisant enchanteur, voyaient, avec stupeur et colère, la main qui les avait tant caressés se lever pour les frapper. Le vieux maréchal de Richelieu, cette personnification séculaire de tous les vices du despotisme,

---

1. Depuis les Notables de 1626, sous Richelieu.

demandait quelle peine Louis XIV eût infligée au ministre qui lui eût proposé d'assembler les Notables. Le jeune vicomte de Ségur disait : *Le roi donne sa démission.* Le public espérait en raison de l'effroi de la cour. On n'avait pas plus de confiance dans la fermeté du roi que dans la moralité du ministre ; on se doutait bien que Calonne n'appelait à un fantôme de représentation nationale que parce qu'il était à bout de ressources, qu'il ne voulait que tirer de l'argent ; mais on comprenait ceci : *Versailles baisse ; la France monte*. Il y eut un incident caractéristique : l'autorité avait envoyé au *Journal de Paris* [1] une note annonçant la convocation des Notables. « La nation, » disait cette note, « verra avec transport que son souverain *daigne* s'approcher d'elle. » Cette expression servile produisit un si fâcheux effet, que l'autorité la fit supprimer dans un autre journal (les *Petites-Affiches*) [2].

Calonne, enivré de lui-même, n'avait pas le moindre instinct de la situation réelle. Il comptait être acclamé par les Notables, acclamé par la nation. Il fêtait d'avance son triomphe assuré en se plongeant sans réserve dans toutes les sortes de plaisirs. Le jour de l'assemblée approchait ; rien n'était prêt : il voulut réparer, par un travail forcé, le tort de sa paresse ; il tomba malade, et, de délai en délai, trois semaines s'écoulèrent entre le jour fixé par les lettres de convocation et l'ouverture effective de l'assemblée. Ce fut, pour le contrôleur-général, bien pis que du temps perdu. L'opposition eut tout le loisir de se reconnaître et de s'organiser. Les hommes les plus avancés d'opinions n'étaient pas ceux que Calonne avait le plus à craindre, au moins tout d'abord. La Fayette apportait des dispositions nullement hostiles ; il était disposé à accepter ce qui pourrait être proposé de raisonnable et même à consentir des emprunts et à voter quelques taxes provisoires : il ne visait pas à imposer la convocation immédiate des États-Généraux, mais seulement à obliger le roi, avant de lui porter aide, à reconnaître *certains principes constitutionnels*. Dans le présent, établir des assemblées provinciales, abolir les entraves au commerce, rendre l'état civil aux protestants ; dans l'avenir, dans un avenir peu éloigné, arriver à une assemblée nationale :

---

1. Première feuille *quotidienne* publiée en France ; fondée en 1777.
2. *Mém.* de Bachaumont, t. XXXIII, p. 313 ; XXXIV, p. 1.

tels étaient, au commencement de 1787, les vœux très-modérés de l'ami de Washington[1]. Les plus dangereux adversaires, pour Calonne, n'étaient ni les hommes qui voulaient plus que lui, ni ceux qui voulaient moins ou ne voulaient rien du tout ; c'étaient ceux qui voulaient les mêmes choses que lui, mais qui voulaient les faire à sa place. Si perfide autrefois envers La Chalotais, Calonne avait été, dans cette occasion, d'une confiance naïve ; perfidie et naïveté avaient chez lui la même source, l'inconsistance. Il devait savoir qu'un homme considérable par la position et redoutable par l'esprit d'intrigue, l'archevêque de Toulouse, Loménie de Brienne, visait depuis longtemps au ministère, et, non-seulement il avait fait appeler Brienne à l'assemblée, ce qui était inévitable, mais il l'avait laissé s'entourer des personnages les plus disposés à lui servir d'auxiliaires. Il se prépara ainsi une coalition entre les gens qui repoussaient toute réforme et ceux qui repoussaient la réforme des mains de Calonne. Les nobles, dépourvus d'esprit de corps, sinon d'esprit de caste, n'avaient point cabalé d'avance ; mais les membres des deux grands corps du clergé et de la magistrature s'étaient entendus en majorité.

Ce n'étaient pas les griefs qui pouvaient leur manquer ! Au moment même où les Notables se réunissaient, Calonne achevait d'anéantir le crédit. Il forçait les actionnaires de la Caisse d'escompte à *prier* le roi de leur *permettre* de verser un cautionnement de QUATRE-VINGTS MILLIONS ! comme nouvelle garantie offerte au public. Calonne eut la *modération* de n'accepter que 70 millions. Cet énorme versement, qui attestait le grand développement qu'avait pris la caisse, mais qui la mettait à sec, fut suivi d'une panique générale, qui, des actions de la caisse, gagna tous les effets circulants. C'était là une belle inauguration des Notables !

La mort de Vergennes (13 février 1787), après une maladie que l'inquiétude avait aggravée, fut encore une cause d'affaiblissement pour ce gouvernement prêt à crouler. Ce ministre, à défaut de grandes facultés, avait beaucoup de qualités de second ordre et cette considération qu'obtiennent les caractères circonspects dans un long exercice du pouvoir. Vergennes fut remplacé

---

1. *Mém.* de La Fayette, t. II, p. 167-198.

par le comte de Montmorin, honnête homme, mais entièrement au-dessous de la position.

Le roi ouvrit l'assemblée, le 22 février, dans l'hôtel des Menus, à Versailles. Depuis longtemps, on avait cessé de crier : *Vive la reine!* Cette fois, il n'y eut pas non plus un seul cri de : *Vive le roi!* dans la foule immense entassée sur le passage du cortége[1].

Le roi annonça en peu de mots aux Notables qu'il voulait prendre leurs avis sur de grands et importants projets, pour « améliorer les revenus de l'état, assurer leur libération entière par une répartition plus égale des impositions, libérer le commerce des entraves qui en gênent la circulation et soulager, autant que les circonstances le permettent, la partie la plus indigente de ses sujets. » Le garde des sceaux, Miromesnil, débita une harangue assez emphatique; puis Calonne entama, d'un ton cavalier, un long discours dont il attendait un effet prodigieux, discours brillanté, spirituel et maladroit, qui blessa l'auditoire dès la première phrase.

« Messieurs, ce qui m'est ordonné en ce moment m'honore d'autant plus, que les vues dont le roi me charge de vous présenter l'ensemble et les motifs lui sont devenues entièrement personnelles... »

Signifier dès le début, à l'assemblée, que les vues du ministre étaient entièrement personnelles au roi, c'était en quelque sorte fermer la discussion d'avance.

Calonne poursuivit par le panégyrique triomphal de son administration : il se donna toutes les gloires, même celle de l'économie; seulement, ce n'était pas l'économie dure, sévère, parcimonieuse, à la façon de M. Necker, qu'il désignait suffisamment sans le nommer; c'était la large économie, au visage souriant, aux dehors faciles, qui fait plus que l'autre en se montrant moins. Après ce brillant tableau, il fallait pourtant arriver à confesser que la connaissance acquise de l'état réel des finances, grâce au bel ordre qu'y avait rétabli le ministre, ne présentait rien de satisfaisant; que le déficit annuel était très-considérable. Il durait depuis des siècles : l'équilibre n'avait jamais existé sous Louis XV.

---

1. *Mém.* de Bachaumont, t. XXXIV, p. 207.

Le déficit, porté au delà de 74 millions avant l'abbé Terrai, était encore de 37 lorsque M. Necker avait pris la direction des finances; il avait nécessairement augmenté sous M. Necker, à cause de la guerre; il était de 80 millions à la fin de 1783, indépendamment d'une dette flottante de 600 millions. Il avait encore augmenté depuis; Calonne ne disait pas de quelle somme. « Il est impossible, ajoutait-il, de laisser l'état dans le danger sans cesse imminent auquel l'expose un déficit tel que celui qui existe; impossible de continuer de recourir chaque année à des palliatifs et à des expédients qui, en retardant la crise, ne pourraient que la rendre plus funeste. On ne peut pas toujours emprunter; on ne peut pas imposer plus; on ne peut pas anticiper davantage : économiser ne suffirait pas. Que reste-t-il qui puisse suppléer à tout ce qui manque, et procurer tout ce qu'il faudrait pour la restauration des finances?

— Les *abus!*

« Oui, messieurs, c'est dans les abus mêmes que se trouve un fond de richesses que l'état a droit de réclamer et qui doivent servir à rétablir l'ordre... Les abus ont pour défenseurs l'intérêt, le crédit, la fortune et d'*antiques préjugés* que le temps semble avoir respectés; mais que peut leur vaine considération contre le bien public et la nécessité de l'état? Les abus qu'il s'agit aujourd'hui d'anéantir pour le salut public sont les plus considérables, les plus protégés, ceux qui ont les racines les plus profondes et les branches les plus étendues... Tels sont ceux qui pèsent sur la classe productive et laborieuse; les abus des priviléges pécuniaires, les exceptions à la loi commune..., l'inégalité générale dans la répartition des subsides et l'énorme disproportion qui se trouve entre les contributions des différentes provinces et entre les charges des sujets d'un même souverain, etc., etc. Si tant d'abus, *sujets d'une éternelle censure,* ont résisté jusqu'à présent à l'opinion publique qui les a proscrits et aux efforts des administrateurs qui ont tenté d'y remédier, c'est qu'on a voulu faire, par des opérations partielles, ce qui ne pouvait réussir que par une opération générale. Les vues que le roi veut vous communiquer tendent toutes à ce but; ce n'est ni un système ni une invention nouvelle; c'est le résumé, et, pour ainsi dire, le ralliement des projets d'utilité publique conçus depuis longtemps par les hommes d'état les plus habiles. »

Il expose ensuite pourquoi, dans les époques antérieures, il n'a pas été possible de parvenir à ce régime d'uniformité, à cette unité du royaume que le temps est venu d'établir. Dans ce tableau du passé, il appelle le règne de Louis XIV « ce règne éclatant... où l'état s'appauvrissait par des victoires, *tandis que le royaume se dépeuplait par l'intolérance.* »

Après avoir condamné le système des priviléges sur lequel reposait la vieille société, l'organe de la couronne condamnait le système catholique dont Louis XVI avait encore juré le maintien à son sacre, par le serment d'exterminer les hérétiques. Ce désaveu éclatant de la Révocation de l'édit de Nantes attestait que le gouvernement était résolu à réparer, au moins en partie, la grande iniquité de 1685. Le dessein était arrêté, en effet, de rendre l'état civil aux protestants et de remplacer une tolérance de fait par la reconnaissance d'un droit[1]. Le parlement avait pris les devants, dès la fin de 1778, et délibéré sur la présentation d'un vœu au roi, pour la constatation authentique des mariages, naissances et décès des non-catholiques. Louis XVI, sous l'influence du clergé, avait empêché la *Compagnie* de donner suite à cette délibération, qu'il approuvait au fond; mais, depuis, l'opinion était devenue tellement impérieuse, qu'on n'osait plus reculer, et le parlement venait d'émettre, le 2 février 1787, le vœu délibéré en décembre 1778, afin d'enlever au ministère l'honneur de l'initiative[2].

Calonne termina sa harangue en annonçant l'établissement d'assemblées de trois degrés, chargées de répartir les charges publiques dans les provinces qui n'avaient pas d'États-Provinciaux[3]; le remplacement des vingtièmes par un impôt territorial

---

1. Depuis plus de vingt ans, les parlements avaient établi en jurisprudence de déclarer *non recevable* quiconque attaquait la légitimité des enfants nés des mariages protestants.

2. La Fayette avait travaillé fort activement, depuis 1785, à préparer ce jour de justice : aidé de Malesherbes, il avait gagné deux des ministres, Castries et Breteuil, et ce dernier avait inspiré l'ouvrage de Ruhlière (*Éclaircissements sur les causes de la Révocation de l'édit de Nantes*), qui fut comme la préface des mesures réparatrices. — V. *Éclaircissements*, etc.; et *Mém.* de La Fayette, t. II, p 121, 180.

3. Nous avons vu que son but était d'établir l'uniformité à cet égard et de faire

comprenant les biens ecclésiastiques; la suppression de la capitation pour les membres des premiers ordres, et les diverses autres mesures que nous avons indiquées plus haut en analysant le plan du contrôleur-général.

La portée de cette séance et du discours de Calonne était incalculable. La frivole personnalité de l'homme rendait la gravité des choses d'autant plus saisissante. On eût dit une de ces vulgaires pythonisses qui, jouet du dieu intérieur, prononçaient parfois les paroles fatidiques sans le vouloir et sans les comprendre. A partir de ce jour, la RÉVOLUTION commence. L'arrêt de mort de l'Ancien Régime lui a été signifié par le pouvoir même qui est la tête de ce Régime. Le retour en arrière n'est plus possible.

L'impression sur les Notables fut bien différente de ce qu'avait espéré Calonne. Les hommes du passé furent aussi irrités qu'effrayés. Les partisans du progrès ne furent nullement satisfaits. Ce ton de forfanterie, ces vanteries effrontées, ces aveux forcés et incomplets, cette absence d'honnêteté qu'on sentait dans cette parodie de Turgot, avaient blessé les plus conciliants; personne n'était disposé à se livrer sans de sévères garanties.

Le lendemain (23 février), dans une seconde séance présidée par *Monsieur* (Louis XVIII), Calonne vint exposer en détail la première partie de son plan et donner lecture de six mémoires sur les assemblées provinciales, sur l'impôt territorial, sur le remboursement des dettes contractées par le clergé pour le paiement de ses dons gratuits [1], sur la taille, sur le commerce des grains, sur la corvée. Il redoubla sur ses paroles de la veille; il les enfonça, pour ainsi dire, en pesant sur toutes les inconséquences, tous les désordres, toutes les injustices du régime fiscal, presque dans les mêmes termes qu'avaient employés les écrivains les plus agressifs. Il avait brûlé ses vaisseaux. Il voulait rendre la résistance impossible; il fit connaître, dès ce jour-là, l'intention où il était d'imprimer les mémoires présentés aux Notables [2].

---

disparaître les États-Provinciaux; mais il cachait encore cette intention. Tout ce qui regardait les assemblées de trois degrés lui avait été suggéré par le rédacteur même du grand plan municipal de Turgot, par Dupont de Nemours, qu'il avait appelé auprès de lui comme premier commis des finances.

1. Calonne entendait que le clergé se libérerait au moyen d'aliénations.
2. V. les deux séances dans l'*Introduction au Moniteur*; p. 180; Paris, Plon, 1847.

L'assemblée avait été partagée en sept bureaux, présidés par les deux frères du roi, le duc d'Orléans¹, les trois princes de la branche de Condé et le duc de Penthièvre, petit-fils de Louis XIV et de Mme de Montespan². Le ministère avait décidé que chaque bureau compterait pour une voix, procédé très-vicieux et qui pouvait faire prévaloir une majorité purement nominale sur la majorité réelle. Dès l'ouverture des délibérations, les membres des cours souveraines et les députés des pays d'État signifièrent qu'ils ne pouvaient donner que leur avis personnel et qu'ils n'avaient aucun pouvoir d'engager leurs ordres ou leurs compagnies. C'était toucher au vif de la question. Les Notables se montrèrent en général favorables à l'établissement des assemblées provinciales, bien qu'avec des restrictions très-graves quant à la forme³, et moins bien disposés pour les assemblées de paroisses et de districts, c'est-à-dire qu'ils applaudirent à ce qui, dans les vues du gouvernement, était avantageux à l'élément aristocratique. La majorité demanda que la présidence des assemblées ne fût pas donnée au plus âgé ou au plus imposé, comme le projetait le gouvernement, mais que les présidents fussent exclusivement choisis dans les ordres privilégiés : à la vérité, elle offrit, par compensation, une concession au Tiers-État : c'était que ses représentants égalassent en nombre ceux des deux premiers ordres ensemble⁴. Le débat s'anima bien autrement quand on en vint à la subvention territoriale. Une minorité généreuse approuva hautement l'attaque aux priviléges : la majorité n'osa les soutenir ouvertement contre l'opinion publique, qu'elle redoutait bien plus que le pouvoir. La cause du passé était tellement perdue, qu'elle n'osait plus s'avouer elle-même. La majorité, ne pouvant se défendre, attaqua. Elle mit en avant la proposition fort juste qu'on ne devait pas voter un nouvel impôt sans connaître exactement

---

1. Depuis *Philippe-Égalité*. Son père était mort le 18 novembre 1785.
2. Fils du comte de Toulouse.
3. La majorité jugea le mélange des ordres *inconstitutionnel* et contraire à l'essence de la monarchie.
4. Les privilégiés étaient loin d'avoir calculé la portée de cette concession. C'est là l'origine de ce fameux *doublement du Tiers*, qui, dans des circonstances bien plus décisives, eut de si grandes conséquences. Deux bureaux allèrent jusqu'à proposer que le Tiers eût deux voix sur trois.

les recettes et les dépenses, l'étendue et la nature du déficit. Les partisans sincères du progrès approuvèrent ce qu'ils eussent demandé de leur côté, et tous les bureaux réclamèrent la communication de l'*état au vrai des finances*. L'aîné des frères du roi avait des premiers poussé à cette réclamation : il se montrait hostile à Calonne, comme il l'avait été à Turgot, à Necker, à tous les réformateurs; mais il commençait un rôle nouveau en tâchant de cumuler la défense des intérêts privilégiés avec une affectation de popularité [1]

Calonne refusa la communication demandée. Le roi, disait-il, veut avoir l'opinion des Notables sur les meilleurs moyens de subvenir aux besoins de l'état, non sur l'étendue de ces besoins suffisamment constatés dans ses conseils. Les bureaux persistèrent. Calonne essaya de fléchir l'opposition de Brienne et de quelques autres prélats influents, de ceux qu'on appelait les évêques *administrateurs*, parce qu'ils étaient beaucoup plus hommes d'affaires que de religion et qu'ils avaient des lumières, point de préjugés et guère plus de croyances. Certains de ces orateurs des bureaux étaient disposés à transiger avec les idées du ministre, mais non pas avec sa personne. Il fut repoussé. Il s'adressa à un plus grand nombre d'hommes importants : il fit indiquer par le roi, chez *Monsieur*, le 2 mars, une réunion de quarante-deux membres de l'assemblée, six de chaque bureau, leur présenta des bordereaux de recettes et de dépenses, attaqua par des chiffres l'exactitude du *Compte rendu* de Necker et avoua que le déficit annuel était arrivé à 100 millions, sans compter une douzaine de millions nécessaires pour parer aux besoins imprévus [2]. Sur les affirmations du ministre, l'archevêque de Bordeaux, M. de Cicé, déclara que la confiance et le crédit ne pourraient renaître qu'autant qu'une vérification exacte apprendrait à la France si c'était M. Necker ou M. de Calonne qui avait trompé le roi, et qu'après que justice aurait été faite du coupable. Calonne, dans la discussion, ayant avancé que le roi avait droit d'imposer à volonté et que ce principe ne serait contesté par aucune des personnes présentes, de

---

1. V. dans Louis Blanc, *Hist. de la Révolution*, t. II, p. 186, quelques détails curieux sur le rêve de reconstruction de la féodalité que nourrit quelque temps *Monsieur*.

2. Il avoua, un peu plus tard, au lieu de 112, 114 ou 115.

vifs murmures s'élevèrent : l'archevêque de Narbonne, Dillon, protesta énergiquement. L'archevêque d'Arles, Dulau, mit en doute si toute autre assemblée que les États-Généraux avait droit de voter des impôts. L'esprit et le talent de discussion déployés par Calonne n'aboutirent qu'à un échec complet. La réunion se prononça contre l'impôt territorial et continua de réclamer le dépôt des états des finances.

Le lendemain, le roi fit signifier aux bureaux qu'ils avaient à délibérer non sur le fond, chose décidée, mais sur la forme de l'impôt territorial. Les bureaux répondirent que, s'il était impossible de se dispenser d'établir l'impôt, il faudrait le percevoir en argent et non en nature. Ils insistèrent plus que jamais sur la communication des recettes et dépenses, pour qu'on pût fixer la quotité, et, si l'on pouvait, la durée de l'impôt. Ils n'eussent voulu l'admettre que comme un secours transitoire. Tout en repoussant de fait, comme les autres, l'égalité devant l'impôt, le premier bureau, présidé par *Monsieur,* se piqua de générosité et refusa l'exemption de capitation offerte aux privilégiés. Tous les bureaux demandèrent le maintien intégral des droits et priviléges des provinces et des divers corps, protestant ainsi contre le *régime uniforme* annoncé par le ministre[1]. Il y eut des membres qui ne cessèrent de s'opposer à l'impôt territorial, mais par des motifs d'un autre ordre que leurs collègues. Le procureur-général du parlement d'Aix, le vieux frère d'armes de La Chalotais dans la guerre contre les jésuites, M. de Castillon, se signala par de hautes paroles.

« Il n'est, dit-il, aucune puissance légale qui puisse admettre l'impôt territorial tel qu'il est proposé, ni cette assemblée... ni les parlements, ni les États particuliers, ni même le roi; les États-Généraux en auraient seuls le droit[2]. »

Une seconde séance générale eut lieu le 12 mars, sous la présidence de *Monsieur.* Calonne présenta la seconde partie de son

---

1. La Bretagne s'était vivement agitée en apprenant qu'on voulait augmenter l'impôt du sel dans les pays de franc-salé, pour le diminuer dans les pays de gabelle, et le gouvernement avait fait promettre que la Bretagne ne paierait pas plus que par le passé.

2. Sur les débats des bureaux, V. *Mém.* de Bachaumont, t. XXXIV, p. 215-260. — Droz, t. Ier, p. 482.

plan, sur la liberté de la circulation intérieure, les droits relatifs au commerce, la gabelle, etc. Abolir les douanes intérieures et les droits d'aides les plus nuisibles à la circulation, c'était, comme il le dit très-bien, répondre, après cent soixante-treize ans, aux États-Généraux de 1614 et accomplir l'œuvre que le grand Colbert n'avait pu mener à terme. Mais il gâta le bon effet de ces paroles par de nouvelles témérités de langage. Il parut vouloir persuader aux Notables qu'eux et lui étaient d'accord. « Sa Majesté, leur dit-il, a vu avec satisfaction qu'en général vos sentiments s'accordent avec ses principes... que les objections qui vous ont frappés... sont principalement relatives aux formes... »

Sur cette assertion, nouvel orage. Tous les bureaux protestent avec virulence contre ce prétendu accord. Ils signifient que leur opposition porte sur le fond et non pas seulement sur la forme. *Monsieur* déclare « qu'il n'est ni honnête ni décent de faire dire aux Notables ce qu'ils n'ont pas dit. » La seconde partie du plan de Calonne est mise en pièces comme la première. L'abolition des douanes intérieures est trop hardie. Les modifications de la gabelle sont trop timides. *Monsieur* veut qu'on fasse disparaître entièrement l'infernale *machine de la gabelle* et qu'on y supplée par une taxe. L'aîné des frères du roi semblait prendre ce rôle de chef de l'opposition, qu'il paraissait plus capable de remplir que le duc d'Orléans. La Fayette demande que, par la loi qui abrogera la gabelle, le roi ordonne la mise en liberté de tous les malheureux que la gabelle a jetés dans les prisons ou aux galères (par la contrebande). Calonne est attaqué personnellement pour les scandaleux échanges ou achats de domaines dans lesquels il a sacrifié l'intérêt de l'état. Le premier président de la Chambre des comptes, Nicolaï, auteur de la dénonciation, ayant hésité à la signer, La Fayette la reprend pour son compte.

Calonne commençait à sentir vaciller sous sa main le monarque qui lui avait fait les mêmes promesses qu'à Turgot et à Necker, et qui allait les tenir de même. Il gardait toutefois encore au dehors son imperturbable assurance, et, le 29 mars, il lut, dans une troisième séance générale, la troisième partie de son plan sur l'inféodation des domaines et la réforme de l'administration des eaux et forêts, comme si les deux parties précédentes eussent été adoptées. Le lendemain, il lança dans le public les Mémoires dont se composaient les deux premières parties, précédés d'un avertissement qui motivait cette publication sur la nécessité « de dissiper les inquiétudes qu'on avait voulu inspirer au PEUPLE. — Il n'est pas question de nouvel impôt, mais de la suppression d'injustes exemptions, de l'emploi de moyens qui tendent tous à l'allégement des contribuables les moins aisés. — On paiera plus, sans doute, mais qui? — Ceux-là seulement qui ne payaient pas assez; ils paieront ce qu'ils doivent, suivant une juste proportion, et personne ne sera grevé. Des priviléges seront sacrifiés!... Oui, la justice le veut, le besoin l'exige. Vaudrait-il mieux surcharger les non-privilégiés, le PEUPLE? »

En même temps, il accusait les Notables en affectant de les défendre. « Ce serait à tort que des observations dictées par le zèle, les expressions d'une noble franchise, feraient naître l'idée d'une opposition malévole [1]. »

Cette pièce, rédigée par le célèbre avocat Gerbier, fut répandue à profusion et envoyée à tous les curés pour *la propager dans les paroisses*. Il n'y avait rien eu de si grave jusqu'alors que cet appel désespéré de l'organe de la couronne à l'opinion du peuple contre les privilégiés. Un cri de colère et d'effroi retentit parmi les Notables. Tous les bureaux portèrent plainte au roi contre la publication *séditieuse* du contrôleur-général. L'assemblée, la cour, plusieurs des ministres, se coalisèrent pour abattre Calonne : la reine entra dans la ligue sous l'influence de son conseiller intime, l'abbé de Vermont, dévoué à l'archevêque de Toulouse; Calonne n'avait plus guère d'allié que l'étourdi comte d'Artois. L'opinion publique ne répondait pas à son appel. Bien que satisfaite de le voir déchirer tous les voiles et briser toutes les barrières, elle soutenait contre le ministre dilapidateur l'opposition même rétrograde; elle applaudissait aux Notables par cela seul qu'ils étaient une assemblée délibérante aux prises avec un ministre du pouvoir absolu. Le temps du progrès par le *despotisme éclairé* était passé [2].

1. Bachaumont, t. XXXIV, p. 343-373. — Droz, t. Ier, p. 496.

2. Une circonstance locale contribuait à rendre Paris plus malveillant pour Calonne; c'était la construction du mur d'octroi et des nombreuses barrières qui emprisonnent la capitale. Paris, depuis qu'il avait franchi ses vieux boulevards, s'était

Les pamphlets pleuvaient sur Calonne et répétaient avec emportement ce mot redoutable d'*États-Généraux*, prononcé avec solennité dans quelques bureaux. Le paradoxal Linguet, qui naguère célébrait le pur despotisme et devait bientôt prêcher la banqueroute, invoque l'assemblée des Trois-États. « C'est outrager la nation, » écrit Carra, préludant à sa carrière de journaliste révolutionnaire, « que de lui proposer, en l'absence des États-Généraux, qui tiennent à sa constitution, de consentir à refondre cette constitution en *assemblées provinciales*, dont la véritable qualité serait celle de caisses d'emprunt au gré du contrôleur-général. »

Un adversaire plus considérable, provoqué par Calonne, apportait à la coalition un appui très-efficace. C'était Necker. Calonne avait contesté le *Compte rendu*. Necker demanda au roi la permission d'en débattre la véracité contre Calonne par-devant les Notables. Louis XVI fit dire à Necker qu'il était satisfait de ses services et qu'il lui ordonnait de garder le silence. Necker n'était pas homme à obéir, quand il s'agissait de sa renommée; il prépara un mémoire apologétique, et, en attendant, il parla; il remit des notes aux principaux membres de l'assemblée. Sur ces entrefaites, Calonne s'avisa d'avancer que Necker n'avait pas laissé au Trésor, comme il le prétendait, une somme suffisante pour achever les paiements de 1781 et pour commencer ceux de l'année suivante. Sur le terrain du *Compte rendu*, Calonne eût pu assez bien se défendre; ici il avait absolument tort. Le successeur de Necker, l'ex-contrôleur-général Joli de Fleuri, interrogé sur ce point, déclara par écrit que Necker avait dit la vérité. Le garde des sceaux Miromesnil, très-engagé dans la ligue contre Calonne, fit parvenir la lettre de Fleuri jusqu'au roi. Calonne, questionné avec sévérité par Louis XVI, récrimina habilement contre les intrigues dont on l'assaillait et imputa l'opposition des Notables aux cabales de Miromesnil. Louis tourna sa mauvaise humeur contre le garde des sceaux et agréa la proposition que fit Calonne de remplacer Miromesnil par M. de Lamoignon, président au parlement de Paris et cousin de Malesherbes. Calonne voulut pousser la victoire jusqu'au bout et faire congédier aussi Breteuil, ministre

---

répandu librement dans la campagne comme aujourd'hui Londres, et fut très-mécontent de l'enceinte qu'on lui imposa.

de la maison du roi. Louis XVI ne s'y refusa pas; mais il voulut prévenir la reine, qui protégeait Breteuil. La reine éclata, s'écria que ce n'était pas Breteuil qu'il fallait renvoyer, mais Calonne, qui avait compromis l'autorité du roi en appelant les Notables et qui maintenant ne savait ni les contenir ni les gagner; elle s'emporta, elle pria, elle pleura. Le faible roi, qui était venu chez Marie-Antoinette pour signifier le congé de Breteuil, chargea Breteuil de porter à Calonne sa destitution; mais il garda, en renvoyant Calonne, le garde des sceaux que Calonne venait de faire (8-9 avril).

Les plans de Calonne ne disparaissaient pas avec lui, comme les plans de Turgot et de Necker avaient disparu avec leurs auteurs. Il n'était plus possible de retourner aux vieilles routines. On avait fait entendre à Louis XVI que, des projets de Calonne, il n'y avait à supprimer que Calonne. — Mais qui exécuterait ces projets? — Il y avait deux candidats sérieux, le candidat de la reine et celui de l'opinion, Brienne et Necker, qui gardait encore sa popularité malgré l'attaque à fond qu'un puissant champion avait récemment dirigée contre son système d'emprunts [1]. Le roi ne pouvait souffrir ni l'un ni l'autre. Le nouveau ministre des affaires étrangères, Montmorin, tenta un faible effort en faveur de Necker : il échoua, et, Necker ayant, le jour même du renvoi de Calonne, publié sans autorisation son mémoire apologétique, la cabale de la reine profita de cette désobéissance pour le faire exiler à vingt lieues de Paris. Marie-Antoinette avait tout à fait oublié son ancienne bienveillance pour le Genevois. Le parti de la reine poussa provisoirement au contrôle-général un vieux conseiller d'état sans conséquence, M. de Fourqueux, et, le 23 avril, le roi alla en personne remettre aux Notables la quatrième partie du travail de Calonne, annonça 15 millions d'économies et un droit de timbre étendu à beaucoup d'objets qui en avaient été exempts jusque-là, pour contribuer, avec la subvention territoriale, à combler le déficit. Le roi accordait aux Notables la préséance pour les privilégiés dans les assemblées provinciales et la

---

1. *Dénonciation de l'agiotage au roi et aux Notables,* par le comte de Mirabeau; — Ire *Lettre sur l'administration de M. Necker,* par le même; mars 1787. Il y a de bonnes raisons, mais aussi de l'exagération et de l'injustice.

communication complète de ces états de finances tant réclamés.

Les Notables n'en montrèrent pas plus de bonne volonté et parurent peu disposés à accueillir l'impôt du timbre. La crise financière s'aggravait d'heure en heure : toutes les affaires avaient cessé; le Trésor était à la veille de suspendre ses paiements. Il fallait se hâter de chercher quelque forte main pour lui remettre le gouvernail. Montmorin, secondé cette fois par le nouveau garde des sceaux Lamoignon, fit une seconde tentative sur le nom de Necker. Louis XVI allait plier, quand Breteuil vint à son aide contre les deux autres ministres et insista en faveur de Brienne. Louis se résigna à Brienne pour échapper à Necker. L'archevêque de Toulouse fut nommé chef du conseil des finances, et il fut entendu que le contrôleur-général ne serait que son premier commis (1er mai). Brienne était un autre Calonne pour la moralité, avec moins de talents et des prétentions de grand économiste de plus. Personnage tout d'apparence, n'ayant rien au fond que des vices et une petite ambition cupide et vulgaire, il était de ces hommes qui, avec un esprit facile et beaucoup de manége, se font juger capables des grandes places tant qu'ils ne les ont pas remplies. Il sut lier la reine à sa destinée ministérielle comme aucun ministre ne l'avait encore fait. Marie-Antoinette gouverna ostensiblement avec lui, assistant désormais à tous les *comités* chez le roi et acceptant, appelant la redoutable responsabilité d'un rôle pour lequel la nature l'avait si peu faite et qui devait l'écraser avec tous les siens

Malesherbes fut ramené au conseil par son parent Lamoignon, comme ministre d'état sans portefeuille. Ce n'était plus une garantie ni une force; c'était une victime de plus, et malheureusement l'illustre vieillard devait compromettre, dans ce ministère, plus que sa vie, sa gloire, qui appartenait à la France!

Le 2 mai, Brienne annonça aux bureaux que les économies annuelles seraient de 40 millions, et non de 15, mais qu'un emprunt de 80 millions était indispensable. Sous l'impression d'une telle promesse de réductions dans les dépenses, les Notables consentirent l'emprunt, qui fut émis sous la forme de 6 millions de rentes viagères. Tous les bureaux se jetèrent avec une avide curiosité sur ces fameux comptes de finances qui leur avaient enfin été livrés. Ils n'y trouvèrent pas de grandes lumières. Il y avait une telle absence d'ordre, de méthode et de sincérité dans ces comptes[1], qu'on ne vint pas à bout de démêler le déficit permanent des charges extraordinaires et accidentelles, ni par conséquent de s'entendre sur le chiffre du déficit réel. La plupart l'évaluèrent approximativement à 140 millions. Les comptes de 1788 nous donnent à ce sujet des notions qui manquaient aux Notables en 1787, et l'on peut reconnaître que le déficit permanent ne dépassait pas 97 à 98 millions, y compris une douzaine de millions pour besoins imprévus : Calonne, avec sa témérité étourdie, l'avait exagéré, probablement pour tirer des Notables le plus d'argent possible[2].

Malgré les économies annoncées, Brienne déclara aux Notables que la subvention territoriale était nécessaire, au chiffre de 80 millions par an, avec l'impôt du timbre et une nouvelle forme de capitation. De longs et vains débats se renouvelèrent dans les bureaux. Les Notables appartenant aux ordres privilégiés, c'est-à-dire l'immense majorité de l'assemblée, étaient inquiets des reproches qui leur arrivaient des provinces. La noblesse et le clergé étaient fort mécontents que les Notables eussent admis en droit l'*égale répartition*, au moins pour un impôt spécial, tout en cherchant à l'éluder de fait. Il y eut, parmi ces discussions, quelques incidents remarquables. La Fayette proposa qu'on suppliât le roi de convoquer une ASSEMBLÉE NATIONALE dans cinq ans, c'est-à-dire pour 1792! « Quoi, monsieur, dit le comte d'Artois, président du bureau, vous demandez les États-Généraux? — Oui, monseigneur; et *même mieux que cela*[3]. »

La Fayette ne fut pas soutenu. Il eut plus de succès dans deux autres motions, l'une pour l'état civil des protestants, mesure à laquelle le gouvernement, comme nous l'avons dit, était déjà

1. Ils ne furent pas tous livrés; car « le roi fit lui-même le triage de ceux qu'il voulait bien montrer aux Notables, et de ceux qu'il lui plut de leur soustraire, et qui, apparemment, contenaient ou des dons ou des déprédations. » — *Mém.* de Besenval, t. III, p. 226.

2. V. les observations de M. Droz, *Hist. du règne de Louis XVI*, t. Ier, p. 512-514. Il ne faut pas oublier que les charges extraordinaires et flottantes, quand on ne les solde pas, aboutissent nécessairement à une consolidation qui augmente le déficit permanent de l'intérêt de ces fonds consolidés

3. *Mém.* de La Fayette, t. II, p. 177.

décidé; l'autre, pour la réforme du code criminel. Il est juste d'observer que ce fut un évêque, M. de La Luzerne, qui appuya et fit passer la motion sur les protestants, fait d'autant plus notable et d'autant plus nouveau, que l'évêque de Langres était dévot et non pas philosophe. M. de la Luzerne alla plus loin et accepta d'avance la liberté des cultes, en disant qu'il aimait mieux des temples dans les villes que des prêches au désert[1]. L'antique esprit de saint Martin et du christianisme évangélique reparaissait enfin pour donner la main à la philosophie contre le catholicisme persécuteur.

Les Notables, ne voulant pas prendre, aux yeux des provinces, la responsabilité de voter ou même de proposer des impôts, finirent par déclarer qu'ils s'en remettaient à la sagesse du roi pour décider quelles contributions auraient le moins d'inconvénients, s'il était vraiment indispensable de demander à la nation de nouveaux sacrifices; c'est-à-dire que les Notables donnèrent leur démission entre les mains du roi.

La séance de clôture eut lieu le 25 mai. On entendit beaucoup de périodes retentissantes, beaucoup de contre-vérités sur l'*union des cœurs et l'unité des principes*, sur les grands résultats de l'assemblée. La confiance de Calonne avait passé dans son successeur; mêmes assurances qu'on va sortir de péril; que tout est fini... quand tout commence! — Quelques années auparavant, on eût obtenu grand effet d'une phrase telle que celle-ci :

« La corvée est proscrite; la gabelle est jugée; les entraves qui gênaient le commerce intérieur et extérieur seront détruites, et l'agriculture, encouragée par l'exportation libre des grains, deviendra de jour en jour plus florissante. »

Mais les choses valent selon les temps et les lieux : c'est ce que les Bourbons n'ont pas su comprendre; c'était dix ans trop tard!

Brienne termina en protestant de la volonté du roi de limiter la durée des nouveaux impôts, ainsi que de maintenir les formes et les prérogatives des deux premiers ordres, essentielles à la monarchie, et qu'il importait de ne pas confondre avec l'égale répartition de l'impôt[2].

1. *Mém.* de La Fayette, t. II, p. 178.
2. V. tout ce qui regarde cette assemblée dans le recueil intitulé : *Assemblée des*

Ce n'était pas au profit de la royauté que les Notables avaient donné leur démission. On allait bientôt s'en apercevoir. Elle eût pu toutefois en tirer un bénéfice momentané et gagner peut-être encore du temps, si Brienne avait eu quelque peu de coup d'œil politique. Tout le monde s'attendait à une séance royale où le roi ferait enregistrer en bloc au parlement l'ensemble des édits d'administration et de finances consentis dans des termes généraux et indirects par les Notables. Il n'y eût point eu de violente explosion d'opinion à ce sujet. Brienne eut l'incroyable maladresse d'envoyer les édits un à un. Les trois premiers, sur la liberté du commerce des grains, sur les assemblées provinciales, sur l'abolition de la corvée, passèrent sans difficulté (17-22-27 juin). Restaient l'impôt du timbre et la subvention territoriale. Il était de toute évidence qu'il fallait commencer par celui de ces deux impôts dont le principe était populaire et que le parlement ne pouvait repousser qu'en repoussant, au nom des priviléges, la base de l'égale répartition, c'est-à-dire en se couvrant d'un discrédit immense. Brienne fit tout le contraire. Il envoya l'édit du timbre le premier! Le parlement, comblé de joie par cette faute, se sentit maître de la situation : il réclama, à l'exemple des Notables, communication des états de finances, afin de se rendre compte des besoins du trésor avant d'enregistrer (6 juillet). Le ministère refusa. Au milieu de l'orageuse délibération qui suivit ce refus, un conseiller-clerc, Sabatier de Cabre, s'écria tout à coup : « On demande des *états*, ce sont des *États-Généraux* qu'il nous faut! » Ce jeu de mots se transforma en une proposition formelle, et la Compagnie arrêta que des commissaires rédigeraient des remontrances pour supplier le roi de retirer sa déclaration sur le timbre et exprimer le vœu de voir la NATION ASSEMBLÉE préalablement à tout impôt nouveau (16 juillet)[1].

Les Notables avaient abdiqué entre les mains du roi : le parlement abdiquait dans les mains de la NATION.

C'était le renversement de toutes ses traditions; lui, jusque-là si jaloux des États-Généraux, si désireux de ne pas les voir repa-

---

Notables, 1787; 2 vol. in 4º. — Les séances générales se trouvent aussi dans l'*Introduction au Moniteur*.

1. *Mém.* de Bachaumont, t. XXXV, p. 334.

raître. Dès le lendemain, il fut effrayé de l'espèce de vertige dont il avait été saisi. Les rédacteurs des remontrances atténuèrent la portée de l'arrêté du 16 juillet en écrivant que les États-Généraux seuls peuvent consentir un impôt *perpétuel*. La porte était ainsi rouverte aux transactions avec la cour. Le roi ne répondit pas sur ce qui regardait les États et dépêcha au parlement l'édit qui établissait la subvention territoriale et supprimait les deux vingtièmes. Le parlement, alors, réclama les États-Généraux sans restriction. « La nation, représentée par les États-Généraux, est seule en droit d'octroyer au roi les subsides nécessaires (30 juillet) [1]. »

La majorité, qui ne songeait qu'à intimider la cour afin d'obtenir le retrait de la subvention territoriale, avait été entraînée par deux minorités momentanément coalisées : l'une, personnifiée dans la froide énergie d'Adrien Duport, une des futures puissances de la Constituante, savait où elle allait, à la liberté démocratique, à une Révolution où disparaîtrait le parlement et où les États-Généraux eux-mêmes s'absorberaient dans l'unité de cette assemblée nationale appelée tout à l'heure par La Fayette ; l'autre, guidée par la brillante et folle imagination de d'Éprémesnil, rêvait une restauration des libertés privilégiées du moyen âge, un régime de monarchie aristocratique, où les trois ordres s'assembleraient à des époques déterminées et confieraient, dans les intervalles de leurs assemblées, le maintien des droits publics au parlement.

Le roi manda le parlement à Versailles, et les deux édits furent enregistrés en lit de justice le 6 août. Deux mois auparavant, le lit de justice eût prévenu, ou du moins ajourné la lutte ; maintenant ce n'était plus qu'un épisode de cette même lutte. Le parlement avait lancé un brandon qu'il ne dépendait plus de lui d'éteindre. La veille et dans l'attente du lit de justice, il avait minuté d'avance une protestation où l'on remarquait cette phrase accablante :

« Le parlement, affligé d'avoir eu à donner, depuis douze ans, son suffrage sur des impôts accumulés et dont les projets présentés porteraient la masse jusques à plus de 200 millions d'accroisse-

---

1. *Mém.* de Bachaumont, t. XXXV, p. 378.

ment depuis l'avénement du roi à la couronne, n'a pas cru avoir des pouvoirs suffisants pour se rendre garant de l'exécution des édits vis-à-vis des peuples... qui voient avec effroi les suites fâcheuses d'une administration dont la déprédation excessive ne leur paraît pas même possible[1]. »

Le lendemain du lit de justice, le parlement déclara illégales et nulles les transcriptions faites sur ses registres. Les jeunes conseillers étouffaient, sous leur supériorité numérique, les scrupules et les appréhensions des vieux magistrats de la grand'chambre. Une foule immense, qui encombrait le Palais et les alentours, accueillait de ses acclamations les magistrats signalés par leur opposition à la cour et par leur intervention dans l'appel aux États-Généraux.

Un règlement publié, sur ces entrefaites, touchant la réduction des dépenses de la maison du roi et de celle de la reine (9 août), afin de commencer à remplir les promesses économiques de Brienne, irrita plus les courtisans lésés qu'il ne satisfit le public[2]. « Il est affreux, s'écriaient les gens de cour, de vivre dans un pays où l'on n'est pas sûr de posséder le lendemain ce qu'on avait la veille. Cela ne se voyait qu'en Turquie[3]. — Beau mérite, répliquait le public, que d'abandonner ce qu'on ne peut plus garder et de ployer sous la nécessité! »

Le parlement, cependant, poussait sa pointe. Le 10 août, Duport dénonça en règle les *dilapidations, abus d'autorité*, etc., de l'ex-contrôleur-général Calonne. Le parlement accueillit la dénonciation et chargea le procureur-général d'informer. L'arrêté fut cassé par le conseil; mais Calonne ne s'y fia pas et s'enfuit en Angleterre. Tous les parlements des provinces renouvelèrent l'arrêté du parlement de Paris. L'acte d'accusation de Calonne était, aux yeux de la foule, celui de la cour et de la reine. Les pamphlets sortaient de terre de tous côtés. Les clercs de la basoche,

---

1. *Mém.* de Bachaumont, t. XXXV, p. 389.
2. Les charges de la chambre et de la garde-robe étaient réduites de moitié : la grande et la petite écurie étaient réunies. Les gendarmes, les chevau-légers et les gardes de la porte étaient supprimés, ce qui réduisait la cavalerie de la maison du roi aux gardes du corps. — V. *Anciennes Lois françaises*, t. XXVIII, p. 416. — L'École militaire fut supprimée de nouveau le 9 octobre 1787.
3. *Mém.* de Besenval, t. III, p. 256.

dans les cours du Palais, chansonnaient tout haut *Madame Déficit*. *Madame Déficit* préparait *Madame Veto !* L'irritation contre Marie-Antoinette était arrivée à tel point que, sur l'avis du lieutenant de police, Louis XVI interdit expressément à la reine de se montrer dans Paris[1].

Le parlement avait ajourné au 13 août la délibération sur les moyens d'assurer l'exécution de son arrêté du 7. Le duc de Nivernais, pair de France et ministre d'état sans portefeuille[2], essaya de calmer les magistrats en leur représentant la nécessité de montrer la France unie et l'état armé de ressources suffisantes, dans un moment où les affaires de Hollande menaçaient de ramener la guerre. D'Éprémesnil le réfuta vivement, et, à la majorité de quatre-vingts voix contre quarante, la Compagnie persista dans ses arrêtés, déclara les édits du 6 août incapables de priver la nation de ses droits et d'autoriser une perception *contraire à tous les principes*, et ordonna l'envoi du présent arrêté à tous les bailliages et sénéchaussées de son ressort. Des cris d'enthousiasme accueillirent au dehors la nouvelle de cette décision. D'Éprémesnil fut porté en triomphe. Le peuple ignorait que, dans le préambule de l'arrêté, le parlement eût déclaré qu'on ne pouvait, sans violer les constitutions primitives de la nation, soumettre le clergé et la noblesse à la subvention territoriale, et que ces *principes* seraient ceux des États-Généraux. Quand on le sut, on en tint peu de compte. Un infaillible instinct avertissait la masse non privilégiée que les États-Généraux ne profiteraient qu'à elle seule[3].

La cour répondit par l'exil du parlement à Troies (15 août). Les deux frères du roi furent chargés de faire enregistrer les édits, l'un à la chambre des comptes, l'autre à la cour des aides. *Monsieur*, qui passait pour exécuter, malgré lui, un ordre qu'il désapprouvait, fut applaudi par le peuple : le comte d'Artois fut sifflé et hué. La chambre des comptes et la cour des aides demandèrent le rappel du parlement et la convocation des États-Généraux. Chaque jour le Palais et les quartiers environnants étaient le

---

1. Bachaumont, t. XXXV, p. 402.
2. C'est le fabuliste, plus connu comme ami des lettres que comme personnage politique.
3. Bachaumont, t. XXXV, p. 407. — Droz, t. II, p. 12.

théâtre de rassemblements où l'on donnait la chasse aux *mouches de la police* et où l'on manifestait l'esprit le plus hostile. Les *clubs*, cercles de lecture et de conversation empruntés à l'Angleterre depuis 1782, passaient par-dessus la défense qu'on leur avait faite de s'occuper de politique et devenaient les foyers d'une opposition qui soutenait celle de la rue. Le ministère ferma les clubs. Le 27 août, le parlement, du lieu de son exil, lança un nouvel arrêté plus violent que les précédents. Deux jours auparavant, Brienne, sous prétexte de la nécessité d'un pouvoir concentré en présence d'une situation aussi tendue, s'était fait nommer principal ministre. Les maréchaux de Ségur et de Castries refusèrent de reconnaître sa suprématie et donnèrent leur démission. C'était l'honneur militaire de la vieille France qui s'en allait. L'ignominie extérieure arrivait avec l'anarchie du dedans. Le gouvernement, aux prises, à l'intérieur, avec les vieilles corporations, ployait honteusement devant l'étranger.

Dans les derniers temps de M. de Vergennes, la diplomatie française avait déjà reperdu bien du terrain : la considération, toutefois, se soutenait encore. Elle se ruina rapidement après lui.

Vergennes, par le traité de commerce de 1786, avait réussi à faire en sorte que l'Angleterre eût intérêt à ne pas nous faire directement la guerre, mais il n'était point parvenu à l'empêcher de nous la faire partout indirectement par la diplomatie. A l'instant même où Pitt remplissait la tribune anglaise de si belles paroles contre les haines internationales, il mettait son principal soin à miner partout les alliances et les intérêts de la France. Irrité du pacte commercial de la France avec la Russie, il s'en vengea en Turquie. Secondé par le gouvernement prussien, qui était tombé complétement sous sa main depuis la mort du grand Frédéric, il affecta tout à coup un grand zèle pour le maintien de l'empire othoman, jusque-là si complétement livré par l'Angleterre à la discrétion des Russes, et poussa les Turcs à reprendre l'offensive, afin que la France perdît l'alliance commerciale de la Russie si elle soutenait les Turcs, ou vît anéantir son influence dans le Levant si elle ne les soutenait pas. Les agents anglo-prussiens promirent au Divan d'armer le roi de Suède et de soulever les Polonais contre la Russie. Les Turcs, se croyant menacés par le fameux voyage de Catherine II en Crimée et par l'entrevue de la tzarine avec l'empereur Joseph II au bord de la mer Noire, déclarèrent donc la guerre aux Russes, dans un moment où Catherine ne songeait pas à une attaque immédiate ni même prochaine contre la Porte, et où Joseph II était plus préoccupé des troubles suscités dans les Pays-Bas autrichiens par ses innovations que disposé à se battre sur le Danube (août 1787). Les ambassadeurs français tentèrent en vain d'éteindre le feu allumé en Orient par les Anglais.

D'autres intrigues, sur ces entrefaites, attaquaient de plus près la France. L'Angleterre, et surtout son instrument, la Prusse, agissaient plus ostensiblement en Hollande qu'en Turquie. Le gouvernement français avait eu grand tort, comme le remarque très-bien Mirabeau[1], de ne point affranchir la Hollande en même temps que l'Amérique, c'est-à-dire de ne pas profiter de l'indignation excitée par les infâmes trahisons du prince d'Orange pour faire abolir le stathoudérat. La question, que le gouvernement français n'avait pas eu l'énergie de trancher durant la guerre d'Amérique, restait pendante, depuis la paix, entre l'indigne chef du pouvoir militaire, soutenu par une coalition d'aristocratie et de populace, et les principaux magistrats appuyés sur la partie éclairée et patriotique du peuple des Sept Provinces. Les tentatives du stathouder pour faire massacrer dans des émeutes les chefs du parti républicain, les violences commises par les troupes à ses ordres poussèrent à bout les patriotes. La province de Hollande suspendit le prince d'Orange des fonctions de capitaine-général. Le stathouder invoqua l'intervention du roi de Prusse, frère de sa femme, et l'ambassadeur anglais à La Haie souffla le feu de tout son pouvoir. Le roi Frédéric-Guillaume hésita toutefois d'abord à se mettre en opposition ouverte avec la France, et il y eut un essai de médiation en commun par la France et la Prusse. Le stathouder, excité par sa femme, vrai démon d'orgueil et de méchanceté, refusa les conditions d'accommodement (janvier 1787).

M. De Vergennes vint à mourir. Il n'avait pas eu toute la vigueur désirable; mais, après lui, ce fut bien pis : il n'y eut plus, on peut le dire, de diplomatie française. L'attitude de la Prusse devenait

---

1. *Adresse aux Bataves*; 1788.

menaçante. Le nouveau ministre des affaires étrangères, Montmorin, proposa au conseil de former un camp sur la frontière du Nord, à Givet. Calonne avait fait les fonds nécessaires, quand il fut congédié. La France tomba bien plus bas encore que sous Calonne! Brienne détourna les fonds, et non-seulement on ne forma pas un corps d'armée à Givet, sous le commandement de Rochambeau ou de La Fayette, comme il en avait été question, mais on détourna les républicains hollandais d'appeler le frère d'armes de Washington à la tête de leurs troupes, et on leur fit prendre pour général un lâche intrigant allemand, le rhingrave de Salm, qui n'était propre qu'à rendre la défense impossible. Le faible Montmorin n'avait osé réclamer ni soutenir Ségur et Castries, et l'histoire est obligée d'avouer que le collègue, l'ami du grand Turgot, contribua, dans le conseil, à empêcher la France de faire son devoir. L'énergie n'avait jamais été la qualité distinctive de Malesherbes : affaibli par l'âge, il n'avait plus maintenant d'autre idée que la peur des troubles au dedans et de la guerre au dehors. On n'eût pas eu la guerre si l'on eût montré les armes françaises à la frontière; car l'Angleterre ne se fût point décidée à attaquer, et la Prusse n'agit que lorsqu'elle fut bien sûre que la France n'agirait pas[1]. On n'eût pas eu la guerre; on eut la honte. Après la démission des maréchaux de Ségur et de Castries, la catastrophe ne se fit pas attendre. Le stathouder et son odieuse femme, après avoir échoué dans un nouveau complot pour surprendre La Haie et faire égorger les magistrats, appelèrent ouvertement les armes étrangères. Vingt-quatre mille Prussiens, commandés par ce même duc de Brunswick dont la gloire devait faire naufrage à Valmi, pénétrèrent rapidement en Hollande. Les patriotes, consternés de l'inaction de la France, trahis par le rhingrave de Salm, qui s'enfuit au lieu de défendre Utrecht, ne purent opposer une résistance efficace. Le stathouder rentra dans La Haie le 20 septembre 1787. Amsterdam capitula (10 octobre), et toute la Hollande fut livrée au pillage et aux fureurs de la faction victorieuse et de ses auxiliaires allemands.

L'important traité de 1785 entre la France et la Hollande répu-

---

1. Ségur, *Tableau de l'Europe*, t. 1er, p. 342. — Droz, t. II, p. 28.

blicaine fut annulé de fait par les nouveaux pactes que la Hollande asservie dut subir avec l'Angleterre et la Prusse (15 janvier 1788).

« La France vient de tomber! je doute qu'elle se relève, » dit l'empereur Joseph II[1]. Elle ne devait pas se relever, en effet, sous le drapeau de la monarchie. C'était sous un autre drapeau qu'elle devait chasser devant elle les étendards du frère de Joseph II et du neveu de Frédéric le Grand.

L'ignominieux dénoûment des affaires de Hollande couvrit le gouvernement d'un mépris général, que raviva la présence de tous ces malheureux patriotes hollandais compromis, abandonnés, qui venaient demander à la France un refuge à défaut de secours.

L'agitation causée par l'exil du parlement continuait. Tous les tribunaux inférieurs, et même des corps étrangers à la magistrature, l'université, par exemple, avaient envoyé à Troies des adresses et des députations. Les parlements provinciaux étaient déchaînés et réclamaient, les uns après les autres, le rappel du parlement de Paris, la convocation des États-Généraux, le procès de Calonne. Leur langage devenait très-menaçant. « Les coups d'autorité sans cesse renouvelés, » disait le parlement de Besançon, « les enregistrements forcés, les exils, la contrainte et les rigueurs mises à la place de la justice... blessent une nation idolâtre de ses rois, mais libre et fière, glacent les cœurs, et *pourraient rompre les liens qui attachent le souverain aux sujets et les sujets au souverain.* » Plusieurs parlements demandaient, au nom des *lois constitutionnelles* du royaume, qu'au lieu d'organiser les assemblées provinciales, on rétablît les anciens États-Provinciaux avec leurs droits beaucoup plus étendus, mais aussi avec leur forme de privilége et d'inégalité, c'est-à-dire qu'ils revendiquaient le régime des Trois-Ordres contre le nouveau système de représentation fondé sur le principe unique de la propriété foncière[2]. Le par-

---

1. Flassan, t. VII, p. 456.
2. Les assemblées des deux degrés supérieurs, de l'élection et de la province, ne devaient être représentatives qu'à partir de 1791, le roi nommant jusque-là moitié des membres, qui se complétaient ensuite eux-mêmes. — V., comme spécimen, le *Règlement sur la formation des assemblées de Champagne*, ap. *Anciennes Lois françaises*, t. XXVIII, p. 366; 23 juin 1787.

nent de Bordeaux alla jusqu'à défendre à l'assemblée provinciale du Limousin de se réunir. Il dépassa en hardiesse le parlement de Paris : exilé à Libourne, il refusa d'enregistrer les lettres de translation, comme illégales.

Les choses, poussées si avant par les cours provinciales, semblaient s'apaiser en ce moment entre Versailles et Troies. Le ministère avait peur; la majorité du parlement de Paris s'ennuyait de l'exil et s'inquiétait des suites; Brienne fit des avances; la majorité ne les repoussa point et l'on aboutit à une transaction sans logique et sans dignité. Le ministère retira les édits du timbre et de la subvention territoriale, proclamés naguère indispensables au salut de l'état. Le parlement, tout en déclarant ne pas se départir de ses arrêtés, enregistra le rétablissement des deux vingtièmes, à savoir : le premier indéfiniment, et le second jusqu'en 1792; lesquels vingtièmes seraient désormais perçus, « sans distinction ni exception, sur l'universalité du revenu des biens qui y sont soumis (19 septembre 1787)[1]. »

Le pouvoir royal et le parlement sortaient tous deux amoindris d'une lutte où il n'y avait eu que des vaincus. L'opinion salua comme une victoire le rappel du parlement. La jeune basoche et la multitude turbulente qui lui servait d'auxiliaire firent illuminer les alentours du Palais en cassant les carreaux des maisons qui n'obéissaient pas. On brûla Calonne en effigie sur la place Dauphine; on promena au milieu des huées d'autres mannequins représentant le ministre Breteuil et l'amie de la reine, la duchesse de Polignac. Peu s'en fallut qu'on ne traitât de même l'image de Marie-Antoinette. On sentait frémir dans la foule des sentiments violents qui ne cherchaient qu'une occasion d'éclater. La capitulation avec le parlement était un misérable expédient et non une solution. L'orage grondait partout; toutes les âmes avides d'action aspiraient l'électricité qui remplissait l'espace. « Du chaos tranquille, » écrivait Mirabeau, « la France a passé au chaos agité : il peut, il doit en sortir une création. » Et Mirabeau, qui n'avait pas été appelé aux Notables et qui sentait sa destinée dans une plus grande assemblée, pous-

---

1. *Anc. Lois françaises*, t. XXVIII, p. 432.

sait les parlementaires à ne pas accepter l'ajournement des États-Généraux à 1792, mais à les exiger pour 1789, *date de rigueur*, disait-il, montrant tout ce qu'il y aurait d'insensé, de fatal pour le gouvernement lui-même, à tenir la France en suspens durant quatre années encore dans une telle crise [1]. On marchait vite; cette date de 1792, que Mirabeau repoussait si absolument par des raisons péremptoires, était celle que La Fayette avait demandée quelques mois auparavant, sans trop espérer l'obtenir !

Mirabeau ne fut point écouté. Brienne avait son plan. Ne pouvant plus recourir à l'impôt, il avait résolu d'en revenir à l'emprunt, mais sur l'échelle la plus hardie. Il avait formé le projet de présenter en bloc à l'enregistrement une somme de 420 millions d'emprunts, réalisables en cinq ans [2], avec promesse de convocation des États-Généraux avant 1792. Ce délai serait employé à rétablir les finances, et les États, arrivant dans une situation éclaircie et calmée, pourraient s'occuper à loisir des améliorations qui assureraient l'avenir. C'était là du moins ce qu'on allait dire au parlement. Quant au roi et à la reine, Brienne calma les appréhensions que leur causait le nom d'États-Généraux, en leur représentant qu'une fois les emprunts enregistrés, les finances restaurées et les esprits amortis par une si longue attente, on ferait des États-Généraux un vain spectacle, ou, même, on ne les convoquerait pas du tout, puisqu'on n'aurait plus rien à leur demander.

C'était avec ce mélange d'aveuglement et de fausseté puérile que les derniers ministres de la monarchie s'apprêtaient au grand combat de la Révolution.

Brienne, dans l'espoir de séduire l'opinion, ajouta à l'édit d'emprunt l'édit tant réclamé qui rendait l'état civil aux protestants, tout en déclarant, pour apaiser le clergé, que la religion catholique serait toujours le seul culte public et autorisé dans le royaume, et que la naissance, le mariage et la mort de ceux qui la professent ne pourraient, dans aucun cas, être constatés que

---

1. Lettres des 30 octobre et 18 novembre 1787; ap. *Mém.* de Mirabeau, t. IV, p. 459-467.
2. 120 millions en 1788; 90 en 1789; 80 en 1790; 70 en 1791; 60 en 1792.

suivant les rites et usages de ladite religion¹. Le 19 novembre, dès le matin, le roi se transporta brusquement au parlement, qui venait à peine de se rouvrir après les vacances et se trouvait encore très-incomplet. Brienne, qui avait travaillé les magistrats par toutes sortes de séductions, espérait enlever la majorité et combiner, par une forme équivoque de séance, le bénéfice d'un enregistrement libre et celui d'un lit de justice obéi sans résistance. Le garde des sceaux, Lamoignon, débuta par un discours maladroit si l'on prétendait gagner et non contraindre les votes : il ressassa toutes les maximes absolutistes des lits de justice de Louis XV : « Au monarque seul appartient le pouvoir législatif, sans dépendance et sans partage, » etc., en y ajoutant ceci : Que le roi ne pourrait trouver dans les États-Généraux qu'un *conseil plus étendu,* et serait toujours l'arbitre suprême de leurs représentations et de leurs *doléances.* Cependant, la délibération fut librement ouverte : chacun donna et motiva son vote à haute voix. Les chefs de l'opposition parlèrent longuement, énergiquement, mais avec convenance, et l'opinion qu'ils soutinrent était celle de Mirabeau : accorder le premier emprunt (celui de 120 millions), moyennant les États-Généraux pour 1789. Le débat se prolongea six heures : la majorité était acquise à l'édit, avec supplication au roi de hâter les États-Généraux... Tout à coup le garde des sceaux, au lieu de laisser le premier président compter les voix, monta vers le trône, parla à l'oreille du roi, puis, sur l'ordre obtenu de Louis, prononça l'enregistrement de l'édit, d'après la formule usitée dans les lits de justice.

Un long murmure parcourut l'assemblée, qui voyait transformer soudain en lit de justice une simple séance royale avec délibération libre. Le duc d'Orléans se leva, et, troublé comme s'il eût entrevu où le pas qu'il faisait devait le conduire, il dit ces mots entrecoupés : « Sire..., cet enregistrement me paraît illégal!... » Louis XVI ne montrait pas moins de trouble. « Cela m'est égal..., » répliqua-t-il. « Si; c'est légal, parce que je le veux² ! » La rudesse despotique du langage cachait mal l'hésitation du cœur. Louis fit lire le second édit, celui des protestants, et se retira,

---

1. *Anc. Lois françaises,* t. XXVIII, p. 472.
2. Sallier (conseiller au parlement); *Annales françaises,* p 128, 129.

laissant le parlement en séance. La protestation du duc d'Orléans fut rédigée avec développement et inscrite au procès-verbal, et l'assemblée rendit un arrêté par lequel, vu l'illégalité de ce qui venait de se passer à la séance du roi, le parlement déclarait ne prendre aucune part à la transcription de l'édit d'emprunt sur les registres.

La folle démonstration absolutiste du garde des sceaux avait ruiné de fond en comble les plans de Brienne. La cour essaya la rigueur. Le duc d'Orléans fut exilé à Villers-Cotterets; deux conseillers, qui passaient pour avoir excité ce prince, furent envoyés prisonniers dans des châteaux forts. Le parlement répondit en accueillant une motion d'Adrien Duport contre les lettres de cachet, comme *nulles, illégales, contraires au droit public et au droit naturel*. Le roi manda le parlement à Versailles, fit biffer l'arrêt, et ordonna l'enregistrement de l'édit en faveur des protestants, malgré les réclamations des évêques présents à Paris [1]. Le parlement, bien qu'il eût voulu tout suspendre, céda sur ce point, non pas aux exigences de la cour, mais à l'impatience de l'opinion. L'opposition rétrograde, que personnifiait d'Éprémesnil, se signala par des déclamations fanatiques. « Voulez-vous, s'écria d'Éprémesnil en élevant la main vers l'image du Christ, voulez-vous le crucifier une seconde fois! » Il n'y eut néanmoins que dix-sept voix contre l'édit (19 janvier 1788).

Le parlement renouvela ses remontrances avec plus d'énergie contre les châtiments arbitraires (11 mars). Duport et l'opposition progressive l'emportaient et faisaient parler à la Compagnie un langage que Turgot et Voltaire eussent été bien étonnés d'entendre dans de telles bouches. « Les actes arbitraires violent des droits imprescriptibles. — Les rois ne règnent que par la conquête ou par la loi. — La nation réclame de Sa Majesté le plus grand bien qu'un roi puisse rendre à ses sujets, la liberté... — Sire, ce n'est plus un prince de votre sang, ce ne sont plus deux magistrats

---

1. Les protestants restaient exclus des charges de judicature royales ou seigneuriales, des offices municipaux ayant fonctions de judicature, et des places qui donnent le droit d'enseignement public. — *Anc. Lois françaises*, t. XXVIII, p. 474. — Les juges civils, en cas de refus des curés ou vicaires, procéderont à la publication des bans, déclareront les parties unies en légitime mariage, inscriront ladite déclaration sur un registre tenu en double, etc.

que votre parlement redemande au nom des lois et de la raison ; ce sont trois Français, ce sont trois hommes! » Ce qu'il y eut de plus grave, en fait, dans les remontrances du parlement, ce fut la phrase suivante : « De tels moyens, Sire, ne sont pas dans votre cœur, de tels exemples ne sont pas les principes de Votre Majesté ; *ils viennent d'une autre source.* » La magistrature se faisant officiellement l'écho des clameurs populaires contre la reine, c'était un des signes les plus évidents que la Révolution commençait.

Cette Révolution, qui devait dépasser de si loin les plus grandes révolutions du passé, préludait à la manière de la Fronde. Comme au temps de Mazarin et d'Anne d'Autriche, la guerre était partout entre les parlements et les gouverneurs des provinces, exécutant les ordres du ministre en soutane et de la reine, sa protectrice. Les gouverneurs faisaient transcrire de force l'édit sur les registres des cours. Les parlements protestaient, se défendaient à coups d'arrêts, et rendaient l'emprunt impossible. Il y en avait même qui avaient refusé la prorogation du second vingtième accordée par le parlement de Paris, et deux d'entre eux avaient fait des remontrances contre l'édit qui rendait l'état civil aux protestants. On n'en était pas encore aux luttes matérielles, mais on y marchait à grands pas. Le parlement de Paris, qui s'était, quatre mois durant, exclusivement attaché à faire la guerre aux lettres de cachet, porta le dernier coup à l'emprunt par les remontrances qu'il arrêta enfin, le 11 avril, contre l'enregistrement du 19 novembre. Le roi répondit, le 17 avril, qu'on n'avait pas eu besoin de résumer ni de compter les voix, parce que, lorsqu'il était présent à la délibération, il *jugeait par lui-même* et n'avait pas à tenir compte de la pluralité. « Si la pluralité, dans mes cours, forçait ma volonté, la monarchie ne serait plus qu'une *aristocratie* de magistrats [1]. »

Le 29 avril, sur la dénonciation d'un jeune conseiller, Goislard de Montsabert, le parlement prit l'offensive en ordonnant une information sur la conduite des contrôleurs qui procédaient à la vérification des déclarations des particuliers sur les vingtièmes.

---

1. *Introduction au Moniteur*, p. 284.

Le parlement prétendait que l'augmentation progressive du produit des vingtièmes, but de ces vérifications, était illégale. Après avoir empêché la réalisation de l'emprunt, il s'attaquait aux ressources de l'impôt.

Il n'y avait plus d'issue pacifique. La banqueroute était imminente. De grands projets s'agitaient entre le principal ministre et le garde des sceaux. Brienne, tourmenté, comme naguère Calonne, d'un mal que le caractère sacerdotal rendait chez lui plus scandaleux encore et qui menaçait sa vie en se portant sur la poitrine, se rattachait avec une âpreté désespérée au pouvoir et aux avantages matériels du pouvoir : il troqua son archevêché de Toulouse contre celui de Sens, beaucoup plus lucratif, et se fit donner en sus une coupe de bois de 900,000 francs pour payer ses dettes. Il porta son revenu en bénéfices jusqu'à 678,000 francs. Cet excès de rapacité, chez l'homme qui imposait l'économie aux autres, excitait une indignation générale et achevait la déconsidération du pouvoir. L'opinion accueillait avec colère et mépris les bruits de coup d'état à la Maupeou, qui prenaient chaque jour plus de consistance. On racontait qu'un travail mystérieux se faisait à Versailles, par ordre du ministère, dans une imprimerie clandestine où les ouvriers étaient gardés à vue. Tous les commandants militaires des provinces avaient ordre de se rendre à leurs postes : des conseillers d'état et des maîtres des requêtes étaient envoyés aux siéges des parlements; les uns et les autres, avec des dépêches qui devaient être ouvertes, le 8 mai, partout en même temps.

Des conciliabules de résistance se tenaient, sur ces entrefaites, chez Adrien Duport : les hommes les plus influents du parlement[1] y conféraient avec La Fayette, Condorcet, le vertueux et libéral duc de La Rochefoucauld, réservé à une fin si cruelle dans nos orages, le duc d'Aiguillon, avide d'effacer les tristes souvenirs de son père, l'évêque d'Autun, Talleyrand-Périgord, depuis si fameux sous tant de régimes. Un ouvrier imprimeur trouva, dit-on, le moyen de faire parvenir à d'Éprémesnil une épreuve des édits

---

1. On remarque parmi eux deux noms destinés à figurer, durant de longues années, parmi les hommes politiques, Sémonville et l'abbé Louis.

secrètement mis sous presse par le ministère. D'Éprémesnil provoqua et obtint sur-le-champ l'assemblée des chambres et la convocation des pairs, et pria le premier président de mettre en délibération ce qu'il convenait de faire sur l'état où se trouvait la chose publique (3 mai).

La délibération aboutit à un arrêté de la plus haute importance, qui n'était rien moins qu'une *Déclaration des droits* au point de vue parlementaire.

« La cour... les pairs y séant, avertie... des coups qui menacent la nation en frappant la magistrature; — considérant que les entreprises des ministres sur la magistrature... ne peuvent avoir d'autre objet que de couvrir... sans recourir aux États-Généraux, les anciennes dissipations... et d'anéantir les principes de la monarchie; — déclare que la France est une monarchie gouvernée par le roi, suivant les lois; — que, de ces lois, plusieurs, qui sont fondamentales, embrassent et consacrent le droit de la maison régnante au trône, de mâle en mâle, etc.; — le droit de la nation d'accorder librement des subsides, par l'organe des États-Généraux; — les coutumes et les capitulations des provinces; — l'inamovibilité des magistrats; — le droit des cours de vérifier, dans chaque province, les volontés du roi, et de n'en ordonner l'enregistrement qu'autant qu'elles sont conformes aux lois constitutives de la province, ainsi qu'aux lois fondamentales de l'état; — le droit de chaque citoyen de n'être jamais traduit par-devant d'autres que ses juges naturels, qui sont ceux que la loi lui désigne; — et le droit de n'être arrêté, par quelque ordre que ce soit, que pour être remis sans délai entre les mains de juges compétents; — proteste ladite cour contre toute atteinte qui serait portée aux principes ci-dessus exprimés; — déclare *unanimement*... qu'en conséquence aucun des membres qui la composent ne doit... *prendre place dans aucune compagnie qui ne serait pas la cour elle-même, composée des mêmes personnages et revêtue des mêmes droits;* et, dans le cas où la force, en dispersant la cour, la réduirait à l'impuissance de maintenir par elle-même les principes contenus au présent arrêté, ladite cour déclare qu'elle en remet, dès à présent, le dépôt inviolable entre les mains du roi, de son auguste famille, des pairs du royaume, des États-Généraux et de chacun des ordres réunis ou séparés qui forment la nation[1]. »

Tout ce qui, dans ces maximes, regarde les provinces, eût convenu au xve siècle plus qu'au xviiie, et aux parlements provinciaux plus qu'au parlement de Paris, autrefois si unitaire; ce n'était là ni la *Déclaration des droits* américaine, ni celle que la France allait bientôt jeter à la face du monde par l'organe de représentants plus légitimes que le parlement; mais c'était une contre-mine parfaitement dirigée et ouverte à temps pour éventer le travail souterrain du ministère.

De nouvelles remontrances furent, en outre, rédigées pour répliquer à la réponse du roi, du 17 avril.

« Les ministres, disent les parlementaires au roi, nous imputent le projet insensé d'établir une aristocratie de magistrats... Quel moment ont-ils choisi pour cette imputation? Celui où votre parlement, éclairé par les faits et revenant sur ses pas, prouve qu'il est plus attaché aux droits de la nation qu'à ses propres exemples. — La constitution française paraissait oubliée; on traitait de chimère l'assemblée des États-Généraux. Richelieu et ses cruautés, Louis XIV et sa gloire, la Régence et ses désordres, les ministres du feu roi et leur insensibilité, semblaient avoir pour jamais effacé des esprits et des cœurs jusqu'au nom de la nation. Tous les états par où passent les peuples pour arriver à l'abandon d'eux-mêmes, terreur, enthousiasme, corruption, indifférence, le ministère n'avait rien négligé pour y laisser tomber la nation française. Mais il restait le parlement. On le croyait frappé d'une léthargie en apparence universelle : on se trompait. Averti tout à coup de l'état des finances... il s'inquiète, il cesse de se faire illusion, il juge de l'avenir par le passé; il ne voit pour la nation qu'une ressource, la nation elle-même... Il se décide, il donne à l'univers l'exemple inouï d'un corps antique... tenant aux racines de l'état, qui remet de lui-même à ses concitoyens un grand pouvoir, dont il usait pour eux depuis un siècle, mais sans leur consentement exprès... Il exprime le vœu des États-Généraux... Votre Majesté... les promet, sa parole est sacrée... Les États-Généraux seront donc assemblés!... A qui le roi doit-il ce grand dessein? A

---

1. *Introduction au Moniteur,* p. 284.

qui la nation doit-elle ce grand bienfait?... — Non Sire, *point d'aristocratie en France; mais point de despotisme* [1] ! »

Dès le lendemain (4 mai), les arrêtés du 29 avril contre les contrôleurs des vingtièmes, et du 3 mai sur la déclaration de principes, furent cassés par le conseil, et l'ordre fut donné d'enlever les promoteurs des deux arrêtés, Goislard et d'Éprémesnil. Ces deux conseillers, prévenus, se réfugièrent, de nuit, au Palais même. Le parlement se rassembla de grand matin le 5 mai, rendit arrêt pour mettre les magistrats menacés sous la sauvegarde du roi et de la loi, dépêcha une députation à Versailles et décida de ne pas désemparer jusqu'au retour des députés. La nuit d'après, les gardes françaises entrèrent dans le Palais à travers une foule irritée et grondante, et investirent la grand'chambre, où siégeaient les magistrats renforcés d'une dizaine de pairs. Un capitaine aux gardes, le marquis d'Agoult, vint donner lecture d'un ordre du roi qui lui prescrivait d'arrêter MM. Duval d'Éprémesnil et Goislard partout où il les trouverait. Il demanda qu'on les lui indiquât. — « Nous sommes tous Duval et Goislard ! » s'écria tout d'une voix l'assemblée; « si vous prétendez les enlever, enlevez-nous tous ! »

L'officier se retira pour faire son rapport. Les députés revinrent de Versailles sans avoir été reçus. L'officier reparut à onze heures du matin et réitéra sa sommation; personne ne lui répondit. Il fit entrer un exempt pour reconnaître d'Éprémesnil et Goislard. L'homme de police, saisi par l'entraînement sympathique de ce spectacle, déclara qu'*il ne les voyait pas*. Le capitaine d'Agoult sortit de nouveau. Les deux conseillers et leurs collègues jugèrent qu'on avait fait assez pour réserver le droit. On rappela d'Agoult, et d'Éprémesnil se désigna lui-même et suivit cet officier après une éloquente protestation. Goislard en fit autant, et le parlement se sépara, après plus de trente heures de séance, en arrêtant des remontrances pour la liberté de ses deux membres, « arrachés avec violence du sanctuaire des lois. »

Le surlendemain 8 mai, au matin, le parlement fut mandé à Versailles pour le lit de justice auquel on s'attendait. Le roi parla

---

1. *Introduction au Moniteur*, p. 285.

en termes sévères des écarts de tout genre auxquels s'étaient livrés les parlements depuis une année, annonça une vaste réforme de l'ordre judiciaire, conçue dans un esprit d'unité opposé aux maximes séparatistes et provincialistes des parlements, et la réunion des États-Généraux toutes les fois que les besoins de l'état l'exigeraient; puis il fut donné lecture de six édits ou déclarations du roi. Le premier édit, sur l'administration de la justice, augmentait la compétence des présidiaux, établissait entre les présidiaux et les parlements quarante-sept grands bailliages jugeant en dernier ressort toutes les contestations civiles dont le fonds n'excéderait pas 20,000 francs, et toutes les affaires criminelles, sauf celles concernant les ecclésiastiques, gentilshommes ou autres privilégiés. Le second édit supprimait les tribunaux d'exception, bureaux des finances, élections et juridictions des *traites* (des douanes), maîtrises des eaux et forêts, greniers à sel, chambres du domaine et du Trésor. Le troisième, en attendant la révision générale de l'ordonnance criminelle de 1670, révision touchant laquelle tous les sujets du roi étaient autorisés à envoyer leurs observations au garde des sceaux, le troisième édit abolissait la *sellette* et toutes autres humiliations infligées aux accusés; enjoignait aux juges de ne plus employer, dans les arrêts de condamnation, la formule vague: *pour les cas résultant du procès*, et d'énoncer expressément les crimes et délits dont l'accusé aurait été convaincu; portait à trois voix, au lieu de deux, la majorité nécessaire pour les condamnations à mort; ordonnait un sursis d'un mois entre la condamnation et l'exécution (afin que le droit de grâce appartenant au roi ne fût plus rendu illusoire), le cas de sédition excepté; accordait aux accusés acquittés l'affiche de l'arrêt d'acquittement aux frais du domaine; abrogeait la question préalable (préalable à l'exécution), qui avait été maintenue lors de l'abolition de la question préparatoire, en 1780. Le quatrième édit supprimait deux des chambres des enquêtes du parlement de Paris et réduisait les trois autres chambres à soixante-sept membres en tout. Le cinquième, après un préambule qui faisait ressortir assez habilement la nécessité que les lois communes à tout le royaume fussent enregistrées dans une cour aussi commune à tout le royaume, enlevait aux divers parlements la vérification des ordonnances, édits, déclarations ou lettres patentes, et en investissait la *cour plénière,* institution que l'édit prétendait antérieure au parlement et fondée sur l'ancienne constitution de l'état[1], et qui avait été mentionnée en 1774, dans l'édit de rétablissement des parlements, comme une menace pour le cas de forfaiture de leur part. La *cour plénière* se composerait du chancelier ou du garde des sceaux, de la grand'chambre du parlement de Paris, y compris les princes et les pairs, des grands officiers de la maison du roi et d'un certain nombre d'autres membres pris parmi les dignitaires ecclésiastiques et militaires, dans le conseil d'état, dans les parlements de province et les autres cours souveraines. « Dans le cas de circonstances extraordinaires où nous serions obligé d'établir de nouveaux impôts sur nos sujets avant d'assembler les États-Généraux, l'enregistrement desdits impôts en notre cour plénière n'aura qu'un effet provisoire et jusqu'à l'assemblée desdits États, que nous convoquerons, *pour, sur leurs délibérations, être statué par nous définitivement.* »

La longue série des mesures combinées par Brienne et Lamoignon se terminait par une déclaration qui mettait tous les parlements en vacances jusque après l'entière exécution de l'ordonnance sur l'organisation des tribunaux inférieurs. Il était interdit aux parlements de s'assembler sous peine de désobéissance.

C'était refaire Maupeou sur une plus grande échelle. Mais la monarchie défaillante oubliait qu'il s'était passé dix-sept ans dans l'intervalle, et quelles années!... Comme Maupeou, Brienne et Lamoignon essayaient de faire passer le despotisme sous le couvert du progrès; la plupart des réformes proclamées dans la législation criminelle et dans l'administration de la justice, surtout la suppression des tribunaux d'exception, étaient chose excellente; mais la nation n'était plus disposée à s'endormir sur quelques améliorations partielles, tandis qu'on éludait sa volonté de conquérir la libre disposition d'elle-même et qu'on évoquait un fantôme de cour suprême pour obtenir des impôts provisoires,

---

[1]. Le vieux nom de *cour plénière* n'avait jamais désigné, au moyen âge, une assemblée politique ou judiciaire. Le roi tenait *cour plénière* aux grandes fêtes, c'est-à-dire qu'il donnait des festins et des tournois à ses vassaux et à ses hôtes : les assemblées d'affaires se nommaient *plaids* ou *parlements.*

que l'on espérait bien rendre définitifs. On visait, en fait, à se passer des États-Généraux, et, en droit, on niait leur autorité ; le roi se réservait de *statuer définitivement sur leurs délibérations,* qu'il ne leur demanderait peut-être même pas. Il ne leur reconnaissait donc qu'une valeur *consultative!* Il y avait un abîme entre les opinions de la couronne et celles de la France.

La résistance avait commencé dans le lit de justice même : le vieux premier président d'Aligre, après la lecture des édits, déclara que le parlement ne pouvait, ne devait ni n'entendait prendre aucune part à tout ce qui pourrait être fait dans la présente séance. Il protesta devant Louis XVI contre le renversement de la constitution de l'état, contre la violation récente du siége de la justice souveraine, et contre le despotisme qu'on voulait maintenant mettre dans les mains du roi, et *que la nation française n'adopterait jamais.* Au sortir de la séance, la grand'chambre, à l'unanimité, écrivit au roi pour décliner les fonctions que lui attribuaient les édits. Le lendemain, convoquée pour la première séance de la *cour plénière,* elle protesta de n'assister que passivement à la séance : le gendre du garde des sceaux signa comme les autres ; son fils même tenait pour le parlement ! Le roi, comme Louis XV devant le parlement Maupeou, déclara devant la cour plénière qu'il *persisterait toujours.* Cependant, il n'osa convoquer une seconde séance, la majorité des pairs ayant manifesté les mêmes intentions que les magistrats. La chambre des comptes et la cour des aides avaient suivi le mouvement. Le Châtelet donna aux tribunaux inférieurs l'exemple de refuser le titre et les attributions de grand bailliage, exemple qu'une partie des présidiaux désignés pour ce titre tinrent à honneur de suivre.

Le mouvement de l'opinion, à Paris, ne descendit pas dans la rue, comme on l'eût pu croire d'après les incidents des derniers mois ; certains des amis les plus vifs de la liberté s'inquiétèrent même de voir la masse du peuple *si engourdie*[1]. L'instinct popu-

---

1. La Fayette avait écrit à Washington, le 9 octobre 1787, que « la France arriverait peu à peu, *sans grande convulsion,* à une représentation indépendante, et, par conséquent, à une diminution de l'autorité royale ; mais que cela marcherait lentement. » Le 25 mai 1788, il lui écr't : « Les affaires de France touchent à une crise, dont les bons résultats sont d'autant plus incertains, que le peuple, en général, n'a

laire, dans la capitale, sentait qu'au fond la cause du parlement n'était nullement celle du peuple, et qu'il ne s'agissait encore que d'une guerre civile de l'ancien régime contre lui-même, préface de la guerre du peuple contre l'ancien régime. Ce qui était instinct dans la masse était système chez des hommes considérables par l'intelligence, chez beaucoup de penseurs et de lettrés, Mirabeau en tête, qui se réservaient et attendaient, sûrs de ne pas longtemps attendre.

Tandis que Paris conservait un calme trompeur, les provinces éclataient. Tout ce qui subsistait d'esprit provincial se soulevait contre l'anéantissement des derniers restes des vieux concordats qui liaient les provinces à la couronne. Le gouvernement, ayant blessé les privilégiés sans satisfaire le peuple, avait presque tout le monde contre lui. La noblesse d'épée, oubliant sa vieille antipathie contre les gens de robe, soutenait partout les parlements dans leurs violentes protestations. Les privilégiés, plus influents dans les grandes villes de province qu'à Paris, donnaient l'impulsion : la jeunesse et le peuple des villes étaient avec quiconque remuait : la masse bourgeoise, moins ardente et plus disposée à l'expectative, n'avait cependant ni estime ni confiance pour le gouvernement, et n'attendait rien que des États-Généraux. Le pouvoir n'avait pas même su faire énergiquement de l'arbitraire : sa seule chance, fort douteuse, de prévenir la résistance dans les provinces, eût été de frapper à fond sur les parlements et d'exiler

---

nulle inclination à en venir aux extrémités. *Mourir pour la liberté* n'est pas la devise de ce côté de l'Atlantique. »

La Révolution avait été prévue longtemps d'avance. Maintenant qu'on y touchait, qu'on l'avait sur la tête, on ne la voyait plus, ou, du moins, on ne la voyait que confusément et sans calculer les vraies distances. La Fayette ne comptait encore que sur le *mécontentement passif ou non-obéissance*, comme étant le plus grand résultat que pussent obtenir les amis de la liberté. « Le peuple, dit-il, a été si engourdi que j'en ai été malade. » Toutefois « les amis de la liberté se fortifient journellement. » Il commence à *espérer une constitution.* — *Mém.* de La Fayette, t. II, p. 227. — *Une constitution!* est aussi le cri de Mirabeau. « Tout est là! Elle *n'est pas encore,* » dit-il, par opposition à ceux qui invoquent la prétendue constitution du royaume : « Elle ne peut naître qu'au sein des États-Généraux. » Cet esprit, bien plus fort et plus pénétrant que celui de La Fayette, se fait, d'ailleurs, une illusion, qu'il puise dans sa force même, sur la facilité de terminer la crise. Il n'y voit qu'un défilé à franchir. Les maux dont on fait tant de bruit « pour la plupart n'existent pas. Il n'y a pas un embarras qui puisse arrêter le talent le plus médiocre!... » — *Mém.* de Mirabeau, t. V, p. 151, 154, 164.

les individus en suspendant les corps de magistrature. Les magistrats, demeurés en masse dans leurs villes, purent partout se concerter, se rassembler malgré les défenses du roi et lancer des arrêtés foudroyants contre les commandants militaires et contre ceux des tribunaux inférieurs qui abandonnaient la *cause des lois* et qui acceptaient leurs attributions nouvelles. Le pouvoir répondit trop tard en exilant certains parlements, en mandant d'autres cours à Versailles, en publiant un arrêt du conseil qui supprimait les protestations des cours, défendait de rendre des arrêtés semblables, à peine de forfaiture, et mettait les tribunaux *fidèles* sous la protection du roi (20 juin 1788).

Le mouvement imprimé ne s'arrêta pas. Le parlement de Rouen, qui avait naguère proclamé que la loi est au-dessus du roi, n'avait d'abord opposé qu'une résistance passive; il se réunit secrètement le 25 juin, déclara *traîtres au roi, à la nation, à la province, parjures et notés d'infamie* tous officiers ou juges qui procéderaient en vertu des ordonnances du 8 mai, et décida qu'au roi « seraient incessamment dénoncés, comme traîtres envers lui et envers l'état, les ministres, auteurs des surprises faites à la religion de Sa Majesté, et notamment le sieur de Lamoignon, garde des sceaux de France. » L'ordre d'exil expédié par le roi en réponse donna lieu à des incidents graves. Un des présidents reprocha au commandant de la force armée son obéissance passive : « L'autorité du roi est illimitée pour faire le bien de ses sujets, mais tous doivent lui donner des bornes quand elle tourne vers l'oppression [1]. » La position des chefs militaires devenait extrêmement difficile : ils voyaient en face d'eux non plus seulement des *robins* et des *boutiquiers,* mais l'ordre de la noblesse auquel ils appartenaient et qui exerçait sur eux une forte pression morale.

L'agitation de la Normandie n'alla pas jusqu'à l'insurrection, bien que Rouen fût profondément irrité des emprisonnements arbitraires et des vexations de tout genre que se permettait le commandant, marquis d'Harcourt, qui se conduisait comme en pays conquis. D'autres provinces furent moins patientes. L'altière Bretagne était en feu. Avant même l'arrivée des commissaires du

---

1. Floquet, *Hist. du parlement de Normandie,* t. VII, p. 234.

roi, le syndic des États, comte de Botherel, avait protesté, au nom des trois ordres, devant le parlement de Rennes, réclamant l'*exécution du contrat de mariage de Louis XII et de la duchesse Anne*. Tous les corps appuyèrent cette démarche. Le commandant et l'intendant de la province furent hués et menacés en allant porter les ordres du roi au Palais de Justice. La modération du commandant arrêta seule la guerre civile. Le parlement s'étant réuni malgré la défense du roi, un détachement de soldats marcha pour le disperser. Une troupe de gentilshommes armés, suivis d'une foule de peuple, accoururent pour protéger la délibération, qui s'acheva en dépit de l'autorité militaire. Comme au temps du *combat des* Trente, l'affaire aboutit à un duel collectif de quinze gentilshommes contre quinze officiers. Les officiers d'un autre régiment, celui de Bassigni, prirent parti pour la résistance et protestèrent par écrit contre les ordres qu'ils avaient reçus. La jeunesse de Nantes arriva en armes au secours des habitants de Rennes. La noblesse, réunie à Rennes, à Vannes, à Saint-Brieuc, déclara infâme quiconque accepterait une place, soit dans les nouveaux tribunaux, soit dans une nouvelle forme arbitraire des États. Douze gentilshommes furent dépêchés à Versailles, porteurs d'une dénonciation contre les ministres. Le ministère les fit mettre à la Bastille, licencia le régiment de Bassigni et fit marcher seize mille soldats sur la Bretagne. Les deux autres ordres s'unirent à la noblesse bretonne pour envoyer une seconde députation, puis une troisième beaucoup plus nombreuse. Le ministère s'étonna et n'osa traiter ces nouveaux députés comme les premiers. Pendant ce temps, l'intendant, Bertrand de Molleville, aussi violent que le commandant, le comte de Thiard, était modéré, avait été pendu en effigie par le peuple et s'était enfui de Bretagne [1].

Les vallons des Pyrénées eurent leurs orages comme les grèves de la Bretagne. Les paysans propriétaires des montagnes [2], unis à la noblesse, descendirent en masse sur Pau, s'emparèrent de l'artillerie de la place et rouvrirent de force le Palais de Justice

---

1. V. *Précis historique des événements de Bretagne*; Rennes, 1788.
2. « Dans nos campagnes, tout le monde est propriétaire. » — *Remontrances du parlement de Pau.*

fermé par les ordres du roi. Le commandant même de la province, faisant capituler le pouvoir royal, invita le parlement de Pau à se rassembler pour rétablir l'ordre. Le roi envoya le duc de Guiche, d'une famille très-influente, dans les Pyrénées, avec des pouvoirs extraordinaires. Les Béarnais, nobles et plébéiens, allèrent au-devant du duc en portant au milieu d'eux, comme un palladium, le berceau d'Henri IV et réclamant, sur cette *enseigne sacrée*, le contrat que le roi avait fait avec eux comme seigneur de Béarn [1].

Ces incidents avaient un caractère émouvant et dramatique ; mais les agitations du Dauphiné eurent une portée politique bien plus décisive. Le 7 juin, sur la nouvelle que le parlement de Grenoble, suspendu, comme les autres, depuis un mois, était envoyé en exil, le peuple de la ville courut aux armes, appela à son aide, par le son du tocsin, les villages de la montagne, éleva des barricades, refoula les deux régiments de la garnison, qui montraient beaucoup de répugnance à se battre, envahit l'hôtel du gouverneur, duc de Clermont-Tonnerre, et menaça le duc de le pendre au lustre de son salon s'il n'invitait lui-même le parlement à se réinstaller au Palais de Justice. Le parlement, un peu effrayé d'une telle victoire, s'employa à calmer et à désarmer l'insurrection, et, deux jours après, tous ses membres, se dérobant à leur triomphe, partirent sans bruit et séparément pour l'exil auquel le roi les avait condamnés, mais après avoir rédigé de nouvelles remontrances trop bien motivées par les événements.

La direction du mouvement, abandonnée par le parlement, fut saisie par d'autres. Une nombreuse assemblée de citoyens des trois ordres se réunit à l'hôtel de ville de Grenoble et décida que les États de Dauphiné, tombés en désuétude depuis bien des générations, s'assembleraient spontanément le 21 juillet. Jusqu'ici on avait vu des résistances spéciales de corporations et des émeutes populaires : ce jour-là on vit la souveraineté nationale en acte pour la première fois.

Cet acte ouvrait la RÉVOLUTION FRANÇAISE.

1. Le Béarn, de même que la Navarre, ne relevait pas de la couronne. — V. les *Remontrances* du parlement de Pau, très-intéressantes comme résumant les traditions politiques de ces deux provinces. — *Introduction au Moniteur*, p. 345 et suiv.

Le mouvement dauphinois, en effet, avait un tout autre but que le retour aux priviléges du moyen âge. Bien différent des insurrections suscitées par la noblesse bretonne et béarnaise, il était, ou il devint très-vite, beaucoup plus national que provincial. « Le consentement des peuples réunis en assemblée nationale est la base de l'état social, » disait la déclaration grenobloise. Cette population d'élite, une fois la violence du premier moment apaisée, montra un bon sens, une tenue, un ordre admirable dans l'agitation même. La noblesse jurait de mourir pour les droits de sa province. Le Tiers-État visait plus haut. Un juge royal de Grenoble, Mounier, ami de Necker et grand partisan des institutions anglaises, qui ouvrait avec une haute énergie la carrière de la Révolution, mais qui devait s'y arrêter promptement, dirigeait le Tiers-État d'une main habile et ferme. L'archevêque de Vienne, Pompignan, frère du poëte, poussait le clergé et honorait sa vieillesse par des sentiments de liberté politique inespérés chez ce virulent adversaire de la philosophie.

Le ministère, cependant, avait mis vingt mille soldats sous les ordres du maréchal de Vaux, pour comprimer le Dauphiné. Le vieux maréchal écrivit qu'il était trop tard! La cour l'autorisa à transiger. Il voulut qu'on lui demandât la permission de tenir l'assemblée des États annoncée. On y consentit, sur sa parole de la permettre. Il défendit que l'assemblée se tînt à Grenoble : on la convoqua au château de Vizille, ancienne résidence des Dauphins. Là, en invoquant la mémoire du héros du Dauphiné, de Bayard, dont la sépulture est entre Grenoble et Vizille, on jura l'union des Dauphinois entre eux et avec les autres provinces, et le refus de tout impôt nouveau jusqu'aux États-Généraux; on déclara infâme et traître quiconque accepterait une place dans les nouveaux tribunaux; mais, en même temps, on proclama, comme l'avait déjà fait l'assemblée de Grenoble, que les Dauphinois étaient prêts à sacrifier, pour le bien de l'état, tous leurs priviléges particuliers, et *ne revendiqueraient que les droits de Français*[1]; que l'impôt établi pour remplacer la corvée serait acquitté par les trois ordres et non plus seulement par les taillables; et que le Tiers,

---

1. Cela était loin des parlements affirmant que « les lois d'un vaste royaume ne doivent pas être uniformes. »

dans les États-Provinciaux, aurait une représentation égale au clergé et à la noblesse réunis en une seule chambre. Les deux ordres privilégiés, emportés par un généreux élan, avaient adhéré à toutes les propositions du Tiers, et Mounier, secrétaire de l'assemblée, en avait été le véritable directeur. A côté de lui s'était signalé un jeune avocat de Grenoble, son allié maintenant, et plus tard son adversaire dans la grande Constituante, Barnave.

L'assemblée s'ajourna au 1er septembre, après avoir demandé au roi le retrait des édits, l'abolition des lettres de cachet, la convocation des États-Généraux et la sanction du rétablissement des États de Dauphiné [1].

Les mouvements des autres provinces n'avaient pas un si grand caractère; mais la fermentation était universelle. Les troubles étaient permanents en Provence, en Languedoc, en Roussillon : le Nord et l'Est protestaient avec moins d'emportement, mais non pas avec moins de résolution. L'armée vacillait dans la main du ministère. La justice était interrompue dans presque toute la France. L'anarchie était universelle. Les caisses étaient vides : on ne pouvait plus vivre d'anticipations, les banquiers se refusant à toute avance. Le gouvernement tombait en débris. Le roi se réfugiait dans une morne insouciance et passait sa vie à chasser. Le principal ministre tranchait du Richelieu dans son cabinet : « J'ai tout prévu, même la guerre civile! — Le roi sera obéi! » Grands mots qui retentissaient dans le vide. Tout se retirait : le ministre qui partageait la faveur de la reine avec Brienne, Breteuil, donna sa démission.

Brienne avait essayé d'une dernière ressource. Il avait convoqué, en juin, une assemblée extraordinaire du clergé, espérant que l'ordre dont il faisait partie viendrait à son secours; que le clergé, si menacé par l'esprit du siècle, comprendrait tout ce qu'il avait à redouter d'une assemblée nationale, et se déciderait à mettre la couronne en mesure de se passer des États-Généraux, soit par un emprunt que garantirait l'ordre ecclésiastique, soit par l'abandon des biens monastiques à l'état. Le clergé ne comprit rien : comme la noblesse, il réclama énergiquement le main-

---

1. *Introduction au Moniteur*, p. 341, 547. — Droz, t. II, p. 71. — Soulavie, t. VI, p. 209. — Floquet, *Hist. du parlement de Normandie*, t. VII, p. 157

tien des capitulations provinciales contre une *injuste unité* : il prit parti pour les parlements, ses anciens adversaires, et il réclama aussi les États-Généraux sous bref délai. Chacune des puissances de l'ancien régime répétait à son tour, comme maîtrisée par un esprit invisible, la parole qui allait faire crouler l'édifice du passé.

En même temps qu'il évoquait le génie de la Révolution et qu'il déclarait que « le peuple français n'est pas imposable à volonté, » le clergé, rétrogradant au delà des Notables, protestait formellement contre l'application de l'impôt aux possessions ecclésiastiques, contre le *désordre d'une fausse égalité*, et revendiquait le renouvellement des lois de Louis XIV et de Louis XV sur la garantie intégrale de ses immunités! Ce fut là-dessus que se sépara la dernière assemblée de l'ordre du clergé de France [1].

Le gouvernement, si l'on pouvait encore donner ce nom à l'anarchie de Versailles, ploya devant le clergé; un arrêt du conseil interdit d'étendre la perception des vingtièmes sur les biens d'église (5 juillet). Un misérable *don gratuit* de 1,800,000 livres fut tout ce qu'on put obtenir conditionnellement de l'assemblée.

La monarchie mourante se débattait en vain; une force invincible la poussait à cette convocation de la nation qui lui inspirait une si profonde terreur. Brienne, n'espérant plus éviter les États-Généraux, tâcha du moins de rompre la coalition des trois ordres contre la couronne. Le 5 juillet, un arrêt du conseil déclara qu'après plusieurs mois de recherches sur les anciens États-Généraux, il avait été impossible « de constater d'une façon positive la forme des élections, non plus que le nombre et la qualité des électeurs et des élus; » les conditions ayant varié suivant les temps et les lieux. En conséquence, les États-Provinciaux et les nouvelles assemblées de divers degrés étaient invités à formuler leurs vœux sur cette question, et tous les officiers municipaux, officiers des juridictions, syndics d'États-Provinciaux et assemblées provinciales, de districts et de paroisses, et, enfin, toutes personnes ayant connaissance de pièces relatives aux États-Généraux, ainsi que

---

1. *Introduction au Moniteur*, p. 379 et suiv. — L'archevêque de Narbonne, M. de Dillon, orateur du clergé, approuva cependant, sauf quelques réserves, la restitution de l'état civil aux protestants.

tous savants et personnes instruites, étaient invités à adresser au garde des sceaux tous renseignements et mémoires sur le même sujet [1].

La main qui avait voulu restaurer le despotisme déchaînait de fait la liberté de la presse! Le calcul de Brienne était juste en ce point, que le Tiers-État ne pouvait manquer d'entrer en lutte contre les ordres privilégiés dans cette lice qu'ouvrait la royauté; mais s'imaginer diriger les coups du Tiers-État au profit de la royauté était un absurde anachronisme.

Il n'était plus possible d'éluder le prodigieux mouvement d'opinion auquel le gouvernement venait lui-même d'imprimer une impulsion nouvelle. Le ministre, puis le roi, se résignèrent. Le 8 août, un arrêt du conseil fixa au 1er MAI 1789 la tenue des États-Généraux et suspendit jusqu'à cette époque le *rétablissement de la cour plénière.*

On en venait donc à cette date fatidique, désignée, dès l'année précédente, par le doigt de Mirabeau! La vieille société, par l'organe de son pouvoir suprême, marquait elle-même son heure [2].

Un pareil appel, fait à temps, eût été accueilli par un transport de joie et de gratitude unanime. La France fut remuée jusque dans ses dernières profondeurs, mais elle ne se crut pas tenue à la reconnaissance envers ceux qui l'appelaient malgré eux, aveugles et fragiles instruments d'une œuvre immense. Tandis que l'arrêt de convocation retentissait d'échos en échos, le ministre qui l'avait fait rendre s'abîmait dans l'ignominie. Brienne, à bout d'expédients, n'avait pas eu honte de s'emparer du produit de souscriptions destinées à fonder quatre nouveaux hôpitaux dans Paris, et des fonds d'une loterie ouverte pour soulager les victimes d'une grêle qui venait de ravager nos plus fertiles contrées à soixante lieues à la ronde autour de la capitale! Le

---

1. *Anciennes Lois françaises,* t. XXVIII, p. 601.
2. Malesherbes et d'autres hommes politiques avaient proposé au roi de convoquer, au lieu des États-Généraux, une assemblée nationale qui aurait sa base dans les assemblées provinciales, c'est-à-dire la *grande municipalité* de Turgot. — V. Droz, t. II, p. 82. Il était trop tard : la royauté n'avait plus la force de supprimer ainsi les trois ordres pour les remplacer par l'unité fondée sur le principe unique de la propriété. Les ordres privilégiés eussent résisté, et le peuple n'eût pas soutenu une révolution qui n'eût pas été démocratique et qui n'eût convenu qu'aux sommités du Tiers État.

16 août, il fit décréter par le conseil que les paiements de l'état seraient suspendus pendant six semaines, puis qu'on paierait les rentes et gages jusqu'au 31 décembre 1789, partie en argent et partie en billets. Les remboursements étaient reculés d'un an. Deux jours après, il fit autoriser la Caisse d'escompte, jusqu'au 1er janvier, à ne pas rembourser ses billets en argent : cela parut le prélude évident de la banqueroute. « La malédiction publique fondit sur lui comme un déluge [1]. » La cour l'abandonna. Brienne tenta une dernière chance de salut. Il offrit le contrôle général à Necker. Le Genevois refusa de s'associer à un ministère perdu dans l'opinion. Brienne donna sa démission (25 août), et Louis XVI subit Necker en vaincu, comme il avait subi la convocation des États-Généraux. Le garde des sceaux Lamoignon suivit Brienne trois semaines après [2].

Le second ministère de Necker ferme l'Ancien Régime et ouvre la Révolution.

Necker rentra aux affaires sous de funèbres auspices. Le morne silence de Paris avait fait place à de fougueuses explosions. La joie du renvoi de Brienne, puis de Lamoignon, eut un caractère d'emportement qui aboutit à des scènes sanglantes où l'autorité fit tour à tour mépriser sa mollesse et maudire sa violence tardive. Après trois jours d'illuminations, de fusées, de cris, de chants, le guet, jusqu'alors immobile, fit, sur le Pont-Neuf, une charge inattendue et brutale. Le lendemain, la jeunesse basochienne revint en forces, armée de bâtons, et brûla en effigie Brienne; une multitude aux visages sombres, aux vêtements délabrés, se joignit aux jeunes gens. Les corps de garde du guet furent assaillis et détruits, sauf à la Grève, où une décharge meurtrière dispersa les assaillants. Les troubles furent plus graves encore à la chute de Lamoignon. Des bandes nombreuses se portèrent aux hôtels de Brienne et de Lamoignon et à la maison du chevalier du guet, avec des menaces d'incendie; les gardes

---

1. *Mém.* de Marmontel, t. IV, p. 29, an XIII (1804). — *Introduction au Moniteur*, p. 360.

2. L'aveugle faveur de la reine suivit Brienne dans sa retraite, et lui valut encore le chapeau de cardinal. Lamoignon et Brienne finirent tous deux par le suicide; le premier, le 18 mai 1789; le second, le 16 février 1794.

françaises et suisses marchèrent contre l'émeute; sur deux points, la foule se trouva prise entre les détachements de troupes chargeant en sens opposé, et il y eut un vrai massacre. Il en resta de farouches ressentiments dans les masses.

L'ordre matériel se rétablit néanmoins pour quelque temps à Paris, et Necker fit de grands et d'intelligents efforts pour soulager les misères exceptionnelles qui aigrissaient le peuple et pour relever le crédit et la circulation commerciale. Comme ministre des finances, il justifia de nouveau la confiance qu'il avait inspirée à la nation : les bourses fermées à Brienne se rouvrirent pour lui; les fonds montèrent de 30 p. %; il obtint des avances des capitalistes et de certaines corporations, engagea généreusement sa propre fortune comme garantie des engagements de l'état, fit patienter les créanciers, révoquer l'arrêt du 16 août, que le public appelait *l'arrêt de la banqueroute,* et parvint à pourvoir aux besoins ordinaires, tout en subvenant aux besoins extraordinaires de la disette, puis du rigoureux hiver de 1788 à 1789[1]. En deux mots, il aida la France à vivre durant les quelques mois d'anxiété suprême qui séparèrent l'Ancien Régime de la Révolution. Ce fut là le principal et le dernier honneur du ministre genevois.

La chute de Brienne et de Lamoignon emportait nécessairement celle de tout leur système. Pour la seconde fois du règne, les parlements furent réinstallés en triomphe. La déclaration du roi qui rappelait « les officiers des cours à l'exercice de leurs « fonctions, » avançait la réunion des États-Généraux au mois de janvier 1789 (23 septembre 1788). Le parlement de Paris débuta par ordonner, aux acclamations de la multitude, des informations sur « les excès, violences et meurtres commis dans la ville de Paris depuis le 28 août, » puis d'autres informations sur les crimes d'état imputés aux deux ministres déchus. Mais les applaudissements tombèrent tout à coup, lorsque l'on connut les termes dans lesquels le parlement avait enregistré la déclaration royale : « Ne cessera la cour... de réclamer pour que les États-Généraux... soient régulièrement convoqués et composés, et ce, suivant la forme observée en 1614. » La *forme* de 1614 impliquait le vote

---

1. 70 millions furent dépensés en secours et en achats de grains.

par ordres et réveillait les souvenirs les plus contraires aux intérêts et à la dignité du Tiers-État.

Il se fit à l'instant même un vide immense autour du parlement. Son armée d'avocats, de procureurs, de notaires, de praticiens, de jeunes clercs, l'abandonna. Sa popularité factice s'évanouit. Le torrent des brochures politiques, des pamphlets, qui débordait à flots toujours croissants depuis l'appel du 5 juillet, se tourna contre lui. Ce fut le signe que la véritable lutte commençait, la lutte du peuple contre l'Ancien Régime. La confuse préface de la Révolution était finie.

On eût pu toutefois se faire une dernière illusion aux caractères apparents des premiers incidents de la lutte. Tandis que les parlements provinciaux revendiquaient, comme la cour suprême de Paris, les vieilles formes aristocratiques des États-Généraux, les corporations officielles du Tiers-État, corps de ville, communautés industrielles, corporations de légistes, et les commissions intérimaires des nouvelles assemblées provinciales, répondaient par des adresses au roi où elles demandaient énergiquement que la représentation du Tiers égalât en nombre celle des deux ordres privilégiés ensemble : elles invoquaient le souvenir de Louis le Gros, de saint Louis, de Philippe le Bel, de Louis le Hutin, de tous les rois qui passaient pour avoir été les alliés de la bourgeoisie contre la féodalité. C'était un dernier effort pour relier au passé l'avenir inconnu et sans précédents où l'on touchait.

Ni le roi ni même Necker n'entendirent ce dernier appel. Necker se montra tout à la fois le plus habile des financiers et le plus médiocre des hommes d'état. Méconnaissant entièrement la force respective des partis (force qu'au reste ni Mirabeau ni personne n'appréciait tout à fait encore), il ne songeait qu'à se ménager entre le Tiers et les privilégiés, et déclinait la responsabilité de décider la question préalable à toutes les autres, la double représentation du Tiers, comme si cette prétention fort modeste, à laquelle se bornait encore le Tiers, n'eût pas été chose acquise d'avance par la loi sur les assemblées provinciales et par l'initiative des Trois États de Dauphiné[1]. Peu importaient que les précé-

---

1. Une assemblée extraordinaire, réunie spontanément à Privas, adhéra, au nom des trois ordres du Vivarais, aux actes des États de Dauphiné

dents variassent; que le Tiers, s'il avait toujours surpassé en nombre, dans les États, chacun des deux autres ordres, ne les eût jamais égalés réunis. *Il ne s'agit pas,* comme l'avait dit Mirabeau au nom de tout le xviii° siècle, et comme le répétaient les mille voix de la presse, *il ne s'agit pas de ce qui a été, mais de ce qui doit être.* Necker n'osa dire *ce qui devait être.* Les Notables, puis les parlements, avaient donné leur démission, les uns en s'en remettant au roi, les autres en en appelant aux États-Généraux : Necker donna la sienne à son tour, par l'acte le plus impolitique qu'on pût imaginer. Il rappela les Notables pour leur soumettre la composition et la forme des États-Généraux. Il ajourna de nouveau, par le fait, la réunion si urgente des États, afin de consulter cette assemblée de privilégiés qui s'était déjà montrée si impuissante dix-huit mois auparavant et que le mouvement extraordinaire des esprits et des faits semblait avoir rejetée à un demi-siècle en arrière.

Les Notables reparurent le 6 novembre à Versailles. Une énorme majorité, parmi eux, se prononça contre la double représentation du Tiers, et demanda le maintien des formes anciennes, des anciennes divisions électorales par bailliages et sénéchaussées, sans tenir compte de la monstrueuse inégalité de ces districts en population, en richesse, en étendue[1]. En même temps que les Notables se cramponnaient, pour ainsi dire, au passé, ils subissaient partout l'influence de leur temps, mais d'une façon très-singulière ; c'est-à-dire que cette démocratie qu'ils repoussaient avec effroi dans l'ensemble de l'institution nationale, ils l'acceptaient en particulier dans chacun des trois ordres qui composaient la vieille société. Ils admettaient que tout citoyen domicilié, majeur et inscrit au rôle des contributions, eût droit de suffrage dans les assemblées primaires du Tiers-État, que les gentilshommes non fieffés eussent droit de vote à côté des seigneurs féodaux dans les assemblées de la noblesse, et que toutes les personnes engagées dans les ordres sacrés prissent part, à côté des titulaires de

---

1. Le bailliage de Vermandois et la sénéchaussée de Poitiers avaient, l'un, 774,504 habitants ; l'autre, 692,810. Les bailliages de Dourdan et de Gex en avaient, celui-ci, 13,052 ; celui-là, 7,462 ! — Un seul bureau, sur sept, vota pour le doublement du Tiers, à une voix de majorité ; encore cette voix fut-elle due au hasard.

bénéfices, aux élections ecclésiastiques. Cette démocratie relative, c'était bien l'esprit du xviii° siècle qui la réveillait chez les privilégiés, mais ce n'était pas lui qui l'avait créée ; combattue, étouffée par l'aristocratie à certaines époques et surtout dans certaines provinces, elle était au fond de la vieille France du moyen âge : elle la différenciait fortement de l'Angleterre ; elle avait préparé sur notre sol la démocratie unitaire.

Ce qui appartenait bien au xviii° siècle, c'était le vœu arraché aux Notables par la force de l'opinion : « que les impôts fussent supportés par tous les Français ; » dix-huit mois auparavant, ils s'étaient contentés de ne pas repousser ce principe ; il est vrai que, cette fois encore, en le proclamant, ils l'amoindrissaient de leur mieux ; ils entendaient qu'on maintînt à cet égard les formes propres à la constitution de chaque ordre, c'est-à-dire qu'ils s'opposaient à toute loi générale sur l'assiette et la perception de l'impôt [1].

Le parlement intervint tout à coup au milieu des débats des Notables par une éclatante palinodie. Abasourdi de la tempête d'opinion qui l'avait assailli, épouvanté de la solitude qu'il s'était faite, il s'efforça de se réhabiliter par un arrêté où il expliquait, dit-il, « ses véritables intentions, dénaturées malgré leur évidence. » Il déclarait n'avoir entendu par les *formes de* 1614 que la convocation par bailliages et sénéchaussées, plus convenable que celle par gouvernements ou par généralités ; que, le nombre des députés respectifs des divers ordres n'étant déterminé par aucune loi ni par aucun usage constant, il n'était ni dans le pouvoir ni dans l'intention de la cour d'y suppléer ; que la cour s'en rapportait à la sagesse du roi sur les modifications que la raison, la liberté, la justice et le vœu général pouvaient indiquer. Le parlement suppliait, de plus, le roi de ne plus permettre aucun délai pour la tenue des États-Généraux ; de déclarer et consacrer leur retour périodique, la résolution de supprimer les impôts supportés par un seul ordre, pour les remplacer, d'accord avec les trois ordres, par des subsides communs, également répartis ; la responsabilité des ministres ; les rapports des États-Généraux avec

---

1. *Introduction au Moniteur*, p. 396-497.

les cours souveraines, en telle sorte que les cours ne doivent ni ne puissent souffrir la levée d'aucun subside ni l'exécution d'aucune loi non consentie par les États-Généraux ; la liberté individuelle ; la liberté de la presse, sauf responsabilité après l'impression (5 décembre)[1].

Quel effet n'eût pas produit un tel acte pendant la lutte des parlements et de la cour ! L'effet fut nul maintenant. Les privilégiés s'indignèrent ; le Tiers se railla d'une adhésion tardive et sans sincérité à sa cause. Le rôle des parlements était fini. La nation n'avait plus besoin d'intermédiaires.

Tandis que le parlement de Paris capitulait devant la Révolution naissante, les princes du sang tentaient contre elle un débile et vain effort. Le 28 novembre, le prince de Conti avait déclaré, dans son bureau, aux Notables, que la monarchie était menacée, et avait proposé de réclamer auprès du roi pour que « tous les nouveaux systèmes fussent proscrits à jamais et que la Constitution et ses formes anciennes fussent maintenues dans leur intégrité. » Le roi défendit aux Notables de délibérer sur un sujet pour lequel il ne les avait pas convoqués, et invita les princes à lui communiquer directement les vues qu'ils croiraient utile d'exprimer. Le comte d'Artois, les trois Condé[2] et le prince de Conti adressèrent donc à Louis XVI un Mémoire où ils dénonçaient « la révolution qui se préparait dans les principes du gouvernement, » se déchaînaient contre le projet de doublement du Tiers, et faisaient entendre que les deux premiers ordres, si leurs droits étaient méconnus, ne reconnaîtraient pas l'autorité des États-Généraux ; que le peuple saisirait l'occasion de leurs protestations pour ne pas payer les impôts consentis par les États. La féodalité princière finissait par un appel à l'anarchie ; ce n'était pas démentir ses précédents. On préludait déjà à l'émigration et à l'*armée de Condé*.

La presse politique, dont les princes avaient attaqué avec amertume l'*effervescence* croissante, leur répondit sans ménagement.

---

1. *Introduction au Moniteur*, p. 564. — Plus de la moitié du parlement ne prit point part au vote.
2. Le prince de Condé, le duc de Bourbon, son fils, et le duc d'Enghien, son petit-fils.

L'opinion s'indigna de l'espèce de capitulation qu'ils offraient dédaigneusement au Tiers-État. « Que le Tiers-État, écrivaient-ils, cesse donc d'attaquer les droits des deux premiers ordres, droits qui, non moins anciens que la monarchie, doivent être aussi inaltérables que la Constitution ; qu'il se borne à solliciter la diminution des impôts dont il *peut* être surchargé ; alors les deux premiers ordres *pourront*, par la générosité de leurs sentiments... renoncer aux prérogatives qui ont pour objet un intérêt pécuniaire [1]. »

Le Tiers-État n'entendait point implorer une grâce, mais exiger la justice. Les concessions pécuniaires ne pouvaient plus le contenter. Ses écrivains opposaient menace à menace, et conseillaient, les uns, de ne pas nommer de députés si l'on n'obtenait le doublement du Tiers ; les autres, d'en élire en nombre suffisant, d'après les anciens usages, sans s'arrêter au chiffre qui serait fixé par les lettres de convocation. Beaucoup trouvaient déjà le doublement du Tiers insuffisant, et s'écriaient que 24 millions d'hommes devaient avoir plus de représentants que 600,000 !

Quinze jours après avoir fait congédier sa malencontreuse assemblée des Notables (12 décembre), Necker se décida et décida le roi à trancher la grande question de la double représentation du Tiers dans le sens opposé au vœu de cette assemblée. La décision royale fut publiée sous le titre singulier de *Résultat du conseil du roi tenu à Versailles le 27 décembre* 1788. Le roi statuait : 1° que les députés, aux prochains États-Généraux, seraient au moins au nombre de 1,000 ; 2° que ce nombre serait formé, autant que possible, en raison composée de la population et des contributions de chaque bailliage ; 3° que le nombre des députés du Tiers-État serait égal à celui des deux autres ordres réunis [2].

La reine, irritée du concours que la noblesse avait prêté aux parlements contre Brienne, ne s'était point opposée à cette décision. Necker, dans le long rapport au roi qui précédait le *Résultat du conseil*, semblait n'avoir songé qu'à atténuer la portée de la

---

1. *Introduction au Moniteur*, p. 499.
2. « Il n'y a qu'une seule opinion dans le royaume sur cette question, » dit Necker dans son rapport au roi. Les Notables avaient exprimé précisément l'opinion contraire. C'était bien la peine de les consulter !

mesure qu'il venait de dicter à Louis XVI. « L'intérêt qu'on attache à cette question (le doublement du Tiers), disait-il, est peut-être exagéré de part et d'autre; car, *puisque l'ancienne Constitution ou les anciens usages autorisent les trois ordres à délibérer et voter séparément, aux États-Généraux*, le nombre des députés, dans chacun de ces ordres, ne paraît pas une question susceptible du degré de chaleur qu'elle excite. Il serait sans doute à désirer que les trois ordres se réunissent volontairement *dans l'examen de toutes les affaires où leur intérêt est absolument égal ou semblable;* mais cette détermination même dépend du vœu distinct des trois ordres [1]. »

Necker avait raison. Si la double représentation n'entraînait pas le vote en commun, c'était une concession insignifiante; mais l'opinion publique entendait bien que la première victoire entraînerait la seconde, et qu'il n'y aurait qu'une assemblée, et non trois assemblées indépendantes. Quelques publicistes s'indignèrent du langage de Necker et l'accusèrent de trahir la cause du peuple. L'opinion fit mieux que de s'irriter des réserves du ministre : elle n'en tint compte. Paris, en s'illuminant de mille feux, le soir du jour où fut publiée la décision royale, montra comment il l'interprétait.

L'irritation fiévreuse des privilégiés répondait à l'assurance menaçante du Tiers-État. L'exemple du Dauphiné ne fut pas suivi. Le spectacle de patriotique union qu'avait offert cette province dans la lutte contre Brienne se reproduisit néanmoins dans une nouvelle session des États de Dauphiné à la fin de décembre. Ces États, sur le rapport de Mounier, décidèrent que les députés qui représenteraient le Dauphiné aux États-Généraux auraient le mandat spécial d'obtenir que les délibérations fussent constamment prises par les trois ordres réunis et que les suffrages fussent comptés par tête. Dans ce cas seulement, les députés seraient autorisés à concourir à l'établissement d'une constitution qui

1. Plus loin, il dit « qu'il n'entrera jamais dans l'esprit du Tiers-État de chercher à diminuer les prérogatives seigneuriales ou honorifiques qui distinguent les deux premiers ordres... Il n'est aucun Français qui ne sache que ces prérogatives *sont une propriété aussi respectable qu'aucune autre,* » etc. Ce n'est pas Turgot qui eût compromis de la sorte le principe de la propriété! — V. *Introduction au Moniteur*, p. 500-509.

assurât la stabilité des droits du monarque et de ceux du peuple français. Un certain nombre de privilégiés avaient protesté; la majorité resta unie au Tiers.

Il n'en fut pas de même ailleurs. Pendant que la noblesse dauphinoise montrait cette sagesse et ce désintéressement, la noblesse bretonne tentait la guerre civile. Les États de Bretagne s'étaient pareillement assemblés sur la fin de décembre. Le Tiers présenta une liste de griefs dont il demandait le redressement préalable à toute délibération, et réclama le vote par tête, et non par ordre, et l'abolition des privilèges en matière d'impôts. La noblesse, de son côté, arrêta de ne délibérer sur les réclamations particulières du Tiers qu'après avoir terminé les affaires générales de la province. L'assemblée s'épuisait en débats violents et stériles. Un arrêt du conseil la suspendit jusqu'au 3 février, et renvoya les députés du Tiers demander de nouveaux pouvoirs à leurs villes. Le Tiers obéit. Le haut clergé et la noblesse décidèrent de ne pas désemparer, et répandirent dans les campagnes, en français et en bas-breton, une déclaration où ils accusaient les députés des villes de tromper le peuple et de se servir de lui pour des intérêts contraires aux siens. Les étudiants en droit, la jeunesse de Rennes, répondirent par une contre-déclaration virulente. Le 26 janvier 1789, les domestiques des nobles, grossis de pauvres gens qu'on avait ameutés sous prétexte de faire baisser le prix du pain, assaillirent dans les rues, à coups de bâtons et de pierres, la jeunesse bourgeoise. Il n'y avait aucune justice à attendre du parlement, tout dévoué à la noblesse. Le lendemain, on essaya de recommencer; mais les jeunes gens étaient prêts[1]. Ils marchèrent droit au cloître des Cordeliers, où était réunie la noblesse Au bruit des coups de feu qui s'échangeaient, le tocsin sonna; le peuple se leva, mais pour soutenir les bourgeois. Sans l'intervention pacifique du comte de Thiard, gouverneur de Bretagne, la noblesse eût été écrasée. Les jours suivants, on vit la jeunesse des villes voisines accourir par bandes armées au secours des Rennois. Il vint neuf cents Nantais le 30 janvier. Angers, Poitiers, Caen, se tenaient prêts à marcher. On a conservé une pièce qui

---

1. Parmi les étudiants en droit figurait un jeune homme qui fut le général Moreau.

témoigne de l'exaltation délirante qui s'était emparée des âmes; c'est un *arrêté des mères, sœurs, épouses et amantes des jeunes citoyens d'Angers*, déclarant qu'en cas de départ de la jeunesse angevine, elles *se joindront à la nation,* et périront plutôt que d'abandonner leurs amants, leurs époux, leurs fils et leurs frères [1].

La noblesse évacua Rennes et se dispersa dans ses châteaux, couvrant sa retraite d'un nouvel ordre du roi qui prorogeait indéfiniment les États de Bretagne (février 1789).

Les privilégiés n'eurent pas un meilleur succès en Franche-Comté. Le roi venait de consentir au rétablissement des États-Provinciaux dans ce pays, qui ne les avait pas vus rassemblés depuis la conquête de Louis XIV. Les États de Franche-Comté devinrent aussitôt le théâtre d'une lutte ardente entre le Tiers-État, d'une part, et, de l'autre, la noblesse et le haut clergé, qui protestaient contre la double représentation du Tiers et voulaient que l'élection des députés aux États-Généraux se fît par les États-Provinciaux, formés aristocratiquement à l'ancienne manière, et non pas directement par la population. Le parlement de Besançon rendit arrêt dans ce sens et protesta contre tout changement dans la constitution de la province, niant ce droit aux États-Généraux eux-mêmes (27 janvier 1789). Le peuple se souleva et mit le parlement en fuite.

L'impression de ces premiers chocs fut profonde dans toute la France. L'effroi commença de se mêler à la colère chez les privilégiés. Ils commencèrent à entrevoir que ce grand parti, qui débutait ainsi, pouvait aller à tout. Le parti de la Nation avançait, du reste, à visage découvert. C'était en annonçant ses projets avec éclat qu'il en préparait le succès. D'innombrables écrivains [2] lui servaient de hérauts. La diversité était infinie dans les détails; mais la grande majorité n'avait alors qu'un esprit et qu'un but. « Nous n'avons pas de Constitution; il nous en faut une [3].—Quand

---

1. *Introduction au Moniteur,* p. 544.

2. Il y eut, dit-on, plus de trois mille brochures dans les dix mois entre juillet 1788 et mai 1789.

3. Les privilégiés n'étaient pas même d'accord pour répondre qu'on avait une Constitution. Les princes du sang l'avaient revendiquée : d'Éprémesnil, dans une brochure de janvier 1789, se déchaîne contre « l'imbécillité de ceux qui soutiennent

même nous en aurions une, nous aurions le droit de la changer : les morts ne peuvent lier les vivants. — Pas d'érudition! ne travestissons pas en combats de chartes et de titres la question des droits de l'homme. » La distinction des trois ordres est vivement attaquée. Aux champions de la noblesse qui rappellent perpétuellement le sang des gentilshommes versé pour la patrie, on répond par le grand mot : « *Et le sang du peuple était-il de l'eau?* » Un pamphlet s'intitule : le GLORIA IN EXCELSIS *du peuple*, suivi de *Prières à l'usage de tous les ordres*, contenant le MAGNIFICAT *du peuple*, le MISERERE *de la noblesse*, le DE PROFUNDIS *du clergé*, le NUNC DIMITTIS *du parlement*, la PASSION, LA MORT ET LA RÉSURRECTION DU PEUPLE. L'avocat-général Servan veut que les États-Généraux débutent par la déclaration des *Droits de l'homme et du citoyen*, portique nécessaire de l'édifice de la Constitution. — Mirabeau demande la suppression des parlements, qui seraient remplacés par des juges électifs et temporaires. Il abandonne l'opinion qu'il avait exprimée ailleurs sur l'attribution du droit électoral aux seuls propriétaires; ce qui serait, dit-il, « un grand pas vers l'inégalité politique. — Il ne doit exister aucun individu dans la nation qui ne soit électeur ou élu : tous doivent être représentants ou représentés. — La représentation doit être égale, c'est-à-dire chaque agrégation de citoyens doit choisir autant de représentants qu'une autre de même importance [1]. — Sans le Tiers, les deux premiers ordres ne forment certainement pas la nation, et, seul, sans ces deux premiers ordres, il présente encore une image de la nation... Je ne dirai pas que l'ordre de la nation doit l'emporter sur les ordres qui ne sont pas la nation : *je léguerai ce principe à la postérité*... Je ne veux pas être, du moins dans les assemblées politiques, ni plus juste ni plus sage que mon siècle... »

Mirabeau écrivait ces lignes au moment même où le Tiers-État de Bretagne l'*emportait*, de haute lutte, *sur les ordres qui ne sont pas la nation*. Les faits allaient montrer combien le siècle en

---

que la France n'a pas de Constitution. » Pendant ce temps, Besenval avoue, dans ses Mémoires, qu'il n'y en a pas; » qu'il n'y a que des faits et des traditions. » Plus tard, Calonne écrit contre; Monthion écrit pour.

1. Il entend par importance la combinaison du nombre des habitants, de la richesse du pays et des services que l'état retire des hommes et des fortunes. — *Introduction au Moniteur*, p. 600.

masse marchait plus vite que les plus grands entre les individus.

Ce n'est pas Mirabeau qui a le terrible honneur de résumer l'ouragan et de lancer la foudre précédée de tant d'éclairs. C'est un nouveau venu, sorti, comme lui, des ordres privilégiés : Qu'est-ce que le Tiers-État? demande l'abbé Sieyès.

« Qu'est-ce que le Tiers-État? — Tout.

« Qu'a-t-il été jusqu'à présent dans l'ordre politique? — Rien[1].

« Que demande-t-il? — A y devenir quelque chose.

« Le Tiers est une nation complète. — Si l'on ôtait l'*ordre privilégié*[2], la nation ne serait pas quelque chose de moins, mais quelque chose de plus. — Il n'est pas possible, dans le nombre de toutes les parties élémentaires d'une nation, de trouver où placer la caste des nobles. — Qu'est-ce qu'une nation? — Un corps d'associés vivant sous une loi commune et représentés par la même législature. — L'ordre des nobles est un peuple à part dans la grande nation. — Le Tiers est tout.

« Qu'est-ce que le Tiers a été? — Rien. — Que si les aristocrates entreprennent de retenir le peuple dans l'oppression, j'oserai demander à quel titre. Si l'on répond : A titre de conquête... le Tiers se reportera à l'année qui a précédé la conquête... il est aujourd'hui assez fort pour ne plus se laisser conquérir. — Fils des Gaulois et des Romains, pourquoi ne renverrions-nous pas les prétendus héritiers des Francs dans les forêts de la Franconie? — Notre naissance vaut bien la leur. — Oui, dira-t-on, mais... par la conquête, la noblesse de naissance a passé du côté des conquérants. Eh bien, il faut la faire repasser de l'autre côté : le Tiers redeviendra noble en devenant conquérant à son tour.

« Que demande le Tiers? — Le moins possible, en vérité : que ses députés soient au moins en nombre égal à ceux des privilégiés, *tant qu'il y aura des privilégiés.* »

Sieyès attaque ensuite l'école anglaise, qui voudrait livrer une des branches du pouvoir législatif à trois ou quatre cents familles

---

1. Ce fut Chamfort qui fournit à Sieyès à peu près son fameux titre : « Qu'est-ce que le Tiers-État? — Tout. — Qu'a-t-il? — Rien. » Sieyès le modifia heureusement. — V. les *OEuvres choisies* de Chamfort.

2. Il dit l'*ordre*, non les *ordres*, parce que le clergé, n'étant pas une caste héréditaire, n'est pas pour lui un ordre, mais une profession.

de haute noblesse, en rejetant la petite noblesse sur la chambre des représentants du Tiers.

« Qu'a-t-on fait? » demande-t-il ensuite. Et ce qu'on a fait, il le critique avec force. « Qu'y a-t-il à faire? »

Il paraissait d'abord réclamer seulement, comme Mirabeau, que le Tiers, qui est tout en droit, devînt quelque chose en fait. Mais, ici, il aboutit à ce que le Tiers soit tout en fait comme en droit.

« La nation est la loi elle-même : la nation n'est pas soumise à une constitution : elle ne peut pas l'être. — Les parties de ce qu'on croit être la Constitution française ne sont pas d'accord entre elles; à qui appartient-il donc de décider? — A la nation, indépendante de toute forme positive. Quand la nation aurait ses États-Généraux réguliers, ce ne serait pas à ce corps constitué à prononcer sur un différend qui touche à la Constitution.

« ... Une représentation *extraordinaire* peut seule toucher à la Constitution ou nous en donner une, et cette représentation CONSTITUANTE doit se former sans égard à la distinction des ordres.

« Il fallait prendre la nation dans quarante mille paroisses. — Qui a le droit de convoquer la nation? Quand le salut de la patrie presse tous les citoyens, il faudrait plutôt demander qui n'en a pas le droit! — Que reste-t-il à faire au Tiers-État? — Organiser le corps du gouvernement, le soumettre à des formes qui garantissent son aptitude à la fin pour laquelle il est établi. — Le Tiers-État seul, dira-t-on, ne peut former des États-Généraux. — Tant mieux! il composera une ASSEMBLÉE NATIONALE... Ses représentants auront la procuration de 25 à 26 millions d'individus qui composent la nation, à l'exception d'environ 200,000 prêtres ou nobles[1]. Ils délibéreront pour la nation entière, à l'exception de 200,000 têtes... Il est impossible de dire quelle place deux corps privilégiés doivent occuper dans l'ordre social; c'est demander quelle place on veut assigner, dans le corps d'un malade, à l'humeur maligne qui le mine et le tourmente. Il faut la *neutra-*

---

1. Il aurait fallu dire 500,000 à 600,000, en comprenant les femmes et les enfants.

liser, et rétablir assez bien le jeu des organes, pour qu'il ne s'y forme plus de combinaisons morbifiques[1]. »

Le programme de la Révolution était tracé. La Nation n'avait plus qu'à exécuter le plan de campagne de son audacieux tacticien.

Le 24 janvier 1789, avait paru la lettre de convocation des États-Généraux à Versailles pour le 27 avril, accompagnée d'un règlement sur la forme des élections. Le nombre des députés était porté à 1,200, dont 600 pour le Tiers et 300 pour chacun des deux premiers ordres. Le roi statuait que les bailliages et sénéchaussées qui avaient député directement aux États de 1614 conserveraient ce privilège; que le petit nombre des bailliages et sénéchaussées qui avaient acquis des titres analogues aux premiers, depuis 1614, seraient admis à la même prérogative; à cela près, on tâchait de proportionner le nombre des députés à la population et à l'importance de chaque agrégation. Les bailliages et sénéchaussées qui n'avaient pas député directement en 1614 ne députeraient que conjointement avec ceux de la première classe, suivant la proximité et l'origine. — Les baillis ou sénéchaux de première classe convoqueront au plus tard pour le 16 mars les évêques, abbés, curés, communautés *rentées*[2], ecclésiastiques pourvus de bénéfices et nobles possédant fiefs, à l'assemblée générale du bailliage ou sénéchaussée. Les chapitres nommeront un député pour dix chanoines; les prêtres attachés aux chapitres, et les prêtres sans bénéfices, domiciliés dans les villes, un député pour vingt; les communautés religieuses, un député par communauté[3]. Les bénéficiaires et les nobles possédant fiefs voteront individuellement. Les prêtres sans bénéfices, domiciliés dans les campagnes, et les nobles sans fiefs, auront droit de venir voter individuellement. — Dans les villes dénommées en l'état annexé au présent règlement, les habitants s'assembleront d'abord par corporation; les corps d'arts et métiers nommeront un député pour cent électeurs pré-

1. Le pamphlet de Sieyès est devenu rare. On en peut voir l'analyse dans l'*Introduction au Moniteur*, p. 606-608; — et les citations données par Soulavie, *Règne de Louis XVI*, t. VI, p. 299-303.
2. Les moines mendiants étaient exclus.
3. Les communautés de femmes avaient droit de se faire représenter par un ecclésiastique.

sents; les corporations des arts libéraux, des négociants, etc., en nommeront deux pour cent; les habitants nés ou naturalisés français, âgés de vingt-cinq ans, domiciliés et compris au rôle des impositions, qui ne font partie d'aucune corporation, éliront pareillement deux députés pour cent. Les députés choisis dans les différentes assemblées particulières formeront à l'Hôtel de Ville l'assemblée du Tiers-État de la ville, y rédigeront le cahier des plaintes et doléances de la ville, et nommeront, au nombre fixé dans l'état susdit, des députés de second degré, pour porter le cahier au bailliage ou sénéchaussée. — Paris seul députera directement aux États-Généraux; les autres villes ne voteront pour les États qu'avec l'ensemble du bailliage ou sénéchaussée dont elles feront partie. — Dans les paroisses, bourgs et villages, et dans les villes non comprises en l'état susdit, tous les habitants réunis concourront à la rédaction du cahier de leur communauté, et nommeront directement deux députés pour 200 feux ou au-dessous; trois, pour 200 à 300 feux, etc., afin de porter leur cahier au bailliage. Les députés du Tiers, élus dans les villes et dans les campagnes, se réuniront, dans chaque bailliage ou sénéchaussée, pour réduire les cahiers en un seul et choisir ceux d'entre eux, dans la proportion d'un sur quatre, qui porteront le cahier du bailliage à l'assemblée générale du bailliage de première classe, contribueront à réduire en un seul les cahiers des divers bailliages ressortissant au bailliage supérieur, et éliront les députés aux États-Généraux. — Chaque ordre rédigera ses cahiers et nommera ses députés séparément, *à moins qu'ils ne préfèrent d'y procéder en commun*[1]. Les cahiers de chaque ordre seront arrêtés définitivement dans l'assemblée de l'ordre. — Les députés aux assemblées de divers degrés seront élus à haute voix; les députés aux États-Généraux seront seuls élus au scrutin secret. Il y aura autant de scrutins que de députés[2].

Aux anomalies, aux inégalités que conservait cette forme nouvelle d'élection, et que Mirabeau blâma énergiquement au point

---

1. Necker provoquait timidement, par cet article, dans les assemblées électorales, cette réunion des trois ordres qu'il n'osait faire prononcer par le roi pour l'Assemblée nationale. L'appel ne fut pas entendu.
2. *Introduction au Moniteur*, p. 557.

de vue du vote universel et direct[1], on reconnaissait la pensée d'une transaction entre les confuses traditions des temps passés[2] et les exigences rationnelles de l'esprit du siècle. Le génie du droit commun avait su toutefois se faire une part immense, en conquérant la participation formelle de tout contribuable aux opérations préparatoires. C'était aux assemblées sorties de ces opérations qu'il appartiendrait de compléter l'œuvre.

La période électorale s'ouvrit. La France ne s'assembla pas tout entière le même jour, à la même heure, comme on l'a vu depuis. Les bailliages furent convoqués les uns après les autres. Durant près de trois mois, le mouvement parcourut lentement la surface du pays avec une variété infinie d'incidents et d'émotions. Il y aurait tout un livre, et un bien grand livre, à faire sur les procès-verbaux de ces milliers d'assemblées où le plus humble des citoyens, dans le coin le plus reculé de la France, put venir ouvrir son cœur, épancher ses aspirations et ses vœux. Au fond de nos archives nationales repose l'âme de toute une génération, et quelle génération! celle par laquelle s'opéra le passage d'un monde à un autre, de l'ancienne à la nouvelle France!

Le calme, la dignité des délibérations signala généralement les réunions du Tiers : il marchait comme une grande armée disciplinée et confiante dans la victoire. A Paris, il débuta par faire acte de souveraineté en remplaçant les présidents et secrétaires qu'avait imposés l'autorité, par des présidents et des secrétaires librement élus. Les assemblées des villes furent toutefois plus remarquables par le caractère que par la foule des votants : les masses étaient plus préparées à l'action révolutionnaire qu'au jeu régulier des institutions libres; les prolétaires proprement dits se trouvaient en dehors des assemblées, et une grande partie des

---

1. *Réponse à Cerutti,* ap. *Mém.* de Mirabeau, t. V, p. 223-227.
2. Lors des anciens États-Généraux, les députés avaient été nommés, en Bourgogne, en Provence, en Languedoc, en Bretagne, par les États-Provinciaux, si oligarchiques dans leur composition, sans intervention du peuple. A Paris, en 1614, les élections avaient été faites par le corps de ville, avec un petit nombre de notables choisis en grande partie par les quarteniers. Une portion seulement du peuple était intervenue par quelques députés des corps de métiers. V. notre t. XII, p. 234. — Par un règlement du 13 avril 1789, il fut statué qu'à Paris on ne serait point admis dans les assemblées du Tiers, si l'on ne payait six livres de capitation. — *Introduction au Moniteur,* p. 576. — Cette restriction souleva de vives plaintes.

artisans appelés ne votèrent pas : ce fut la classe moyenne qui fit les élections presque partout[1]. Il n'y eut, au contraire, que trouble et que clameurs dans les réunions de la noblesse. Les gentilshommes de province récriminaient contre la noblesse de cour et accusaient les grands d'avoir ouvert la porte aux philosophes : on eût dit une armée en déroute qui tire sur ses chefs. Avec moins de tumulte, les assemblées du clergé n'offrirent pas moins de discordes. La démocratie des curés tint en échec l'aristocratie des évêques, et les mécontentements séculaires du bas clergé produisirent une explosion générale, que bien des symptômes et notamment bon nombre de brochures politiques avaient pu faire pressentir.

La noblesse et le haut clergé tentèrent, en Bretagne, cette scission dont les princes du sang avaient menacé la France dans leur mémoire au roi. Ils réclamèrent, pour les États-Provinciaux, le droit de nommer les députés aux États-Généraux, et, comme on passait outre, ils refusèrent de procéder aux élections (17-20 avril). Ils n'aboutirent qu'à diminuer d'une trentaine de voix le parti de l'ancien régime dans les États-Généraux.

En Provence, les scènes les plus violemment dramatiques signalèrent l'époque des élections. Là, comme en Bretagne, comme dans les deux Bourgognes, les privilégiés avaient protesté contre le doublement du Tiers et revendiqué l'élection des députés aux États-Généraux pour les États-Provinciaux récemment rétablis en Provence, de même qu'en Dauphiné et en Franche-Comté. Mirabeau, dans la chambre de la noblesse, aux États-Provinciaux, avait soutenu avec un éclat extraordinaire les droits et les intérêts du Tiers, et révélé un orateur tel que le monde n'en avait pas

---

1. A Paris, les classes populaires allèrent peu voter, si ce n'est dans les grands faubourgs : néanmoins, M. Droz réduit infiniment trop le nombre des votants (12,000) : il y en eut probablement au moins 25,000 sur 60,000 électeurs, comme le dit M. Buchez; *Hist. parlementaire de la Révolution*, t. Ier, p. 210; 2e édit. — Il y avait soixante arrondissements ou quartiers électoraux, et nous voyons qu'il y eut 476 votants dans le seul quartier de Saint-Étienne-du-Mont. (*Ibid.*, p. 256.). — On peut remarquer que la proportion des votants au chiffre total des électeurs a été généralement croissant dans les diverses phases électorales de la Révolution depuis soixante ans. — Bailli, dans ses *Mémoires* (t. Ier, p. 13), fait l'observation qu'à Paris les gens qui craignaient de déplaire à la cour et aux adversaires des changements imminents s'abstinrent de paraître aux assemblées.

entendu depuis que la tribune de l'éloquence antique était fermée[1]. Exclu par son ordre, sous un prétexte frivole, il était devenu l'idole du peuple provençal (janvier-février). Quand il reparut au mois de mars, pour les élections, les populations entières se portèrent au-devant de lui sur les routes, semant sur son passage les palmes, les lauriers et les oliviers; la jeunesse l'escorta à cheval; les villes le reçurent à la lueur des feux de joie. L'émeute cependant grondait dans Marseille : l'effervescence politique du moment, les souffrances d'un cruel hiver combinées avec la cherté générale, les provocations imprudentes des nobles, qui avaient tâché d'exciter les campagnes contre les villes, tout s'était réuni pour irriter le peuple, et il venait de forcer les échevins de taxer la viande et le pain à un prix hors de proportion avec la valeur réelle. Marseille était en pleine anarchie. Mirabeau accourt : il usurpe, pour ainsi dire, la dictature du génie ; il improvise une milice civique ; il relève le cœur du conseil de ville ; il s'adresse au bon sens populaire, et, sans conflit, sans réaction, par le seul ascendant de l'éloquence et de la raison, il ramène le peuple à souffrir l'abolition de la taxe extorquée par l'émeute (22-26 mars). Pendant ce temps, le sang coulait à Aix. Le marquis de La Fare, premier consul d'Aix et chef du parti nobiliaire, furieux de voir que le Tiers se disposât à élire Mirabeau, avait défié le peuple par ses provocations, cherché l'occasion d'un conflit et ordonné aux soldats de tirer. Plusieurs hommes du peuple tombèrent. La foule se rua sur les soldats, les dispersa, força le premier consul de s'enfuir pour échapper à une mort certaine, et s'empara des blés

---

1. C'est dans une réponse aux chambres du clergé et de la noblesse, qui l'avaient traité d'*ennemi de la paix publique*, que se trouve le fameux passage : « Dans tous les pays, dans tous les âges, les aristocrates ont implacablement poursuivi les amis du peuple ; et si, par je ne sais quelle combinaison de la fortune, il s'en est élevé quelqu'un dans leur sein, c'est celui-là surtout qu'ils ont frappé, avides qu'ils étaient d'inspirer la terreur par le choix de la victime. Ainsi périt le dernier des Gracques de la main des patriciens ; mais, atteint du coup mortel, il lança de la poussière vers le ciel, en attestant les dieux vengeurs, et de cette poussière naquit Marius : Marius, moins grand pour avoir exterminé les Cimbres que pour avoir abattu dans Rome l'aristocratie de la noblesse... J'ai été, je suis, je serai jusqu'au tombeau l'homme de la liberté publique, l'homme de la Constitution. Malheur aux ordres privilégiés, si c'est là plutôt être l'homme du peuple que celui des nobles ; car les priviléges finiront, mais le peuple est éternel. » (5 janvier 1789). — V. *Mém.* de Mirabeau, t. V, p. 233-260.

emmagasinés par la ville. Mirabeau revient de Marseille à Aix, harangue le peuple, lui fait tomber les armes des mains, rétablit la libre circulation des grains, remet tout en ordre comme par enchantement, apaise pareillement Toulon soulevé, va délivrer, par la persuasion, l'évêque de Sisteron, un des chefs des aristocrates, poursuivi et assiégé dans Manosque par les paysans, et repart pour Paris, élu du Tiers-État d'Aix et de Marseille, aux applaudissements de la Provence et de la France entière. Ce furent là les heures les plus pures et les plus véritablement glorieuses de cette carrière si orageuse et si contestée[1].

Dans la plupart des provinces, l'immense agitation morale des élections ne se traduisait point en luttes matérielles ni en désordres de la rue. La solennité de l'acte qu'on accomplissait saisissait les âmes. Cependant la Provence ne fut pas seule troublée : les élections de Paris, retardées par la faute du ministère, furent assombries par des scènes qui présageaient des tempêtes sociales par delà la révolution commencée, et annonçaient ces luttes sinistres entre la bourgeoisie et le prolétariat, qui devaient être le fléau de la société nouvelle. Entre la nomination des électeurs par les assemblées primaires et celle des députés par les électeurs eut lieu le sac de la maison de Réveillon, manufacturier du faubourg Saint-Antoine, qu'on avait accusé de propos hostiles aux ouvriers[2]. Une foule furieuse dévasta, brûla tout chez Réveillon. L'autorité, qui avait laissé l'émeute grossir pendant deux jours sans rien faire pour l'arrêter, l'étouffa enfin par une masse de troupes et par une large effusion de sang, après une lutte acharnée où l'émeute s'était défendue avec des pierres et des bâtons contre les fusils (28 avril). Les partis s'accusèrent réciproquement d'avoir provoqué la sédition pour en profiter[3].

1. *Mém.* de Mirabeau, t. V, p. 274-309. — Buchez, *Hist. parlement.*, t. Ier, p. 229-231. — A côté de Mirabeau, un protestant fut élu par le Tiers-État de Marseille. Le ministre Rabaut-Saint-Étienne, fils d'un célèbre pasteur *du désert*, fut nommé à Nîmes.

2. On prétendait qu'il avait dit que les ouvriers gagnaient trop ; qu'ils pouvaient vivre avec quinze sous par jour. C'était, selon toute apparence, une pure calomnie.

3. Le langage de certaines publications contre-révolutionnaires était de nature à fortifier les soupçons. « Qui peut nous dire, écrivait le journal *l'Ami du Roi*, si le despotisme de la bourgeoisie ne succédera pas à la *prétendue* aristocratie des nobles? » Réveillon accusa un abbé, son ennemi personnel et attaché à la maison du comte d'Artois, d'avoir dirigé le mouvement.

Ce fut sous l'impression de cet incident lugubre que s'acheva la rédaction des cahiers de Paris. Les opérations étaient terminées à peu près partout dans les provinces. Il n'est pas possible de donner ici une analyse complète des cahiers des bailliages et sénéchaussées, ce vaste testament de l'ancienne France. Nous ne pouvons qu'en résumer les parties les plus saillantes. Un intérêt puissant s'attache à cette dernière manifestation des trois ordres entre lesquels avait été partagée la société française depuis tant de siècles.

Les cahiers du clergé demandent qu'à la religion catholique romaine seule appartienne le culte public; une partie des cahiers acceptent la *tolérance civile*; les autres réclament la révocation ou la révision de l'édit de novembre 1787 sur les mariages protestants, et l'interdiction des offices et charges aux non-catholiques; — l'observation la plus rigoureuse des dimanches et fêtes. Beaucoup de cahiers réclament le maintien de la censure pour les livres; presque tous, le rétablissement des conciles nationaux et provinciaux, afin de relever la discipline ecclésiastique; — l'abolition de la pluralité des bénéfices; — l'exécution des lois qui prescrivent la résidence aux prélats. Bon nombre de cahiers demandent l'abolition du concordat, le rétablissement des libres élections ecclésiastiques et la réintégration des curés dans tous leurs droits primitifs; que l'autorité (des évêques) se renferme dans les bornes posées par les saints canons. — Le clergé réclame le maintien de tous ses droits honorifiques, comme premier ordre de l'État; *il renonce à toute exemption pécuniaire*[1], mais en demandant à répartir lui-même sa part de l'impôt. — Augmentation du revenu des curés et vicaires, et suppression du casuel; conservation des ordres monastiques, sauf à les employer plus généralement à l'éducation de la jeunesse, au service des hôpitaux, etc.; — abaissement de l'âge des vœux monastiques à dix-huit ans! — Un cahier, cependant, prévoyant l'éventualité de la suppression des couvents, demande qu'au moins on assure le sort des religieux.

1. La dernière Assemblée du clergé, en juin 1788, avait demandé le maintien des priviléges pécuniaires; mais ces assemblées ne représentaient que le haut clergé; le bas clergé avait la prépondérance à son tour aux États.

Réclamations contre le cynisme de la prostitution et du libertinage public; contre les peintures, sculptures et gravures lascives *qui corrompent le cœur par les yeux;* contre les maisons de jeu; contre l'immoralité des pièces de théâtre; — qu'il soit fait un plan d'éducation nationale; — que l'éducation soit confiée partout à des communautés ecclésiastiques, séculières ou régulières; — qu'il soit établi dans toutes les paroisses des maîtres et maîtresses d'école soumis à l'inspection des curés, et même destituables par eux. Le clergé présente l'éducation publique comme étant dans un état *déplorable* depuis la destruction des jésuites. Le cahier de Laon demande la formation d'un corps enseignant, sous l'autorité des évêques. — Qu'il ne soit admis dans les universités aucun professeur qui n'ait donné des preuves de son attachement à la religion catholique; — de même pour les écoles. — Que non-seulement les collèges publics, mais les établissements particuliers d'éducation soient soumis à l'autorité ecclésiastique.

Des cahiers veulent que le roi soit supplié d'établir une nouvelle division électorale du royaume, combinée en raison de l'étendue et de la population, sans distinction de provinces, de pays d'États, de généralités. Les uns demandent les États-Généraux permanents; les autres, périodiques. — Inviolabilité des députés. — Les cahiers sont partagés sur la grande question du vote par ordre ou par tête; plusieurs, par une sorte de juste milieu, acceptent le vote par tête pour l'impôt seulement. En général, ils posent la distinction des trois ordres comme base de la constitution de l'état avec la monarchie héréditaire. Le cahier de la vicomté de Paris établit, parmi les lois fondamentales, le culte public exclusif pour la religion catholique et l'inviolabilité des propriétés des *corps* comme des particuliers. — Admissibilité de tous les citoyens aux emplois ecclésiastiques, civils et militaires, en raison de leur mérite et de leurs services, et non point en raison de leur naissance. — Aucune loi ne doit être établie que par l'autorité du roi et le consentement libre des États-Généraux. — L'impôt ne doit être consenti que temporairement, et le consentement doit être renouvelé à chaque session des États-Généraux. — Le cahier de Lyon demande l'abolition de tout privilège ou exemption de province, de ville ou de corporation. — Liberté individuelle, abolition ou réduction des lettres de cachet en des formes régulières avec des garanties ; — abolition de la traite et de l'esclavage des noirs, ou, au moins, adoucissement du sort des nègres. Les cahiers de Melun et Moret demandent la destruction de tout reste de servage en Franche-Comté et dans toute la France. — Responsabilité des ministres.— Que la violation du secret des lettres soit à jamais interdite. — États-Provinciaux partout ; — une cour souveraine ou tribunal d'appel dans chaque province. — Tribunaux de paix ou conseils d'arbitrage.—Inamovibilité des magistrats. Abolition de la vénalité des charges. Abolition des tribunaux d'exception; abolition ou réforme des justices seigneuriales. — Réformes dans la justice civile et criminelle. Plus de distinction de rang et de naissance dans l'application des peines[1]. Abolition des supplices qui révoltent l'humanité. (En général, le clergé demande, sur la justice criminelle, les mêmes réformes qu'ont prêchées les philosophes, excepté qu'il veut le maintien de la peine de mort pour le sacrilège ou crime de lèse-majesté divine.)

Qu'on établisse dans les villes, bourgs et villages une même forme d'administration élective pour toutes les municipalités. — Suppression des loteries et des monts-de-piété. — Hospices dans les campagnes. Que tous les établissements de charité soient soumis à des administrations publiques ou bureaux de charité. — Simplification dans l'assiette et la perception de l'impôt. — Le clergé demande que sa dette, contractée, dit-il, pour le service de l'état, soit mise à la charge de l'état[2]. — Abolition de la milice et de la corvée. — Suppression des *capitaineries* (établies pour la conservation des chasses du roi, et source de vexations infinies); — suppression, par voie de rachat, des banalités, francs-fiefs, corvées seigneuriales, cens, champarts et autres droits féodaux. — Beaucoup de cahiers demandent la suppression de tous privilèges industriels et commerciaux, des jurandes et maîtrises, etc.

1. Les nobles étaient décapités, et les roturiers pendus pour les mêmes crimes ; le premier de ces deux supplices n'étant pas considéré comme infamant.
2. Prétention très-mal fondée : le clergé avait mieux aimé emprunter que de prendre ses *dons gratuits* sur ses revenus. Si sa prétention eût été accueillie, il n'eût donc fait, par le passé, que de simples avances à l'état. Sa réclamation n'était spécieuse que pour les emprunts où il avait seulement prêté sa garantie au roi.

— Des cahiers réclament qu'on maintienne l'interdiction du prêt à intérêt [1].

Le caractère essentiel des cahiers du clergé est la prépondérance des curés. Le bas clergé, tenu dans une étroite sujétion par les évêques depuis Louis XIV, s'est relevé avec énergie dans les assemblées de bailliages et a imposé son esprit aux cahiers. Il a deux faces, pour ainsi dire, l'une tournée vers la démocratie et le progrès, l'autre vers le moyen âge. Ainsi il veut une réforme démocratique jusqu'à un certain point dans l'église et dans l'état; l'élection partout, sauf la royauté; l'abolition des priviléges pécuniaires [2] et de la féodalité; un grand développement de la charité publique; la réforme de la justice; le respect de la liberté individuelle. Sur tous ces points, il est d'accord avec le mouvement. Sur la réforme des mœurs, il s'entendrait encore au moins avec l'école de Rousseau. Sur la question capitale du vote par tête ou par ordre, c'est-à-dire sur l'unité ou la triplicité de l'assemblée nationale, il se trouble, il se divise. Sur la proscription de la liberté des cultes, sur l'attribution universelle de l'éducation au clergé, sur les restrictions de la presse, sur la conservation de ses priviléges honorifiques, il regarde vers le passé.

On peut déjà prévoir que le clergé, non plus le clergé aristocratique des anciennes assemblées triennales, mais le clergé démocratique des États-Généraux, favorisera la première phase de la Révolution et combattra la seconde.

Les cahiers de la noblesse offrent plus de diversités que ceux du clergé. Quelques-uns demandent que l'ordre du clergé soit supprimé, et ses membres, répartis entre les deux autres ordres. D'autres, au contraire, veulent qu'on crée un quatrième ordre, en séparant les paysans du peuple des villes. Quelques cahiers acceptent le vote par tête, au moins pour l'impôt : la grande ma-

---

1. Le cahier de Colmar et Schlestadt, pour arrêter la *pullulation* des juifs qui dévorent l'Alsace, demande qu'on ne permette le mariage qu'au fils aîné de chaque famille juive !

2. Il a une singulière façon d'interpréter ses immunités en matière d'impôts : le clergé, suivant ses cahiers, avait seul conservé le droit de voter librement l'impôt, droit que les deux autres ordres avaient laissé périmer. Cette interprétation attestait l'immense progrès de l'opinion. Le clergé des temps passés n'entendait pas *voter librement* l'impôt; il entendait ne pas payer d'impôt du tout.

jorité est absolument contre. — Les députés seront inviolables. — La France a une Constitution, quoi qu'en disent des novateurs factieux. Il ne s'agit pas de la changer, mais d'en déraciner les abus. — La royauté est le plus grand des priviléges; les autres priviléges détruits, celui de la royauté ne pourrait subsister longtemps. Les États-Généraux n'ont pas le droit d'abolir les lois fondamentales, *sans le consentement exprès de la nation* [1]. — Suivant la Constitution de l'empire français, tombée en désuétude par l'usage du pouvoir arbitraire et qu'il faut rappeler à ses vrais principes, deux causes doivent toujours concourir à la formation et à l'abrogation de la loi : le consentement de la nation et le décret du prince. *Lex consensu populi fit et constitutione regis* (cahiers d'Évreux et d'Alençon). — Quelques cahiers, en minorité, tendent au contraire à la monarchie pure, en attribuant au roi le pouvoir législatif, sans autre réserve que pour l'impôt.

Des cahiers demandent une déclaration des droits appartenant à tous les hommes. — Sur la liberté individuelle, les lettres de cachet, la violation du secret des lettres, la périodicité des États-Généraux, l'inviolabilité du roi, la responsabilité des ministres, comme le clergé. — Que les lois constitutives soient rédigées en une espèce de catéchisme, qu'on enseignera dans les paroisses. — Des cahiers protestent contre l'établissement d'une chambre héréditaire ou viagère (c'est le cri de la petite noblesse contre la grande) (Mantes et Meulan). — Plusieurs cahiers demandent l'abolition des prisons d'état; celui de Paris appelle la démolition de la Bastille. Mantes et Meulan et le Berri demandent l'abolition de ce qui reste de servitude de glèbe, et qu'on prépare la destruction de l'esclavage des noirs. — Liberté de la presse, entière, sauf responsabilité de l'imprimeur et de l'auteur, suivant la plupart des cahiers; quelques-uns réservent la censure ecclésiastique pour les livres qui traitent du dogme, ou le droit des juges de police d'empêcher la distribution des ouvrages dangereux.

1. Cahier du Bugey, ap. *Résumé général des cahiers*, t. II, p. 29. « Les États ne peuvent, *de leur seule autorité*, remplacer la monarchie par l'aristocratie ou la démocratie. Ils seraient des tyrans, s'ils osaient jamais porter la main à la liberté individuelle et à la propriété. » (*Ibid.*) Ainsi la noblesse reconnaît la pleine souveraineté de la nation quant aux formes politiques, non quant aux droits qui tiennent à la personnalité humaine. Il s'agit seulement de bien définir la *propriété*.

La noblesse *consent à l'abandon de ses privilèges pécuniaires, à l'égalité de l'impôt;* mais elle qualifie de propriété sacrée et inviolable les droits, tant utiles qu'honorifiques, qu'elle tient de ses ancêtres, les droits féodaux, distinctions et honneurs, justices seigneuriales, etc., et enjoint à ses députés de refuser toute modification ou remboursement par voie législative[1]. Elle qualifie également de propriété les coutumes, contrats et capitulations des provinces. Elle demande des États-Provinciaux, mais sur un autre plan que le clergé, et en cherchant à réduire l'influence des curés comme trop démocratique. — Que les provinces s'administrent elles-mêmes. — Beaucoup de cahiers, comme ceux du clergé, demandent qu'il y ait autant de cours souveraines que de provinces; certains veulent que les offices de judicature soient donnés par le roi au concours ou sur présentation du peuple. — Suppression des intendances et des tribunaux d'exception. Justices de paix. — Municipalités électives partout. Le cahier de Dourdan demande des municipalités, non paroissiales, mais cantonales. — Sur la réforme judiciaire, à peu près comme le clergé. Mais, de plus, beaucoup de cahiers demandent le rétablissement du jugement de l'accusé par ses pairs, le *jury*. — Quelques cahiers, comme ceux du clergé, veulent l'abolition de la distinction dans les supplices. — Sur les loteries, les hôpitaux, etc., comme le clergé.

Les cahiers de la noblesse demandent aussi un plan d'éducation nationale. Beaucoup consentent que l'enseignement soit donné au clergé. Le cahier de Bayonne veut qu'on établisse des écoles d'administration et de droit des gens pour former des administrateurs et des membres du corps diplomatique. — Que les dettes du clergé et des divers corps restent à leur charge. — Plus d'emprunts viagers. — Des cahiers protestent d'avance contre tout papier-monnaie; d'autres en acceptent l'éventualité. — Qu'on établisse un impôt sur le revenu mobilier et industriel. — La noblesse demande des mesures qui favorisent les longs baux. Des cahiers veulent qu'on mette des obstacles à la formation des grandes fermes, comme nuisibles à l'agriculture et à la population. — La majorité veut le maintien de la milice, mais avec des

---

1. Des cahiers acceptent cependant le rachat des péages et banalités.

réformes. — Droit de chasse exclusif réservé aux seigneurs dans leurs fiefs.

La plupart demandent la liberté du commerce et de l'industrie. — Que le prêt à intérêt soit permis définitivement. — Réduction du nombre des fêtes. — Qu'on ne paie plus à Rome d'annates ni de dispenses. — Abolition du concordat, rétablissement des élections et autres réformes ecclésiastiques, comme aux cahiers du clergé. Beaucoup de cahiers demandent le rachat des dîmes, avec remploi pour le service du culte, l'entretien des édifices religieux et le soulagement des pauvres; d'autres veulent leur extinction au profit des propriétaires des terres. — Une partie des cahiers demandent qu'on utilise les moines; les autres, qu'on les supprime. — Que les non-catholiques soient rétablis dans tous les droits de citoyens. — Les cahiers demandent pour la noblesse une marque de distinction exclusive et honorifique, et le droit exclusif de porter l'épée. — Que la noblesse puisse faire le commerce ou prendre des terres à ferme sans déroger. — Plusieurs cahiers réclament des mesures qui empêchent l'armée de devenir contre les lois l'instrument du pouvoir exécutif ou ministériel. D'autres veulent le rétablissement des corps supprimés de la maison du roi. — Qu'aucun officier ne puisse être destitué sans un jugement légal. — La plupart des cahiers approuvent les mesures qui interdisent les grades militaires aux non-nobles et réclament contre la préférence accordée à la noblesse de cour sur celle de province pour les grades supérieurs.

Les ressemblances et les différences avec les cahiers du clergé sont également remarquables. Des deux ordres privilégiés, chacun sacrifie volontiers les privilèges de l'autre : le clergé condamne les droits féodaux et les privilèges de naissance; la noblesse attaque la dîme et les couvents : la conclusion est facile à tirer. Comme le clergé, la noblesse en est venue à consentir l'égalité de l'impôt. Ces exemptions pécuniaires, dont les ministres réformateurs eux-mêmes n'osaient solliciter qu'à demi le sacrifice, dont les privilégiés, la veille encore, reprochaient aux Notables de n'avoir pas défendu le principe, les privilégiés, assemblés d'un bout à l'autre de la France, et consultés en masse, les abandonnent en principe et en fait. C'est une des plus belles victoires que le sentiment du juste ait remportées sur la terre.

Malheureusement il était trop tard pour que le peuple à qui l'on offrait ce sacrifice y vît seulement le sentiment du juste. On lui concédait ce qu'il se sentait en état d'exiger, et il y vit surtout un hommage à sa force. Il ne restait que trop de causes de lutte. La noblesse défendait le reste de ses prérogatives avec d'autant plus d'opiniâtreté. Elle refusait la réunion des trois ordres en une seule assemblée nationale; elle refusait le rachat de la plupart des droits féodaux; elle avait le sentiment de la liberté individuelle, et c'est là son meilleur titre; mais elle ne voulait la liberté pour les autres que dans ce qui ne froissait pas ses intérêts ou son orgueil; elle voulait l'égalité aussi, mais dans l'intérieur de son ordre, et l'inégalité au dehors. Elle justifiait trop la parole de Sieyès : c'était une petite nation dans la grande, et cette petite nation voulait subsister à part et vivre de sa propre vie.

C'est ce que le Tiers-État, la grande nation, ne pouvait plus souffrir. L'égalité!... réclame-t-il par les mille voix de ses cahiers, dans la langue du *Contrat social*. — Tous les hommes étaient égaux avant leur association civile : ils doivent encore être égaux devant les lois constitutives des corps politiques. — Le corps ou l'individu qui refuse de participer aux charges publiques, ou ne veut les supporter que dans une moindre proportion et dans une forme différente de celle que l'on suit pour les autres citoyens, rompt l'association civile en ce qui le concerne. (Cahier du Nivernais.) — Nous prescrivons à nos représentants, dit le cahier de Paris, de se refuser invinciblement à tout ce qui pourrait offenser la dignité des citoyens libres, qui viennent exercer les droits souverains de la nation. — Il leur est enjoint expressément de ne consentir à aucun subside, que la déclaration des droits de la nation ne soit passée en loi. — Tout pouvoir émane de la nation. — La volonté générale fait la loi : la force publique en assure l'exécution. Toute propriété est inviolable. Nul citoyen ne peut être arrêté ni puni que par jugement légal. — Nul citoyen, même militaire, ne peut être destitué sans jugement[1]. — Tout citoyen a le droit d'être admis à tous les emplois, professions et dignités[2].

---

1. Admis par le clergé.
2. La noblesse avait fait la même réclamation.

— Abolition de la servitude personnelle, sans aucune indemnité ; de la servitude réelle, en indemnisant les propriétaires ; de la milice forcée ; de la violation de la foi publique dans les lettres confiées à la poste ; de tous les priviléges exclusifs, si ce n'est temporairement pour les inventeurs. — Liberté de la presse, avec responsabilité de l'auteur et de l'imprimeur.

Le pouvoir exécutif, disent une foule de cahiers, ne doit jamais intervenir dans les assemblées électorales. — Le royaume sera divisé par districts électoraux. Les élections se feront, dans les campagnes, par communautés ; dans les villes, par arrondissements et non par corporations [1].

Tous les cahiers exigent le vote par tête, « pour corriger les inconvénients de la distinction des ordres, » dit le cahier de Paris. — Le cahier de Rennes va bien plus loin que celui de Paris. Il demande la suppression des ordres. « Les États-Généraux seront composés des députés de toute la nation, complétement et uniformément représentée dans tout le royaume, sans distinction d'ordres, et sans que le nombre des députés ecclésiastiques ou nobles puisse excéder la proportion du nombre des votants de chacune de ces deux classes. C'est par erreur que ce qu'on appelle Tiers-État a été qualifié d'*ordre :* avec ou sans les privilégiés, il s'appelle *Peuple* ou *Nation*. — Les agents du fisc, les dépositaires de quelque partie de l'autorité royale, les agents des seigneurs, ne doivent être ni électeurs ni éligibles. (Cahier de Rennes.) — Les uns demandent le vote à deux ou à trois degrés ; les autres, le vote direct. — Les députés des États-Généraux ne doivent pas être considérés comme porteurs de pouvoirs particuliers, mais comme représentants de la nation. — Les États-Généraux se réuniront, de droit et sans convocation, à des époques déterminées (des cahiers les demandent permanents ; la plupart les veulent au moins triennaux). — Plus de distinctions humiliantes pour le Tiers ; plus de *roture,* plus de *doléances*. — Dans le cas où les députés du clergé et de la noblesse refuseraient d'opiner en commun et par tête... les députés du Tiers-État, représentant vingt-quatre millions d'hommes, *pouvant et devant toujours se dire l'As-*

---

1. Le cahier de Rennes veut qu'on admette les procurateurs des veuves dont les maris auraient eu droit de vote.

semblée nationale, malgré la scission des représentants de quatre cent mille individus..., se déclareront prêts à concourir, avec Sa Majesté, à l'exécution de tous les objets qui devaient être soumis à l'examen des trois ordres réunis, offrant d'admettre à leurs délibérations les députés du clergé et de la noblesse qui voudraient y concourir. (Cahiers de Dijon, Dax, Saint-Sever et Bayonne.)

Inviolabilité des députés. — Les provinces et les assemblées d'électeurs ne pourront prescrire aucune condition limitative aux députés qu'elles enverront à l'assemblée souveraine de la nation (Paris, *extra-muros.*) — La principale source des erreurs et des abus de l'administration est dans le défaut d'une loi fondamentale qui ait fixé, d'une manière précise et authentique, les effets de la Constitution nationale et les limites des pouvoirs. Il faut que les États posent les bases de cette Constitution, etc. — Les cahiers reconnaissent le fait de la royauté héréditaire, de mâle en mâle, etc., et l'inviolabilité royale. — La plupart posent en principe que le pouvoir législatif appartient à la nation[1], le pouvoir exécutif au roi, et, cependant, accordent au roi le droit de sanctionner les lois et le partage du droit d'initiative avec les États-Généraux. — Ce n'est point par l'établissement d'une chambre haute, mais par une triple délibération dans l'assemblée, qu'on préviendra les inconvénients d'une décision précipitée. — La Constitution qui sera faite dans les États-Généraux actuels ne pourra être changée que par les représentants de la nation nommés *ad hoc* par l'universalité des citoyens. Pour la convocation de cette assemblée nationale extraordinaire, il faudra le vœu bien connu des deux tiers des administrations provinciales.

Abolition des lettres de cachet et des prisons d'état. — Que, sur le sol de la Bastille démolie, on établisse une place publique, et, au milieu, une colonne avec cette inscription : *A Louis XVI, restaurateur de la liberté publique.* (Cahiers de Paris et de Montfort-l'Amauri.) — Réforme du code noir : préparer l'abolition de l'esclavage. — Les fonctions de la puissance publique ne peuvent devenir une propriété. Les droits qui violent le droit naturel n'ont

---

1. A la nation, conjointement avec le roi, dit le cahier de Paris.

jamais pu être une propriété. — Les ministres sont responsables envers la nation. — Quiconque tentera d'empêcher la réunion des États-Généraux ou de rétablir le pouvoir arbitraire sera puni comme traître à la patrie.

Que tous les contribuables soient cotés, sans distinction, sur les mêmes rôles d'impôts. — Sur les administrations provinciales et municipales, à peu près comme les autres ordres. Les communautés doivent rendre compte aux districts; les districts, aux assemblées provinciales; celles-ci, à une commission des États-Généraux. — Sur les tribunaux, cours d'appel, justices de paix, à peu près comme les autres ordres; des cahiers demandent l'élection des juges par tous les gens de robe. (Cahier de Saint-Quentin.) — La plupart veulent l'abolition des justices seigneuriales; d'autres, seulement leur réforme. — Que la connaissance des délits commis par les gens de guerre soit attribuée aux juges ordinaires, sauf les délits purement militaires. — La plupart des cahiers réclament la confection d'un code civil unique pour toute la France. « Un assemblage informe de lois romaines et de coutumes barbares, de règlements et d'ordonnances sans rapport avec nos mœurs comme sans unité de principes... ne peut former une législation digne d'une grande nation. » (Cahier de Paris.)

Abolition ou restriction des retraits féodaux et lignagers; abolition des substitutions. — Abolition de l'inique loi (loi *emptorem*) qui autorise l'acquéreur d'une propriété à résilier le bail fait par le précédent propriétaire. — Abolition du droit d'aînesse [1].

Qu'on sépare les prisonniers pour dettes des prisonniers pour délit. — Que le prêt à intérêt légal soit permis à tous. — Qu'on avise à l'établissement du jugement par *jurés*. Nouveau code criminel (avec toutes les réformes demandées par les philosophes). — Abolition de la confiscation et de toute tache sur la famille innocente du coupable. — Que la peine de mort pour vol soit abolie. — Que la peine de mort ne soit dorénavant prononcée que pour les cas d'incendie, de poison, d'assassinat et de viol.

---

1. Le cahier de Nivernais demande l'abolition d'un article de la coutume de ce pays qui exclut les sœurs et leurs enfants au profit des frères et de leurs enfants dans les successions collatérales. C'était un reste des antiques lois barbares.

(Cahier de Nivernais [1].) — Indemnité à l'accusé absous. — Abolition du barbare édit de Henri II, qui condamne à mort les filles enceintes dont le fruit meurt sans qu'elles aient déclaré leur grossesse.

Permission à tous cultivateurs d'avoir des fusils. — Sur la loterie, sur la prostitution, etc., à peu près comme le clergé. — Plusieurs cahiers manifestent un esprit réglementaire opposé à l'économie politique, sur la taxation du pain et de la viande, et même sur celle des salaires. Sur l'assistance publique, l'esprit de Turgot reparaît : il est même dépassé. — Qu'on assure du travail à tous les pauvres valides, des moyens de soulagement aux infirmes, et des *emprunts faciles* aux laboureurs et artisans qui manquent d'ustensiles pour travailler. — Que chaque communauté soit tenue de nourrir ses pauvres invalides; que, dans chaque district, il soit établi un atelier de charité. — Que, pour la suppression de la mendicité, une partie des biens ecclésiastiques soit rappelée à sa destination primitive. — Qu'on pourvoie à l'éducation professionnelle des enfants trouvés.

Beaucoup de cahiers demandent qu'il n'y ait que deux impôts : le réel, sur les fonds; le personnel, sur les revenus mobiliers. D'autres, qu'au moins on remplace la gabelle et les aides par deux taxes simples, uniformes, également réparties. Quelques-uns seraient même pour l'unité d'impôt sur les fonds, comme les physiocrates. — Que, si l'on conserve des impôts sur les consommations, l'on ne frappe pas les denrées de première nécessité. — Suppression de tous les droits qui gênent le commerce.

Comme les autres ordres, le Tiers demande un plan d'éducation nationale : il y revendique une place pour les exercices qui donnent au corps une constitution robuste. — Écoles gratuites dans chaque paroisse, où les enfants apprennent la lecture, l'écriture, et, dans les villes, les éléments des arts utiles; qu'on écrive, pour les écoles, des livres classiques enseignant les principes élémentaires de la morale et des droits constitutionnels. — Les écoles relèveront des

---

1. Ce cahier est un des plus remarquables. Nous le citons ici à cause de la haute moralité de son opinion, qui veut à la fois l'abolition de la peine de mort pour les simples attentats à la propriété, et son maintien pour les attentats à la personne, conservant sur la même ligne l'assassinat et le viol.

assemblées municipales et provinciales. — Toutes les chaires au concours, dans les universités et colléges. — Qu'il soit établi une école de droit public, national et étranger (pour la diplomatie.) — Qu'on établisse dans chaque université une chaire de morale et de droit public. — Qu'il soit établi des colléges dans toutes les villes importantes. — Il convient de modifier, dans le régime de nos colléges, ce principe qui, en assujettissant au culte catholique tous les jeunes gens qui les fréquentent, en éloigne nécessairement ceux qui professent un culte étranger. (Cahier de La Rochelle.)

Caisse de secours pour les besoins de l'agriculture. — Prix d'encouragement aux agriculteurs. — Que les plantes marines et sels marins appartiennent à tous. — Que les propriétaires aient le droit de fouiller les mines et carrières dans leurs terres. — Suppression des haras et distribution d'étalons dans les campagnes. — De même que la noblesse, le Tiers demande qu'on pose des limites à la trop grande étendue des fermes, comme préjudiciable à la population et aussi à l'abondance des bestiaux et des engrais [1]. — Qu'on restitue aux communautés rurales leurs communaux usurpés. Les États-Généraux auront à examiner s'il est plus utile de conserver les communaux ou de les partager entre les membres de la communauté [2]. — Liberté intérieure du commerce des grains; exportation interdite quand les provinces le demanderont. — Nécessité de reboiser la France.

Que la féodalité soit abolie. (Suit la longue liste des rentes féodales, champarts, droits de rachat et de retrait, banalités, corvées diverses, péages, etc., etc., y compris ces vieux droits aussi *outrageux qu'extravagants*, tels que le *jambage*, remplacé par une taxe, et le *silence des grenouilles* [3].) — Que le franc-alleu soit

---

1. Cette opinion hostile à la grande culture est remarquable. Les détails établissent qu'il ne s'agit pas seulement ici d'empêcher les bénéficiers de louer leurs terres en masse à des spéculateurs qui les sous-louent, mais aussi d'interdire des réunions effectives de cultures

2. On n'a pas assez réfléchi que ce partage entre les *membres présents* dépouille les *membres à venir*.

3. Le cahier de Rennes demande l'abolition « des usements barbares sous lesquels cinq cent mille individus gémissent encore en Basse-Bretagne, tels que ceux de domaine congéable, de mote et de quevaize, restes odieux de la tyrannie féodale. C'est le vœu le plus marqué des colons. » L'origine féodale du *domaine congéable*,

universel. — Que le droit naturel de détruire les animaux nuisibles soit rendu à chaque cultivateur sur son terrain. — Que l'on supprime les capitaineries. — Que la chasse soit permise à tout propriétaire de cinquante arpents et à tout fermier de deux cents arpents. (Cahier d'Étampes.) — Que les délits de chasse ne puissent être punis que par des amendes modérées. Que les propriétaires de la chasse ne puissent en jouir que depuis le 15 septembre jusqu'au 1er mai pour les terres labourables, et depuis le 1er novembre pour les vignobles.

Pleine liberté du commerce et de l'industrie à l'intérieur; restrictions protectrices pour le dehors. — La plupart des cahiers demandent l'abolition des jurandes et maîtrises, en conservant un règlement pour l'apprentissage. — Qu'il soit formé une caisse nationale de secours pour le commerce. — Qu'il y ait, dans chaque ville considérable, une caisse pour faciliter le commerce et détruire l'usure. — Unité des poids et mesures. — Exclusion des caboteurs étrangers, et autres mesures protectrices du commerce maritime. — Établissement d'un code de commerce.

Pour ce qui regarde les non-catholiques, tous les cahiers sont d'accord sur la pleine liberté de *conscience* et pour qu'il n'y ait point d'exception au principe d'admissibilité de tous les citoyens à tous les emplois civils et militaires; mais on remarque encore de fortes traces de ce préjugé d'unité extérieure qui a survécu, dans beaucoup d'esprits, au fonds même des croyances; ainsi le cahier de Rennes, si révolutionnaire, veut que la religion catholique ait seule le culte public; le cahier même de Paris admet que l'ordre public ne souffre qu'une religion dominante. Nîmes, Nivernais et autres demandent qu'on permette la libre profession de toute religion fondée sur la saine morale; le rétablissement, au moins, de l'état de choses antérieur à la révocation de l'édit de Nantes. — Liberté des mariages entre personnes de religions différentes. — Liturgie uniforme dans l'église dominante [1]. — Il

---

cet antique *usement* du pays de langue celtique, est contestée. Nous ne pouvons entrer dans le débat; nous constatons seulement l'hostilité populaire de 89. Le cahier de Vannes est d'accord avec celui de Rennes, et explique en détail les abus de cet *usement*.

1. Une partie des cahiers du clergé avaient émis le même vœu; mais on enten-

serait à désirer que les offices et prières publiques se fissent en langue française. (Paris, *extra-muros.*) — Réduction du trop grand nombre des fêtes. — Maintien et consécration constitutionnelle des libertés gallicanes, conformément à la déclaration de 1682. Abolition du concordat; de tout envoi d'argent à Rome. Ceci est le cri général; la plupart veulent que les évêques et les curés redeviennent électifs; quelques-uns laisseraient le choix des évêques au roi. — Rétablissement des conciles nationaux et provinciaux. — Abolition du formulaire d'Alexandre VII[1]. — Plus de dispenses demandées à Rome. Que les mariages entre cousins germains soient permis sans dispenses. — Que les revenus ecclésiastiques soient ramenés à leur destination primitive, qui est l'entretien des ministres de la religion, la subsistance des pauvres et l'entretien des lieux destinés au service divin. — Amélioration du sort des curés et vicaires, et suppression du casuel et des quêtes. — Une partie des cahiers demandent la suppression de tous les couvents; d'autres, au moins la suppression des ordres mendiants; d'autres, seulement qu'on avise à rendre les ordres religieux plus utiles, à diminuer le nombre de leurs maisons, à reculer jusqu'à vingt-cinq ou trente ans l'émission des vœux; que les religieux ne perdent pas leurs droits civils, mais qu'ils ne puissent disposer de leurs biens en faveur des monastères. — Les revenus des abbayes en commende et des monastères supprimés, et une partie des revenus des plus riches évêchés, seront appliqués aux collèges, aux hôpitaux, etc., et à payer les dettes du clergé et subsidiairement à acquitter la dette publique. — Qu'on vende une partie des biens du clergé pour payer sa dette. — Des cahiers appellent la suppression des dîmes; les autres, une réduction très-considérable avec un règlement pour l'application; plusieurs, la transformation en une taxe foncière pour l'entretien des desservants, des édifices, et le soulagement des pauvres.

La noblesse héréditaire ne pouvant être qu'un respect, une préférence d'opinion pour les descendants des hommes éminents, on

---

dait par là une liturgie gallicane, et non l'adoption de la liturgie romaine, comme aujourd'hui.

1. Qui oblige les ecclésiastiques à jurer qu'ils croient au *point de fait* décidé par le pape contre Jansénius.

n'en peut faire l'objet d'une loi qui rende cette préférence indépendante de l'opinion publique et du mérite de ceux qui en sont l'objet. La noblesse héréditaire ne doit donc conférer aucune prérogative légale, aucune exemption des charges publiques, aucun droit spécial à la représentation nationale ni à aucune place. (Cahier de Rennes.) Plus de noblesse acquise à prix d'argent. — Qu'il soit établi par les États-Généraux une récompense honorable et civique, purement personnelle et non héréditaire, laquelle, sur leur présentation, sera déférée par le roi aux citoyens de toute classe qui l'auront méritée par l'éminence de leurs vertus patriotiques et de leurs services. (Cahiers de Paris, de Toul.)

Les troupes, appartenant à la nation, ne pourront, sans se rendre coupables du crime de rébellion et de lèse-nation, favoriser la violation de la Constitution ou des lois nationales, gêner la liberté des assemblées d'États-Généraux ou Provinciaux, en empêcher la formation ou réunion, ou en effectuer la dispersion. — Aucun officier ou soldat ne pourra agir hostilement dans sa patrie que dans les cas prévus par une loi positive, et ce, à peine de mort, comme traître à la patrie[1]. — Que nul militaire ne puisse être privé de son état que par un jugement. — Que l'armée ne soit plus composée que de troupes nationales. — Que tout engagement soit volontaire (en temps de paix). — Que les troupes, en temps de paix, soient employées aux travaux publics.

La dernière page du dernier volume du Résumé général des cahiers laisse une impression dont rien ne saurait surpasser le tragique. C'est un extrait du cahier de Rouen, demandant que la nation élève à Paris, au milieu d'une place qu'on nommera la *Place des États-Généraux,* un monument dédié à Louis XVI, en mémoire du nouveau pacte d'alliance entre le roi et son peuple!

Au lieu de la *Place des États-Généraux,* on eut la *Place de la Révolution :* au milieu de cette place, on sait quel monument fut érigé au dernier roi de l'ancienne France!...

Il serait impossible de comprendre une si effroyable vicissitude en moins de quatre années, si l'on ne voyait que les actes publics et les paroles officielles de 89; si l'on croyait que tout fût dans

---

1. Admis par les cahiers de la noblesse.

les cahiers définitifs des bailliages, dans ce résultat mesuré, tempéré, de tout le mouvement d'idées produit au sein des assemblées de tous degrés. Les cahiers du Tiers-État sont la dernière tentative de conciliation entre la nation et l'ancien gouvernement, le dernier effort pour transformer pacifiquement la royauté traditionnelle et l'associer à un nouvel ordre de choses. La modération du Tiers atteste qu'il sent l'immense gravité de la situation. D'accord avec les autres ordres sur la destruction de l'arbitraire administratif, sur la liberté individuelle, sur la liberté du travail, sur ce qu'on nommerait aujourd'hui la décentralisation, sur la réforme judiciaire et sur beaucoup d'autres besoins sociaux; d'accord avec le clergé contre les priviléges de la noblesse, avec la noblesse contre les priviléges du clergé; proclamant, comme les autres ordres, le principe de la propriété, mais y attachant un tout autre sens, le sens des philosophes, et spécialement des économistes, et ne reconnaissant que la propriété individuelle[1] et la propriété publique; voulant enfin, de plus que les autres ordres, et voulant *absolument* l'unité de l'Assemblée nationale, le Tiers cependant, la majorité du moins, ne demande pas même l'abolition formelle de l'ancienne *Constitution sociale*[2], de la distinction des trois ordres; la majorité semble consentir encore implicitement à ce qu'un demi-million de citoyens, organisés à part de la masse, conservent dans l'Assemblée nationale autant de représentants que 25 millions de citoyens! A plus forte raison ne met-elle pas la royauté en question, tout en proclamant la nation souveraine. En doit-on conclure qu'il n'y eût rien, par l'opinion, au delà des vœux formulés officiellement dans les assemblées? qu'on fût, au fond, aussi *royaliste,* aussi *gallican* que le langage des cahiers l'indique? Cette conclusion ne serait pas fondée, et pourtant l'on était sincère. On cherchait à relier l'avenir au passé, pour l'église comme pour l'état, sans bien interroger les limites du possible, sans bien se demander si la vieille royauté, aux complexes et con-

1. Dans laquelle ne sauraient être compris de prétendus droits exceptionnels, contraires au droit naturel et au vrai droit civil.

2. *Constitution sociale;* nous employons ce terme à dessein; la France avait une constitution sociale, puisque la société y était organisée sur un certain plan : elle n'avait pas ou n'avait plus de constitution politique, puisque cette organisation n'aboutissait pas à un jeu régulier d'institutions définies.

fuses traditions, concentrées et unifiées enfin dans la monarchie de droit divin selon Louis XIV et Bossuet, était propre à devenir la tête et le bras d'un gouvernement d'élection et de liberté; et si la génération élevée par Voltaire et Rousseau était dans les conditions morales qui convenaient pour restaurer l'Église élective du christianisme antique. C'est que les sociétés ne se jettent jamais volontairement dans l'inconnu : c'est Dieu qui les y jette malgré elles! — et quel inconnu! Quelle société, depuis que le monde existe, avait jamais vu se poser devant elle un si gigantesque problème?

Cette dernière tentative de conciliation faite par le Tiers, un député d'Auvergne, Malouet, pressa le ministre Necker d'y répondre en faisant saisir l'initiative par le roi, en lui faisant trancher la question du vote par tête, de l'unité de l'Assemblée, et présenter aux États-Généraux les bases d'une Constitution conforme aux vœux de la majorité des cahiers du Tiers. Malouet voulait que Louis XVI, n'ayant pas su être l'auteur de la Réforme, se fît le chef de la Révolution; mais, cette Révolution, Malouet était loin d'en sonder toute la profondeur. Quoi qu'il en soit, c'eût été, du moins, entrer la tête haute dans l'inconnu. La proposition n'arriva même pas jusqu'à Louis XVI, qui l'eût infailliblement rejetée. Necker se retrancha derrière la *liberté des États-Généraux* : à eux seuls de décider sur eux-mêmes. Sous un scrupule respectable se dérobait une illusion d'amour-propre : Necker se figurait que le Tiers et les privilégiés, après les premières luttes, viendraient l'inviter d'être l'arbitre de leurs débats, et qu'il aurait la gloire de conclure par quelque moyen terme. Il ne voyait pas que sa frêle individualité allait disparaître sous les premiers pas du colosse de la Révolution.

Il ne restait plus aux représentants du Tiers qu'à agir dans la plénitude du droit de la nation, qu'à marcher devant eux à travers tous obstacles et toute résistance, avec leurs mandats ou sans leurs mandats, non pas seulement si les mandats étaient muets, mais s'ils étaient insuffisants, contradictoires ou inapplicables. La théorie des mandats impératifs, évoquée parfois rétrospectivement par les champions de l'ancien régime, est celle des républiques fédératives, où des corps politiques indépendants s'associent dans des limites et pour des résultats déterminés. Elle ne saurait être celle d'un état unitaire : une grande nation ne pouvant s'assembler tout entière dans un Champ de Mars pour dicter ses intentions à ses représentants, les diverses sections de cette même nation, délibérant isolément, sont très-loin de donner l'équivalent du sentiment qu'aurait la nation réunie, et les représentants de ces diverses sections, lorsqu'ils se réunissent en un seul corps, expriment le sentiment national d'une manière beaucoup moins imparfaite que ne feraient les vœux des sections additionnés bout à bout. Les élus cessent alors de représenter les localités pour devenir les représentants de la nation. L'on ne saurait nier qu'il se dégage des individualités réunies toute autre chose que la collection des sentiments isolés des individus; la formation du sentiment collectif est un des grands mystères du monde moral[1].

L'ouverture des États-Généraux, annoncée pour le 29 avril, eut lieu seulement le 5 mai. On a partout décrit cette fameuse procession où, la veille de l'ouverture, figurèrent ensemble le roi et les trois ordres, pacifique inauguration de l'ère des tempêtes. La paix était dans les formes et dans les rites : la guerre était dans les choses plus encore que dans les cœurs ; elle était jusque dans cet humble et sombre costume imposé au Tiers par l'étiquette provocatrice de la cour et porté avec une fierté qui ressemblait au défi, devant les dorures et les panaches de théâtre qui décoraient la noblesse.

Le lendemain, 5 mai, le roi ouvrit les États par quelques mots qui n'avaient de saillant que l'absence totale d'initiative. Lorsqu'il se couvrit, en terminant, les membres des ordres privilégiés l'imitèrent, suivant la coutume. Une partie des membres du Tiers en firent autant. Une grande rumeur parcourut l'assemblée. Le roi se découvrit, n'osant repousser et ne voulant pas autoriser l'égalité dont s'emparait le Tiers. Ce n'était plus le temps

1. Mirabeau, le premier, devant les États de Provence, avait nettement dénié à une subdivision quelconque du royaume le droit de limiter la souveraineté nationale, « qui ne réside que dans la collection des représentants. » Beaucoup de gens éclairés sentirent que les mandats impératifs menaient à une impasse. « Le Tiers, » dit entre autres, le cahier de Nîmes, « a exposé les vœux des peuples; il laisse à ses députés le soin de les modifier. » *Résumé général des cahiers,* etc., t. III, p. 542.

où les députés du peuple s'agenouillaient à l'arrivée du roi!

Le garde des sceaux fit une harangue fleurie et généralement vague, où il paraissait toutefois approuver le vote par tête, si le consentement libre des États-Généraux opérait ce changement. Necker fut encore moins explicite dans son vaste discours, détaillé, jusqu'à l'excès, sur les finances, plus philosophique et moral que politique sur le reste. Il conseillait qu'on votât d'abord par ordres, pour que les privilégiés eussent le mérite de sacrifier librement leurs exemptions pécuniaires, puis qu'on examinât dans quels cas on pourrait se réunir, dans quels cas voter séparément. Il faut trancher le mot : c'était puéril. L'impuissance du ministre éclatait après celle du roi.

Avant la question du vote en commun se posait nécessairement celle de la vérification des pouvoirs en commun, qui ne décidait pas absolument la seconde, mais engageait sur la voie. Le 6 mai, le ministère fit une tentative pour décider de fait cette première question dans le sens du Tiers : un placard annonça que le *local destiné à recevoir les députés* serait prêt à neuf heures du matin. Ce local était la grande salle où avait lieu la séance d'ouverture[1]. Le Tiers s'y rendit. Les autres ordres ne parurent pas. Le Tiers apprit qu'ils étaient assemblés dans les salles qui leur avaient été assignées pour leurs séances particulières[2].

Le Tiers attendit. A deux heures et demie, il fut informé que le clergé venait de voter la vérification séparée, à 133 voix contre 114, et la noblesse, à 188 voix contre 47. Le Tiers considéra ces décisions comme non avenues, et, le lendemain, sur la proposition de Mounier, envoya *officieusement* quelques-uns de ses membres inviter les autres députés à se réunir aux communes, qui attendaient cette réunion avant de commencer à vérifier les pouvoirs. Le clergé, revenant sur ses pas, proposa une commission

---

1. C'était cette même salle des *Menus* où s'étaient tenues les deux assemblées des Notables.

2. Le Tiers n'avait pas, selon l'ancien usage, d'autre lieu d'assemblée que la salle des séances générales. Il y avait là comme un aveu implicite que le Tiers était le corps de la nation. La cour en avait senti la conséquence, et avait songé à assigner au Tiers un local particulier : une circonstance insignifiante fit manquer ce projet. L'administration des écuries ne voulut point céder un manége demandé par un des ministres pour en faire la troisième salle. Quoi qu'on eût fait, au reste, le Tiers se fût senti la nation partout.

mixte pour examiner de nouveau la question, et suspendit la vérification qu'il avait commencée (7 mai). La noblesse ne répondit que le 12 mai ; elle consentit à nommer des commissaires, mais après s'être déclarée légalement constituée, à la majorité de 193 voix contre 31, ce qui était rendre d'avance la commission inutile.

A l'émotion profonde qui se manifesta sur les bancs du Tiers, on sentit que la grande lutte s'engageait. Un député breton, Le Chapelier, proposa de signifier au clergé et à la noblesse « que les communes ne reconnaîtraient pour représentants légaux que ceux dont les pouvoirs auraient été examinés par des commissaires nommés en assemblée générale ; qu'après l'ouverture des États il n'y avait plus de députés d'ordres ou de provinces, mais seulement des représentants de la nation ; que les députés des communes invitaient donc les députés du clergé et de la noblesse à se réunir à eux dans la salle des États, et à se former en États-Généraux pour vérifier les pouvoirs de tous les représentants de la nation. » La majorité voulut pousser la modération jusqu'au bout. Elle ajourna, comme prématurée, la motion de Le Chapelier, et accepta la conférence avec les autres ordres. Les privilégiés annoncèrent l'abandon de leurs exemptions pécuniaires : on le savait d'avance et l'effet fut manqué : la conférence n'en avorta pas moins, et la noblesse maintint la vérification séparée des pouvoirs (26 mai). Le clergé ne s'était pas prononcé définitivement. Le Tiers, sur la proposition de Mirabeau, adjura le clergé de se ranger « du côté de la raison, de la justice et de la vérité. »

Le clergé était ébranlé : un grand nombre de curés, quelques évêques, voulaient répondre à l'appel. La cour intervint. Le 28 mai, une lettre du roi invita les commissaires des trois ordres à reprendre leurs conférences en présence du garde des sceaux et de commissaires royaux. Louis XVI avait été l'instrument d'une intrigue ourdie entre les prélats aristocrates et la société de la reine et du comte d'Artois (le *comité Polignac*). On voulait empêcher la réunion du clergé et venir en aide à la noblesse. La noblesse, ce jour-là même, arrêta, à la majorité de 202 voix contre 16, que la délibération par ordre et le *veto* de chaque ordre étaient *constitutifs de la monarchie*. Accepter le renouvellement des conférences, après un pareil acte, était une dérision de la part de la noblesse. Chez le Tiers-État, ce fut un dernier effort de longanimité. M. Necker, qui avait pris place entre les commissaires royaux, proposa que les pouvoirs fussent vérifiés d'abord séparément, que ceux-là seulement sur lesquels s'élèveraient des difficultés fussent déférés à des commissaires des trois ordres; qu'enfin, si les trois ordres ne pouvaient se mettre d'accord, la décision sur l'élection contestée fût déférée au conseil du roi. Le clergé accepta. Le Tiers, décidé à refuser, ne se hâta point, et, à sa grande joie, fut prévenu par le refus de la noblesse [1]. Les conférences furent closes le 9 juin.

Le gant était jeté. Le 10 juin, le puissant métaphysicien politique qui a posé et résolu la question : *Qu'est-ce que le Tiers-État?* l'abbé Sieyès, député du Tiers-État de Paris, propose d'adresser aux élus du clergé et de la noblesse une dernière *sommation* de venir, dans la salle des États, concourir à la vérification commune des pouvoirs, avec l'avis que l'appel général des bailliages se fera dans une *heure*, et que *défaut* sera donné contre les *non-comparants*.

La motion est adoptée à la presque unanimité, avec quelques adoucissements de forme : on substitue le mot *invitation* à celui de *sommation*, le *jour* à l'*heure*, et la *vérification tant en présence qu'en l'absence* au *défaut contre les non-comparants*.

La vérification des pouvoirs commence le 12 juin au soir. La noblesse maintient ses arrêtés. Le clergé délibère sans conclure. Du 13 au 15, une dizaine de curés, parmi lesquels le célèbre Grégoire, se rendent à l'appel du Tiers-État. « Je viens, » dit le curé Marolle, député du clergé de Saint-Quentin, « reconnaître la nécessité de la vérification commune des pouvoirs d'une *assemblée nationale*. » D'autres s'apprêtaient à les suivre; mais déjà l'appel des bailliages était terminé, et la vérification achevée pour tous les membres qui avaient répondu à l'appel.

Le moment décisif est arrivé : il faut que l'assemblée se constitue. Sous quel titre?

---

1. Non pas un refus formel, mais une acceptation nominale à des conditions qui changeaient complétement le projet.

La destinée d'une grande société, celle de tout un monde politique, est suspendue à un mot! Depuis les premiers conciles du christianisme, il n'y a point eu de débat de cette importance sur la terre.

Diverses propositions se croisent. Plusieurs hommes éminents entrent en lice; mais la discussion se concentre en réalité sur deux têtes, Sieyès et Mirabeau [1].

« Cette assemblée, » dit Sieyès, « est déjà composée des représentants envoyés par les quatre-vingt-seize centièmes au moins de la nation. Une telle masse de députations ne saurait être inactive par l'absence des députés de quelques bailliages ou de quelques classes de citoyens... L'œuvre commune de la restauration nationale peut et doit être commencée sans retard par tous les députés présents, *et ils doivent la suivre sans interruption comme sans obstacle.* » Et il propose le titre d'*Assemblée des Représentants connus et vérifiés de la Nation française.*

La forme de ce titre n'est pas heureuse. Il faut présenter aux masses des formes plus simples et plus rapides, où la pensée se concentre dans un mot, dans un éclair. Mais l'idée est toutefois évidente à qui sait comprendre. Ce qu'il a écrit, Sieyès veut qu'on le fasse. — Le *Tiers est la Nation.* — La parole de Sieyès est calme, rigoureuse, inflexible comme son pamphlet : celle de Mirabeau éclate en émotions contradictoires comme le cri d'une âme en lutte avec elle-même.

Mirabeau attaque la division des *ordres*, mot *vide de sens*; il se déchaîne contre la prétention des privilégiés à un *veto* collectif, à une action séparée; et cependant il combat toute dénomination qui équivaudrait à celle des États-Généraux et constituerait le Tiers seul en représentation souveraine de la nation. « Vous n'auriez pas la sanction du roi. — Elle est nécessaire à tout ce que vous allez faire. — Le peuple ne vous soutiendrait pas. Il n'aspire encore qu'à des soulagements matériels et ne comprendrait pas la métaphysique politique. Il vendrait ses droits pour du pain! » Mirabeau, qui a si bien combattu les mandats impératifs, va jus-

---

[1] La seule proposition notable, en dehors de Sieyès et de Mirabeau, fut celle de Mounier, qui voulait qu'on se constituât en *assemblée légitime des représentants de la majeure partie de la nation agissant en l'absence de la mineure partie.*

qu'à se rejeter sur les mandats qui n'autorisent pas les députés à s'arroger le titre proposé par Sieyès! Il évoque des spectres d'anarchie, de despotisme et de ruine, si la lutte ouverte s'engage, et conclut par proposer le titre d'assemblée des *Représentants du Peuple*, c'est-à-dire de la masse plébéienne.

C'est que l'écrivain passionné, l'orageux tribun, se sent dépassé par la logique froide et tranchante du théoricien politique. Bien qu'il ait reconnu dans ses livres la souveraineté nationale et les principes du *Contrat social*, Mirabeau a toujours voulu la Révolution avec la royauté. Il sent que la souveraineté du peuple va sortir du débat et tout absorber; que la Révolution va se faire sans la royauté, et, en touchant aux choses mêmes, il voit s'évanouir le rêve d'une *démocratie royale*. Son esprit aperçoit les douleurs inouïes, les calamités héroïques que la France va traverser pour se faire une nouvelle existence[1]. C'est la mort entre deux vies. Son esprit est trop clairvoyant et son cœur n'est pas assez stoïque pour affronter ce formidable avenir. Il veut arrêter le mouvement, transiger avec le passé; pour lui, à son tour, il est trop tard!

Sa proposition est rejetée : les dédains séculaires des privilégiés pèsent encore sur ce grand nom de *Peuple*. On repousse, comme trop humble, ce titre de *Représentants du Peuple*, qu'une autre assemblée rendra bientôt si terrible aux rois de l'Europe.

L'impétueux Mirabeau a reculé. L'impassible Sieyès se lève et prononce le mot du Destin.

« J'ai changé ma motion, » dit-il : « je propose de substituer à la dénomination de *Représentants connus et vérifiés* le titre d'Assemblée nationale. »

La foudre a déchiré le nuage. La lumière se fait. 491 voix contre 90 adoptent la motion de Sieyès, sans restriction et comme acte de souveraineté.

L'ANCIENNE FRANCE EST FINIE.

---

1. Un député encore obscur, qui fut Barère, venait de dire une grande parole. « Vous êtes appelés à recommencer l'histoire. » Le *Point du Jour* (journal de Barère), n° 1.

La Révolution est consommée en droit. Il n'y a plus qu'à tirer les conséquences. La Société des Trois Ordres est abolie en droit par les représentants de l'immense majorité de la nation. Il n'y a plus, au lieu d'ordres privilégiés, que des citoyens plus ou moins distingués. La royauté est subalternisée; elle n'est plus qu'un rouage politique qui peut être ou ne pas être. Le principe de la souveraineté de la Nation une et indivisible a remplacé la monarchie absolue de Louis XIV et la vieille monarchie des États-Généraux et des parlements, la souveraineté du roi et la hiérarchie des priviléges.

LE MONDE NOUVEAU EST COMMENCÉ.

CONCLUSION[1]

Du haut de ces cimes orageuses de 89 qui séparent deux mondes, jetons un coup d'œil en arrière afin de ressaisir l'ensemble des destinées de l'ancienne France, qui renferment tous les présages d'avenir de la France nouvelle. Les institutions, les coutumes, les formes sociales, ont disparu ; le fonds essentiel, la nature de la France, n'a pas changé. C'est toujours le même être, pour ainsi dire, qui continue et qui continuera à se développer dans le bon ou mauvais usage de ses énergies propres. La France nouvelle, l'ancienne France, la Gaule, sont une seule et même personne morale. La France existait longtemps avant de s'appeler France, nom de baptême et d'adoption sous lequel a disparu son nom naturel.

Dès l'origine des temps historiques, le sol de la France apparaît peuplé par une race vive, spirituelle, imaginative, éloquente, portée tout ensemble à la foi et au doute, aux exaltations de l'âme et aux entraînements des sens, enthousiaste et railleuse, spontanée et logicienne, sympathique et rétive à la discipline, douée de sens pratique et encline aux illusions, plus disposée aux éclatants dévouements qu'aux efforts patients et soutenus ; mobile quant aux faits et aux personnes, persévérante quant aux tendances et aux directions essentielles de la vie ; également active et compréhensive ; aimant à savoir pour savoir, à agir pour agir ; aimant par-dessus tout la guerre, moins pour la conquête que pour la gloire et pour les aventures, pour l'attrait du danger et de l'inconnu ; unissant enfin à une extrême sociabilité une personnalité indomptable, un esprit d'indépendance qui repousse absolument le joug des faits extérieurs et des forces fatales.

1. Écrit en 1854.

Dans cette antique société se sont développés, sur un fonds patriarcal primitif, deux principes dominants, le principe religieux et le principe héroïque, combinés dans une croyance souverainement propre à *cultiver la force*[1], suivant une de ses maximes, et à inspirer aux hommes le mépris de la mort par la certitude de toujours revivre. La croyance gauloise, le druidisme, dominant de haut les religions toutes terrestres de la Grèce et de Rome, présente, au fonds de l'Occident, un développement théologique et philosophique égal à celui des grandes religions de l'Orient, mais dans un esprit très-opposé au panthéisme indo-égyptien, et qui paraît n'avoir eu d'affinité morale qu'avec le *mazdéisme* de Zoroastre. La lutte victorieuse de la liberté et de la volonté contre les puissances fatales, l'indestructible individualité humaine s'élevant progressivement du plus bas degré de l'être, par la *connaissance* et la *force*, jusqu'aux sommités indéfinies du ciel, sans jamais se confondre dans le Créateur : tels paraissent avoir été les fondements de la foi druidique et le secret de l'intrépidité et de l'indépendance gauloises. La notion la plus ferme, la plus claire, la plus développée de l'immortalité et de la destinée de l'âme est le caractère essentiel de la philosophie bardique, héritière des druides.

Une pareille race, appuyée sur un levier si formidable, semblerait devoir envahir le monde. Elle le parcourt triomphalement, l'agite, l'étonne, l'épouvante, mais ne le domine pas d'une manière durable. Il y a chez elle les matériaux d'une grande nation : il n'y a pas une nation. Il manque à ces matériaux le ciment qui les relie. Cette religion inspire une force tout individuelle : elle n'enseigne pas le devoir social avec l'autorité de ces religions locales et toutes terrestres qui reposent sur la divinité de la patrie; elle n'a pas non plus en elle cette flamme de l'amour divin et humain, de la charité universelle, qu'il est réservé au christianisme de répandre dans le monde. Les forces de la Gaule ne se coordonnent pas et se tournent contre elle-même. Ces individualités si puissantes n'aboutissent qu'à une faible et anarchique société. Les tribus patriarcales se sont groupées en démocraties

---

[1]. « Honorez les dieux; ne faites pas de mal à autrui; cultivez la *force*. » Triade druidique, citée par Diogène de Laërte.

guerrières qui subissent l'autorité morale d'un grand sacerdoce recruté par affiliation, corporation savante et non caste héréditaire. C'était l'apogée de la vieille Gaule; mais cet état ne s'est pas soutenu. L'inégalité sociale s'accroît; les aristocraties locales grandissent avec le progrès de la richesse et accaparent les avantages de la civilisation, qui se développe imparfaitement. Les influences se rendent héréditaires; les tribus se scindent en clientèles groupées autour d'un petit nombre d'hommes puissants; on arrive à ce point qu'il n'y a plus que deux classes qui comptent dans les Gaules : les druides et les chevaliers, ou, pour parler le langage moderne, le clergé et la noblesse, qui se disputent le pouvoir et ne s'entendent que pour repousser la royauté héréditaire, antipathique au génie de la Gaule.

La décadence se précipite, le ressort moral s'affaiblit; le peuple s'affaisse, la noblesse s'entre-déchire. L'étranger s'avance. La Gaule est entamée d'un côté par la civilisation politique et militaire la plus fortement organisée qui ait paru sur la terre; de l'autre, par une barbarie systématiquement ennemie de tout développement, de toute richesse, de tout progrès. Des deux compétiteurs, c'est Rome qui l'emporte sur la Germanie. Les divisions de la Gaule, malgré des efforts tardifs et désespérés, la jettent sous l'épée du conquérant. Les prestiges de la civilisation helléno-latine achèvent l'œuvre de la conquête. La noblesse se latinise et se fond dans la société romaine; le corps sacerdotal est proscrit. Les superstitions du Midi envahissent la Gaule, où elles ne doivent laisser de trace que dans les formes classiques des lettres et des arts. Le génie politique de Rome entre plus à fond et modifie sensiblement la nature gauloise; il apporte à nos pères l'ordre, la discipline, la limite, le poids et la mesure, l'esprit administratif et centralisateur, avec ses grands avantages pour l'organisation extérieure de la société, et, aussi, sa tendance périlleuse à mettre le mécanisme à la place de la vie dans le corps politique. Le matérialisme latin doit aussi laisser chez nous trop de vestiges, en se combinant avec la tendance critique et railleuse qui est comme le contre-poids de notre tendance enthousiaste.

Nous devons à Rome, par compensation, un progrès d'un ordre plus élevé que l'aptitude à l'organisation matérielle : c'est l'introduction de ce Droit romain transformé par la philosophie grecque, qui est devenu à tant d'égards la *raison écrite* et le code de *l'humanité*, et qui éclaire et agrandit les généreux instincts de nos coutumes primitives. A l'*unité romaine*, à la *paix romaine* aussi, le mérite d'avoir préparé le terrain où peut éclore et croître la Religion d'*amour* et d'*union*, le Christianisme. L'Évangile manifeste enfin à l'Occident cet *Esprit de vie*, ce double principe de l'Amour en Dieu et du Verbe médiateur qui avait manqué au druidisme pour vivifier ses sublimes notions de la destinée humaine. La Gaule retrouve dans le Christianisme, avec une notion supérieure de la nature divine, cette certitude de l'immortalité humaine, sinon ce vaste système des destinées de l'âme qui la distinguait entre toutes les nations. Elle embrasse la foi nouvelle, et bientôt exerce une haute et salutaire influence sur la formation du dogme; elle contribue puissamment à repousser les hérésies montaniste et gnostique; elle tente, par l'organe de son grand apôtre, de saint Martin de Tours, d'étouffer au berceau le fatal principe des persécutions religieuses qui doit couvrir la chrétienté de sang et de crimes durant de longs âges! Elle défend la Trinité contre Arius; fidèle à sa tradition, elle essaie de défendre la liberté contre saint Augustin.

Le Christianisme et le Droit romain ne suffisent pas cependant pour faire vivre l'Empire ou pour faire renaître les nationalités qu'il a absorbées. Cosmopolites tous deux, et c'est leur gloire, ils s'adressent au genre humain : il faut quelque chose de plus sur la terre, il faut des nations entre lesquelles se répartissent les fonctions diverses du genre humain. L'œuvre transitoire de l'Empire romain est accomplie, puisque la Religion et le Droit sont éclos et assurés de lui survivre. Les barbares, que la Providence a écartés cinq siècles auparavant, peuvent venir maintenant.

Ils viennent : l'Empire est démembré. La Gaule, ne pouvant ressaisir à elle seule une existence indépendante, choisit du moins entre ses dominateurs : elle se donne aux Franks et rejette les autres barbares. La race franke, vaillante comme les Gaulois dans leur âge le plus héroïque, devient l'épée du christianisme orthodoxe contre les barbares ariens, et les évèques *trinitaires* partagent la domination de la Gaule avec les rois des Franks; on voit renaître le temps où régnaient ensemble les druides et les chefs de guerre, avec une nuance plus monarchique, le commandement militaire étant maintenant concentré entre les membres d'une seule famille. C'est, nominalement, la première FRANCE, la France gallo-germano-romaine. Les Franks en sont le ciment et lui donnent leur nom, qu'elle ne perdra plus; les divers éléments de la nationalité française sont maintenant juxtaposés; mais la nationalité française n'est pas encore née. Il n'y a pas encore un peuple français ni une langue française. Cette *première France* n'est encore que la Gaule franke, c'est-à-dire la troisième phase de nos origines, et il faut même ajouter que ces Franks, dont nous tenons notre nom, doivent laisser en nous infiniment moins de traces que les Romains; ils ne font guère que raviver en Gaule ceux des éléments gaulois qui correspondent aux éléments germaniques; quant aux caractères spécialement propres à la race germanique, nous n'en garderons presque rien, sinon dans quelques provinces du nord et de l'est.

La Gaule franke a deux périodes : la première est celle des Mérovingiens, alliés des évêques gaulois et vainqueurs des Goths ariens; la seconde est celle des Carolingiens, vainqueurs des Sarrasins et des Saxons, et alliés de la papauté romaine. Ils sauvent l'Europe de l'invasion musulmane, conquièrent la Germanie au christianisme et rétablissent l'empire romain au profit des Franks, en s'appuyant sur les papes, qui confèrent à la royauté franke un caractère semi-sacerdotal par la rénovation du vieux sacre hébraïque, et qui reçoivent d'elle, en échange, un appui décisif dans leurs prétentions spirituelles et dans leur agrandissement temporel.

Les germes de nationalité qui s'efforcent de croître sont quelque temps étouffés sous cette masse de l'empire frank, qui enveloppe, avec la Gaule, toute la Germanie, une partie des régions slaves, les trois quarts de l'Italie, le nord de l'Espagne; mais cette unité factice, malgré le concours du clergé, qui veut un seul empire comme une seule foi, est brisée par les instincts des peuples, et, du démembrement de l'empire de Charlemagne, sortent enfin les nations modernes, renaissance des grandes races de l'antiquité sous une forme nouvelle.

Cette fois, c'est enfin la France, non plus la France germanique, mais la France *welche*, comme l'appellent les Allemands, la France gauloise. Les Franks sont fondus dans la masse gallo-romaine ; il n'y a plus ni *Romains* ni *Barbares* ; il y a des *Français* ; ils ont le signe d'une pensée propre, d'une fonction nationale ; ils ont une langue nouvelle, appelée d'abord *romane* ou néo-romaine, à cause de la prépondérance que l'église a tant contribué d'assurer au latin dans notre vocabulaire ; cette langue sera de moins en moins *romaine,* et le génie logique et métaphysique de la Gaule, réveillé dans la philosophie du moyen âge, lui donnera peu à peu une forme entièrement *sui generis.*

La France, cependant, a semblé près de périr en naissant. On eût dit qu'avec l'empire des Franks toute société allait se dissoudre. L'anarchie est partout. Les pirates normands, qui ravagent incessamment la France, semblent des corbeaux acharnés sur un cadavre. Une cité prédestinée, Paris, arrête enfin ces derniers venus des barbares, qui entrent à leur tour, comme ont fait les Franks, dans la société chrétienne, et le centre de formation du corps politique de la France s'établit autour de Paris, dans ce bassin de la Seine si heureusement disposé par la nature. Le monde féodal sort du chaos du ixe siècle.

Ses racines plongeaient loin dans le passé. C'est un vieux fonds celtique renouvelé par les Germains. Qu'on se figure l'élément primordial de la société gauloise, la tribu, disparue, et l'élément secondaire, la clientèle, restée seule et fixée au sol : on a le régime féodal. La hiérarchie des fiefs n'est qu'une hiérarchie de clientèles superposées et aboutissant à un patron suprême, le roi, que la noblesse féodale voudrait maintenir électif comme les anciens chefs ou magistrats des peuplades gauloises, et qui ne se rend héréditaire que par les conséquences logiques d'une certaine analogie de situation [1], et par l'appui de l'Église, également favorable à la monarchie et au droit d'aînesse.

La féodalité est une hiérarchie de foi et d'honneur entre les féodaux, de services conditionnels et libres ; une hiérarchie d'oppression et d'iniquité pour tout ce qui n'est pas de la caste guer-

---

1. L'hérédité étant le principe des fiefs, le fief suprême tendait nécessairement à devenir héréditaire comme les autres.

rière et féodale, et qui est considéré comme en dehors du droit. Elle tend à absorber le clergé dans ses rangs et à refouler les simples hommes libres dans la condition des serfs de glèbe, bien plus durement traités que chez les anciens Gaulois.

Du sein de ce régime, dont le nom doit rester si impopulaire, se dégage cependant un idéal admirable et respecté par les classes et par les générations les plus hostiles à la féodalité : c'est l'idéal chevaleresque, la protection aux faibles, aux opprimés, assignée pour but à l'héroïsme, l'égalité fraternelle entre les guerriers dévoués à cette œuvre chrétienne, une conception toute nouvelle de l'amour, l'infini dans l'amour devenu une religion comme l'honneur, merveilleux enfantement du génie gaulois fécondé par le souffle chrétien [1]. Des mêmes sources celtique et chrétienne à la fois jaillit l'art du moyen âge, cet élan inouï de l'âme vers le ciel; art où, ni la Rome papale, ni la Germanie, n'ont rien à revendiquer, et tout français comme la poésie chevaleresque [2]. Pendant que le sentiment de la France se manifeste avec tant de puissance, sa pensée se discipline dans le rude gymnase de la philosophie scolastique, autre produit de notre sol [3].

Au XIIIe siècle, la société française du moyen âge est dans son plus vif éclat. Par sa poésie, son art, sa scolastique, par son action extérieure sur l'Angleterre, sur l'Italie, sur l'Espagne, sur l'Orient, par la direction des croisades, cette grande réaction européenne contre l'islamisme, elle s'est mise à la tête de la chrétienté. La féodalité ayant échoué à absorber le clergé et à asservir les hommes libres des villes, un élément nouveau s'est fait place à côté des deux éléments ecclésiastique et nobiliaire. Une foule de petites républiques municipales se sont élevées parmi les mille donjons et les mille clochers des seigneuries et des monastères. La royauté a grandi, Janus à trois faces : le roi est la tête des fiefs, l'héritier des monarques franks, pour la noblesse; l'oint du Seigneur, pour le clergé; le représentant du César romain, du régime d'égalité

---

1. V. notre t. III, p. 351 et suivantes, sur les types primitifs des romans de chevalerie écrits en langue celtique.

2. La nuance entre ces deux grandes manifestations est que la poésie est plus nobiliaire et l'art plus populaire.

3. La scolastique ne nous appartient pas aussi exclusivement que la poésie chevaleresque ou l'architecture ogivale, mais elle eut son grand centre à Paris.

civile sous un maître, pour les légistes, qui reparaissent à leur tour dans ce monde nouveau.

Cette société atteint sa perfection relative au commencement du xive siècle. C'est alors qu'est pleinement organisé ce qu'on a nommé la Constitution française. Les républiques bourgeoises et vassales sont devenues la bourgeoisie, le Tiers-État, et, dans les États-Généraux, le Tiers figure à côté du clergé et de la noblesse. Il n'y a plus deux ordres politiques comme au temps de l'invasion de César, comme au temps de l'empire frank, comme aux premiers jours de la féodalité; il y en a trois. Le clergé représente la science : la noblesse, la force guerrière; le Tiers-État, le travail libre. La royauté est l'unité superposée à cette triplicité; elle représente la nationalité dans son ensemble. On peut voir, dès l'origine de cet établissement, par où il croulera un jour. Ce fractionnement artificiel des fonctions nationales, au moment où il est solennellement constitué, ne répond déjà plus à l'exacte réalité. Les légistes, tête du Tiers-État, disputent le domaine scientifique au clergé, et le Tiers n'est pas non plus exclu des armes.

La Constitution des *Trois-États* débute toutefois avec grandeur en affirmant l'indépendance nationale contre les prétentions cosmopolites de la papauté, qui revendique la succession des Césars. Le système de Grégoire VII vient se briser définitivement contre les *Trois-États* de France.

La constitution politique est à peine fixée, que la nationalité même est attaquée dans son principe. L'Angleterre, cette société nouvelle si proche parente de la nôtre, et formée d'un triple élément celtique, saxon et franco-normand [1], se jette sur la France, et veut à son tour lui imposer des maîtres, comme elle en a reçu d'elle. La décadence de la féodalité apparaît au premier choc. La noblesse française est vaincue. Le Tiers-État essaie un effort prématuré pour s'emparer des destinées nationales. Il échoue. La

---

[1]. L'Angleterre est surtout en réalité un peuple gallo-teuton, comme la France est surtout un peuple gallo-romain, avec cette différence que l'élément romain n'a été en France qu'une forme modifiant le fonds gaulois, tandis qu'en Angleterre l'élément teutonique (saxon et danois) s'est combiné par assez grandes masses avec le fonds primitif qu'il a recouvert.

guerre étrangère et la guerre civile s'unissent pour démembrer la France. Les grands précipitent l'état à sa ruine. L'étranger est dans Paris. Tout semble perdu. Royauté, clergé, noblesse, bourgeoisie, tout s'affaisse ou s'entre-déchire dans des convulsions d'agonie.

Le salut vient des dernières profondeurs du peuple, d'entre les laboureurs et les pâtres. Le mystérieux génie de la Gaule se réveille dans l'âme d'une enfant, d'une jeune inspirée, qui relève l'épée tombée des mains des forts et chasse devant elle les conquérants comme un troupeau frappé d'épouvante. Trahie par le roi, à qui elle a rendu la couronne, par la noblesse, dont elle a effacé les affronts, par le clergé, qui méconnaît en elle l'envoyée de Dieu, le Messie de la nationalité, elle renouvelle le Calvaire, et, par sa Passion, rachète la France.

L'œuvre de délivrance s'achève. La France sort transformée et ravivée de cette immense crise qui a failli l'anéantir. La grande féodalité politique et militaire est tombée. Le Tiers s'est fortifié socialement, mais le bénéfice politique est pour la royauté, qui s'est relevée, appuyée sur une armée permanente et sur un impôt permanent, à l'aide desquels elle pourra bientôt éloigner, et, plus tard, supprimer de fait les États-Généraux et la Constitution demeurée sans garanties. La royauté détient immédiatement la majeure partie du vieux sol gaulois. Des guerres et des alliances également heureuses ont amené peu à peu presque tous les grands fiefs dans la main du roi.

Le moyen âge n'est plus. Sa pensée est épuisée. Ses arts s'éteignent ou se transforment. Un esprit à la fois antique et nouveau se répand sur l'Europe. C'est l'antiquité grecque et romaine qui renaît pour présider à la première phase du monde moderne, sorti du cercle trop étroit où la chrétienté était resserrée depuis les Pères de l'Église. C'est la science laïque qui s'émancipe de la science ecclésiastique pour marcher à la conquête des lois de la nature et de cet univers sans limites qu'avait ignoré le moyen âge. La royauté seconde cet essor de la civilisation; mais elle fait payer cher ses services en cessant de travailler au complément du territoire national pour jeter la France dans de folles et injustes guerres de conquêtes au dehors. Au milieu de ces guerres, la

France est prise par la crise religieuse qui partage en deux la chrétienté au xvie siècle. Elle, l'initiatrice de l'Europe durant tout le moyen âge, la médiatrice du Nord et du Midi, elle perd, cette fois, l'initiative : elle est disputée comme une proie entre le Nord et le Midi, entre le pape et Luther, entre Rome et la Germanie, comme au temps de César ! Le génie de la Gaule n'aura-t-il pas sa parole à lui, son affirmation propre, dans ce grand débat?

Il a dit une parole, en effet, depuis longtemps déjà, mais une parole de réserve, de préservation plus que d'affirmation, une parole insuffisante pour imposer aux deux partis et donner au monde une impulsion nouvelle. C'est ce Gallicanisme, qui garantit, il est vrai, la France de partager la chute profonde de l'Espagne et de l'Italie, et qui refuse l'infaillibilité au pontife romain, mais lui reconnaît la suprématie, la direction spirituelle, et maintient, par conséquent, la subordination de l'esprit religieux de la France à une autorité extérieure. Le Gallicanisme n'empêche pas la France d'être emportée dans l'effroyable tourbillon des guerres de Religion et de devenir le champ de bataille des deux factions européennes. Une race royale s'abîme dans la fange et le sang. La nationalité est de nouveau en péril. Le redoutable chef du parti papal, le monarque austro-espagnol, s'efforce d'absorber la France. Elle s'arrache de ses mains. Un héros repousse le *Démon du Midi* et clôt les guerres de Religion, en reconnaissant la liberté religieuse au profit des nouvelles sectes chrétiennes et en foulant aux pieds le système de persécution qui a faussé l'Évangile et tyrannisé la chrétienté depuis six siècles.

La royauté, un moment brisée et submergée, se réorganise dans des conditions de force et d'activité toutes nouvelles et redevient l'énergique expression de la nationalité. L'anarchie princière et nobiliaire qui redressait la tête est écrasée pour toujours. La France recouvre l'initiative et bientôt la prépondérance en Europe avec une splendeur extraordinaire. Elle ressaisit victorieusement l'offensive contre la maison d'Autriche : elle reprend l'œuvre de son complément territorial et sauve en Allemagne le protestantisme et la liberté de l'esprit humain. Elle fonde l'équilibre européen qui dissipe le rêve de monarchie universelle hérité des Césars par les papes, par les empereurs et la maison d'Autriche, et qui enveloppe l'idée des nationalités égales, indépendantes et fraternellement associées, c'est-à-dire l'avenir du monde.

L'initiative est reconquise avec la même puissance dans les choses de l'esprit. L'héroïque personnalité du génie gaulois avait donné, au xv⁰ siècle, par Jeanne Darc, sa plus sublime manifestation dans l'ordre du sentiment : il ne se manifeste pas moins solennellement, au xvii⁰ siècle, dans l'ordre de la raison. Descartes renouvelle la philosophie et l'esprit humain lui-même, en le dégageant du poids des vieilles autorités, de la tradition amoncelée par les siècles, et en le mettant nu, pour ainsi dire, afin de le retremper dans sa source éternellement vivante. La raison est affranchie. La liberté règne dans la sphère des idées abstraites; elle descendra dans la sphère des réalités. La poésie s'élance d'un essor égal à celui de la philosophie. Le même génie de liberté et de volonté inspire l'immortel idéal de Corneille.

Les âmes, fortement retrempées, se portent avec pareille vigueur dans toutes les directions. Les lettres, qui donnent à la France son grand siècle, rival des siècles de Périclès et d'Auguste, les arts, la guerre, l'administration, l'industrie, tout se personnifie dans des individualités énergiquement accusées; tout est empreint de ce caractère de raison active, d'esprit brillant et solide, de volonté vaillante. La royauté, à son apogée, domine tout ce splendide ensemble, où la noblesse apporte pour contingent les grands capitaines; la bourgeoisie, les grands écrivains et les grands administrateurs. L'église gallicane, aussi, met au service de la royauté les dons les plus rares du génie. Toute l'Europe est à la suite de la France et se modèle à son image. Pour la seconde fois, la France offre à l'histoire une société complète. Le xiii⁰ siècle a été une société adolescente; le xvii⁰ est une société mûre. Le changement de la langue exprime cette différence. Le français de la Renaissance, complet au xvii⁰ siècle, comme le français-roman l'a été au xiii⁰, est moins doux et plus fort; la précision et la lucidité métaphysique y remplacent la naïveté.

Des principes de décadence minent sourdement cette grandeur. La constitution des Trois-États a péri comme constitution politique : elle n'est plus qu'un régime civil, qu'une classification des citoyens en corps séparés par des priviléges et des lois diverses.

Tout pouvoir politique est concentré dans le roi. Les conséquences de la monarchie absolue ne tardent pas à se dérouler. Au dehors, l'action modératrice de la France menace de devenir tyrannie et détermine la réaction de l'Europe contre les tendances à la monarchie universelle, qu'elle croit voir renaître chez la nation même qui a fondé l'équilibre européen. Au dedans, le principe d'unité est poussé à l'extrême. Les libertés locales, qui avaient autrefois entretenu la vie dans toutes les parties de la nation, sont étouffées au profit non de la liberté nationale, mais du despotisme. Enfin on conclut, par une logique fausse et fatale, de l'unité politique à l'unité religieuse; de l'extérieur à l'intérieur de l'homme. Descartes n'avait pas touché au dogme religieux dans sa révolution métaphysique. Le vieux système de persécution renaît au milieu d'une ère de raison et d'immense développement intellectuel. Une génération presque entière est entraînée dans cette contradiction insensée, par amour de l'uniformité, par une exagération monstrueuse de l'esprit *collectif* de la Gaule. La liberté de conscience est abolie. On recule d'un siècle. Sous prétexte d'unité, on déchire la société et l'on mutile la France.

Le châtiment vient. La France affaiblie est par trois fois aux prises avec de formidables coalitions : ses ressources et son génie s'y épuisent. Les revers succèdent à la longue série de ses victoires. Elle ne sauve son territoire que par des efforts désespérés, et sort amoindrie de sa lutte contre l'Europe. La décadence a commencé pour la monarchie, pour l'église gallicane, pour la noblesse monarchique qui remplace l'ancienne noblesse féodale. Cette décadence se précipite avec une effrayante rapidité. On a voulu imposer l'unité extérieure en religion : on a eu l'hypocrisie. A l'hypocrisie succède le cynisme : le matérialisme jette bas le masque. On a tendu jusqu'à l'arbitraire les ressorts du pouvoir : les ressorts se sont faussés; l'invincible royauté du xviie siècle n'est plus, au xviiie, qu'un despotisme tracassier, impuissant, qui n'a plus la force d'être une tyrannie. La France est livrée à un gouvernement d'intrigants et de femmes perdues, qui rappelle le règne des eunuques à Byzance et chez les rois d'Orient. La diplomatie est annulée comme le reste. Des guerres impolitiques et mal conduites aboutissent à des ignominies. On perd un grand empire colonial. On laisse périr la Pologne. Le corps politique et social se détraque parmi des agitations stériles. La cour de Versailles renouvelle les derniers jours de ces antiques empires d'Asie éteints dans les paroxysmes de l'orgie. — *Après nous le déluge!* Cette parole du roi est répétée d'une commune voix par la noblesse, par le haut clergé, par la finance, par toutes les classes supérieures de la société.

Le *déluge* approche en effet : de grandes rumeurs descendent du ciel et montent de l'abîme : on entend gronder dans les profondeurs les premières rafales de ce vent qui balaie les empires. La philosophie du xviiie siècle est née.

Après le matérialisme pratique de la Régence, arrive la philosophie sensualiste, fille et non mère de la décomposition morale, négation du passé tout entier, sous tous ses aspects bons ou mauvais. L'esprit critique de notre race, mais aussi son sens pratique et sa profonde humanité, se personnifient avec une puissance inouïe dans Voltaire.

La philosophie cartésienne, si grande, si nationale, était incomplète. D'une part, elle n'avait pas touché directement à la politique et à la religion, quoique sa méthode y fût applicable comme à tout le reste; de l'autre part, cette méthode n'avait pas donné place, auprès de la Raison, à l'autre principe de certitude, au Sentiment, sans lequel la Raison est si vite arrêtée. Par cette brèche entre la philosophie de la sensation, l'école anglaise de Locke. Les novateurs qui s'attaquent aux croyances et aux institutions du passé le font avec l'arme de Locke, et non avec l'arme plus sûre de Descartes, et font de la Raison souveraine la servante de la Sensation. Le déisme chrétien de Locke, devenu le déisme épicurien chez Voltaire, aboutit au scepticisme pur ou au panthéisme naturaliste dans la secte encyclopédique. Par une logique qui entraîne l'école malgré elle, l'égoïsme est le dernier mot en morale, et, en politique, une démocratie matérialiste et négative.

Un nouvel athlète paraît, portant sur son front, dévasté par les passions et les souffrances, ce signe des choses divines qui a manqué jusqu'alors à son siècle. Par Rousseau, le Sentiment ramené dans la philosophie y ramène les vérités primordiales, Dieu et l'âme immortelle. Dans la politique, Rousseau, apôtre de la souveraineté du peuple, rassoit l'idéal démocratique sur les bases de la morale spiritualiste et des devoirs du citoyen, sans méconnaître, mais sans assurer suffisamment la réserve de l'individualité humaine en face de la société. Malheureusement, emporté par l'idéal immobile des républiques antiques et par la réaction contre les raffinements d'une civilisation corrompue, il nie la perfectibilité, affirmée par ceux-là mêmes que leur matérialisme empêche d'en établir la doctrine sur ses vrais fondements. Ces philosophes allient un enthousiasme, un élan inconcevables aux opinions les moins propres à soutenir l'âme. Ils valent bien mieux que leurs doctrines. Il se dégage du milieu de leurs erreurs un immense mouvement d'humanité, de justice, de raison pratique, d'esprit scientifique, d'améliorations en tout genre. Impies de paroles, ils sont en quelque sorte religieux de cœur et d'action; étrange contraste avec les époques où l'esprit confesse le vrai sans que le cœur éteint pratique le bien... Les hommes du xviiie siècle ne croient à rien, pour la plupart, au delà de cette terre; mais ils remplissent la terre de tant d'espérances, qu'elle leur semble suffire au genre humain. Rousseau ne partage pas leurs illusions. Les germes d'un monde nouveau sont bien dans ce chaos, mais de combien de sang et de larmes ne doivent-ils pas être arrosés, et pendant combien de générations, avant de s'épanouir dans l'ordre inconnu que révélera l'avenir!

Une grande tentative a lieu pour transformer pacifiquement la vieille société. Une fraction des philosophes, qui a voulu fonder la théorie de la *richesse* et du *progrès* et toute l'économie sociale et politique sur le principe de la propriété, arrive au pouvoir. Elle entame une réforme dont le dernier mot serait un roi, à la tête d'un corps politique de propriétaires fonciers, dans lequel s'absorberaient les trois ordres. La royauté n'ose essayer jusqu'au bout cette chance de salut. En même temps qu'elle se rattache aux vieux abus, entraînée par l'opinion, elle aide, malgré elle, un nouveau monde républicain à éclore au delà des mers. Après cette diversion lointaine, elle se retrouve aux prises avec les périls aggravés du dedans. La ruine des finances s'achève. Impossible de maintenir plus longtemps la hiérarchie des priviléges et des abus. La royauté, aux abois, porte une main mal assurée sur les institutions d'inégalité. Les privilégiés répliquent par des attaques contre l'absolutisme. L'ancien Régime se déchire de ses propres mains. Poussée de position en position, troublée, éperdue, la royauté se laisse arracher un appel à la nation. Les États-Généraux sont convoqués après cent soixante-quinze ans d'intervalle. Les trois ordres sont en présence. Le Tiers-État somme les deux autres ordres de se réunir à lui. Sur leur refus, il se déclare Assemblée nationale, c'est-à-dire la nation à lui seul.

L'Ancienne France, comme nous l'avons dit, l'ancienne France est finie.

Les deux ordres privilégiés avaient perdu leur raison d'être. La direction scientifique et morale avait échappé au clergé et passé aux penseurs et aux savants laïques[1]. La caste guerrière, compromise dans le principe même de son existence dès l'établissement de l'armée permanente, était devenue inutile à la défense nationale. Le Tiers avait en lui tous les éléments d'une société complète. Quant à la royauté, elle n'avait été que le symbole de l'unité ; maintenant l'unité vivante se pose elle-même et revendique à la fois le principe et l'exercice de sa souveraineté.

Un moment subjugués par ce souffle d'en haut qui passe sur la France, les représentants des privilégiés, dans la nuit du 4 août, répondent à l'appel des représentants du peuple en brûlant sur l'autel de l'unité les titres d'un règne de dix siècles, nuit dont les ténèbres sacrées enfantent des inspirations sans exemple dans l'histoire, élans que le sympathique génie de la France pouvait seul donner en spectacle à l'univers! Au moment de s'abîmer dans l'unité, les ordres privilégiés se relèvent, par un suprême effort, à la hauteur de leur antique vertu, et anoblissent leur fin en la rendant volontaire. La faiblesse humaine, les passions, le retour des regrets égoïstes, auront en vain renié cette nuit immortelle. L'histoire tiendra compte d'un mouvement sublime à ceux-là mêmes qui n'auront pas su en soutenir l'essor.

La noblesse héréditaire et privilégiée abolie avec le droit d'aînesse et les substitutions, l'égalité des partages fondée dans la famille, les droits féodaux et toutes les institutions qui s'y ratta-

[1]. N'en eût-il pas été ainsi, qu'il n'y aurait pas eu de motif pour que le clergé continuât de former un corps politique régi par des lois particulières.

chent anéantis, l'état civil constitué en dehors du clergé, le droit canonique et la sanction civile des vœux religieux abolis, l'ordre ecclésiastique supprimé en tant que corps politique, et ses immenses propriétés vendues en détail, afin de démocratiser la propriété foncière, tous les priviléges de corporations, de familles et d'offices, toutes les diversités provinciales, municipales, judiciaires, fiscales, toutes les appropriations de fonctions sociales, toutes les différences d'origine entre les propriétés, toutes les conditions qui restreignent la liberté de travailler et d'acquérir, détruits, anéantis : voilà quels sont les résultats immédiats et définitifs du 17 juin et du 4 août 1789; résultats auxquels s'ajoutent bientôt, dans l'ordre moral, la liberté de conscience et de culte, principe de droit et non plus simple transaction entre des sectes armées, comme avait été l'édit de Nantes, et, dans l'ordre matériel, avec une nouvelle division du territoire qui balaie toutes les traces de la monarchie féodale ou absolue, cette unité des poids et mesures qui est l'unité économique de la France et l'exemple offert au monde de l'application des hautes méthodes scientifiques au règlement des usages de la vie.

Partout a passé le niveau de la Révolution. Il ne reste debout que la nation d'une part, l'individu de l'autre [1]. Le vaste édifice de la hiérarchie sociale s'est écroulé en moins de jours qu'il n'avait duré de siècles à construire. La France va se remettre en travail d'une forme et d'un organisme nouveaux. Plus on médite sur le sens de cet événement que l'univers a si bien nommé la RÉVOLUTION, comme si toutes les autres révolutions du globe et de l'humanité se fussent effacées devant celle-ci, plus on est saisi de son immensité. Il n'est rien de comparable dans l'histoire du genre humain. On avait vu jusqu'alors la plupart des sociétés périr ou de mort violente ou de langueur, quand leur organisme se dissolvait; on en avait vu quelques-unes transformer progressivement leurs organes; on n'avait jamais vu une nation entreprendre de se reconstituer *à priori* au nom du droit absolu et de la raison pure, et, pour ainsi dire, l'âme d'un grand peuple se délivrer d'une enveloppe usée et se mettre en devoir de se recon-

---

1. Et la commune, pourrait-on ajouter, groupe primitif et indestructible.

struire un nouveau corps! La Révolution renouvelle dans l'ordre social l'œuvre accomplie par Descartes dans la philosophie, et, se dégageant des sophismes de l'incrédulité, par ce cri que les hommes assemblés ne manquent jamais de pousser vers le ciel, elle dédie son entreprise à l'Être-Suprême[1].

Ce qui a été entrevu dans une héroïque extase, il faut l'atteindre par la force patiente. La Révolution a voulu supprimer le temps et la tradition. Il faut renouer l'une et subir les conditions de l'autre. La souveraineté du peuple est reconquise, c'est-à-dire le droit inamissible de la société de se modifier à son gré sans être enchaînée à aucunes formes ni à aucunes personnes. Le principe est reconquis; mais la question est de savoir ce qu'on fera de ce principe : l'idée n'est rien, si l'esprit ne la vivifie.

Que fera la France nouvelle? Au lieu d'une société qui, avec sa royauté et ses trois ordres, n'était complète qu'en fragmentant l'homme, la France doit constituer *l'homme complet dans la société complète*[2]. Voici plus de soixante ans que la France cherche cette Terre Promise.

Dans l'ordre civil, de grands résultats sont définitivement acquis : dans l'ordre politique et moral, des conquêtes non moins éclatantes ont été maintes fois saisies et reperdues; on passe par des alternatives gigantesques de progrès et de réaction; des élans prodigieux sont suivis de longues et profondes défaillances. Le XVIIIe siècle avait imprimé un essor d'une immense audace; il n'a pas laissé des ressources morales suffisantes pour soutenir l'impulsion jusqu'au bout, et le XIXe siècle n'a pas su encore continuer dignement son devancier en le rectifiant et en le complétant. Des influences malheureuses ont troublé l'héritage de la Révolution. De faux prophètes ont dévoyé les âmes. Des aspirations parfois généreuses, mais égarées, des théories cosmopolites et panthéistes, ont ébranlé la libre personnalité et le patriotisme. Notre génération s'est trouvée disputée entre les fantômes du passé et les rêves d'un avenir contraire au génie de la France

---

1. Constitution de 91, *Déclaration des Droits de l'homme et du citoyen*.
2. Cette belle formule appartient à M. Pierre Leroux, qu'elle n'a malheureusement pas préservé de systèmes où l'homme ne saurait être *complet*, puisque la libre individualité n'y est point assurée.

Prise de torpeur après ces violentes agitations, elle semble s'abandonner elle-même : elle se laisse emporter passivement par le reflux des doctrines rétrogrades, impuissance entraînée par une autre impuissance, et ne retrouve d'énergie que pour le culte des intérêts matériels enveloppé dans une sorte de fatalisme pratique.

Prenons garde : les peuples sont faillibles et responsables comme les individus. Il n'y a point de fatalité, point de *force invincible des choses* par laquelle les destinées s'accomplissent d'elles-mêmes. Ce sont là les rêves malsains des jours de décadence, où les âmes, les êtres réels, abdiquant leurs fonctions, rêvent on ne sait quelle machine fantastique qui remplace par son mécanisme l'activité volontaire et libre. Il n'y a que deux *forces* dans le monde moral : la volonté de la Providence et la volonté de l'homme. La Providence a fait incessamment son œuvre chez nous : l'homme ne fait plus la sienne [1]. La Providence a fait appel sur appel à la France depuis soixante ans. La France avait bien commencé, mais continue-t-elle de répondre? Ce que la Providence nous demande, ce n'est pas l'abdication de nous-mêmes; ce ne sont pas de puériles imitations du passé, des réminiscences séniles du moyen âge; ce sont des actes d'hommes; c'est le réveil de l'esprit de vie et de liberté, le réveil du droit et du devoir, du dévouement au vrai et au juste; c'est la foi par les œuvres; c'est une rénovation religieuse qui procède des vérités éternelles que le genre humain a reçues de Dieu, et non de combinaisons humaines que le cours des âges a usées et qu'il emporte. C'est un développement social qui cherche l'égalité et la justice par la fraternité, sans s'imaginer changer les bases naturelles et nécessaires des sociétés ni inventer un homme autre que celui que Dieu a fait. Prenons garde! la Providence peut se lasser : il n'y a point de destinées infaillibles. Personne n'est nécessaire à Dieu. Le maître peut transférer à d'autres l'héritage négligé par le serviteur infidèle. Que la France regarde l'Espagne et l'Italie ensevelies durant trois siècles dans un tombeau dont elles soulèvent aujourd'hui la pierre avec tant d'effort!

---

1. Écrit en 1854. Depuis, on a recommencé de retrouver la France sur de glorieux champs de bataille; mais il faut que l'on retrouve son esprit comme son épée.

Race des Gaulois, race novatrice qui plonges si avant tes racines dans le passé, sonde ton cœur et reconnais-toi! Ne cherche pas hors de toi-même! Depuis longtemps tu n'es plus sous le joug de la tradition des Germains; le cycle de l'éducation romaine est, à son tour, achevé pour toi : le génie de Rome épuisé n'a plus rien à t'apprendre : il t'étoufferait sous sa discipline despotique, qui fait acheter le progrès matériel et une superficielle unité aux dépens de la vie morale et de la dignité humaine. Interroge ton propre génie, transformé par la Parole chrétienne. Toi qui as autrefois développé dans le monde le sentiment et la doctrine de l'immortalité, il te suffit de regarder ton image dans ta source pour rejeter loin de toi le linceul souillé dont le matérialisme t'enveloppe. Ressaisis cette *inspiration primordiale*, cette *mémoire propre*, cette *indestructible individualité* que Dieu, suivant un profond interprète de tes antiques souvenirs, a données à tout être en le créant. Répète la parole du sage : Connais-toi toi-même! et tu seras sauvée.

FIN.

TABLE DES MATIÈRES

CONTENUES DANS LE TOME SEIZIÈME.

SEPTIÈME PARTIE.

DÉCADENCE DE LA MONARCHIE.

LIVRE XCIX. — LES PHILOSOPHES. (*Suite.*)

Pages.

VOLTAIRE ET LES ENCYCLOPÉDISTES. — Voltaire à Berlin et à Fernei. — *Candide.* — Développements de la philosophie du XVIIIe siècle. — Métaphysique de Condillac. — Morale d'Helvétius. — Mouvement des sciences. D'Alembert. — Sciences de la Nature. BUFFON. HISTOIRE NATURELLE. *Histoire et Théorie de la Terre. Époques de la Nature. Histoire des animaux.* NATURALISME. — DIDEROT. Ses premiers écrits. Son association avec d'Alembert. Universalité de Diderot. L'*Encyclopédie.* Le *Discours préliminaire.* Esthétique de Diderot. MATÉRIALISME. (1748-1774) 1

LIVRE C. — LES PHILOSOPHES. (*Suite.*)

ROUSSEAU. — Le Spiritualisme ramené par le sentiment. Philosophie religieuse et démocratique. — Origines et jeunesse de Rousseau. — *Discours sur les sciences. Discours sur l'Inégalité. Essai sur l'origine des langues. Nouvelle Héloïse.* ÉMILE. *Le* VICAIRE SAVOYARD. CONTRAT SOCIAL. *Lettres de la Montagne.* (1749-1767) 60

LIVRE CI. — LES PHILOSOPHES. (*Suite.*)

ROUSSEAU ET LES PHILOSOPHES.—LES ÉCONOMISTES.— Influence de Rousseau sur les écrivains. Voltaire modifié par Rousseau. Réformes réclamées par Voltaire. Voltaire et les parlements. Calas. — Résistance de la philosophie matérialiste. Propagande athée de d'Holbach. — Communisme. Morelli. — Mably. Ses idées politiques et sociales. — Influence de Rousseau sur les mœurs et sur les arts. Grétri. Gluck. Louis David. — Économie politique. PHYSIOCRATES. Quesnai. Gournai. TURGOT, économiste et philosophe. (1762-1774).......................... 133

LIVRE CII. — LOUIS XV. (*Suite et fin.*)

MINISTÈRE DE CHOISEUL. — Procès du père La Valette. *Comptes rendus* sur les constitutions des Jésuites. LES JÉSUITES ABOLIS EN FRANCE. Suppression de l'ordre par le pape Clément XIV. — Luttes de la cour et des parlements. — Mort de madame de Pompadour. — Invasion des économistes dans la politique. Premiers essais de liberté commerciale et industrielle. — Nouvelles querelles avec les parlements. Procès de La Chalotais. — Mort du dauphin. — Projets de Choiseul pour relever la France. Améliorations dans l'armée et la marine. Acquisition de la Corse. Paoli. — Affaires de Pologne. Catherine et Frédéric II. *Confédération de Bar.* Massacres de l'Ukraine. Les Polonais et J.-J. Rousseau. Dumouriez en Pologne. Guerre des Russes et des Turcs. Projets entre la Prusse et l'Autriche pour le partage de la Pologne. — Mariage du nouveau dauphin et de *Marie-Antoinette.* — Terrai, contrôleur-général. Système de banqueroute. — Chute de Choiseul. — Règne de la DUBARRI. TRIUMVIRAT DE MAUPEOU, TERRAI ET D'AIGUILLON. DESTRUCTION DES PARLEMENTS. — La Russie adhère aux plans de Frédéric II. PARTAGE DE LA POLOGNE. Le ministère d'Aiguillon abandonne la Pologne. L'Angleterre complice. — *Pacte de famine*. Le roi accapareur. — Mort de Louis XV. (1763-1774)............ 200

LIVRE CIII. — LOUIS XVI ET TURGOT.

LOUIS XVI ET SA FAMILLE. Maurepas appelé au pouvoir. Chute du *triumvirat*. TURGOT contrôleur général. Ses plans de réforme : la *Grande municipalité du royaume*, etc. — Rétablissement des parlements. — Réformes économiques. Liberté du commerce des grains. Attaque de NÉCKER contre les plans de Turgot. Coalition des privilégiés contre Turgot. Les philosophes divisés sur la question économique. Combats de Voltaire en faveur de Turgot. *Guerre des farines.* La sédition fomentée par les privilégiés est comprimée. — Célèbres remontrances de la cour des aides contre le système fiscal. Malesherbes, leur auteur, appelé au ministère. Nombreuses améliorations économiques. — Réformes militaires du comte de Saint-Germain. — Abolition de la corvée. Suppression des jurandes et maîtrises : établissement de la liberté du commerce et de l'industrie. Résistance du parlement et attaques violentes contre Turgot. Lit de justice. — Liberté du commerce des vins. — Les princes, Maurepas, la cour et le parlement s'unissent contre Turgot. Chute de Turgot et de Malesherbes. (1774-1776)....... 310

LIVRE CIV. — LOUIS XVI. (*Suite.*)

GUERRE D'AMÉRIQUE. — OUVERTURE DE L'ÈRE DE LA RÉVOLUTION. — Clugni, contrôleur-général. Réaction. La loterie. Rétablissement de la corvée.

TABLE DES MATIÈRES. 679

Pages.

Rétablissement des maîtrises et jurandes. Mort de Clugni. La réaction arrêtée. Necker, directeur des finances. Rétablissement de l'ordre dans la comptabilité et du crédit public. Réformes diverses. — Voltaire à Paris. Mort de Voltaire et de Rousseau. — RÉVOLUTION D'AMÉRIQUE. DÉCLARATION DES DROITS. Soulèvement de l'opinion en faveur des *insurgents*. Rôle curieux de Beaumarchais. Le gouvernement fournit des secours indirects aux *insurgents*. DÉCLARATION D'INDÉPENDANCE DES ÉTATS-UNIS. LA FAYETTE en Amérique. Le gouvernement entraîné par l'opinion. Traité d'alliance entre la France et les États-Unis. Rupture avec l'Angleterre. Bataille navale d'Ouessant. L'Inde négligée. Perte de Pondichéri. Expédition de d'Estaing en Amérique. Prise de la Dominique. Perte de Sainte-Lucie. Conquête du Sénégal. — Médiation de la France entre l'Autriche et la Prusse. Paix de Teschen. — L'Espagne s'allie à la France. — Prise de Saint-Vincent et de la Grenade. Échec de Savannah. Exploits de la marine française. Les Espagnols envahissent les Florides. Succès de Guichen contre Rodney. Expédition de Rochambeau aux États-Unis. — Violences de la marine anglaise contre les neutres. *Neutralité armée du Nord*. L'Angleterre attaque la Hollande et envahit ses colonies. — Conquête de Minorque. Prise de Tabago. — Capitulation d'York-Town : une armée anglaise se rend prisonnière aux Franco-Américains. Reprise des colonies hollandaises d'Amérique. Prise de Saint-Christophe. — Chute de Necker. — Perte d'une bataille navale aux Antilles. Attaque infructueuse de Gibraltar. — Efforts tardifs dans l'Inde. SUFFREN. *Six* batailles navales en deux ans. Reprise de Trinquemalé. Bussi renvoyé dans l'Inde. Haïder-Ali et Tippoo-Saëb. Suffren sauve Bussi assiégé dans Goudelour par les Anglais. Il est arrêté par la paix. — Nouveaux traités de Paris. L'Angleterre reconnaît l'indépendance des États-Unis. La France ne garde de ses conquêtes que Tabago et le Sénégal, et recouvre ce qu'elle a perdu pendant la guerre. L'Espagne garde Minorque et les Florides. (1776-1783)............................... 383

LIVRE CV. — LOUIS XVI. (*Suite.*)

MINISTÈRE DE NECKER. État financier de la France sous Necker et ses successeurs, jusqu'en 1783. — Améliorations économiques et judiciaires. Assemblées provinciales. *Compte rendu des finances.* Démission de Necker. — Réaction. Mort de Maurepas. Calonne appelé aux finances. — MŒURS, IDÉES, LETTRES ET SCIENCES après la guerre d'Amérique. — La société de la reine. *Le Mariage de Figaro.* — Bernardin de Saint-Pierre. — Lagrange. LAVOISIER. — Les aérostats. — Condorcet. — Mouvement mystique. Mesmer. Saint-Martin. Franc-maçonnerie. — MIRABEAU. (1778-1789) 490

LIVRE CVI. — LOUIS XVI. (*Suite et fin.*)

DERNIERS JOURS DE LA MONARCHIE. — Ministère de CALONNE. Chaos des finances. — Procès du *collier*. — Calonne veut tenter à son tour la réforme. ASSEMBLÉE DES NOTABLES. Aveu du déficit. Chute de Calonne. — Ministère de Brienne. La lutte recommence entre la couronne et les parlements. Le parlement de Paris demande les ÉTATS-GÉNÉRAUX. — Abaissement au dehors ; affaires de Hollande. — Brienne recommence Maupeou contre les parlements. *La cour plénière.* La noblesse soutient les parlements. Troubles

Pages.

en Bretagne, en Béarn, en Dauphiné. Assemblée de Vizille. Promesse des États-Généraux pour 1789. Commencement de banqueroute. Chute de Brienne. — Rappel de Necker. Seconde assemblée des Notables. Immense mouvement de la presse politique. Lutte entre le Tiers-État et les privilégiés. Pamphlet de Sieyès : *Qu'est-ce que le Tiers-État ?* Troubles de Bretagne. Mirabeau en Provence. Élections. Les cahiers. Ouverture des États-Généraux. Le Tiers-État se déclare Assemblée nationale. Fin de l'Ancien Régime et de la Monarchie. (1783-1789). 538

CONCLUSION 658

FIN DE LA TABLE DES MATIÈRES.

PARIS. — IMPRIMERIE DE J. CLAYE, RUE SAINT-BENOIT, 7.

www.ingramcontent.com/pod-product-compliance
Lightning Source LLC
Chambersburg PA
CBHW050100230426
43664CB00010B/1386